초등학생을 위한
교과서
인물 사전

사진 자료 제공

고려대학교 박물관 173 일전해위도 **국가 기록원** 127 경부 고속 도로 준공식 **국립 경주 박물관** 269 이차돈 순교비 **국립 고궁 박물관** 20 공민왕 영정, 119 편경, 192 영조 어진 **국립 공주 박물관** 107 무령왕릉 왕비 베개, 왕 금제 관장식 **국립 민속 박물관** 137 어린이, 141 거문고, 181 조선사연구초, 217 자장가 액자, 229 낙화암(부여 관광 엽서), 319 소년, 337 한글갈, 우리말본, 글자의 혁명 **국립 중앙 박물관** 18 고종 어진, 50 삼국사기, 69 대동여지도, 71 김정희의 글씨, 79 씨름, 117 마패, 121 태극기, 147 서경덕의 글씨, 151 독립신문, 159 길항사탑 탑본, 163 경국대전, 175 초충도, 188 안향 영정, 239 동국이상국집, 257 성학집요, 262 이제현 영정, 263 익재집, 273 성학십도, 275 삼국유사, 276 임경업 영정, 277 임경업 비석 탑본, 285 자격루, 292 정몽주 영정, 307 정암선생문집, 316 북한산 진흥왕 순수비, 326 최익현 영정, 333 최충헌 호신용 불경, 347 한호가 쓴 두보의 시, 349 홍길동전, 362 황희 영정, 364 흥선 대원군 영정 **규장각 한국학 연구원** 351 동의보감, 355 홍경래진도 **두피디아** 25 광개토 대왕릉비 **북앤포토** 154 선덕 여왕 영정 **성호 기념관** 258 이익 영정 **시공사** 155 첨성대 **시원혜** 135 나정 터, 알영정 터, 219 윤동주 시인의 언덕 **실학 박물관** 213 반계수록 **연합뉴스** 10 강감찬 영정, 13 견훤 산성, 14 계백 영정, 23 곽재우 동상, 30 권율 영정, 34 김구, 40 김대건 영정, 41 새남터 성당, 52 김상옥, 57 구지봉 고인돌, 66 김유신 영정, 70 김정희 영정, 86 남궁억, 90 논개 영정, 93 단군 성전, 참성단, 97 동모산, 105 대화궁 유적의 기와들, 108 무학 대사 영정, 110 문무왕 영정, 113 문익점이 처음 목화를 재배한 곳, 132 박지원 영정, 174 신사임당 영정, 195 온달 산성, 201 원효 영정, 220 윤봉길, 250 이승훈, 288 전봉준 영정, 290 정도전 영정, 313 송광사 국사전, 340 태종 무열왕 영정, 353 왕오천축국전 **운문문화재단** 166 세종 어진 **육군 박물관** 123 한국독립운동지혈사, 323 대장군포 **전쟁 기념관** 11 귀주 대첩 기록화, 31 행주 대첩 기록화, 153 서희의 외교 담판 기록화, 225 살수 대첩 기록화 **한독 의약 박물관** 261 동의수세보원 **허준 박물관** 350 허준 영정 **공공누리 제1유형** (문화재청) 125 노계집 목판, 179 신재효 생가, 181 대한매일신보, 183 애국가 악보, 185 안중근의 글씨, 209 징비록, 255 이육사 생가, 335 문창후 최선생 신도비, 357 홍난파 동요 악보 원판, 363 황희 영당지, (한국문화관광연구원) 345 한용운 생가 **위키미디어 공용** 283 충주(중원) 고구려비(Lawinc82, cc by-sa 3.0)

㈜시공사는 이 책에 실린 모든 사진 자료의 출처와 저작권자를 찾아 허락을 받기 위해 노력했습니다. 누락이나 착오가 있으면 사용 허락을 받고 다음 쇄를 찍을 때 꼭 수정하겠습니다.

초등학생을 위한
교과서 인물 사전

초판 제1쇄 인쇄일 2016년 10월 1일
초판 제3쇄 발행일 2020년 2월 10일
엮은이 정우영 발행인 윤호권
발행처 ㈜시공사 주소 서울시 서초구 사임당로 82 전화 영업 2046-2800 편집 2046-2821~9
인터넷 홈페이지 www.sigongjunior.com

ⓒ 정우영, 2016

이 책의 출판권은 ㈜시공사에 있습니다.
저작권법에 의해 한국 내에서 보호받는 저작물이므로, 무단 전재와 무단 복제를 금합니다.
ISBN 978-89-527-8257-1 73990

시공주니어 홈페이지 회원으로 가입하시면 다양한 혜택이 주어집니다. 잘못 만들어진 책은 구입하신 서점에서 바꾸어 드립니다.

KC마크는 이 제품이 공통안전기준에 적합하였음을 의미합니다.
제조국 : 대한민국   사용 연령 : 8세 이상
주의 사항 : 책장에 손이 베이지 않게, 모서리에 다치지 않게 주의하세요.

초등학생을 위한
교과서
인물
사전

정우영
엮음

시공주니어

머리말

《초등학생을 위한 인물 사전》을 펴낸 지도 벌써 열여섯 해가 지났습니다. 그래 그런지 책이 조금씩 헐거워지는 티가 났습니다. 어디라고 딱히 꼬집을 수는 없지만, 왠지 모르게 낡아 가는 느낌이었습니다. 살짝 안타까웠지요. 하지만 출판사에 수정 작업을 하자는 말은 차마 꺼내지 못했습니다. 출판 상황이 몹시 좋지 않았거든요. 좋은 책들도 쉽게 잊혀지는 마당에 개정판이라니, 하고는 젖혀 두었지요. 그런데 웬걸, 출판사에서 개정판을 서두르고 있었습니다. 표지와 디자인뿐만 아니라, 본문까지도 고치는 등 수고로운 작업을 마다하지 않았습니다. 얼마나 고맙던지요.

여러 가지로 이 책은 제게 뜻깊습니다. 처음 이 책을 기획할 때 우리 마음은 '이 땅의 모든 조카들에게 바치는 책'을 만들자는 것이었습니다. 삼촌이 들려주는 우리 역사 인물 이야기도 멋지지 않나, 생각한 거지요. 아빠와 엄마와는 약간 다르잖아요, 삼촌은. 삼촌만의 너그러움이라고 할까요. 그래서 우리는 역사에서 뛰어난 사람들만이 아니라, 어긋나거나 잘못한 사람들도 두루 다루기로 했습니다. 그러한 사람들을 통해서 나를 살피는 것도 좋은 배움이라 여겼기 때문이지요.

그때의 우리 생각은 저 혼자 펴내게 되는 이 책에서도 전혀 바뀌지 않았습니다. 제가 자꾸 '우리'라고 쓰는데요, 여기에는 까닭이 있습니다. 맨 처음 이 책은 '돋움자리'라고 하는 작가 모임이 기획하고 글을 썼습니다. 그런데 흐르는 시간 속에서 '돋움자리'도 사라지고 함께 작업했던 제 후배도 이승을 떠났습니다. 더 이상 '돋움자리'라는 이

름을 쓸 수 없게 된 것이지요. 그래서 어쩔 수 없이 엮은이를 제 이름으로 할 수밖에 없게 되었습니다. 이제 이 책의 기쁨이든 허물이든 온전히 제 몫입니다만, 즐거운 쪽으로 나아갔으면 좋겠군요. 그래야 다른 세상에서 이 소식 들을 제 후배 송은명 시인도 반가워하지 않을까 싶은 거지요.

앞에서 잠깐 밝혔듯이 이 개정판에서는 여러 부분을 손봤습니다. 오래된 표지와 본문의 디자인을 바꾸었고요, 사진도 상당한 컷을 새것으로 교체했습니다. 그동안에 정리된 역사적 사실을 바탕으로 본문 내용도 바로잡았습니다. 이를테면 남이 장군의 경우, 이전 판에서는 그의 묘소가 춘천시 남이섬에 있다고 썼으나 가묘임이 밝혀져 이를 화성시 묘소로 수정했습니다. 이 밖에도 여기저기 오래된 흔적들을 지우고 새로이 때깔 입힌 곳들이 적지 않습니다. 이렇게 해서 《초등학생을 위한 교과서 인물 사전》으로 다시 태어나니, 마치 새로운 책처럼 설레는군요. 세심하게 작업해 준 시공주니어 편집자 님께 고맙다는 말씀 드립니다.

《초등학생을 위한 교과서 인물 사전》이 어리석음보다는 현명함을 찾아가는 역사 알기의 첫걸음이기를 바랍니다.

2016년 10월 정우영 씀.

일러두기

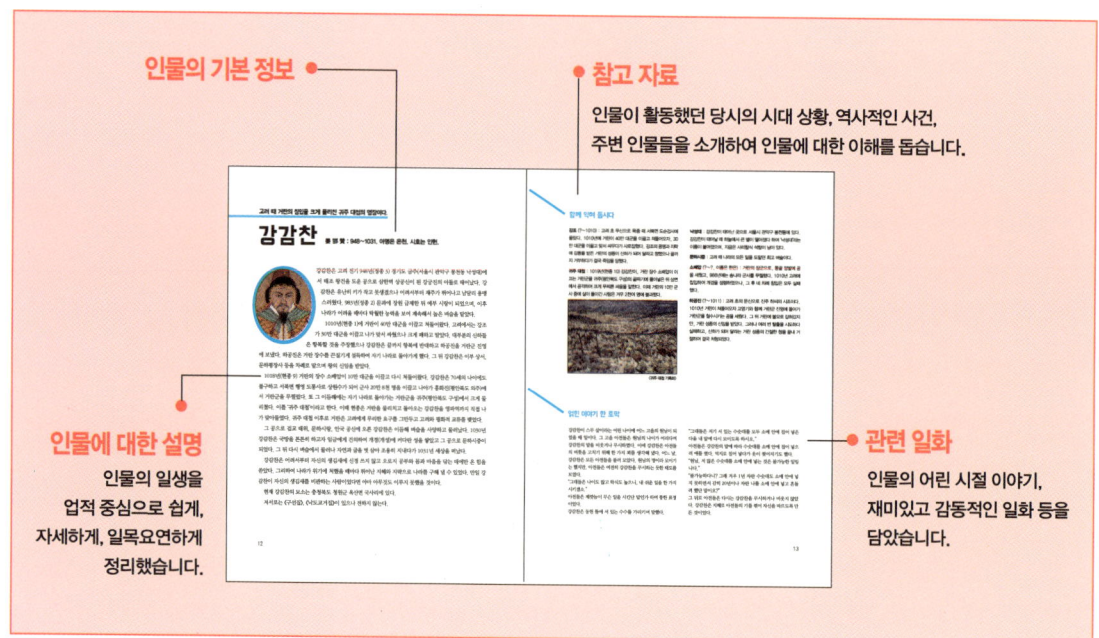

인물은 이렇게 뽑았습니다

초등학교 전 교과서에 나오는 우리나라 역사 인물과, 교과서에는 나오지 않지만 초등학생이 꼭 알아야 할 인물을 엄선하였습니다.

내용은 이렇게 구성했습니다

전체적으로 본문과 부록으로 크게 나누고, 본문은 인물 이름의 가나다순으로 배열했습니다. 본문은 양면을 펼친 두 쪽으로 구성했습니다. 왼쪽 면에는 인물의 일생을 소개했습니다. 오른쪽 면에는 인물을 이해하는 데 도움이 되는 역사적인 사건이나 관련 인물 등을 설명한 〈함께 익혀 둡시다〉와 그 인물에 관련된 재미있는 일화를 중심으로 꾸민 〈얽힌 이야기 한 토막〉으로 구성했습니다. 또한 인물마다 이해를 돕기 위하여 자료 사진을 덧붙이려 노력했습니다. 부록은 교과서에 나오는 인물이지만 본문에 빠져 있는 인물을 다룬 〈참고 인물〉, 우리나라의 과거 제도와 행정의 중심이 된 관청과 그 책임자를 밝힌 〈역대 과거 제도 및 행정 조직〉, 그리고 〈역대 왕조 계보〉로 구성했습니다.

인물은 이렇게 소개했습니다

- 인물에 대해 먼저 한글 이름 → 한자 이름 → 태어나고 죽은 연도(알려지지 않는 경우는 ?~?로 표시) → 재위 기간(왕의 경우) → 초명 → 아명 → 이름(본명) → 자 → 호 → 시호 → 법명, 법호(천도교의 경우 도호, 천주교의 경우 세례명) → 그 시대 배경 → 살아온 내력 → 중요한 업적 → 지은 책이나 작품 → 받은 훈장(근현대 인물의 경우) 등의 순서로 꾸몄습니다.
- 인물 이름은 되도록 본 이름(본명)을 썼습니다. (예 : 김삿갓 → 김병연, 한석봉 → 한호, 태조 → 이성계 등) 단, 본 이름보다 시호나 호가 더 널리 알려진 경우에는 본 이름 대신 사용했습니다. (예 : 김춘추 → 태종 무열왕, 이방원 → 태종, 이하응 → 흥선 대원군 등)
- 지명은 우리나라의 경우 가급적 그 당시 지명으로 표기한 다음 (   ) 안에 현재의 지명을 넣었습니다. (예 : 서경(평양), 금성(경주), 웅진(공주) 등). 또한 외국 지명의 경우는 외래어 표기법을 따라 표기했습니다. (예 : 상해 → 상하이, 북경 → 베이징, 산동 → 산둥, 천산 산맥 → 톈산 산맥 등)
- 행정 기구나 관직 이름의 띄어쓰기, 붙여쓰기는 국립국어원 표준국어대사전 표기에 따랐습니다. (예: 이부ˆ상서, 삼도ˆ수군통제사, 문하–평장사, 개부의동–삼사 등)

인물을 소개하면서 사용한 용어는 이런 뜻을 가지고 있습니다

- 초명 : 그 사람이 태어나서 맨 처음 불렸던 이름. (예 : 강감찬 → 은천)
- 아명 : 어렸을 때 집에서 부르던 이름. (예 : 안중근 → 응칠)
- 자 : 결혼한 남자의 이름을 함부로 부를 수 없을 때 본 이름을 대신해서 부르던 이름. (예 : 이순신 → 여해)
- 호 : 자신의 본 이름 외에 따로 지어 부르는 이름. (예 : 이이 → 율곡, 이황 → 퇴계)
- 시호 : 나라를 위하여 큰 공을 세웠거나 어진 신하가 죽은 뒤에 그 뜻을 기리기 위하여 왕이나 나라에서 내려 준 이름. (예 : 이순신 → 충무, 김덕령 → 충장)
- 법명과 법호 : 불교에서 승려에게 붙여 준 이름으로, 세상에서 쓰던 이름을 대신해 새로 지어 준 이름. 승명이라고도 한다. (예 : 한용운 → 만해)
- 도호 : 동학 즉 천도교에서 교인이 된 지 10년 이상 된 남자 교인에게 주는 천도교의 직책. (예 : 손병희 → 의암)

차 례

머리말	4	김영랑	62	박영효	120
일러두기	6	김옥균	64	박은식	122
		김유신	66	박인로	124
강감찬	10	김정호	68	박정희	126
견훤	12	김정희	70	박제가	128
계백	14	김종서	72	박제상	130
고선지	16	김좌진	74	박지원	132
고종	18	김천일	76	박혁거세	134
공민왕	20	김홍도	78	방정환	136
곽재우	22	김홍집	80	배중손	138
광개토 대왕	24	나운규	82	백결 선생	140
광해군	26	나철	84	법흥왕	142
궁예	28	남궁억	86	사명 대사	144
권율	30	남이	88	서경덕	146
근초고왕	32	논개	90	서산 대사	148
김구	34	단군	92	서재필	150
김규식	36	담징	94	서희	152
김기수	38	대조영	96	선덕 여왕	154
김대건	40	동명왕	98	선조	156
김대성	42	맹사성	100	설총	158
김덕령	44	명성 황후	102	성삼문	160
김만중	46	묘청	104	성종	162
김병연	48	무령왕	106	세조	164
김부식	50	무학 대사	108	세종 대왕	166
김상옥	52	문무왕	110	손병희	168
김소월	54	문익점	112	숙종	170
김수로왕	56	민영환	114	신립	172
김시민	58	박문수	116	신사임당	174
김시습	60	박연	118	신숙주	176

신재효	178
신채호	180
안익태	182
안중근	184
안창호	186
안향	188
연개소문	190
영조	192
온달	194
온조	196
왕건	198
왕인	200
원효	202
유관순	204
유길준	206
유성룡	208
유일한	210
유형원	212
윤관	214
윤극영	216
윤동주	218
윤봉길	220
윤선도	222
을지문덕	224
의상	226
의자왕	228
의천	230
이감년	232
이괄	234
이광수	236
이규보	238
이봉창	240
이상재	242
이성계	244
이순신	246
이승만	248
이승훈	250
이완용	252
이육사	254
이이	256
이익	258
이제마	260
이제현	262
이준	264
이중섭	266
이차돈	268
이항복	270
이황	272
일연	274
임경업	276
임꺽정	278
장보고	280
장수왕	282
장영실	284
장지연	286
전봉준	288
정도전	290
정몽주	292
정약용	294
정인보	296
정조	298
정중부	300
정지상	302
정철	304
조광조	306
조만식	308
주시경	310
지눌	312
지석영	314
진흥왕	316
최남선	318
최명길	320
최무선	322
최영	324
최익현	326
최제우	328
최충	330
최충헌	332
최치원	334
최현배	336
태종	338
태종 무열왕	340
한명회	342
한용운	344
한호	346
허균	348
허준	350
혜초	352
홍경래	354
홍난파	356
홍대용	358
홍범도	360
황희	362
흥선 대원군	364
참고 인물	366
역대 과거 제도 및 행정 조직	379
역대 왕조 계보	382

고려 때 거란의 침입을 크게 물리친 귀주 대첩의 명장이다.

강감찬

姜 邯 贊 : 948~1031. 초명은 은천. 시호는 인헌.

강감찬은 고려 전기 948년(정종 3) 경기도 금주(서울시 관악구 봉천동 낙성대)에서 태조 왕건을 도운 공으로 삼한벽 상공신이 된 강궁진의 아들로 태어났다. 강감찬은 유난히 키가 작고 못생겼으나 어려서부터 재주가 뛰어나고 남달리 용맹스러웠다. 983년(성종 2) 문과에 장원 급제한 뒤 예부 시랑이 되었으며, 이후 나라가 어려울 때마다 탁월한 능력을 보여 계속해서 높은 벼슬을 맡았다.

1010년(현종 1)에 거란이 40만 대군을 이끌고 쳐들어왔다. 고려에서는 강조가 30만 대군을 이끌고 나가 맞서 싸웠으나 크게 패하고 말았다. 대부분의 신하들은 항복할 것을 주장했으나 강감찬은 끝까지 항복에 반대하고 하공진을 거란군 진영에 보냈다. 하공진은 거란 장수를 끈질기게 설득하여 자기 나라로 돌아가게 했다. 그 뒤 강감찬은 이부 상서, 문하평장사 등을 차례로 맡으며 왕의 신임을 받았다.

1018년(현종 9) 거란의 장수 소배압이 10만 대군을 이끌고 다시 쳐들어왔다. 강감찬은 70세의 나이에도 불구하고 서북면 행영 도통사로 상원수가 되어 군사 20만 8천 명을 이끌고 나아가 흥화진(평안북도 의주)에서 거란군을 무찔렀다. 또 그 이듬해에는 자기 나라로 돌아가는 거란군을 귀주(평안북도 구성)에서 크게 물리쳤다. 이를 '귀주 대첩'이라고 한다. 이때 현종은 거란을 물리치고 돌아오는 강감찬을 영파역까지 직접 나가 맞아들였다. 귀주 대첩 이후로 거란은 고려에게 무리한 요구를 그만두고 고려와 평화적 교류를 맺었다.

그 공으로 검교 태위, 문하시랑, 안국 공신에 오른 강감찬은 이듬해 벼슬을 사양하고 물러났다. 1030년 강감찬은 국방을 튼튼히 하고자 임금에게 건의하여 개경(개성)에 커다란 성을 쌓았고 그 공으로 문하시중이 되었다. 그 뒤 다시 벼슬에서 물러나 자연과 글을 벗 삼아 조용히 지내다가 1031년 세상을 떠났다.

강감찬은 어려서부터 자신의 생김새에 신경 쓰지 않고 오로지 공부와 몸과 마음을 닦는 데에만 온 힘을 쏟았다. 그리하여 나라가 위기에 처했을 때마다 뛰어난 지혜와 지략으로 나라를 구해 낼 수 있었다. 만일 강감찬이 자신의 생김새를 비관하는 사람이었다면 아마 아무것도 이루지 못했을 것이다.

현재 강감찬의 묘소는 충청북도 청원군 옥산면 국사리에 있다.

저서로는 《구선집》, 《낙도교거집》이 있으나 전하지 않는다.

함께 익혀 둡시다

강조 (?~1010) : 고려 초 무신으로 목종 때 서북면 도순검사에 올랐다. 1010년에 거란이 40만 대군을 이끌고 쳐들어오자, 30만 대군을 이끌고 맞서 싸우다가 사로잡혔다. 강조의 용맹과 지략에 감동을 받은 거란의 성종이 신하가 되어 달라고 청했으나 끝까지 거부하다가 결국 죽임을 당했다.

귀주 대첩 : 1019년(현종 10) 강감찬이, 거란 장수 소배압이 이끄는 거란군을 귀주(평안북도 구성)의 골짜기에 몰아넣은 뒤 삼면에서 공격하여 크게 무찌른 싸움을 말한다. 이때 거란의 10만 군사 중에 살아 돌아간 사람은 겨우 2천여 명에 불과했다.

낙성대 : 강감찬이 태어난 곳으로 서울시 관악구 봉천동에 있다. 강감찬이 태어날 때 하늘에서 큰 별이 떨어졌다 하여 '낙성대'라는 이름이 붙여졌으며, 지금은 사리탑식 석탑이 남아 있다.

문하시중 : 고려 때 나라의 모든 일을 도맡던 최고 벼슬이다.

소배압 (?~?, 이름은 한은) : 거란의 장군으로, 몽골 정벌에 공을 세웠고, 986년에는 송나라 군사를 무찔렀다. 1010년 고려에 침입하여 개경을 점령하였으나, 그 후 네 차례 침입은 모두 실패했다.

하공진 (?~1011) : 고려 초의 문신으로 진주 하씨의 시조이다. 1010년 거란이 쳐들어오자 고영기와 함께 거란군 진영에 들어가 거란군을 철수시키는 공을 세웠다. 그 뒤 거란에 볼모로 잡혀갔지만, 거란 성종의 신임을 받았다. 그러나 여러 번 탈출을 시도하다 실패하고, 신하가 되어 달라는 거란 성종의 간절한 청을 끝내 거절하여 결국 처형되었다.

〈귀주 대첩 기록화〉

얽힌 이야기 한 토막

강감찬이 스무 살이라는 어린 나이에 어느 고을의 원님이 되었을 때 일이다. 그 고을 아전들은 원님의 나이가 어리다며 강감찬의 말을 비웃거나 무시하였다. 이에 강감찬은 아전들의 버릇을 고치기 위해 한 가지 꾀를 생각해 냈다. 어느 날, 강감찬은 모든 아전들을 불러 모았다. 원님의 명이라 모이기는 했지만, 아전들은 여전히 강감찬을 무시하는 듯한 태도를 보였다.

"그대들은 나이도 많고 학식도 높으니, 내 쉬운 일을 한 가지 시키겠소."

아전들은 제깟놈이 무슨 일을 시킨단 말인가 하며 뚱한 표정이었다.

강감찬은 동헌 뜰에 서 있는 수수를 가리키며 말했다.

"그대들은 저기 서 있는 수숫대를 모두 소매 안에 집어넣은 다음 내 앞에 다시 모이도록 하시오."

아전들은 강감찬의 말에 따라 수숫대를 소매 안에 집어넣으려 애를 썼다. 억지로 집어넣다가 옷이 찢어지기도 했다.

"원님, 저 많은 수숫대를 소매 안에 넣는 것은 불가능한 일입니다."

"불가능하다니? 그래 겨우 1년 자란 수숫대도 소매 안에 넣지 못하면서 감히 20년이나 자란 나를 소매 안에 넣고 흔들려 했단 말이오?"

그 뒤로 아전들은 다시는 강감찬을 무시하거나 비웃지 않았다. 강감찬은 지혜로 아전들의 기를 꺾어 자신을 따르도록 만든 것이었다.

후백제를 세운 황간 견씨의 시조이다.

견훤 甄萱 : 867~936. 재위 기간 : 892~935.

견훤은 867년(경문왕 7) 경상북도 상주(문경) 가은현에서 이아자개의 큰아들로 태어났다. 견훤은 자라면서 풍채와 용모가 남달리 뛰어났다. 881년(헌강왕 7) 15세 되던 해에 자신의 성을 이씨에서 견씨로 고치고, 큰 포부를 펼치기 위해 수도인 경주로 올라가 군대에 들어갔다. 그리고 서남해 지방에 나타나는 왜구들을 크게 물리쳐 그 공으로 서남해 변방비장이 되었다.

그 당시 신라는 매우 혼란스러웠다. 왕실의 권위는 땅에 떨어졌고, 왕족들은 나랏일을 내팽개친 채 서로 왕권을 차지하려고 다툼을 벌였다. 귀족들도 욕심을 채우느라 바빴다. 특히, 진성 여왕이 즉위하면서 왕실과 귀족들의 횡포가 더욱 심해지고 흉년이 계속 들어 나라 곳곳에서 민란이 자주 발생하였다.

견훤은 나라가 혼란스러운 틈을 타서 경주의 서남쪽에 있는 주현을 공격하여 세력을 키워 나갔다. 892년(진성 여왕 6)에는 신라 조정에 반기를 들고, 옛 백제의 영토였던 무진주(광주)를 점령하여 왕위에 올랐다. 이어 900년(효공왕 4)에는 완산주(전주)에 도읍을 정하여 스스로 왕이라 칭하고 나라 이름을 '후백제'라고 하였다.

후백제를 세운 견훤은 나라의 제도와 관직을 정비하고, 중국에 사신을 보내어 외교 관계를 맺었다. 그리고 궁예가 세운 후고구려와 자주 싸움을 벌여 세력을 넓혀 나갔다. 918년에 왕건이 궁예를 몰아내고 고려를 세우자, 견훤은 고려와 인질을 교환하면서 겉으로는 평화롭게 지냈다. 그러나 고려에 인질로 보낸 조카가 병으로 죽자 고려를 공격하였다. 또 927년에는 신라의 경주로 쳐들어가 포석정에서 경애왕을 죽이고, 신라의 새로운 왕으로 경순왕을 내세우는 등 후백제의 위력을 과시했다.

그러나 견훤은 930년에 고려 왕건의 군대와 맞붙은 고창(안동) 싸움에서 크게 패하면서 점차 힘을 잃어 갔다. 이때 견훤의 뛰어난 부하들 대부분이 고려에 항복했고, 이후 웅진(공주) 이북에 있는 후백제의 성 30개가 고려에 넘어가, 막강하던 후백제는 세력이 약해지기 시작했다.

견훤은 넷째 아들 금강에게 왕위를 물려주려고 했다. 그러나 맏아들 신검이 이에 불만을 품고 935년 반란을 일으켰다. 이때 견훤은 신검에 의해 금산사에 갇혔는데, 가까스로 금산사를 탈출하여 왕건에게 항복하였다. 그리고 이듬해인 936년 왕건에게 후백제를 칠 것을 요청해 후백제를 멸망시킨 뒤, 황산(연산)에 있는 절에서 병으로 세상을 떠났다.

함께 익혀 둡시다

경순왕 (?~978. 재위 기간 : 927~935. 성은 김씨. 이름은 부) : 신라의 마지막 왕이다. 927년 후백제의 견훤에 의해 왕위에 올랐으나, 나라의 힘이 약하여 결국 935년 고려 왕건에게 나라를 넘겨주었다.

경애왕 (?~927. 재위 기간 : 924~927. 성은 박씨. 이름은 위응) : 신라 제55대 왕이다. 신라 말의 혼란스러운 시기에 왕위에 올랐다. 왕건, 견훤 등의 강력한 세력에 눌려 국왕의 면모를 갖추지 못했다. 927년 포석정에서 후백제 견훤의 침입을 받아 목숨을 잃었다.

금산사 : 전라북도 김제에 있는 절로 600년(백제 법왕 2)에 창건되었고 766년 신라의 진표가 새로 지었다. 후삼국 시대에 후백제의 왕 견훤이 넷째 아들 금강에게 왕위를 물려주려다가 맏아들 신검에 의해 이 절에 갇히기도 했다.

왕건 : 198쪽 참조.

진성 여왕 (?~897. 재위 기간 : 887~897. 성은 김씨. 이름은 만) : 신라 51대 왕이다. 진성 여왕이 집권하던 때는 신라가 멸망해 가던 시기로 일부 왕족들이 권력을 장악하여 나머지 신하들과 백성들의 원성을 샀다. 또 백성들에게서 너무 많은 세금을 거두어 전국 각지에서 민란이 끊이지 않았다. 진성 여왕은 897년에 헌강왕의 아들 요(효공왕)에게 왕위를 물려주고 세상을 떠났다.

포석정 : 경주 남산의 서쪽, 경상북도 경주시 배동에 위치한 통일 신라 시대의 연회 장소로 사적 제1호이다. 통일 신라 때에 이곳에서 왕과 귀족들이 전복 모양의 돌 위에 홈을 파 물이 흐르도록 한 뒤, 술잔을 띄우고 시를 읊으며 놀았다고 한다. 927년 9월 신라의 경애왕이 후백제 견훤의 습격을 받아 목숨을 잃은 곳으로 잘 알려져 있다.

견훤 산성

포석정

얽힌 이야기 한 토막

견훤이 태어난 지 얼마 되지 않았을 때의 일이다. 견훤의 어머니는 밭에서 일하는 남편에게 점심을 가져다 주기 위해 젖먹이 견훤을 밭머리 수풀 속에 두었다. 그때 어디서 나타났는지 커다란 호랑이 한 마리가 견훤을 덮치는 것이었다. 견훤의 부모는 새파랗게 질린 채 발만 동동 구르고 있었다.
그런데 이상한 일이 일어났다. 견훤에게 다가간 호랑이가 견훤을 해치기는커녕 오히려 견훤에게 젖을 먹이는 게 아닌가? 그 일이 있은 뒤 견훤의 부모는 아들이 분명히 큰 인물이 될 것이라고 생각하고 아들을 정성껏 키웠다.
어느 새 늠름한 청년으로 자란 견훤은 경주로 올라가 군대에 들어갔다. 그때 조정에서는 자주 침범하는 왜구들을 막기 위해 서남 해안 지방에 군사를 내보냈다. 견훤은 매번 남다른 용맹과 지략으로 왜구들을 물리쳐 공을 세웠다.
그 공으로 벼슬길에 오른 견훤은 사방에서 날뛰는 도적들을 모아 부하로 삼았다. 그러고는 마침내 어지러운 나라를 바로잡을 것을 다짐하며 신라 조정에 반기를 들었다.
견훤은 자신을 따르는 무리들을 이끌고 무진주를 점령한 다음, 완산주를 빼앗아 손아귀에 넣은 뒤 차츰 나라의 형태를 갖추었다. 그리하여 호랑이의 젖을 먹은 견훤은 드디어 후백제를 세우고 왕이 되었다.

황산벌 싸움에서 신라군과 장렬하게 맞서 싸운 백제의 장군이다.

계백 階伯 : ?~660.

600년대에 들어서면서 고구려, 신라, 백제 삼국은 영토 다툼으로 한치의 앞도 내다볼 수 없는 어지러운 상황을 맞이하였다. 삼국은 중국을 오갈 수 있는 중요한 교통로인 한강 유역을 차지하기 위해 서로 빼앗고 빼앗기는 치열한 싸움을 계속했다. 계백은 백제 말기의 장군으로, 일찍이 벼슬길에 올라 660년(의자왕 20)에 달솔이라는 벼슬에 있었다. 그 당시 백제는 신라에게 한강 유역을 빼앗긴 상태였다. 백제는 북으로는 고구려, 남으로는 일본과 손을 잡고 신라를 공격하기 시작했다. 이에 다급해진 신라는 당나라에 구원을 요청하여 백제에 맞섰다.

그러나 백제의 의자왕은 그 무렵 연회만을 즐기고 나랏일을 돌보지 않았다. 신라는 이 틈을 이용해 660년 5만 명이 넘는 나당 연합군을 결성하여 백제를 공격하였다. 김유신과 당나라 소정방이 이끄는 나당 연합군이 백제의 요충지인 탄현(대전 동쪽 마도령)과 백강으로 쳐들어오자 계백은 좌평 충상, 달솔 상영과 함께 결사대 5천여 명을 이끌고 황산벌(충청남도 연산)로 나가 싸웠다.

싸움터로 나가기에 앞서 계백은 가족들이 적의 노비가 되어 치욕스러운 삶을 사는 것보다 차라리 자신의 손에 죽는 것이 낫다며 가족들의 목을 모두 베었다. 그리고 자신도 목숨을 바쳐 싸울 것을 굳게 다짐하였다.

계백은 싸움터에서 군사들에게 옛날 월나라 왕 구천이 5천 명의 군사로 오나라 왕 부차의 70만 대군을 무찌른 예를 들면서, 전쟁의 승리는 군사의 많고 적음에 있는 것이 아니라 정신력에 있다며 군사들의 용기를 북돋아 주었다. 이에 보답이라도 하듯 5천 명의 백제군은 김유신이 이끄는 5만의 신라군과 네 차례의 싸움에서 모두 이겼다.

계백은 먼저 공격해 온 화랑 반굴을 죽이고, 홀로 공격해 온 화랑 관창을 사로잡았다. 어린 관창의 용기를 높이 산 계백은 여러 번 살려 보냈으나, 관창이 계속하여 공격해 오자 할 수 없이 관창의 목을 베어 말 안장에 매달아 신라 진영으로 돌려보냈다. 그러자 두 화랑의 용기 있는 죽음을 보고 분노하여 사기가 오른 신라군은 총공격을 펼쳤다. 5만의 신라 대군과 대적하기에는 백제군의 숫자가 너무 적었다. 결국 계백 장군과 5천의 결사대는 모두 죽었고, 백제는 멸망하고 말았다.

훗날 조선의 유학자 서거정은 백제가 망할 때까지 목숨을 바쳐 절개를 지킨 계백의 행동을 높이 평가하여 '나라와 더불어 죽은 사람'이라며 칭찬을 아끼지 않았다.

함께 익혀 둡시다

관창 (645~660) : 신라의 화랑이다. 645년 품일 장군의 아들로 태어났다. 어려서 화랑이 된 관창은 말타기와 활쏘기를 아주 잘했다. 660년 신라가 백제를 멸망시킬 때, 16세의 어린 나이로 아버지와 함께 처음으로 황산벌 싸움에 나갔다. 그러나 신라군은 계백이 이끄는 백제의 결사대와 네 차례의 싸움에서 모두 패해 군사들의 사기가 떨어져 있었다. 이때 아버지가, 이 싸움에서 임금에게 충성하고 공과 명예를 세울 것을 명령하자, 관창은 혼자 적진으로 뛰어들어 싸우다가 사로잡혔다. 계백이 어린 관창의 용기에 탄복하여 살려 보내자, 다시 나아가 싸우다 사로잡혀 죽었다. 관창의 용감한 죽음을 보고 사기가 오른 신라군은 백제군을 무찌르고 승리를 거두었다. 태종 무열왕은 관창의 공을 높이 기려 급찬이라는 벼슬을 내리고 예를 갖추어 묻어 주었다.

김유신 : 66쪽 참조.

반굴 (?~660. 성은 김씨) : 신라의 화랑으로, 김흠순의 아들이다. 660년 황산벌 싸움에서 아버지 김흠순의 뜻에 따라 홀로 백제군 진영에 들어가 용감하게 싸우다가 죽었다. 관창과 함께 죽음으로써 신라군의 사기를 높여 황산벌 싸움을 승리로 이끌었다.

상영 (?~?) : 백제 말기의 정치가이다. 660년 나당 연합군이 쳐들어왔을 때 당나라 군사보다는 신라군을 먼저 무찔러야 한다고 주장했다. 황산벌 싸움에 나갔다가 계백이 전사하자 신라에 항복했다. 후에 신라에서 일길찬이라는 벼슬에 올랐다.

소정방 (592~667. 이름은 열, 호는 정방) : 중국 당나라 때의 장군이다. 660년 신라군과 함께 백제의 사비성을 빼앗고, 의자왕과 태자 융을 당나라로 데려갔다. 그 후 661년 신라군과 함께 고구려 평양성을 에워싸고 공격했으나 싸움에서 패해 당나라로 돌아갔다.

의자왕 : 228쪽 참조.

충상 (?~?) : 백제 말기의 정치가이다. 660년 황산벌 싸움에 나아갔다가 계백이 전사한 뒤 포로가 되었다. 신라에 귀순하여 일길찬이란 벼슬을 받았고, 661년(문무왕 1)에는 다시 백제를 일으키려는 백제 유민들을 토벌하는 공을 세웠다.

얽힌 이야기 한 토막

계백은 5만여 명의 신라군과 싸우기 위해 5천여 명의 결사대를 이끌고 황산벌로 나아가기 전에 사랑하는 가족들을 불러 모아 놓고 비장하게 말했다.
"만약 이 싸움에서 진다면, 우리 백제는 망하게 된다. 그러면 우리 백성들은 개처럼 질질 끌려다니며 모욕을 당하거나, 평생 종으로 살게 될 것이다. 어떠냐? 너희들은 종으로라도 살아남길 바라느냐?"
"싫습니다. 적의 손에 사로잡혀 종 노릇을 하면서까지 구차하게 목숨을 구하고 싶지는 않습니다."
"싫다고? 그렇다면 이 아비와 함께 칼을 들고 싸움터로 나아가겠느냐, 아니면 스스로 목숨을 끊겠느냐?"
자식들이 아무 말도 못 하고 눈물을 흘리자 아내가 나섰다.
"장군, 장군이 죽을 각오로 싸움터로 나가신다면, 우리 모두를 죽이고 떠나십시오. 살아서 종이 되느니 차라리 떳떳하게 백제 사람으로 당신 손에 죽겠습니다."

"그렇게 하십시오, 아버님. 저희들을 죽이고 가셔야 가족 걱정을 하지 않고 끝까지 싸울 수 있을 것입니다."
'아아! 나라를 구하기 위해 싸움터로 나가면서 사랑하는 아내와 자식들을 내 손으로 죽여야 하다니!'
계백은 고개를 숙인 채 아무 말 없이 앉아 있는 아내와 자식들을 바라보았다. 계백의 가슴 속에서는 울컥 피울음이 솟구쳤다.
"모두들 고맙구나. 너희들은 모두 자랑스러운 백제의 아들 딸들이다. 내 죽을힘을 다해 한 점 부끄러움 없이 싸우다가 너희들을 뒤따라가마. 잘 가거라."
계백은 떨리는 손으로 칼을 빼어 사랑하는 아내와 자식들의 목을 하나하나 베었다. 피눈물을 흘리며 싸움터로 향하는 계백의 눈앞에 피투성이가 되어 방 안을 뒹굴던 자식들의 모습이 떠올랐다.

우리 민족의 기상을 당나라에 크게 떨친 고구려의 유민이다.

고선지 高仙芝 : ?~755.

당나라의 힘을 빌려 백제를 멸망시킨 신라는 삼국을 통일하기 위해 다시 고구려를 공격하였다. 당시 고구려는 연개소문이 죽자 권력 다툼으로 매우 혼란스러웠다. 결국 고구려도 668년에 나당 연합군에게 멸망하고 말았다.

고선지는 그 무렵 고사계의 아들로 태어났다. 고구려가 망하자, 고선지는 아버지를 따라 당나라 안서에 가서 그곳에서 자랐다. 어렸을 때는 몸이 아주 약했으나, 자라면서 활을 잘 쏘는 용맹스러운 청년이 되어 20세에 장군이 되었다.

고선지는 740년경 군사 2천 명을 이끌고 톈산 산맥 서쪽에 있는 달해부를 정벌하였다. 그 공으로 고선지는 안서부 도호가 되었고, 이어 사진도 지병마사에 올랐다. 747년 당나라가 서쪽으로 세력을 넓혀 가려고 하자, 티베트와 사라센 제국이 동맹을 맺고 오히려 당나라 쪽으로 진출하였다. 이때 고선지는 행영 절도사가 되어 군사 1만 명을 이끌고 세계의 지붕이라 불리는 파미르 고원을 넘어 72개국을 정복하였다. 이로써 고선지는 사라센 제국의 침략을 막고 서역을 정벌하는 데 큰 공을 세웠다.

고선지는 750년 제2차 원정을 나가 사라센 제국과 동맹을 맺은 석국(타슈켄트 부근)을 무찌르고 국왕을 포로로 잡아 장안으로 호송해 왔다. 그리고 그 공을 인정받아 개부의동삼사가 되었다.

장안의 문신들이 석국의 왕을 죽이자, 이듬해 서역의 여러 나라와 사라센 제국의 연합군이 보복을 하기 위하여 당나라로 쳐들어왔다. 이에 고선지는 7만 명의 정벌군을 모아 탈라스 대평원으로 제3차 원정을 나갔다. 그러나 당나라와 거짓으로 동맹을 맺은 카를루크군의 갑작스런 공격을 받고 크게 패해 돌아왔다.

755년 안록산이 반란을 일으키자 고선지는 이를 무찌르기 위하여 정토 부원수가 되어 싸움터로 나아갔다. 고선지는 부하 봉상청이 선발군으로 나아가 패하자 봉상청을 구하기 위해 무단으로 방어 담당 지역을 벗어났다. 그러자 평소 고선지에게 불만이 많던 부관 변영성이 왕에게 이 사실을 거짓되게 보고하여 고선지는 그 자리에서 처형되고 말았다.

고선지는 전략과 지략이 뛰어난 장군으로, 고구려인의 용기와 기상을 전 세계에 널리 떨쳤다.

함께 익혀 둡시다

사라센 제국 : 7세기 중엽 마호메트의 후계자인 칼리프가 아시아, 유럽, 아프리카에 걸쳐 세운 대제국이다. 사라센 제국은 해상 무역을 독점하여 사회, 경제, 문화가 매우 발달하였다. 특히 자연 과학과 건축, 미술, 공예에서 독특한 사라센 양식을 만들었다.

안록산 (?~757) : 당나라 중기의 장군으로 현종의 신임을 받았다. 그러나 하동 절제사로 있으면서 군비를 늘리고 개인 군사를 길러 중앙 정부와 맞섰다. 755년 베이징에서 군사를 일으켜 낙양을 빼앗은 후 대연 황제라 칭하였으나, 둘째 아들 안경서에게 죽임을 당했다.

톈산 산맥 : 파미르 고원에서 약 2천 킬로미터 거리에 있는 산맥으로, 제일 높은 승리봉은 높이가 7,439미터이다. 산맥의 남쪽으로는 옛날부터 동양과 서양을 연결하는 실크 로드가 있다.

티베트 : 중국의 서쪽, 인도의 북쪽, 파미르 고원의 동쪽에 있는 고원 지대로 지금은 중국의 땅이다. 7세기경에 들어온 불교를 바탕으로 라마교가 형성되어 독특한 생활 문화를 만들었다. 광물 자원이 풍부하지만 많이 개발되지는 않았다. 중심 도시는 라사이다.

파미르 고원 : 중국, 러시아, 아프가니스탄 세 나라의 국경 지대에 있는 고원으로 세계의 지붕이라 불리며 평균 높이는 5천 미터이다. 기후는 건조하며, 타지크 족, 키르기스 족 및 이란계 부족이 양을 키우며 산다.

톈산 북로의 봉화대

얽힌 이야기 한 토막

고선지는 서역 원정군을 이끌고 눈을 뜰 수 없을 정도로 눈보라가 몰아치는 히말라야를 넘고 있었다. 선두에 선 고선지의 수염에는 허연 고드름이 대롱대롱 매달려 있었다.
"장군, 눈보리기 이레째 계속되고 있습니다. 잠시 멈추었다 가는 것이 어떠하겠습니까?"
고선지의 충실한 부관 봉상청이 숨을 헉헉대며 말했다. 봉상청의 얼굴은 고산병(높은 산에 올랐을 때 생기는 증세로, 산소가 적어서 쉽게 피로해지고 머리가 아프거나 구토가 일어난다)에 시달리는 모습이 또렷했다.
"여기서 지체하면 원정은 실패요. 이 정도 추위는 충분히 이겨 낼 수 있소. 여기서 멈췄다간 적과 싸우다 죽는 것이 아니라 추위와 굶주림 때문에 죽을 것이오. 계속 전진하시오."
고선지의 말은 차가웠다. 여기저기서 군사들의 불평이 쏟아져 나오고 군사들의 사기가 떨어졌다.
고선지와 군사들이 눈보라 속을 헤쳐 나아가고 있을 때, 갑자기 20여 명의 말을 탄 무리가 나타났다. 군사들은 적군인 줄 알고 바짝 긴장했다. 그러나 그들은 적군이라고 하기엔 수가 너무 적었다. 가까이 다가온 무리들은 고선지에게로 다가와 무릎을 꿇으며 정중하게 예의를 갖추어 말했다.
"장군, 아노월성의 왕과 백성들은 위대하신 장군께 대항하여 공연히 피를 부르느니 평화롭게 항복하고자 합니다. 부디 받아 주시옵소서."
그 소식을 전해 들은 군사들은 모두 창과 칼을 흔들며 함성을 질렀다. 군사들의 사기는 하늘을 찌를 듯했다.
"와! 고선지 장군 만세! 싸움을 하지 않고도 이기다니, 역시 장군은 훌륭한 분이시다!"
고선지는 고개를 숙이고 빙그레 웃을 뿐이었다. 그것은 군사들의 사기를 올려 주기 위해 고선지가 꾸민 연극이었기 때문이다. 이후 고선지가 이끄는 서역 원정군은 히말라야를 넘어 72개국을 점령하는 쾌거를 이루었다.

개화 정책을 편 대한 제국의 초대 황제이다.

고종

高宗 : 1852~1919. 재위 기간 : 1863~1907. 아명은 재황, 명복. 이름은 형. 자는 성림. 호는 성헌, 주연.

고종은 1852년(철종 3) 흥선 대원군 이하응의 둘째 아들로 태어났다. 철종이 자식 없이 세상을 떠나자, 고종은 12세의 어린 나이로 조선의 제26대 왕이 되었다. 그러나 어리다는 이유로 아버지 흥선 대원군이 10년 동안 나랏일을 대신 맡아 돌보았다. 1866년 고종은 민치록의 딸(명성 황후)을 왕비로 맞이했다. 1873년 흥선 대원군을 비판하는 최익현의 상소로 대원군이 물러나자 고종은 직접 정사를 돌보았다. 그러나 강력한 왕권을 갖지 못해 주로 명성 황후를 비롯한 민씨 일파의 자문을 얻어 나랏일을 돌보았다.

1876년에 일본과 강화도 조약을 맺어 문호를 개방했고, 1881년에는 일본과 청나라에 각각 신사 유람단과 영선사를 보내어 새로운 문물과 제도를 배워 오도록 하였다. 또 같은 해에 일본 군사 교관을 초빙하여 신식 군대인 별기군을 만들었다. 1882년 기존의 군대가 신식 군대와의 차별 대우에 항의하며 임오군란을 일으키자 흥선 대원군이 앞장서서 반란을 수습했다. 그러나 민씨 일파의 요청으로 청나라가 개입하여 대원군을 청나라로 끌고 갔다. 1884년에는 김옥균을 중심으로 한 개화파가 갑신정변을 일으켰으나, 사흘 만에 실패로 돌아갔다. 1894년 전봉준이 이끄는 동학 농민 운동이 일어나자 고종은 개혁의 필요성을 느껴 갑오개혁을 추진하였다. 동학 농민 운동의 진압을 빌미로 일어난 청나라와 일본 간의 전쟁에서 승리한 일본이 조선에 대한 내정 간섭을 강화하자 고종은 일본을 견제하기 위해 러시아와 친밀한 관계를 맺었다. 그러자 일본은 명성 황후를 시해하는 을미사변을 일으켰고, 급기야 고종은 러시아 공사관으로 피했다가 이듬해 돌아왔다.

고종은 1897년 국호를 대한 제국으로 고쳤으며 스스로 황제라 부르고 근대화 정책을 추진하였다. 그러나 1905년 일본의 강압에 못 이겨 을사조약을 맺었고, 그 결과 외교권을 일본에 빼앗기고 말았다.

고종은 1907년 네덜란드 헤이그에서 열린 만국 평화 회의에 이상설, 이준, 이위종을 밀사로 파견하여 일본의 조선 침략에 대한 부당함을 세계에 알리려고 했다. 하지만 일본의 방해로 밀사들은 회의장에도 들어가지 못했고 고종의 노력은 실패로 끝났다. 이 사건으로 고종은 강제로 폐위되고 아들 순종이 황제가 되었다. 고종은 1919년에 세상을 떠났는데, 고종이 일본인에게 독살당했다는 소문이 퍼지면서 3·1 운동이 일어나는 계기가 되었다.

함께 익혀 둡시다

갑신정변 : 1884년(고종 21) 김옥균, 박영효 등의 개화파가 명성 황후 일파와 청나라를 배격하고 자주 근대화 정책을 펴기 위해 일으킨 정변이다. 그러나 협조를 약속했던 일본의 배반과 청나라의 반격으로 사흘 만에 실패했다.

갑오개혁 : 1894년(고종 31)에서 1895년까지 고종이 추진한 개혁으로 '갑오경장'이라고도 부른다. 이때 조선은 과거 제도 폐지, 도량형 통일, 과부의 재혼 허용 등 정치, 경제, 사회 분야의 제도를 근대적인 제도로 바꾸었다.

강화도 조약 : 1894년(고종 13)에 일본과 맺은 조약으로 정식 명칭은 '조일 수호 조규'이다. 우리나라가 외국과 맺은 최초의 근대적 조약이자 불평등 조약으로, 일본은 이를 통해 조선 침략의 발판을 마련했다. 우리나라는 이 조약을 계기로 쇄국 정책을 끝내고 세계 여러 나라에 문호를 개방하게 되었다.

대한 제국 : 1897년부터 일본에 나라를 빼앗긴 1910년까지 조선 왕조가 사용한 국호이다. 1897년 고종은 국호를 대한, 연호를 광무로 정하고 여러 개혁을 추진했다. 이때 우리나라에서는 처음으로 황제라는 칭호를 사용했다.

동학 농민 운동 : 1894년(고종 31)에 동학 교도가 중심이 되어 벼슬아치들의 부정부패와 일본의 침략에 맞서 일어난 농민 봉기이다. 전라도 고부 군수 조병갑의 가혹한 수탈이 원인이 되어 전봉준의 지도 아래 시작되었다. 동학군은 벼슬아치의 부정부패 금지와, 일본과 서양 등 외세의 침략 반대를 내세우며, 관군을 물리치고 전주성을 점령하였다. 그러나 청나라와 일본이 개입하려 하자, 정부가 제시한 12개의 휴전 조건을 수락하고 해산했다. 그 뒤 정부에서 조건을 이행하지 않고 일본군이 들어오자 전국적인 규모로 다시 일어났다. 그러나 일본의 근대식 군대에게 크게 패했다. 동학 농민 운동은 비록 실패했지만 갑오개혁의 계기가 되었다.

만국 평화 회의 : 1899년과 1907년 러시아 황제 니콜라스 2세의 건의로 네덜란드의 헤이그에서 두 차례 열렸던 국제 회의이다. 이 회의에서는 각국의 평화를 유지하기 위한 문제를 의논하였다. 우리나라는 1907년 제2차 회의에 고종의 밀명을 받은 이상설, 이준, 이위종이 참석하려 하였으나 일본의 방해로 실패하였다.

명성 황후 : 102쪽 참조.

을미사변 : 1895년 10월 8일 새벽 일본인 자객들이 경복궁에 기습하여 명성 황후를 시해한 사건을 말한다. 명성 황후가 러시아와 긴밀한 관계를 맺자, 조선에서의 위치가 불리해진 일본은 자국의 세력을 넓히기 위해 명성 황후를 시해하는 만행을 저질렀다. 이 사건을 계기로 전국적으로 일본에 반대하는 의병이 일어나고, 고종이 러시아 공사관으로 거처를 옮기는 아관 파천이 일어났다.

전봉준 : 288쪽 참조.

최익현 : 326쪽 참조.

흥선 대원군 : 364쪽 참조.

얽힌 이야기 한 토막

을미사변으로 명성 황후가 시해되어 황후의 자리가 비게 되자, 엄 상궁이 왕의 곁에서 시중을 들게 되었다. 명성 황후가 살아 있을 때는 고종의 총애를 받는다는 이유로 명성 황후의 노여움을 사기도 했지만, 이제는 마음 놓고 고종을 모시게 되었다.

명성 황후가 살해된 뒤로 고종은 일본인들이 언제 나타나 해를 입힐지 모른다는 불안과 공포에 휩싸여 지냈다. 고종의 이러한 마음을 잘 아는 친러파 일당은 기회를 틈타 왕을 가까이 모시는 엄 상궁을 은밀히 불러냈다. 그러고는 왕을 보호해야 하니 왕을 건천궁에서 러시아 공사관으로 모시라며 엄 상궁에게 4만 냥이라는 큰돈을 건네주었다.

액수가 엄청나기도 했지만, 엄 상궁으로서는 어디서든지 왕을 모시기만 하면 되었기 때문에 망설일 이유가 없었다.

엄 상궁은 고종에게 잠시 거처를 다른 곳으로 옮기자고 권하였다. 매일매일 공포에 떨고 있던 고종은 앞뒤 생각할 것 없이 그 제안에 동의하였고, 그 길로 러시아 공사관으로 거처를 옮겼다. 이것이 이른바 '아관 파천'이다. 그러나 그것은 한 나라의 왕인 고종이 러시아 공사관의 밀실에 갇히게 된 것이나 다름없었다.

고종은 아관 파천으로 일본의 위협은 막을 수 있었지만, 이 일로 국가의 위신은 땅에 떨어졌고 러시아를 비롯한 열강의 침탈이 더욱 심해지는 결과를 가져왔다.

원나라의 간섭에서 벗어나 고려의 주권 회복에 힘쓴 왕이다.

공민왕

恭愍王 : 1330~1374. 재위 기간 : 1351~1374.
아명은 기. 이름은 전. 호는 이재, 익당.

공민왕은 고려의 제31대 왕으로, 1330년 충숙왕의 둘째 아들로 태어나 12세 때 원나라에 볼모로 건너갔다. 고려는 1231년부터 여섯 차례에 걸쳐 몽골의 침입을 받아 사력을 다해 싸웠으나 1259년 몽골에 항복하고 말았다. 몽골에 굴복한 고려는 해마다 많은 재물과 처녀들을 원나라에 바쳐야만 했다. 그뿐만 아니라, 왕자들마저 볼모로 잡혀가 원나라에서 생활해야 했다.

공민왕은 원나라에 볼모로 있으면서 약소국의 슬픔을 뼈저리게 느끼고, 고려를 자주국으로 만들어야겠다는 굳은 결심을 하였다. 그리고 부지런히 글을 익히고 열심히 새로운 문물을 배웠다.

공민왕은 1351년에 충정왕의 뒤를 이어 왕위에 올랐다. 원나라의 힘이 약해지자 공민왕은 원나라 배척 운동을 일으켰다. 먼저 변발, 호복 등 고려 귀족들 사이에 널리 퍼져 있는 몽골의 풍습을 금지했다. 또 몽골의 연호와 관제를 없애고, 문종 때의 관제를 다시 실시했다. 공민왕은 원나라 황실과 인척을 맺고 횡포를 부리던 기철 일족을 쫓아내고, 원나라에 빼앗겼던 고려 땅을 되찾았다.

1368년 중국에 명나라가 건국되자, 공민왕은 이인임을 보내 명나라와 힘을 합쳐 요동에 남아 있는 원나라 세력을 무너뜨렸다. 또한 이성계에게 동녕부를 치게 하고, 오로산성을 빼앗아 나라의 힘을 과시하였다. 그런가 하면 안으로는 무신들이 개인적으로 병사를 갖지 못하게 했고, 승려 신돈을 등용하여 귀족들의 세력을 약화시키는 등 왕권을 강화했다.

그러나 홍건적과 왜구의 잦은 침략으로 나라의 형편은 점점 어려워졌다. 또 이 무렵 왕비인 노국 공주가 병으로 죽자 실의에 빠진 공민왕은 나랏일은 신돈에게 맡긴 채 불공과 그림 그리기, 독서에만 몰두하였다.

신돈은 처음에는 나랏일을 열심히 돌보았다. 그러나 공민왕의 신임을 믿고 권력을 함부로 휘두르며 차츰 나랏일을 그르치기 시작했다. 나라의 기강이 해이해지자 신하들은 공민왕 몰래 많은 부정을 저질렀다. 결국, 공민왕은 1374년 자신들의 부정이 드러날까 봐 두려워한 일부 신하들에게 목숨을 잃었다.

공민왕은 그림과 글씨에도 뛰어나 〈천산대렵도〉 등 많은 작품을 남겼다.

공민왕은 80여 년간 지속된 원나라의 간섭을 물리치고, 개혁 정치를 통해 고려의 중흥을 꾀하고 자주 국가를 세우려고 노력한 왕이었다.

함께 익혀 둡시다

기철 (?~1356) : 고려 때의 권세가로, 원나라 황후가 된 누이동생이 태자를 낳자, 그 권세를 믿고 세도를 부렸다. 공민왕이 원나라를 배척하는 정책을 쓰자 반란을 꾀하다 죽임을 당했다.

노국 공주 (?~1365. 일명 보탑실리 공주) : 공민왕의 왕비로 원나라 황족 위왕의 딸이다. 1349년 공민왕과 결혼한 후 공민왕이 즉위할 때 같이 고려로 왔다. 1364년(공민왕 13)에 아기를 낳고 병이 위중해져 이듬해 죽었다.

변발 : 만주족의 풍습으로 남자의 머리 주위를 깎고 가운데 머리만을 따서 길게 늘어뜨린 머리 형태를 말한다.

신돈 (?~1371. 자는 요공. 법호는 청한거사. 법명은 편조) : 옥천사 노비의 아들로 태어나 어려서 승려가 되었다. 김원명의 추천으로 공민왕을 만나 신임을 얻었다. 토지 제도를 개혁하고, 국가의 재정을 확보하는 데 큰 공을 세웠다. 그러나 권력을 함부로 휘둘러 왕의 신임을 잃은 뒤 반란을 꾀하다가 수원에 유배되었다가 처형되었다.

이성계 : 244쪽 참조.

이인임 (?~1388) : 고려의 문신으로, 공민왕 때 홍건적의 침입을 물리치고, 요동에 남아 있는 원나라 세력을 무너뜨리는 등의 공을 세웠다. 공민왕이 죽은 뒤에는 우왕을 추대하여 정권을 잡고 친원 정책을 펼치다가 최영, 이성계 세력에 의해 숙청되었다.

호복 : 고려 시대 때 원나라가 우리나라에 입도록 강요했던 몽골족 고유의 옷을 말한다.

공민왕이 그린 〈천산대렵도〉

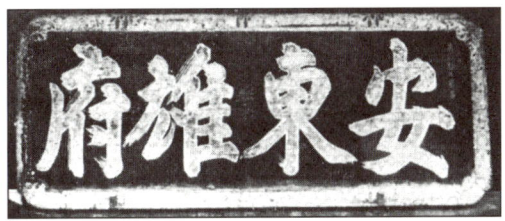

공민왕의 글씨

얽힌 이야기 한 토막

"무엇이라고? 변발을 금하고 호복을 벗으라는 명령을 따를 수 없다고? 이런 고얀 것들을 보았나. 모두 잡아들여 엄히 다스려라!"

조용히 그림을 그리고 있던 공민왕이 붓을 내던지며 버럭 소리를 질렀다.

얼마 전 공민왕은 원나라의 힘에 눌려 몽골식 변발을 하고 호복을 입던 풍속을 금지시켰다. 그러나 그 동안 몽골의 풍속에 푹 빠져 있었던 귀족들과 신하들이 반대하고 나섰다.

공민왕은 자신의 뜻을 거역하는 귀족과 신하들을 모두 내쫓았다. 이어 원나라가 고려 조정을 간섭하려고 세웠던 기관들도 모두 없애 버렸다.

"전하, 중국에는 원나라가 망하고 명나라가 들어섰습니다. 지금이 빼앗겼던 우리 땅을 되찾을 좋은 기회입니다."

당시 장수로 있던 이성계가 공민왕에게 아뢰었다. 공민왕은 이성계의 말을 받아들여 원나라에게 빼앗겼던 고려의 땅을 되찾았다.

공민왕은 왕이 되기 전에 원나라에 볼모로 끌려가 모진 고초를 겪었다. 또한 아름다운 고려의 처녀들이 원나라에 잡혀가 노예나 첩으로 살아가는 것을 보았다. 더욱이 해마다 고려의 진귀한 보물들이 원나라 궁궐로 실려 들어가는 것을 목격한 공민왕은 그때 단단히 결심했던 것이다.

"아, 어찌하여 우리 고려는 이렇듯 고난을 당해야 하는가? 내가 왕이 된다면 반드시 이것을 바로잡아 고려의 자주성을 널리 알리리라!"

임진왜란 때 의병을 일으켜 싸운 장군이다.

곽재우
郭再祐 : 1552~1617. 자는 계수. 호는 망우당. 시호는 충익.

곽재우는 1552년(명종 7) 외가인 경상남도 의령에서 당시 황해도 관찰사였던 곽월의 아들로 태어났다.

1585년(선조 18) 문과에 급제하였으나 지은 글이 임금의 뜻에 거슬려서 합격이 취소되었다. 그 뒤 곽재우는 벼슬길에 나가는 것을 포기하고 고향으로 내려가 초야에 묻혀 지냈다. 1592년 임진왜란이 일어나 왕이 의주로 피란하는 등 나라가 위급해지자, 곽재우는 자신의 재산을 털어 의령에서 의병을 일으켰다. 곽재우는 왜군과 싸울 때 늘 붉은 갑옷을 입었는데, 이 때문에 '홍의 장군'이라고 불렸다. 곽재우는 왜군으로부터 의령, 합천 등의 고을을 지켜 냈고, 또 현풍, 창녕, 영산에 침략한 왜군을 물리쳤다. 그리고 임진왜란 3대첩 가운데 하나인 진주성 싸움에 의병을 파견하기도 했다.

곽재우는 왜군을 무찌른 공으로 형조 정랑을 거쳐 절충 장군으로 승진했다. 이듬해 성주 목사를 지내고 1595년 진주 목사가 되었으나 벼슬을 버리고 고향으로 돌아갔다.

1597년에 정유재란이 일어나자 곽재우는 경상좌도 방어사가 되어 왜군을 물리쳤다. 그리고 그해 세상을 떠난 계모를 위해 울진으로 내려가 바깥출입을 삼가한 채 삼년상을 치렀다. 비록 친어머니는 아니었지만 효성을 다해 모셨다.

1599년 곽재우는 진주 목사 겸 경상우도 조방장이 되어 벼슬길에 다시 나왔다. 그러나 이듬해 병을 이유로 벼슬을 내놓고 고향으로 돌아가자 사헌부의 탄핵을 받아 영암으로 유배되어 2년을 보냈다. 이후 현풍 비슬산에 들어가 정자를 짓고 '세상의 근심을 잊는다'는 뜻의 '망우정'이란 이름을 붙였다. 그리고 이곳에서 여생을 보냈다.

그 뒤 계속해서 벼슬이 내려졌으나 사양하다가 1610년 광해군의 간청으로 다시 관직을 맡았다. 그러나 1613년(광해군 5) 이이첨 등이 영창 대군을 모함하여 광해군이 영창 대군을 죽이려 하자, 곽재우는 영창 대군은 죄가 없다는 상소를 올린 뒤 벼슬을 그만두고 고향으로 돌아갔다. 이후 여러 차례 경상도 병마절도사 등의 벼슬이 내려졌으나 사양하고 나아가지 않다가 1617년에 죽었다.

학문과 무예에 뛰어났던 곽재우는 왜군이 쳐들어와 나라가 위급할 때 의병을 모아 앞장서서 용감하게 싸웠다. 그러나 전쟁 후 권력 다툼으로 조정이 혼란해지자 자기 힘으로는 어찌할 수 없음을 깨닫고 벼슬에서 물러나 자연에 묻혀 살았다. 나아갈 때와 물러설 때를 알고 실천한 것이다.

함께 익혀 둡시다

광해군 : 26쪽 참조.

사헌부 : 조선 시대에 관리의 잘못을 감시하고, 백성의 풍속을 바로잡는 역할을 담당한 기관이다.

영창 대군 (1606~1614. 이름은 의) : 선조와 인목 왕후 사이에 태어난 유일한 아들로, 선조의 아낌없는 사랑을 받았다. 선조가 죽고 광해군이 왕위에 오른 뒤 1613년 역모를 꾸민다는 이이첨 등의 모함을 받아 강화도로 유배되었다. 이듬해 강화 부사 정항에 의하여 죽었다.

의병 : 나라를 구하기 위하여 자진해서 일어나 싸우는 일반 백성으로 구성된 군사를 말한다. 임진왜란과 조선 말 을사조약 이후에 특히 많이 일어났다.

임진왜란 3대첩 : 임진왜란의 여러 싸움 중 왜군을 크게 물리친 세 전투를 말한다. 이순신 장군이 이끈 한산도 대첩, 권율 장군의 행주 대첩, 김시민 장군의 진주성 대첩이 그것이다.

진주성 싸움 : 1592년(선조 25) 10월 5일부터 7일간에 걸쳐 진주성에서 있었던 전투이다. 진주는 경상도에서 전라도로 통하는 중요한 길목이어서 임진왜란 당시 왜군의 주공격 대상이었다. 1592년 10월에 3만여 명의 왜군이 대나무 사다리를 만들어 진주성에 쳐들어오자 진주 목사 김시민의 지휘 아래 3천 8백여 명의 군사와 백성들이 하나가 되어 왜군과 맞섰다. 또 곽재우 등이 이끄는 의병이 성 밖에 진을 치고 왜군을 위협하였다. 7일간에 걸친 대격전 끝에 결국 왜군은 물러갔다. 그러나 이 싸움에서 김시민이 왜군의 총을 맞고 전사했다. 소수의 군인과 백성들이 똘똘 뭉쳐 3만여 왜군을 크게 물리친 이 싸움은 한산도 대첩, 행주 대첩과 함께 임진왜란 3대첩의 하나로 꼽힌다.

곽재우 동상

얽힌 이야기 한 토막

곽재우가 의병을 모아 의병장으로 나서던 날의 일이다. 의병장이 되어 연설을 하고 있을 때 갑자기 말발굽 소리가 들리더니 커다란 백마 한 마리가 뛰어들어왔다. 그 말이 어디에서 왔는지 아무도 몰랐고, 말의 주인도 나타나지 않았다.

"아니! 이게 웬 백마지? 이 부근에는 말을 키우는 사람도 없는데……. 옳지! 하늘이 장군의 뜻에 감동해서 보내 주신 모양이다! 홍의 장군 만세!"

의병들은 물론 그곳에 모인 모든 사람들은 환호성을 질렀고, 사기는 하늘을 찌를 듯했다.

그러던 어느 날 드디어 왜구들이 진주문 앞까지 나타났다는 보고가 들어왔다. 하지만 곽재우가 이끄는 의병의 수는 생각보다 적었다.

'백성들은 의병이 되는 것에 겁을 먹고 있다. 내가 왜구를 물리치는 것은 하늘의 뜻이니, 반드시 이번 싸움에서 이겨 백성들이 자진해서 의병으로 나오도록 하리라.'

굳은 결심을 한 곽재우는 큰 소리로 말했다.

"깃발을 가져오너라! 그 깃발을 왜구들이 똑똑히 볼 수 있도록 내 말 안장에 꽂도록 하라."

곽재우는 붉은 갑옷을 입고 말에 깃발을 꽂은 채 혼자서 왜구들을 향해 달려나갔다. 단칼에 몇 명의 왜구들이 쓰러졌다. 깃발이 이리저리 움직일 때마다 적들은 낙엽처럼 쓰러졌다. 사기가 오른 의병들은 앞다투어 왜구들을 물리쳤고 기가 꺾인 왜구들은 달아나기 시작했다. 곽재우는 첫 싸움에서 얼마 되지 않는 의병으로 5배가 넘는 왜구들을 무찔렀다.

그 후 의병들의 숫자는 빠르게 늘어났고, 왜구들은 붉은 옷과 곽재우 장군의 깃발만 보고도 달아나기에 바빴다고 한다.

고구려의 땅을 요동까지 넓힌 위대한 왕이다.

광개토 대왕

廣開土大王 : 374~412. 재위 기간 : 391~412.
이름은 담덕. 재위시 칭호는 영락 대왕.

광개토 대왕은 고구려의 소수림왕이 불교를 받아들여 왕권을 강화하고 문화를 발달시켜 중흥의 길을 걷기 시작한 374년 고국양왕의 아들로 태어났다. 13세에 태자가 되었고, 18세에 고국양왕의 뒤를 이어 고구려 제19대 왕이 되었다.

광개토 대왕은 즉위하면서 우리나라 최초로 영락이라는 연호를 사용하여 고구려가 중국과 대등하다는 것을 세상에 알렸다. 그리고 선왕들이 이룩해 놓은 굳건한 국력을 바탕으로 영토를 크게 확장해 고구려의 기상을 드높였다.

광개토 대왕은 왕위에 오르자마자 먼저 예성강을 경계로 대립해 있던 백제를 공격하였다. 392년에 4만의 군사를 이끌고 백제의 관미성, 석현성을 비롯해 10개의 성을 빼앗았다. 396년에는 다시 백제를 공격해 백제 아신왕의 항복을 받고 지리적으로 중요한 한강 유역을 차지하였다.

또 백제와 긴밀한 관계를 맺고 있던 왜가 신라에 침입하여 신라가 구원병을 요청하자 5만 군사를 파견해 왜군을 물리치고 가야까지 추격했다. 407년에는 백제를 공격하여 6개의 성을 빼앗고 백제를 완전히 제압했다. 또 신라에 침입한 왜구를 물리쳐서 막강한 힘을 과시한 뒤 그 대가로 신라의 인질을 데려갔다.

광개토 대왕의 영토 확장 욕심은 끝이 없었다. 당시 연나라는 중국의 동북 지방에 위치해 있었는데 고구려와는 국경을 마주하고 있었다. 광개토 대왕은 연나라가 고구려의 서쪽을 공격하려는 움직임이 보이자 연나라의 숙군성을 쳐서 빼앗고, 이어 현도, 요동의 두 성도 함락시켰다. 또 만주 지방으로도 눈을 돌려 요동 땅을 확보하여 만주 지방의 주인이 되었다.

광개토 대왕은 고구려의 영토를 넓혔을 뿐만 아니라, 나라 안의 정치에도 많은 힘을 기울여 사회 질서를 안정시켰다. 또 평양에 9개의 절을 창건하여 불교를 장려하기도 했다. 그러나 아쉽게도 39세라는 젊은 나이에 세상을 떠나고 말았다.

광개토 대왕은 후세 사람들이 고구려의 가장 위대한 왕으로 꼽을 정도로 우리나라에서 가장 넓은 영토를 개척한 뛰어난 영웅이다. 광개토 대왕의 생애와 업적은 아들 장수왕이 414년에 세운 광개토 대왕릉비에 기록되어 있다. 이 비석은 1875년 중국 봉천 유수 숭실이 통구(지린 성 지안 현) 지방을 다스릴 때 발견하였다.

함께 익혀 둡시다

고국양왕 (?~391. 재위 기간 : 384~391. 이름은 이련, 어지지) : 고구려 제18대 왕으로 광개토 대왕의 아버지이다. 385년 4만의 군사로 요동을 공격하여 빼앗고, 이듬해에는 백제를 쳐서 영토를 넓혔다. 불교를 장려하여 문화를 발전시켰으며, 국사를 세우고, 종묘를 수리하였다.

광개토 대왕릉비 : 고구려 제19대 왕인 광개토 대왕의 업적을 기리기 위해 414년에 아들 장수왕이 세운 비석이다. 이 비석은 높이가 6.39미터로, 당시 고구려의 수도였던 국내성 동쪽 국강상(중국 지린 성 지안 현)에 광개토 대왕의 능과 함께 세워졌다. 비석에는 '국강상 광개토 경평안 호태왕'이라고 쓰여 있으며, 마지막 세 글자를 따서 '호태왕비'라고도 한다. 비석의 내용은 고구려의 건국 신화, 광개토 대왕과 이전 왕들의 업적, 비석을 세우게 된 경위, 광개토 대왕의 정복 활동, 왕릉의 관리 규정 등이다.

광개토 대왕릉비

소수림왕 (?~384. 재위 기간 : 371~384. 이름은 구부) : 고구려 제17대 왕으로 아버지인 고국원왕이 백제 근초고왕과의 평양 싸움에서 전사하자 그 뒤를 이어 왕위에 올랐다. 고국원왕이 대외 진출을 꾀하려다 실패하여 혼란스러워진 나라를 안정시키기 위해 중국 전진과 외교 관계를 맺었다. 그리고 새로운 제도와 문화를 받아들이는 데 많은 힘을 쏟았다. 372년 우리나라에 처음으로 불교를 받아들였다. 안으로는 교육 기관인 태학을 세우고, 율령을 만들어 반포하여 고구려의 국가 체제를 확립하는 밑바탕을 마련하였다. 동생 고국양왕에게 왕위를 물려주었다.

장수왕 : 282쪽 참조.

얽힌 이야기 한 토막

"아, 참으로 대단한 일이다. 조선의 역사가 이렇듯 유구하고 찬란했다니! 하지만 이런 걸 그대로 둘 수는 없지. 우리 대일본 제국에 걸림돌이 되는 역사라면 아무리 훌륭하다고 하더라도 반드시 지워져야만 한다."
1882년 눈보라가 몰아치는 만주의 태왕촌에서 일본군 참모부 소속 사카와 중위는 쌓인 눈을 헤치며 어둠 속에서 바쁘게 움직였다. 그는 일본이 조선을 침략하려고 중국과 우리나라에 보낸 첩자였다.
"고구려의 광개토 대왕은 참으로 위대한 왕이었구나. 이토록 넓은 영토를 다스리면서도 훌륭하게 정치를 하였다니! 그런데 지금 조선은, 우리 일본이 자신들을 집어삼키려는 것도 모르고 정신을 못 차리고 있으니……."
사카와 중위는 홀로 중얼거리며 석회를 반죽하였다.

사카와 중위가 만주에 거대한 비석이 있다는 말을 듣고 직접 와서 조사해 보니, 조선의 옛 나라였던 고구려의 광개토 대왕의 비석이었다. 그런데 그 비석에는 고구려가 백제와 신라를 물리쳤을 뿐만 아니라 백제를 도우려고 출동했던 왜군까지 모조리 쳐부수었다는 이야기가 새겨져 있었다. 조선을 침략할 계획을 가지고 있는 일본으로서는 마음에 걸릴 수밖에 없는 내용이었다.
사카와 중위는 자기 나라와 관련된 부분을 파내고 석회 반죽을 이용하여 왜가 신라와 백제를 쳐서 식민지로 삼았다는 내용으로 바꾸어 놓았다. 일본의 조선 침략을 합리화하기 위해서였다. 또 사카와 중위는 다른 내용들도 글자를 긁어 내고 부수어 중요한 내용을 알 수 없도록 만들었다.
일본은 우리 역사를 이렇듯 철저하게 왜곡했다.

자주적인 외교를 펼쳤으나, 폭정으로 쫓겨난 비운의 왕이다.

광해군
光海君 : 1575~1641. 재위 기간 : 1608~1623. 이름은 혼.

광해군은 선조의 둘째 아들로, 후궁 공빈 김씨에게서 태어났다. 1592년(선조 25) 임진왜란 중에, 피란지 평양에서 세자로 책봉되었다. 세자가 된 광해군은 함경도, 전라도 등지에서 의병을 모으고 군량미를 조달하는 등 전쟁을 수습하기 위해 힘을 기울였다.

1606년 인목 왕후가 영창 대군을 낳자 신하들 사이에 논란이 벌어졌다. 유영경 등은 영창 대군을, 정인홍 등은 광해군을 지지하였다. 병이 위독해진 선조가 광해군에게 왕위를 물려준다는 교서를 내렸으나, 유영경이 이를 감추어 버렸다. 그러나 정인홍의 목숨을 건 상소로 유영경의 음모가 밝혀져 1608년 광해군은 마침내 왕위에 올랐다.

왕위에 오른 광해군은 선조의 교서를 감추었던 유영경을 처형하고, 원로 대신인 이원익을 등용하여 당파를 벗어나 인재를 고루 뽑아 쓰는 정책을 펼치려 했다. 그러나 광해군은 정인홍 등의 흉계에 빠져 인목 대비의 아버지인 김제남, 영창 대군과 능창 대군을 역모로 몰아 죽였다. 그리고 1617년에는 계모인 인목 대비를 평민으로 폐위하고 서궁에 가두었다. 그러자 광해군의 폭정으로 생명에 위협을 느낀 김류 등이 1623년 반정을 일으켰다. 왕위에서 쫓겨난 광해군은 강화도로 유배되었다가, 다시 제주도로 옮겨져 1641년(인조 19) 그곳에서 죽었다.

광해군은 비록 포악한 정치를 펼쳐 왕위에서 쫓겨나기는 했으나 임진왜란 중에는 왜군을 물리치기 위해 애썼다. 또 임진왜란 후에는 황폐해진 나라와 백성들을 안정시키기 위해 여러 가지 정책을 시행하고, 경작지를 개간하는 등 많은 노력을 기울였다.

우리나라와 명나라가 임진왜란을 치르는 동안 만주에서 힘을 기른 여진족이 1616년 후금을 세우자, 광해군은 대포를 만들고 국방을 강화하였다. 이때 후금은 국력이 약해진 명나라를 자주 공격하였다. 이에 명나라는 후금을 정벌하기로 하고 조선에 구원병을 요청하였다. 조선은 임진왜란 때 도움을 준 명나라를 돕지 않을 수도 없고, 새롭게 등장한 강대국 후금과 적대 관계를 맺을 수도 없는 상황이었다.

당시 신하들은 명나라를 도와야 한다고 주장했지만, 광해군은 강홍립에게 군사 1만 3천 명을 주면서 '상황에 따라 유리한 쪽을 택하라'는 비밀 명령을 내렸다. 후금과의 싸움에서 명나라가 패하자 강홍립은 후금에 항복하였다. 그리고 조선은 명나라 때문에 억지로 전쟁에 나왔을 뿐, 후금과는 원한이 없다는 사실을 밝혀 후금의 침략을 막아 냈다. 광해군은 명분을 앞세우기보다는 실리적이고 자주적인 외교를 펼친 왕이었다.

함께 읽혀 둡시다

강홍립 (1560~1627. 자는 군신. 호는 내촌) : 조선 중기의 무신이다. 1618년 명나라의 요청에 의해 군사 1만 3천 명을 이끌고 후금과의 전쟁에 나섰다. 이때 조선과 명나라 연합군이 패하자 '상황에 따라 유리한 쪽을 택하라'는 광해군의 비밀 명령에 따라 후금에 항복하여 조선군의 출병이 부득이한 일이었음을 알렸다. 후금에 억류되어 있다가 1627년 정묘호란 때 후금 군사의 길을 안내했다. 강화도에서 양국의 협상을 주선한 뒤 국내에 머물렀으나, 역신으로 몰려 관직을 빼앗겼다.

교서 : 왕이 내리는 문서이다. 왕의 명령을 적은 문서, 백성들을 가르치고 타이르기 위하여 내리는 글, 새로운 법률이나 제도를 알리기 위한 문서 등이 있다.

김류 (1571~1648. 자는 관옥. 호는 북저. 시호는 문충) : 조선 중기의 문신으로, 1596년 문과에 급제하여 벼슬길에 올랐다. 광해군이 동생 영창 대군을 죽이고 인목 대비를 폐비하는 등 잘못된 행동을 일삼자, 1623년 이귀, 최명길, 이괄 등과 함께 반정을 일으켜 광해군을 몰아내고 인조를 왕으로 세웠다. 이조 판서, 우의정, 좌의정, 영의정 등의 벼슬을 두루 거쳤다.

능창 대군 (1599~1615. 이름은 전. 시호는 효민) : 선조의 손자이다. 1615년 왕이 되고자 역모를 꾀한다는 모함을 받아 광해군에 의해 교동에 갇혔다가 사형당했다.

영창 대군 (1606~1614. 이름은 의) : 선조와 인목 왕후 사이에 태어난 유일한 아들로, 선조의 아낌없는 사랑을 받았다. 선조가 죽고 광해군이 왕위에 오른 뒤 1613년 역모를 꾸민다는 이이첨 등의 모함을 받아 강화도로 유배되었다. 이듬해 강화 부사 정항에 의하여 죽었다.

유영경 (1550~1608. 자는 선여. 호는 춘호) : 조선 시대 문신으로 임진왜란 때 군사를 모집하여 호조 참의에 올랐다. 선조의 뒤를 이어 영창 대군을 왕으로 세우려고 선조의 교서를 감추었다. 1608년 광해군이 왕위에 오르자 정인홍, 이이첨 등의 탄핵을 받아 경흥으로 유배되었다가 사약을 받고 죽었다.

이원익 (1547~1634. 자는 공려. 호는 오리. 시호는 문충) : 조선 중기의 문신이다. 불합리한 조세 제도를 시정하여 국민의 부담을 덜어 주었고 백성을 잘 다스려 청백리에 올랐다.

인목 대비 (1584~1632. 성은 김) : 조선 선조의 둘째 왕비이다. 연흥 부원군 김제남의 딸로 영창 대군의 어머니이다. 광해군이 왕이 된 뒤 서궁에 유폐되었다가 인조반정으로 풀려났다. 글씨에 능했다.

정인홍 (1535~1623. 자는 덕원. 호는 내암) : 조선 중기의 학자이자 의병장이다. 임진왜란 때 합천에서 의병을 모아 성주에서 왜병을 물리침으로써 영남 의병장이라는 호를 받았고, 성주, 합천, 함안 등을 지키는 데 많은 공을 세웠다. 광해군이 왕위에 오르는 데 공을 세워 좌의정 등 높은 벼슬을 두루 맡았다. 광해군의 총애를 받아 권력을 함부로 휘두르다 1623년 이귀, 최명길 등이 광해군을 몰아내고 인조를 왕으로 세운 인조반정 때 참형되었다.

얽힌 이야기 한 토막

어릴 때 광해군은 무척 똑똑하고 영민하였다.
광해군의 아버지 선조는 세자 책봉에 대한 일을 생각하다가 어느 날 여러 왕자들을 앞에 불러 놓고 왕자들의 슬기를 시험해 보기로 하였다.
"너희들은 이 세상에서 가장 맛있는 음식이 무엇이라고 생각하느냐?"
느닷없는 선조의 질문에 왕자들은 대수롭지 않게 떡이라고도 하고 혹은 꿀, 혹은 고기라고 대답하였다. 광해군의 차례가 되었는데 그는 뜻밖의 대답을 하였다.
"소금이옵니다."
선조가 신기하게 여겨 그 까닭을 물었다. 그러자 광해군은 주저하지 않고 대답하였다.
"모든 음식에는 소금이 들어가야 비로소 제 맛이 나기 때문입니다."
이에 선조는 크게 만족하며 광해군을 칭찬하였다. 그리고 훗날 큰아들인 임해군과 그 밖의 여러 왕자들을 두고 광해군을 세자로 책봉하였다.

철원 일대에 후고구려를 세운 왕이다.

궁예
弓裔 : ?~918. 재위 기간 : 901~918. 성은 김씨. 승명은 선종.

궁예는 신라 제47대 헌안왕 또는 제48대 경문왕의 아들이라 전한다. 궁예가 태어날 당시 신라의 왕실은 왕권을 놓고 치열한 다툼을 벌였고, 전국에서 민란과 반란이 끊이지 않았다. 궁예는 왕위 다툼에서 밀려나 자신을 죽이려는 사람들을 피해 유모의 손에서 자라다 세달사에 들어가 승려가 되었다.

이 무렵 신라 왕실은 극도로 쇠약해져, 지방에서는 지방 세력인 호족이 득세하였다. 게다가 거듭되는 흉년으로 국고가 바닥나자 신라 왕실은 과도하게 세금을 거두어 백성들의 원성을 샀다. 살기가 어려워진 백성들은 떠돌아다니거나, 도적이 되어 곳곳에서 반란을 일으켰다. 그 가운데 기훤과 양길이 두각을 나타냈다.

궁예는 야망을 펼치기 위해 절에서 나와 891년 기훤의 부하가 되었다가 이듬해 양길의 부하가 되었다. 궁예는 여러 싸움터에서 용맹을 떨쳐 늘 많은 무리가 따랐다. 이에 자신감을 얻은 궁예는 894년에 명주(강릉)와 철원을 빼앗은 후 양길과 손을 끊고 독립하였다. 그리고 스스로를 장군이라 칭하고, 이듬해 강원도 일대에서 세력을 넓혀 나갔다.

궁예는 젊고 유능한 왕건을 발탁하여 송악(개성)의 태수로 임명하고, 왕건과 더불어 신라의 평안도와 한산주에 있는 30여 개의 성을 쳐서 빼앗았다. 또 왕건을 보내어 양길의 군사를 쳐부수고, 이듬해 국원(충주), 청주(온양)를 손에 넣었다.

901년(효공왕 5) 궁예는 송악을 도읍으로 정하고, 나라를 세웠는데 고구려의 부흥을 내세워 나라 이름을 '후고구려'라 하였다. 또 왕건에게 금성(나주)을 치게 하여 후백제를 세운 견훤을 견제하였다. 세력이 커지자 궁예는 904년 나라 이름을 '마진', 연호를 '무태'라 고치고, 이듬해 도읍을 철원으로 옮겼다. 911년 궁예는 다시 나라 이름을 '태봉'으로 고치고, 연호를 '수덕만세'라 하였다.

그러나 궁예는 왕으로서의 자질이 부족했다. 백성들을 잘살게 해 주기는커녕 많은 세금을 거둬들이고 궁궐을 크게 짓는 등 가혹한 수탈을 일삼았다. 말년에는 점점 사람들은 믿지 못하게 되고 부인과 두 아들을 포함하여 백성들을 마구 죽이는 등 포악한 정치를 계속했다. 이 때문에 민심이 들끓자, 918년 신숭겸, 홍유, 복지겸, 배현경 등이 모의하여 왕건을 왕으로 추대하고 궁예를 몰아냈다. 왕위를 빼앗기고 도망하던 궁예는 부양(강원도 평강)에서 백성들에게 맞아 죽었다.

궁예는 민심이 어지러운 틈을 타 세력을 키웠으나, 포악한 정치를 일삼다가 자신도 역시 민심을 잃고 결국 비참하게 죽고 말았다. 궁예는 민심을 잃은 왕의 최후가 어떤지를 잘 보여 준다.

함께 익혀 둡시다

기훤 (?~?) : 891년(진성 여왕 5) 안성에서 군사를 모아 반란을 일으켰다. 궁예와 같은 뛰어난 부하를 두었으나 성질이 포악하여 크게 위세를 떨치지는 못했다. 결국 궁예를 비롯해 여러 부하들이 기훤을 떠나 양길의 부하가 되었다.

배현경 (?~936. 시호는 무열) : 고려 초기의 장군으로 처음에는 궁예의 부하로 활동하였다. 궁예의 횡포가 심해지자 918년 신숭겸 등과 궁예를 몰아내고 왕건을 왕으로 세웠다.

복지겸 (?~?. 시호는 무공. 면천 복씨의 시조) : 고려 태조 때의 장군으로 궁예의 부하로 있다가 918년 신숭겸 등과 궁예를 몰아내고 왕건을 왕으로 세웠다. 그 뒤 임춘길이 일으킨 반란을 평정하는 데 공을 세웠다.

신숭겸 (?~927. 아명은 능산. 시호는 장절. 평산 신씨의 시조) : 광해주(춘천)에서 태어났으며 고려 건국의 일등 공신이다. 927년 태조 왕건이 대구 공산에서 견훤의 후백제군에 포위되자, 김낙과 함께 왕건을 구해 내고 죽었다.

양길 (?~?) : 신라 말 진성 여왕 때 나라가 혼란한 틈을 타 북원(강원도 원주)에서 반란을 일으켰다. 892년 궁예를 부하로 삼은 후 지방의 여러 성을 빼앗아 세력을 넓혔다. 궁예의 세력이 커지자 궁예를 없애려다 도리어 공격을 받아 크게 패하였다.

왕건 : 198쪽 참조.

호족 : 지방에서 재산이 많고 세력이 강한 집안을 말한다.

홍유 (?~936. 시호는 충렬. 의성 홍씨의 시조) : 고려 태조 때의 장군으로 918년 신숭겸 등과 궁예를 몰아내고 왕건을 왕으로 세웠다. 그 뒤 왕건을 도와 후삼국을 통일하는 데 큰 공을 세웠다.

후고구려 : 901년(효공왕 2) 궁예가 송악(개성)에서 세운 나라로 918년에 멸망했다.

후백제 : 후삼국의 하나로 견훤이 세운 나라이다. 892년에 옛 백제 땅에 세웠으며 936년에 멸망했다.

'궁예 미륵'이라고 불리는 국사암 석조 여래 입상

얽힌 이야기 한 토막

궁예가 태어날 때 지붕 위에서 긴 무지개와 같은 흰 빛이 뻗어 나와 하늘까지 닿아있다. 그것을 보고 억권이 왕에게 이뢰었다.
"이 아이가 단옷날에 태어났고, 태어나면서부터 이가 나 있습니다. 또한 하늘로 뻗은 빛이 이상하오니, 나라에 이롭지 못할 듯합니다. 키우지 마십시오."
이에 왕은 시종을 보내 궁예를 죽이라는 명령을 내렸다.
왕의 명령을 받은 시종은 곧바로 강보에 싸인 궁예를 빼앗아 높은 누각에서 아래로 던져 버렸다.
그때 유모가 떨어지는 궁예를 몰래 받았다. 그리하여 궁예는 겨우 목숨을 건졌다. 하지만 유모가 아기를 받을 때 잘못하여 손가락으로 눈을 찌르는 바람에 궁예는 한쪽 눈이 멀게 되었다.

유모는 그곳을 멀리 떠나 숨어 살면서 갖은 고생을 다해 궁예를 길렀다. 그러나 궁예는 10세가 되도록 놀기만 할 뿐 공부를 하지 않았다. 그것을 보다 못한 유모가 하루는 궁예를 불러 놓고 말했다.
"네가 태어나서 나라의 버림을 받은 것을 내가 차마 보지 못하여 남모르게 데려다가 키웠다. 그런데 오늘 이렇듯 네가 어리석게 행동하니 곧 남들이 알게 될 것이다. 만약 우리의 신분이 탄로나면 너와 난 죽음을 면치 못할 것이다. 이제 너는 어찌할 생각이냐?"
"만일 그렇다면 제가 멀리 떠나 어머니의 근심을 덜어 드리겠습니다."
궁예는 그 길로 집을 떠나 세달사에 들어가 승려로 숨어 지내며 야망을 길렀다.

임진왜란 때 행주산성에서 왜군을 크게 물리친 조선의 명장이다.

권율

權慄 : 1537~1599. 자는 언신. 호는 만취당, 모악. 시호는 충장.

이순신과 더불어 임진왜란의 2대 명장으로 꼽히는 권율은 1537년 영의정 권철의 아들로 태어났다. 유복한 가정에서 자란 권율은 1582년 과거에 급제한 후 여러 벼슬을 거쳐 의주 목사가 되었다.

권율은 1592년에 임진왜란이 일어나자 광주 목사에 임명되어, 이광과 곽영의 지휘 아래 용인에서 왜군과 싸웠으나 패하고 말았다. 그러나 이에 굴하지 않고 남원에서 군사 1천여 명을 모아 금산군 이치 싸움에서 왜군을 크게 물리쳤다. 그 공을 인정받아 권율은 전라도 순찰사가 되었다.

권율은 다시 군사 8천 명을 이끌고 수원 독성산성에서 왜군과 맞섰다. 진지를 튼튼하게 쌓는 등 방비를 철저히 한 덕분에 끊임없이 몰려드는 왜군과 싸워 크게 이겼다.

권율은 기세를 몰아 한양을 되찾기 위해 북으로 진격하였다. 1593년 권율은 2천 8백여 명의 군사를 이끌고 한강을 건너 행주산성에 진을 쳤다. 이때 승병장 처영 등이 승군을 이끌고 와 우리 군사는 모두 1만 명이 넘었다. 한편, 평양에서 철수한 왜군은 한양에서 군사를 정비한 뒤 3만 명의 병력으로 행주산성을 공격했다. 왜군은 7개의 부대로 나누어 맹렬한 공격을 가하여 한때 성이 함락될 위기에 처했으나, 권율의 일사불란한 통솔로 의병, 승병, 부녀자들까지 죽을힘을 다해 싸워 승리를 거두었다. 이 격전에서 왜군은 2만 4천여 명의 사상자를 냈다. 이것이 유명한 '행주 대첩'이다. 행주 대첩은 진주성 싸움, 한산도 대첩과 함께 임진왜란 3대 첩의 하나로 일컬어진다. 특히 이 싸움에서는 부녀자들이 앞치마에 돌을 날라 싸움을 도왔는데, '행주치마'라는 이름은 여기에서 생겨난 것이다. 행주 대첩의 공으로 권율은 도원수가 되었다.

1597년 정유재란이 일어나자 권율은 왜군의 북상을 막기 위해 명나라 장수 마귀와 함께 울산에서 싸울 준비를 했다. 그러나 전쟁이 커지는 것을 우려한 명나라의 갑작스런 후퇴 명령에 철수하고 말았다.

이어 순천에 주둔해 있던 왜군을 공격하려 했으나 역시 명나라 구원군이 협조하지 않아 실패했다.

병이 깊어진 권율은 1599년(선조 32) 벼슬에서 물러나 고향으로 돌아가 그해 7월에 죽었다.

권율은 임진왜란 7년간 우리 군대를 총지휘하며 나라를 구하기 위해 용감하게 싸웠다. 만일 육지에 권율이 없었더라면 왜구의 노략질은 언제 끝났을지 모를 일이다.

함께 익혀 둡시다

곽영 (?~?) : 조선 중기의 무신으로 경상도 병마절도사 등을 거쳤다. 1592년 임진왜란이 일어나자 전라도 방어사로 금산과 용인에서 왜군과 맞서 싸웠으나 패하였다. 그 죄로 한때 사헌부의 탄핵을 받기도 하였다.

도원수 : 고려와 조선 시대의 벼슬 이름이다. 나라에 전쟁이 일어났을 때 군사에 관한 일을 맡아보던 장수를 말한다.

순찰사 : 고려와 조선 시대의 벼슬 이름이다. 나라에 전쟁이 일어났을 때 지방에 있는 군사를 순찰하던 임시 벼슬이다.

이광 (1541~1607. 자는 사무. 호는 우계) : 조선 선조 때의 문신이다. 임진왜란 당시 전라도 순찰사로 있었으나 용인 싸움에서 왜군에게 크게 패했다. 그 책임으로 벼슬에서 물러나 백의종군한 뒤 벽동에 유배되었으며, 1594년 풀려나 고향에 돌아갔다.

이치 싸움 : 임진왜란 때인 1592년 7월 권율, 황진 등이 충청남도 금산 근처에 있는 이치 고개에서 왜장 고바야시 다카가게가 이끄는 왜군을 크게 무찌른 싸움을 말한다.

행주 대첩 : 임진왜란 때 전라도 관찰사 권율이 행주산성에서 왜군을 크게 물리친 싸움을 말한다. 행주 대첩은 진주성 싸움, 한산도 대첩과 함께 임진왜란 3대첩 가운데 하나이다. 1593년 1월 권율은 평양에서 철수하는 왜군을 물리치고 한양을 수복하기 위해 1만여 명의 군사를 모아 행주산성에 진을 쳤다. 권율은 성을 정비하고 나무 울타리를 쌓아 왜군의 침입에 대비하였다. 2월 12일 왜군 3만여 명이 7개 부대로 나뉘어 성을 둘러싸고 공격해 왔다. 권율은 일사불란한 통솔력으로 군사들의 사기를 북돋우고 성 주변에 쌓아 놓은 나무 울타리에 불을 질러 왜군이 성안으로 진입하지 못하게 하였다. 결국, 왜군은 이 싸움에서 크게 패하고 돌아갔다. 이 싸움에서는 화차, 수차, 석포 등 당시 개발된 여러 가지 무기들이 사용되었다.

행주산성 : 경기도 고양시에 있는 산성으로 삼국 시대에 흙으로 쌓았다. 산꼭대기를 둘러싼 안쪽 성과 북쪽으로 뻗은 작은 골짜기를 에워싼 바깥 성으로 이루어져 있으며 둘레는 약 1천 미터에 달한다.

행주치마 : 부엌일을 할 때 덧입는 앞치마이다. 임진왜란 때 행주산성 싸움에서 부녀자들이 앞치마에 돌을 날라 왜군을 크게 물리쳤다고 해서 '행주치마'라고 부르게 되었다.

〈행주 대첩 기록화〉

얽힌 이야기 한 토막

임진왜란 때의 일이다. 권율 장군이 행주산성에 진을 치고 있을 때 평양성 전투에서 패하여 쫓기던 왜군들이 행주산성으로 몰려들었다. 조총으로 무장한 왜군들의 수는 3만 명이었고, 활과 창으로 무장한 우리 군사들은 승병까지 모두 합하여 1만 명 정도였다. 싸움의 결과는 불을 보듯 뻔했다. 그러나 권율은 용기를 잃지 않았다.

"활을 쏘지 말고, 적에게 모습을 드러내지 않도록 주의하며 명령을 기다려라."

권율은 왜구들이 성벽 가까이 올 때까지 기다렸다가 드디어 공격 명령을 내렸다.

"쏴라! 적을 한 놈도 살려 보내선 안 된다!"

양쪽 군사 간에 치열한 싸움이 벌어졌다. 왜구들 사이에서 비명이 터져 나왔고, 우리 군사들의 피해도 늘어만 갔다. 조총의 위력이 생각보다 강했던 것이다.

그러나 유리한 위치에 있는 우리 군사들과 성안의 백성들은 여자들이 치마에 돌을 나를 정도로 모두가 힘을 합쳐 왜군에 맞서 싸웠다.

"권율은 귀신 같은 장수다. 모두 죽기 전에 퇴각하라!"

권율은 비록 적은 수의 군사를 거느리고 있었지만, 성안의 백성들과 힘을 합쳐 수많은 적을 물리칠 수 있었다.

백제를 강력한 고대 국가로 발전시킨 위대한 왕이다.

근초고왕
近肖古王 : ?~375. 재위 기간 : 346~375.

근초고왕은 백제의 제13대 왕으로, 초고왕이라고도 부른다. 근초고왕은 백제가 차츰 고대 국가로서의 면모를 갖출 무렵 비류왕의 둘째 아들로 태어났다. 어려서부터 총명하고 체격도 아주 크고 용감했기 때문에, 둘째 아들이었지만 왕으로 지목되어 346년 계왕의 뒤를 이어 왕이 되었다.

근초고왕은 사방으로 백제의 영토 확장에 힘썼다. 먼저 369년경 마한을 정복하여 전라도 지역을 차지하였고, 가야 지역까지 세력이 미쳤다. 북쪽으로 진출하려던 근초고왕은 고구려와의 싸움을 피할 수 없었다. 369년 고구려의 고국원왕이 군사 2만 명을 이끌고 치양성(황해도 배천)에 쳐들어왔다. 그러자 근초고왕은 태자를 보내 고구려군을 크게 무찌르고 5천여 명을 사로잡았다. 371년에는 태자와 함께 고구려 군사들을 대동강에서 물리치고 옛 대방의 대부분을 점령하였다. 또 평양성을 공격하여 고국원왕을 전사시켰다.

이로써 백제는 지금의 경기도, 충청도, 전라도, 강원도 그리고 황해도의 일부까지 차지하여 강력한 고대 국가의 기반을 마련하였다.

근초고왕은 또 수도를 지리적으로 중요한 한강 유역의 한산(서울)으로 옮기고 '한성'이라 불렀다.

근초고왕은 외교력도 대단히 뛰어났다. 중국 동진에 사신을 보내 국교를 맺고, 양자강 이남의 남조 문화를 받아들여 백제의 문화를 발전시켰다. 한편, 아직기와 왕인을 일본에 보내어 학문을 가르치고 선진 문물을 전해 주었다. 또 《천자문》과 《논어》를 함께 보내 유교 사상을 전파하고 왜왕에게 칠지도를 하사했다.

또한 근초고왕은 백제의 위대함을 알리고 국가 체제를 굳건히 하기 위해서 박사 고흥에게 백제의 역사서인 《서기》를 쓰게 하였다.

근초고왕은 영토 확장을 기반으로 만들어진 강력한 왕권을 바탕으로, 아들에게 왕위를 물려주는 부자 세습 제도를 확립했다.

근초고왕은 백제의 최대 전성기를 이룬 위대한 왕이었다.

칠지도

함께 익혀 둡시다

고국원왕 (?~371. 재위 기간 : 331~371. 이름은 사유, 교) : 고구려 미천왕의 아들로 314년 태자가 되었다. 왕으로 있을 때 끊임없이 연나라의 침입을 받았다. 연나라에게 아버지인 미천왕의 시신과 어머니를 빼앗기는 수모를 겪었다. 2만의 군사로 백제를 쳐들어갔으나 패하고, 백제의 근초고왕과 평양성에서 싸우다가 전사했다.

고흥 (?~?) : 백제의 학자로 최초의 백제 역사책 《서기》를 썼으나 지금은 전하지 않는다.

남조 : 한나라가 멸망한 뒤 중국이 남과 북으로 갈라졌을 때 남쪽 나라의 조정을 일컫는다.

동진 : 중국의 서진이 망한 뒤인 317년 사마예가 세운 나라로 419년 송나라에게 망했다.

비류왕 (?~344. 재위 기간 : 304~344) : 백제 제11대 왕으로 구수왕의 둘째 아들이다. 분서왕이 죽자, 그 아들들이 모두 어린 탓으로 왕으로 추대되었다. 오랫동안 평민으로 살았기 때문에 백성들의 사정을 잘 알아 선정을 베풀었다.

《서기》 : 백제 제13대 근초고왕 때 박사 고흥이 쓴 백제의 역사책으로 지금은 전해 오지 않는다.

아직기 (?~?) : 백제의 학자로 근초고왕 때 말 두 필을 끌고 일본에 사신으로 건너갔다. 일본에서 말 기르는 법과 말 타는 법을 가르쳤다. 왜왕은 아직기가 경서에 능한 것을 알고 일본 태자의 스승으로 삼았다. 뒤에 왕인 박사를 추천하여 일본에 한학을 전하게 하였다.

왕인 : 200쪽 참조.

칠지도 : 삼국 시대 때 백제왕이 왜왕에게 내려준 철로 만든 칼을 말한다. 총 길이가 74.9센티미터로 곧은 칼 몸 양쪽으로 각각 3개의 칼날이 붙어 있는 7개의 칼날로 이루어진 칼이다. 칼 표면에 61자의 글씨가 새겨져 있는데, 칼을 만든 때와 과정은 물론 백제왕이 제후 나라인 왜왕에게 칼을 내린다는 내용 등이 새겨져 있다. 《삼국사기》에는 백제 제13대 근초고왕이 내린 것으로 되어 있으며, 현재 일본 나라 현 덴리 시 이소노카미 신궁에 보관되어 있다.

얽힌 이야기 한 토막

근초고왕이 백제를 다스린 지 24년이 지난 371년 고구려의 고국원왕이 보병과 기병 2만 명을 이끌고 백제로 쳐들어왔다. 고구려 군사들은 치양(황해도 배천)에 머물면서 민가에 침입하여 백성을 죽이고 물건을 빼앗는 등 횡포를 일삼았다.

"태자는 듣거라. 지금 고구려 군사가 치양에 와 백성들을 괴롭히니, 즉시 군사를 이끌고 가 이를 막도록 하라."

"네, 아바마마! 즉시 나아가 고구려군을 물리치겠습니다."

근초고왕의 명령을 받은 태자 근구수는 즉시 군사를 이끌고 치양으로 갔다. 근구수는 군사들을 모아 놓고 다음과 같은 공격 명령을 내렸다.

"모두들 잘 들어라. 우리의 백성들을 괴롭히는 저 고구려군을 결코 용서할 수 없다. 저 악랄한 고구려군을 물리쳐 우리 백성을 구해야 한다. 총공격하라!"

근구수가 이끄는 백제군은 사력을 다해 싸워 고구려군을 무찔렀을 뿐만 아니라 군사 5천 명을 사로잡았다.

2년 뒤 고구려 고국원왕이 다시 군사를 이끌고 쳐들어오자, 이번에는 근초고왕이 직접 군사를 거느리고 나아가 매복하고 있다가 크게 물리쳤다. 그해 겨울 근초고왕은 태자와 함께 군사 3만 명을 이끌고 고구려의 수도인 평양성을 공격하였다. 고구려의 고국원왕이 군사를 이끌고 나와 백제군에 맞서 싸웠으나 크게 패했다. 이 싸움에서 고국원왕은 백제 군사가 쏜 화살에 맞아 죽고 말았다.

"그렇게 한순간에 갈 것을 왜 그리 우리 백성들을 못살게 굴었는고?"

고국원왕이 죽자 근초고왕은 더 이상 공격하지 않고 군사를 돌려 백제로 돌아왔다.

오로지 나라를 위해 온몸을 바친 우리 겨레의 큰 별이다.

김구

金 九 : 1876~1949. 초명은 창수. 아명은 창암. 호는 백범.

김구는 1876년 황해도 해주에서 아버지 김순영과 어머니 곽낙원의 아들로 태어나 아버지의 서당에서 글을 배웠다. 15세 때 정문재의 서당에서 본격적으로 한학을 배우고, 17세 때 조선 왕조의 마지막 과거에 응시했으나 낙방하였다.

김구는 당시 벼슬을 돈으로 사고파는 것을 보고 격분하여 18세 되던 해에 동학에 들어갔다. 동학 농민 운동이 일어나자 해주에서 동학군을 지휘하였는데, 동학 농민 운동이 실패하여 일본 경찰에게 쫓기는 몸이 되었다.

김구는 1895년 만주로 건너가 김이언이 이끄는 의병대에 들어가 일본에 맞서 싸웠다. 이듬해 귀국길에 황해도 안악에서, 명성 황후를 시해한 일본에 복수하기 위해 일본 장교를 살해하고 사형 선고를 받았다. 다행히 고종의 특별 사면으로 사형 집행이 중지되었으나 빨리 석방이 되지 않자 감옥을 탈출하여 공주 마곡사에 들어가 승려가 되었다.

그 뒤 고향으로 돌아와 안악에 있는 양산 학교에서 학생들을 가르치다가 1911년 105인 사건으로 붙잡혀 17년형을 선고받고 옥살이를 하다가 3년 만에 풀려났다. 1919년에 3·1 운동이 일어나자 김구는 일본 경찰의 감시를 피해 중국 상하이로 건너가 대한민국 임시 정부에서 초대 경무국장, 내무총장, 국무령을 지냈다. 1928년에는 이시영, 이동녕과 함께 한국 독립당을 만들어 당의 대표가 되었다.

이때부터 김구는 무력으로 독립운동을 펼쳐 나갈 것을 결심했다. 1931년에 한인 애국단을 만들어 이봉창과 윤봉길의 의거를 지휘했다. 그리고 1933년 중국의 장제스와 만나 중국 군관 학교에 한인 무관 학교 설치를 협의했다. 1939년 임시 정부의 주석이 된 김구는 1940년에 충칭에서 광복군을 창설하고 지청천을 사령관에 임명하였다. 이듬해에 대한민국의 이름으로 일본에 선전 포고를 하는 한편 광복군 낙하산 부대를 만들어 국내 침투 훈련을 실시했다. 그러나 훈련 중에 8·15 광복을 맞이해 귀국했다.

모스크바 삼상 회의에서 우리나라의 신탁 통치를 결의하자, 김구는 이를 거부하는 신탁 통치 반대 운동을 벌였다. 또 남한만의 단독 정부 수립을 반대하고, 남북한 통일 정부를 세우기 위해 남북 협상을 주장하였다. 김구는 김규식과 함께 북한에 가서 김일성과 협상했으나 실패하여 결국 남한 단독 정부가 수립되었다. 이후 계속해서 통일 운동을 전개하던 중 1949년 6월 26일 육군 장교 안두희에게 암살당했다.

저서로는 《백범 일지》가 있다. 1962년 건국 훈장 대한민국장이 주어졌다.

함께 익혀 둡시다

광복군 : 우리나라를 되찾기 위해 1940년 9월 중국 충칭에서 항일 투쟁 단체들을 모아 만든 대한민국 임시 정부의 군대이다. 광복군은 주석 김구의 지휘 아래 총사령관에 지청천, 참모장에 이범석 등을 임명하여 총사령부를 구성하고 대원을 모집하여 군사 훈련을 하였다. 1943년에는 영국군의 요청에 따라 미얀마에 8명의 병사를 파견했다. 또 1945년에는 미군과 합동 작전으로 광복군 중에서 대원을 선발해 특수 교육을 하고 국내에 침투하려 했으나 일본이 항복함으로써 그 계획을 실행하지는 못했다.

모스크바 삼상 회의 : 1945년 12월 제2차 세계 대전 후 전쟁에 관한 문제를 처리하기 위해 미국, 영국, 소련 세 나라 외무 장관들이 모스크바에서 개최한 회의이다. 이 회의에서 우리나라에 미·소 공동 위원회를 설치하고, 일정 기간 신탁 통치를 한다는 협정을 맺었다.

《백범일지》 : 1947년에 나온 백범 김구의 자서전이다. 상하 두 권으로 되어 있다. 상권은 김구가 상하이 임시 정부의 요직에 있으면서 약 20년에 걸쳐 틈틈이 쓴 글을 모은 것이고, 하권은 충칭에서 파란만장했던 독립운동을 생각하면서 쓴 글이다. 또 상하권의 뒤에는 완전 독립의 통일 국가 건설을 바라는 〈나의 소원〉이라는 글이 실려 있다.

105인 사건 : 1911년 일본이 민족 운동을 탄압하려고 조작한 사건이다. 1910년 12월 안명근이 군자금을 모으다 잡혔는데, 일본이 이 사건을 확대해 민족주의 인사들이 압록강 철교 준공식에 참석하러 신의주로 가는 데라우치 총독을 암살하려 했다고 날조했다. 그리하여 평안도 지방의 민족주의 인사 600여 명을 체포하고 이들을 고문해서 허위 자백을 받아 냈다. 그리고 윤치호, 양기탁, 이승훈 등 신민회 회원 105명을 감옥에 가두었다.

신민회 : 1907년에 국권 회복을 목적으로 결성한 전국 최대 규모의 비밀 단체이다. 안창호, 양기탁, 이동휘 등이 중심이 되어 결성했다. 비밀 단체였지만 학교 설립, 계몽 강연회 등의 일들은 공개적으로 진행했다. 1911년 민족 운동을 탄압하기 위해 일본 경찰이 꾸며 낸 105인 사건으로 많은 회원들이 붙잡혀 감옥에 갇히면서 해체되었다.

지청천 (1888~1959. 본명은 대형. 호는 백산. 일명 이청천) : '만주의 호랑이'로 불린 독립운동가로 일본 육군 사관 학교를 졸업한 뒤 1919년 만주로 망명하였다. 신흥 무관 학교에서 독립군을 양성하는 등 독립운동을 하다가 1940년 충칭에서 조직된 광복군 총사령관이 되었다. 1945년에 광복 후 귀국하여 대동 청년단을 만들었고, 제헌 국회의원과 제2대 국회의원을 지냈다. 1962년 건국 훈장 대통령장이 주어졌다.

얽힌 이야기 한 토막

명성 황후가 일본 자객의 손에 목숨을 잃은 지 얼마 지나지 않았을 때의 일이다.
김창수(김구의 젊었을 때 이름)는 대동강 하류에 있는 치하포 주막에 들어가 풍랑이 멎기를 기다리고 있었다. 그때 머리를 짧게 깎은 사람이 눈에 띄었다. 그는 장연 사람이라고 했지만, 어색한 서울 말씨를 쓰고 있었고 두루마기 밑으로 일본식 칼집이 얼핏 눈에 들어왔다.
'그냥 장사를 하러 다니는 일본인이라면 이렇게 변장할 필요가 없을 텐데. 이놈이 바로 명성 황후를 죽인 그 미우라 고로가 아닐까?'
김창수는 천천히 몸을 일으켜 세웠다.
"네 이놈!"
김창수는 수상한 사나이의 가슴을 힘껏 발길로 걷어찼다. 그 사나이는 돌계단 아래로 굴러떨어졌고, 김창수는 표범처럼 날쌔게 쫓아가 그의 목을 짓밟았다. 깜짝 놀란 사람들이 우르르 몰려들자, 김창수는 무섭게 소리쳤다.
"이 왜놈을 살리려고 덤비는 놈은 모조리 죽일 테니 그리 아시오."
갑작스러운 일에 겁을 먹은 사람들은 벌벌 떨기만 할 뿐 아무도 달려들지 못했다.
김창수는 그 사나이가 탔던 배의 선원에게 소지품을 가져오게 했다. 소지품을 조사해 보니, 그는 일본 육군 중위 스치다였다. 김창수는 주인을 불러 붓과 종이를 가져오게 하여 큰 글씨로 다음과 같이 써놓고 그 주막을 떠났다.
'국모의 원수를 갚고자 이 왜놈을 죽였노라. 해주 백운동 텃골 김창수.'

통일된 나라를 세우기 위해 애쓴 독립운동가이다.

김규식

金奎植 : 1881~1950. 호는 우사.

김규식은 1881년(고종 18) 부산 동래에서 태어났다. 동래 부사의 참모로 있던 아버지는 당시 청나라가 내정 간섭을 하자 일본과 관계를 맺어야 한다는 내용의 상소를 올렸는데 이 상소로 인해 귀양을 갔다. 게다가 어머니마저 일찍 세상을 떠나 6세 때 고아가 되었다.

서울에 올라와 작은아버지 집에서 지내던 김규식은 작은아버지로 인해 알게 된 미국인 선교사 언더우드의 집에서 서양식 기독교 교육을 받으며 자랐다. 김규식은 미국으로 건너가 1903년 로노크 대학 문학과를 졸업하고, 이듬해 프린스턴 대학에서 석사 학위를 받았다.

1904년 귀국한 김규식은 언더우드의 비서, 경신 학교 교감, 연희 전문 학교 강사를 지냈고, 새문안 교회 장로, 경기·충청 장로회 서기 등 교회 활동을 했다. 일본이 1911년부터 기독교를 탄압하기 시작하자 1913년 중국으로 망명하여 1918년까지 화북과 몽골 지방에서 상업에 종사하였다.

김규식은 1918년 모스크바에서 열린 약소 민족 대회와 1919년 파리 강화 회의에 한국 대표로 참석한 것을 계기로 항일 독립운동을 시작하였다. 대한민국 임시 정부 대표 명의로 된 탄원서를 파리 강화 회의에 제출하였고, 이어 대한민국 임시 정부 구미위원부 위원장, 학무총장 등에 임명되어 독립운동에 힘썼다.

1923년 모교인 미국 로노크 대학에서 명예 법학 박사 학위를 받은 김규식은 이후 베이징, 난징, 쓰촨 등지의 대학에서 강의를 하는 등 교육가와 학자로 활동하였다. 이어 1935년 중국 난징에서 민족 혁명당을 만들어 주석이 되었고, 1942년 대한민국 임시 정부 국무위원을 지냈다.

8·15 광복이 되자 귀국한 김규식은 모스크바 삼상 회의에서 결정한 우리나라에 대한 신탁 통치를 국민들에게 알리고 곧바로 신탁 통치 반대 운동에 앞장섰다. 1946년부터 민주 의원 부의장, 입법 의원 의장 등을 지낸 김규식은 1948년 2월 이승만의 남한 단독 정부 수립안에 반대하여 김구와 함께 남북 협상을 제의하고, 4월 북한에 가서 김일성을 만나 남북 협상을 시도했으나 실패했다.

1948년 5월 30일 실시된 남한 단독 총선거에 반대하지도 참여하지도 않겠다는 성명을 발표하고 모든 정치 활동을 그만두었다. 김규식은 6·25 전쟁 때 북으로 끌려가 만포진에서 죽은 것으로 알려지고 있다.

1989년에 건국 훈장 대한민국장이 주어졌다.

함께 익혀 둡시다

민족 혁명당 : 1935년 7월 중국에서 활동한 민족 운동가 대부분이 모여 결성한 독립운동 단체이다.

신탁 통치 반대 운동 : 신탁 통치란, 독립할 능력이 없는 나라가 독립할 능력을 가질 때까지 어느 특정 국가가 유엔의 위임을 받아 통치하는 것을 말한다. 우리나라의 신탁 통치 반대 운동은, 1945년 12월 모스크바에서 열린 미국, 소련, 영국의 외무 장관 회의(모스크바 삼상 회의)에서 한반도의 신탁 통치를 결정하자 이에 반대하여 전국적으로 번져 나갔다. 북한은 처음에 신탁 통치 반대 운동에 참여하였으나, 소련의 부추김을 받아 신탁 통치를 찬성하는 쪽으로 돌아섰다.

언더우드 (1859~1916) : 미국인 선교사로 1885년 아펜젤러와 함께 우리나라에 들어와 최초의 고아원과 고아 학교(경신 고등 학교)를 세웠고 이듬해 새문안 교회를 세워 선교 활동을 했다. 1915년 연희 전문 학교를 세우고 교장에 취임하는 등 종교, 문화, 사회에 많은 공적을 남겼다.

파리 강화 회의 : 제1차 세계 대전 후 전쟁으로 발생한 문제들을 해결하기 위해 1919년 파리에서 열린 회의이다. '파리 평화 회의'라고도 한다.

신탁 통치 반대 운동

얽힌 이야기 한 토막

김규식은 6세 때 어머니를 여의었다. 그때 그의 아버지는 동래 부사 밑에서 일을 하고 있었는데, 외교 문제로 상소를 올렸다가 귀양살이를 하고 있었다.

홀로 된 김규식은 서울에 있는 작은아버지 집에서 지내게 되었다. 그러나 작은아버지 집은 제대로 끼니를 잇지 못할 정도로 형편이 어려웠다. 작은아버지는 할 수 없이 김규식을 미국인 선교사 언더우드가 세운 고아원에 맡기기로 마음먹었다. 그러나 그 고아원은 4세 이하의 어린이만 받기 때문에 6세인 김규식은 들어갈 수가 없었다.

그러던 어느 날, 김규식은 병을 얻어 자리에 누웠다. 열이 펄펄 나고 헛소리를 했지만, 끼니마저 어려운 형편이어서 약 한 첩조차 쓸 수가 없었다. 작은아버지는 찢어질 듯한 마음을 안고 다시 한번 언더우드를 찾아갔다. 언더우드는 병에 걸린 김규식을 거절하지 않았다. 언더우드의 지극한 정성과 사랑으로 마침내 김규식은 죽음의 문턱에서 살아날 수 있었다. 그때부터 언더우드는 김규식을 친자식처럼 보살펴 주었다.

그러던 어느 날 김규식은 서울 거리에서 아버지를 만나 고향 홍천으로 내려갔다. 그러나 그 행복도 잠시뿐, 김규식이 9살 되던 해에 아버지마저 세상을 떠났다.

완전히 고아가 된 김규식을 바라보는 사회의 눈은 차갑기만 했다. 온갖 냉대와 멸시가 어린 김규식의 마음을 멍들게 하였다. 이렇듯 힘겨웠던 어린 시절은 김규식을 냉정하고 차가운 사람으로 만들었다. 하지만 한편으로는 대쪽 같은 절개와 어떤 어려움도 이겨 내고 자신의 운명을 개척해 나가는 강철 같은 의지도 키워 주었다.

일본과 교류의 문을 열었던 조선 말기의 정치가이다.

김기수 金綺秀 : 1832~? 자는 계지. 호는 창산.

김기수는 1832년(순조 32) 서울에서 김준연의 아들로 태어났다. 1875년(고종 12) 현감으로 과거에 급제하여 벼슬길에 올랐다.

1876년 우리나라는 일본과 강화도 조약을 맺으면서 외국과 교류를 시작했다. 이때부터 발달된 서양의 문물이 국내에 들어오기 시작하였다. 당시 정부는 앞선 외국 문물을 받아들이고자 하였다. 그래서 우선 가까이에 있는 일본의 여러 사정을 직접 알아보기 위해 수신사를 보내기로 하였다. 이때 수신사로 당시 예조 참의로 있던 김기수가 뽑혔다.

김기수는 일행 76명을 이끌고 일본으로 건너갔다. 이것이 근대 일본과의 첫번째 교섭이었다. 일본에 건너간 수신사들은 20여 일간 일본에 머무르면서 일찍 외국과 교역을 시작한 일본의 전신과 철도, 군함 등 새로운 문물을 접하고 군사, 기계, 학술, 교육에 관련한 여러 시설들을 관람하였다.

김기수는 일본의 발전된 문물을 보고 많은 것을 깨달았다. 김기수는 자신이 보고 들은 것을 많은 사람들에게 알려야겠다고 생각했다. 그렇게 해서 나온 책이 《일동기유》와 《수신사일기》이다. 김기수는 이 책에서 쇄국 정책만이 나라를 지키는 길이 아니라는 것을 주장하였다. 일본의 곳곳을 관람한 결과 외국의 문물을 받아들여야 나라가 부강해진다고 믿었기 때문이다.

정부는 김기수의 이 기행문으로 일본에 대한 인식이 새로워져 1880년 2차 수신사로 김홍집 일행을 일본에 보냈다. 또 1881년에는 박정양을 포함한 신사 유람단을 일본에 파견하고, 더 나아가 영선사 김윤식 등을 중국에 보내어 새로운 문물을 배워 오게 했다.

김기수는 이후 덕원 부사, 대사성을 거쳐 여러 벼슬을 지냈다. 그 후 황간, 청풍 지방에서 민란이 발생하자 안핵사로 파견되어 민란을 잘 수습하였다. 이 공으로 김기수는 참판에 올랐다.

김기수는 글씨를 잘 써서 서예가로도 이름이 높았으며, 시 〈영매〉 등이 전해져 온다.

우리나라는 오랫동안 쇄국 정치를 고집한 탓에 세상 물정에 너무 어두웠다. 발전을 거듭하는 주변 나라들에 비해 점점 뒤처지고 있었던 것이다. 이때 일본에 다녀온 김기수의 기행문은 충격이었다. 그 기행문 덕분에 비로소 우리나라는 세상에 눈을 떴다. 그러나 이후에도 권력에 눈이 어두운 자들 때문에 우리나라는 여전히 약소국 신세를 면하지 못하고 말았다.

함께 익혀 둡시다

강화도 조약 : 1894년(고종 13)에 일본과 맺은 조약으로 정식 명칭은 '조일 수호 조규'이다. 우리나라가 외국과 맺은 최초의 근대적 조약이자 불평등 조약으로, 일본은 이를 통해 조선 침략의 발판을 마련했다. 우리나라는 이 조약을 계기로 쇄국 정책을 끝내고 세계 여러 나라에 문호를 개방하게 되었다.

김윤식 (1835~1922. 자는 순경. 호는 운양) : 조선 말기의 학자이자 정치가로 충청북도 청풍에서 태어났다. 1881년 영선사로 청나라에 가서 근대 문물을 배워 왔다. 외무대신을 지냈고, 을미사변으로 인해 10년간 귀양살이를 했다. 흥사단에 들어가 활동하였으며, 3·1 운동이 일어나자 조선 총독에게 독립 청원서를 냈다가 붙잡혀 일본이 내린 작위를 빼앗겼다. 뛰어난 문장가이며 저서로 《음청사》, 《운양집》 등이 있다.

김홍집 : 80쪽 참조.

박정양 (1841~1904. 자는 치중. 호는 죽천. 시호는 문익) : 1881년 신사 유람단으로 일본의 새로운 문물을 보고 돌아왔다. 학부대신과 내부대신 등을 지냈으며, 이상재 등 개화파를 도와주었다.

쇄국 정책 : 다른 나라와 교류를 허락하지 않는 정책을 말한다. 우리나라에서는 조선 말 흥선 대원군이 청나라 이외의 모든 나라와의 교류를 반대하여 나라의 문을 굳게 닫았다. 이로써 우리나라는 앞선 문화를 받아들이지 못해 근대화가 늦어졌다.

수신사 : 조선 말기에 일본에 파견한 외교 사절이다. 김기수, 김홍집 등이 수신사로 일본에 다녀왔다. 일본의 발달된 문명을 조선에 소개하여 조선이 개화 정책을 추진하는 데 도움이 되었다.

신사 유람단 : 1881년(고종 18)에 일본의 새로운 문물을 받아들이기 위해 박정양 등 10여 명을 뽑아 일본에 보냈던 시찰단이다.

안핵사 : 지방에 어떤 일이 일어났을 때 그 일을 조사하기 위해 조정에서 파견하는 임시 벼슬이다.

영선사 : 1881년 고종이 청나라에 파견한, 유학생을 인솔한 사신을 말한다. 조선은 영선사 김윤식의 인솔하에 청나라에 38명의 유학생을 보내어 신무기 제조법을 배워 오도록 했다.

얽힌 이야기 한 토막

수신사로 일본에 간 김기수는 우리나라에서 보던 배와는 비교도 안 될 정도로 큰 배를 보고 매우 놀랐다.

며칠 만에 요코하마에 도착한 김기수는 그들이 보내 준 화륜차에 몸을 옮겨 실었다. '삑—' 하고 소리를 내며 빠른 속도로 달리는 화륜차를 처음 타 보는 김기수는 신기하기만 했다. 도쿄에 도착한 김기수 일행은 다음 날 일왕을 만난 뒤 박물관, 해군성, 공부성, 문부성 등 일본의 관청을 두루 돌아보았다. 그들이 해군성에 도착했을 때 넓은 도쿄 앞바다에 화륜선 수십 척이 양쪽으로 늘어서서 한창 전쟁 연습을 하고 있었다. 그 군함들이 쏘아 대는 포화의 검은 연기가 하늘과 바다를 자욱이 메우고 있었다. 김기수는 이 웅대한 광경을 보며 병기의 위력에 내심 감탄하였다.

'너희들이 신식 무기를 자랑하여 우리를 위협하려고 하는 수작이구나. 자고로 싸움을 걸어 도전하는 자는 성한 법이 없느니라.'

다음에 들른 공부성에서는 전신, 전화 기계 설비를 구경시키며 신식 문명에 대한 자랑을 한창 늘어놓았다.

20여 일 동안 도쿄에서 머물다 돌아온 김기수는 왕에게 일본의 문화와 정치 상황을 자세하게 보고하였다.

"그곳 사람들은 대관들과 관리, 군대 모두가 양복을 입고, 모든 것이 서양화되어 가고 있습니다."

"그 자들은 서양 학문 중에서 무엇을 배우고 있던가?"

"그들은 서양 학문이면 무엇이든지 다 배우고 있습니다. 그 서양 나라 가운데 영국이 가장 강하다고 하오며, 러시아가 우리나라를 넘겨다보고 있다고 경고했습니다."

"미국은 어디 있는 나라라고 하던가?"

"서양의 서쪽이고, 동양의 동쪽이라고 하옵니다. 일본 사람들은 미국, 영국의 문물을 모두 배우고 있었습니다. 부국 강병의 방법으로 농사를 지을 때도 서양 기계를 가져다 쓰고, 군사들도 서양식으로 훈련하며, 병기도 서양 것을 배워 이제는 자기들이 만든다고 하옵니다."

왕은 김기수의 보고에 감탄하며 연신 고개를 끄덕였다.

신앙을 위해 목숨을 바친 우리나라 최초의 천주교 신부이다.

김대건 金大建 : 1821~1846. 아명은 재복. 세례명은 안드레아.

김대건은 천주교에 대한 박해가 심했던 1821년 충청남도 내포 솔뫼(당진)의 독실한 천주교 집안에서 태어났다. 증조할아버지는 50세 때 천주교에 입교하였는데 천주교 박해로 여러 차례 검거되어 고초를 겪다가 1814년 옥중에서 순교했다. 이에 김대건의 할아버지는 가족들을 데리고 경기도 용인으로 이주하였다. 아버지 김제준도 독실한 천주교 신자로 1839년 기해박해 때 한양 서소문 밖에서 순교했다.

이 같은 순교자의 집안에서 자란 김대건은 1836년(헌종 2) 프랑스 신부 모방에게 세례를 받고 신학생으로 뽑혔다. 김대건은 최양업, 최방제 등과 함께 마카오로 가 그곳에 있는 파리 외방 선교회에서 프랑스 어, 라틴 어, 중국어, 신학, 그리고 철학 등 새로운 학문을 두루 배웠다.

공부를 마친 김대건은 기해박해 이후로 탄압이 계속되고 있는 우리나라로 들어오려고 했으나 두 번이나 실패했다. 1845년 1월 비로소 국경을 넘어 한양에 몰래 들어왔으나 천주교에 대한 탄압이 매우 거세어서 제대로 활동을 하지 못하고 상하이로 건너갔다. 그리고 그해 8월 중국 상하이에서 사제 서품을 받음으로써 김대건은 우리나라 최초의 신부가 되었다.

신부가 된 김대건은 프랑스의 페레올, 다블뤼 주교와 함께 상하이를 떠나 충청남도 강경으로 몰래 숨어 들어왔다. 그리고 방방곡곡을 돌면서 비밀리에 전도 활동을 펼쳤다.

김대건은 이듬해 동료 선교사들이 국내로 들어올 수 있는 비밀 입국 통로를 알아보기 위해 백령도 부근을 돌아보다가 붙잡혀 한양으로 압송되었다.

김대건은 몇몇 대신들의 부탁으로 옥중에서 세계 지리에 관한 책을 만들었다. 또 영국에서 만든 세계 지도를 번역하기도 했다. 이후 여섯 차례에 걸쳐 심한 고문을 받다가 효수형을 선고받았다. 김대건은 신부들과 교우들에게 보내는 유서를 남긴 뒤 서울 새남터에서 순교했다.

김대건은 우리나라 최초의 신부로 천주교에 대한 모진 박해를 무릅쓰고 천주교 교리와 문화를 전파하다가 죽은 순교자이다. 김대건 신부는 1984년 한국 가톨릭 200주년을 맞아 우리나라에 온 교황 요한 바오로 2세에 의해, 다른 우리나라 순교자 102명과 함께 성인으로 추대되었다.

함께 익혀 둡시다

기해박해 : 1839년(헌종 5), 기해년에 우리나라에 들어와 있던 프랑스 신부를 비롯하여 천주교도 70여 명을 탄압한 사건이다.

다블뤼 (1818~1866) : 프랑스의 선교사이다. 1841년 마카오와 상하이를 거쳐 1845년 우리나라에 들어와 우리나라의 언어, 풍속, 역사를 연구하였다. 포교서를 우리말로 옮겨 출판하였으며, 《한중불어사전》을 펴내는 일에도 참여하였다. 1866년 충청남도 당진군 내포에서 붙잡혀 보령으로 옮겨졌다가 참수형을 당했다.

모방 (1803~1839) : 파리 외방 선교회의 프랑스 신부로서 우리나라에 최초로 들어온 서양인 선교사이다. 1835년 우리 나라에 들어와 천주교를 널리 전파하기 위해 힘쓰다가 기해박해 때 충청도 홍주에서 붙잡혔다. 이후 한양으로 압송되어 새남터에서 순교하였다.

최방제 (?~?) : 1831년 천주교 조선교구가 만들어진 뒤 1836년 김대건, 최양업과 함께 마카오로 유학을 떠났다가 그곳에서 병으로 죽었다.

최양업 (1821~1861) : 충청남도 청양에서 태어났다. 김대건, 최방제와 함께 마카오에서 신학을 공부한 뒤 1849년 상하이에서 사제 서품을 받아 우리나라 두 번째 신부가 되었다. 1849년 돌아와 전국을 돌며 12년간 천주교를 전파하다가 충청북도 진천에서 병으로 죽었다. 당시 국내에서 활동하던 유일한 우리나라 신부로 교리 번역과 국내 천주교 역사 자료 수집에 크게 이바지하였다.

파리 외방 선교회 : 외국 전도를 위한 천주교 모임으로 프랑스 파리에 있다.

페레올 (1808~1853) : 파리 외방 선교회의 선교사이다. 3대 주교가 되어 김대건 신부의 안내를 받아서 우리나라에 들어와 천주교를 전파하다가 서울에서 병으로 죽었다.

새남터 성당

얽힌 이야기 한 토막

김대건 신부가 마카오에서 신학 공부를 마치고 우리나라로 돌아올 때의 이야기이다.

드디어 공부를 마친 청년 김대건은 설레는 마음으로 마카오를 떠났다. 그동안 나라 사정이 어떻게 변했는지 전혀 모르는 그는 한시라도 빨리 그리운 고국으로 돌아가고 싶었다.

그러나 그 당시 조선은 천주교에 대한 박해가 심했던 터라 섣불리 돌아갈 수가 없었다. 김대건은 국경 부근에서 나라 안의 사정을 잘 살핀 뒤 나무꾼으로 변장하고 드디어 귀국길에 올랐다.

김대건은 국경 검문소를 앞에 두고 초조해지기 시작했다. 그때 소를 몰고 가는 사람들이 눈에 띄었다. 그는 서슴없이 사람들 사이에 끼어들어 시치미를 떼고 걸어갔다.

그 무렵은 나라에서 만들어 준 증명서 없이는 아무도 국경을 통과할 수 없었다. 더구나 천주교 신사인 김대건은 잡히면 죽을 몸이었다.

"여보시오! 이것 봐요!"

성문을 지키는 수문장의 목소리가 김대건의 뒷전에서 울렸다. 그러나 김대건은 모른 체하고 계속하여 걸었다.

"여보시오, 부르는데 왜 그냥 가는 거요? 증명서 좀 봅시다."

"다 보고 나서 왜 또 보자는 거요?"

김대건은 버럭 소리를 질렀다. 김대건은 잘못 보았나 하고 고개를 갸우뚱거리는 수문장을 뒤로 하고 성큼성큼 걸어갔다. 정말 아슬아슬한 순간이었다. 그는 참으로 힘들게 그리운 고국 땅을 밟았다.

세계적인 문화유산인 석굴암을 지은 신라 제일의 건축가이다.

김대성
金大城 : 700~774. 다른 이름은 대정.

　김대성은 삼국을 통일한 신라가 안정된 국가 기반을 바탕으로 문화를 꽃피우던 700년(효소왕 9) 재상 김문량의 아들로 태어났다. 745년 중시라는 벼슬에 올랐으나 750년에 스스로 벼슬에서 물러났다. 그 뒤 불국사와 석불사(지금의 석굴암)를 세웠는데 창건 설화가 《삼국유사》에 전해 온다.

　《삼국유사》에 의하면, 옛날 모량리라는 마을에 경조라는 여인이 살고 있었다. 이 여인에게는 아들이 하나 있었는데, 머리가 크고 이마가 아주 넓어 마치 성과 같아서 이름을 '대성'이라고 하였다. 대성의 집은 매우 가난했는데, 어머니는 부잣집에 가서 일을 해 주고 그 집에서 밭 몇 마지기를 받아 생활을 꾸려 나갔다.

　하루는 흥륜사에 있는 스님이 대성의 어머니가 일하는 부잣집에 와서 시주하기를 권하였다. 그러자 그 집에서는 스님에게 베 50필을 시주하였다. 이에 스님은 보시를 잘하니, 하나를 시주하면 내세에 만 배를 얻어 안락하고 장수할 것이라고 하였다.

　대성이 이 말을 듣고 집으로 와 어머니에게 스님의 이야기를 전하고 밭을 시주하자고 하였다. 어머니도 흔쾌히 승낙하였다. 그리하여 대성은 밭을 모두 스님에게 시주하였다.

　그리고 얼마 지나지 않아 대성이 죽었는데, 그날 밤 재상 김문량의 집에 하늘에서 '모량리에 사는 대성이가 지금 너의 집에 다시 태어날 것이다.'라는 소리가 들려왔다. 집안 사람들이 놀라 모량리에 사람을 보내 알아보니, 하늘에서 외침이 들려온 그 시간에 대성이 죽었다고 했다.

　이로부터 김문량의 아내는 임신해서 사내아이를 낳았는데, 왼손을 꼭 쥐고 있다가 7일 만에야 폈다. 그런데 손 안에는 '대성'이란 두 글자가 새겨져 있어 이름을 대성이라 하였다. 대성은 자라 전생의 어머니를 집으로 데리고 와서 함께 살았다고 한다.

　대성은 장성해서 현세의 부모를 위해 불국사를 창건한 다음, 전생의 부모를 위해 석불사(석굴암)를 창건했다. 하지만 김대성은 이 방대한 공사의 끝을 보지는 못했다. 이 대역사는 김대성이 죽은 뒤에야 완성되었기 때문이다.

　정교한 아름다움의 극치를 보여 주는 석굴암은 과학적인 치밀함과 불교 세계의 이상을 나타내는 종교적인 엄숙함이 절묘하게 어우러져 있다는 찬사를 받고 있다. 석굴암은 불국사의 다보탑, 석가탑과 함께 불교 예술의 세계적인 걸작으로 손꼽힌다. 1995년 유네스코는 석굴암을 서울의 종묘, 해인사의 팔만대장경과 함께 세계 문화유산으로 공식 지정했다.

함께 익혀 둡시다

다보탑 : 통일 신라 시대의 석탑으로 국보 제20호이다. 경주 불국사 대웅전 동쪽에 있다. 전형적인 신라 석탑과는 다른 특수한 형식의 탑이다. 석가탑과 마주 보고 있으며 여성적인 부드러움과 아름다움을 지니고 있다.

불국사 : 경주 토함산 기슭에 있는 절로, 유네스코에서 지정한 세계 문화유산이다. 751년(경덕왕 10) 김대성이 세웠으며 대웅전, 비로전, 극락전과 석가탑, 다보탑, 청운교, 백운교 등이 있다.

석가탑 : 통일 신라 시대의 석탑으로 국보 제21호이다. 경주 불국사 대웅전 서쪽에 있으며, 동쪽의 다보탑과 마주 보고 있다. 정식 이름은 불국사 삼층 석탑이다. 통일 신라 석탑의 전형적인 모습을 하고 있으며 남성적인 분위기를 띠고 있다. 1966년 해체하여 수리할 때 3층 지붕돌에서 세계에서 가장 오래된 목판 인쇄물인 《무구정광대다라니경》이 발견되었다.

석굴암 : 경주 토함산 동쪽에 있으며, 우리나라에서는 석굴로 된 유일한 암자이다. 통일 신라 경덕왕 때 김대성이 지은 것으로 국보 제24호이다. 오늘날의 석굴암은 불국사에 딸린 암자이지만, 세워질 당시에는 '석불사'라고 불렀다. 중앙에 본존불이 모셔져 있고 본존불을 중심으로 여러 보살들과 제자들이 조각되어 있다. 석굴암은 정교하고 아름다운 조각으로 신라인의 예술성을 잘 보여 주고 있다. 그 뛰어난 예술성을 인정받아 1995년 유네스코에서 세계 문화유산으로 지정했다.

불국사

석굴암

얽힌 이야기 한 토막

김대성은 젊었을 때 사냥을 아주 좋아했다. 어느 날, 김대성은 토함산에 올라가 곰 한 마리를 잡았다. 그러나 사냥에 몰두하다 보니 날이 어두워져 집으로 돌아갈 수 없게 되어 할 수 없이 토함산 밑에 있는 마을에서 하룻밤을 지내야 했다. 하루 종일 온 산을 헤매며 사냥을 하느라 몸이 몹시 피곤했던 김대성은 저녁밥을 먹자마자 곧 깊은 잠에 빠져들었다. 그런데 꿈속에 낮에 잡았던 곰이 귀신이 되어 나타났다. 곰은 원한이 가득한 눈으로 대성을 노려보며 말했다.
"너는 어찌하여 나를 죽였느냐? 내 환생하여 반드시 널 잡아먹고 말겠다."
깜짝 놀란 김대성은 두려움에 벌벌 떨며 귀신으로 변한 곰에게 용서해 달라고 빌었다.
"그러면 네가 나를 위해 절을 지어 주겠느냐?"
김대성은 곰의 말대로 절을 지어 주겠다고 약속했다. 꿈에서 깨어난 김대성은 온몸이 땀으로 흥건히 젖어 있었다.
그 일이 있고 나서 김대성은 더 이상 사냥을 하지 않았다. 그리고 꿈속에서 곰과 약속한 대로 곰을 발견한 자리에 웅수사를, 곰을 잡았던 자리에 장수사라는 절을 지었다.

왜군을 무찌르는 데 앞장섰던 임진왜란 때의 의병장이다.

김덕령
金德齡 : 1567~1596. 자는 경수. 시호는 충장.

김덕령은 1567년 전라도 광주에서 김붕섭의 아들로 태어났다. 김덕령은 체구는 작았지만 어려서부터 행동이 민첩하고 용맹했다. 20세 때 형 덕홍과 함께 유명한 성리학자인 성혼에게서 학문을 배우며 큰 뜻을 키웠다.

1592년 임진왜란이 일어나자 김덕령은 형과 함께 의병을 일으켰다. 고경명이 이끄는 의병과 연합하여 전주에 이르렀을 때, 고향으로 돌아가 어머니를 모시라는 형의 권유로 고향으로 되돌아갔다. 이듬해 어머니가 돌아가시자, 상중인데도 담양에서 의병을 일으켜 왜군과 맞서 싸웠다. 그 공으로 당시 세자였던 광해군으로부터 익호 장군의 칭호를 받고 이어서 선조로부터 초승 장군이라는 군호를 받았다.

1594년 조정에서는 전국의 의병을 한데 모아 효율적으로 재배치했는데 이때 김덕령은 의병장에 임명되었다. 이후 김덕령은 곽재우와 함께 권율 장군의 밑에서 영남 서부 지역을 방어했으나 왜와 휴전 회담이 진행 중이어서 별다른 전투는 없었다.

김덕령은 같은 해 10월 선봉장이 되어 거제도에 진을 친 왜군을 크게 무찔렀다. 또 1595년에는 고성에 상륙하려는 왜군을 격퇴하였다.

김덕령은 1596년 도체찰사 윤근수의 종을 때려 그만 죽이고 말았는데 그 죄로 옥에 갇혔다. 그러나 왕의 신임을 받던 터라 영남 유생들의 상소와 우의정 정탁의 도움으로 곧 풀려났다. 왕의 각별한 사랑을 받은 김덕령은 이때부터 다른 신하들의 시기의 대상이 되었다.

다시 의병을 모은 김덕령은 그해 7월 충청도 홍산에서 반란을 일으킨 이몽학을 토벌하러 나섰다. 그러나 가는 도중에 반란이 진압되었다는 소식을 듣고 곧 돌아왔다. 이때 충청도 순찰사 종사관이던 신경행은 김덕령이 이몽학과 내통하였다고 조정에 거짓으로 고하였다. 김덕령은 즉시 체포되었고 심한 고문을 받다가 옥중에서 죽었다.

영조 때에 이르러 김덕령의 억울한 죽음이 밝혀져 병조 판서의 벼슬을 받았고, 정조 때 좌찬성이라는 벼슬이 더해졌다.

전라도 광주에 있는 충장사에는 김덕령 장군의 의복이 보존되어 있는데, 민속자료 제111호로 지정되어 있다. 한편 뛰어난 능력을 마음껏 발휘하지 못하고 억울하게 죽은 김덕령에 대한 여러 가지 설화가 전해 내려오고 있다.

함께 익혀 둡시다

고경명 (1533~1592. 자는 이순. 호는 제봉, 태헌. 시호는 충렬) : 대사간 고맹영의 아들로, 호조 좌랑, 영암 군수 등 여러 관직을 지냈다. 임진왜란 때 전라도 광주에서 의병을 일으켜 6천여 명의 의병을 이끌고 금산에서 왜군과 싸우다가 숨졌다.

곽재우 : 22쪽 참조.

광해군 : 26쪽 참조.

권율 : 30쪽 참조.

도체찰사 : 고려 말과 조선 시대에 임시로 지방에 파견하던 고위 관직이다. 주로 비상시에 군대를 지휘하는 업무를 맡았다.

선조 : 156쪽 참조.

신경행 (1547~?. 자는 백도. 호는 조은. 시호는 충익) : 조선 중기의 문신이다. 1592년 한산 군수가 되었고 1596년에 충청도 순찰사의 종사관이 되었다. 이때 관내 홍산에서 이몽학의 난이 일어나자 난의 진압에 공을 세웠다.

윤근수 (1537~1616. 자는 자고. 호는 월정. 시호는 문정) : 조선의 문신이며 학자이다. 대사성, 황해도 관찰사 등을 거쳐 임진왜란 때에는 예조 판서로 선조를 모셨으며, 명나라와의 외교를 담당했다. 문장과 글씨에 뛰어났다. 지은 책으로 《송도지》,《조천록》,《월정집》 등이 있다.

이몽학 (?~1596) : 왕족의 서자 출신으로 성품이 불량하고 행실이 좋지 않아 아버지에게 쫓겨났다. 충청도, 전라도 등지를 전전하다가 1596년(선조 29) 충청도 홍산에서 6백~7백 명의 무리를 이끌고 반란을 일으켰다. 한때 임천, 정산, 청양 등을 차례로 함락시키고, 홍주(홍성)까지 이르렀다. 홍주 목사 홍가신, 박명현 등의 강력한 방어로 전세가 불리해지자 그의 부하 김경창, 임억명 등에 의해 살해되었다.

얽힌 이야기 한 토막

김덕령은 젊었을 때 유난히 사냥을 좋아했다. 하루 종일 사냥을 한 김덕령은 날이 저물자 잠자리를 마련하기 위해 숲속 외딴 곳에 있는 집을 찾아갔다. 그 집에는 하얀 소복을 입은 여인이 혼자 살고 있었다. 김덕령은 두려움을 모르는 사람으로 집 안으로 들어갔다.

여인은 김덕령에게 저녁을 차려 준 뒤 말했다.

"소녀에게 한 가지 청이 있습니다. 저희 집의 하인이 소녀를 아내로 삼으려고 소녀의 가족들을 모두 죽였습니다. 그러니……."

"이런 괘씸한 놈이 있나. 그놈은 지금 어디 있소?"

"지금은 밖에 나갔는데 내일 아침이면 돌아올 것입니다."

다음 날 아침 돌아온 하인은 키가 9척에 힘이 장사였고 아주 날쌔 보였다.

여인은 그 하인에게 김덕령을 고종사촌 오라버니라고 소개했다. 김덕령은 하인에게 이렇게 말했다.

"내가 처음 오는 길이라서 어젯밤 헤맨 끝에 겨우 찾아왔다네. 그러니 자네가 길을 좀 안내해 주겠나?"

하인과 함께 집을 나와 산길로 들어선 김덕령은 먼저 활을 쏘아 꿩을 잡았다. 그리고 하인이 꿩을 줍는 사이에 그 하인에게 활을 쏘았다. 그러나 그 하인은 날쌘 동작으로 김덕령이 쏜 화살을 피했다.

"내 그 여편네를 먼저 죽이고 널 없애 주마."

화가 난 하인은 씩씩거리며 집으로 달려갔다. 김덕령도 재빨리 그의 뒤를 쫓아갔다.

서로 한참을 겨루며 실랑이를 벌이던 끝에 하인의 힘이 빠진 틈을 타서 김덕령은 주먹으로 그를 때려눕혔다.

그 후 그 여인과 김덕령은 오누이가 되어 사이좋게 지냈다고 한다.

한글 소설 《구운몽》을 쓴 작가이자, 학자이다.

김만중

金萬重 : 1637~1692. 자는 중숙. 호는 서포. 시호는 문효.

김만중은 병자호란 때 강화도에서 순직한 김익겸의 유복자로 태어났다. 어머니 윤씨는 병자호란 당시 임신 중이었는데, 전란 중에 남편이 순직하자 5세 아들을 데리고 강화도를 빠져나와 옥동자를 낳았다. 이 아이가 바로 김만중이다.

김만중의 집안은 대대로 선비 집안이었고, 어머니 윤씨 또한 예법이 엄격한 집안에서 자랐다. 어머니 윤씨는 두 아들이 아버지 없이 자라는 것에 대해 항상 걱정하면서 자식들을 정성껏 키웠다. 궁색한 살림살이에도 자식들의 책을 사는 데 돈을 아끼지 않았고, 살 수 없는 책은 빌려다가 직접 손으로 베껴 주기도 했다. 또 《소학》, 《사략》, 당시 등은 직접 가르치기도 했으며, 혹 자식들이 잘못한 일이 있으면 바른길로 가도록 엄하게 야단을 쳤다.

홀어머니의 극진한 가르침을 받으며 자란 김만중은 14세 때 진사 초시에 합격했고, 1665년(현종 6)에는 과거에서 장원 급제를 했다. 1666년 정언이라는 관직을 시작으로 여러 관직을 두루 거쳐 1671년에는 암행 어사가 되었고, 이어 대사헌, 대제학 등을 지냈다.

김만중은 1687년(숙종 13)에 대제학에 있으면서 희빈 장씨의 일가를 비난하였는데 이 일로 평안도 선천에 유배되었다. 이듬해 희빈 장씨가 왕자를 낳자, 왕자의 탄생 기념으로 유배에서 풀려났다. 그러나 이후 숙종이 중전 인현 왕후를 내쫓고 희빈 장씨를 중전으로 책봉한 것에 반대를 하다가 다시 남해에 유배되었다.

김만중은 유배지 남해에서 소설 읽기를 좋아하는 어머니를 위로하기 위해 하룻밤 만에 《구운몽》을 지었다. 또 《사씨남정기》도 지었는데 《사씨남정기》는 주인공 사씨의 생애를 인현 왕후의 생애와 유사하게 그린 작품이다.

김만중은 귀양 갈 때 외에는 어머니 곁을 떠난 적이 없었다. 어머니 윤씨는 귀양 간 아들을 걱정하다가 끝내 병으로 세상을 떠났다. 효성이 지극했던 김만중은 어머니의 장례에도 참석하지 못한 채 1692년 남해의 유배지에서 56세의 나이로 숨을 거두었다.

김만중이 죽은 뒤에 숙종은 1698년 관직을 되돌려 주었고, 1706년에는 김만중의 효행에 정표를 내려 주었다.

김만중이 지은 책으로는 《구운몽》, 《사씨남정기》 외에 《서포만필》, 《서포집》, 《고시선》 등이 있다.

함께 익혀 둡시다

《구운몽》 : 김만중이 지은 한글 소설이다. 효성이 깊은 김만중이 경상남도 남해로 귀양 갔을 때, 소설 읽기를 좋아하는 어머니를 위하여 하룻밤 만에 지은 작품이다.

당시 : 중국 당나라 때 쓰여진 시들이다. 인류의 문학에 있어 위대한 유산으로 여겨진다. 대표적인 시인으로 이백, 두보 등이 있다.

병자호란 : 1636년(인조 14)에 청나라가 우리나라에 쳐들어온 난리이다. 조선이 청나라의 군신 관계 요구를 거부하자, 청나라 태종이 20만 군대를 거느리고 쳐들어왔다. 인조는 삼전도에서 항복하였고, 청에 대하여 군신의 예를 행하기로 하는 굴욕적인 조약을 맺었다. 이로써 조선은 명나라와의 관계를 끊고 청의 간섭을 받게 되었다.

《사략》 : 중국 원나라 때 증선지라는 사람이 쓴 중국 역사책이다. 이 책에는 중국 역사의 시작인 천황 때부터 춘추 시대까지의 역사가 기록되어 있다.

《소학》 : 중국 송나라 때의 성리학자 주자와 그의 제자 유자징이 소년들을 가르치기 위하여 1185년에 시작하여 2년 뒤 완성한 책이다.

숙종 : 170쪽 참조.

인현 왕후 (1667~1701) : 민유중의 딸로 태어나 1681년 숙종의 왕비가 되었다. 희빈 장씨의 모함으로 폐비되었다가 다시 왕비가 되는 등 순탄하지 못한 삶을 살았다. 인현 왕후의 일대기를 그린 고대 소설 《인현 왕후전》이 있다.

정표 : 옛날 청백리나 효성이 지극한 사람들의 행실을 칭송하고 널리 알리기 위해 나라에서 내린 문서이다.

희빈 장씨 (?~1701) : 숙종의 빈으로 어려서 궁녀로 들어가 숙종의 총애를 받았다. 1688년 왕자(경종)를 낳았고, 1689년 아들이 세자가 되면서 희빈에 올랐다. 그 뒤 숙종이 왕비 인현 왕후를 폐위하자 중전으로 책봉되었다. 그러나 숙종은 인현 왕후를 폐위한 것을 후회하고 다시 인현 왕후를 왕비로 맞이하였다. 그리고 장씨는 희빈으로 그 지위를 내렸다. 1701년 희빈 장씨는 궁궐에 무당집을 만들어 놓고 무녀들을 불러들여 인현 왕후를 저주한 사실이 밝혀져 사약을 받고 죽었다.

얽힌 이야기 한 토막

김만중의 《사씨남정기》는 숙종이 궁녀 출신인 희빈 장씨에게 빠져 어질고 마음씨 고운 인현 왕후를 쫓아낸 것을 빗대어 쓴 소설이다. 그 내용을 한번 살펴보자.

중국 명나라 때 유연수라는 청년이 있었다. 유연수는 15세에 과거에 응시하여 장원 급제를 하였다. 그 뒤 유연수는 행실이 얌전하고 덕행을 겸비한 사정옥과 결혼을 하였다.

유연수와 부인 사 씨는 금슬이 매우 좋아 행복하게 살았으나 이들 부부에게는 걱정거리가 하나 있었다. 결혼한 지 아홉 해가 지나도록 아이가 생기지 않았기 때문이다. 그래서 사 씨는 남편 유연수에게 첩이라도 얻어 자식을 보라고 권했다. 하지만 사 씨가 권할 때마다 남편은 한마디로 거절했다.

"원, 당신도 별소리를 다 하오. 우리 둘만 사이가 좋으면 그만이지. 좀 더 기다려 봅시다."

그러나 사 씨는 남편 몰래 얌전하고 예쁜 교씨 성을 가진 처녀를 첩으로 들여앉혔다. 남편 유연수는 처음에는 달갑게 여기지 않더니 차츰 교 씨에게 정을 주었다. 시간이 지나 교 씨가 아들을 낳았다.

그러자 교 씨가 욕심을 내기 시작하였다. 간사스러운 교 씨는 그 집에 드나들던 동청이라는 사람과 짜고 사 씨를 헐뜯어 결국 사 씨를 내쫓았다. 집에서 쫓겨난 사 씨는 정처없이 떠돌았다. 교 씨는 욕심이 점점 커져 동청과 짜고 거짓 상소를 올려 남편 유연수마저 귀양을 보냈다.

모든 것이 교 씨와 동청의 수작임을 뒤늦게 안 유연수는 귀양살이에서 풀려나자 곧 사방으로 사람을 풀어 아내 사 씨의 행방을 찾았다. 마침내 사 씨를 찾아낸 유연수는 교 씨를 쫓아내고 사 씨와 단란한 가정을 이루고 잘 살았다.

세상을 풍자하며 떠돌던 대표적인 방랑 시인이다.

김병연

金炳淵 : 1807~1863. 자는 성심. 호는 난고.
흔히 김삿갓 또는 김립이라 불림.

평생 삿갓을 쓰고 다녔기 때문에 '김삿갓'으로 더 유명한 김병연은 1807년 경기도 양주에서 태어났다. 김병연의 본관은 안동으로 원래 그의 집안은 당시 세도 정치로 힘이 막강했던 명문가였다.

그러나 1811년(순조 11) 홍경래의 난 때, 평안도 선천 부사로 있던 할아버지 김익순이 홍경래에게 항복하여 자손들은 죽음을 당하거나 종이 될 처지에 놓였다. 이때 어린 김병연은 노비 김성수의 도움으로 형과 함께 황해도 곡산으로 피신하였다가, 후에 그의 집안에 내려졌던 죄가 용서되어 집으로 돌아왔다. 그러나 이미 아버지는 화병으로 돌아가셨고, 어머니는 패가망신한 집안이라고 멸시를 받는 것이 싫어서 자식들을 데리고 강원도 영월로 이사해 숨어 살았다.

김병연의 어머니는 자식들에게 패가망신한 집안의 내력을 숨겨 왔고, 김병연은 성장하여 과거에 응시하게 되었다. 과거의 시제는 홍경래의 난에 관한 것이었는데, 김병연은 홍경래에게 항복한 김익순의 잘못을 시로 써서 장원 급제하였다. 그러나 어머니에게 김익순이 자신의 할아버지라는 이야기를 듣고 조상을 욕한 죄인이라며, 처자식을 버려두고 방랑의 길에 올랐다.

이때부터 김병연은 스스로 푸른 하늘을 볼 자격이 없다며 삿갓을 쓰고 대나무 지팡이를 벗삼아 방랑 생활을 시작했다. 김병연은 신분을 감춘 채 여기저기 발길이 닿는 대로 떠돌아다니며 아무데서나 먹고 잤다. 김병연은 전국을 다니면서 특유의 해학과 풍자가 담긴 시를 많이 지었다. 백성을 괴롭히는 관리나 못된 부자들을 만나면 이들을 비판하는 시를 지어 따끔하게 혼을 내 주기도 했다.

당시 선비들의 한시와는 달리 김병연의 시에는 재치와 익살이 넘친다. 또 대부분 세상을 풍자하고 한탄하는 내용으로 이루어져 있다. 세상에서 버림받은 자신의 심정과 고통받는 일반 백성들의 입장을 시로 표현했기 때문이다. 사람들은 그러한 김병연의 시와 행동을 좋아했다.

김병연의 아들 익균은 아버지를 찾아다니며 여러 차례 집으로 돌아오라고 권유했지만, 김병연은 방랑을 멈추지 않았다. 발길이 닿는 대로 온 나라 곳곳을 돌아다니며 수많은 일화와 기발한 시구를 남겼다.

김병연은 1863년 전라남도 동복(화순)에 있는 한 선비의 집에서 57세의 나이로 한 많은 생애를 마쳤다. 뒤에 아들 익균이 찾아와 아버지의 유해를 강원도 영월군 의풍면 태백산 기슭에 묻었다.

뒷날 사람들이 김병연의 시를 모아 《김립 시집》을 펴냈다.

함께 익혀 둡시다

김익순 (?~1812) : 조선 시대 때 문신이다. 선천 부사로 있을 때 홍경래의 난이 일어나자 검산성으로 도망하였다가 항복을 하고 농민군에 가담하였다. 이듬해 난이 진압된 뒤 붙잡혀 반란군에 항복하고 가담한 죄로 처형되었다.

세도 정치 : 왕의 신임을 받은 가까운 친척이나 신하가 강력한 권력을 가지고 나랏일을 좌우하는 것을 말한다. 조선 시대 때 정조가 홍국영에게 정치를 맡긴 것을 비롯하여, 그 뒤에 이어진 안동 김씨와 풍양 조씨 가문의 세도 정치가 유명하다.

홍경래 : 354쪽 참조.

홍경래의 난 : 1811년(순조 11) 홍경래가 주동이 되어 우군칙, 김사용, 김창시 등과 함께 4개월에 걸쳐 일으킨 반란이다. 평안도 용강에서 평민으로 태어난 홍경래는 유교와 풍수지리를 익혔을 뿐만 아니라 뛰어난 힘을 가진 장사였다. 그는 평안도 사람들에 대한 차별 대우와 신분 차별, 그리고 안동 김씨의 세도 정치에 불만을 품었다. 그리고 10여 년에 걸친 준비 끝에 황해도 가산 다복동에서 난을 일으켰다. 그러나 이듬해 관군에게 모두 진압되었다.

김병연의 시비

얽힌 이야기 한 토막

김병연이 여러 곳을 떠돌다가 개성에 닿았을 때의 일이다. 김병연은 어느 집 문 앞에서 하룻밤 재워 줄 것을 청했다. 그러나 집주인은 그의 남루한 모습을 보고는 대문을 닫으며 땔나무가 없어 못 재워 준다고 했다. 이때 김병연은 문전박대하는 주인을 향해 한 편의 시를 읊었다.

**고을 이름은 개성(開城)인데, 어찌하여 문을 닫아 걸고
산 이름은 송악(松嶽)인데, 어찌 나무가 없다 하는가.**

주인은 낭랑하게 읊는 그의 시를 듣고 그가 결코 보잘것없는 인물이 아님을 알았다. 주인은 얼굴을 붉히며 문을 열어 김병연을 맞아들였다.

이렇게 김병연은 온 나라를 돌아다니며 즉석에서 많은 시를 지었다.

김병연은 양반들이 무시하는 한글을 섞어 시를 지어 많은 백성들과 기쁨과 슬픔을 함께했다.

김병연은 나라의 관직도 거부하고 양반 노릇도 하지 않았다. 그러므로 나라의 간섭을 받지 않아도 되었다. 그래서 김병연은 마음대로 시를 짓고 읊을 수 있었다.

이렇게 김병연은 비뚤어진 세상을 비웃었을 뿐 아니라, 뿌리 깊게 자리한 양반 사회의 권위에 당차게 맞섰다.

김병연이야말로 백성들과 함께 숨 쉬며 자유롭게 살았던 참 시인이었다.

역사책 《삼국사기》를 쓴 고려의 학자이다.

김부식

金 富 軾 : 1075~1151. 자는 입지. 호는 뇌천. 시호는 문열.

　　김부식은 1075년(문종 29) 신라 왕실의 후예인 김근의 셋째 아들로 태어났다. 김부식은 1096년(숙종 1) 문과에 급제한 뒤 평장사라는 벼슬을 시작으로 여러 관직을 두루 거쳐 일찍이 중요한 벼슬자리에 올랐다.
　　김부식은 관직에 있으면서 박승중, 정극영 등과 함께 《예종실록》을 펴냈다. 또 높은 학문을 인정받아 예종과 인종에게 유교 경전과 역사를 직접 강의하기도 하였다.
　　1134년(인종 12)에 승려 묘청이 풍수지리설을 내세워 서경(평양)이 명당이니 도읍을 서경으로 옮기자고 왕을 설득하였다. 이에 인종이 도읍을 서경으로 옮기려 하자, 김부식은 이를 강력히 반대하여 도읍을 옮기지 못하게 하였다. 그러자 1135년 묘청은 서경에서 반란을 일으켰다.
　　김부식은 원수에 임명되어 반란 진압에 앞장섰다. 먼저 묘청과 같은 서경 출신인 정지상, 백수한, 김안 등을 반란군과 비밀리에 연락했다는 죄목으로 처형하였다. 그리고 김부의, 이주연과 함께 서경을 공격하여 성을 함락시키고 난을 평정하였다. 그 공으로 김부식은 고려의 최고 벼슬인 문하시중이 되었다.
　　김부식은 1145년 높은 학문을 바탕으로 신라, 백제, 고구려 세 나라의 역사를 상세하게 기록한 《삼국사기》 50권을 완성하였다. 《삼국사기》는 인종의 명을 받아 만들었는데, 중국의 사마천이 지은 《사기》를 본떠 지었다. 이 책은 일연이 쓴 《삼국유사》와 더불어 후세에 좋은 역사 자료가 되고 있다.
　　김부식은 1146년 의종이 왕위에 오르자 낙랑군 개국후에 봉해졌다. 그리고 의종의 명을 받아 《인종실록》을 펴냈다. 또한 김부식은 뛰어난 문장가로도 유명했다. 송나라 사신 서긍은 문장과 음악에 막힘이 없는 김부식에게 감탄한 나머지 송나라로 돌아가 《고려도경》이라는 책을 쓰면서 김부식을 크게 칭찬하였다. 그리고 김부식의 초상화를 그려 송나라 황제에게 바치기도 하였다.
　　김부식이 지은 책으로는 《삼국사기》 외에 《김문열공집》 등이 있다.

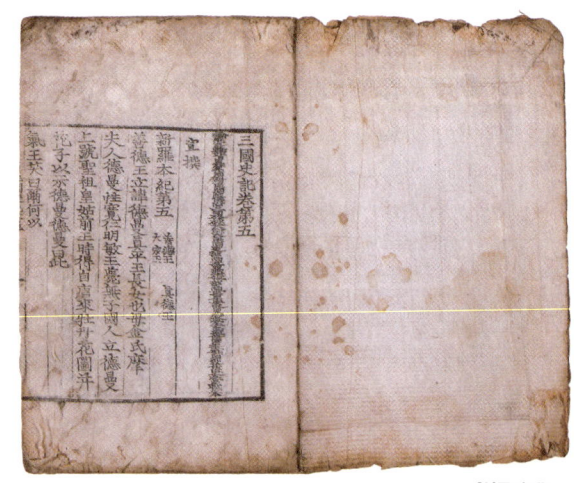

《삼국사기》

함께 익혀 둡시다

김부의 (1079~1136. 자는 자유. 시호는 문의) : 김부식의 동생으로 대사성과 이부, 호부, 예부 상서 등을 거쳤다. 형 김부식과 함께 묘청의 서경 천도를 반대하였고, 묘청의 난을 진압하는 데 큰 공을 세웠다.

김안 (?~1135. 초명은 찬) : 고려 중기의 문신으로 1112년 왕의 외척인 이자겸이 횡포를 부리자 이자겸을 제거하려다가 귀양을 갔다. 정지상, 묘청 등과 함께 왕을 황제라 칭하고 금나라를 정복하자고 주장하였다. 왕에게 묘청을 성인으로 적극 추천하였다. 1135년 일어난 묘청의 난에 가담한 죄로 처형되었다.

묘청 : 104쪽 참조.

문하시중 : 고려 때 나라의 모든 일을 도맡던 최고 벼슬이다.

박승중 (?~? 자는 자천) : 고려 때 문신으로, 예종을 도와 학문 기관인 청연각, 보문각 등에서 학문을 연구하여 그 이름을 떨쳤다. 이재 등과 《해동비록》을 펴냈다. 이자겸과 친하게 지냈는데 1126년 이자겸이 죽자 울진, 무안 등지에 유배되었다가 그곳에서 죽었다.

백수한 (?~1135) : 1128년(인종 6) 검교 소감으로 서경에 파견되자 묘청을 스승으로 모셨다. 1135년 묘청이 난을 일으키자 개경에 있다가 반란을 모의한 혐의로 김부식에게 붙잡혀 정지상, 김안 등과 함께 목숨을 잃었다.

《사기》 : 중국 한나라 때 사마천이, 전설로 전해 오는 왕부터 한나라 무제 때까지의 중국과 그 주변 민족의 역사에 대하여 쓴 세계적인 역사책이다. 〈동이전〉에는 우리 역사책에 빠져 있는 우리나라의 고대사가 많이 기록되어 있어 우리 옛 역사 연구에 귀중한 자료가 되고 있다.

《삼국사기》 : 김부식이 인종의 명을 받아 1145년에 완성한 50권의 역사책이다. 신라, 백제, 고구려 세 나라의 역사가 건국에서부터 멸망할 때까지 상세하게 기록되어 있다. 이 책은 현재 전해지는 우리나라 최초의 역사책으로, 고대사 연구에 중요한 자료가 되고 있다.

《삼국유사》 : 고려 충렬왕 때 일연이 지은 역사책으로, 단군 신화를 비롯하여 고조선부터 후삼국까지의 역사가 기록되어 있다. 《삼국사기》에 빠져 있는 여러 가지 사실과 설화, 민속, 전설, 신앙 등이 실려 있어 삼국의 사회상을 엿볼 수 있는 귀중한 자료이다.

이주연 (?~? 익산 이씨의 시조) : 고려의 무신이다. 1126년 김부식과 함께 사신으로 송나라에 다녀왔고, 1135년 묘청이 반란을 일으키자 김부식을 따라 싸움터에 나가서 난을 평정하는 데 앞장섰다.

정극영 (1067~1127. 자는 사고) : 고려 예종 때의 학자로, 1123년 한림학사가 되었으나 이자겸의 모함으로 귀양을 갔다. 이자겸이 죽은 후 송나라에 가서 문장가로 크게 이름을 떨쳤다.

정지상 : 302쪽 참조.

얽힌 이야기 한 토막

고려 예종 때의 일이다. 예종은 대각국사 의천이 세상을 떠나자 추모비를 세우기로 하고 윤관에게 비문을 짓게 하였다. 윤관은 여진족을 정벌하고 북방에 9성을 쌓은 장군으로, 그 당시 문하시중이라는 최고의 벼슬자리에 있었다.

그런데 윤관의 비문이 잘된 글이 아니라는 것을 은밀하게 예종에게 말하는 사람이 있었다. 이에 예종은 김부식을 불러 비문을 다시 고쳐 지으라 일렀다.

김부식은, 나라의 공신이며 자신보다 나이도 많은 윤관의 글을 고칠 수 없다며 계속 사양하였다. 하지만 속으로는 정성을 들이지 않고 대충 쓴 글은 고쳐야 한다고 생각하고 있었다. 마침내 김부식은 비문에 손을 대어 뜯어고치고 말았다.

나중에 비문이 고쳐진 사실을 안 윤관과 그의 아들 윤언은 몹시 화가 났다. 국자감 박사로 주역에 아주 뛰어났던 윤언은 국자감에서 김부식에게 망신을 주기로 마음을 먹었다.

어느 날 윤언은 국자감에서 김부식의 강의를 듣다가 날카로운 질문을 퍼부었다. 김부식이 제아무리 뛰어난 학문을 지녔어도 주역에 대해서는 윤언을 따라갈 수 없었다.

김부식은 결국 제대로 대답하지 못해 톡톡히 망신을 당하고 말았다.

이 일로 김부식은 어떤 일을 하기에 앞서 먼저 남을 배려할 줄 알아야 한다는 것을 뼈저리게 느꼈다.

나라의 독립을 위해 몸 바친 애국지사이다.

김상옥

金相玉 : 1890~1923. 호는 한지. 다른 이름은 영진.

김상옥은 1890년 서울에서 김귀현의 아들로 태어났다. 일찍이 아버지를 여의고 집안이 가난하여 14세부터 낮에는 철공소에서 일하고 밤에는 야학에서 공부를 하였다. 어려운 환경 속에서도 김상옥은 야학을 열어 학생들을 가르쳤다.

김상옥은 1910년 경성 영어 학교를 다니면서 국제 정세와 서양 문화에 대한 안목을 넓혔다. 그 당시 우리나라는 일본에게 주권을 빼앗겨 강제로 군대가 해산당하고 사법권마저 빼앗기고 말았다. 또 일본의 물건들이 물밀듯이 들어와 경제는 어려워지고 있었다. 이에 김상옥은 1912년 직접 영덕 철물 상회를 운영했다. 그리고 일본 제품을 몰아내기 위하여 국산품 생산에 온 힘을 기울였다. 우리 물건을 만들지 않으면 일본 물건이 우리나라를 완전히 지배할 것이라고 생각했기 때문이다.

1919년 3·1 운동이 일어나자 김상옥은 4월에 동대문 교회 안에 있는 영국인 피어슨 여사의 집에서 혁신단이라는 비밀 결사를 조직했다. 그리고 〈혁신공보〉를 만들어 민족의식과 독립 사상을 고취하는 데 힘썼다. 또 한훈, 김동순 등과 암살단을 조직하여 일본의 앞잡이가 되어 나라를 팔아넘긴 친일파들을 암살하려 했으나 실패하였다. 이어서 미국 의원단이 우리나라에 온 기회를 틈타 조선 총독 등 일본인들을 암살하려는 계획을 세웠지만 성공하지 못했다.

국내에서 활동할 수 없었던 김상옥은 1920년 상하이로 망명하여 의열단에 가입했다. 이후 여러 차례에 걸쳐 몰래 국내로 숨어 들어와 임시 정부 의연금과 독립 자금 등을 모아 상하이 임시 정부에 전했다.

1922년에는 일본의 요인들을 암살할 목적으로 폭탄과 무기를 가지고 국내에 들어왔으나 기회를 얻지 못했다. 기회를 엿보던 김상옥은 그 이듬해 1월 12일 마침내 종로 경찰서에 폭탄을 던졌다. 이 사건으로 다나카 형사 등 수십 명이 죽었다.

김상옥은 친척집과 금호동에 있는 안장사에서 숨어 지내다 효제동 이혜수의 집으로 거처를 옮겼다. 그러나 1월 22일 새벽 끈질기게 뒤쫓아온 경찰 수백 명에게 포위된 채 격전을 벌이다가 대한 독립 만세를 부르면서 자신의 총으로 스스로 목숨을 끊었다.

순국 후인 1924년 대한민국 임시 정부 외교부장 조소앙이 김상옥의 전기를 써서 펴냈다. 1962년 건국 훈장 대통령장을 받았다.

함께 익혀 둡시다

의열단 : 1919년 만주 지린 성에서 조직된 항일 독립운동 단체이다. 김원봉 등 13명이 주동이 되었는데, 일정한 본거지가 없이 활동했으며, 일본의 관청을 폭파하고, 일본 관리나 친일파 관리의 암살을 목적으로 삼아 일본인들의 공포의 대상이었다.

조소앙 (1887~1958. 자는 경중. 본명은 용은) : 독립운동가이자 정치가로 경기도 양주에서 태어났다. 3·1 운동 후 중국으로 망명하여 임시 정부 수립에 참여하여 국무위원 겸 외교부장 등을 지냈다. 1950년 제2대 국회의원에 당선되었으나 6·25 전쟁 때 북으로 끌려갔다.

한훈 (1890~1950) : 독립운동가로 충청남도 청양에서 태어났다. 1907년 만주로 망명했다가 1914년 귀국하여 박상진, 우재룡 등과 광복회를 만들어 친일파를 암살하다 계획이 탄로나자 다시 만주로 망명했다. 1920년 김상옥 등과 암살단을 만들어 일본 사이토 총독 등 고관들의 암살을 계획하다가 붙잡혀 8년 형을 선고받았다. 그러나 과거에 의병 운동을 한 것이 밝혀져 19년 9개월 만에야 풀려 났다.

혁신단 : 1919년 4월 1일 김상옥이 박노영, 윤익중, 신화수, 정설교 등과 함께 만든 항일 비밀 단체이다. 소식지 〈혁신공보〉를 펴내 일본의 악랄한 식민지 통치를 낱낱이 밝히고, 해외에서 일어나고 있는 독립운동의 움직임을 상세하게 알려 주었다.

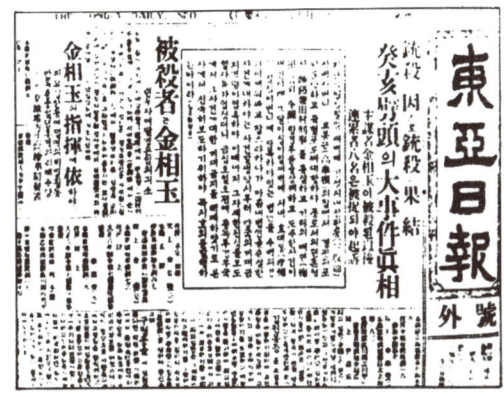

종로 경찰서에 폭탄을 던진 사건에 대한 〈동아일보〉 기사

얽힌 이야기 한 토막

'조선 총독을 죽이고 일본 관청을 폭파하라!'
그것은 의열단 단원인 김상옥이 해야 할 일이었다. 김상옥은 그 일을 위해 우리나라로 몰래 들어오다가 압록강 철교에서 검문하던 일본 헌병을 죽였다. 일본 헌병들은 뒤늦게 김상옥이 국내에 들어와 조선 총독을 암살하려 한다는 사실을 알고 김상옥을 체포하기 위해 혈안이 되어 있었다.
'내가 조선 총독을 죽이기 위해 경성으로 온 것이 이미 모두 알려졌다. 그렇다면 할 수 없지.'
무언가 굳은 결심을 한 김상옥은 독립운동가를 붙잡아 고문하고 죽이기로 유명한 종로 경찰서에 폭탄을 던졌다. 그리고 그 길로 매부의 집으로 도망쳐 숨어 지냈다. 그러나 며칠 후 김상옥이 숨어 있는 곳이 일본 헌병에게 들통나고 말았다. 김상옥은 권총을 양손에 쥔 채 뒤쫓는 일본 경찰과 수십 차례 총격전을 벌이며 눈 덮인 남산으로 달아났다. 남산을 거쳐 금호동에 있는 안장사에 도착한 그는 승복과 짚신을 빌려 승려로 변장하고 산을 내려왔다. 이모 댁을 거쳐 효제동 이혜수의 집으로 은신한 그는 그곳에서 동상을 치료하면서 앞으로의 거사를 계획하고 있었다. 그러나 그곳도 곧 탄로나고 말았다. 상하이로부터 연락을 가져온 동지가 모진 고문에 못 이겨 그가 있는 곳을 알려 주고 말았던 것이다.
'이렇게 최후를 맞을 순 없다. 조국의 해방은 아직도 먼데, 여기서 허무하게 죽을 순 없다.'
새롭게 마음을 굳힌 김상옥은 두 손에 권총을 들고 3시간 반 동안이나 일본 경찰들과 총격전을 벌였다. 그러나 혼자서 수백 명을 당할 수는 없었다. 드디어 그가 가진 탄알도 마지막 한 발밖에 남아 있지 않았다.
"탕!"
김상옥은 마지막 남은 총알을 자신의 가슴을 향해 쏘아 스스로 목숨을 끊었다.

〈진달래꽃〉을 쓴 민족 시인이다.

김소월 金素月 : 1902~1934. 이름은 정식.

김소월은 1902년 평안북도 구성에 있는 외가에서 태어나 집안 어른들의 사랑을 받으며 자랐다.

2세 때 아버지가 철도 공사를 하던 일본인들에게 폭행을 당해 정신 이상 증세를 일으키자 김소월은 광산을 운영하는 할아버지에게 한문을 배우며 성장했다. 또 둘째 숙모에게 《심청전》, 《장화홍련전》 등의 이야기를 들으며 자랐다.

김소월은 남산 학교를 거쳐 1915년 오산 학교 중학부에 입학했고 1916년 홍단실과 결혼했다. 3·1 운동 직후 오산 학교가 폐교되자 배재 고등 보통학교에 편입하여 졸업했다. 김소월은 1923년 일본 동경 상과 대학에 입학했으나, 그해 9월 관동 대지진이 일어나 학교를 그만두고 귀국했다.

김소월은 고향으로 돌아와 할아버지가 경영하는 광산 일을 도왔으나 광산이 망하자 아내와 자식이 있는 구성으로 돌아가 그곳에서 〈동아일보〉 지국을 경영하였다. 그러나 〈동아일보〉 지국마저 실패하여 생활이 어려워지자 삶에 대한 의욕을 잃고 술만 마시다가 1934년 곽산에서 스스로 목숨을 끊었다.

김소월은 오산 학교에 다닐 때 스승 김억에게 시적 재능을 인정받아 시를 쓰기 시작하였다. 그가 문단에 나온 것은 1920년으로, 〈그리워〉 등 시 다섯 편을 〈창조〉지에 발표하면서부터이다. 김소월은 김억의 주선으로 1922년 〈진달래꽃〉을 〈개벽〉지에 발표하였는데, 이 작품으로 20세밖에 안 된 나이였지만 당당한 시인으로 대우를 받았다. 이때 김소월은 〈금잔디〉, 〈엄마야 누나야〉, 〈먼 후일〉, 〈개여울〉 등의 뛰어난 시를 함께 발표하였다. 그 후 김소월은 〈초혼〉, 〈산유화〉 등을 발표하는 한편, 김동인과 함께 '영대' 동인(뜻을 같이 하는 작가들의 모임)으로 활동하였다. 그리고 1925년 127편의 작품을 묶은 첫 시집 《진달래꽃》을 펴냈다.

김소월의 문단 생활은 겨우 5~6년에 지나지 않지만 100편이 넘는 많은 작품을 남겼다. 김소월은 아름다운 자연과 민족의 정서를 아름답게 노래한 민요 시인으로 평가받고 있다. 〈진달래꽃〉과 같은 김소월의 아름다운 시들은 시대를 뛰어넘어 오늘날까지 많은 사람들의 사랑을 받고 있다.

함께 익혀 둡시다

〈개벽〉 : 1920년 6월 25일에 천도교에서 펴낸 우리나라 최초의 월간 종합 잡지이다. 일제의 탄압으로 1926년 8월 폐간되었다.

관동 대지진 : 1923년 9월 1일 일본 관동 지방에 큰 지진이 일어나 수많은 사람들이 죽고, 건물 대부분이 무너졌다. 일본은 갑작스런 재앙으로 일본인들이 폭동을 일으킬 기미를 보이자 '조선인이 우물에 독약을 넣었다' 혹은 '조선인들이 습격해 올 것이다'라는 유언비어를 퍼뜨려 아무런 잘못도 없는 수천 명의 조선 사람들이 죽었다.

김동인 (1900~1951. 호는 금동, 춘사) : 소설가로 평양에서 김대윤의 아들로 태어났다. 일본 메이지 대학을 졸업한 뒤 1919년 우리나라 최초의 문예지인 〈창조〉를 펴내면서, 단편 소설 〈약한 자의 슬픔〉을 발표했다. 〈영대〉, 〈야담〉지를 펴냈으며, 〈배따라기〉, 〈광화사〉, 〈감자〉, 〈발가락이 닮았다〉 등 많은 단편 소설과 《운현궁의 봄》, 《젊은 그들》 등의 장편 소설을 남겼다.

김억 (1893~? 호는 안서) : 시인으로 평안북도 안서에서 태어났다. 〈창조〉, 〈폐허〉의 동인으로 활동하며, 외국 시를 번역, 소개하였다. 6·25 전쟁 때 북으로 끌려갔다.

〈엄마야 누나야〉 : 1922년 김소월이 〈개벽〉지에 발표한 시로 많은 사람의 사랑을 받았으며 노래로도 불린다.

엄마야 누나야 강변 살자,
뜰에는 반짝이는 금모래빛,
뒷문 밖에는 갈잎의 노래
엄마야 누나야 강변 살자.

〈진달래꽃〉 : 1922년 김소월이 〈개벽〉지에 발표한 시이다.

나 보기가 역겨워
가실 때에는
말없이 고이 보내 드리오리다.
영변에 약산
진달래꽃
아름따다 가실 길에 뿌리오리다.
가시는 걸음걸음
놓인 그 꽃을
사뿐히 즈려밟고 가시옵소서.
나 보기가 역겨워
가실 때에는
죽어도 아니 눈물 흘리오리다.

〈창조〉 : 우리나라 최초의 동인지로 1919년 2월 일본 도쿄에서 김동인, 주요한, 전영택, 김억 등이 펴냈다. 순수하게 문학만을 다룬 잡지로 현대 문학에 커다란 영향을 끼쳤다.

얽힌 이야기 한 토막

우리 겨레 고유의 운율로 아름다운 시를 많이 남긴 김소월의 어린 시절은 행복하지 못했다. 일본인들에게 몰매를 맞아 정신이 이상해진 아버지 때문에 집안 형편은 말이 아니었다. 그러나 총명한 소년이었던 김소월은 슬기롭게 그 모든 어려움을 극복해 내었다. 김소월은 무엇 하나 그냥 지나치는 법이 없었다. 궁금한 것이 있으면 꼭 알아내고야 마는 성격이었다. 사물에 대한 탐구심은 과학자뿐만 아니라 시인에게도 꼭 필요한 것이었다. 김소월의 탐구심을 높이 평가한 스승 김억이 어느 날 그에게 말했다.
"정식 군, 자네는 시를 써야 하네. 자네는 타고난 시인이야."
"아직 부족한 점이 많습니다. 또 저는 시를 쓰기보다는 돈을 벌어 어머님을 편히 모시고 싶습니다."
"어머님을 편히 모시는 일은 당연한 일이지만, 시를 포기해서는 안 되네. 내가 발표할 기회를 만들어 주겠네."
그의 재능을 아낀 스승 김억은 김소월이 자신의 재능을 살려 나갈 수 있도록 도와주었다.
그러나 시만 써서는 살아갈 수 없었다. 그래서 김소월은 이것저것 가리지 않고 닥치는 대로 일을 했다. 돈을 빌려주는 대금업을 하기도 하고 신문사 지국을 맡아 운영하기도 했다. 그러나 시인의 감성으로 사업을 하는 것은 무리였다. 하는 일마다 실패한 김소월의 가슴속에는 삶에 대한 회의가 쌓여 갔다. 그러나 그 마음을 비집고 좋은 시들이 많이 자라났다. 김소월에게 주어진 삶의 고난이 마치 아름다운 시를 만들기 위해 하늘이 내린 형벌인 것처럼.

가야(가락국)를 세운 김해 김씨의 시조이다.

김수로왕

金首露王 : ?~199. 재위 기간 : 42~199. 다른 이름은 수릉.

　김수로왕은 가락국의 시조이며, 김해 김씨의 시조이다. 김수로왕의 탄생과 치적은 《삼국유사》에 실린 가락국기에 전해지고 있다. 그 내용을 살펴보면 다음과 같다.

　가락 지역(경상남도 김해 지역)에 촌장 9명이 각각의 부족을 다스리고 있었다. 3월 어느 날 하늘에서 구지봉으로 가서 하늘이 내려 주신 왕을 맞이하라는 소리가 들렸다. 촌장과 사람들은 구지봉으로 올라가 왕을 맞이하기 위해 하늘에 제사를 지내고 춤을 추고 노래를 불렀다. 그러자 하늘에서 붉은 보자기에 싸인 금빛 상자가 내려왔는데 그 속에 황금알 6개가 들어 있었다. 얼마 뒤 이 알에서 남자아이가 차례로 태어났는데 그중 제일 먼저 나온 아이의 이름을 '수로'라고 하였다. 사람들은 수로를 왕으로 추대하고 나라 이름을 '대가락국' 또는 '가락국'이라고 했다. 나머지 다른 남자아이들도 각각 5가야의 왕이 되었다. 이때가 42년(신라 유리왕 19)이었다고 한다.

　김수로왕은 다른 부족 국가를 정복하여 금관가야를 세우고, 금관가야의 왕이 되었다. 그리고 관직을 정비하고 도읍을 정하여 국가의 기틀을 마련하였다. 48년에 인도 아유타국의 공주인 허황옥이 파사 석탑을 가지고 바다를 건너오자 공주를 맞이하여 왕비로 삼았다. 수로왕은 왕위에 올라 157년간 나라를 다스리다가 죽었다. 수로왕은 허 왕후와의 사이에서 여러 명의 왕자들을 두었는데, 그중 7명은 지리산에 들어가 운상원을 짓고 수행하여 부처가 되었고, 거등왕이 수로왕의 뒤를 이어 왕위를 이었다.

　김수로왕은 199년까지 157년 동안 왕으로 있으면서 많은 업적을 남겼다고 전한다. 그러나 불행하게도 그 구체적인 사례는 알 수가 없다. 가야가 신라에 통합되면서 가야에 대한 수많은 자료들도 모두 사라졌기 때문이다.

　김해 지방의 가야 유적지 발굴 현장에서는 고도로 발전한 문화 유물이 발견된다. 이것으로 미루어 보아 금관가야나 대가야도 독자적인 국가 체제를 갖추었던 것으로 보인다. 또 바다 건너 인도 아유타국의 공주를 왕비로 맞이한 것은 가야가 바다로도 진출했음을 알려 주는 예라고 할 수 있다.

함께 익혀 둡시다

가야 : 삼한 시대에 낙동강 하류에 자리 잡고 있던 여섯 가야를 가리킨다. 김해 지역의 금관가야, 함안 지역의 아라가야, 상주 지역의 고령가야, 고령 지역의 대가야, 성주 지역의 성산가야, 고성 지역의 소가야를 말한다. 처음에는 금관가야가 세력이 가장 강했지만, 후에는 대가야가 위세를 떨쳤다.

거등왕 (?~253. 재위 기간 : 199~253. 성은 김씨) : 금관가야의 두 번째 왕으로 김수로왕과 허 왕후의 맏아들로 태어났다. 199년 김수로왕의 뒤를 이어 왕위에 올랐으며, 왕비는 허 왕후와 함께 인도 아유타국에서 가야에 온 천부경 신보라는 사람의 딸이다. 253년 세상을 떠난 뒤 아들 마품이 뒤를 이었다.

금관가야 : 6가야의 하나로 지금의 경상남도 김해에 자리하고 있었다. 전설에 의하면 김수로왕이 기원후 42년에 나라를 세웠다고 한다. 한때 6가야 가운데서 가장 크게 세력을 떨쳤으나 532년(법흥왕 19)에 신라에 항복하면서 신라에 통합되었다.

운상원 : 금관가야를 세운 김수로왕과 허 왕후 사이에 태어난 왕자들 가운데 7명의 왕자가 지리산에 운상원을 짓고 불도를 닦아 부처가 되었다는 곳이다.

파사 석탑 : 경상남도 김해에 있는 사면 오층 탑이다. 인도 아유타국의 공주인 허황옥이 수로왕의 왕비로 올 때 배에 싣고 온 탑이다. 허황옥이 인도에서 가야로 오는 중에 풍랑이 심하게 일어 다시 아유타국으로 돌아가 이 탑을 배에 실으니 풍랑이 멎어 무사히 가야까지 올 수 있었다고 한다. 현재 수로왕비의 능 앞에 있다.

허황옥 (33~189. 시호는 보주 태후): 가야 수로왕의 왕비이다. 인도 아유타국 공주로 48년 배를 타고 가야에 와서 왕비가 되었다. 태자 거등을 비롯하여 아들 아홉을 낳았고, 그 가운데 한 아들에게 허씨 성을 주어 대를 잇게 했다.

김수로왕의 탄생 설화가 전해지는 구지봉 고인돌

얽힌 이야기 한 토막

어느 날 구지봉 쪽에서 이상한 소리를 들려왔다. 아홉 마을의 촌장들과 사람들은 구지봉으로 올라갔으나 아무것도 보이지 않고 신령스러운 목소리만 뚜렷하게 들려왔다.
"누가 있느냐?"
"아홉 마을의 촌장들과 백성들입니다."
"내가 있는 곳이 어디냐?"
"구지라는 곳입니다."
"하늘이 내게 이곳에 나라를 새로 세워 임금이 되라고 하였다. 너희들은 흙을 파면서 노래를 불러라."
"어떤 노래를 불러야 합니까?"
"내가 노래를 알려 주겠다. 노래를 부르며 춤을 추면 곧 너희들을 다스릴 대왕을 맞이할 수 있을 것이다."
그러더니 신령한 목소리가 한 가지 노래를 가르쳐 주었다.
"거북아 거북아, 머리를 내놓아라. 만일 내놓지 않으면 구워 먹으리라."

촌장과 백성들은 기뻐하면서 노래를 부르고 춤을 추었다.
얼마 뒤 하늘에서 자주색 끈이 내려왔는데, 그 끝에 금빛 찬란한 궤가 매달려 있었다.
"오, 하늘이 감동하시어 우리에게 궤를 내리신 모양이다. 어서 궤 안에 무엇이 들어 있는지 열어 보자."
촌장들이 서둘러 궤를 열어 보니 그 안에는 6개의 황금 알이 들어 있었다. 그리하여 나이가 제일 많은 촌장이 알이 든 궤를 잘 싸서 집으로 가져갔다.
12일이 지난 뒤 아홉 마을의 촌장들이 모여 궤를 열어 보았다. 그러자 금빛 알이 하나씩 깨지기 시작하더니 잘생긴 6명의 옥동자가 모습을 드러내었다. 여섯 명의 옥동자는 무럭무럭 자라서 며칠이 지나자 키가 9척이나 되었다. 촌장들은 협의하여 맨 처음 알에서 깨어난 아이를 '수로'라 하고 왕으로 모셨다.

임진왜란 때 왜군을 크게 물리친 진주성 싸움의 영웅이다.

김시민 金時敏 : 1554~1592. 자는 면오. 시호는 충무.

김시민은 1554년(명종 9) 김충갑의 아들로 목천(충청남도 천안)에서 태어났다. 1578년(선조 11) 무과에 급제한 김시민은 훈련원 판관이 되었다. 그러나 군사에 관한 일을 병조 판서에게 건의하였는데, 이것이 받아들여지지 않자 벼슬에서 물러났다.

임진왜란이 일어나기 한 해 전인 1591년 김시민은 다시 진주 판관이 되었다. 이듬해 임진왜란이 일어나자, 김시민은 병으로 죽은 진주 목사를 대신하여 성을 고치고 무기를 갖추는 등 전쟁을 대비해 준비를 철저히 하였다. 그리하여 그 공으로 진주 목사가 되었다. 김시민은 사천, 고성, 진해 등지에서 왜군을 크게 무찔러 경상우도 병마절도사에 올랐다. 그리고 계속해서 금산에서 왜군을 물리쳤다.

1592년 10월 왜군은 3만여 명으로 구성된 대부대를 이끌고 진주성을 포위했다. 왜군은 바다에서 이순신 장군이 이끄는 조선 수군에게 패하고, 육지에서는 의병들에게 곳곳에서 기습을 당하자 불리해진 전세를 회복시키고 남해안 지방에 거점을 확보하기 위하여 모든 힘을 기울여 진주성을 포위했다.

그러나 진주성 안의 우리 군사는 노약자와 부녀자를 모두 합해 겨우 3천 8백여 명에 불과했다. 김시민은 성안에 사람이 많은 것처럼 보이게 하려고 성안의 높은 곳에 수많은 깃발을 꽂아 두었다. 또 노약자와 부녀자까지 남자로 변장시켜 군사처럼 보이게 하고 싸움에 임했다.

왜군은 대나무로 수천 개의 사다리를 만들어 진주성에 쳐들어왔다. 그러자 성안에 있는 모든 사람들은 김시민의 지휘 아래 성 밖으로 화약불을 던지고 대포를 쏘는 등 죽을힘을 다해 왜군과 싸웠다. 적은 병력으로 7일 동안 격전을 벌인 끝에 김시민과 진주성 사람들은 마침내 왜군을 물리쳤다. 이 싸움이 바로 임진왜란 3대첩의 하나인 '진주성 싸움'이다.

그러나 진주 목사 김시민은 치열한 싸움이 끝난 뒤 성을 둘러보다가 시체 속에 숨어 있던 왜병이 쏜 총탄을 맞고 앓다가 며칠 뒤에 세상을 떠났다. 그의 죽음을 전해 들은 성안의 모든 백성들은 대성통곡을 했다고 한다.

김시민은 1604년 선무공신 2등에 올랐고 뒤에, 영의정, 상락 부원군이라는 벼슬을 받았다.

함께 익혀 둡시다

병마절도사 : 조선 시대 때, 각 지방에 두어 군사와 군대에 필요한 말을 지휘하던 벼슬이다. 각 도마다 한 사람씩을 두었다.

진주성 싸움 : 1592년(선조 25) 10월 5일부터 7일간에 걸쳐 진주성에서 있었던 전투이다. 진주는 경상도에서 전라도로 통하는 중요한 길목이어서 임진왜란 당시 왜군의 주공격 대상이었다. 1592년 10월에 3만여 명의 왜군이 대나무 사다리를 만들어 진주성에 쳐들어오자 진주 목사 김시민의 지휘 아래 3천 8백여 명의 군사와 백성들이 하나가 되어 왜군과 맞섰다. 또 곽재우 등이 이끄는 의병이 성 밖에 진을 치고 왜군을 위협하였다. 7일간에 걸친 대격전 끝에 결국 왜군은 물러갔다. 그러나 이 싸움에서 김시민이 왜병의 총을 맞고 전사했다. 소수의 군인과 백성들이 똘똘 뭉쳐 3만여 왜군을 크게 물리친 이 싸움은 한산도 대첩, 행주 대첩과 함께 임진왜란 3대첩의 하나로 꼽힌다.

훈련원 : 조선 시대에 군사들의 재주를 시험하거나 무예의 연습, 병서의 강습을 맡은 관청을 가리킨다.

진주성

얽힌 이야기 한 토막

"성안에 있는 노약자와 부녀자들은 남자로 변장하도록 하라. 그리하여 적에게 우리 군사가 많은 것처럼 보이게 하라. 또한 화살을 함부로 쏘아 화살을 낭비하여서는 안 된다."
김시민은 진주성 싸움에서 3천 8백여 명의 군사로 2만여 명의 왜군을 물리치는 대승을 거두었다. 김시민이 왜군을 물리칠 수 있었던 것은 무엇보다도 사전에 철저하게 준비를 한 덕분이었다.
김시민은 먼저 화약 5백 근과 총통 70여 자루를 만들고, 군사를 뽑아 훈련을 시켰다. 또 성안에 있는 노약자와 부녀자들까지 모두 남자로 변장하도록 하여 군사가 많은 것처럼 보이게 하였다. 이렇듯 왜군의 공격에 대해 사전 준비를 철저히 한 김시민을 믿고 성안의 모든 군사들과 백성들이 따라 주었기 때문에 김시민은 진주성 싸움에서 승리할 수 있었다.

진주 판관이었던 김시민이 목사가 된 것은 그가 왜군의 침략에 대비해 준비를 철저히 해 두었기 때문이다. 원래 진주 목사였던 이경은 왜군이 쳐들어온다는 소식을 듣고 지리산으로 피란을 갔다가 그만 병으로 죽고 말았다. 이에 판관으로 있던 김시민은 스스로 목사직을 대신하며 백성들과 함께 전투 준비를 하고 인근 지방에 쳐들어온 왜군을 여러 차례 물리쳤다. 그리하여 조정에서 김시민을 진주 목사에 임명했던 것이다.
싸움이 끝난 뒤 김시민은 시신들 속에 숨어 있던 왜군이 쏜 총을 맞고 며칠을 병상에서 보내다가 세상을 떠났다. 이 소식을 들은 진주성의 백성들은 그의 죽음을 매우 슬퍼했다고 한다.

우리나라 최초의 한문 소설 《금오신화》를 지은 생육신의 한 사람이다.

김시습

金時習 : 1435~1493. 자는 열경. 호는 매월당, 동봉, 청한자, 벽산청은, 췌세옹. 시호는 청간.

김시습은 1435년(세종 17)에 김일성의 아들로 태어났다. 3세 때 이미 시를 지을 줄 알았을 뿐만 아니라, 《소학》을 읽고 그 뜻을 깨우쳤을 정도로 뛰어난 신동이었다. 특히 5세 때 세종 대왕 앞에서 글을 지어 주위 사람을 놀라게 했던 일화는 유명하다. 김시습은 10세에서 13세까지 김반에게서 《공자》, 《맹자》, 《시경》, 《서경》, 《춘추》 등을 배웠고, 윤상에게서 예법에 관한 책인 《예서》와 제자백가에 대해 배웠다.

15세 때 어머니가 돌아가시자 김시습은 어머니의 산소 옆에 초막을 짓고 삼년상을 치렀다.

김시습은 과거를 준비하기 위하여 삼각산 중흥사에서 공부를 하던 21세 때 수양 대군이 어린 단종을 몰아내고 왕위에 올랐다는 소식을 들었다. 이에 김시습은 어지러운 세상을 탓하고 책을 모두 불태워 버렸다.

이후 김시습은 이름을 '설잠'이라고 바꾸고, 승려가 되어 전국 각지를 떠돌아다녔다. 또 김시습은 아무도 돌보지 않던 성삼문 등 사육신의 시체를 거두어 몰래 장례를 치러 주었다.

전국을 떠돌아다니던 김시습은 책을 구하기 위해 서울에 갔다가 효령 대군의 청으로 불경을 우리말로 옮기는 일을 맡아 했다. 그러나 평소 경멸하던 사람들이 높은 관직에 있는 것을 보고 다시 서울을 떠났다.

그 후 김시습은 경주에 있는 금오산에 들어가 독서와 글에 파묻혀 지냈다. 효령 대군의 청으로 원각사 낙성식에 참석하기도 했지만 대부분의 나날을 금오산에서 보냈다. 김시습은 이곳에서 8년 동안 지내면서 우리나라 최초의 한문 소설인 《금오신화》를 비롯해 《산거백영》, 《산거백영후지》 등 수많은 시를 지었다. 김시습은 47세에 다시 세상으로 나왔으나, 이듬해 왕비 윤씨를 폐비하는 사건이 일어나자 서울을 등지고 다시 방랑길에 올랐다. 세상을 떠돌아다니던 김시습은 1493년 충청남도 부여에 있는 무량사에서 세상을 떠났다.

평생 동안 지조와 절개를 지킨 김시습은 당시 학자들과는 달리 유교, 불교, 도교 등의 사상을 폭넓게 받아들인 학자이자, 뛰어난 문장가였다.

함께 익혀 둡시다

《금오신화》: 김시습이 한문으로 쓴 우리나라 최초의 소설이다. 현재 완본은 전해지지 않고 5편만이 전한다.

《논어》: 공자의 말씀과 공자와 제자들과의 문답, 제자들끼리의 문답 등을 모아서 엮은 책이다.

《맹자》: 맹자의 제자가 맹자의 말과 행동을 기록한 책이다.

사육신: 1456년 세조에게 왕위를 빼앗긴 단종을 다시 왕위에 세우려다가 김질의 밀고로 붙잡혀 죽은 성삼문, 박팽년, 하위지, 이개, 유응부, 유성원의 여섯 신하를 말한다.

생육신: 조선 시대에 수양 대군이 단종의 왕위를 빼앗자 절개를 지켜 벼슬을 하지 않았던, 이맹전, 조여, 원호, 김시습, 성담수, 남효온 등의 여섯 사람을 말한다.

《서경》: 중국 요순 때부터 주나라 때까지의 나랏일에 관한 문서를 공자가 수집하여 편찬한 책이다.

성삼문: 160쪽 참조.

《시경》: 공자가 중국 은나라 때부터 춘추 시대까지의 시 311편을 모아 편찬한 책이다.

윤상 (1373~1455. 자는 실부. 호는 별동): 조선 초기의 학자. 사신으로 명나라를 다녀왔다. 노부모를 모시기 위해 고향 주변에 있는 지방의 여러 관직을 거쳤으며, 대사성, 예문관 제학 등을 거치며 수많은 인재를 길러 냈다.

제자백가: 중국 춘추 전국 시대의 여러 학파를 일컫는 말이다. 공자, 노자, 장자, 맹자 등의 유가, 도가, 법가 등 모든 학파를 가리킨다.

《춘추》: 중국 노나라의 사관이 기록한 노나라의 역사를 공자가 비판하고 고쳐서 펴낸 책이다.

효령 대군 (1396~1486. 이름은 보. 자는 선숙. 호는 연강. 시호는 정효): 태종의 둘째 아들로 어머니는 원경 왕후 민씨이며 1412년 효령 대군에 봉해졌다. 불교에 대한 믿음이 깊었던 그는 1435년 회암사를 다시 짓고, 1452년에는 용문산에 있는 상원사의 종을 만들었으며, 1464년에는 회암사에서 법회를 열기도 했다. 그 후 《반야심경》을 한글로 풀어썼고, 《원각경》을 새로이 풀이하여 바르게 고쳤다.

얽힌 이야기 한 토막

김시습이 5세 때의 일이다. 김시습의 글재주는 날이 갈수록 늘어 신동이라는 소리를 들었다. 마침내 그 소문은 세종 대왕의 귀에까지 들어갔다. 세종 대왕은 신하 박이창을 시켜 그 소문이 사실인지 알아보라고 하였다. 박이창은 김시습을 대궐로 불러들여 무릎 위에 앉히고 물었다.
"네가 소문으로 듣던 김시습이란 아이로구나. 네가 시를 잘 짓는다고 하니, 어디 저 벽에 걸려 있는 그림을 보고 시를 한 번 지어 보아라."
그 그림은 산수화로, 골짜기마다 안개가 자욱하고, 산 사이로 강이 굽이쳐 흐르고 있는데 강 위에 낚싯줄을 드리운 배가 한 척 그려져 있었다.
어린 김시습은 그림을 보며 시를 읊었다.

조그만 정자처럼 떠 있는 배 위 저 집엔
그 누가 살고 있을까?

김시습이 지은 시에 감탄한 박이창은 세종 대왕에게 사실대로 아뢰었다. 세종 대왕은 크게 칭찬을 하며 상으로 비단 다섯 필을 내렸다.
"과연 소문대로 신동이로구나! 그 아이의 부모에게 잘 가르치라고 일러라. 장성하면 내 크게 쓰리라! 또한 상으로 내린 이 비단을 혼자 힘으로 가져가게 해 보아라!"
신하들은 5세 어린아이가 어떻게 다섯 필이나 되는 비단을 가지고 갈 수 있을까 의아해했다. 그러나 김시습은 조금도 당황하지 않고 상으로 받은 비단을 풀기 시작하였다.
'어쩌려고 감긴 비단을 모두 풀고 있을까?'
사람들은 모두 숨을 죽이고, 김시습의 행동을 지켜보았다. 비단을 모두 풀어 헤친 김시습은 다섯 필의 비단의 끝을 모두 묶은 다음 허리에 친친 감더니 태연하게 대궐을 나가 집으로 돌아가는 것이었다. 그 광경을 보고 있던 모든 사람들의 입이 벌어졌다.
이를 전해 들은 세종 대왕도 그의 총명함을 칭찬했다.

아름다운 시로 우리 민족 정서를 노래한 시인이다.

김영랑 金永郎 : 1903~1950. 본명은 윤식.

김영랑은 1903년 전라남도 강진의 지주 집안에서 장남으로 태어났다. 1915년 강진 보통학교를 졸업한 뒤 혼인하였으나 1년 6개월 만에 아내와 사별했다.

그 후 서울에 올라와 조선 중앙 기독교 청년 회관에서 영어를 공부하다가 1917년 휘문 의숙에 입학했다. 이때 홍사용, 박종화, 정지용 등을 만나 문학적 안목을 키우게 되었다.

휘문 의숙 3학년 때인 1919년 3·1운동이 일어나자 김영랑은 고향 강진에 내려가 의거를 하려다 일본 경찰에 체포되어 6개월 동안 옥고를 치렀다.

1920년에 일본으로 건너가 아오야마 학원 중학부를 거쳐 같은 학원 영문학과에 진학했으나 1923년 관동 대지진으로 학업을 중단하고 귀국하였다. 그 뒤 고향에 머물면서 1925년 김귀련과 재혼하였다.

김영랑은 1930년 정지용, 박용철, 오일도, 이하윤 등과 함께 '시문학' 동인을 만들어 〈시문학〉지에 〈내 마음 아실 이〉, 〈모란이 피기까지는〉 등의 아름다운 시를 발표하였다. 그리고 계속해서 〈문예월간〉, 〈시원〉 등의 잡지에 〈오메 단풍 들것네〉, 〈북〉, 〈독을 차고〉 등의 시를 실었다.

김영랑은 시인이면서 애국지사이기도 하였다. 김영랑은 일본이 식민지 말기에 우리의 민족정신을 말살하기 위하여 강요한 창씨개명과 신사 참배를 단호하게 거부하였다.

김영랑은 8·15 광복 후 1949년에 공보처 출판국장을 맡았다. 그러나 1950년 6·25전쟁 때 북한군에게 빼앗겼던 서울이 수복되자 너무 기쁜 나머지 거리로 나가 만세를 부르다가 포탄 파편에 맞아 48세의 나이에 세상을 떠났다. 묘지는 서울 망우리에 있으며 광주 공원과 고향 강진 생가에 시비가 있다.

김영랑의 시는 우리 겨레 고유의 정서를 잘 다듬어진 언어로 노래한 것들이 대부분이다. 생동감 있는 우리말의 아름다움과 정감 어린 우리 가락으로 시의 새로운 경지를 개척한 것이다. 김영랑은 흔히 김소월과 비교된다. 예컨대 북에 김소월이 있다면 남에는 김영랑이 있다는 식이다. 그만큼 우리 문학사에서 김영랑은 민족 시인으로서의 위치를 확고히 굳히고 있다.

김영랑의 시집으로는 《영랑 시집》, 《영랑 시선》 등이 있다.

함께 익혀 둡시다

김소월 : 54쪽 참조.

〈문예월간〉 : 1931년에 만든 문학 잡지로 박용철이 편집하였다. 우리나라 문학과 함께 외국의 문학을 소개하였다.

박용철 (1904~1938. 호는 용아) : 전라남도 송정리(광주)에서 태어난 시인이다. 도쿄 대학 독문학과를 졸업하고 연희 전문 학교를 다녔다. 〈문예월간〉을 만들어 해외 문학을 소개했고, 김영랑 등과 〈시문학〉을 만들었다.

〈시문학〉 : 1930년 김영랑, 박용철 등이 중심이 되어 만든 시 동인지(뜻이 같은 작가들이 만든 잡지)이다.

〈시원〉 : 1935년 시인 오일도가 중심이 되어 만든 시 전문 잡지로 제5호까지 나왔다. 주요 동인으로는 김광섭, 모윤숙, 오일도 등이 있다.

오일도 (1902~1946. 본명은 희병) : 경상북도 영양에서 태어난 시인이다. 일본 릿쿄 대학 철학과를 졸업한 뒤 1931년부터 여러 문학 잡지에 시를 발표하였다. 1934년 시 전문 잡지 〈시원〉을 펴냈다.

이하윤 (1906~1974. 호는 연포) : 시인이며 영문학자로 경기도 이천에서 태어났다. 일본 호세이 대학 영문과를 졸업하고 서울대 교수를 지냈다. 정인섭, 김진섭 등과 해외 문학 연구회를 만들어 활동했고, 시집 《물레방아》와 번역 시집 《실락의 화원》, 《프랑스 시선》 등을 남겼다.

정지용 (1902~1950) : 충청북도 옥천에서 태어난 시인이다. 일본 교토 도시샤 대학에서 영문학을 전공하였고 휘문 고등 보통학교 교사를 지내다가 광복 후에는 이화 여자 대학교 문학부에서 문학과 라틴 어를 강의했다. 6·25 전쟁 때 납북되는 과정에서 사망한 것으로 전해진다. 김영랑 등과 시문학 동인에 참여하였고 1930년대를 대표하는 시인으로 명성을 얻었다. 시집으로 《정지용 시집》, 《백록담》, 《지용시선》이 있다.

홍사용 (1900~1947. 호는 노작) : 경기도 수원에서 태어난 시인이다. 1921년 〈백조〉 동인으로 참가하였으며, 신극 단체인 '토월회'의 동인이었다.

얽힌 이야기 한 토막

김영랑은 우리 겨레의 정서를 전통적인 가락 위에, 아름다운 우리말로 표현한 시인으로 알려져 있다. 김영랑의 시 〈돌담에 속삭이는 햇발〉을 감상해 보자.

돌담에 속삭이는 햇발같이
풀 아래 웃음짓는 샘물같이
내 마음 고요히 고운 봄길 위에
오늘 하루 하늘을 우러르고 싶다.

새악시 볼에 떠오르는 부끄럼같이
시인의 가슴에 살포시 젖는 물결같이
보드레한 에메랄드 얇게 흐르는
실비단 하늘을 바라보고 싶다.

〈시문학〉 표지

근대화의 개혁을 시도한 갑신정변의 주인공이다.

김옥균
金玉均 : 1851~1894. 자는 백온. 호는 고균, 고우. 시호는 충달.

김옥균은 1851년 충청남도 공주에서 김병태의 아들로 태어났다. 7세 때 아버지의 사촌 김병기의 양자로 들어가 서울에서 자랐다. 11세 때 양아버지가 강릉 부사로 부임하자 양아버지를 따라 강릉으로 가 16세까지 율곡 사당이 있는 서당에서 학문을 익혔다. 어려서부터 총명하여 학문뿐만 아니라 그림, 음악 등 예능에도 뛰어난 재주를 가지고 있었다.

그 무렵 국내에는 외국 문물을 받아들여 나라를 근대화해야 한다는 개화사상이 싹트고 있었다. 김옥균은 1870년경 박규수의 사랑방을 드나들면서 개화사상과 신학문을 배웠다. 1872년(고종 9) 과거에 장원 급제하여 홍문관 교리를 시작으로 벼슬길에 나아간 김옥균은 1881년 일본에 건너가 일본의 근대화 진행 과정을 살펴보고 돌아왔다.

일본에서 돌아온 김옥균은 조선의 근대화를 위해서는 양반 제도를 폐지하고, 신분에 상관없이 인재를 뽑아 쓰며, 상업과 공업을 장려하고, 학교를 세워 신교육을 실시하고, 종교의 자유를 보장해야 한다고 주장했다. 그러나 개화 정책을 반대하는 민씨 일파와 청나라의 간섭으로 뜻을 이루지 못했다.

1884년 9월 마침내 김옥균은 뜻을 같이하는 개화파 사람들을 모아, 오늘날 우체국의 전신인 우정국 창설 축하연에서 민씨 일파를 처단하고 새로운 정부를 수립하였다. 이를 '갑신정변'이라고 한다. 그러나 청나라 군사가 개입하고, 도움을 주기로 했던 일본마저 철수해 버려 갑신정변은 사흘 만에 실패로 돌아갔다.

갑신정변이 실패하자 김옥균은 박영효, 서광범, 서재필 등 9명의 개화파 동지들과 함께 일본으로 망명하였다. 조선 정부와의 관계를 염려한 일본은 김옥균을 박대하여 1886년 오가사와라 섬으로 유배를 보냈고, 1888년에는 홋카이도로 추방하였다. 그 뒤 도쿄로 돌아간 김옥균은 다시 상하이로 망명하였다. 그러나 1894년 민씨 일파가 보낸 자객 홍종우에게 암살당했다.

김옥균은 갑오개혁으로 개화파가 정권을 잡은 이듬해 서광범과 김홍집의 상소로 죄가 사면되었고, 1910년 규장각 대제학이라는 벼슬이 주어졌다.

일본의 힘을 이용하여 나라를 개혁하려 했다는 잘못은 있으나, 김옥균은 개화파의 지도자였다. 특히 김옥균은 양반 중심의 신분 제도를 없애려는 데 누구보다도 열심히 노력했다. 근대 사상과 근대 국가를 추구했다는 점에서 김옥균은 근대화의 선구자로 꼽힌다.

함께 익혀 둡시다

갑오개혁 : 1894년(고종 31)에서 1895년까지 고종이 추진한 개혁으로 '갑오경장'이라고도 부른다. 이때 조선은 과거 제도 폐지, 도량형 통일, 과부의 재혼 허용 등 정치, 경제, 사회 분야의 제도를 근대적인 제도로 바꾸었다.

김홍집 : 80쪽 참조.

박규수 (1807~1876. 자는 환경. 호는 환재. 시호는 문익) : 조선 말기의 문신이며 《열하일기》를 쓴 박지원의 손자이다. 1866년(고종 3) 평안도 관찰사로 있을 때 미국 상선 제너럴셔먼호가 행패를 부리자 군사를 동원하여 대동강에서 불살라 버렸다. 일찌기 서양 문물에 눈을 떠 자주적으로 문호를 개방할 것을 주장하였고, 김옥균, 박영효 등 개화파에 영향을 주었다. 글씨와 그림에도 뛰어났으며, 지은 책으로 《환재집》, 《환재수계》 등이 있다.

박영효 : 120쪽 참조.

서광범 (1859~1897. 자는 서구. 호는 위산. 시호는 익헌) : 일찍이 박규수, 오경석 등의 영향을 받아 1879년 김옥균, 박영효 등과 개화당을 만들었다. 1880년 문과에 급제한 뒤 여러 벼슬을 지냈다. 박영효 등과 일본의 문물 제도를 돌아보았으며, 미국, 유럽을 다녀온 뒤 정치 개혁을 계획하였다. 1884년 개화당 사람들과 함께 갑신정변을 일으켰으나 실패하고 일본으로 망명하였다.

서재필 : 150쪽 참조.

홍종우 (1854~?) : 조선 말기 근대화를 반대한 수구파의 한 사람이다. 프랑스에 유학을 다녀온 후 김옥균을 살해하였고, 그 공으로 교리가 되었다. 독립 협회가 만민 공동회를 개최하여 개혁을 주장하자, 황국 협회를 만들어 독립 협회의 활동을 방해하였다.

우정국

얽힌 이야기 한 토막

김옥균은 나라의 운명이 위태로워지자 조선의 근대화를 위해 동지들과 함께 혁명을 일으키기로 결심하였다. 그리하여 박영효, 홍영식 등과 우정국 창설 축하 잔칫날에 일을 벌이기로 계획을 세웠다.

드디어 계획한 날이 다가왔다. 1884년 10월 17일 저녁 6시, 우정국 창설 축하연에는 김옥균 등 개화당을 비롯하여 민영익 등 민씨 일파, 그리고 각국 공사에 이르기까지 많은 사람들이 모였다.

김옥균은 불안해지기 시작했다. 혁명의 시작을 알리는 신호로 별궁에 불을 지르기로 했는데 불길이 보이지 않았던 것이다. 잠시 후 개화당 동지 한 사람이 다가와 별궁에 불을 지르는 것이 실패했다고 보고했다. 그러자 김옥균은 우정국 바로 옆에 있는 초가집에라도 불을 지르라고 지시했다.

"불이야, 불!"

불길이 오르자 순간적으로 눈길을 마주친 김옥균과 박영효는 일본 공사관에 찾아가 군대 출동을 약속받은 뒤 대궐로 갔다. 그리고 고종이 있는 궁궐로 찾아가 변란을 알렸다. 그리고 거처를 옮길 것을 아뢰었다.

"상감마마, 우선 난이 진정될 때까지 경운궁(덕수궁)으로 옮기심이 어떠하신지요."

임금의 거처를 옮긴 개화당은 임금을 만나러 오는 민씨 일파를 처단했다.

다음 날 아침, 개화당은 서둘러 어전 회의를 열고 새로운 정부를 조직한 다음 고종의 허락을 받았다. 이것이 바로 '갑신정변'이다.

뛰어난 용맹과 지략으로 삼국 통일을 이룩한 신라의 명장이다.

김유신 金庾信 : 595~673.

김유신은 고구려, 신라, 백제가 끊임없이 싸움을 벌이던 595년(진평왕 17)에 김서현의 아들로 태어났다. 증조할아버지는 금관가야의 마지막 왕인 구해왕으로, 523년(법흥왕 19) 신라에 항복해 신라의 귀족인 진골이 되었다. 할아버지 김무력은 554년(진흥왕 15)에 관산성 전투에서 백제를 물리쳐 공을 세웠고, 아버지 김서현도 629년(진평왕 51)에 낭비성 전투에서 공을 세웠다. 어머니 만명 부인은 지증왕의 증손이다. 또 태종 무열왕 김춘추와 결혼한 문명 왕후가 그의 누이 동생이다.

15세에 화랑이 된 김유신은 용화 향도(화랑도)를 이끌면서 몸과 마음을 닦았다. 629년 아버지를 따라 낭비성 싸움에 참가한 김유신은 단신으로 적진에 뛰어들어 신라군의 사기를 높여 신라가 승리하는 데 공을 세웠다.

김유신은 642년(선덕 여왕 11) 백제를 정복하기 위해 예전에 적대국이었던 고구려에 위험을 무릅쓰고 군사를 요청하러 가는 김춘추와 나라를 위해 목숨을 바치기로 서로 맹세를 했다. 당시 압량주(경상북도 경산) 군주로 있었던 김유신은 이때부터 중요한 직책을 맡기 시작했고, 활약도 두드러지기 시작했다. 2년 뒤인 644년 김유신은 백제 원정군의 최고 지휘관이 되어 전략상 요충지인 가혜성 등 7개의 성을 빼앗았다. 그 뒤 여러 차례 백제가 침략하자 싸움터로 달려가 승리를 거두었다. 647년에는 귀족 회의의 최고 의장인 상대등 비담이 여왕이 나라를 통치하는 것에 불만을 품고 난을 일으키자 이를 진압하여 큰 공을 세웠다.

선덕 여왕의 뒤를 이은 진덕 여왕마저 아들이 없이 죽자 김유신은 상대등 알천과 상의하여 654년 김춘추를 왕으로 추대하였다. 김춘추가 김유신과 마찬가지로 삼국 통일의 뜻을 품고 있었기 때문이다.

상대등에 오른 김유신은 660년(무열왕 7) 당나라 소정방과 연합하여 백제의 사비성을 함락시켜 백제를 멸망시켰다. 그리고 삼국을 통일하기 위해 667년 당나라와 연합하여 고구려 정벌에 나섰으나 실패하였다. 이듬해 김유신은 연합군 총사령관이 되어 고구려 정벌에 나섰으나 병으로 싸움터에는 나아가지 못했다. 대신에 왕이 원정을 나가고 김유신은 국내의 통치를 맡아보았다.

고구려가 멸망한 뒤 태대각간에 오른 김유신의 꿈은 당나라를 몰아내는 것이었다. 백제, 고구려의 유민과 힘을 합친 김유신은 마침내 당나라 군사를 몰아내고 한강 이북의 고구려 땅을 되찾았다.

함께 익혀 둡시다

관산성 전투 : 554년(진흥왕 15) 백제가 신라 관산성을 공격하다가 크게 패해 백제 성왕이 전사한 싸움을 말한다. 551년 신라와 백제가 연합하여 고구려가 차지하고 있던 한강 상류 지역과 하류 지역을 각각 빼앗았는데, 553년 신라가 한강 하류 지역을 공격하여 자신들의 땅으로 만들었다. 이에 백제 성왕이 대가야와 연합하여 관산성을 공격했으나 성왕을 비롯하여 군사 2만 9천여 명이 전사하고 말았다.

김춘추(태종 무열왕) : 340쪽 참조.

낭비성 전투 : 629년(진평왕 51) 신라가 고구려의 영토인 낭비성을 공격한 싸움을 말한다. 이때 김유신은 아버지 김서현을 따라 전투에 참가하여 공을 세웠다. 이 싸움에서 신라는 고구려군과 치열한 싸움 끝에 5천 명을 죽이고 낭비성을 빼앗았다.

비담 (?~647) : 신라의 신하로, 645년(선덕 여왕 14)에 상대등이 되었다. 647년 '여자는 나라를 다스릴 능력이 없다'라고 주장하며 스스로 왕위에 오르려고 염종 등과 더불어 반란을 일으켰다. 명활성을 근거지로 맞서 싸우다가 김유신이 이끄는 군사들에게 패해 죽었다.

상대등 : 신라에서 제일 높은 벼슬로 531년(법흥왕 18)에 만들어졌다. 나라의 모든 일을 두루 맡아 관리했다.

소정방 (592~667. 이름은 열. 호는 정방) : 중국 당나라 때의 장군이다. 660년 대총관이 되어 신라군과 함께 백제의 사비성을 빼앗고, 의자왕과 태자 융을 당나라로 데려갔다. 그 후 661년 신라군과 함께 고구려를 치기 위해 평양성을 에워싸고 공격했으나 싸움에서 패해 당나라로 돌아갔다.

알천 (?~?) : 신라의 장군으로 636년 독산성에 침입한 백제군을 물리치고 이듬해 대장군이 되었다. 638년 칠중성에 침입한 고구려군을 물리쳤으며, 647년(진덕 여왕 1) 상대등에 올랐다. 진덕 여왕이 죽은 뒤 왕으로 추대되었지만, 사양하고 김유신과 함께 김춘추를 왕으로 내세웠다.

태대각간 : 신라 시대에 나라에 큰 공이 있는 사람을 예우하기 위하여 만든 벼슬이다.

향도 : 신라 화랑도의 다른 이름으로 김유신의 용화 향도가 유명하다.

화랑도 : 신라 시대 청소년들이 몸과 마음을 수련하던 단체로 풍월도, 국선도, 원화도, 풍류도라고도 불렀다. 화랑도는 원광 법사가 일러 준 5가지 계율인 세속 오계에 따라 몸과 마음을 닦았다. 세속 오계는 충성을 다하여 임금을 섬길 것, 효를 다하여 부모를 모실 것, 믿음으로 벗을 사귈 것, 싸움에 임해서는 물러섬이 없을 것, 살생을 할 때는 가려 가며 할 것 등이다.

얽힌 이야기 한 토막

선덕 여왕 때 비담이라는 대신이 여자는 나라를 다스릴 능력이 없다는 이유로 반란을 일으켰다. 반란군은 명활성에 자리 잡고 있었고, 김유신이 이끄는 관군은 월성에 진을 치고 있었다. 그때 월성에 큰 별이 떨어졌다.
비담이 군사들에게 말했다.
"내가 들으니, 별이 떨어진 곳은 반드시 피를 흘린다고 했다. 이것은 여왕이 싸움에서 지고 우리가 반드시 승리한다는 하늘의 뜻이다."
그 말을 들은 반란군들은 더욱 사기가 올랐고, 여왕은 두려워 어쩔 줄 몰라 하였다. 이에 김유신은 선덕 여왕을 안심시키고 진영으로 돌아온 뒤 한 가지 꾀를 생각해 내었다.

김유신은 먼저 비밀리에 군사들을 시켜 허수아비와 커다란 연을 만들게 하였다. 그리고 밤이 되자 허수아비에 불을 붙이고, 불을 붙인 허수아비를 연에 실어 하늘로 띄워 보냈다. 그것은 마치 떨어졌던 별이 다시 하늘로 올라가는 것처럼 보였다.
다음 날 김유신은 군사들을 시켜 소문을 퍼뜨렸다.
"어젯밤에 떨어진 별이 다시 하늘로 올라갔다."
그 소문을 들은 반란군은 사기가 떨어졌고, 그 틈을 이용해 김유신은 비담과 반란군을 무찌르고 나라를 위기에서 구할 수 있었다.

<대동여지도>를 만든 천재 지리학자이다.

김정호
金正浩 : ?~1866. 자는 백원, 백온, 백지. 호는 고산자.

김정호는 조선 후기 새로운 학문과 사상이 밀려 들어오던 혼란한 시기에 황해도 해주에서 상민 집안의 아들로 태어난 것으로 알려져 있다.

김정호는 실학자 최한기와 친구로 지내며 그의 해박한 지식에 감탄하였다. 그중에서도 특히 김정호의 관심을 끈 것은 지도였다. 김정호는 일찍부터 지리학에 뜻을 두고 당시 나와 있던 많은 지도 및 지리서를 연구하였다. 그리고 평생을 정확한 정보가 담긴 지도와 지리서를 만드는 데 바쳤다.

1834년(순조 34) 김정호는 자세한 역사 및 지리 정보가 함께 담긴 독특한 지도를 펴냈다. 이것이 바로 <청구도>이다. 최한기는 <청구도>의 서문을 직접 쓰면서, 자신의 친구인 김정호가 어떤 과정을 거쳐 이 지도를 완성했는지 설명했다.

1857년에는 필사본으로 만든 전국 채색 지도 <동여도>를 제작하였고, 1861년(철종 12)에는 마침내 <대동여지도>가 만들어졌다. <대동여지도>는 김정호가 27년간 전국을 답사하고 그동안 나온 수많은 지도와 지리서를 연구하고 종합하여 만든 지도로, 오늘날의 지도와 비교해도 큰 차이가 없을 정도로 정확하고 자세하게 그려져 있다.

22개의 첩으로 만들어져 접어서 들고 다닐 수 있게 만들어진 <대동여지도>는 약 16만분의 1 축척으로 그려져 있으며 산, 하천, 포구, 성, 역참, 도로 등이 표시되어 있다. 도로는 하천과 구분하기 위해 직선으로 표시되어 있는데, 10리(약 4.5킬로미터)마다 점을 찍어 점의 개수로 실제 거리를 가늠할 수 있게 했다.

1864년(고종 1)에는 <대동여지도>와 함께 볼 수 있도록 군현별로 산과 하천, 바닷길 등에 대해 자세히 쓴 지리서 《대동지지》를 펴냈다.

이 밖에도 김정호는 원형 세계 지도인 <지구전후도> 등 여러 지도 및 지리서를 남겼다.

김정호 어떻게 일생을 마쳤는지에 대해서는 정확한 기록이 남아 있지 않다. <대동여지도>를 완성하고 흥선 대원군에게 바치자 너무나 정확하고 자세한 내용 때문에 나라의 비밀을 내보냈다는 죄를 물어 감옥에서 죽었다는 이야기도 있고, 천주교 박해에 연루되어 목숨을 잃었다는 이야기도 전해지나 모두 근거 있는 이야기는 아니다.

함께 익혀 둡시다

〈대동여지도〉: 1861년 김정호가 전국을 돌아다니며 조사한 내용을 바탕으로 만든 지도이다. 1834년 자신이 만든 〈청구도〉를 수정하고 보완한 것으로, 우리 나라 모습이 마치 항공 사진으로 찍은 것처럼 자세히 그려져 있다.

《대동지지》: 김정호가 지은 지리책이다. 〈대동여지도〉를 완성한 후 시작하여 1864년(고종 1)에 완성한 책으로 전 32권이다. 이 책은 전국 각 지방의 역사, 산수, 인물, 지리를 기록한 것으로, 전국의 지형과 각 지방 사정을 실었다.

《동국여지승람》: 노사신이 조선 성종 때 왕명을 받아 중국의 《대명일통지》를 본떠서 조선 각 도의 지리, 풍속과 그 밖에 특기할 만한 사실들을 기록한 책이다.

〈청구도〉: 1834년(순조 34) 김정호가 만든 조선의 지도로, 가로와 세로 줄을 넣어서 만든 신식 지도였다.

최한기 (1803~1877. 자는 운로. 호는 해강, 패동, 명남루) : 조선 후기의 실학자이다. 1825년 사마시에 급제하였으나, 벼슬을 단념하고 학문 연구에만 몰두하였다. 천문, 지리, 농학, 의학, 과학 등 여러 분야에 뛰어난 자취를 남겼다. 앞선 서양의 과학 기술을 받아들이자고 주장한 개화사상가들의 선구자가 되었다. 지은 책으로 《농정회요》, 《육해법》, 《심기도설》 등과 《명남루전서》가 있다.

흥선 대원군 : 364쪽 참조.

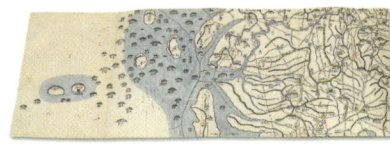

〈대동여지도〉

얽힌 이야기 한 토막

김정호가 일생을 지도 만들기에 바치기로 결심한 것은 어려서부터 우리 땅에 대한 호기심에서 비롯되었다.
"저 산줄기의 끝은 어디이고, 저 강물의 끝은 어디일까?"
어린 김정호는 끝없이 펼쳐진 산과 강을 바라보며 혼자 중얼거리곤 했다.
"그래, 이 길이 어디까지 나 있는지 한번 가 보자."
김정호는 호기심에 이끌려 길을 따라 이곳저곳을 돌아다녔다. 그러나 언제나 그 끝을 찾을 수가 없었다.
"이 다음에 내가 크면 꼭 이 땅을 돌아보고 정확한 지도를 그리고 말 거야."
김정호는 최한기와 사귀면서 지도에 대하여 많은 이야기를 나누었다.
"지도를 만드는 것을 내 평생의 과업으로 삼겠어. 지금까지 만들어진 어떤 지도보다도 정확하고 자세한 지도를 만들어 내고 말겠네."

김정호는 정확한 지도를 꼭 자신의 손으로 만들고야 말겠다고 결심하고, 그동안 나와 있던 수많은 지도와 지리서를 샅샅이 조사하기 시작하였다.
김정호는 27년 동안 우리나라를 돌아다니고 다양한 자료를 조사하고 연구한 끝에 마침내 〈청구도〉와 〈대동여지도〉를 세상에 내놓았다.
특히 16만 분의 1 축척으로 만들어진 〈대동여지도〉는 모두 펼치면 가로 4미터, 세로 7미터였으며, 여덟 폭으로 접어 가지고 다니기에 편리하게 만들었다. 이전의 지도와는 달리 선과 면으로 산맥을 표시하여 보는 사람들이 그 산의 모양과 크기를 알 수 있었다.
한 사람의 뜨거운 발자취에 힘입어 오늘날의 지도와 비교해도 손색없는 정확하고 상세한 우리나라 지도가 만들어진 것이다.

추사체를 완성한 최고의 서예가이자 실학자이다.

김정희
金正喜 : 1786~1856. 자는 원춘. 호는 완당, 추사.

김정희는 실학 사상이 우리나라에 새로운 학문으로 자리 잡던 조선 후기 1786년 충청남도 예산에서 병조 판서 김노경의 아들로 태어났다. 뛰어난 인재에게는 으레 탄생 설화가 하나씩 붙게 마련인데, 김정희도 어머니 유씨가 임신한 지 24개월 만에 낳았다는 전설이 전해진다.

김정희는 어릴 때부터 재주가 뛰어났는데, 15세 때 당시 유명한 실학자인 박제가의 눈에 띄어 그의 제자가 되었다. 그리고 박제가로부터 청나라에서 들여온 새로운 학문인 실학을 배웠다.

김정희는 24세 때 사신의 일행이 된 아버지를 따라 청나라 연경에 가서 당시 이름난 학자인 완원, 옹방강 등을 만났다. 김정희는 당시 금석학과 서예의 대가였던 옹방강에게서 글씨와 그림뿐만 아니라 쇠붙이나 돌로 만들어진 그릇, 비석, 종 등에 새겨진 글씨를 연구하는 금석학을 배웠다. 또 완원으로부터는 사실에서 진리를 찾는 학문인 실학에 대해 배우고 돌아왔다. 조선으로 돌아온 후에도 김정희는 이들과 계속 학문적인 교류를 나누었다.

조선으로 돌아온 김정희는 금석학 연구에 몰두하여 1816년(순조 6) 그때까지 무학 대사의 비로 알고 있던 북한산 비봉에 있는 비석이 진흥왕 순수비임을 밝혀 냈다. 그리고 비문의 내용을 정확하게 해석해 냈다.

1819년 문과에 급제한 김정희는 여러 벼슬을 거쳐 규장각 대교가 되었다. 이어 충청우도 암행어사를 거쳐 이조 참판에 이르렀다. 그러나 당파 싸움에 휘말려 55세 때에 제주도로 귀양을 가서 9년을 보냈고, 돌아온 지 3년 뒤인 1851년에 다시 함경도 북청으로 귀양 가 이듬해에 풀려났다.

한편, 김정희는 소식, 구양순 등 이름난 서예가들의 글씨를 연구하여, 그 장점만을 모아서 자신만의 독특한 글씨체를 만들었다. 그리고 그의 호를 따서 '추사체'라고 불렀다. 특히 김정희는 예서, 행서를 잘 썼다.

한편, 김정희는 그림에도 뛰어나 대나무, 난초, 산수를 잘 그렸다. 그림 가운데 〈세한도〉는 국보로 지정되어 있다.

김정희가 지은 책으로는 《완당집》, 《금석과안록》, 《실사구시설》 등이 있고, 그림으로는 〈세한도〉, 〈묵죽도〉 등이 전한다.

함께 익혀 둡시다

구양순 (557~641. 자는 신본) : 중국 수나라 말기에서 당나라 초기에 활약한 뛰어난 서예가이다. 왕희지에게 글씨를 배운 뒤 자신만의 독자적인 글씨체를 개발하였으며, 해서를 특히 잘 썼다.

금석학 : 옛날의 비석이나 종, 쇠붙이 그릇 등에 새겨진 글자나 문장을 연구하는 학문이다.

〈세한도〉 : 김정희가 그린 대표적인 그림으로 국보 제180호로 지정되어 있다. 이 그림은 김정희가 제주도에서 귀양살이를 하고 있을 때, 제자 이상덕이 스승을 위해 두 번이나 북경으로부터 귀한 책을 구해 주자, 제자의 인품을 겨울에도 푸르른 소나무와 잣나무에 비유해 그려 준 그림이다. 선비의 지조가 잘 드러난 이 그림은 북경의 여러 명사들로부터 극찬을 받은 작품이다.

옹방강 (1733~1818. 자는 정삼. 호는 담계) : 북경에서 태어난 청나라 학자로 모든 분야에 뛰어났는데, 특히 금석학에 정통했다.

완원 (1764~1849. 자는 백원. 호는 운대. 시호는 문달) : 중국 청나라 때의 학자이자 서예가로 중국의 여러 학자들의 학문을 모아 《황청경해》라는 책을 펴냈다. 또한 돌과 쇠붙이 등에 새겨진 글씨를 연구하는 금석학 연구에도 뛰어나 연경에 간 김정희와 사귀며 많은 영향을 주어 우리나라 금석학 발전에도 크게 기여하였다.

진흥왕 순수비 : 신라 진흥왕이 한강 유역에서 동북 해안에 이르는 땅과 가야를 정복한 뒤 신하들과 국경 지역을 돌아보며 세운 기념비이다. 현재 북한산비, 황초령비, 마운령비, 창녕비가 있다.

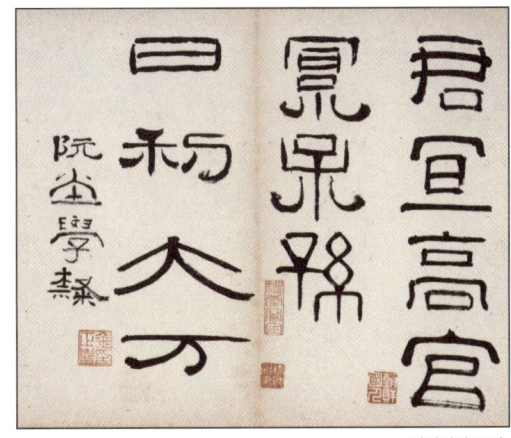

김정희의 글씨

얽힌 이야기 한 토막

쿵쾅거리며 급히 글방에 들어온 소년 김정희는 서둘러 서랍에서 붓과 벼루를 꺼내 부지런히 먹을 갈기 시작했다. 그때 옆방에서 조용히 책을 읽고 있던 아버지는 김정희의 조심성 없는 행동이 못마땅해 이맛살을 찌푸렸다.

"무엇이 그리 바빠서 야단 법석이냐? 그렇게 급하게 써야 할 글이 도대체 무엇이더냐?"

"아버님, 오늘이 무슨 날인지 아십니까?"

"오호라, 네가 입춘련(입춘날에 벽이나 대문 등에 써 붙이는 봄맞이 글)을 쓰려는 모양이구나."

방문을 열고 묻던 아버지의 이맛살이 그제야 펴졌다.

"네, 오늘이 입춘이라는 사실을 깜빡 잊고 있었어요."

"그럼, 어서 잘 써 보려무나."

소년은 먹을 간 다음 흰 종이 두 장을 꺼냈다. 그리고 붓에 먹을 듬뿍 묻히더니 '입춘대길(立春大吉)'이라는 네 글자를 썼다. 또 한 장의 종이에는 '건양다경(建陽多慶)'이라고 썼다.

김정희는 글씨 쓰기를 마치자 자신이 써 놓은 글씨를 한참 동안 들여다보더니 입을 열었다.

"아버님, 다 썼어요. 잘되었는지 한번 봐 주세요."

"음, 아주 힘차게 잘 썼다. 어서 대문에다 붙이도록 해라."

김정희가 대문에 자신이 쓴 글씨를 붙이러 간 사이 사랑방에 혼자 남아 있던 아버지는 조용히 생각에 잠겼다. 문득 지난해 봄에 있었던 일이 생각났기 때문이었다.

당시 이름 높은 학자인 박제가가 김정희가 쓴 글씨를 보고 이렇게 말했다.

"이 글씨는 예사 솜씨가 아니오. 이 글씨를 쓴 아이는 뒷날 크게 이름을 떨칠 것이오. 그 애를 나에게 맡긴다면 잘 가르쳐서 크게 성공시켜 보겠소."

과연 김정희는 뒷날 추사체라는 독특한 글씨체를 만들어 그 이름을 역사에 길이 남겼다.

북방의 호랑이라고 불리던 조선의 명장이다.

김종서
金宗瑞 : 1383~1453. 자는 국경. 호는 절재. 시호는 충익.

김종서는 고려 말 전라남도 순천에서 김추의 아들로 태어났다. 이 당시 고려는 국운이 다했고, 1392년 이성계가 조선을 건국하였다.

김종서는 1405년(태종 5) 문과에 급제하여 벼슬에 나아갔다. 김종서의 인물됨을 알아본 것은 세종이었다. 김종서는 세종 때에 이르러 사간원 우정언을 거쳐 여러 벼슬을 맡았다.

북방 오랑캐들의 침입이 잦자, 김종서는 1433년 함경도 관찰사가 되어 오랑캐를 물리치고 북방을 개척했다. 이후 7년 동안 회령, 경흥, 종성, 온성, 경원, 부령에 6진을 설치하여 두만강을 국경선으로 확정하는 데 큰 공을 세웠다. 또 함경도 병마도절제사를 맡아 오랑캐의 정세를 탐지하여 그 대비책을 건의하였다. 그 후 세종의 신임이 더욱 두터워진 김종서는 형조 판서와 예조 판서를 거쳐 우참찬이 되었다.

1449년에는 왕명을 받아 정인지와 함께 《고려사》를 다시 간행하는 작업에 착수하였다. 1451년 (문종 1) 《고려사》를 완성하였고, 같은 해 10월에 우의정이 되었다. 새로 편찬된 《고려사》를 왕에게 올리는 자리에서 고려의 역사를 연대순으로 다시 정리하여 편찬할 것을 건의해 《고려사절요》를 편찬하였다. 또 1452년에는 《세종실록》 편찬의 책임자로 임명되어 《세종실록》 편찬에 힘썼다.

문종이 세상을 떠난 뒤 어린 단종이 12세의 나이로 왕위에 오르자, 당시 우의정으로 있던 김종서는 단종을 잘 보필해 달라는 문종의 유언을 받들어 황보인 등과 함께 어린 왕을 충심으로 보살폈다. 그러나 1453년 왕위를 탐내고 계유정난을 일으킨 수양 대군에게 두 아들과 함께 목숨을 잃었다. 그 뒤 300여 년이 지난 1746년(영조 22)에서야 김종서는 억울한 죄에서 풀려났으며 관직을 되찾는 등 명예가 회복되었다.

김종서가 지은 책으로는 《제승방략》이 있으며, 시조로 〈장백산에 기를 꽂고〉, 〈삭풍은 나무 끝에 불고〉 등이 전해져 온다.

김종서는 북쪽 오랑캐를 무찌르고 우리나라의 영토를 넓혔을 뿐만 아니라, 국경의 방비를 철저히 한 명장이었다. 또 뛰어난 학식으로 많은 역사책을 펴냈으며, 죽음을 마다하지 않고 어린 왕을 보필한 충성스러운 신하이기도 했다.

함께 익혀 둡시다

계유정난 : 1453년 수양 대군이 김종서, 황보인 등 원로 대신을 죽이고 권력을 차지한 사건을 말한다. 1452년에 문종은 지병으로 세상을 떠나면서 우의정 김종서, 영의정 황보인, 좌의정 남지 등의 원로 대신들에게 12세의 어린 단종을 잘 보필해 달라는 유언을 남겼다. 단종이 왕위에 오르자 모든 권력은 원로 대신들에게 집중되었고 왕권은 매우 약해졌다. 이에 수양 대군은 신하들의 막강한 권력을 빼앗고 왕권을 강화하기 위해 김종서, 황보인 등을 역모를 꾀했다는 구실로 죽였다. 그리고 여러 신하들과 친분이 두터운 동생 안평 대군마저 귀양을 보냈다. 이 사건으로 수양 대군은 권력을 독차지했고, 훗날 왕위에 오를 수 있는 기반을 닦았다.

《고려사》 : 세종의 명으로 김종서, 정인지 등이 예전에 권제가 지은 《고려사》의 잘못된 점을 바로잡아 1451년에 펴낸 고려의 역사책이다. 고려에 대한 자료를 충실하게 수집하여 기록했기 때문에 오늘날 고려 시대를 연구하는 데 없어서는 안 될 귀중한 자료이다. 모두 139권으로 되어 있다.

문종 (1414~1452. 재위 기간 : 1450~1452. 이름은 구. 자는 휘지. 시호는 공순) : 조선 제5대 왕으로 세종의 아들이다. 1421년에 왕세자가 되어, 1450년 왕위에 올랐다. 천문, 역법, 산술에 정통했고, 초서와 예서를 잘 썼으나 몸이 약해서 왕위에 오른 지 3년 만에 병으로 죽었다.

《세종실록》 : 조선 세종 때의 역사를 김종서와 정인지가 중심이 되어 기록한 책으로 1454년 완성되었다. 이 책은 세종 때만이 아니라 조선 초기의 사회, 문화를 이해하는 데 가장 기본이 되는 자료이다. 1977년 세종 대왕 기념사업회에서 한글로 옮겨 펴냈다.

수양 대군(세조) : 164쪽 참조.

6진 : 조선 세종 때 동북 방면 여진족 침입에 대비하여 두만강 하류 지역에 설치한 종성, 온성, 회령, 경원, 경흥, 부령의 여섯 진을 말한다. 1433년(세종 15) 세종이 김종서에게 설치하게 하여 1449년에 완성되었다. 이로써 동량북(무산)을 제외한 두만강 유역을 회복하였고, 회복한 땅에 남쪽 삼남 지방의 백성들을 이주시켜 개척하게 하였다.

정인지 (1396~1498. 자는 백휴. 호는 학역재. 시호는 문성) : 조선 초기의 문신이자 학자이다. 1414년(태종 14) 문과에 장원 급제하여, 세종의 사랑을 받아 집현전 학사가 되었다. 세종이 한글을 창제하는 데 도움을 주었고, 권제, 안지 등과 함께 《용비어천가》를 지었다. 또 김종서와 함께 《고려사》를 펴내는 일에 참여했으며, 천문, 역법, 아악 등에 관한 많은 책을 펴냈다. 이후 여러 벼슬을 거쳐 형조 판서에 올랐으며, 사신으로 명나라에 다녀왔다. 계유정난 때 세조를 도와 우의정에 올랐고, 세조가 왕위에 오르자 영의정에 올랐다.

황보인 (?~1453. 자는 사겸. 호는 지봉. 시호는 충정) : 조선 초기의 문신이다. 강원도 관찰사를 거쳐 병조 판서에 올랐으며, 김종서와 함께 6진을 개척했다. 우의정을 거쳐 1452년 영의정이 되어 단종을 보살피다가 계유정난 때 두 아들, 손자와 함께 목숨을 잃었다.

얽힌 이야기 한 토막

김종서가 함길도 관찰사로 부임했을 때의 이야기이다.
"적은 결코 쳐들어오는 시간과 장소를 알려 주지 않는다. 따라서 우리는 한시도 마음을 놓아서는 안 된다."
김종서는 부임한 첫날부터 그곳 사정을 자세하게 조사하고, 군사들도 엄격하게 다스렸다.
어느 날, 고된 훈련이 끝난 뒤 김종서는 고기와 술을 푸짐하게 마련하여 잔치를 베풀었다. 군사들은 흥이 나서 한창 먹고 마시며 즐겼다. 그때 어디선가 화살 하나가 날아오더니 김종서 바로 옆에 놓인 커다란 술독을 깨뜨리는 게 아닌가. 군사들은 놀라 몸을 피하기 바빴다.

그러나 김종서는 꿈쩍도 하지 않고 그 자리에 앉아 마시던 술잔을 비웠다.
김종서는 어서 몸을 피하라는 부하 장수들의 권유에도 아랑곳하지 않고 호탕하게 웃더니 침착하게 말했다.
"화살은 틀림없이 나 김종서를 해치려는 오랑캐들이 쏜 것이다. 내가 만일 당황하여 도망한다면, 오랑캐들이 그 꼴을 보고 얼마나 비웃을 것이냐? 그러면 우리는 한번 싸워 보지도 못하고 싸움에서 지는 것이 아니냐?"
김종서의 담대함을 믿은 군사들은 이후 김종서의 명령이라면 물불 안 가리고 따랐다.

청산리 대첩에서 일본군을 크게 무찌른 독립운동가이다.

김좌진
金佐鎭 : 1889~1930. 자는 명여. 호는 백야.

김좌진은 1889년 충청남도 홍성의 부유한 명문 집안에서 태어났다. 3세 때 아버지를 여의고 어머니 밑에서 자랐다. 1904년 15세 때 김좌진은 집안의 노비들을 모두 불러 그 앞에서 노비 문서를 불사르고, 농사를 짓고 살 논밭을 골고루 나누어 주었다. 그리고 다음 해 서울로 올라와 육군 무관 학교에 입학하였다.

김좌진은 1907년에 고향으로 돌아와 호명 학교를 세워 아이들을 가르치고, 90여 칸의 자기 집을 학교 교사로 내놓는 등 민족 교육에 힘을 기울였다. 그러나 1911년 북간도에 독립군 사관 학교를 설립하기 위해 자금을 조달하던 중 일본 경찰에 체포되어 2년 6개월간 서대문 형문소에서 옥살이를 하였다.

김좌진은 1916년 광복단에 가담하여 항일 투쟁을 벌였다. 1918년에는 일본의 감시를 피해 만주로 건너가 서일을 중심으로 결성된 대한 정의단에 들어가 군사에 대한 책임을 맡았다. 1919년 김좌진은 대한 정의단의 이름을 북로 군정서로 바꾸고 총사령관이 되어 독립군을 훈련시켰다.

이듬해인 1920년 일본군은 대부대를 편성하여 대대적인 독립군 토벌에 나섰다. 이에 김좌진은 독립군의 근거지를 장백산 쪽으로 옮기기 위해 이동하던 중 청산리에서 일본군을 만났다. 김좌진은 이범석, 나중소 등과 함께 싸워 일본군을 크게 이겼다. 김좌진은 6일간 계속된 10여 차례의 전투에서 일본군 1200여 명을 죽거나 다치게하는 성과를 올렸는데, 이것이 바로 무장 독립운동 사상 최대의 전과를 올린 '청산리 대첩'이다.

김좌진은 그 뒤 군대를 이끌고 흑룡강 부근으로 근거지를 옮겨 대한 독립군단을 조직하였다. 그러나 청산리에서 대패한 일본군의 끈질긴 추격으로 독립운동이 방해를 받자 김좌진은 소련 땅으로 들어갔다가 다시 북만주로 돌아왔다. 그리고 성동 사관 학교를 세워 군사를 양성하였다.

김좌진은 대한민국 임시 정부로부터 군무총장과 국무위원 등에 임명되었으나 취임하지 않고 오직 독립군을 양성하는 데에만 전념하였다.

그 뒤 김좌진은 한족 연합회를 만들어 항일 투쟁과 겨레의 독립을 위해 온몸을 다 바쳐 일하다가 1930년 과거에 부하였던 고려 공산 청년회의 박상실에게 암살당했다.

1962년에 건국 훈장 대한민국장이 주어졌다.

함께 익혀 둡시다

나중소 (?~? 자는 영훈. 호는 포석) : 독립운동가로 경기도 고양에서 태어났다. 일본에서 육군 사관 학교를 졸업하고 대한 제국의 진위대 장교를 지냈다. 일본에게 나라를 빼앗기자 만주로 가서 독립운동에 참여했다. 1919년 김좌진, 서일 등과 함께 북로 군정서를 만들었고, 청산리 대첩에서 일본군을 크게 무찔렀다. 이후 독립군 양성에 힘쓰다가 병으로 죽었다.

북로 군정서 : 1919년 만주 지린 성에서 만들어진 무장 독립운동 단체이다. 총재에 서일, 총사령관에 김좌진, 참모장에 이장령, 연성대장에 이범석이 임명되어, 1920년 10월 청산리에서 일본군을 크게 물리쳤다.

서일 (1881~1921. 본명은 기학. 호는 백보) : 독립운동가로 함경북도 경원에서 태어났다. 1911년 만주 간도로 건너가 명동 중학교를 세웠으며, 대종교에 들어갔다. 김좌진 등과 북로 군정서를 만들었으며, 청산리 대첩에서 일본군을 크게 무찔렀다.

이범석 (1900~1972. 호는 철기) : 독립운동가이자 정치가로 서울에서 태어났다. 1915년 중국으로 건너가 육군 강무 학교 기병과를 졸업하였다. 1920년 청산리 대첩에 중대장으로 참가하여 큰 공을 세웠다. 그 뒤 한국광복군 참모장이 되었고, 해방 후 귀국하여 국무총리, 중국 대사, 내무 장관 등을 지냈다.

청산리 대첩 : 1920년 김좌진이 이끄는 북로 군정서를 중심으로 한 독립군이 만주 청산리에서 일본군과 싸워 크게 이긴 싸움이다. 1920년 10월 21일부터 26일까지 6일에 걸쳐 10여 차례의 전투가 벌어지는 동안, 일본군은 1200여 명이 죽거나 다친 반면 우리나라 독립군의 사상자는 100여 명에 그쳤다.

한족 연합회 : 1919년 김좌진이 만주에서 만든 독립운동 단체로, 중국 만주 지방에 흩어져 있던 여러 독립운동 단체를 모아 결성했다. 뒤에 일본군의 공격이 심해지자 동만주로 옮겨 다른 단체들과 함께 광복군 사령부로 흡수되었다.

얽힌 이야기 한 토막

고향에서 독립운동을 벌이려던 김좌진은 우선 돈을 마련해야 했다. 그래서 그는 비밀 결사대를 조직하여 친일 행위로 돈을 긁어 모은 갑부들의 집을 털기로 했다.

김좌진은 동지들과 함께 대구의 부자 장승원과 보성의 부자 양재학 등의 집을 털어 돈을 마련했지만, 턱없이 부족했다. 김좌진은 서울에 사는 김종근이라는 갑부를 찾아갔다.

"당신은 나라가 망했는데도 보고만 있을 작정이오? 나라를 되찾는 일에 협조해 주시오."

"나라를 찾는 것은 좋은 일이나 지금 나에게는 돈이 없소."

김좌진은 울컥 화가 치밀었다. 김종근이 힘없는 백성들의 땅과 곡식을 빼앗고, 일본에 아부하여 벼슬을 사서 돈을 모았다는 사실을 잘 알고 있었기 때문이다.

"당신도 대구 부자 장승원과 같은 꼴을 당하고 싶소? 소문은 들어서 알고 있을 것이오. 우리는 지금 당신에게 애국할 수 있는 기회를 주는 것이오. 알겠소?"

"아, 내놓겠소. 그러나 지금은 돈이 없으니 내일 오시오. 내 마련해 놓으리다."

김종근은 김좌진의 서슬퍼런 행동에 기가 질렸다. 하지만 친일파였던 그는 그 와중에도 수작을 부리고 있었다.

다음 날 김종근을 찾아간 김좌진은 그곳에 숨어 기다리고 있던 일본 경찰에 붙잡히고 말았다. 김종근이 일본 경찰에 밀고해 버렸던 것이다. 그러나 김좌진은 자신을 묶으려는 경찰을 의연하게 대했다.

"하하하, 묶지 않아도 된다. 내 비겁하게 도망가지 않을 터이니 염려 말아라. 그리고 너 김종근 이놈! 2천만 동포의 이름으로 천벌이 내릴 터이니 명심해라!"

일본 경찰은 김좌진의 몸을 포승줄로 꽁꽁 묶었다. 김좌진은 입가에 미소를 띠운 채 양팔에 힘을 불끈 주었다. 그러자 포승줄이 단번에 뚝 끊기고 말았다.

"이까짓 포승줄로 날 묶을 수 있다고 생각하느냐? 내 너희들이 가자는 곳으로 내 발로 가 줄 터이니!"

김좌진은 일본 경찰들이 놀라 벌린 입을 다물지 못하고 있는 사이에 뚜벅뚜벅 걸어서 경찰서까지 갔다.

임진왜란 때 나라를 위해 의병을 일으킨 의병장이다.

김천일 金千鎰 : 1537~1593. 자는 사중. 호는 건재. 시호는 문열.

김천일은 1537년(중종 32) 전라남도 나주에서 태어났다. 어려서 부모를 여의고 이항 밑에서 학문을 배웠다. 김천일은 사헌부 지평으로 있을 때 잘못된 정치를 지적하는 상소를 올렸는데 이 일로 왕의 눈밖에 나 임실 현감으로 쫓겨 내려갔다. 그 뒤 김천일은 담양 부사, 수원 부사 등을 지낸 다음 벼슬에서 물러났다.

김천일이 벼슬에서 물러나 고향 나주에 머물고 있을 때인 1592년에 임진왜란이 일어났다. 부산을 점령한 왜군은 막강한 기세를 몰아 거침없이 한양까지 진출하였다. 이에 다급해진 선조는 급기야 평안도로 피란을 떠나기에 이르렀다.

나라가 위급해지자 김천일은 고경명, 박광옥, 최경회 등과 함께 의병을 일으켰다. 선조 임금이 평안도로 피란했다는 소식을 접한 김천일은 의병을 이끌고 평안도로 향했다. 김천일은 북상하던 중 왜군에게 함락당한 수원성을 되찾았다. 그리고 그해 8월 강화도로 들어갔다.

이후 김천일이 이끄는 의병들은 왜군에게 점령된 한양과 그 주변에서 유격전을 벌였다. 그리고 이듬해 1월 구원병으로 온 명나라 장군 이여송의 부대가 개성을 향해 남쪽으로 내려올 때 적의 상황을 알려 주며 연합 작전을 펼쳤다. 또 2월에는 권율 장군의 행주산성 전투에 참가해 승리를 거두었다.

김천일은 남쪽으로 쫓겨가는 왜군을 추격하라는 임금의 명령에 따라 도망가는 왜군을 쫓아가며 싸웠다. 김천일은 최경회, 황진, 고종후, 장윤 등과 함께 진주성에 주둔했다. 진주는 전라도와 경상도를 잇는 길목으로 임진왜란 당시 왜군의 주요 공격지였다. 김천일을 비롯한 장수들은 모두 죽음을 무릅쓰고 성을 지키자고 굳게 다짐했다.

1593년 6월 10만에 가까운 왜군의 대부대가 진주성으로 쳐들어왔다. 진주성에 있던 장수들은 죽을힘을 다해 싸웠으나 도저히 더 맞설 수가 없었다. 병력과 무기에서 왜군의 상대가 되지 못했다. 화살이 떨어지고 창이 부러져 대나무 창으로 왜군과 맞서 싸웠지만 마침내 진주성은 함락되고 말았다.

진주성이 함락되자 김천일은 아들 상건과 함께 남강에 몸을 던져 스스로 목숨을 끊었다. 이 소식을 들은 부인 김 씨도 이들을 따라 목숨을 버렸다.

김천일은 임진 삼장사 중 하나로 불리며, 뒤에 영의정의 벼슬을 받았다.

저서로는 《송천집》, 《건재유집》 등이 있다.

함께 익혀 둡시다

고경명 (1533~1592. 자는 이순. 호는 제봉, 태헌. 시호는 충렬) : 대사간 고맹영의 아들로, 호조 좌랑, 영암 군수 등 여러 관직을 지냈다. 임진왜란 때 전라도 광주에서 의병을 일으켜 6천여 명의 의병을 이끌고 금산에서 왜군과 싸우다가 숨졌다.

고종후 (1554~1593. 자는 도충. 호는 준봉. 시호는 효열) : 임진왜란 때의 의병장으로, 고경명의 아들이다. 임진왜란이 일어나자 아버지를 따라 의병을 일으켰으나 금산 싸움에서 아버지와 동생을 잃고 고향으로 돌아왔다. 이듬해 다시 의병을 일으켜 진주성을 지키다, 성이 함락되자 최경회, 김천일 등과 함께 남강에 몸을 던져 목숨을 끊었다.

박광옥 (1523~1593. 자는 경원. 호는 회재) : 조선 중기의 문신이며 이이의 제자이다. 지평, 예조 정랑 등의 벼슬을 지냈다. 임진왜란이 일어나자 고경명, 김천일 등과 고향에서 의병을 일으켜 도원수 권율을 도왔다. 나주 목사로 임명되자 병든 몸을 이끌고 민심을 수습하고 군사를 모으다가 병으로 죽었다.

임진 삼장사 : 임진왜란 때인 1593년 제2차 진주성 싸움에서 성이 함락되자, 남강에 몸을 던져 죽은 최경회, 김천일, 고종후를 말한다.

장윤 (1552~1593. 자는 명보. 시호는 충의) : 조선 중기의 무신으로, 1582년(선조 15) 무과에 급제하여 사천 현감이 되었다. 임진왜란이 일어나자 성산, 개령 등에서 큰 전과를 올렸다. 충청도 병마절도사 황진과 함께 진주성을 지키다 황진이 죽자 대장이 되어 싸우다가 적의 탄환을 맞고 숨졌다.

최경회 (1532~1593. 자는 선우. 호는 삼계, 일휴당. 시호는 충의) : 전라남도 화순군 능주에서 태어나 영해 군수 등을 지냈다. 임진왜란이 일어나자 전라우도 의병장이 되어 금산, 무주, 창원 등지에서 왜군을 물리쳤다. 그 공으로 1593년 경상우도 병마절도사가 되었다. 제2차 진주성 싸움에서 김천일 등과 함께 싸우다가 성이 함락되자 스스로 목숨을 끊었다.

황진 (?~1593. 자는 명보. 호는 아술당. 시호는 무민) : 조선 선조 때의 문신으로 황희의 5대손이다. 선전관을 거쳐 1591년 통신사 황윤길을 따라 일본에 다녀온 뒤 일본이 조선을 침략할 것이라고 주장했다. 임진왜란이 일어나자 진안, 인덕원, 이치 등에서 왜군을 물리쳤다. 충청도 병마절도사가 되어 최경회, 김천일 등과 제2차 진주성 싸움에 참가하여 왜군과 맞서 싸우다 적의 총탄을 맞고 숨졌다.

얽힌 이야기 한 토막

김천일은 임진왜란이 일어나자 전라남도 나주에서 사람들을 모아 의병을 일으켰다. 그리고 의병을 이끌고 선조가 피란해 있는 평안도로 향했다. 김천일이 이끄는 부대는 북진하면서 한강변에 주둔하고 있던 왜군을 여러 차례 공격하여 왜군에게 큰 피해를 입혔다.

명나라의 지원과 의병들의 공격으로 왜군이 남쪽으로 쫓겨 가자 김천일은 최경회, 황진, 고종후, 장윤 등과 함께 진주성에 주둔했다.

"장군들, 우리 목숨이 다할 때까지 진주성을 지켜 냅시다!"

김천일은 여러 장군들과 함께 굳은 맹세를 한 뒤 왜군의 공격에 대비해 싸울 준비를 갖추었다.

드디어 1593년 6월 왜군의 대부대가 진주성으로 쳐들어왔다. 김천일을 비롯한 여러 장군들은 있는 힘을 다해 왜군을 맞아 싸웠다.

"장군, 장군! 이렇게 죽으면 안 됩니다. 이렇게 가시다니요. 그러면 적은 누가 막고 이 진주성은 누가 지켜 냅니까?"

김천일은 황진, 장윤 장군이 적탄에 맞아 죽어 가는 것을 보고 울부짖었다.

하지만 적은 숫자의 군사로는 물밀듯이 밀려드는 왜군을 도저히 막아 낼 수가 없었다. 마침내 왜군들이 성벽을 넘어 성 안으로 밀려 들어왔다.

화살이 바닥나고 창도 죄다 부러졌지만 김천일을 비롯한 군사들은 대나무 창을 들고 끝까지 대항해서 싸웠다.

"상건아, 왜군에게 사로잡혀 욕됨을 당하느니, 차라리 우리 스스로 목숨을 끊도록 하자!"

마침내 성이 함락되자 김천일은 아들 상건과 함께 남강에 몸을 던지고 말았다.

서민들의 생활상을 익살스럽게 그려 낸 조선 제일의 화가이다.

김홍도 金弘道 : 1745~? 자는 사능. 호는 단원, 단구, 서호.

김홍도는 안견, 정선, 장승업과 함께 조선 시대의 4대 화가로 꼽힌다. 김홍도는 실학 사상이 뿌리를 내리기 시작하던 1745년에 태어났다. 어려서부터 그림을 아주 잘 그렸던 김홍도는 당대의 문인 화가이며 호조 참판이었던 강세황의 추천으로 도화서 화원이 되었다. 그 뒤 강세황에게 그림을 익혔고 20대에 이미 화가로 이름을 날렸다.

1773년(영조 49) 김홍도는 영조와 왕세손(훗날 정조)의 초상화를 그리면서 화가로서 최고의 대우를 받았다. 이어 1781년(정조 5)에 임금이 된 정조를 다시 그렸는데, 정조는 김홍도가 그림 한 폭을 그려 올릴 때마다 칭찬을 아끼지 않았다.

김홍도는 1788년에 정조의 명으로 김응환과 함께 금강산을 기행하며 그곳의 경치를 그려서 바쳤다. 또 이듬해에는 왕명으로 대마도에 건너가 일본의 지도를 그려 오기도 했다. 1791년부터 1795년까지 충청도 연풍 현감을 지냈고, 1797년에는 나라에서 펴내는 《오륜행실도》의 그림을 그렸다.

만년에는 병마와 가난에 시달리다가 생을 마쳤다. 기록에 의하면, 김홍도는 외모가 수려하고 풍채가 좋았으며, 도량이 넓고 성격이 활달해서 마치 신선과 같았다고 한다.

김홍도는 처음에는 강세황과 김응환에게서 그림을 배웠다. 그러나 곧 강한 개성을 발휘하여 자기만의 독특한 세계를 개척하였다. 또 외국 그림의 좋은 점을 받아들이는 한편, 당시에 유행하던 중국 그림풍에서 벗어나려 애썼다. 그리하여 많은 노력을 기울인 끝에 자신만의 새로운 화풍을 만들었다.

김홍도는 인물화, 산수화, 풍속화, 불화, 초상화, 동물화 등 거의 모든 분야의 그림을 두루 잘 그렸는데, 특히 산수화, 풍속화, 인물화는 따를 사람이 없을 정도였다. 김홍도의 산수화는 우리나라의 아름다운 강산을 예술로 승화시킨 명품이라는 찬사를 듣는다. 또 서민들의 생활상을 익살스러운 필치로 잘 그린 풍속화는 우리 민족을 대표하는 그림으로 평가받고 있다.

김홍도는 아들 김양기를 비롯하여 신윤복, 김득신, 이인문 등 조선 후기의 화가들에게 많은 영향을 끼쳤다. 김홍도는 가난했으나 이를 탓하지 않고 그림에만 전념했다. 그림이 그의 전부였던 것이다. 그림을 그리지 않을 때는 친구들과 어울려 술을 마시며 시를 읊었다고 전한다. 김홍도의 대표적인 그림으로는 〈소림명월도〉, 〈서당〉, 〈군선도〉, 〈투견도〉, 〈씨름〉 등이 있다.

함께 익혀 둡시다

강세황 (1712~1791. 호는 첨재, 산향재, 박암, 의산자, 표암. 시호는 헌정) : 조선 중기의 문신이며, 글씨와 그림으로 중국에까지 이름을 떨쳤다. 61세 때 처음으로 벼슬에 올라 한성부 판윤과 호조, 병조 참판을 지냈다. 1784년 사신으로 중국에 갔을 때 그의 서화를 구하려는 사람들이 몰려들 정도로 그림과 글씨에 뛰어났다.

김응환 (1742~1789. 자는 영수. 호는 복헌) : 조선 정조 때의 화가이며 도화서 화원으로 벼슬이 상의원 별제에 이르렀다. 1788년(정조 12) 왕명으로 금강산을 둘러보고 그림을 그렸다. 1789년 왕명으로 일본 지도를 그려 오기 위해 김홍도와 함께 일본으로 가다가 부산에서 병으로 죽었다.

도화서 : 조선 시대에 그림 그리는 일을 하던 관청이다. 국가와 왕실에 필요한 그림을 그리는 곳으로서, 많은 화원(화가)들을 교육하였다.

신윤복 (1758~? 자는 입부. 호는 혜원) : 김홍도와 함께 조선을 대표하는 풍속화가로 손꼽힌다. 신윤복은 그림으로 인정받아 도화서의 화원이 되었으며, 첨정이라는 벼슬을 지냈다. 주로 시장과 같은 저잣거리나 농촌의 서민적인 풍속과 부녀자 중심의 인물 풍속도를 많이 그렸다. 특히 기녀, 무속, 주점 등의 모습을 사실적으로 생생하게 그려, 당시 엄격한 양반 사회를 날카롭게 비판하였다. 대표적인 그림으로 〈미인도〉, 〈주유도〉, 〈단오수변희희도〉, 〈주막도〉 등이 있다.

이인문 (1745~1821. 호는 유춘, 자연옹) : 조선 말기의 화가로, 도화서 화원으로 있다가 첨절제사라는 벼슬을 지냈다. 김홍도, 강세황 등과 친하게 지냈으며, 특히 산수, 포도 등 전통적인 소재를 많이 다루었고, 소나무 숲을 즐겨 그렸다.

〈씨름〉

얽힌 이야기 한 토막

김홍도가 정조의 초상화를 그릴 때의 이야기이다.
정조는 여러 신하들이 지켜보는 가운데 위엄을 갖추고 앉아 있었다. 그 앞에는 청년 화가 김홍도가 임금의 초상화를 그릴 준비를 하고 있었다.
"그대와 나는 인연이 깊은가 보오. 과인이 왕세손일 때도 초상화를 그렸으니, 그대의 솜씨도 많이 원숙해졌겠구려."
"황공하옵니다, 전하!"
정조는 도화서 화원으로 있는 한종유, 신한평, 김홍도를 불러 자신의 어진(임금의 초상화)을 그리도록 했다. 그들은 하나같이 당시 실력을 인정받는 대단한 화원들이었다.
세 사람의 밑그림이 완성되자 정조는 신하들을 불러 물었다.
"어떻소? 경들이 한번 평가해 보시오."

"전하! 전하께서 마음에 드시는 그림을 친히 고르시는 것이 좋은 줄로 아뢰옵니다."
"그럼, 과인이 직접 결정하리다."
정조는 날카롭게 눈빛을 반짝이며 세 사람이 그린 그림을 들여다보았다.
"과인이 보기엔 세 그림 가운데 김홍도의 것이 내 마음을 사로잡는구려."
그렇게 하여 김홍도는 정조의 초상화를 그리게 되었다. 며칠 후 임금의 초상화가 완성되었다.
"마치 전하의 용안을 뵙는 듯하군!"
모두들 입을 모아 감탄했다. 정조도 흡족해하며 김홍도에게 많은 상을 내렸다.

대한 제국의 총리대신을 지낸 개화파 정치가이다.

김홍집

金 弘 集 : 1842~1896. 자는 경능. 호는 도원, 이정학재. 시호는 충헌.

김홍집은 1842년 김영작의 셋째 아들로 태어났다. 고종 때인 1867년 문과에 급제하여 광양 현감으로 처음 벼슬길에 나섰다. 1880년 예조 참의로 있을 때 수신사로 뽑혀 일본으로 건너갔다. 김홍집은 일찌감치 외국에 문호를 개방한 일본의 발전한 모습을 두루 살펴보았다. 조선으로 돌아온 김홍집은 일본에서 본 것을 바탕으로 개화 정책을 적극 추진하였다. 그리고 그 공으로 예조 참판에 올랐다. 그러나 유학자들이 전국적으로 일어나 개화를 반대하여 그 뜻을 제대로 펴지도 못한 채 벼슬에서 물러났다.

1882년 구식 군대가 신식 군대와의 차별에 항의하여 임오군란을 일으키자 김홍집은 다시 벼슬을 얻어 임오군란을 수습하였다. 또 미국과 유럽 등 힘센 나라들의 통상 요구를 뛰어난 외교적 수완으로 잘 마무리하였다. 그 공을 인정받아 김홍집은 경기도 관찰사가 되었다. 예조 판서를 거쳐 한성부 부윤을 맡고 있던 1884년 갑신정변이 일어났다. 개화파가 일으킨 갑신정변이 3일 만에 실패하자 김홍집은 좌의정이 되어 갑신정변을 수습하였다.

1894년 동학 농민 운동이 일어났고, 이를 진압한다는 구실로 일본 세력이 국내에 들어오자, 김홍집은 그 힘을 빌려 제1차 김홍집 내각을 만들고 총리대신이 되었다. 또 청일 전쟁에서 일본이 승리하자, 김홍집은 친일파를 중심으로 제2차 김홍집 내각을 만들었다. 다시 한번 총리대신을 맡은 김홍집은 홍범 14조를 발표하고 개혁을 성실히 수행하였다. 그러나 재정난과 박영효, 서광범 등 친일 세력과의 대립으로 총리대신에서 물러났다. 1895년 명성 황후 시해 사건 후 김홍집은 내각을 새롭게 바꾸고 개혁을 단행했다. 그러나 단발령과 같이 일본의 압력을 받아 강제로 실시한 개혁 정책은 민심을 얻지 못했고, 그 결과 김홍집은 전국에서 들고일어난 의병들의 규탄 대상이 되었다.

한편, 명성 황후가 죽자 고종은 늘 불안에 떨다가, 1896년 러시아 공사관으로 거처를 옮겼다. 이에 친러 세력이 정권을 잡자 김홍집 내각은 무너졌다. 세상이 뒤바뀐 날 아침, 김홍집은 고종을 만나 뵈러 광화문을 걷다가 친일파로 지목되어 성난 백성들에게 맞아 죽었다.

김홍집은 여러 차례 내각을 맡으면서 관제를 바꾸고, 법률과 사회 제도를 고쳤다. 또 양력과 우편 제도를 실시하는 등 우리나라 근대화에 크게 이바지하였다.

함께 익혀 둡시다

갑신정변 : 1884년(고종 21) 김옥균, 박영효 등의 개화파가 명성 황후 일파와 청나라를 배격하고 자주 근대화 정책을 펴기 위해 일으킨 정변이다. 그러나 협조를 약속했던 일본의 배반과 청나라의 반격으로 사흘 만에 실패했다.

단발령 : 1895년(고종 32) 11월에 정부가 그때까지 내려오던 상투 풍습을 없애고 머리를 깎으라고 내린 명령을 말한다. 고종이 솔선수범하여 머리를 깎았고, 관리들에게도 강제로 백성들의 머리를 깎도록 하였다.

동학 농민 운동 : 1894년(고종 31)에 동학 교도가 중심이 되어 벼슬아치들의 부정부패와 일본의 침략에 맞서 일어난 농민 봉기이다. 전라도 고부 군수 조병갑의 가혹한 수탈이 원인이 되어 전봉준의 지도 아래 시작되었다. 동학군은 벼슬아치의 부정부패 금지와, 일본과 서양 등 외세의 침략 반대를 내세우며, 관군을 물리치고 전주성을 점령하였다. 그러나 청나라와 일본이 개입하려 하자, 정부가 제시한 12개의 휴전 조건을 수락하고 해산했다. 그 뒤 정부에서 조건을 이행하지 않고 일본군이 들어오자 전국적인 규모로 다시 일어났다. 그러나 일본의 근대식 군대에게 크게 패했다. 동학 농민 운동은 비록 실패했지만 갑오개혁의 계기가 되었다.

임오군란 : 1882년(고종 19) 신식 군대인 별기군과의 차별 대우와 밀린 월급에 대한 불만으로 구식 군대가 일으킨 난을 말한다.

청일 전쟁 : 1894년에 우리나라에서 일어난 동학 농민 운동의 진압 문제로 청나라와 일본이 벌인 전쟁이다. 이 싸움에서 일본이 청나라를 물리치고 승리하였다.

홍범 14조 : 1894년(고종 31) 12월에 만들어 실시한 법으로, 나라의 정치를 새롭게 하는 14가지의 조항이 적혀 있다. 우리나라의 자주 독립을 확립하고, 왕위를 세습하며, 법에 의해 세금을 걷고, 선진 외국의 문화를 수입하고, 국민의 생명과 재산을 보호한다는 등의 내용으로 되어 있다.

얽힌 이야기 한 토막

"부인, 반찬이 어찌 이렇소? 사내가 반찬 투정을 하는 것은 옳은 일이 아니지만, 어른들의 밥상까지 소홀하니 말이오."
김홍집은 부인에게 엄하게 말했다.
"서방님, 집에 돈 떨어진 지가 오래되었고, 이제 양식마저 떨어져 갑니다. 아녀자로서 살림을 잘 살피지 못해 어른 공경까지 소홀히 했으니 제 죄가 큽니다."
김홍집의 부인은 조용히 말했다. 그때 부인의 머리가 풀어지더니 방바닥에 나무 비녀 하나가 떨어졌다.
"아니 이럴 수가? 부인, 명색이 선비요, 벼슬아치의 부인이 어찌 나무 비녀를 하고 계신단 말이오?"
"서방님, 은비녀는 반찬을 마련하느라 돈과 바꾸었습니다. 저는 나무 비녀라도 괜찮으니 심려하지 마세요."
당시 김홍집은 조정에서 참의라는 벼슬을 하고 있었다. 그러나 집 한 칸 마련하지 못할 형편이었고, 부인이 은비녀를 팔아야 겨우 끼니를 때울 정도로 가난했다. 김홍집은 그만큼 청렴하고 검소한 생활을 했다.
김홍집은 일찍부터 나라가 부강하기 위해서는 개혁이 필요하다는 생각을 가지고 있었다. 그리하여 개화파 인물들과 만나면서 그 방법을 여러 가지로 궁리했다. 어느덧 세월이 흘러 김홍집은 영의정이 되어 자신의 개혁 의지를 펼칠 수 있게 되었다. 그러나 일본은 본격적으로 조선을 침략하기 위해 명성 황후를 무참히 시해하고 고종에게 압력을 넣어 단발령 등 여러 가지 개혁을 실시하도록 했다. 그 일로 전국적으로 의병이 일어났고, 김홍집은 일본인들의 교활한 수작으로 그 책임을 홀로 뒤집어썼다.
마침내 고종은 러시아 공사관으로 거처를 옮겼고, 친러파가 정권을 잡았다. 곧이어 친러 정권은 김홍집을 체포하라는 명령을 내렸다. 일본인들은 김홍집에게 몸을 피하라고 권했지만, 그는 듣지 않았다.
"조선의 총리대신으로, 내가 조선을 위해 죽는 것은 하늘의 뜻이니 다른 나라 사람의 도움을 받아 구차한 목숨을 구하지 않겠다."
김홍집은 고종을 만나기 위해 러시아 공사관으로 갔다.
"저놈이 임금님의 눈을 가리고 일본에 나라를 팔아먹은 간신 김홍집이다. 저 놈을 잡아 죽여라!"
김홍집은 고종을 보호한다며 러시아 공사관을 둘러싸고 있던 보부상과 군중들에게 맞아 죽고 말았다. 이로써 조선을 새롭게 일으켜 세우려던 김홍집의 꿈도 꺾이고 말았다.

〈아리랑〉으로 민족정신을 일깨운 우리나라 영화계의 선구자이다.

나운규 羅雲奎 : 1902~1937. 호는 춘사.

나운규는 1902년 함경북도 회령에서 한의사 나형권의 셋째 아들로 태어났다. 회령에 있는 신흥 학교를 졸업한 나운규는 간도에 있는 명동 중학에 들어갔다. 일본의 탄압으로 학교가 문을 닫게 되자 북간도와 만주 지방을 떠돌아 다녔다. 이 때 우리 민족의 참상을 목격한 나운규는 독립운동을 하기 위하여 홍범도가 이끄는 독립군에 들어가 활동하다가 일본 경찰에 붙잡혀 1년 6개월 동안 함흥 형무소에서 옥살이를 하였다.

나운규는 1923년 함흥에서 조직된 신극단 예림회에 들어가 북간도 일대를 순회 공연하면서 예술에 관심을 갖게 되었다. 1924년 나운규는 부산에 조선 키네마 영화사가 설립되었다는 소식을 듣고 부산으로 내려가 연구생이 되었다. 여기서 윤백남 감독의 영화 〈운영전〉에 가마꾼으로 처음 출연하였는데, 연기력을 인정받아 바로 〈심청전〉의 주연을 맡았다. 이후 계속하여 〈장한몽〉, 〈개척자〉 등의 영화에 주연으로 출연하였다.

1926년 나운규는 마침내 〈농중조〉라는 영화로 일약 명배우가 되었다. 이것은 시작에 불과했다. 이 해에 나운규는 자신이 직접 각본을 쓰고 감독 및 주연을 맡은 영화 〈아리랑〉을 직접 제작하였는데, 폭발적인 인기를 끌어모았다. 〈아리랑〉을 개봉한 단성사는 연일 초만원을 이루었고, 나운규는 유명한 작가, 명감독, 명배우가 되었다. 〈아리랑〉은 당시 일본에 저항하는 우리 독립운동가들의 슬픈 운명을 그린 영화였다. 〈아리랑〉의 숨은 뜻을 모르는 관객은 하나도 없었다. 영화가 끝날 때면 관객들은 모두 하나가 되어 민요 〈아리랑〉을 목놓아 불렀다고 한다. 나운규는 〈아리랑〉의 성공을 바탕으로 '나운규 프로덕션'을 세워 〈옥녀〉, 〈사나이〉 등 여러 편의 영화를 만들었다. 1929년에는 나도향의 소설인 〈벙어리 삼룡〉을 제작했다.

1931년에는 일본에 가 일본 영화계를 돌아보는 등 나운규의 영화에 대한 욕구는 끝이 없었다. 1936년에는 〈아리랑〉 제3편을 발성 영화로 제작하였다. 이어 이태준 원작의 〈오몽녀〉를 만들어 큰 성공을 거두었으나, 오랫동안 무리한 탓에 지병인 폐결핵이 악화되어 죽었다.

나운규는 15년 동안 29편의 작품을 남겼다. 그 가운데 26편의 영화에 출연했으며, 직접 각본, 감독, 주연을 맡은 영화가 15편이나 된다. 나운규는 영화를 통해 불평등한 사회의 모습을 풍자하고, 일본의 식민지 통치에 대한 저항을 표현하였다. 1993년 건국 훈장 애국장이 주어졌다.

함께 익혀 둡시다

발성 영화 : 영화가 처음 만들어졌을 때는 소리는 없고 화면만 있는 무성 영화였다. 그 후 1927년 미국의 워너브라더스 사가 〈재즈 싱어〉라는 영화에 처음으로 소리를 넣어 각 장면의 변화에 따라 소리가 동시에 나오는 발성 영화를 만들었다. 우리나라에서는 1935년에 만들어진 이필우의 〈춘향전〉이 첫 발성 영화이다.

윤백남 (1888~1954. 본명은 교중) : 소설가이며 연극, 영화의 개척자이다. 충청남도 공주에서 태어나 일본 도쿄 고등 상업 학교를 졸업하였다. 1912년 조일재와 함께 극단 문수성을 만들어 원각사에서 공연하였다. 1913년 〈매일신보〉 편집국장을 거쳐 월간 〈예원〉을 발간했으며, 1917년 백남 프로덕션을 세워 여러 편의 영화를 제작, 감독함으로써 우리나라 영화계에 선구적 역할을 하였다. 1922년에는 민중 극단을 조직하여 신극 운동을 펼쳤으며, 광복 뒤에는 서라벌 예술 대학 학장, 예술원 회원 등을 지냈다.

조선 키네마 영화사 : 1924년 부산에서 설립된 우리나라 최초의 영화 제작 회사로, 그해 〈해의 비곡〉을 제작하여 개봉하였다.

〈아리랑〉을 제작한 사람들(한가운데 아이를 안고 앉은 사람이 나운규)

얽힌 이야기 한 토막

"여보게 춘사, 성공이야! 대성공! 관객들이 이렇게 몰려오고 있으니 말이야."
극장 단성사에서 나운규가 만든 영화 〈아리랑〉이 상영되고 있을 때 영화배우 윤봉춘이 달려와 흥분한 목소리로 말했다.
"이 영화는 우리 민족 모두가 만든 것이라고 할 수 있네. 억압받고 고난당하는 우리 민족의 이야기를 담았으니 말이야."
나운규가 직접 시나리오를 쓰고 감독 및 주연을 맡았던 영화 〈아리랑〉의 줄거리는 다음과 같다.
주인공 영진은 전문 학교에서 철학을 공부하다 그만 미쳐 버렸다. 고향으로 돌아온 그에게는 늙은 아버지와 귀여운 여동생 영희가 있다. 영진의 아버지는 천 씨로부터 큰돈을 빌린 후 갚지 못해 늘 빚 독촉에 시달렸다. 한편 천 씨의 하인 오기호는 빚을 받으러 매일 영진의 집에 드나들면서 영진의 동생 영희를 넘보았다.
어느 날 영진의 친구 현구가 대학생이 되어 고향으로 돌아왔다. 현구는 영진이 미쳐 버린 것을 보고 가슴이 아팠다. 영진은 자신을 찾아온 현구를 보고 '아리랑 아리랑 아라리요' 하며 민요 〈아리랑〉만 흥얼거리고 있었다.

그때 멀리서 농악 소리가 들려오자, 영진은 낫으로 냄비를 두드리며 집 밖으로 나갔다. 현구는 제정신이 아닌 영진이 걱정되어 찾아 나섰다. 집에는 영희만 남았다. 그 순간 늘 기회를 엿보고 있던 오기호가 혼자 있는 영희에게 달려들어 영희를 욕보이려 했다. 때마침 집으로 들어오던 현구는 그 광경을 보고 오기호와 싸움을 벌였다.
그때 낫을 들고 집으로 들어오다 그 광경을 본 영진은 환상을 봤다. 부유한 상인(오기호)이 물을 달라고 애원하는 남자와 여자(영희와 현구)를 놀리고, 결국 목이 탄 남자가 상인과 싸움을 벌이고 있다. 이에 영진이 달려들어 낫으로 상인을 찌르고 만다.
환상에서 깨어났을 때 이미 오기호는 죽어 있었다.
영진은 온전한 정신으로 돌아오지만, 일본 순사에게 끌려가게 된다.
영진은 동네 사람들에게 〈아리랑〉을 불러 달라고 부탁하고, 마을 사람들의 〈아리랑〉 합창 소리가 울려 퍼지는 가운데 영진은 아리랑 고개 너머로 사라진다.

우리나라 고유의 종교인 대종교의 창시자이다.

나철

羅喆 : 1863~1916. 본명은 인영. 호는 홍암.

나철은 1863년 전라남도 보성에서 태어나 29세 때 장원 급제하여 승정원 가주서 등의 벼슬을 지냈다. 러일 전쟁에서 승리한 일본이 우리나라에 대한 침략 야욕을 본격적으로 드러내자, 관직에서 물러나 1904년 유신회라는 비밀 단체를 만들어 나라를 구하기 위한 활동을 하였다. 1905년 오기호 등과 함께 일본으로 건너간 나철은 일본 지식인들에게 '동양 평화를 위해 한·일·청 세 민족은 친선 동맹을 맺고 서로 주권을 존중하자'는 의견서를 제시하였다. 그러나 아무런 대답이 없자, 나철은 일본 왕이 사는 궁 앞에서 3일 동안 단식 투쟁을 벌였다. 그러다 이토 히로부미가 우리나라와 새로운 조약을 맺는다는 소식을 듣고 급히 귀국하였다.

나철은 1906년 다시 일본에 건너가 일본의 반성을 촉구했으나 효과를 거두지 못하고 돌아오는 길에 폭탄 상자를 구입하여 매국노들을 죽이려 했으나 실패하였다. 1907년에는 친일파 이완용, 박제순, 이지용, 권중현, 이근택 등을 을사조약 체결에 앞장선 '을사오적'으로 규정하고 이들을 암살하기로 결정하였다. 그러나 이홍래 등이 붙잡히고 계획이 탄로나자, 붙잡힌 동지들을 위해 오기호 등과 함께 자수하여 10년 유배형을 받고 전라남도 신안군에 있는 섬으로 유배되었다.

5개월 뒤 특별 사면으로 풀려 나온 나철은 나라의 독립을 위해서는 민족정신을 하나로 묶는 우리 고유의 종교가 필요하다는 것을 절실히 느꼈다. 나철은 1909년 1월 15일에 오기호 등과 함께 환인, 환웅, 환검(단군 왕검)의 삼위일체인 한얼님을 받드는 '단군교'를 처음 열었다. 이어 음력 3월 15일을 단군 승천 기념일로 삼아 큰 제사를 올렸다. 1910년에는 친일파가 단군교로 가장하여 여러 가지 일을 벌이자, 이름을 '대종교'로 바꾸었다. 그 뒤 나철은 대종교를 널리 퍼뜨리기 위해 나라 곳곳을 돌아다니며 열심히 강연을 하였다. 그러나 일본은 대종교를 종교 단체로 인정하지 않고, 독립운동 단체로 규정하여 심한 감시와 탄압을 하기 시작했다. 대종교가 민족정신을 하나로 모으는 데 중요한 역할을 했기 때문이다. 활동이 어렵게 되자 나철은 1916년 단군의 유적이 있는 황해도 구월산 삼성사로 들어갔다. 여기서 나철은 동포들에게 일본의 만행을 규탄하는 유서를 남기고 스스로 목숨을 끊었다.

나철의 대종교 사상은 우리 민족의 뿌리를 확인시켜 주고 독립 투쟁 의식을 북돋아 주었다. 저서로《신단실기》,《삼일신고》등이 있다. 1962년 건국 훈장 독립장이 주어졌다.

함께 익혀 둡시다

대종교 : 단군을 숭배하는 우리나라 고유의 민족 종교 가운데 하나이다. 1909년 음력 정월 보름에 나철이 서울 종로구 재동에서 '단군 신위'를 모시고 〈단군교포명서〉를 공포함으로써, 고려 시대 몽골의 침략 이후 700년간 단절되었던 국조 단군을 숭앙하는 단군교를 다시 열었다. 단군교는 뒤에 대종교로 이름을 바꾸었으며 환인, 환웅, 환검(단군 왕검)의 삼위일체인 한얼님을 받들었다. 한편, 일본이 우리나라를 빼앗은 시기에 시작된 대종교는 종교의 본래 역할보다는 항일 독립운동에 더 많은 공헌을 했다.

러일 전쟁 : 1904년에 한반도와 만주에 대한 지배권을 둘러싸고 러시아와 일본이 벌인 전쟁이다. 1905년 미국 루스벨트 대통령의 중재로 강화 조약을 맺었다. 그 결과 일본은 우리나라에 대한 지배권을 국제적으로 묵인받게 되었다.

오기호 (1863~? 호는 손암) : 전라남도 강진에서 태어난 오기호는 1905년 나철 등과 일본에 건너가 한국의 독립을 보장할 것을 요구했으나 실패하고 돌아왔다. 그 뒤 나철, 김인식 등과 을사오적을 죽이려던 계획이 탄로나 전라남도에 있는 섬에 유배되었다. 유배에서 풀려난 뒤 나철 등과 민족 종교인 대종교를 세웠고, 독립운동에 온몸을 바쳤다. 1962년 건국 훈장 독립장이 주어졌다.

을사조약 : 1905년 일본이 우리나라의 외교권을 빼앗아 간 불평등 조약이다. 조약을 맺기 위해 모인 대신 회의에서 한규설이 강력히 반대하자 이토 히로부미는 일본군을 동원하여 궁궐을 포위하였다. 이어 이토 히로부미는 끝까지 반대하는 한규설을 강제로 끌어내고 이완용, 박제순, 이지용, 이근택, 권중현의 찬성을 받아 조약을 맺었다. 5개 항으로 되어 있는 이 조약의 주 내용은 일본 정부가 조선 정부를 대신하여 외교에 관한 모든 일을 맡는다는 것과 조선에 일본인 통감을 둔다는 것이다.

환웅 : 단군 신화에 나오는 인물로 하느님인 환인의 아들이며, 단군의 아버지이다. 환웅은 아버지로부터 천부인 세 개를 받아 3천의 무리를 이끌고 세상에 내려와 태백산(백두산) 신단수 밑에 자리를 잡고 그곳을 신시라고 불렀다. 그리고 바람의 신(풍백), 비의 신(우사), 구름의 신(운사)을 거느리고, 곡식, 목숨, 병, 형벌, 선, 악 등 인간의 360여 가지 일을 다스렸다. 어느 날 곰과 호랑이가 찾아와 사람이 되고 싶다고 하자, 쑥과 마늘만 먹고 백일 동안 햇빛을 보지 않으면 사람이 될 수 있다고 일러 주었다. 그러나 호랑이는 참지 못하고 뛰쳐나가고, 곰은 잘 참아 웅녀가 되었다. 환웅은 이 웅녀와의 사이에서 단군을 낳았다.

환인 : 단군 신화에 나오는 하느님으로 환웅의 아버지이며, 단군의 할아버지이다. 인간 세상을 다스리고 싶어 하는 아들 환웅을 세상에 내려 보내 인간들을 다스리게 했다.

얽힌 이야기 한 토막

나철은 동지들과 함께 일본으로 건너가 '동양의 평화를 위해 친선 동맹을 맺고 서로 주권을 존중하자'고 일본의 지성인들에게 호소하였다. 그러나 아무 효과가 없자, 조선 독립하기 위해서는 무력 투쟁밖에 방법이 없다고 생각하게 되었다. 나철은 우리나라로 돌아와 을사오적을 암살하기 위하여 20여 명의 단원을 모았다. 단원들이 한데 모인 자리에서 나철은 동맹서를 쓴 뒤 굳게 선언하였다.
"이천만 한민족이 노예의 굴레에서 벗어나기 위하여 함께 목숨을 바치기로 약속합니다. 만약 그것이 두려우면, 이 자리를 떠나 주시오."
그 자리를 떠나는 단원은 아무도 없었다. 그들은 제일 먼저 을사오적을 민족의 이름으로 처단할 것을 맹세하였다.

그러나 이홍래 단원이 을사오적의 하나인 권중현을 암살하려다 부상만 입혀 단원 18명이 붙잡히고 말았다. 나철은 끌려가며 몹시 원통해했지만, 취조하려는 일본 경찰에게 의연하게 말했다.
"내가 주동자니까, 다른 사람들은 모두 풀어 주시오."
전남 신안에 있는 외딴 섬으로 귀양을 갔다 돌아온 나철은 단군교(후에 대종교로 바뀜)를 만들었다. 나라가 일본의 침략으로 짓밟히자, 단군을 받들어 민족의 자존심을 세우고 나라를 지켜야 할 필요성을 절실히 느꼈기 때문이다. 이후 대종교는 항일 독립운동에 큰 영향을 미쳤는데, 청산리 대첩을 이끈 독립군 대부분이 바로 대종교 교인들이었다.

우리나라 꽃인 무궁화 보급에 앞장선 교육자이자 언론인이다.

남궁억
南宮檍 : 1863~1939. 자는 치만. 호는 한서.

남궁억은 1863년 서울에서 태어났다. 20세 때 신식 학문을 배우고자 재동에 있던 관립 영어 학교에 입학하여 다음 해에 졸업하였다.

남궁억은 당시 외교관으로 와 있던 묄렌도르프 밑에서 일을 돕다가 궁내부 주사를 시작으로 벼슬길에 올랐다. 1887년 남궁억은 전권대신 조민희의 수행원으로 영국, 독일, 러시아 순방길에 올라 홍콩까지 갔으나 청나라의 방해로 되돌아와 고종의 통역을 맡았다. 1894년에는 궁내부 토목국장을 맡아 서울 중심가의 도로를 넓히고 옛 흥복사 절터에 탑골 공원을 세웠다.

남궁억은 1896년 아관 파천 후 관직에서 물러나 서재필, 이상재 등과 함께 독립 협회를 창립하였다. 독립 협회에서 총무를 맡아 〈독립신문〉의 영문판을 편집하였고, 이어 1898년에는 나수연 등과 함께 〈황성신문〉을 창간하고 사장에 취임하여 국민을 계몽하고 독립 협회의 활동을 도왔다. 남궁억은 이때 〈황성신문〉에 우리나라를 침략하려는 러시아와 일본의 야욕에 대한 글을 실어 두 번이나 구속되었다.

1905년 남궁억은 고종의 간곡한 부탁으로 다시 관직을 맡아 성주 목사로 부임하였으나, 을사조약이 체결되자 분을 참지 못해 관직을 사임하였다. 1906년 다시 양양 군수에 임명된 남궁억은 현산 학교를 세우고 민족 교육에 힘썼다. 1907년 관직을 사임하고 오세창, 장지연 등과 함께 대한 협회를 만들었고, 다음 해에는 관동 학회를 만들어 애국 계몽 운동을 펼쳤다. 남궁억은 1910년부터 9년 동안 배화 학당에서 학생들을 가르치면서, 교육을 통해 우리 겨레에게 민족정신을 길러 주어야 한다는 것을 절실히 깨달았다. 남궁억은 학생들에게 명주에다 우리나라 지도를 그리고 각 도마다 한 개씩 무궁화를 수놓게 하기도 했다.

1918년 강원도 홍천의 보리울(모곡) 마을로 내려간 남궁억은 교회와 모곡 학교를 세우고 그곳에 어린 무궁화를 심어 전국에 무궁화나무를 보급하는 데 힘썼다. 또 〈무궁화 동산〉이라는 노래를 지어 학생들과 마을 사람들에게 가르쳤다. 노래와 무궁화나무가 민족정신을 불러일으킨다는 것을 뒤늦게 알아차린 일본 경찰은 1933년 모곡 학교를 강제로 폐교시키고, 무궁화나무 7만여 그루도 불태워 버렸다.

이후 남궁억은 기독교 계열 비밀 독립운동 단체인 십자당을 만들어 활동하다가 70세의 나이에 구속되었다. 8개월 동안 옥살이를 하다가 풀려났으나 고문으로 건강이 악화되어 1939년 세상을 떠났다.

1977년 건국 훈장 독립장이 주어졌다.

함께 익혀 둡시다

궁내부 : 조선 말기와 대한 제국 때, 왕실에 관한 일을 맡아보던 관청이다.

나수연 (1861~1926. 호는 소봉) : 한말의 언론인이자 서화가이다. 1898년 남궁억 등과 함께 〈황성신문〉을 발간하였다. 독립 협회 회원으로 민중 계몽과 민족정신 고취에 힘썼다. 그 이후에는 서화가로 이름을 날렸다.

묄렌도르프 (1848~1901. 우리나라 이름은 목인덕) : 독일 출신으로 청나라 이홍장의 추천을 받아 1882년 우리나라의 외교 고문을 맡았다.

아관 파천 : 1896년 2월 11일 고종과 태자가 러시아 공사관으로 거처를 옮긴 사건이다. 명성 황후가 시해되자 일본에 대한 국민들의 분노가 폭발하였고, 이범진 등 친러파들과 러시아 공사 베베르는 일본의 위협을 피해야 한다며 고종과 태자를 설득해 정동에 있는 러시아 공사관으로 옮겨 모셨다. 고종은 약 1년 동안 러시아 공사관에서 머무르다가 1897년 2월 25일 경운궁(지금의 덕수궁)으로 돌아왔다. 이 기간 동안 러시아를 비롯한 열강들이 조선에서 경제적 이권을 나눠 가졌고, 조선의 권위는 더욱 약해졌다.

조민희 (1859~?) : 조선 말기의 문신이다. 평안도 관찰사 등을 거쳐 1900년 법부, 군부의 협판에 올랐다. 프랑스 주재 전권 공사에 이어 일본 주재 전권 공사를 거쳐 1906년 경상남도 관찰사가 되었다. 이듬해 평리원 재판장에 임명되어 헤이그 특사 사건의 처리를 맡았고, 한일 합방 뒤에는 일본 정부가 자작의 지위를 내렸다.

탑골 공원 : 서울 종로2가에 있는 우리나라 최초의 공원으로, '파고다 공원'이라고도 부른다. 1897년(광무 원년) 영국 사람 브라운이 설계해 만들었다. 3·1 운동 때 민족 대표 33인의 이름으로 독립 선언서를 낭독한 유서 깊은 곳이기도 하다. 공원 안에는 국보 제2호인 원각사지 10층 석탑과 보물 제3호인 원각사비 등의 유적이 남아 있다.

〈황성신문〉 : 대한 제국 말에 발간된 일간지이다. 1898년 남궁억, 나수연, 장지연 등이 일주일에 2회 발행되던 〈대한황성신문〉을 인수하여 이름을 바꾸어 9월 5일 창간했다. 우리글과 한문을 같이 썼으며, 4면으로 발간되었다. 애국적인 기사를 실어 일본에 의해 여러 차례 간행이 정지되었다가 1910년 한일 합방과 함께 폐간되었다.

얽힌 이야기 한 토막

남궁억은 우리나라가 일제로부터 독립을 하려면 무엇보다 교육이 중요하다고 생각했다. 교육을 통해 우리 겨레의 사상을 일깨우고, 독립 의식을 북돋우는 것만이 나라를 되찾을 수 있는 길이라고 생각했던 것이다.

남궁억은 강원도 홍천의 보리울 마을로 들어갔다. 그리고 먼저 교회와 학교를 세워 아이들을 가르치고 마을 사람들을 계몽하였다. 한편, 우리나라 꽃인 무궁화를 심어 묘목 보급에 힘쓰고, 또 노래를 만들어 아이들과 마을 사람들에게 가르쳐 민족정신을 심어 주었다.

다음의 〈무궁화 동산〉은 그때 불려진 노래이다. 우리 마음속에서 흐릿해진 무궁화에 대한 사랑을 일깨우며 조용히 불러 보자.

우리의 웃음은 따뜻한 봄바람
춘풍을 만난 무궁화 동산
우리들의 눈물이 떨어질 때마다
또다시 소생하는 이천만
빛나거라, 삼천리 무궁화 동산
잘 살아라 이천만의 고려족
백화가 만발한 무궁화 동산에
미묘히 노래하는 동무야
백천만 화초가 웃는 것같이
즐거워하라, 우리 이천만.

유능한 인재였으나 모함을 받아 큰 뜻을 펴지 못했던 비운의 장군이다.

남이

南怡 : 1441~1468(1443년생이라는 설도 있다). 시호는 충무.

　남이는 1441년(세종 23)에 남휘의 아들로 태어났다. 어머니는 태종의 넷째 딸인 정선 공주이다. 17세 때인 1457년(세조 3)에 무과에 장원 급제한 남이는 세조의 사랑을 한몸에 받으며 벼슬에 올랐다. 그리고 세조의 신임이 두터운 권람의 딸과 혼인을 하였다.
　1467년 남이는 세조의 명을 받아 포천, 영평 등지의 도적을 토벌했다. 같은 해에 세조가 왕권을 강화하여 지방에 관리를 파견하자, 이에 불만을 품은 이시애가 함경도에서 반란을 일으켰다. 우대장이 된 남이는 싸움터로 나아가 반란군을 물리쳤다. 그리고 그 공을 인정받아 적개공신 1등에 오르고 의산군에 봉해졌다.
　이어서 서북쪽 국경 부근에 있는 여진족의 본거지를 정벌할 때에도 선봉으로 적진에 쳐들어가 적의 기세를 꺾었다. 이때 남자의 기개를 드높이 세우겠다는 결의를 담아 읊은 남이의 시는 유명하다.

　　백두산 높은 봉은 칼을 갈아 다 없애고
　　두만강 깊은 물은 말을 먹여 다 없애리라
　　남아 이십 세에 나라를 평정 못 하면 누가 대장부라 일컬으리.

　남이의 용맹함을 높이 평가한 세조는 27세라는 젊은 나이의 남이에게 국방을 책임지는 병조 판서라는 중책을 맡겼다. 한계희를 비롯한 일부 신하들이 외척에게 병권을 맡기는 것은 잘못된 것이라고 주장하였지만 세조는 이를 귀담아 듣지 않았다. 그러나 남이를 총애하던 세조가 죽고 예종이 즉위하자, 형조 판서 강희맹과 한계희 등이 남이에게 병권을 맡기는 것이 적합하지 않다고 주장하여 남이는 병조 판서에서 해직되었다.
　이 무렵 남이는 궁궐에서 숙직을 서다가 혜성이 나타난 것을 보고 무심결에 '옛것은 사라지고 새로운 것이 나타날 징조'라고 말했는데, 평소에 남이를 시기하던 유자광이 이 말을 엿듣고는 남이가 역모를 꾸민다고 모함하였다. 더구나 남이의 시조 가운데 '나라를 평정 못 하면'이라는 말을 '나라를 얻지 못하면'으로 바꾸어 남이를 대역 죄인으로 몰았다. 이 일로 남이는 28세의 젊은 나이로 억울하게 처형을 당하고 말았다. 그 뒤 350여 년이 지난 1818년(순조 18)에 남이는 억울한 누명을 벗고, 벼슬과 '충무'라는 시호를 받았다.
　남이의 묘는 경기도 화성시 비봉면 남전리에 있으며, 강원도 춘천시 남이섬에 있는 묘소는 진짜 무덤이 아니다.

함께 익혀 둡시다

강희맹 (1424~1483. 자는 경순. 호는 사숙재, 국오, 운송거사. 시호는 문량) : 조선 초기의 문신이다. 뛰어난 글솜씨로 《세조실록》, 《동국여지승람》을 엮었다. 농촌에 많은 관심을 가지고 연구하여 농사짓는 법을 자세하게 밝힌 《사시찬요》라는 책을 펴냈다. 또 당시에 전해져 오는 농촌의 민요를 모아 정리하기도 했다. 글씨와 그림에도 뛰어났다.

유자광 (?~1512. 자는 우복) : 조선 전기의 문신이다. 궁궐의 문을 지키는 갑사로 있다가, 이시애의 난을 토벌하는 데 공을 세워 병조 정랑이 되었다. 1468년 남이를 모함하여 죽인 뒤 무령군이 되었으며, 1476년(성종 8) 한명회를 모함하다 쫓겨났다. 1506년 중종반정에 참여하여 무령 부원군이 되었다. 이후 관리들의 끊임없는 탄핵을 받아 귀양살이를 하던 중 죽었다.

이시애 (?~1467) : 함경도 첨절제사 이인화의 아들로 함경북도 길주에서 태어났다. 세조가 왕권을 강화한 뒤 중앙에서 관리를 보내어 지방을 다스리자, 이에 불만을 품고 1467년 반란을 일으켰다. 남이, 강순 등이 이끄는 관군에게 크게 패했다.

한계희 (1423~1482. 자는 자순. 시호는 문정) : 조선 전기의 문신으로, 집현전에 들어가 수찬 등을 지낸 뒤 예문관 직제학, 이조 판서 등을 지냈다. 예종이 즉위하자 남이를 제거한 공으로 서원군에 봉해졌다.

남이의 묘

얽힌 이야기 한 토막

"어느 집인지 나만큼이나 연시를 좋아하는 사람이 있는 모양이구나. 연시를 한 광주리씩이나 가져가니 말이야."
평소 연시를 좋아하던 남이는 집 앞에서 광주리에 연시를 이고 가는 어느 집 하녀를 보고 혼자 중얼거렸다. 그녀는 이조 참판 권람의 집에서 일하는 하녀였다. 권람에게는 아름다운 딸이 있었는데, 그 딸이 연시를 무척 좋아했던 것이다.
그런데 가만히 살펴보니, 그 연시늘은 섵 빛살은 괜찮았지만 하나같이 속은 썩어 있었다. 남이가 사실을 이야기해 주려고 했으나, 하녀는 집 안으로 들어가 버리고 말았다.
잠시 뒤 권람의 집에서 비명 소리가 들려왔다. 권람의 딸이 하녀가 가져온 연시를 보고 대뜸 집어먹다 체해서 그만 쓰러지고 말았던 것이다.
"허어, 이를 어찌하면 좋단 말이냐! 내 딸이 이 지경이 되다니…… . 어서 의원을 불러라, 의원을!"
갑작스러운 일이라 모두들 어쩔 줄 몰라 허둥대고 있을 때, 누군가 세차게 문을 두드리는 소리가 들려왔.

"이리 오너라! 나는 건넛마을에 사는 남이라는 사람인데, 이 댁에 변고가 있을 줄 이미 알고 왔다고 여쭈어라!"
남이는 울음소리를 듣고는 이미 누군가 연시를 먹고 탈이 났다는 것을 알았던 것이다. 집 안으로 들어간 남이는 권람의 식구들에게 말했다.
"상갓집에서 가져온 연시를 먹고 이 지경이 되었으니 아마 귀신이 든 듯합니다. 저는 귀신을 쫓을 수 있으니 걱정 말고 모두들 나가 주십시오."
그때는 여자와 남자는 친척이라도 같은 자리에 앉는 것을 꺼리던 때였지만 남이는 태연하게 말했다.
권람의 식구들이 모두 나가자 남이는 소매 속에서 침통을 꺼내 그 처녀의 손끝과 발끝에 침을 놓았다. 그러자 얼굴이 파랗게 질려 숨도 쉬지 못하던 그 처녀는 '후!' 하고 숨을 내쉬더니 회복되는 것이었다. 그 일로 남이는 권람의 사위가 되었다.

임진왜란 때 적장과 함께 물속에 뛰어들어 목숨을 바친 의로운 기생이다.

논개 論介 : ?~1593. 성은 주씨.

논개는 전라북도 장수에서 태어났다. 성은 주씨이며, 진주 관청에 소속된 기생이었다. 천성적으로 빼어나게 아름다운 데다가 총명함까지 갖추어 경상우도 병마절도사 최경회의 사랑을 듬뿍 받았다고 한다.

임진왜란이 시작된 다음 해인 1593년(선조 26) 진주성은 왜군의 대대적인 공격을 받았다. 진주는 전라도와 경상도를 잇는 길목으로 교통의 요충지였다. 왜군은 진주성을 빼앗기 위해 10만에 가까운 대병력을 이끌고 쳐들어왔다.

진주성을 지키고 있던 최경회와 김천일, 고종후, 황진, 장윤 등은 진주성 백성들과 함께 죽을힘을 다해 버텼다. 하지만 병력과 무기에서 왜군의 상대가 되지 못해 결국 성은 함락되고 말았다. 그러자 김천일과 고종후, 최경회는 남강에 몸을 던져 목숨을 끊었다.

진주성을 빼앗은 왜군은 재물을 약탈하고 수많은 백성을 학살하는 만행을 저질렀다. 그리고 왜장들은 촉석루에 모여 승리의 잔치를 벌였다. 왜장들은 이 잔치에 진주성에 있는 기생들을 불러들였는데 논개도 여기에 참석하였다.

논개는 연회가 한창 무르익자 술에 취한 왜장 게야무라 로쿠스케를 남강으로 유인하였다. 그리고 높은 바위 위에 올라가 게야무라를 꼭 껴안고 강물에 뛰어들었다. 왜장 게야무라는 발버둥을 쳤지만 논개는 왜장을 꼭 껴안은 채 놓지 않았고 두 사람은 푸른 강물 속으로 빠져 함께 목숨을 잃었다.

이러한 사실은 사람들의 입을 통해 전해 내려오다가 1620년에 기생의 몸으로 나라를 위하여 자신의 목숨을 바친 논개의 충성심에 감동을 받은 유몽인이, 《어우야담》이라는 책에 실어 두어 그 이야기가 오늘날까지 전해지고 있다. 뒷날 사람들은 논개의 의로운 정신을 기리어 논개가 왜장 게야무라와 함께 뛰어내린 바위에 '의암'이라는 글씨를 새겨 넣고 그 뜻을 기렸다. 1721년(경종 1)에 경상우병사 최진한은 의암 사적비를 세웠으며, 1740년(영조 16)에는 경상우병사 남덕하가 논개의 애국 충정을 기리기 위해 남강 옆에 '의기사'라는 사당을 지었다. 한편, 1868년(고종 5) 진주 목사 정현석의 노력으로 매년 6월 논개를 추모하는 의암별제가 3일간에 걸쳐 치러졌으나, 일제 시대 때 중단되고 그 절차만 전해져 온다. 또 논개가 태어난 전라북도 장수에는 정문이 세워졌다.

함께 익혀 둡시다

고종후 (1554~1593. 자는 도충. 호는 준봉. 시호는 효열) : 임진왜란 때의 의병장으로, 고경명의 아들이다. 임진왜란이 일어나자 아버지를 따라 의병을 일으켰으나 금산 싸움에서 아버지와 동생을 잃고 고향으로 돌아왔다. 이듬해 다시 의병을 일으켜 진주성을 지키다, 성이 함락되자 최경회, 김천일 등과 함께 남강에 몸을 던져 목숨을 끊었다.

김천일 : 76쪽 참조.

《어우야담》 : 조선 광해군 때인 1621년 어우당 유몽인이 백성들의 입에서 입으로 전해져 오는 전설이나 이야기들을 모아 지은 책이다.

유몽인 (1559~1623. 자는 용문. 호는 어우당) : 조선 중기의 문신으로 성혼에게서 글을 배웠다. 문장이 뛰어나 1593년부터 세자 광해군에게 글을 가르쳤다. 벼슬은 예조 참판, 이조 참판에 이르렀다. 그러나 광해군의 폭정과 당파 싸움으로 조정이 혼란스럽자 벼슬을 버리고 금강산 등지에서 은거하며 지냈다. 1623년 이귀, 최명길 등이 광해군을 내쫓고 인조를 왕으로 세운 인조반정 때 다시 한양으로 돌아왔으나, 광해군에 대한 충절을 담은 시를 썼다 하여 역모로 몰려 처형당했다. 《어우야담》, 《어우집》 등의 문집을 남겼다.

의암별제 : 의로운 기생 논개의 넋을 위로하기 위하여 6월 초에 좋은 날을 받아 지내는 제사이다. 이 제사가 끝날 무렵에는 노래 〈의암별곡〉을 불렀다.

장윤 (1552~1593. 자는 명보. 시호는 충의) : 조선 중기의 무신으로, 1582년(선조 15) 무과에 급제하여 사천 현감이 되었다. 임진왜란이 일어나자 성산, 개령 등에서 큰 전과를 올렸다. 충청도 병마절도사 황진과 함께 진주성을 지키다 황진이 죽자 대장이 되어 싸우다가 적의 탄환을 맞고 숨졌다.

정문 : 나라에서 충신, 효자, 열녀 등을 표창하려고 그의 집 앞에 세운 붉은 문이다.

촉석루 : 경상남도 진주시 본성동에 있는 누각으로 고려 말 진주성을 지키던 장군의 지휘소였다. 1365년(공민왕 14)에 세운 것으로 전해 오며, 임진왜란 때 의기 논개가 왜장을 껴안고 순국한 곳으로 유명하다. 임진왜란 때 없어진 것을 1618년(광해군 10)에 병사 남이흥이 다시 지었으나 6·25 전쟁 때 불에 탔고, 현재의 건물은 1973년에 다시 세운 것이다.

최경회 (1532~1593. 자는 선우. 호는 삼계, 일휴당. 시호는 충의) : 전라남도 화순군 능주에서 태어나 영해 군수 등을 지냈다. 임진왜란이 일어나자 전라우도 의병장이 되어 금산, 무주, 창원 등지에서 왜군을 물리쳤다. 그 공으로 1593년 경상우도 병마절도사가 되었다. 제2차 진주성 싸움에서 김천일 등과 함께 싸우다가 성이 함락되자 스스로 목숨을 끊었다.

황진 (?~1593. 자는 명보. 호는 아술당. 시호는 무민) : 조선 선조 때의 문신으로 황희의 5대손이다. 선전관을 거쳐 1591년 통신사 황윤길을 따라 일본에 다녀온 뒤 일본이 조선을 침략할 것이라고 주장했다. 임진왜란이 일어나자 진안, 인덕원, 이치 등에서 왜군을 물리쳤다. 충청도 병마절도사가 되어 최경회, 김천일 등과 제2차 진주성 싸움에 참가하여 왜군과 맞서 싸우다 적의 총탄을 맞고 숨졌다.

얽힌 이야기 한 토막

유몽인이 《어우야담》을 통해 소개하기 전까지 논개의 이야기는 사람들의 입으로만 전해지고 있었을 뿐 기록으로 남겨져 있지 않았다.
다음은 《어우야담》에 실린 논개의 이야기이다.
김천일이 의병을 일으켜 싸우다 패배하여 진주성이 함락되었을 때의 일이다. 진주의 관기였던 논개는 곱게 단장을 하고 촉석루 아래 가파른 바위 꼭대기에 서 있었다. 바위 아래는 낭떠러지로, 거친 파도가 넘실대고 있었다. 왜병들은 논개를 멀리서 바라보기만 할 뿐 감히 다가가지 못했다. 이때 왜장 한 사람이 당당하게 그녀에게 다가갔고, 논개는 요염한 웃음으로 그를 맞았다. 왜장의 손이 그녀를 잡자, 논개는 그를 끌어안고는 낭떠러지 아래로 몸을 던져 둘은 모두 죽고 말았다.
비록 사회의 멸시를 받는 관기의 처지였으나, 차마 나라를 등지지 못하고 왜적에게 자신을 바치지 않은 이러한 충절이 나라에 알려지지 않음은 참으로 안타까운 일이다.

우리 민족의 시조이며 고조선의 첫 임금이다.

단군
檀君王儉 : ?~?

단군은 우리 민족이 시조로 받드는 고조선의 첫 임금이다. 단군 신화에 따르면 단군은 하늘을 다스리는 환인의 손자이며 환웅의 아들로, 기원전 2333년에 아사달(평양)에 도읍을 정하고 조선을 세웠다고 한다. 그리고 약 1500년간 나라를 다스리다가 아사달에서 산신이 되었다고 한다. 그때 단군의 나이가 1908세였다고 전한다.

《삼국유사》에 의하면, 환인의 아들 환웅이 인간 세계를 다스리고 싶어 하자, 환인이 천부인 3개를 주어 세상에 내려가 사람을 다스리게 하였다. 환웅은 3천 명을 이끌고 태백산에 있는 신단수 아래로 내려와 자리를 잡고 그곳을 신시라고 불렀다. 그리고 바람의 신(풍백), 비의 신(우사), 구름의 신(운사)을 거느리고 농사, 생명, 질병, 형벌, 선악 등 인간 세계의 360여 가지 일을 다스리고 돌보았다.

이때 한 동굴에 호랑이와 곰이 살고 있었는데, 이들이 환웅을 찾아와 사람이 되고 싶다고 하였다. 환웅은 쑥과 마늘을 주면서, 그것만 먹으며 동굴에서 햇빛을 보지 않고 100일을 지내면 인간이 될 수 있다고 일러 주었다. 그러나 호랑이는 참지 못하고 뛰쳐나가고, 끝까지 견딘 곰은 여자가 되었다. 웅녀는 또 아이를 갖게 해 달라고 빌었다. 그러자 환웅이 잠시 사람으로 변해 웅녀와 혼인하여 아들을 낳으니, 그가 바로 단군이다. 단군은 자라서 평양성에 도읍을 정하고 나라를 세워 이름을 '조선'이라고 하였다.

그 후 오늘날까지 단군 왕검은 우리 겨레의 시조로 모셔지고 있으며, 단군 왕검의 건국 이념인 '인간을 널리 이롭게 한다'라는 뜻의 홍익인간 사상은 우리나라의 건국 이념과 교육 정신의 기본이 되고 있다.

단군에 대한 숭배 사상은 고려 때에 시작해, 조선 시대에 널리 퍼졌다. 세종 때에는 평양에 사당을 짓고, 고구려 시조 동명왕과 함께 나라의 시조로 받들었다. 또한 조선 말기와 일제 시대에는, 민족의식이 강해지면서 단군을 숭배하는 대종교가 만들어졌다. 대종교에서 시작된 10월 3일 개천절은 8·15 광복 후 국경일이 되었다.

한편, 북한에서는 평양에 있는 단군릉을 발굴하여 단군의 뼈와 유물을 발견하였다고 발표했다. 이것은 북한이 우리 민족의 시조인 단군의 의미를 새롭게 강조했다는 데 커다란 의의가 있다.

단군에 대한 신화는 《삼국유사》, 《제왕운기》, 《세종실록지리지》, 《환단고기》 등에 실려 있다.

함께 익혀 둡시다

개천절 : 단군이 우리나라를 처음 세운 날을 기념하는 국경일로 10월 3일이다.

고조선 : 우리나라에서 맨 처음에 세워진 나라 이름이다. 대체로 기원전 108년 이전을 말한다. 원래 이름은 조선이지만, 오늘날에는 이성계가 세운 조선 왕조의 조선과 구별하여 '고조선'이라 일컫는다.

대종교 : 단군을 숭배하는 우리나라 고유의 민족 종교 가운데 하나이다. 1909년 음력 정월 보름에 나철이 서울 종로구 재동에서 '단군 신위'를 모시고 〈단군교포명서〉를 공포함으로써, 고려 시대 몽골의 침략 이후 700년간 단절되었던 국조 단군을 숭앙하는 단군교를 다시 열었다. 단군교는 뒤에 대종교로 이름을 바꾸었으며 환인, 환웅, 환검(단군 왕검)의 삼위일체인 한얼님을 받들었다. 한편 일본이 우리나라를 빼앗은 시기에 시작된 대종교는 종교의 본래 역할보다는 항일 독립운동에 더 많은 공헌을 했다.

신단수 : 단군 신화에 나오는 신성한 나무로, 이 신단수를 통해 환웅이 하늘에서 땅으로 내려왔다고 전한다. 하늘과 땅을 연결해 주는 성스러운 나무로 여겨졌다.

천부인 : 하느님의 아들이라는 표시로, 환웅이 땅에 내려올 때 환인으로부터 받았다고 한다.

단군 성전

단군이 하늘에 제사를 올렸다고 전해지는 강화도 참성단

얽힌 이야기 한 토막

환웅이 다스리는 신시 가까운 곳에 있는 굴속에 호랑이 한 마리와 곰 한 마리가 같이 살고 있었다. 인간이 되고 싶다는 꿈을 늘 가지고 있던 이들은 환웅에게 가서 사람이 될 수 있게 해 달라고 정성을 다해 빌었다.

그러던 어느 날 그들의 정성을 기특하게 생각한 환웅이 신령스러운 쑥 한 줌과 마늘 20개를 주면서 말했다.

"너희들이 정녕 사람이 되는 것이 소원이라면, 이 쑥과 마늘을 먹고 100일 동안 햇볕을 쬐지 말아라. 그리하면 사람이 될 것이다."

환웅으로부터 쑥과 마늘을 받은 곰과 호랑이는 기뻐하며 굴속으로 돌아왔다. 그러고는 환웅이 말한 대로 쑥과 마늘만을 먹고 기도하며 지냈다.

그러나 호랑이는 답답함을 견디지 못해 도중에 굴 밖으로 뛰쳐나가고 말았다.

곰은 삼칠일(21일) 동안 끈기 있게 견디어 드디어 여인이 되었는데, 이 여인이 바로 웅녀이다.

여인이 된 곰은 결혼해서 같이 살 사람이 없으므로 늘 혼자 외롭게 지냈다. 웅녀는 날마다 신단수 밑에 가서 결혼하고 아이를 갖게 해 달라고 빌었다.

그 사실을 알게 된 환웅은 웅녀를 불쌍하게 여기고, 남자로 변하여 웅녀와 혼인하고 하룻밤을 같이 지냈다.

웅녀는 곧 아기를 가져 아들을 낳았는데, 그가 바로 '단군 왕검'이다.

일본에 건너가 금당 벽화를 그린 고구려의 승려이자 화가이다.

담징 曇徵 : 579~631.

담징은 고구려 출신의 승려로 일본에 건너가 활동했다. 담징은 유학 경전에도 밝고 그림 솜씨도 뛰어났다. 《일본서기》에 의하면 담징은 일본에까지 뛰어난 그림 솜씨가 알려져 일본으로부터 초청을 받았다.

담징은 610년(영양왕 21)에 백제를 거쳐 일본으로 건너갔다. 당시 일본의 쇼토쿠 태자는 외국의 새로운 문화를 적극적으로 받아들였는데, 담징은 일본에서 쇼토쿠 태자에게 열렬한 환영을 받았다.

이후 담징은 일본의 승려 법정과 함께 나라에 있는 호류 사에 머물면서 오경과 불법을 강론하였다. 또 일본 사람들에게 그림 그리는 법과 연자방아, 종이, 먹 등을 만드는 법을 손수 가르쳤다.

담징은 호류 사에 머물면서 금당에 벽화를 그렸다. 지은 지 얼마 되지 않아 부처님의 그림이 없어 안타까워하는 호류 사 승려들을 위하여 담징은 금당의 사면 벽에 석가모니, 아미타불, 미륵불, 약사불 등을 그렸는데, 그 벽화가 '금당 벽화'로 잘 알려진 〈사불정토도〉이다.

한편, 담징은 수나라의 침입으로 위기에 처한 조국 고구려를 걱정하여 처음엔 그림을 그리지 못했다고 한다. 그 뒤 을지문덕 장군이 살수에서 수나라군을 크게 물리쳤다는 소식을 듣고 나서야 기쁨과 감사의 마음으로 비로소 금당 벽화를 그렸다는 이야기가 전해 온다.

그러나 이 금당 벽화는 1949년 수리를 하던 중 화재로 소실되었고, 현재는 모사화(원그림을 본떠서 그린 그림) 일부가 남아 있다. 또한 1989년 호류 사 오층탑 벽화의 덧그림 밑에서 담징이 그린 화려한 〈관음보살상〉이 1300년 만에 발견되어, 담징의 뛰어난 솜씨를 다시 한번 확인시켜 주었다. 현재 그 그림은 컴퓨터로 재생하여 보관 중이다.

금당 벽화는 경주의 석굴암, 중국의 원강 석불과 함께 동양의 3대 미술품으로 꼽힐 만큼 매우 뛰어난 걸작이었다.

담징은 일본에 종이와 먹의 만드는 법을 처음 전해 준 사람으로서 오늘날까지도 일본에서 존경을 받고 있다.

〈금당 벽화〉

함께 익혀 둡시다

미륵불 : 불교에서 석가모니의 뒤를 이어 57억 년 뒤에 세상에 나타나, 석가모니가 미처 죄나 고통에서 구해 내지 못한 사람들을 구해 낸다는 미래의 부처를 말한다.

석가모니 (기원전 563~기원전 483. 초명은 싯다르타) : 불교를 처음 세운 사람으로 인도 카필라 성 성주인 정반왕과 왕비 마야 부인 사이에서 태어났다. 사람이 태어나서 늙고 병들며 죽는 생로병사의 괴로움에서 벗어나기 위하여 29세에 집을 떠나 35세에 깨달음을 얻어 부처가 되었다.

쇼토쿠 태자 (573~621. 본명은 우마야도) : 일본 요메이 왕의 둘째 아들로 어려서부터 학문이 뛰어나고 불교를 깊이 믿었다. 고구려와 백제에서 건너간 승려들을 스승으로 삼아 불교를 알리는 한편 호류 사를 짓는 등 일본 불교 발전에 크게 기여하였다.

아미타불 : 불교에서 극락세계에 있다는 부처를 말한다. 모든 사람들을 지옥에서 구해 극락세계로 이끈다고 한다.

약사불 : 불교에서 모든 인간을 질병으로부터 구해 주고, 그릇된 의견이나 고집 때문에 생기는 고통을 치료하여 깨달음으로 이끈다는 부처를 말한다. 왼손에는 약병을 들고 있다.

을지문덕 : 224쪽 참조.

《일본서기》 : 일본에서 가장 오래된 역사책이다. 예전에는 《일본기》라고 불렸다. 중국 역사책의 체제를 따른 일본의 역사책으로 일본 왕의 신성함과 일본 국토 통일의 정당함을 주장하기 위하여 쓰여진 책이다.

호류 사 : 일본 나라에 있는 절로, 607년에 세운 목조 건축물이며 대웅전, 금당, 오층탑 등이 있다. 일본의 요청으로 백제 사람들이 건너가 지었다. 금당의 벽에 고구려의 승려 담징이 그린 벽화가 있었으나 현재는 소실되고 모사화만 남아 있다.

얽힌 이야기 한 토막

담징은 일본에 건너가 호류 사에 있으면서 그곳 사람들을 위해 부처님을 그려 주기로 약속을 했다. 그러나 담징은 약속한 시간이 다가오는데도 전혀 그림을 그릴 수가 없었다. 붓만 들면 피비린내 나는 조국의 위급한 상황이 어른거려 도무지 그림을 그릴 수 없었다. 담징의 조국인 고구려가 수나라와 전쟁을 치르고 있었기 때문이다.

일본 승려들의 눈에는 담징이 그림은 안 그리고 그저 생각에 잠겨 빈둥거리는 것처럼 보였다. 담징은 그들의 마음을 모르는 게 아니어서 하루는 주지를 찾아가 고국에 다녀오겠다고 했다. 그러나 주지는 고개를 저을 뿐이었다.

"기다리면 붓을 들어 그림을 그릴 날이 오겠지요. 좀 더 기다려 봅시다."

담징은 금당에 들어가 밤낮으로 염불을 외고 기도를 드렸다. 하지만 잡념만 머릿속을 가득 메울 뿐이었다.

어느 날 잠을 이루지 못하고 뒤척이는 담징을 주지가 몸소 찾아왔다.

"기뻐하십시오. 수나라의 백만 대군이 을지문덕 장군의 칼 밑에 가랑잎처럼 흩어지고 말았다고 합니다. 이제야 대사가 금당 벽화에 손을 댈 때가 왔나 봅니다."

"내 조국이 승리를 거두었다고요!"

담징은 가슴속에 솟구치는 환희를 경건한 불심으로 바꾸어 벽화를 그리고 싶었다. 이윽고 금당 벽 앞에 선 담징은 붓을 들었다. 담징의 손길은 학처럼 벽 위를 뛰놀고 용의 꼬리처럼 벽면을 휘감았다. 모든 정성을 쏟아 마지막으로 부처의 초승달 같은 눈썹을 그려 넣었다. 담징이 그림을 그리기 시작했다는 소문을 듣고 이미 그 절은 그림을 보러 온 신도들과 승려들로 북적거렸다. 그를 에워싼 사람들은 벌써 벽화의 아름다움에 벌린 입을 다물지 못하고 있었다.

거의 완성된 관세음보살상을 바라보며 담징은 뭔가 부족하다는 생각이 들었다. 열반의 세계를 표현해야겠지만 속세의 모습도 표현하고 싶었던 것이다. 한참을 생각하던 담징은 마침내 한 발 앞으로 다가서서 그 미간 사이에 하나의 점을 찍고는 붓을 내려놓았다.

'과연 뛰어난 화가로구나!'

담징의 바로 등 뒤에 서서 벽화를 바라보던 주지가 합장을 하며 그 자리에 꿇어 엎드렸다.

그 뒤를 따라 모든 사람들이 꿇어 엎드리며 감탄의 염불을 연신 되뇌었다.

고구려의 옛 땅에 세운 나라, 발해의 시조이다.

대조영 大祚榮 : ?~719. 재위 기간 : 698~719. 왕 이름은 고왕.

668년 고구려는 신라와 당나라의 연합군에 의해 멸망하였다. 고구려를 멸망시킨 당나라는 고구려 유민들이 나라를 되찾기 위해 난을 일으킬 것에 대비해 고구려 유민들을 요하 서쪽으로 이주시켰다. 이때 대조영도 고구려 유민들과 함께 당나라 영주 지방으로 옮겨 가서 살았다.

당나라가 지나치게 고구려 유민을 억누르는 정책을 펼치자, 고구려 유민들은 대조영을 중심으로 뭉쳤다.

696년 이진충이 이끄는 거란족이 반란을 일으켜 영주 지방이 혼란에 빠지자, 대조영은 다른 소수 민족들과 힘을 합쳐 당나라에서 벗어나고자 동쪽으로 이동하였다. 이에 당나라는 작위를 내려 대조영을 유혹하였으나, 대조영은 이를 단번에 거절하였다.

당나라는 거란족을 무찌르고, 계속해서 대조영과 그가 이끄는 무리를 추격하였다. 세력이 채 정비되지 못한 대조영은 당나라와의 싸움에서 계속 쫓겨 다녔다. 그러던 중 천문령 싸움에서 당나라군을 크게 무찌르고 그 여세를 몰아 고구려와 말갈의 유민을 모아 동쪽으로 이동하였다.

698년 대조영은 고구려와 말갈의 유민들을 중심으로 지금의 만주 지린 성 돈화현 동모산에 나라를 세웠다. 스스로 왕위에 오른 대조영은 나라 이름을 '진'이라 부르고 연호를 '천통'이라 했다.

대조영은 당나라의 침입에 대비하기 위해 돌궐과 손을 잡고 당나라에 대항하였다. 한편, 대조영이 세운 진나라의 힘이 점차 강해지자 주변에 흩어져 있던 여러 부족들이 항복해 왔다.

이에 크게 위협을 느낀 당나라는 705년 사신을 보내 화해를 청했다. 대조영도 아들 대문예를 보내 당나라와 친교를 맺었다.

대조영은 나라가 크게 융성해진 713년에 나라 이름을 '발해'로 고쳤다. 그 뒤 대조영은 고구려의 옛 땅을 대부분 되찾았다. 이로써 발해는 '해동 성국(바다 동쪽에 있는 융성한 나라)'이라 불릴 정도로 강성한 나라가 되었다.

함께 익혀 둡시다

돌궐 : 6~7세기에 알타이 산맥 부근에서 일어나 몽골, 중앙아시아에 걸쳐 큰 나라를 세운 터키계 유목 민족이다.

말갈 : 중국 역사책과 《삼국사기》에 나오는 '물길족'을 말한다. 처음 이름은 '숙신'이었는데, 한나라와 위나라에서 '읍루'로 고쳐 불렀고, 남북조 시대 때에는 '물길'이라 했다. 삼국 시대에는 고구려에 속했으나, 고구려가 망하자 발해에 속했다. 발해가 망한 뒤에는 거란에 속해 있다가 여진으로 바뀌었다. 1115년에는 여진의 부족들이 통일되어 금나라를 세웠다.

발해 : 698년 고구려의 유민 대조영이 고구려의 옛 땅인 지금의 만주 지린 성에 세운 나라이다. 상경 용천부에 도읍을 정하고 해동 성국이라 불릴 만큼 큰 세력을 떨쳤다. 당나라의 문화를 받아들여 발전시키는 등 당나라와는 우호적이었으나 거란과는 적대 관계에 있었다. 당나라의 문화를 일본에 전하고 일본과 교역도 활발히 했다. 14대에 걸쳐 227년간 나라를 유지하다가 926년 거란이 세운 요나라에 정복되었다.

동모산으로 추정되는 중국 지린 성의 성산자산성

발해 궁궐터에서 발견된 용머리 석상

얽힌 이야기 한 토막

고구려가 멸망한 지 30년이 지난 698년 어느 날 동모산에서는 역사적인 사건이 벌어지고 있었다. 대조영을 중심으로 뭉친 고구려 유민들이 말갈족과 함께 나라를 세운 것이다.

발해를 세운 고구려 유민들은 당나라가 강제로 요서의 영주 지방에 이주시킨 사람들이었다. 그때 영주에는 고구려 유민뿐만 아니라 말갈족과 거란족도 살고 있었는데, 그들은 모두 당나라의 가혹한 수탈과 간섭에 늘 반발해 오고 있었다.

그 무렵 이진충이 이끄는 거란족이 당나라에 저항하다 마침내 영주성을 쳐서 함락시켰다. 그때를 놓치지 않고 고구려 유민들은 대조영을 중심으로 영주에서 탈출하였다. 당나라의 지배에서 벗어날 수 있는 동쪽으로 본거지를 옮긴 것이다.

그러나 당나라는 곧바로 거란족을 진압하고 고구려 유민들의 뒤를 쫓기 시작하였다. 하지만 대조영을 중심으로 똘똘 뭉친 고구려 유민들은 천문령 싸움에서 큰 승리를 거두었다. 마침내 대조영은 동모산에 새로이 나라를 세우면서 이렇게 외쳤다.

"나는 고구려의 후손이다. 고구려가 나당 연합군에게 망한 뒤 이 넓은 땅은 우리 눈에서 멀어져만 갔다. 매우 안타까운 노릇이다. 이에 나는 기세를 널리 떨쳤던 고구려 대제국의 모습을 되찾고, 정신을 계승하고자 이 땅에서 다시 일어나게 되었다!"

삼국 시대 한반도 북쪽을 차지한 고구려의 시조이다.

동명왕 東明王 : 기원전 58~19. 재위 기간 : 기원전 37~19. 이름은 주몽.

　동명왕은 고구려를 세운 시조로, 이름은 주몽이다. 《삼국사기》에 나와 있는 고구려의 건국 설화에 따르면, 동명왕의 아버지는 하느님의 아들인 해모수이며, 어머니는 물의 신인 하백의 딸 유화 부인이다.
　부모의 허락을 받지 않고 해모수와 사귀다가 집에서 쫓겨난 유화 부인은 태백산 우발수에서 혼자 지내다가 동부여의 금와왕을 만나 그의 궁궐에서 지냈다. 그러던 어느 날 해모수가 햇빛이 되어 유화 부인이 있는 방에 들어와 아이를 갖게 했다. 유화 부인은 큰 알 하나를 낳았는데, 금와왕은 신하들과 회의를 하여 알을 내다 버리기로 결정하였다. 처음에 알을 마굿간에 버렸더니 말이 알을 감싸고 극진히 보호하였고, 다시 길가에 버렸더니 길 가는 짐승들과 새들이 알을 보호하였다. 그래서 왕이 알을 직접 깨뜨리려 하였으나 깨지지 않아 할 수 없이 유화 부인에게 돌려주었다.
　얼마 후 알에서 사내아이가 태어났는데 이 아이가 바로 동명왕이다. 아이는 매우 총명하고, 특히 활을 잘 쏘아서 사람들은 아이를 '활 잘 쏘는 사람'이라는 뜻으로 '주몽'이라고 불렀다. 그러나 주몽에게 위협을 느낀 금와왕의 일곱 왕자들은 주몽을 죽여 없애려 하였다.
　생명의 위협을 느낀 주몽은 어머니를 떠나 오이, 마리, 협보 세 사람과 함께 동부여를 떠났다. 남쪽 졸본에 도착한 주몽은 기원전 37년 비류국 근처에 나라를 세워 이름을 '고구려'라 하였다. 그때 그의 나이는 22세였다.
　이듬해 비류국의 송양왕이 항복하여 나라를 바치자 동명왕은 그곳을 다물도라 부르고 송양왕으로 하여금 직접 다스리게 하였다. 기원전 34년에는 성곽과 궁궐을 지었으며 기원전 33년에 오이와 부분노를 시켜 태백산 동남쪽에 있는 행인국을 쳐서 성읍으로 삼았다. 이어 기원전 28년에는 부위염을 시켜 북옥저를 멸망시키고 그 땅에도 성읍을 두었다. 동명왕은 이 밖에도 여러 나라를 정복하여 국가의 기틀을 마련했다.
　기원전 19년 동부여에서 첫번째 부인 예씨와 아들 유리(유리왕)가 내려오자 동명왕은 유리를 태자로 삼고, 그해 9월 40세의 나이로 세상을 떠났다.

함께 익혀 둡시다

금와왕 (?~?) : 부여왕 해부루는 늙도록 아들이 없었는데 하늘에 제사를 지낸 뒤 곤연이란 곳에서 금빛 개구리 모양의 아이를 얻었다. 그 아이가 바로 금와이며, 해부루의 태자가 되었다가 왕위에 올랐다. 뒤에 태백산(백두산) 남쪽 우발수에서 하백의 딸 유화 부인을 만나 그녀를 데려다가 깊숙한 방에 가두어 두었는데, 유화 부인이 그곳에서 동명왕을 낳았다고 한다.

부분노 (?~?) : 고구려의 장군으로 기원전 33년 오이와 함께 태백산 동남쪽에 있는 행인국을 쳐서 그 땅을 고구려의 영토로 삼았다. 그 뒤 기원전 9년(유리왕 11)에는 국경을 괴롭히는 선비족을 공격하여 항복을 받았다.

부여 : 고조선 때 농안을 중심으로 만주 중부 지역에 있던 나라이다. 해모수가 나라를 세워 북부여라고 했는데, 그의 아들 해부루는 탁리 지방에서 가섭원으로 옮겨 동부여라 했다. 그때 동이라고 불리던 나라 가운데 가장 발달된 나라였으나, 346년 연나라에 멸망한 뒤 고구려의 땅이 되었다.

북옥저 : 옥저의 북쪽, 지금의 함경도 지방에 있던 국가로 기원전 28년(동명왕 10) 부위염이 이끄는 고구려군에게 멸망하였다.

비류국 : 기원전 1세기경 압록강 지류인 동가강 유역에 있던 작은 나라로 다물국이라고도 한다. 《삼국사기》에 의하면 동명왕이 비류국 송양왕과 활쏘기 등 솜씨를 겨루어 굴복시켰다고 한다. 송양왕의 딸은 고구려 제2대 유리왕의 왕비가 되었다.

오이 (?~?) : 고구려 초기의 장군으로 동명왕이 고구려를 세우는 일을 도왔고 기원전 33년에는 행인국을 공격하였다.

유화 (?~?) : 고구려 동명왕의 어머니로 하백의 딸이다. 동생 훤화, 위화와 함께 청하(압록강) 부근에서 놀다가 해모수의 꾐에 빠져 몰래 사귀다 아버지에게 쫓겨났다. 태백산 남쪽 우발수에서 동부여 금와왕을 만나 금와왕의 궁궐에서 지내다가 큰 알을 낳았는데, 그 알에서 동명왕이 태어났다고 한다.

졸본 : 고구려의 시조 동명왕이 도읍으로 정한 곳이다. 만주 동가강 기슭의 환인 지방으로 짐작된다. 유리왕 22년에 국내성으로 도읍을 옮겼다. 광개토 대왕릉비 비문에는 홀본이라고 하였다.

하백 (?~?) : 물의 신으로 고구려의 시조 동명왕의 외할아버지이다. 유화, 훤화, 위화 세 딸 가운데 유화가 부모의 허락 없이 해모수와 몰래 사귀자 유화를 태백산 남쪽 우발수로 내쫓아 버렸다.

해모수 (?~?) : 북부여의 시조로, 흘승골성에 도읍을 정하고 나라를 세운 뒤 스스로 하느님의 아들이라 칭하였다. 유화와 사귀어 동명왕을 낳았다.

행인국 : 고구려 건국 시기에 백두산 남동쪽에 있던 나라이다. 기원전 32년(동명왕 6) 동명왕의 명을 받은 오이, 부분노의 공격으로 멸망하였다.

얽힌 이야기 한 토막

금와왕의 일곱 왕자들의 위협을 받은 주몽은 오이, 마리, 협보와 함께 어머니 유화 부인에게 작별 인사를 하고 남쪽을 향해 길을 떠났다.
주몽은 엄사수라는 강가에 다다랐는데 앞에는 넓은 강이 펼쳐져 있었다.
주몽은 눈앞이 캄캄했다. 그때는 이미 주몽이 떠난 것을 눈치챈 금와왕의 큰아들 대소와 추격병들이 그들의 뒤를 쫓고 있었다. 그런데 앞에 놓인 강에는 다리는커녕 배도 없었던 것이다.
추격병의 말발굽 소리가 점점 가까워 오자 주몽은 강물을 향해 소리쳤다.

"나는 하느님의 손자요, 물의 신 하백의 외손자 주몽이다. 나는 오늘 나를 죽이려는 자들을 피해 여기까지 왔다. 나를 쫓는 추격병들이 점점 다가오는데 강을 건널 수 없으니, 이제 꼼짝없이 저들에게 붙잡혀 죽게 되었다. 내 가슴에 품은 이 큰 뜻은 한낱 물거품이 되고 마는구나."
그때였다. 물속에서 수많은 물고기와 자라가 나타나 다리를 놓아 주는 게 아닌가! 주몽 일행이 무사히 강을 건너자 물고기와 자라는 다시 물속으로 사라져 버렸다. 추격병들은 강가에 서서 발만 동동 구를 뿐 더 이상 주몽을 쫓을 수 없었다.
부여의 추격병들을 따돌리고 무사히 졸본에 도착한 주몽은 그곳에 고구려를 세웠다.

청백리로 이름이 높은 조선 초기의 명재상이다.

맹사성

孟 思 誠 : 1360~1438. 자는 자명. 호는 고불. 시호는 문정.

　맹사성은 고려 말 1360년(공민왕 9) 충청남도 온양에서 맹희도의 아들로 태어났다. 맹사성은 어려서부터 효성이 지극했는데, 10세 때에 어머니가 돌아가시자 7일 동안이나 밥을 먹지 않았다고 한다.
　어려서부터 권근에게 글을 배운 맹사성은 1386년(우왕 12) 문과에 급제하였다. 이후 춘추관 검열을 거쳐 고려 왕조에서 여러 벼슬을 하였다.
　1392년 고려가 망하고 조선이 건국되자, 맹사성은 예조 정랑, 공주 목사 등을 지냈고 1407년에는 세자를 모시고 명나라에 다녀오기도 했다.
　1408년 무신 목인해가 반란을 일으키자, 맹사성은 대사헌으로 있으면서 이 사건의 심문을 맡았다. 이때 맹사성은 왕에게 알리지 않고 이 사건과 관련이 있는 왕의 사위 평양군 조대림을 잡아들여 심문했다. 이 때문에 태종의 노여움을 사 한주로 귀양을 갔으나, 평소 맹사성의 곧은 성미와 높은 학문을 아끼던 영의정 성석린의 도움으로 풀려났다.
　맹사성은 예조 판서에 이어 호조 판서, 공조 판서를 지냈고 1419년(세종 1)에는 이조 판서로 예문관 대제학을 함께 맡아보았다. 계속해서 1425년에는 명나라에 사신으로 다녀왔고 1427년(세종 9)에는 우의정을, 1432년에는 좌의정을 지냈다.
　세종으로부터 지팡이를 하사받을 정도로 지극한 사랑을 받았던 맹사성은 세종의 명으로 1431년《태종실록》을 엮었다. 또 좌의정으로 있던 1432년에는 윤회 등과 함께《팔도지리지》를 지어 세종에게 바쳤다.
　한편, 맹사성은 시와 음악에도 조예가 깊어 그 당시 우리나라 고유의 궁중 음악인 향악을 정리하고 직접 악기를 만들기도 했다.
　성품이 어질고 부드러웠으나 나라의 중요한 일을 의논할 때는 과감하고 단호했던 맹사성은 황희와 함께 조선 초기 나라를 안정시키는 데 크게 이바지하였다. 또 청렴하기로도 유명했는데, 높은 벼슬에 있으면서도 집에 비가 샐 정도였다고 한다. 고향에 다닐 때는 항상 남루한 차림으로 다녀 그곳 수령들이 몰라보고 실수한 일 등 재미난 일화를 많이 남겼다.
　맹사성이 죽자 나라에서는 맹사성을 청백리에 올렸고, 그의 효성을 기려 효자 정문을 세워 주었다.
　맹사성이 지은 시조집으로《강호사시가》가 전해지고 있다.

함께 익혀 둡시다

성석린 (1338~1423. 자는 자수. 호는 독곡. 시호는 문경) : 조선 초기의 문신. 1380년(우왕 6) 승천부에 쳐들어온 왜구를 물리쳤다. 이성계가 조선을 건국할 때 참여하여 창성군 충의군에 봉해졌다. 1399년(정종1)에 좌정승이 되었고, 1415년(태종 15)에는 영의정에 올랐다. 시와 글에 뛰어났고, 초서를 잘 썼다.

윤회 (1380~1436. 자는 청경. 호는 청향당. 시호는 문도) : 조선 초기의 문신. 어려서부터 총명하여 학문에 뛰어났다. 1417년에는 승정원 대언이 되어 왕을 보좌하였으며, 1422년(세종 4) 집현전 부제학으로 집현전의 학사들을 총괄하였다. 또한 정도전이 편찬한 《고려사》를 다른 것과 대조하여 새로이 고쳐 쓰는 데 참여했으며, 1432년에는 세종의 명을 받아 맹사성 등과 함께 《팔도지리지》의 편찬에 참여하였다. 이어 1434년에는 《자치통감훈의》를 감독하여 펴냈다. 저서로는 《청경집》이 있다.

조대림 (1387~1430. 자는 겸지. 시호는 강안) : 조선 초기의 문신으로, 영의정 조준의 아들이다. 태종의 둘째 딸 경정 공주와 결혼하여 평녕군이 되었고, 1406년에 평양군이 되었다. 1408년 목인해가 난을 일으켰다가 붙잡힌 뒤 그 책임을 전가시켜 옥에 갇혔으나 무죄임이 밝혀져 곧 풀려났다. 1419년(세종 1) 사신으로 명나라에 다녀왔으며, 1422년 평양 부원군이 되었다.

《태종실록》 : 조선 제3대 왕 태종의 재위 17년간의 역사를 기록한 책이다. 태종이 죽은 이듬해 변계량의 실록 편찬 건의를 받아들여 1424년(세종 6)에 시작하여 1431년 맹사성, 윤회 등이 《태종실록》 36권을 완성하였다.

《팔도지리지》 : 1432년(세종 14)에 맹사성, 권진, 윤회, 신장 등이 함께 펴낸 지리책이다.

향악 : 삼국 시대부터 지금까지 전해 내려오는 우리나라 고유의 궁중 음악이다.

〈맹사성의 글씨〉

얽힌 이야기 한 토막

어느 해 맹사성은 조상의 산소에 성묘하기 위해 길을 떠났다. 그 소식을 들은 양성 고을과 진위 고을의 원님은 길을 깔끔하게 청소하고 잘 닦아 놓았다. 그러고는 사람들이 다니지 못하게 막으며 장호원에서 맹사성의 일행이 오기만을 목이 빠지게 기다리고 있었다.

그때 저쪽 길에서 시끌벅적한 소리가 들려왔다. 원님이 다가가 보니 길 위에서 소를 탄 한 늙은이가 포졸과 실랑이를 벌이고 있었다. 그 노인의 모습은 남루하기 짝이 없었다. 갈댓잎으로 만든 도롱이를 걸친 데다 맨발에 미투리를 신었을 뿐이었다.

잔뜩 화가 난 포졸은 고래고래 소리를 질렀다.
"어떤 놈이 감히 정승이 지나가기도 전에 이 길을 지나가려 하느냐?"

그러자 맹사성은 태연하게 말했다.
"이것 보시오. 길은 사람이 다니라고 닦아 놓은 것인데, 어찌하여 지나가지 못하게 하는 것이오?"
가까이에 이른 원님이 맹사성에게 큰소리로 꾸짖었다.
"이 늙은이야, 정승이 오신다고 해서 잘 닦아 놓은 길이다. 네가 뭔데 감히 이 길을 먼저 지나가려 하는 게냐?"
맹사성은 웃으며 대답했다.
"맹고불(고불은 맹사성의 호)이 소를 타고 고향인 온양으로 가는 길이오."
그 말을 들은 두 고을 원님은 깜짝 놀라 허둥대다가 걸음아 날 살려라 달아나 버렸다. 원님들은 도망가다가 잘못하여 연못에 관인을 빠뜨리고 말았는데, 그 뒤부터 그 연못은 관인을 빠뜨린 연못이란 뜻으로 '침인연'이라 불렀다.

어지러운 시대에 맞선 비운의 왕비이다.

명성 황후

明成皇后 : 1851~1895. 성은 민씨.

명성 황후는 경기도 여주에서 덕천 군수를 지낸 민치록의 딸로 태어났다. 8세 때 부모를 여의고 어린 시절을 매우 가난하게 지냈다.

고종이 왕위에 오른 지 3년 뒤인 1866년 흥선 대원군의 부인인 부대부인 민씨의 추천으로 16세에 왕비가 되었다. 흥선 대원군은 외척이 정치에 관여하지 못하게 하려고 친정 가족이 없는 명성 황후를 며느리로 맞아들였다.

그러나 소녀 시절부터 총명하고, 수완이 능란했던 명성 황후는 왕비가 된 지 수년 후부터 정치에 직접 관여하기 시작해, 고종을 대신해 나랏일을 돌보고 있는 흥선 대원군과 서로 다투는 관계로 발전하였다.

최익현의 상소로 흥선 대원군이 물러나자 명성 황후는 민씨 일파를 불러들였다. 그리고 흥선 대원군이 고집했던 쇄국 정책을 버리고 개방 정책을 펼치기 시작했다.

한편, 민씨 일파의 세도 정치가 극심해지면서 부정부패로 인한 말썽이 끊이지 않았다. 그러던 1882년 신식 군대와의 차별 대우에 불만을 품은 군사들이 임오군란을 일으켰다. 목숨이 위태로워진 명성 황후는 궁궐을 탈출하여 윤태준의 도움으로 충주 장호원에 있는 민응식의 집으로 피신하여 겨우 목숨을 건졌다.

임오군란을 계기로 흥선 대원군은 명성 황후가 죽었다고 선포하고 다시 정권을 잡았다. 명성 황후는 고종에게 자신이 살아 있음을 알린 다음 청나라에 구원을 요청해 임오군란을 진압했다. 청나라는 흥선 대원군을 청나라로 압송해 갔고 명성 황후는 다시 권력을 잡았다.

동학 농민 운동으로 청나라 군사가 다시 조선에 들어오자 일본도 조선에 군대를 파견하여 청일 전쟁이 일어났다. 이 전쟁에서 승리한 일본은 명성 황후의 세력을 몰아내고 친일 개화파를 앞세워 갑오개혁을 추진했다. 이에 명성 황후는 러시아와 손잡고 일본 세력을 몰아내려 하였다. 그러자 일본은 1895년 8월 8일 일본 군대와 자객들을 동원하여 명성 황후를 시해한 다음 시신을 불태우는 만행을 저질렀다. 이것이 바로 '을미사변'이다.

일본과 친일 내각은 시해된 명성 황후를 평민으로 폐위하였으나, 1895년 10월 고종에 의해 지위가 회복되었다. 1897년 10월에 고종이 대한 제국의 황제로 즉위하면서 '명성 황후'라는 시호를 받았다.

함께 익혀 둡시다

갑오개혁 : 1894년(고종 31)에서 1895년까지 고종이 추진한 개혁으로 '갑오경장'이라고도 부른다. 이때 조선은 과거 제도 폐지, 도량형 통일, 과부의 재혼 허용 등 정치, 경제, 사회 분야의 제도를 근대적인 제도로 바꾸었다.

동학 농민 운동 : 1894년(고종 31)에 동학 교도가 중심이 되어 벼슬아치들의 부정부패와 일본의 침략에 맞서 일어난 농민 봉기이다. 전라도 고부 군수 조병갑의 가혹한 수탈이 원인이 되어 전봉준의 지도 아래 시작되었다. 동학군은 벼슬아치의 부정부패 금지와, 일본과 서양 등 외세의 침략 반대를 내세우며, 관군을 물리치고 전주성을 점령하였다. 그러나 청나라와 일본이 개입하려 하자, 정부가 제시한 12개의 휴전 조건을 수락하고 해산했다. 그 뒤 정부에서 조건을 이행하지 않고 일본군이 들어오자 전국적인 규모로 다시 일어났다. 그러나 일본의 근대식 군대에게 크게 패했다. 동학 농민 운동은 비록 실패했지만 갑오개혁의 계기가 되었다.

세도 정치 : 왕의 신임을 받은 가까운 친척이나 신하가 강력한 권력을 가지고 나랏일을 좌우하는 것을 말한다. 조선 시대 때 정조가 홍국영에게 정치를 맡긴 것을 비롯하여, 그 뒤에 이어진 안동 김씨와 풍양 조씨 가문의 세도 정치가 유명하다.

쇄국 정책 : 다른 나라와 교류를 허락하지 않는 정책을 말한다. 우리나라에서는 조선 말 흥선 대원군이 청나라 이외의 모든 나라와의 교류를 반대하여 나라의 문을 굳게 닫았다. 이로써 우리나라는 앞선 문화를 받아들이지 못해 근대화가 늦어졌다.

윤태준 (1839~1884. 자는 치명. 호는 석정. 시호는 충정) : 조선 말기의 문신이다. 1881년 수신사를 따라 일본에 다녀오고, 영선사를 따라 청나라에 갔다왔다. 임오군란 때 명성 황후를 보호하여 장호원까지 갔다. 갑신정변 때 개화파에게 목숨을 잃었다.

임오군란 : 1882년(고종 19) 신식 군대인 별기군과의 차별 대우와 밀린 월급에 대한 불만으로 구식 군대가 일으킨 난을 말한다.

청일 전쟁 : 1894년에 우리나라에서 일어난 동학 농민 운동의 진압 문제로 청나라와 일본이 벌인 전쟁이다. 이 싸움에서 일본이 청나라를 물리치고 승리하였다.

최익현 : 326쪽 참조.

흥선 대원군 : 364쪽 참조.

얽힌 이야기 한 토막

1895년 8월 8일 새벽 누구인지 알 수 없는 무리들이 경복궁 안으로 숨어들었다.
그들은 평복 차림을 한 군인들이었는데 일본말을 하고 있었다. 그들은 지리에 익숙한 듯 거침없이 경복궁 안쪽에 있는 왕비 침실로 갔다.
잠시 뒤 왕비의 날카로운 목소리가 들려왔다.
"누, 누구냐! 웬 놈들이기에 감히 이 나라 국모의 방을 함부로 들어온단 말이냐?"
"너는 우리 대일본 제국의 조선 식민지 정책에 걸림돌일 뿐이다. 죽어라!"
잠을 자다 인기척에 놀라 잠에서 깬 왕비에게 그들은 서투른 우리말을 내뱉고는 눈 깜짝할 사이에 칼을 휘둘렀다.
왕비는 잠옷 바람으로 '악' 하고 외마디 비명을 지르더니 그대로 숨을 거두고 말았다.
그들은 살해한 주검을 뒤뜰로 옮긴 뒤 석유를 뿌리고 불을 붙였다. 불은 활활 타올라 잠시 후 그 주검은 형체를 알아볼 수 없을 정도로 타 버리고 말았다.
다음 날 온 나라는 발칵 뒤집혔다. 국모인 민비가 일본의 자객들에 의해 살해되고, 불태워져 시체마저 알아보기 힘들게 되었다는 소식에 백성들은 울분을 참지 못했다.
그 당시 일본 정부는 명성 황후 때문에 자신들의 위치가 조선에서 불리하게 되었다고 생각했다. 그리하여 정세를 자신들에게 유리하게 돌려놓기 위하여 걸림돌이 되었던 명성 황후를 없애 버렸던 것이다.

서경 천도 운동을 일으킨 고려의 승려이다.

묘청
妙淸 : ?~1135. 또 다른 이름은 정심.

묘청은 서경(평양)에서 태어나 어릴 때 승려가 되어 풍수지리설을 익혔다.

1127년(인종 5) 왕실의 고문이 된 묘청은 1128년(인종 6) 같은 서경 출신인 정지상, 백수한, 김안 등의 지지를 받아 도읍을 서경으로 옮길 것을 처음으로 주장하였다. 풍수지리에 능숙한 묘청은 지금의 도읍인 개경은 이미 기운이 쇠하였고, 서경에는 왕의 기운이 있으니 도읍을 서경으로 옮기면 나라가 발전할 것이라고 주장하였다. 특히 서경의 임원역이 아주 명당 자리여서 그곳에 궁궐을 지으면 가히 천하를 아우르게 되어 금나라가 스스로 항복할 것이라 하였다. 이와 같은 묘청의 주장은 받아들여져 곧바로 도읍을 옮기기 위한 준비가 이루어졌다.

인종은 묘청과 함께 친히 서경에 행차하였으며, 곧 임원역에 궁궐을 짓기 시작하여 다음 해에 임원궁을 완성했다. 인종이 임원궁에 행차하자 묘청은 왕을 황제라 부르고, 연호를 만들어 사용하며, 금나라를 정벌하자고 제안하였다. 그러나 곧 김부식 등 사대주의자들의 강한 반대에 부딪혔다.

묘청은 도읍을 옮기는 일에 더욱 힘을 쏟아 1132년에는 서경에 대화궁을 지었다. 그러나 서경으로 도읍을 옮기는 것에 반대하는 신하들의 상소가 끊이지 않았다.

게다가 1134년에 대화궁의 건룡전에 벼락이 내리쳤다. 계속해서 대화궁 주변에 30여 군데나 벼락이 치고, 큰비가 내려 수해로 많은 사람이 죽거나 다치는 등 재앙이 끊이지 않았다. 그러자 풍수지리설에 입각한 묘청의 주장은 명분을 잃었다.

그런 가운데 묘청은 인종에게 서경 행차를 요청하였다가 김부식의 반대로 이루어지지 않았다. 서경으로 도읍을 옮기는 것이 점점 불가능해지자 묘청은 1135년(인종 13) 서경에서 조광, 유참 등과 함께 군사를 모은 뒤 반란을 일으켰다. 그리고 나라 이름은 대위, 연호는 천개라 했다. 그러나 묘청의 군사들은 김부식이 이끄는 군사들에게 크게 패했으며 묘청은 부하 조광에게 살해되었다.

묘청의 서경 천도 운동은 1년 만에 실패로 끝났다. 묘청이 비록 반란을 일으키기는 했지만, 금나라 정벌과 같이 그가 꿈꾼 진취적인 자주 정신은 우리 역사에서 드문 예에 속한다. 만일 이때 묘청의 서경 천도 운동이 성공했다면 우리나라의 역사는 어떻게 되었을까?

함께 익혀 둡시다

금나라 : 여진족이 지금의 만주, 몽골, 화북 땅에 있던 북송과 요를 무찌르고 세운 나라이다. 1115년에 나라를 세워 9대 120년 만인 1234년에 몽골 제국에게 멸망당했다.

김부식 : 50쪽 참조.

김안 (?~1135. 초명은 찬) : 고려 중기의 문신으로 1112년 왕의 외척인 이자겸이 횡포를 부리자 최탁 등과 이를 제거하려다가 귀양을 갔다. 묘청을 왕에게 소개하였고, 1135년 일어난 묘청의 난에 가담한 죄로 김부식에게 처형되었다.

백수한 (?~1135) : 1128년(인종 6) 검교 소감으로 서경에 파견되자 묘청을 스승으로 모셨다. 1135년 묘청이 난을 일으키자 개경에 있다가 반란을 모의한 혐의로 김부식에게 붙잡혀 정지상, 김안 등과 함께 처형되었다.

유참 (?~1135) : 1135년 묘청, 조광 등과 서경에서 반란을 일으켰다. 김부식이 이끄는 군사들에게 패한 뒤 배반한 조광 등에게 살해되었다.

정지상 : 302쪽 참조.

조광 (?~1136) : 서경 출신으로 1135년 묘청의 난에 가담하였다가 묘청을 죽이고 윤첨을 개경에 보내 항복을 청했다. 하지만 윤첨이 옥에 갇혔다는 소문을 듣고 다시 반란을 일으켰다. 이듬해 김부식이 서경을 함락하자 스스로 목숨을 끊었고 가족은 노비가 되었다.

풍수지리설 : 땅의 형세나 방위의 좋고 나쁨에 따라 죽은 사람을 땅에 묻거나, 집을 짓는 데 적당한 장소를 찾는 이론이다.

대화궁 유적에서 발굴된 기와들

얽힌 이야기 한 토막

서경(평양) 대동강에 배를 띄우고 뱃놀이를 즐기던 인종과 신하들이 봄 경치에 흠뻑 젖어 있을 때 갑자기 희한한 일이 일어났다. 주암산을 돌아 청류벽으로 흐르는 대동강 물 위에 영롱한 빛이 솟구치고 있었던 것이다. 그때 이 희한한 광경을 보기 위해 강둑을 가득 메운 사람들은 저마다 한마디씩 했다.
"임금님이 서경에 오시니 상서로운 일이 생기는구나."
그때 인종 곁에 있던 정지상이 왕에게 아뢰었다.
"대동강 물 위에 상서로운 기운이 나타났습니다. 이것은 용이 침을 흘린 것으로, 천 년에 한 번도 있기 어려운 일입니다. 상감께서는 위로는 하늘의 뜻을 따르고, 아래로는 백성들이 바라는 바를 따라 마땅히 금나라를 치심이 옳을 줄로 아뢰옵니다."
그러자 곁에 있던 다른 신하가 반대 의견을 아뢰었다.
"금나라는 강국이기 때문에 함부로 쳐들어갈 수 없습니다. 지금 많은 신하들이 개경에 있는데, 여기 있는 몇 사람만의 의견으로 그런 큰일을 결정하는 것은 옳지 못합니다."
결국 인종은 뒷사람의 의견을 받아들이기로 했다.
며칠 뒤 인종은 신하들을 시켜 대동강 물 위의 광채가 무엇인지 알아보도록 했다.
"그 빛은 하늘의 뜻이 아니라 사람의 짓이었습니다."
"사람의 짓이었다니? 어찌 사람이 강물 위에 오색빛이 번쩍이도록 할 수 있단 말이냐?"
처음에 인종은 그 신하의 말을 믿지 않았다. 그러나 헤엄을 잘 치는 사람들을 시켜 물속을 조사한 결과 큰 떡에 뜨거운 기름을 채우고 작은 구멍을 내어 강물에 넣어 두자 그 기름이 강물 위로 떠오르면서 영롱한 빛을 낸 것임이 밝혀졌다. 그것은 묘청과 그의 지지자들이 서경 천도와 금나라 정벌을 위해 꾸민 일이었다.

우리 문화를 외국에 널리 퍼뜨린 백제의 성군이다.

무령왕
武寧王 : 462~523. 재위 기간 : 501~523. 이름은 사마, 융.

　무령왕은 백제의 제25대 왕으로, 462년에 동성왕의 둘째 아들로 태어났다. 키가 크고 외모가 수려했으며, 성격이 인자하고 관대하였다.
　무령왕은 501년에 아버지 동성왕이 좌평 백가에게 살해되자 동성왕의 뒤를 이어 왕위에 올랐다. 좌평 백가가 가림성에서 반란을 일으키자 무령왕은 이를 진압한 뒤 백강에서 좌평 백가를 죽여 아버지의 원수를 갚았다.
　무령왕은 남쪽으로 내려오려는 고구려를 적절히 막고, 말갈족의 침입에 대비하면서 백제의 발전을 이루었다. 501년 달솔 우영을 보내 고구려 수곡성을 습격하였고, 503년에는 고목성에 쳐들어온 말갈족을 물리쳤다. 506년 말갈족이 다시 고목성에 쳐들어오자, 이듬해 장령성을 쌓아 이에 대비하였다. 512년에 고구려가 가불성과 원산성을 점거하고 약탈을 일삼자 무령왕은 몸소 군사 3천 명을 이끌고 나아가 고구려군을 물리쳤다.
　무령왕은 백제의 문화 발전에 많은 노력을 기울였다. 무령왕은 중국 양나라에 사신을 보내어 앞선 중국 문화를 받아들였다. 한편, 오경박사 단양이와 고안무를 일본에 보내어 백제의 선진 문화를 일본에 전하기도 했다.
　무령왕은 백성들의 생활에도 많은 관심을 기울였다. 굶주리는 백성들을 위해 곡식을 나누어 주고, 떠돌아다니는 백성들에게는 고향에 돌아가 농사를 짓도록 하였다. 이때 백제는 풍작을 이루었는데 우수한 철제 농기구를 많이 만들어 썼을 뿐만 아니라, 수확이 많은 중국의 벼농사법을 도입하였기 때문이다.
　또한 무령왕은 다른 나라의 침략에 대비하여 성을 쌓는 등 국방을 튼튼히 하여 백제를 안정시키고 백제의 문화를 크게 발전시켰다.
　1971년 7월 공주의 송산리에서 무령왕의 능이 발견되었다. 무령왕릉에서는 모두 108종류 2,906점의 유물이 출토되었는데, 유물 가운데 입구에서 발견된 왕과 왕비의 지석을 통해 이 무덤의 주인이 무령왕과 그 왕비임을 알게 되었다. 무령왕릉은 삼국 시대 무덤 가운데 주인과 매장 연도를 정확히 알 수 있는 유일한 무덤이다. 또 이 무덤에서 나온 수많은 부장품은 오늘날 백제의 문화를 연구하는 데 귀중한 자료가 되고 있다.

함께 익혀 둡시다

고안무 (?~?) : 백제의 학자이자 오경박사이다. 원래 한나라 사람이었지만, 백제에 와서 오경박사가 되었다. 516년(무령왕 16)에 일본에 건너가 한학을 가르쳤다.

단양이 (?~?) : 백제의 학자이며 오경박사이다. 513년 일본의 초청으로 일본에 건너가 유학을 가르치고, 516년 고안무와 교대하여 돌아왔다. 그 뒤부터 백제에서는 학자들이 자주 일본을 왕래하였다.

동성왕 (?~501. 재위 기간 : 479~501. 이름은 모대, 여대, 마제) : 백제 제24대 왕이다. 479년 삼근왕에 이어 왕위에 올라, 고구려의 침입에 대비하여 신라, 남제(중국 남쪽에 있던 나라 가운데 하나)와 화친을 맺었다. 신라의 이찬 비지의 딸을 왕비로 삼아 공동으로 고구려에 대항했다. 500년 임류각 등 화려한 궁을 짓고 방탕한 생활을 하다가 가림성 성주인 좌평 백가에게 살해되었다.

무령왕릉 : 백제 무령왕과 그 왕비의 무덤이다. 충청남도 공주시 금성동에 있다. 1971년 7월에 발굴되었는데, 금관을 비롯하여 우리나라에서 가장 오래된 지석과 2,906점의 부장품이 나왔다. 삼국 시대 고분 가운데 처음으로 발견된 지석은 무덤의 주인과 무덤을 쌓은 연대를 알 수 있게 해 준 귀중한 자료이다.

오경박사 : 백제 때, 나라에서 시경, 서경, 주역, 예기, 춘추 등 5개의 경전에 뛰어난 학자에게 주었던 이름이다. 오경박사로는 고안무, 단양이, 왕유귀 등이 유명하다.

지석 : 죽은 사람의 이름, 생일, 죽은 날, 대대로 내려오는 아름다운 덕행, 업적, 자손 등을 새겨서 무덤 앞에 묻는 돌이다.

무령왕릉에서 출토된 왕비 베개(위)와 왕의 금제 관 장식(아래)

얽힌 이야기 한 토막

"이 나라 왕권에 도전하고, 아버지 동성왕을 죽인 백가를 없애 반드시 아버지의 원수를 갚으리라."
좌평인 백가는 가림성을 새로 쌓으라는 왕명을 받았으나, 왕명을 받들지 않고 병을 핑계로 벼슬에서 물러나겠다고 했다. 동성왕이 이를 허락하지 않자, 백가는 어느 날 사람을 시켜 동성왕을 칼로 찔러 살해하였다.
백가는 무령왕이 즉위하자마자 보복이 두려워 가림성에 들어가 반란을 일으켰다.
"해명은 군사를 이끌고 가림성으로 가 역적 백가를 잡아오도록 하라."
백가는 해명이 이끄는 군사들에게 패하고 말았다.
무령왕은 사로잡혀 온 백가를 보자 크게 분노하였다.

"여봐라, 저 역적의 목을 베어 다시는 왕권에 도전하는 일이 없도록 본보기로 삼도록 하라. 또한 저놈의 목을 강물에 던져 고기밥이 되게 하라!"
무령왕은 백가를 처형하여 왕권을 넘보는 귀족들의 세력을 눌렀고, 그 후 농업 발전에 온 힘을 기울였다. 제방을 고쳐 농사에 필요한 물을 넉넉하게 확보하도록 하였으며, 떠돌아다니는 사람들을 정착시켜 농사를 짓게 하였다.
그때부터 호남 지방은 우리나라 최고의 곡창 지대가 되었으며, 백제는 최고의 농업 국가로 발전하였다. 무령왕이 이룩한 이 같은 정치적 안정과 농업 발전은 고구려와의 싸움에서 백제에게 승리를 안겨 주는 밑바탕이 되었다.

풍수지리설로 조선 건국의 기초를 닦은 승려이다.

무학 대사

無學 大師 : 1327~1405. 성은 박씨.
이름은 자초. 호는 무학, 계월헌.

무학 대사는 1327년(고려 충숙왕 14) 경상남도 삼기(합천)에서 문하시랑 박인일의 아들로 태어났다. 18세에 승려가 되어 소지 선사의 제자가 되었으며, 용문산에서 혜명 국사로부터 불법을 배우며 부도암에 머물렀다. 이후 진주의 길상사, 묘향산의 금강굴에 들어가 불도를 닦았다.

1353년 원나라 연경으로 건너가 지공 선사와 당시 원나라에 가 있던 고려의 나옹 선사에게서 많은 가르침을 받고 돌아왔다.

1371년 왕사로 책봉되어 송광사에 머무르던 나옹 선사에게 가르침을 받고 가사(승려의 옷)와 바리때(나무로 만든 승려의 밥그릇)를 물려받았다. 이듬해 회암사를 크게 다시 지은 나옹 선사가 중책을 맡기고자 무학 대사를 불렀으나 사양하였다. 그해 나옹 선사가 죽자 무학 대사는 전국의 명산을 돌아다녔다. 공양왕이 무학 대사를 왕사로 삼고자 했으나 끝내 응하지 않았다.

무학 대사는 절에서 서까래 셋을 지고 나오는 꿈을 꾸었다는 이성계의 꿈 이야기를 듣고 장차 왕이 될 꿈이라고 풀이해 주었다. 마침내 1392년 이성계는 조선을 건국하고 무학 대사를 왕사로 책봉하였다. 고려 공양왕의 왕사 부탁에는 응하지 않던 무학 대사였지만, 이성계의 청에는 기꺼이 응해 왕사가 되어 회암사에 머물렀다. 이때 무학 대사는 태조 이성계에게 백성을 자식처럼 보살필 때 비로소 백성의 어버이가 되고 나라가 잘될 수 있다고 설법하였다. 또 죄를 지어 옥에 갇힌 사람들을 용서하고 풀어 줄 것을 건의하였다.

풍수지리에 뛰어났던 무학 대사는 이듬해 태조에게 개경(개성)은 이미 기운이 쇠한 곳이니 다른 곳으로 도읍을 옮기자고 건의하였다. 무학 대사는 태조와 함께 직접 계룡산과 한양 주변을 둘러본 뒤 한양을 도읍으로 정하는 데 찬성하였다.

무학 대사는 1393년에 지공 선사와 나옹 선사의 사리탑을 회암사에 건립하였고, 1397년에는 왕명으로 회암사 북쪽에 그의 수탑(장수를 비는 탑)을 세웠다. 이듬해 용문사에 들어가 머물다가 1402년 왕명을 받아 회암사로 옮겼다. 그러나 이듬해 다시 사퇴하고 금강산 진불암으로 들어갔다. 무학 대사는 1405년 금강암으로 거처를 옮겨 그곳에서 세상을 떠났다.

태조는 모든 일을 항상 무학 대사와 의논하였는데, 무학 대사는 슬기로운 판단으로 좋은 충고를 해 주어, 조선을 일으켜 세우는 데 든든한 밑바탕 역할을 하였다.

함께 읽혀 둡시다

나옹 선사 (1320~1376. 성은 아씨. 처음 이름은 원혜. 이름은 혜근. 시호는 선각) : 고려 말기의 승려로 아서구의 아들이다. 1340년 승려가 되어 회암사에서 4년간 좌선하여 큰 깨달음을 얻었다. 원나라 연경에 가서 인도에서 온 승려 지공에게 배운 뒤 1358년 돌아왔다. 금강산 등 각지를 돌며 불법을 폈고, 1371년 고려의 왕사가 되었다. 나옹 선사는 고려 말 이름 높은 승려로 조선 불교에 커다란 영향을 끼쳤으며, 글씨와 그림에도 뛰어났다. 지은 책으로 《나옹화상어록》 등이 있다.

이성계 : 244쪽 참조.

지공 선사 (?~1363) : 인도의 승려이다. 인도 마가다국 만왕의 셋째 아들로 태어나, 8세에 승려가 되었다. 19세에 남인도 릉가국 길상산의 보명에게 참배하여 옷 등을 받고 중국으로 건너왔다. 1328년 우리나라에 들어와 금강산에 있는 법기도량을 예배하였다. 연경으로 돌아가 법원사를 짓고 머물다가 거기서 죽었다. 유골을 우리나라에 들여와 1372년 양주 회암사에 부도를 세웠다.

회암사에 있는 무학 대사의 부도

얽힌 이야기 한 토막

무학 대사는 태조 이성계의 명을 받아 도읍지로 마땅한 고을을 찾아 돌아다니고 있었다. 그러던 어느 날, 지금의 왕십리 지역을 살펴보고 있을 때였다. 밭을 갈던 한 노인이 소를 꾸짖는 소리가 들려왔다.

"미련하기가 마치 무학 같은 소로다! 바른 곳을 버리고 굽은 길을 찾는구나!"

그 말을 듣고 깜짝 놀란 무학 대사는 그 노인이 보통 사람이 아님을 깨닫고 그 노인에게 다가가 공손하게 물었다.

"지금 소에게 '미련하기가 마치 무학 같다' 하셨는데, 소승이 바로 무학입니다. 소승은 이곳이 도읍지로 좋다고 생각하는데, 어디 더 좋은 곳이 있으면 말씀해 주십시오."

그 노인은 채찍을 들어 가리키며 말했다.

"여기서 10리만 더 들어가 보시오."

무학 대사는 그 노인의 말에 따라 서쪽으로 10리를 더 들어가서 땅을 살펴보았다. 과연 그곳은 사방이 산으로 둘러싸여 있고, 앞에는 큰 강이 흐르고 있었다. 그야말로 그보다 더 좋은 도읍지는 없었다.

무학 대사는 그곳을 조선의 도읍으로 정했다. 한양을 도읍으로 정한 다음에는 궁궐을 짓고 성벽을 쌓아야만 했다. 그런데 어느 곳에 성을 쌓아야 좋을지 몰라 고민을 하고 있었다. 그런데 어느 날 아침, 눈을 떠 보니 밤새 내린 눈이 한양 주위를 마치 성 모양으로 빙 둘러 쌓여 있는 게 아닌가. 그리하여 눈이 쌓인 자리를 따라 성을 쌓았다.

한편, 무학 대사가 노인에게 물었을 때 노인이 '여기서 10리만 더 들어가 보시오' 라고 했다 해서 그곳을 '왕십리'라 불렀다고 한다.

삼국 통일을 이룩한 신라 제30대 왕이다.

문무왕

文武王 : 626~681. 재위 기간 : 661~681. 성은 김씨. 이름은 법민.

문무왕은 고구려, 백제, 신라 삼국이 치열하게 영토 분쟁을 벌이던 때에 태종 무열왕 김춘추와 김유신의 누이인 문명 왕후의 맏아들로 태어났다.

문무왕은 650년 진덕 여왕 때 왕명으로 아버지 김춘추와 함께 당나라에 사신으로 가 군사의 지원을 요청하는 외교 활동을 벌여 당나라 고종에게 대부경이라는 벼슬을 받았다.

문무왕은 654년 아버지 김춘추가 진덕 여왕의 뒤를 이어 왕위에 오르자 655년에 태자가 되었다.

이후 문무왕은 660년 신라와 당나라 연합군이 백제를 공격할 때 명장 김유신과 함께 군사 5만을 이끌고 나아가 싸워 백제를 멸망시켰다. 이어 661년 당나라와 연합하여 고구려를 공격하고 있을 때 아버지 태종 무열왕이 죽자 신라로 돌아와 왕위에 올랐다.

그 뒤 복신, 도침 등이 부여풍을 왕으로 받들고, 백제를 다시 일으켜 세우려는 움직임이 있자 이를 진압하였다. 다시 고구려 정벌 계획을 세운 문무왕은 당나라에 원군을 요청하였다. 문무왕은 계속해서 당나라와 연합하여 몇 차례 고구려를 공격했으나 실패하였다. 그러나 668년 김유신, 김인문 등이 이끄는 신라군은 당나라와 연합하여 평양성을 공격하여 고구려를 멸망시켰다.

한편 당나라가 고구려와 백제의 옛 땅과 함께 신라까지 차지하려는 야심을 드러내자, 문무왕은 고구려를 다시 일으켜 세우려는 부흥군과 힘을 합쳐 당나라와 전쟁을 벌였다. 신라군은 675년 매초성(양주)에서 당나라의 20만 대군을 물리치고, 다음 해 기벌포에서 당나라 장수 설인귀가 이끄는 군대를 섬멸하여 당나라를 몰아냈다. 이로써 신라는 당나라를 물리치고 676년 진정한 삼국 통일의 위업을 달성했다.

문무왕은 당나라 문화를 적극적으로 수입했다. 당나라 관복을 들여와 관제를 정비하였고, 당나라의 음악을 받아들여 우리의 음악 발전에 이바지하였다. 이처럼 당나라 제도와 문물을 받아들여 국가 발전의 기틀을 튼튼히 다진 문무왕은 681년 세상을 떠났다.

생전에 문무왕은 죽어서 왜구의 침입을 막아 나라를 지켜야겠다고 결심했다. 그래서 자신을 화장하여 동해안에다 무덤을 만들라고 유언을 남겼다. 이것이 잘 알려진 문무왕 수중 왕릉으로, 지금의 경주시 감포 앞바다에 있는 대왕암(문무 대왕릉)이 바로 그곳이다.

함께 익혀 둡시다

김유신 : 66쪽 참조.

김인문 (629~694. 자는 인수) : 태종 무열왕의 둘째 아들로 문무왕의 동생이다. 651년(진덕 여왕 5)에 왕명으로 당나라에 갔다가 좌령군위 장군이 되었고, 656년에 돌아와 장산성을 쌓아 국방을 튼튼히 하였다. 660년 당나라 소정방과 함께 백제를 멸망시켰고, 당나라에서 우효위 대장군이란 벼슬을 받았다. 668년 당에서 돌아와 20만 대군을 이끌고 당나라와 연합하여 고구려를 멸망시켰다. 그 뒤 당나라에 머물며 여러 벼슬을 하다가 그곳에서 죽어 신라로 돌아왔다. 유학과 음악, 글씨에도 뛰어났다.

김춘추(태종 무열왕) : 340쪽 참조.

도침 (?~661) : 백제의 승려로 660년 나라가 망하자, 신라에 반기를 들었다. 주류성을 중심으로 백제의 왕족인 복신과 함께 일본에 가 있던 부여풍을 왕으로 추대하였다. 스스로 영군 장군이라 부르고, 백제의 유민들을 모아 세력을 떨쳤으나, 내분이 일어나 복신에게 살해되었다.

복신 (?~663) : 백제의 장군으로 무왕의 조카이다. 660년 나당 연합군을 맞아 임존성(예산)에서 싸웠다. 나라가 망하자 승려 도침과 함께 일본에 가 있던 왕자 부여풍을 왕으로 받들고 주류성(한산)에서 나라를 되찾기 위한 운동을 일으켰다. 사비성에 머무르고 있던 당나라 부대를 공격하여 큰 피해를 입혔다. 도침을 죽인 뒤, 부여풍마저 없애고 혼자 권력을 독차지하려다 도리어 부여풍에게 살해되었다.

부여풍 (?~? 다른 이름은 풍장) : 의자왕의 아들로 631년(무왕 32) 일본에 가 있었다. 백제를 되살리려는 도침, 복신 등이 왕으로 추대하자 왕자 충승과 함께 일본 구원군 5천 명을 이끌고 돌아왔다. 주류성을 기반으로 나당 연합군에 커다란 타격을 주었으나, 복신이 도침을 살해하자 복신을 죽이고 고구려로 망명하였다.

진덕 여왕 (?~654. 재위 기간 : 647~654. 성은 김씨. 이름은 승만) : 신라의 제28대 왕으로 진평왕의 동생인 국반의 딸이다. 649년 당나라 제도를 본따 의복 제도를 바꾸었으며, 당나라와 친교에 힘썼다. 왕위에 올라 그동안 사용하던 태화라는 연호를 버리고, 650년부터 당나라 연호를 사용하였다. 김유신, 김춘추 등 뛰어난 인물들과 함께 나라의 힘을 길렀고, 삼국 통일의 토대를 닦았다.

문무 대왕릉(대왕암)

얽힌 이야기 한 토막

문무왕은 나이가 들어 병석에 누웠다. 어느 날 문무왕은 여러 신하들을 불러 놓고 유언을 남겼다.

"내가 죽은 뒤에 화장하여 그 뼈를 동쪽 바다에 묻도록 하여라. 나라를 지키는 큰 용이 되어 동해 바다에서 왜구의 침략을 막겠다."

얼마 뒤 문무왕은 세상을 떠났다. 문무왕의 뒤를 이어 왕위에 오른 신문왕은 아버지의 유언에 따라 시체를 화장하여 경주 동쪽에 있는 감포 앞바다의 큰 바위 밑에 묻었다.

그 뒤부터 왜구의 침입이 있을 때마다 용이 나타나 왜구들을 물리쳤다. 신라 사람들은 문무왕의 혼령이 용이 되어 왜구의 침입을 물리쳐 주었다고 생각했다. 그리고 죽어서도 나라를 지키려는 그 마음에 크게 감동했다.

682년 신문왕은 아버지 문무왕의 명복을 빌기 위하여 동해 바닷가에 절을 세웠다. 절의 금당 섬돌 아래에는 동쪽으로 구멍이 하나 나 있는데, 용이 된 아버지 문무왕이 그 구멍을 통해 절로 들어올 수 있도록 신문왕이 만들어 놓은 것이었다. 신문왕은 아버지 문무왕의 은혜에 감사한다는 뜻으로 절의 이름을 감은사라 지었다. 현재 이곳에는 절은 없어지고 절터에 거대한 주춧돌과 두 개의 3층 석탑만이 서로 마주 보고 서 있다.

중국에서 목화씨를 몰래 가져와 우리나라에 무명옷을 보급한 학자이다.

문익점

文益漸 : 1329~1398. 자는 일신. 호는 삼우당. 시호는 충선.

문익점은 고려 말인 1329년(충숙왕 19) 경상남도 산청에서 문숙선의 아들로 태어났다.

1360년 문익점은 문과에 급제하여 여러 관직을 거쳐 사간원 좌정언에 올랐다. 1363년 문익점은 이공수를 따라 원나라에 사신으로 가게 되었다.

문익점은 원나라에서 넓은 벌판에 하얗게 핀 목화를 보았다. 그리고 원나라 사람들에게 물어 목화에서 실을 뽑아 무명천을 만들고, 그것으로 옷을 해 입는다는 것을 알게 되었다. 그때까지 고려에는 무명천으로 만든 옷이 없었다. 그 당시 고려에서는 누에고치로 만든 명주(비단)옷과 마로 만든 삼베옷을 주로 입었다. 명주옷은 귀하고 비싼 옷이어서 귀족이나 부자들만 입을 수 있었고, 일반 백성들은 삼베옷을 주로 입었다. 그런데 삼베옷은 매우 얇아서 일반 백성들은 겨울이 되면 추위에 떨며 지내는 형편이었다. 그래서 문익점은 고려로 돌아갈 때 반드시 목화씨를 가져가야겠다고 결심을 하였다.

그러나 당시 원나라에서는 목화씨와 그 재배 방법이 나라 밖으로 새어 나가는 것을 법으로 엄격히 금지하고 있었다. 문익점은 위험을 무릅쓰고 목화씨를 붓대 속에 몰래 숨겨 가지고 돌아왔다.

그 후 문익점은 고향 산청에서 장인 정천익과 함께 목화씨를 심었다. 처음에는 재배 방법을 몰라 겨우 한 그루만을 살렸다. 그러나 3년간의 노력 끝에 드디어 목화 재배에 성공하여 전국에 목화씨를 퍼지게 하였다.

그런데 목화 재배에는 성공했지만 목화에서 씨를 빼고 실을 뽑아내는 법을 알 수 없었다. 그러던 중 정천익은 때마침 그의 집에 머무르던 중국 승려로부터 목화에서 씨를 빼내는 법과 실을 뽑을 수 있는 물레 만드는 법을 배워 비로소 무명옷을 만들어 입을 수 있게 되었다.

한편, 문익점이 원나라에 머물러 있을 때 원나라에 있던 최유가 충선왕의 셋째 아들 덕흥군을 왕으로 받들고 공민왕을 몰아내려는 음모를 꾸몄다. 최유는 군사 1만 명을 모아 요동까지 진군해 왔으나 고려 장수 최영에게 패하여 계획은 실패하였다. 이때 문익점은 덕흥군을 지지했다는 혐의를 받아 귀국하자마자 파직되어 벼슬에서 물러났다.

공민왕이 죽고 우왕이 즉위하자 문익점은 다시 벼슬길에 올랐다. 그러나 공양왕 때 이성계가 추진하는 개혁을 반대하다가 다시 벼슬에서 물러났다. 문익점은 죽은 뒤인 조선 태종 때 참지정사, 강성군에 봉해졌다.

직계 자손들이 단성에 터를 잡아서 단성 문씨의 시조로 불려진다.

함께 익혀 둡시다

공민왕 : 20쪽 참조.

덕흥군 (?~? 이름은 혜. 원나라 이름은 타스테무르) : 충선왕의 셋째 아들이다. 승려가 되었다가 1351년 공민왕이 즉위하자 원나라로 건너갔다. 원나라에서 왕으로 봉해져, 1364년 고려로 쳐들어왔다가 최영, 이성계 등에게 패해 원나라로 쫓겨 갔다.

목화 : 옷감의 재료가 되는 한해살이 식물로 잎은 손바닥 모양이다. 가을에 누런 꽃이 피고 열매가 익으면 하얀 섬유가 붙은 씨가 나타난다. 섬유는 실이나 옷감의 원료가 되고 씨는 기름을 짠다. 또한 이불솜, 옷솜, 탈지면 등을 만드는 데에도 쓰인다. 한편 우리나라에는 고려 말 문익점이 원나라에 사신으로 갔다가 그 씨를 몰래 들여와 전국에 전파하였다.

이성계(태조) : 244쪽 참조.

정천익 (?~?) : 1363년(공민왕 12) 사신으로 간 사위 문익점이 원나라에서 몰래 들여온 목화씨를 심어 3년 동안 연구하고 재배한 끝에 고려에 목화를 퍼뜨렸다. 또 목화에서 실을 뽑고 천을 짜는 법을 연구하여 백성들이 무명옷을 입을 수 있도록 했다.

최영 : 324쪽 참조.

최유 (?~1364. 원나라 이름은 티무르부카) : 고려의 반역자이다. 한때 공을 세워 일등 공신이 된 후 많은 잘못을 저질렀다. 원나라에 갔다가 충정왕이 왕위에 오르자 고려에 돌아왔으나 벼슬에 불만을 품고 원나라로 다시 도망하였다. 공민왕 때 덕흥군을 왕으로 받들어 원나라의 허락을 얻은 뒤 고려에 쳐들어왔으나 실패하였다. 그 후에 다시 고려를 치려고 계획했으나 원나라 관리들의 탄핵으로 고려로 끌려와 처형되었다.

문익점이 처음 목화를 재배한 곳

얽힌 이야기 한 토막

왜구가 수백 척의 배를 이끌고 남해안으로 쳐들어오자, 사람들은 앞다투어 피란을 떠났다. 하지만 문익점은 그대로 어머니의 무덤을 지키고 있었다. 마을에 침입한 왜장이 무덤 앞에 엎드린 문익점을 발견하고 칼을 뽑아 든 채 다가왔다.
"남들은 모두 도망갔는데, 너는 왜 여기에 남아 있느냐?"
"보면 모르는가? 나는 어머니의 무덤을 지키고 있다."
문익점의 당당한 태도에 화가 난 왜장이 목에 칼을 들이대고 위협하자, 문익점은 벌떡 일어서서 큰소리로 꾸짖었다.
"아무리 미개한 섬나라에서 왔다고는 하나, 이게 무슨 짓이냐? 너희들은 부모도 없느냐? 짐승도 제 어미가 죽으면 슬퍼하거늘, 하물며 사람이……."

"어미의 무덤을 지키는 일이 목숨보다 더 소중하단 말이냐?"
"어찌 부모 없는 자식이 있을 수 있겠는가!"
"보아하니 글줄이나 읽은 선비인가 보군. 하지만 효도란 부모가 살아 있을 때 하는 것이다. 목숨을 살려 줄 테니, 어서 몸을 피하라."
"나는 오랫동안 집을 떠나 있었기 때문에 효도를 다하지 못하여 이제라도 효도를 하려 한다. 나는 죽어도 이 자리를 떠날 수 없으니 마음대로 해라."
문익점의 태연하고 당당한 태도에 감동한 왜장은 부하들을 이끌고 돌아갔다.

을사조약에 반대하여 스스로 목숨을 끊은 애국자이다.

민영환

閔泳煥 : 1861~1905. 자는 문약. 호는 계정. 시호는 충정.

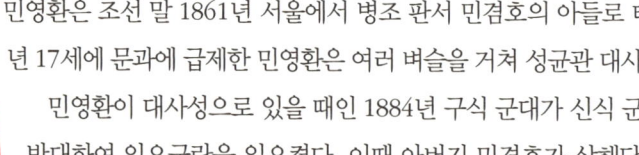

민영환은 조선 말 1861년 서울에서 병조 판서 민겸호의 아들로 태어났다. 1878년 17세에 문과에 급제한 민영환은 여러 벼슬을 거쳐 성균관 대사성이 되었다.

민영환이 대사성으로 있을 때인 1884년 구식 군대가 신식 군대와의 차별에 반대하여 임오군란을 일으켰다. 이때 아버지 민겸호가 살해당하자 민영환은 잠시 벼슬에서 물러났다. 그러나 같은 해 이조 참의를 시작으로 예조 판서, 한성부 판윤 등 다시 중요한 벼슬을 두루 맡아보았다.

1895년 민영환은 주미 전권 공사에 임명되었으나 을미사변으로 명성 황후가 시해되자, 주미 전권 공사에 부임하지 않고 벼슬에서 물러났다.

민영환은 1896년 러시아 황제 니콜라이 2세의 대관식에 참석한 것을 시작으로 영국, 독일, 프랑스, 러시아, 이탈리아, 오스트리아 6개국의 특명 전권 대사를 함께 맡았다. 민영환은 또 우리나라를 대표하여 영국 빅토리아 여왕 즉위 60년 기념식에도 참석하였다.

민영환은 근대화된 외국의 모습을 직접 보고 돌아와 정부에 정치, 경제, 군사 등 사회 전반에 걸친 개혁을 건의하였다. 이후 민영환은 외무(외무부)대신, 학부(교육부)대신, 탁지부(재정경제부)대신을 지냈다. 또 이 시기에 우리나라의 자주 독립을 지키는 데 힘써야 한다고 주장한 독립 협회의 활동을 지원하였다. 그러나 독립 협회를 탄압하기 위해 정부가 만든 황국 협회의 비방을 받아 잠시 관직에서 물러났다. 그 뒤 다시 탁지부, 내부, 학부의 대신이 되어 나라의 위태로운 운명을 바로잡으려고 노력하였으나 일본의 간섭으로 한직으로 밀려났다.

1905년 일본의 강압에 못 이겨 을사조약이 맺어지자 민영환은 조병세, 심상훈 등과 함께 을사조약에 반대하는 상소를 올렸다. 상소문에는 일본의 앞잡이로 을사조약에 도장을 찍은 5명의 역적을 당장 처단하고 조약을 무효로 돌릴 것을 주장하는 내용이 쓰여 있었다.

그러나 뜻을 이루지 못한 민영환은 이완식의 집에서 유서 3통을 남기고 45세의 나이로 스스로 목숨을 끊었다. 민영환의 자결 소식을 전해 듣고 조병세, 홍만식, 이상철 등 많은 인사들이 뒤이어 자결을 했고 전국 곳곳에서 의병이 일어났다.

저서로《해천추범》,《사구속초》등이 있다. 1962년 건국 훈장 대한민국장이 주어졌다.

함께 익혀 둡시다

독립 협회 : 1896년 서재필, 이상재, 윤치호 등이 중심이 되어 만든 정치 사회 단체이다. 외세의 침략을 막고 국가의 독립과 민족의 자립을 목표로 여러 운동을 펼쳤다. 〈독립신문〉을 발간하고 독립문을 세웠으며 1898년에는 만민 공동회를 열어 민주주의 사상을 보급하기도 했다.

민겸호 (1838~1882. 자는 윤익. 시호는 충숙) : 조선 말기에 민치구의 아들로 태어나 이조 참판을 거쳐 형조, 병조, 이조, 예조 판서를 지냈다. 군사 제도를 고쳐 별기군이라는 신식 군대를 만들었다. 차별 대우를 받던 구식 군대가 임오군란을 일으키자 이를 진압하려다가 살해되었다.

심상훈 (1854~? 자는 순가. 시호는 충숙) : 1882년 임오군란 때 장호원에 있던 명성 황후에게 나라 사정을 자세하게 알려 주었고, 1884년 갑신정변 때는 개화파를 가장해 경운궁에 들어가 고종에게 정변이 일어났음을 알렸다.

을미사변 : 1895년 10월 8일 새벽 일본인 자객들이 경복궁에 기습하여 명성 황후를 시해한 사건을 말한다. 명성 황후가 러시아와 긴밀한 관계를 맺자, 조선에서의 위치가 불리해진 일본은 자국의 세력을 넓히기 위해 명성 황후를 시해하는 만행을 저질렀다. 이 사건을 계기로 전국적으로 일본에 반대하는 의병이 일어나고, 고종이 러시아 공사관으로 거처를 옮기는 아관 파천이 일어났다.

을사조약 : 1905년 일본이 우리나라의 외교권을 빼앗아 간 불평등 조약이다. 조약을 맺기 위해 모인 대신 회의에서 한규설이 강력히 반대하자 이토 히로부미는 일본군을 동원하여 궁궐을 포위하였다. 이어 이토 히로부미는 끝까지 반대하는 한규설을 강제로 끌어내고 이완용, 박제순, 이지용, 이근택, 권중현의 찬성을 받아 조약을 맺었다. 5개 항으로 되어 있는 이 조약의 주 내용은 일본 정부가 조선 정부를 대신하여 외교에 관한 모든 일을 맡는다는 것과 조선에 일본인 통감을 둔다는 것이다.

임오군란 : 1882년(고종 19) 신식 군대인 별기군과의 차별 대우와 밀린 월급에 대한 불만으로 구식 군대가 일으킨 난을 말한다.

조병세 (1827~1905. 자는 치현. 호는 산재. 시호는 충정) : 조선 말기의 문신이며 순국 열사이다. 1864년(고종1) 《철종실록》을 펴냈으며, 함경도 암행어사가 되었다. 대사성을 시작으로 대사헌, 공조, 예조, 이조 판서를 거쳐 좌의정에 올랐다. 민영환, 심상훈, 이명근 등과 함께 을사조약에 반대하였으나 뜻을 이루지 못하자 유서를 남기고 독약을 먹고 자결했다. 1963년 건국 훈장 대통령장을 받았다.

황국 협회 : 1896년 서재필을 중심으로 조직된 독립 협회가 개화를 외쳐 국민의 신임을 얻자 이를 탄압하기 위하여 조병식 등 보수 세력이 1898년 보부상들을 중심으로 황국 중앙 총상회를 조직했다. 얼마 뒤 황국 협회로 이름을 바꾸고 독립 협회를 방해했으며, 정부의 탄압으로 독립 협회가 해산되자 황국 협회도 해산되었다.

얽힌 이야기 한 토막

"모든 것이 전기로 움직이니 참으로 신기한 일이다."
1896년 러시아 황제 대관식에 참석하기 위해 떠난 여행에서 세계 여러 나라를 돌아본 민영환의 소감이었다.
민영환은 이때 처음 타 보는 기차가 놀랍고 신기하기만 했다. 당시 민영환은 태평양을 건너 캐나다 밴쿠버와 미국 뉴욕을 거쳐, 다시 영국을 통해 유럽으로 들어가 러시아에 도착했다. 그는 밴쿠버에서 뉴욕에 갈 때 처음으로 기차를 탔다. 기차 객실은 화려하게 꾸며져 있었고 침대도 있었다. 뒤쪽에는 식당차가 따로 있어서 주문을 하는 대로 요리가 나왔다.

또 기차는 1시간에 90리를 달렸는데, 밤낮으로 쉬지 않고 달리다 보니 지나가는 풍경이 마치 꿈결 같았다.
"아, 낮에도 어두우면 불을 켜 환하게 밝히는구나."
민영환은 기차가 터널을 지날 때 대낮처럼 환하게 불을 밝히는 것을 보고 다시 한번 놀랐다.
"그래, 우리 조선도 새로운 문물을 받아들인다면, 이처럼 잘 사는 나라가 될 수 있겠구나."
세계 여러 나라를 둘러보고 귀국한 민영환은 우리나라의 개화를 위해 많은 노력을 기울였다.

백성들의 억울함을 슬기롭게 해결해 준 암행어사이다.

박문수

朴文秀 : 1691~1756. 자는 성보. 호는 기은. 시호는 충헌.

박문수는 1691년(숙종 17) 박항한의 아들로 태어났다. 1723년(경종 3) 문과에 급제하여 관직에 올랐으나 이듬해 당파 싸움으로 벼슬에서 쫓겨났다.

1727년 박문수는 다시 벼슬길에 올라 영남 지방의 암행어사가 되었다. 조선 시대의 암행어사는 대단한 권력을 가지고 있었다. 왕이 직접 지방에 파견하는 관리였기 때문에 지방 관리들에게는 왕이나 다름없었다. 암행어사는 지방의 벼슬아치들이 부정을 저지르지는 않는지, 백성들의 억울함은 없는지, 재판은 공정하게 이루어지는지를 철저히 감시하였다. 박문수는 이 암행어사의 임무를 슬기롭게, 훌륭히 수행하여 그 이름이 오늘날까지 사람들에게 널리 알려져 있다.

1728년 당시 정치에 불만이 많았던 이인좌가 난을 일으키자, 박문수는 반란을 진압하였고 그 공으로 경상도 관찰사가 되었다. 1730년에는 다시 충청도 암행어사로 나가 굶주린 백성들을 구하기 위해 노력했다.

박문수는 진주 부사로 있던 1734년에 사신으로 청나라에 다녀온 뒤 호조 참판이 되었다. 이어 도승지, 병조 판서를 지냈으며, 1738년 사신으로 다시 청나라에 다녀왔다.

1741년에는 함경도 진휼사로 나가 굶주리는 백성들을 위해 경상도 지역의 곡식 1만 섬을 실어 와 나눠 주었다. 이 일로 감동한 백성들은 그의 공덕을 기리기 위해, 함흥의 만세교 옆에 송덕비를 세웠다.

이듬해 병조 판서, 경기도 관찰사가 되었으나 부임하지 않아 황해도 수군절도사로 벼슬이 낮아졌다. 그 뒤 다시 어영대장을 거쳐 호조 판서가 되었는데, 백성들의 부역이 잘못되었음을 주장하여 충주 목사로 쫓겨 갔다.

박문수는 1752년 내의원 제조로 있을 때 왕세손이 죽자, 그 책임을 지고 제주도로 귀양 갔다가 이듬해 풀려 나와 다시 벼슬길에 올랐다.

박문수는 군사와 조세에 대한 행정에 밝아 당시 나라의 개혁 정책에 중요한 역할을 많이 하였다. 호조 판서로 있을 때는 궁궐에서 쓰는 경비가 엄청난 것을 알고, 궁궐 경비 지출의 항목과 한도를 정한 《탁지정례》를 만들어 경비를 함부로 쓰지 못하게 했다.

박문수가 지은 책으로는 《도지정례》, 《국혼정례》가 있고, 글씨로는 〈오명항토적송공비〉가 있다. 암행어사 시절의 활약을 그린 《박문수전》이 전해져 오고 있다.

함께 익혀 둡시다

내의원 제조 : 조선 시대 때 궁궐 안의 의약을 담당하던 관청인 내의원의 일을 맡아보던 관리를 말한다.

부역 : 조선 시대 때 백성들이 나라를 위해 일정 기간 동안 의무적으로 해야 하는 노동을 말한다.

암행어사 : 조선 시대에 왕의 특명을 받고 지방을 돌아다니면서 관리의 잘잘못과 백성들의 생활을 조사하던 관리이다. 암행어사의 임명과 임무 수행은 비밀리에 이루어졌다. 암행어사로 뽑힌 관리는 마패를 받아 그날에 목적지로 출발하였다. 어사는 신분을 숨기고 지방 고을 돌아다니면서 직접 민심을 조사하였다. 그리고 지방 관리의 잘잘못이 발견되면 즉시 처벌하였다. 임무를 마치면 한양으로 돌아와 자신이 조사하고 처벌한 내용을 왕에게 글로 적어 보고하였다. 특히 나라가 어지러웠던 조선 후기에 많이 파견되었다.

이인좌 (?~1728. 본명은 현좌) : 조선 영조 때의 역신이다. 임영 대군 이구의 9대손으로, 관찰사 이운징의 손자이며 군수 이홍덕의 아들이다. 당파 싸움으로 자신이 속한 무리가 벼슬에서 밀려나자, 무력으로 권력을 잡으려다가 실패하여 처형되었다.

진휼사 : 흉년이 들었을 때, 굶주리는 백성들을 구제하기 위하여 나라에서 임시로 파견하던 벼슬아치이다. 정승이나 대신이 그 일을 일시적으로 맡아보았다.

암행어사가 늘 지니고 다니던 마패.
관리들이 지방 출장을 갈 때 역마를 쓸 수 있도록 발급한 증표이다.

얽힌 이야기 한 토막

암행어사 박문수가 경상도의 어느 바닷가 마을을 지나고 있을 때였다.
"세상에! 어디서 큰 물난리가 났나 보구나! 이 바닷가에 그릇이며 나무, 세간들이 가득 밀려온 것을 보면……."
바닷가 주막집 주인이 밖에 나갔다가 들어오더니 혼자 중얼거렸다. 그 말을 들은 박문수는 얼른 바닷가에 나가 보았다. 정말 주막집 주인의 말대로였다.
암행어사는 못된 관리들을 벌하는 임무도 있었지만, 백성들의 어려운 사정을 살피는 것도 중요한 일이었다.
박문수는 그 길로 제민창으로 달려갔다. 그리고 마패를 보여 자신이 암행어사라는 것을 밝히고 명령을 내렸다.
"강원도와 함경도 지방에 큰 홍수가 났으니, 제민창 곡식 3천 석을 싣고 가시오."
"어사또, 제민창의 곡식은 함부로 낼 수가 없습니다. 더구나 나중에 보고를 올리는 것은 문제가 큽니다. 늦더라도 조정의 명을 기다리심이 옳은 줄로 아뢰오."
"그대는 두 끼 이상 굶어 보았는가? 홍수를 당하고 한데서 자며 끼니마저 잇지 못한다면, 얼마나 참혹한 일이겠는가? 책임은 내가 질 테니 잔말 말고 시행토록 하시오."
그리하여 식량을 실은 배가 북쪽을 향해 떠났다.
그때 함흥 감사는 홍수로 백성들이 굶주리는 것을 보고 발만 동동 구르고 있었다. 조정에 구제미를 내려 달라는 상소를 올리긴 했지만, 그것이 언제 도착할지 몰랐기 때문이다. 그런데 아전이 달려와 곡식을 가득 실은 배가 들어오고 있다는 보고를 하는 게 아닌가.
함흥 감사는 안도의 한숨을 내쉬었다.

국악을 크게 발전시킨 3대 악성 가운데 한 사람이다.

박연
朴堧 : 1378~1458. 자는 탄부. 호는 난계. 시호는 문헌.

박연은 고려 말 1378년(우왕 4)에 충청북도 영동에서 이조 판서를 지낸 박천석의 아들로 태어났다. 박연은 어려서부터 음악을 좋아하였는데, 특히 대금을 아주 잘 불었다고 한다.

1405년(조선 태종 5) 문과에 급제한 박연은 집현전 교리를 거쳐 여러 관직을 맡았다.

박연은 세종이 세자일 때부터 가까이 모셨는데, 세종이 왕으로 즉위하자 평소 음악에 조예가 깊은 세종의 뜻으로 악학별좌가 되어 우리나라의 음악을 정비하였다.

박연은 먼저 악기를 조율하고, 여기저기 흩어져 있던 기존의 악보를 한데 모아 편찬하였다. 1427년(세종 9)에는 편경 12개를 만들었다.

박연은 아악을 정비하고 악기를 제작하여 그때까지 궁궐의 각종 행사 때 사용했던 향악을 폐지하고 아악을 사용하였다. 또 기생들이 궁중 음악에 맞춰 춤을 추던 것을 바꾸어 무동(잔치에서 춤을 추고 노래 부르는 사내아이)이 문무이무를 추게 하였다.

공조 참의 등의 벼슬을 지낸 박연은 1445년 사신으로 명나라에 다녀와서는 중추원 부사, 예문관 대제학에 올랐다. 그러나 세종이 죽은 다음, 1456년에 막내아들 계우가 사육신 모의에 관련되어 사형을 당했다. 이 사건으로 박연도 화를 당할 뻔했으나 세 명의 임금을 섬긴 원로 신하라는 공이 인정되어 죽음을 면했다.

벼슬에서 물러난 박연은 고향 영동으로 돌아가 피리를 벗 삼아 여생을 보내다가 81세의 나이로 세상을 떠났다.

박연이 음악에 많은 업적을 남길 수 있었던 것은 임금인 세종의 이해와 배려 덕분이었다. 박연은 조선 초기 미흡한 궁중 음악을 잘 정비하여 고구려의 왕산악, 신라의 우륵과 함께 우리나라 3대 악성으로 불린다.

박연이 지은 책으로 《난계유고》, 《가훈》이 있다.

함께 익혀 둡시다

문무이무 : 궁중에서 아악을 연주할 때, 사내아이들이 문관과 무관을 상징하는 옷을 입고 추는 춤이다.

사육신 모의 : 세종과 문종이 죽은 다음 세조가 단종으로부터 왕위를 빼앗자 세종과 문종의 총애를 받았던 집현전 학사들이 중심이 되어 일으킨 모의이다. 성삼문, 박팽년, 하위지, 이개, 유성원 등의 학자들과 유응부, 성승 등의 무관들이 창덕궁에서 열린 명나라 사신을 위한 잔치에서 세조를 죽이고 단종을 다시 왕위에 앉힐 것을 모의하였다. 그러나 이 계획이 탄로날 것을 두려워한 김질의 배반으로 모두 붙잡혀 모진 고문을 받은 뒤 처형되었다.

아악 : 고려 예종 때 시작하여 1910년까지 궁중 의식에서 연주된 전통 음악이다. 좁은 뜻으로는 궁중에서 제사를 지낼 때 쓰는 음악만을 가리키고, 넓은 뜻으로는 궁중 안에서 의식을 행할 때 쓰던 여러 음악을 통틀어 일컫는다. 아악은 중국 주나라 때 궁중의 제사 음악에 쓰이기 시작하여 1105년 송나라 때 완성되었다. 우리나라에서는 1116년 고려 예종 때 중국으로부터 들여와 사용하다가, 조선 세종 때 박연이 궁중 아악을 정비함으로써 우리나라 궁중 음악의 기틀을 이루었다.

악학 : 조선 시대에 악공들을 뽑아 교육을 시키던 관청이다.

악학별좌 : 조선 초 세종 때에 악학을 관리하던 벼슬 이름이다.

편경 : 고대 중국의 대표적인 악기로 송나라 때인 1116년(고려 예종 11)에 우리나라에 전해졌다. 16개의 'ㄱ'자 모양의 돌을 8개씩 두 줄로 나누어 걸어 만들었다. 악기를 만드는 돌이 희귀하여 중국에서 구해 오는 등 어려움을 겪다가 1425년(세종 7) 경기도에서 질이 좋은 돌이 발견되어 박연, 맹사성 등이 이를 갈고 닦아 중국보다 좋은 편경을 만들었다. 편경은 습기와 건조, 추위와 더위에도 음색과 음정이 변하지 않아 모든 국악기 조율의 표준이 되고 있다. 음색은 매우 청아하다.

향악 : 삼국 시대부터 지금까지 전해 내려오는 우리나라 고유의 궁중 음악이다.

편경

얽힌 이야기 한 토막

숨이 턱턱 막힐 정도로 무더운 어느 여름날이었다. 기술자들은 일을 하면서 악기 도감의 책임자인 박연을 원망했다.
"감독님도 너무 하시지. 이 불볕더위에 조금도 쉴 틈을 주지 않다니!"
열심히 편경의 돌을 갈던 박연은 기술자들이 불만을 터뜨리자, 그제야 쉴 때가 되었나 생각하고 한마디했다.
"여보게들, 이제 좀 쉬었다 하세."
그러나 주위를 둘러보던 박연은 깜짝 놀랐다. 기술자들은 이미 모두 다 밖으로 나가고 곁에는 한 사람도 없었던 것이다. 박연은 그들의 심정을 이해한다는 듯 고개를 끄덕거리고는 계속해서 돌을 갈았다.
저녁때가 되어서야 기술자들이 하나둘 돌아왔다. 그때까지 박연은 온몸이 땀에 흠뻑 젖은 채 돌을 갈고 있었다.

"그래, 많이들 쉬었나?"
박연은 들어서는 기술자들에게 빙그레 웃으며 말했다. 그러자 기술자들은 송구스러워 어쩔 줄 몰라 했다. 모두들 무릎을 꿇고 용서를 빌었다.
"허허허, 이 사람들아! 그만한 일을 가지고 뭘 그러나? 우리는 천년을 사는 사람들인데……!"
"천년을 살다니요?"
"우리는 악기를 만드는 사람들이야. 우리가 온갖 정성을 다해 좋은 악기를 만든다면 수천 년 가지 않겠나. 그러니 우리는 천년을 사는 사람들이지."
그 말을 듣고 난 기술자들은 다시는 불평을 하지 않고 열심히 돌을 갈아 악기를 만들었다.

최초로 태극기를 만들어 쓴 개화파의 지도자이다.

박영효
朴泳孝 : 1861~1939. 자는 자순. 호는 현현거사.

박영효는 1861년(철종 12)에 박원양의 아들로 태어났다. 13세 때 철종의 딸 영혜 옹주와 결혼였으나 결혼한 지 석 달 만에 사별하였다.

박영효는 박규수의 사랑방에 출입하면서 개화사상에 눈을 뜨게 되었고, 김옥균, 서광범, 홍영식 등 개화파 인물들과 사귀었다. 박영효는 개화파 인물들과 뜻을 모아 개화 운동에 열정을 쏟았다.

1882년 박영효는 임오군란을 처리하기 위해 일본 정부와 협의하려고 수신사로 일본에 건너갔다. 이때 박영효는 일본으로 가는 도중 항해하는 배 위에서 영국인 선장과 의논하여 태극무늬와 사괘를 그린 태극기를 만들었다. 그리고 일본에 도착한 직후부터 숙소 옥상에 태극기를 거는 등 줄곧 태극기를 국기로 사용하였다. 이 태극기는 이듬해인 1883년 우리나라 공식 국기로 인정되어 정식으로 사용되기 시작했다.

일본에서 선진화된 근대 문물을 살펴보고 돌아온 박영효는 한성부 판윤으로 있으면서 여러 가지 개화 정책을 펼쳤다. 그러나 개화를 반대하는 수구파의 집권으로 뜻을 이루지 못했다.

박영효는 김옥균, 홍영식 등과 함께 1884년 갑신정변을 일으켜 수구파를 제거하고 정권을 잡았다. 그러나 일본의 배신과 청나라의 개입으로 3일 만에 실패하고 일본으로 망명하였다.

이듬해 일본에 있으면서 잠시 미국을 다녀온 박영효는 1894년 갑오개혁이 일어나자 귀국해 내무대신을 맡았다. 그러나 1895년(고종 32) 역모를 꾸몄다는 혐의를 받아 또다시 일본으로 망명하였다.

1907년 다시 돌아온 박영효는 고종의 특별 사면을 받고 궁내부 대신에 임명되었다. 헤이그 특사 사건으로 고종이 물러나고 순종이 즉위하자, 박영효는 고종의 퇴진을 반대하였다. 이 과정에서 박영효는 고종의 퇴진을 주장하던 대신들을 암살하려 했다는 혐의를 받아 제주도에서 1년간 귀양살이를 하였다.

한일 합방이 된 뒤 박영효는 일본이 내어 준 후작의 작위를 받았다. 이어 여러 고위 관직을 거쳐 1920년에 〈동아일보〉 초대 사장이 되었다.

박영효는 임금의 사위라는 신분이었지만, 일찍이 개화사상에 눈을 뜨고 끊임없이 우리나라를 개화시키려 노력하였다. 그러나 일본에 의지하여 개화 정책을 펴다가 한일 합방 이후에는 친일 행위를 일삼는 잘못을 범하기도 했다.

함께 익혀 둡시다

갑신정변 : 1884년(고종 21) 김옥균, 박영효 등의 개화파가 명성 황후 일파와 청나라를 배격하고 자주 근대화 정책을 펴기 위해 일으킨 정변이다. 그러나 협조를 약속했던 일본의 배반과 청나라의 반격으로 사흘 만에 실패로 돌아갔다.

갑오개혁 : 1894년(고종 31)에서 1895년까지 고종이 추진한 개혁으로 '갑오경장'이라고도 부른다. 이때 조선은 과거 제도 폐지, 도량형 통일, 과부의 재혼 허용 등 정치, 경제, 사회 분야의 제도를 근대적인 제도로 바꾸었다.

박규수 (1807~1876. 자는 환경. 호는 환재. 시호는 문익) : 조선 말기의 문신이며 《열하일기》를 쓴 박지원의 손자이다. 1866년(고종 3) 평안도 관찰사로 있을 때 미국 상선 제너럴셔먼호가 행패를 부리자 군사를 동원하여 대동강에서 불살라 버렸다. 일찌기 서양 문물에 눈을 떠 자주적으로 문호를 개방할 것을 주장하였고, 김옥균, 박영효 등 개화파에 영향을 주었다. 글씨와 그림에도 뛰어났으며, 지은 책으로 《환재집》, 《환재수계》 등이 있다.

수신사 : 조선 말기에 일본에 파견한 외교 사절이다. 김기수, 김홍집 등이 수신사로 일본에 다녀왔다. 일본의 발달된 문명을 조선에 소개하여 조선이 개화 정책을 추진하는 데 도움이 되었다.

현존하는 가장 오래된 태극기

오늘날의 태극기

얽힌 이야기 한 토막

박영효는 태극기를 처음 만들어 사용한 사람이었다.
우리나라가 처음 국기의 필요성을 느끼게 된 것은 1876년 일본과 강화도 조약을 맺으면서였다. 그때 조약을 맺은 일본의 예를 보고 조정에서 국기에 대한 논의가 있었다.
그 뒤 김홍집도 외교 관계에서 국기의 필요성을 절실히 느껴 국기를 만들자고 주장했다. 마침 박영효는 1882년 임오군란에 대한 대책을 논의하기 위해서 조선을 대표해 일본에 가게 되었다. 그때 박영효는 배 위에서 생각했다.
'지금 선진국들은 모두 국기를 사용하고 있다. 우리 조선도 그 동안 국기에 대해 많은 의논만 했을 뿐 아직 국기가 없다. 이제 그동안 논의한 것을 바탕으로 국기를 만들어 보자.'

결심을 마친 박영효는 일행과 상의하여 태극 4괘가 그려진 태극기를 배 위에서 만들었다.
고베 항에 도착한 박영효 일행은 숙소를 정하고, 이 건물 옥상에다 태극기를 게양했다. 그것은 국제 사회에서 최초로 사용한 우리나라의 국기였다.
박영효는 태극기를 통해 우리나라의 우수성과 자주성을 널리 내보이고 싶었다.
박영효가 처음 만든 태극기는 지금의 태극기와는 조금 달랐다. 오늘날 우리들이 사용하고 있는 모양의 태극기를 대한민국 국기로 정식 공포한 것은 1949년 10월 15일이다.

《한국통사》로 독립 사상을 일깨운 독립운동가이다.

박은식

朴殷植 : 1859~1925. 자는 성칠. 호는 백암, 겸곡.

박은식은 1859년(철종 10) 황해도 황주에서 태어났다. 박은식은 17세까지 아버지의 서당에서 한학을 공부했다. 이후 과거를 준비하다가 과거 공부에 회의를 느껴 그만두고 여러 학자들과 교류하며 실학을 접했다.

박은식은 1898년에 독립 협회에 가입하면서 개화사상을 갖게 되었다. 그해 9월 남궁억 등이 〈황성신문〉을 창간하자 장지연과 함께 주필로 활동했다. 독립 협회가 강제로 해산당하자 박은식은 1900년부터 한성 사범 학교에서 교편을 잡았다. 1904년에는 〈대한매일신보〉의 주필이 되었다. 그 뒤 여러 애국 계몽 단체와 비밀 결사 단체인 신민회의 회원이 되어 적극적으로 활동하였다.

1910년 우리나라를 강제로 빼앗은 일본은 〈황성신문〉을 비롯한 모든 신문과 잡지의 출판을 금지하고, 민족혼이 담긴 역사책들을 불에 태워 버렸다. 그러자 신문과 책을 통해 우리 겨레의 민족정신을 드높이는 데 힘썼던 박은식은 1911년 우리 민족의 역사책을 쓰기 위해 중국으로 망명했다. 그리고 그곳에서 고대사 연구에 몰두해 《동명성왕실기》를 비롯해 여러 역사책을 썼다. 박은식은 상하이에서 《안중근전》을 집필한 뒤 그동안 꾸준히 써 온 《한국통사》를 1915년에 완성하였다. 《한국통사》는 당시 우리나라의 근대 역사와 일본의 침략, 그리고 독립운동사를 기록한 책이다. 이 책은 대외적으로 일본의 침략과 만행을 널리 알리는 계기가 되었다. 또 우리나라에도 비밀리에 보급되어 민족혼을 불러일으켜 독립 투쟁 정신을 갖게 하였다. 이에 일본은 매우 당황하여 《조선사》 37권을 만들어 우리나라 역사를 왜곡했다.

박은식은 1919년 3·1 운동 때 대한국민 노인 동맹단을 만들어 독립운동을 전개하였다. 그해 8월에는 상하이로 가 대한민국 임시 정부 수립을 지원하였고, 동시에 《한국독립운동지혈사》의 집필을 시작해 이듬해 완성하였다. 이 책은 1884년부터 1920년까지 우리나라의 독립운동을 3·1 운동을 중심으로 서술한 것이다. 한편 임시 정부가 분열과 혼란에 빠지자, 박은식은 1925년 임시 정부의 국무총리가 되어 이를 수습하고, 이듬해 임시 정부의 제2대 대통령이 되었다. 7월 헌법 개정으로 대통령에서 물러난 뒤 11월 상하이에서 병으로 세상을 떠났다.

박은식의 《한국통사》와 《한국독립운동지혈사》는 당시에는 독립 의식을 드높이는 교과서였고, 지금은 우리나라의 근현대사와 의병 활동 연구에 귀중한 자료가 되고 있다. 1962년 건국 훈장 대통령장이 주어졌다.

함께 익혀 둡시다

남궁억 : 86쪽 참조.

대한국민 노인 동맹단 : 1919년 블라디보스토크 신한촌 덕창국에 본부를 두고, 50여 명의 노인들이 만든 항일 애국 노인 단체이다. 1919년 5월 일본 왕에게 일본의 조선 침략을 규탄하는 편지를 보냈고, 8월에는 강우규 의사를 보내 사이토 총독을 암살하게 했으나 실패했다.

〈대한매일신보〉 : 1904년 양기탁이 영국인 베델과 함께 창간한 신문이다. 1910년 한일 합방 때 〈매일신보〉로 이름이 바뀌면서, 일본 총독부의 기관지가 되었다.

신민회 : 1907년에 국권 회복을 목적으로 결성한 전국 최대 규모의 비밀 단체이다. 안창호, 양기탁, 이동휘 등이 중심이 되어 결성했다. 비밀 단체였지만 학교 설립, 계몽 강연회 등의 일들은 공개적으로 진행했다. 1911년 민족 운동을 탄압하기 위해 일본 경찰이 꾸며 낸 105인 사건으로 많은 회원들이 붙잡혀 감옥에 갇히면서 해체되었다.

장지연 : 286쪽 참조.

〈황성신문〉 : 대한 제국 말에 발간된 일간지이다. 1898년 남궁억, 나수연, 장지연 등이 일주일에 2회 발행되던 〈대한황성신문〉을 인수하여 이름을 바꾸어 9월 5일 창간했다. 우리글과 한문을 같이 썼으며, 4면으로 발간되었다. 애국적인 기사를 실어 일본에 의해 여러 차례 간행이 정지되었다가 1910년 한일 합방과 함께 폐간되었다.

《한국독립운동지혈사》

얽힌 이야기 한 토막

박은식은 우리의 옛 역사를 통해서 민족혼을 일깨우려고 애썼다. 다음에 인용한 글은 박은식이 지은 《몽견금태조》의 일부분이다. 우리 민족의 자주성을 드높이기 위해 노력하던 박은식의 모습이 글 속에 올올이 담겨 있다.

임금께서 내게 예전에 읽었던 책의 한 구절을 외워 보라고 말씀하셨다. 내가 감히 사양할 수 없어서 어릴 적에 배웠던 《사략》과 《통감》 중에서 뽑아 외우니 임금께서 다음과 같이 말씀하셨다.

임금 : 이것이 조선의 고대 역사인가?
나 : 아닙니다. 중국 고대 역사이옵니다.
임금 : 온 나라 사람이 처음 배우는 것이 바로 이 글인가?
나 : 그러하옵니다.
임금 : 그렇다면 조선 사람의 정신에는 제 나라 역사는 없고 다른 나라의 역사만 있으니, 이것은 제 나라를 사랑하지 아니하고 다른 나라를 사랑하는 것과 같다. 이로 미루어 보면, 천 년이 넘은 조선은 다만 껍데기였을 뿐, 조선의 정신은 이미 없어진 지 오래되었도다.

처음 배우는 글이 중국의 역사이니, 어린아이의 머릿속에 노예 정신이 뿌리를 박아 평생 배우는 것 또한 노예의 정신이구나. 이런 비겁한 곳에서 영웅이라 까부는 자는 누구이며, 선비는 또 누구이며, 이른바 이름 높은 학자는 누구인가? 이들은 끝내 노예의 처지밖에 되지 않는 것이다. 이런 비열한 정신을 뽑아 버리지 않고는 조선 민족의 자립 정신이 싹틀 수 없는 것이다.

그러므로 이런 것을 빨리 고쳐서, 조선 사람의 머릿속에 조선 역사가 들어 있게 되면, 그들 백성이 어느 땅에 떠돌지라도 조선은 망하지 않고, 이로 말미암아 미래의 희망도 생길 것이다.

조선 시대 가사 문학의 거장이다.

박인로
朴仁老 : 1561~1642. 자는 덕옹. 호는 노계, 무하옹.

　박인로는 1561년(명종 16)에 경상북도 영천에서 박석의 아들로 태어났다. 어려서부터 시를 아주 잘 지었는데, 13세 때 〈대승음〉이라는 한시를 지어 주위 사람들을 놀라게 했다고 한다.
　1592년 임진왜란이 일어나자 박인로는 31세의 나이로 의병이 되었다. 박인로는 의병장 정세아 밑에 들어가 왜군을 무찌르는 데 앞장섰다. 이후 박인로는 능력을 인정받아 수군절도사 성윤문에게 뽑혀 그의 밑에서 1598년 왜군이 물러갈 때까지 열심히 싸웠다. 이때 박인로는 전쟁에 지친 군사들을 위로하고 사기를 드높이기 위해 가사 〈태평사〉를 지었다.
　이듬해인 1599년 무과에 급제한 박인로는 수문장, 선전관을 지냈다. 이어 거제도 남쪽에 있는 조라포에서 수군을 통솔하는 관리가 되어, 군사력을 강화하고 백성들에게 선정을 베풀었다. 그러자 백성들은 박인로를 칭송하는 선정비를 세웠다.
　박인로는 무관이었지만 언제나 붓과 먹을 지니고 다녔는데 전쟁터에서도 시를 지었다. 그는 40세가 넘자 벼슬을 사직하고 고향에 돌아와 책을 읽고 시를 짓는 데 대부분의 시간을 보냈다. 1601년에는 친한 친구 이덕형이 보낸 홍시를 보고, 홍시를 좋아하셨던, 돌아가신 부모님을 그리워하는 시조 〈조홍시가〉를 지었다.
　박인로는 고향의 아름다운 산천을 벗 삼아 많은 시를 지었다. 문학적 재능이 뛰어난 박인로는 사람이 지켜야 할 도리와 나라를 사랑하는 마음, 자연을 사랑하는 마음을 가사와 시조로 표현하였다. 특히 박인로의 작품에는 애국심을 노래한 시가 많은데 이것은 임진왜란 때 의병으로 나아가 왜군과 전쟁을 치르면서 느낀 애국심을 시로 옮겨 놓은 것이다.
　박인로는 무인다운 기백으로 활달하고 웅장한 시의 세계를 이룩하여 송강 정철에 이어 우리나라의 가사 문학 발전에 크게 이바지한 사람으로 손꼽힌다.
　지은 책으로는 《노계집》 등이 있으며, 〈조홍시가〉, 〈오륜가〉 등 60여 수의 시조를 남겼다. 가사로는 〈독락당〉, 〈영남가〉, 〈노계가〉 등 많은 작품이 전해 온다.

함께 익혀 둡시다

가사 : 시조와 함께 조선 시대에 유행했던 우리 문학의 하나이다. 고려 말엽에 시작된 비교적 긴 시로, 시조처럼 3·4조 또는 4·4조의 운율을 띠고 있다. 사대부, 평민, 여성 등 모든 계층이 즐긴 문학으로, 주제도 다양했다. 조선 시대의 송강 정철과 박인로 등이 가사 문학의 거장으로 손꼽힌다.

〈노계가〉 : 노계 박인로가 76세 되던 해인 1636년(인조 14)에 지은 가사이다. 자신의 은거지인 경상북도 영천군 임고면에 있는 시냇물 노계의 아름다운 경치와 세속을 떠나 사는 자신의 삶을 그린 작품이다.

〈독락당〉 : 조선 선조 때 노계 박인로가 지은 가사이다. 이언적이 지냈던 독락당에 찾아가 이언적의 학자로서의 면모를 추모하고 그곳의 아름다움을 읊었다. 《노계집》에 실려 있다.

〈선상탄〉 : 박인로가 지은 가사이다. 임진왜란 때 통주사로 부산에 내려가 전쟁의 슬픔과 안타까움 그리고 평화를 읊었다.

선정비 : 큰 공을 세우거나 덕을 베푼 것을 칭송하고 후세에 길이 빛내기 위하여 세운 비석이다.

성윤문 (?~?) : 조선 시대 무신으로 1591년 갑산 부사가 되었다. 이듬해 임진왜란 때에는 함경남도 병마절도사가 되었다. 이어 경상우도 병마절도사를 거쳐 진주 목사가 되었다. 정유재란 때 경상좌도 병마절도사가 되어 큰 공을 세웠다.

이덕형 (1561~1613. 자는 명보. 호는 한음, 쌍송, 포옹산인. 시호는 문익) : 조선 중기의 문신이다. 임진왜란 때 사신으로 명나라에 가서 구원군을 불러와 왜군을 물리치는 데 큰 공을 세웠다. 벼슬이 영의정에 이르렀으며, 1613년 이항복과 함께 영창 대군 처형과 인목 대비 폐비를 반대하다가 벼슬에서 물러났다. 이항복과는 어릴 때부터 친구 사이로 많은 일화를 남겼다.

정철 : 304쪽 참조.

〈태평사〉 : 조선 선조 때인 1598년 박인로가 지은 가사로 정유재란 때 군사들을 위로하기 위하여 지었다고 한다. 내용은 발달했던 우리의 옛 문화를 찬양하고, 왜군의 침입과 우리 군사들의 활약, 싸움에서 이기고 돌아오는 모습을 읊은 다음 평화롭고 행복하게 살아가는 모습을 노래했다. 《노계집》에 실려 전해 온다.

《노계집》 목판

얽힌 이야기 한 토막

다음은 박인로의 시조 〈조홍시가〉이다.

**반중 조홍감이 고와도 보이나다
유자 아니라도 품음직하다마는
품어 가 반길이 없으니 그를 서러워하노라.**

'소반 위에 놓인 붉은 감이 매우 곱게 보입니다. 유자가 아니라 할지라도 몸에 품고 돌아갈 만도 합니다만, 아무리 소중하게 잘 간직해 돌아가도, 보고서 반가워해 주실 분(부모)이 아니 계시니 그것을 섭섭게 여깁니다'라는 뜻이다.

이 〈조홍시가〉는 효성이 지극한 박인로의 마음이 잘 드러나 있는 시조이다.
붉게 잘 익은 감을 보고 부모를 먼저 생각하는 마음이 잘 깃들어 있다. 이렇듯 박인로는 부모에 대한 효성과 나라와 임금에 충성하는 마음, 사람들에 대한 따뜻한 마음이 드러나는 글을 많이 썼다.
그런가 하면 박인로의 또 다른 대표적인 가사 작품인 〈선상탄〉에는 전쟁에 대한 슬픔과 평화를 비는 마음이 잘 나타나 있다.

우리나라의 경제 발전을 이룩한 군인 출신의 대통령이다.

박정희

朴 正 熙 : 1917~1979. 호는 중수.

박정희는 1917년 경상북도 선산군(구미)에서 가난한 농부의 막내아들로 태어났다. 1937년 대구 사범 학교를 졸업하고 3년간 문경 소학교에서 아이들을 가르쳤다. 그러다 1940년에 만주로 건너가 만주 군관 학교를 거쳐 1944년 일본 육군 사관 학교를 졸업했다. 해방 후 귀국한 박정희는 육군 사관 학교를 졸업하고 대위가 되었다. 1949년 박정희는 공산주의자라는 혐의를 받아 군인을 그만두었으나 6·25 전쟁이 일어나자 다시 육군 본부 정보국에서 일했다.

6·25 전쟁 뒤 박정희는 육군 본부 작전 참모 부장 등 여러 요직을 거쳤다. 1961년 육군 소장으로 있던 박정희는 당시 4·19 혁명 이후 정치, 사회가 혼란하자 이를 수습한다는 명분으로 5·16 군사 정변을 일으켜 정권을 잡았다. 이후 박정희는 국가 재건 최고 회의를 설치하고 의장이 되었다. 그리고 1963년 제5대 대통령에 당선되었고, 이를 시작으로 1967년에 제6대, 1971년에 제7대 대통령에 취임했다. 박정희는 1972년 10월 대통령의 권한을 강화하는 유신 헌법을 제정했다. 그리고 이 유신 헌법에 따라 제8대 대통령으로 선출된 뒤 1인 독재 체제를 쌓았다. 이어 민주화를 요구하는 모든 분야의 사람들을 탄압하고, 언론을 철저히 감시하여 국민의 눈과 귀를 막았다. 이로써 우리나라의 민주주의는 크게 후퇴하였다. 또 대통령으로 있으면서 국민의 반대에도 불구하고 한일 국교 정상화를 추진하여 일본과 협정을 체결하였고, 베트남 전쟁에 한국 군인을 파견하기도 했다.

한편, 박정희는 당시 혼란하던 사회를 개혁하기 위해 많은 노력을 기울였다. 박정희는 집권하자마자 범죄를 소탕하고 사치와 향락을 금지했다. 그리고 국민 의식을 개혁하기 위해 가족 계획과 문맹 퇴치 운동을 실시하였다. 무엇보다도 박정희는 당시 절대 빈곤에 빠져 있던 우리 경제를 발전시키기 위해 1962년부터 경제 개발 5개년 계획을 수립하였다. 1971년에는 새마을 운동을 벌여 근면, 자조, 협동 정신을 바탕으로 농어촌을 근대화시켰고, 경부 고속 도로를 건설하여 전국을 일일 생활권으로 만들었다. 또 제3·4차 경제 개발 5개년 계획을 성공적으로 이끌어 1977년에는 수출 100억 달러를 달성했다.

박정희의 지휘 아래 상당한 경제 발전을 이룬 우리나라는 후진국에서 개발 도상국으로 성장했지만, 정치적으로는 19년 동안 독재 체제를 고집하여 민주주의에 역행하는 결과를 가져왔다. 결국 박정희는 제9대 대통령으로 있던 1979년 10월 26일 부하인 김재규가 쏜 총탄에 목숨을 잃었다.

함께 익혀 둡시다

경제 개발 5개년 계획 : 정부에서 경제 성장을 목표로 5년 단위로 추진된 경제 계획이다. 주로 도로, 철도, 항만, 공항 건설 등이 경제 개발 5개년 계획에 포함된다.

4·19 혁명 : 1960년 4월 19일, 학생을 비롯한 국민들이 이승만 자유당 정권의 독재와 부정부패, 부정 선거에 항의하여 벌인 민주 항쟁이다. 4월 19일에 절정에 달했으며, 4월 26일 마침내 이승만 대통령이 물러났다.

새마을 운동 : 근면, 자조, 협동 정신을 바탕으로 전국적으로 실시한 사회 개발 운동이다. 1971년 박정희 대통령이 실시한 이 운동은 낙후된 농촌을 근대화하는 것을 목표로 시작했다. 주로 하천을 정비하고, 다리를 건설하고, 농경지를 확장하고 현대식 주택을 건설하는 데 중점을 두어 많은 성과를 거두었다.

5·16 군사 정변 : 1961년 5월 16일 박정희 육군 소장을 중심으로 청년 장교들이 4·19혁명 이후의 정치적, 사회적 혼란을 바로잡는다는 명분으로 일으킨 군사 정변(쿠데타)이다.

유신 헌법 : 1972년 10월 17일 선포되어 11월 21일 국민 투표로 확정된 헌법으로 남북 평화 통일을 위해 국민의 기본권을 제한하며, 대통령의 임기를 6년으로 연장하고 대통령의 권한을 강화하는 내용으로 되어 있다. 이 유신 헌법에 의해 박정희는 제8대 대통령에 선출되었다.

경부 고속 도로 준공식

얽힌 이야기 한 토막

박정희는 우리나라를 가난에서 벗어나게 하기 위한 경제 개발 5개년 계획을 세웠다. 그 일 가운데 하나가 서울과 부산을 잇는 경부 고속 도로의 건설이다. 1968년 2월에 시작하여 1970년 7월에 개통된 경부 고속 도로는 총 428킬로미터나 되는 도로이다. 경부 고속 도로가 생기기 전에는 서울과 부산을 오가려면 차를 타고 하루 종일 달려야 했다. 그러나 지금은 5시간이면 오갈 수 있다. 경부 고속 도로 덕분에 전국이 일일 생활권에 들게 된 것이다.

박정희가 경부 고속 도로를 건설할 것을 제의했을 때 국회에서는 정면으로 그 의견에 반대를 하고 나섰다.

"험준한 산줄기를 뚫고 고속 도로를 내겠다니, 그건 불가능한 일입니다."

그러나 박정희는 고집을 꺾지 않았다. 1968년, 드디어 고속 도로를 건설하라는 지시가 내려졌다. 그렇게 시작된 경부 고속 도로는 건설하는 데만 2년 5개월이란 기간이 걸렸다.

이때 박정희는 틈틈이 직접 공사 현장에 나와 인부들을 격려하며 공사 현장을 두루 살피고 다니는 등 정성과 관심을 쏟았다. 이렇게 하여 완공된 경부 고속 도로는 우리나라의 경제 발전에 많은 도움을 주었다.

《북학의》를 지은 조선 시대의 실학자이다.

박제가

朴齊家 : 1750～1805. 자는 차수, 재선, 수기.
호는 초정, 정유, 위항도인.

　박제가는 1750년(영조 26) 박평의 서자로 태어났다. 소년 시절부터 시, 글씨, 그림에 뛰어났던 박제가는 19세 때 연암 박지원 밑에서 공부하였다. 이때부터 이덕무, 이서구, 유득공 등 실학자들과 가깝게 지냈고, 1776년에는 이들과 함께 《건연집》이라는 시집을 펴내 청나라에까지 이름을 떨쳤다.

　그러나 조선 시대에 서얼(서자와 얼자)은 벼슬길에 나아갈 수가 없었다. 영조의 뒤를 이어 왕위에 오른 정조는 이 같은 제도를 고쳐 신분에 차별을 두지 않고 널리 유능한 인재를 뽑아 쓰고자 했다. 정조는 규장각을 만들어 서얼들 중에서 뛰어난 인재들을 뽑아 학문을 연구하게 하였다. 박제가도 이때 정조에게 뽑혀 규장각에서 학문을 연구하였다.

　1778년(정조 2) 박제가는 사신 채제공을 따라 청나라에 가게 되었다. 그곳에서 박제가는 청나라의 여러 학자들과 만나 새로운 문물 제도와 학문에 대해 의견을 나누었다. 청나라에서 돌아온 박제가는 청나라에서 보고 들은 것을 정리하여 《북학의》라는 책을 썼다. 박제가는 이 책에서 정치, 사회 제도의 개혁과 선진 과학 기술의 도입, 그리고 생활 도구의 개선 등을 이야기했다. 이 책은 그 당시 박제가의 개혁 사상과 청나라에서 얻은 새로운 지식이 담겨 있는 명저이다.

　박제가는 1779년 정조의 특명으로 규장각의 검서관이 되어 많은 서적을 펴냈다. 이후 13년간 규장각에 근무하면서 규장각에 있는 책들을 마음껏 읽고 정조를 비롯한 국내의 유명한 학자들과 논의를 하면서 많은 책을 간행하였다.

　박제가는 1786년 정조에게 글을 올렸는데, 그 글은 신분 차별을 없애고, 상공업을 장려하여 나라를 부강하게 하고 국민의 생활을 안정시켜야 한다는 내용이었다. 그리고 그 방법으로 청나라의 선진 문물을 받아들여야 한다고 주장하였다.

　박제가는 사신으로 여러 차례 청나라에 다녀왔다. 이에 정조는 박제가에게 군기시정이라는 벼슬을 내렸다. 1794년 44세의 나이에 문과에 장원 급제한 박제가는 영평 현감이 되었다. 그러나 1800년에 정조가 세상을 떠나자, 박제가는 1801년(순조 1) 조정의 당파 싸움에서 반대파에게 몰려 함경도 종성으로 귀양을 갔다가 4년 만에 풀려났다.

　박제가는 서자라는 신분적 한계를 뛰어넘은 빼어난 학자였다. 박제가의 뛰어난 문장과 시문은 청나라에까지 이름을 날릴 정도였으며, 박제가가 지은 《북학의》는 우리나라 실학 발전의 기초가 되었다.

함께 익혀 둡시다

검서관 : 조선 시대 때 규장각에 두었던 관직이다. 주로 서얼 출신 가운데 문장과 학식이 뛰어난 사람들을 임명했다. 검서관은 서적을 검토하고 손수 옮겨 적는 일을 했다.

박지원 : 132쪽 참조.

서얼 : 서자와 얼자를 이르는 말로, 서자란 양반 남성과 본부인이 아닌 양인 여성 사이에서 태어난 아들을 말하고, 얼자란 양반 남성과 천민 여성 사이에서 태어난 아들을 말한다.

유득공 (1749~? 자는 혜풍, 혜보. 호는 냉재, 냉암) : 산업의 발달을 부르짖던 조선 시대 실학자이다. 박제가, 이덕무, 서이수 등과 함께 규장각의 검서관으로 뽑혔다. 그 뒤 포천, 제천 군수를 거쳤고, 나이가 들어서는 첨지중추부사와 풍천 부사를 지냈다. 박지원의 제자이며, 박제가, 이덕무, 이서구와 함께 한시 4대가로 불렸다. 중국의 발달된 물질 문명에 자극을 받아, 우리나라도 산업 경제의 진흥에 힘써야 한다고 주장하였다. 지은 책으로 《발해고》 등이 있다.

이덕무 (1741~1793. 자는 무관. 호는 형암, 아정, 동방일사) : 조선 중기의 실학자이다. 청나라에 건너가 학문을 닦고 돌아와 발달한 청나라 문화와 기술 등을 받아들일 것을 주장하였다. 또한 실학자인 박지원, 홍대용, 이서구 등과 깊이 사귀며 실제 생활에 필요한 학문의 필요성 등을 논의했다. 지은 책으로 《청장관 전서》, 《아정유고》 등이 있다.

이서구 (1754~1825. 자는 낙서. 호는 척재, 강산, 석모산인. 시호는 둔간) : 조선 시대 학자로 영의정 이원의 아들이다. 사관, 지평을 거쳐 홍문관에서 일했다. 1769년 박지원에게서 학문을 배웠다. 이덕무, 박제가, 유득공 등 실학자와 사귀며 학문을 논하고 문학을 즐겼는데 이들과 더불어 한시 4대가로 불렸다.

얽힌 이야기 한 토막

연암 박지원이 탑골 옆에 살면서 한창 풍류를 즐기며 장안에 이름을 떨치고 있을 때였다. 어느 날 박지원이 살고 있는 허름한 초가집에 18세쯤 된 한 젊은이가 찾아왔다. 젊은이는 대문이랄 것도 없는 곳에 서서 소리쳤다.

"이리 오너라!"

잠시 후 방문이 덜컥 열리며 주인인 듯한 남자가 얼굴을 드러내었다. 그 주인을 알아본 젊은이는 얼른 고개를 깊숙이 숙이며 말했다.

"저는 박제가라고 합니다. 여기 사시는 연암 선생님의 가르침을 받고자 왔습니다."

집주인은 너털거리는 옷을 입고 뛰어나와 젊은이의 손을 반갑게 잡으며 방 안으로 끌어들였다. 박지원은 벌써부터 박제가의 이름을 들어 왔던 터라 마치 옛 친구를 만난 듯 반겼다. 그렇게 마주 앉은 두 사람은 이마를 맞대고 서로의 글을 읽고 의견을 나누느라 시간 가는 줄 몰랐다. 밥 먹을 때가 훨씬 지나 있었다. 박지원은 손수 쌀을 일어 차 끓이는 탕기에 넣고 밥을 지었다. 그리고 밥을 술 담는 옹기 그릇에 퍼 담아 와서 많이 먹고 오래 살라고 축수해 주었다.

놀랍고 기쁘고 분에 넘치는 대접을 받은 박제가는 글을 지어 감사의 마음을 대신하였다.

박제가는 그 후에도 박지원과의 첫 만남을 잊지 못해 하며 이렇게 말했다.

"그날은 내 일생에서 최고로 성대한 날이었다. 정성을 다해 맞이해 준 그분의 마음을 영원히 잊지 못할 것이다."

이후로 박제가는 박지원을 자주 찾아갔다. 그리고는 일주일이고 한 달이고 글을 짓고 술을 마시며 어울렸다.

연암 박지원의 집 건너편에는 이덕무가 살았고, 몇 집 건너에는 이서구가 살고 있었다. 그래서 박지원의 집에는 유득공을 포함한 이덕무, 이서구, 박제가 등 조선 후기 한시 4대가가 쉽게 모일 수 있었던 것이다. 특히 모두 서자 출신이었던 이들은 박지원의 새로운 지식에 한없이 심취되어 하루도 만나지 않으면 몸살이 날 지경이었다.

박제가는 장가를 가던 날에도 말을 타고 친구들 집을 일일이 돌아다니며 술을 한 잔씩 하고, 마지막으로 스승인 박지원의 집 주위를 한 바퀴 돌아보고야 신부에게 갔다고 한다.

나라를 위해 목숨을 바친 신라의 충신이다.

박제상 朴堤上 : ?~? 《삼국유사》에는 성이 김씨로 되어 있음.

　　박제상은 신라 제5대 왕인 파사왕의 5세손이다. 그 당시 신라는 고구려, 백제와는 달리 아직 국가의 체제를 정비하기 전이어서 힘이 매우 미약했다. 그리하여 신라는 주변 국가들로부터 끊임없이 위협을 받고 있었다. 이에 신라의 실성왕은 끊임없이 신라의 동해안을 침범하는 왜와 평화롭게 지내기 위해 화친을 맺고 402년에 내물왕의 셋째 아들인 미사흔을 볼모로 보냈다. 또 강력한 힘을 가진 고구려에도 내물왕의 둘째 아들인 복호를 보냈다.

　　실성왕 다음으로 왕위에 오른 내물왕의 큰아들 눌지왕은 늘 볼모로 가 있는 두 동생들을 그리워하였다. 그때 신하들이 삽량주(양산) 태수로 있던 박제상을 추천하여 눌지왕은 박제상에게 두 동생들을 신라로 데려올 것을 명했다. 눌지왕의 이런 마음을 잘 알고 있던 박제상은 418년 먼저 고구려에 가서 뛰어난 말솜씨로 장수왕을 설득하여 복호를 구해 무사히 돌아왔다.

　　이어 박제상은 왜에 인질로 가 있는 미사흔을 구하기 위해 부인의 간곡한 만류를 뿌리치고 왜로 떠났다. 왜에 도착한 박제상은 먼저 자신이 신라에 반대하여 도망해 온 것처럼 속여 왜왕을 안심시켰다. 그리고 뒷날 왜가 박제상과 미사흔을 길잡이로 삼아 신라를 쳐들어갈 때 미사흔을 무사히 탈출시켰다. 그러나 자신은 왜에 남아 붙잡혔다.

　　왜왕은 박제상의 충절을 알아보고 왜의 신하로 삼기 위해 온갖 방법을 다 동원하여 유혹하였다. 그러나 박제상은 단호히 거절했다. 박제상은 "신라의 개나 돼지가 될지언정 왜의 신하는 될 수 없다."라며 끝까지 충절을 지켰다.

　　왜왕은 갖은 고문으로 박제상을 협박했으나, 박제상의 마음을 돌이킬 수 없었다. 박제상은 목도로 귀양 갔다가, 거기서 죽었다. 박제상의 충성심에 감동받은 눌지왕은 박제상에게 대아찬이라는 큰 벼슬을 내리고, 박제상의 딸을 동생 미사흔과 결혼시켰다.

　　한편, 남편 박제상이 돌아오지 않자 박제상의 부인 김 씨는 동해가 내려다보이는 바닷가 바위에 올라가 남편을 기다렸다. 그러나 기다리던 남편이 끝내 돌아오지 않자 지친 부인은 그대로 선 채 돌이 되고 말았다. 훗날 사람들은 이 바위를 '망부석'이라 불렀다고 한다. 눌지왕은 지금의 울주군 범서면에 은을암을 지어 박제상과 부인 김 씨의 명복을 빌었다고 한다.

함께 익혀 둡시다

내물왕 (?~402. 재위 기간 : 356~402. 성은 김씨) : 신라 제17대 왕이다. 364년 침범한 왜구들을 물리쳤다. 이어 계속된 말갈의 침략을 막아 내는 한편 377년과 381년에는 고구려 사신의 안내로 중국 전진과 외교 관계를 맺었다. 이 무렵부터 중국의 문물이 신라에 들어왔으며, 한자를 사용하기 시작하였다. 399년에 백제와 왜가 연합하여 쳐들어오자, 고구려 광개토 대왕이 보낸 5만의 지원군으로 이를 물리쳤다.

눌지왕 (?~458. 재위 기간 : 417~458. 성은 김씨) : 신라 제19대 왕으로, 내물왕의 큰아들이다. 왕위에 오른 뒤 박제상에게 고구려와 왜에 볼모로 가 있는 두 동생을 데려오도록 했다. 422년 사신을 보내 고구려와 외교 관계를 유지했으나, 고구려가 수도를 평양으로 옮기고 계속 남쪽으로 내려오자 433년 백제와 동맹을 맺었다. 455년 고구려가 백제를 침입하자 군사를 보내 백제를 구원해 주었다.

망부석 : 아내가 남편을 기다리다가 그대로 죽어서 굳어 버렸다는 돌이다. 박제상의 아내에 얽힌 전설이 유명하다.

미사흔 (?~433. 성은 김씨) : 신라 내물왕의 셋째 아들이다. 402년 신라가 왜와 외교를 맺자 실성왕에 의해서 왜에 볼모로 갔다. 418년(눌지왕 2) 박제상의 꾀로 왜에서 빠져 나왔다. 미사흔은 박제상의 은혜에 보답하기 위해 그의 둘째 딸과 결혼했다.

복호 (?~?. 혹은 보해) : 내물왕의 둘째 아들이며, 눌지왕의 동생이다. 412년 화친을 맺은 고구려에 인질로 보내진 뒤 억류되어 있다가 418년 박제상의 도움으로 무사히 신라로 돌아왔다.

실성왕 (?~417. 재위 기간 : 402~417. 성은 김씨) : 신라 제18대 왕으로, 392년(내물왕 3) 고구려에 볼모로 잡혀 갔다가 401년에 돌아와 내물왕이 죽은 뒤 왕위에 올랐다. 왕위에 오른 뒤 내물왕의 두 왕자를 고구려와 왜에 볼모로 보냈다. 405년 명활산성에 침입한 왜구를 물리쳤다. 417년 고구려 사람을 시켜 눌지를 죽이려다가 도리어 눌지에게 살해되었다.

얽힌 이야기 한 토막

미사흔이 신라로 떠났다는 사실을 뒤늦게 안 왜왕은 기병으로 하여금 미사흔을 뒤쫓게 했으나 때는 이미 늦어 있었다. 이에 몹시 화가 난 왜왕은 박제상을 옥에 가두어 버렸다. 왜왕이 박제상에게 물었다.
"너는 어찌하여 왕자를 몰래 빼돌렸느냐?"
"나는 계림(신라의 다른 이름)의 신하이지 왜의 신하가 아니오. 우리 임금의 소원을 이루어 드리는데, 어찌 그 일을 그대에게 말하겠소."
"너는 이미 계림을 배반하고 우리나라로 건너와 내 신하가 되었는데, 어찌 계림의 신하라고 하느냐? 만일 네가 왜의 신하라고 한다면 내 너에게 후한 상을 내리겠지만, 그렇지 않다면 무서운 형벌을 가하리라."

"계림의 개나 돼지가 될지언정 왜의 신하는 되지 않을 것이며, 계림의 형벌을 받을지언정 왜의 상은 받지 않겠소."
박제상의 말을 들은 왜왕은 더욱 화가 나서 박제상에게 막 베어 낸 갈대밭을 걷게 했다. 그러고는 다시 물었다.
"니는 이느 니리 신히냐?"
"나는 계림의 신하다."
왜왕은 이번에는 더 가혹한 형벌을 가한 다음 다시 물었다.
"너는 어느 나라 신하냐?"
"나는 계림의 신하다."
왜왕은 박제상을 도저히 굴복시킬 수 없다는 것을 깨닫고 목도라는 섬에 귀양 보냈다가 죽였다.

《열하일기》를 지은 뛰어난 소설가이자 실학자이다.

박지원

朴 趾 源 : 1737~1805. 자는 중미. 호는 연암. 시호는 문도.

박지원은 1737년(영조 13) 박사유의 아들로 태어났다. 어려서 아버지를 여읜 박지원은 할아버지 밑에서 자랐다. 박지원은 1752년 결혼하여 처삼촌인 이양천에게서 학문을 배우고 익혔다. 1765년에 과거에 처음 응시하였으나 낙방하였고, 이후 과거에는 응시하지 않고 학문 연구에만 몰두하였다.

1768년 박지원은 백탑 근처로 이사하면서 이웃한 박제가, 유득공 등과 어울려 학문적으로 깊은 교류를 가졌다. 또 이 무렵 이덕무, 홍대용 등과 생활에 도움이 되는 실학에 대하여 자주 토론을 벌였다.

당시 홍국영이 권력을 장악하면서 홍국영과 반대파에 속해 있던 박지원은 생활이 더욱 어렵게 되었다. 게다가 목숨까지 위태로워지자 박지원은 황해도 금천의 연암협으로 이사를 하였다. 박지원의 호 '연암'은 연암협이라는 지명에서 따온 것이다.

박지원은 홍대용, 박제가 등과 함께 청나라의 앞선 문물을 받아들이자고 열심히 주장하였다. 1780년 마침 청나라에 사신으로 가는 친척 박명원을 따라 청나라에 간 박지원은 북경과 열하를 여행하고 청나라의 문물을 살펴보고 돌아왔다. 이때 청나라에서 보고 느낀 것을 정리하여 《열하일기》를 썼다.

박지원은 《열하일기》에서 정치, 경제, 병사, 천문, 지리, 문학 등 여러 방면에 걸쳐 청나라의 새로운 문물을 소개하였다. 또 청나라를 본보기로 하여 우리나라의 제도, 정치, 기술 등을 개혁하고, 백성들의 생활에 도움이 되는 학문을 해야 한다고 하였다. 하지만 《열하일기》는 당시 유교 사상에 빠져 있던 유학자들에게 많은 비난을 받았다.

그 뒤 박지원은 그의 뛰어난 자질을 아낀 왕의 특별 명령으로 1786년 선공감 감역이 되었다. 한성부 판관 등을 지낸 박지원은 1792년 안의 현감, 1797년 면천 군수를 거쳐 1800년 양양 군수를 끝으로 관직에서 물러났다.

박지원은 또 〈양반전〉, 〈허생전〉, 〈예덕선생전〉, 〈열녀함양박씨전〉, 〈호질〉 등 10여 편의 한문 소설을 썼다. 이 소설들에는 특유의 해학이 담겨 있는데, 주로 당시의 무능한 양반과 부패한 관리들을 예리하게 풍자하였다.

함께 익혀 둡시다

실학 : 실생활에 도움이 되는 학문이라는 뜻으로, 성리학의 한계를 극복하여 사회 변화와 문제에 대처하기 위해 연구한 학문이다. 잘못된 사회 제도를 바로잡고, 토지를 개혁하여 백성들의 생활을 안정시키고 상공업을 발전시켜 나라의 힘을 기르자고 주장하였다. 조선 후기에 널리 퍼졌으며 대표적인 학자로 유형원, 이익, 정약용, 홍대용, 박지원, 박제가 등이 있다.

〈양반전〉 : 연암 박지원이 지은 한문 소설이다. 박지원의 여러 소설들 중에 가장 뛰어난 작품으로 손꼽힌다. 한 가난한 선비가 해마다 관청에서 곡식을 꾸어 먹고는 갚지 않아 마침내 감옥에 갈 지경에 이르렀다. 이때 같은 고을에 사는 부자 상인이 대신 곡식을 갚고, 선비에게 양반의 지위를 샀다. 이 사실을 안 고을 원님은 두 사람을 불러 양반을 사고파는 것과 양반이 지켜야 할 행동거지에 대한 것을 문서로 작성하였다. 부자 상인은 이 문서를 보고 양반 되는 것이 너무도 어렵고 복잡하여 양반 되기를 거절하고 도망쳤다는 내용이다.

유득공 (1749~? 자는 혜풍, 혜보. 호는 냉재, 냉암) : 산업의 발달을 부르짖던 조선 시대 실학자이다. 박제가, 이덕무, 서이수 등과 함께 규장각의 검서관으로 뽑혔다. 그 뒤 포천, 제천 군수를 거쳤고, 나이가 들어서는 첨지중추부사와 풍천 부사를 지냈다. 박지원의 제자이며, 박제가, 이덕무, 이서구와 함께 한시 4대가로 불렸다. 중국의 발달된 물질 문명에 자극을 받아 우리나라도 산업 경제의 진흥에 힘써야 한다고 주장하였다. 지은 책으로 《발해고》 등이 있다.

이덕무 (1741~1793. 자는 무관. 호는 형암, 아정, 동방일사) : 조선 중기의 실학자이다. 청나라에 건너가 학문을 닦고 돌아와 발달한 청나라 문화와 기술 등을 받아들일 것을 주장하였다. 또한 실학자인 박지원, 홍대용, 이서구 등과 깊이 사귀며 실제 생활에 필요한 학문의 필요성 등을 논의했다. 지은 책으로 《청장관 전서》, 《아정유고》 등이 있다.

홍국영 (1748~1781. 자는 덕로) : 조선 정조 때의 문신이다. 영조의 뒤를 이어 정조가 왕위에 오르는 데 많은 노력을 기울여 정조로부터 동부승지, 도승지의 벼슬을 받았다. 이때부터 권력을 잡기 시작하였는데, 누이동생이 정조의 빈이 되자 더욱 권세를 휘둘렀다. 1780년 순정 왕후 김씨를 죽이기 위해 음식에 독약을 넣었다가 발각되어 강릉에 유배되었다가 죽었다.

홍대용 : 358쪽 참조.

얽힌 이야기 한 토막

박지원의 소설 중 〈호질〉의 내용이다.
동리자라는 과부의 집에 이웃에 사는 북곽 선생이라는 선비가 자주 드나들었다. 어느 날 북곽 선생은 동리자의 집에 드나들다 그만 과부 동리자의 다섯 아들에게 들키고 말았다. 과부의 아들들은 학식이 높고 점잖기로 소문난 북곽 선생이 여자 혼자 있는 방에 들어올 리가 없으므로 이는 필시 천 년 묵은 여우가 북곽 선생으로 둔갑한 것이라 생각했다. 그래서 아들들은 그 여우를 잡아 팔면 큰 돈이 될 것이라고 생각하고 북곽 선생을 때려 잡으려고 했다.
이에 놀란 북곽 선생은 급하게 도망치다가 그만 거름통에 빠지고 말았다. 북곽 선생은 온몸에 냄새나는 거름을 뒤집어쓴 채 가까스로 거름통에서 빠져나왔다. 그런데 눈앞에 커다란 호랑이가 입을 쩍 벌린 채 기다리고 있었다. 겁에 질린 북곽 선생은 호랑이 앞에서 무릎을 꿇고 제발 살려 달라고 손이 발이 되도록 빌었다. 그 호랑이는 예전에 호랑이들끼리 모여 어떤 사람 고기가 가장 맛있고, 맛이 없는지에 대해 회의를 열었을 때, 선비 고기가 가장 맛이 없다는 이야기를 들은 적이 있었다. 선비는 남에게 아첨을 잘하고 비굴하며 거짓말을 잘하기 때문에 고기조차 질기고 맛이 없다는 것이다.
호랑이가 가만히 살펴보니 과연 그 이야기가 맞았다. 살려 달라고 애걸하는 북곽 선생의 비굴한 모습을 보니 구역질이 날 지경이었다. 호랑이는 큰소리로 북곽 선생을 꾸짖었다.
"너희 선비란 놈들은 아첨 잘하고 비굴하며 거짓말을 잘한다더니, 과연 그렇구나. 너 따위 거짓된 인간은 더러워서라도 잡아먹지 않으련다."
그러더니 호랑이는 바람처럼 사라져 버렸다. 북곽 선생이 정신없이 빌다가 머리를 들어보니 호랑이는 간 데 없고 마침 지나가는 농부들이 주위에 모여 있었다. 그러자 북곽 선생은 다시 점잔을 빼며 말했다.
"에헴, 새벽 공기를 마시려고 산책을 나왔다네. 에헴!"

신라를 세운 건국 시조이다.

박혁거세

朴赫居世 : 기원전 69~기원후 4.
재위 기간 : 기원전 57~기원후 4.

　박혁거세는 신라를 건국한 왕이다. 《삼국사기》와 《삼국유사》에 전해 오는 신라의 건국 신화를 살펴보면 다음과 같다.
　기원전 69년 3월 1일, 경주 지방의 여섯 마을 촌장들이 알천이라는 언덕 위에 모여, 임금을 모시어 나라를 세우고 도읍을 정할 것을 의논하고 있었다. 이때 양산 밑에 있는 나정이라는 우물 근처에 하늘에서 신기한 빛이 비추고, 흰말 한 마리가 꿇어앉아 절하고 있는 모습을 하고 있어 가 보니 큰 알이 하나 있었다. 말은 하늘로 날아가고, 그 알에서 어린 사내아이가 나왔다. 그 아이를 여섯 마을 가운데 하나인 고허촌의 촌장 소벌공이 데리고 가서 길렀다.
　박과 같이 생긴 알에서 나왔다고 해서 성을 박씨라 하고(또는 '밝다'라는 뜻에서 박씨라고 했다고도 한다), 빛이 세상을 비추었다는 뜻으로 이름을 '혁거세'라고 지었다. 박혁거세는 기골이 장대하고 모습이 준수하였으며, 매우 영특한 아이로 자랐다.
　여섯 마을의 촌장들은 혁거세의 출생을 신비롭고 기이하게 여겨, 기원전 57년 혁거세가 13세 되던 해 그를 왕으로 추대했다. 이때 왕의 칭호를 거서간 또는 거슬한이라 하였고, 나라 이름을 서나벌, 서라벌, 서벌 혹은 사라, 사로라 하였다.
　한편, 기원전 53년에 알영을 왕비로 맞아들였는데, 알영의 출생 설화는 다음과 같다. 어느 날 모량리에 있는 알영이라는 우물가에 용이 나타나 여자아이를 낳았다. 여자아이는 얼굴과 모습이 아름다웠으나, 입술이 마치 닭의 부리같이 생겨 월성 북쪽에 있는 냇가에서 목욕을 시켰더니 그 부리가 떨어졌다. 알영은 성품이 어질고 모습이 아름다운 처녀로 자랐다. 박혁거세는 알영의 이야기를 듣고 알영을 왕비로 삼았다고 한다.
　박혁거세는 왕비와 함께 전국을 돌며 농사와 양잠(누에치기)을 장려하였다. 기원전 37년에는 지금의 경주 지역에 성을 쌓아 금성이라 하고, 기원전 32년에 금성에 궁궐을 지었다. 기원전 28년 낙랑이 쳐들어왔으나 국경에 있는 백성들이 밤에 문을 잠그지 않고, 들에 곡식 더미가 즐비한 것을 보고 '도덕의 나라'라고 여기고 스스로 물러갔다.
　박혁거세는 61년 동안 나라를 다스리다 죽었다. 그런데 죽자마자 몸이 5개로 분리되었고, 이 5개의 몸을 한데 묻으려고 하자 큰 뱀이 나타나 방해하여 5개의 능에 나누어 장사지냈다고 한다. 이 능이 바로 경주시 탑동에 있는 오릉이다.

함께 익혀 둡시다

소벌공 (?~? 소벌도리라고도 부름) : 신라 돌산 고허촌의 촌장으로 사량부 정씨의 시조이다. 어느 날 양산 나정 근처에서 큰 알을 하나 얻어 깨어 보니 사내아이가 나왔다. 이에 그 아이를 데려다 길렀는데, 그가 바로 신라의 시조 박혁거세라고 한다.

알영 (기원전 53~?) : 신라 시조 박혁거세왕의 왕비이다. 기원전 53년 정월에 용이 알영 우물가에 나타나 옆구리에서 여자아이를 낳았다. 어느 할머니가 그것을 보고 이상하게 생각하여 데려다 길렀다. 알영 우물에서 나왔으므로 알영이라고 이름을 지었는데, 자라면서 덕이 있었다. 박혁거세가 그 이야기를 듣고 데려다 부인으로 삼아 왕비가 되었다.

나정 터

알영정 터

얽힌 이야기 한 토막

신라를 세워 평화롭게 나라를 다스리던 박혁거세는 어느 날 밤 꿈을 꾸었다. 꿈속에 한 신선이 나타나 손에 들고 있던 번쩍번쩍 빛나는 금으로 된 자를 박혁거세에게 주면서 이렇게 말했다.

"대왕마마, 이 자를 왕위의 표식으로 드리겠습니다. 그러니 이 자를 자손 대대로 길이 전해 주십시오. 그리고 만일 백성들 중에서 병이 들어 앓는 사람이 있으면 이 자를 가지고 몸을 재면 금방 나을 것입니다."

박혁거세는 기쁜 마음으로 눈을 떴지만 이미 그 신선은 어디론가 사라지고 없었다. 하지만 박혁거세의 머리맡에는 꿈속에서 신선에게 받았던 번쩍번쩍 빛나는 금으로 된 자가 하나 놓여 있었다.

그 뒤 박혁거세는 백성들이 앓아누우면 그 자를 이용하여 병을 깨끗하게 치료하여 주었다. 그리하여 박혁거세는 점점 더 백성들의 존경을 받게 되었다.

박혁거세는 영험한 그 자를 나라의 보물로 귀중하게 보관하여 후세에게 전했다.

그런데 훗날 신라에 그러한 보물이 있다는 사실이 당나라 황제에게 알려졌다. 그 소문을 들은 당나라 황제는 곧바로 신라에 사신을 보내 그 금으로 된 자를 보내라고 했다. 그러나 신라 왕은 왕위의 표시로서 대대로 내려오는 나라의 보물을 내줄 수 없었다.

신라 왕은 고민 끝에 30여 개의 크고 작은 무덤을 만들어 금자를 그중 한 무덤에 묻어 두었다. 그리고 당나라 사신에게 이미 땅속에 묻어 버렸다며 돌려보냈다. 그러나 그 뒤 어느 무덤에 묻었는지 몰라 그 자를 다시 찾을 수 없었고, 그 일로 결국 신라는 망하게 되었다고 한다.

그 당시 그 자를 묻었던 무덤들을 '금척릉'이라 하고, 그 동네를 '금척리'라 불렀다.

어린이날을 만든 어린이의 아버지이다.

방정환
方定煥 : 1899~1931. 호는 소파.

방정환은 1899년 서울에서 방경수의 외아들로 태어났다. 1909년 매동 보통학교에 입학하였으나 이듬해 미동 보통학교로 전학하여 1913년에 졸업하였다. 그해 선린 상업 학교에 입학하였으나 집안 사정이 어려워 이듬해 중퇴하였다.

1918년 보성 전문 학교(고려 대학교)에 입학하였고, 1919년 3·1운동 때 독립 선언문을 배포하다가 체포되어 고문을 받고 일주일 만에 풀려났다.

1920년 일본으로 건너간 방정환은 도요 대학 철학과에서 아동 예술과 아동 심리학을 공부하며 본격적으로 아동 문학에 몰두했다. 여름 방학을 맞아 귀국한 방정환은 어린이에게 존댓말 쓰기 운동을 벌였다. 그 당시에는 이놈, 어린것, 애새끼라는 말로 아이들을 낮추어 불렀다. 이를 안타깝게 여긴 방정환은 처음으로 '어린이'라는 말을 사용하였다. 이로써 방정환은 어린이들도 어른과 마찬가지로 하나의 인격체임을 선언했다.

방정환은 1921년에 천도교 소년회를 조직하여 '씩씩하고 참된 소년이 됩시다. 그리고 늘 사랑하며 도와 갑시다'라는 표어를 만들고 본격적으로 소년 운동을 전개하였다. 천도교 소년회를 중심으로 1922년 5월 1일에 처음으로 어린이날을 정하고, 세계 명작 동화집 《사랑의 선물》을 펴냈다.

1923년 3월에 우리나라 최초의 순수 아동 잡지 〈어린이〉를 창간하였고, 그해 5월 1일 도쿄에서 손진태, 윤극영, 진장섭, 고한승 등과 함께 아동 문화 운동 단체인 색동회를 조직했다. 색동회에서는 어린이날 기념 행사를 비롯해 전국 각지에서 여러 가지 행사를 벌였다. 1925년에는 어린이날을 기념하는 동화 구연 대회를 개최하였고, 1928년에는 세계 20여 개국이 참가하는 세계 아동 예술 전람회를 개최하였다. 이후 방정환은 여러 어린이 단체에서 활동하였는데, 조선 소년 총동맹이 만들어져 어린이 운동의 방향이 달라지자 모든 단체 활동을 그만두었다. 그리고 오직 강연회와 동화 구연 대회, 그리고 라디오 방송 활동에만 전념하였고, 1931년 잡지 〈혜성〉을 발간했다. 그해 방정환은 신장염과 과로로 32세의 젊은 나이에 세상을 떠났다.

방정환이 정한 어린이날은 1946년부터 5월 5일로 바뀌어 오늘날까지 이르고 있다. 또 한평생 오직 어린이들을 위해 살다 간 방정환의 뜻을 기리기 위해 1957년 소파상이 만들어졌다. 방정환이 지은 책으로는 《소파 전집》, 《소파 동화집》, 《까치옷》 등이 있다.

1978년 금관 문화 훈장, 1990년 건국 훈장 애국장이 주어졌다.

함께 익혀 둡시다

색동회 : 아동 문학과 아동 운동을 위한 문화 단체이다. 1922년 도쿄에서 일본에 유학 중이던 방정환, 손진태, 마해송, 윤극영, 조재호 등이 중심이 되어 만들었다. 1923년 잡지 〈어린이〉를 펴 내 많은 동화와 동요를 발표하였다.

소파상 : 어린이 운동의 선구자인 소파 방정환을 기념하기 위해 만들어진 상이다. 1957년 새싹회에서 제정했는데, 해마다 어린 이를 위한 일에 애쓴 사람에게 주어진다.

〈어린이〉 : 소파 방정환이 만든 어린이 잡지로, 1923년 3월 20 일 창간하였다. 처음엔 12쪽 분량으로 한 달에 두 차례씩 펴냈으 며, 안데르센의 동화 《성냥팔이 소녀》를 방정환이 우리말로 옮겨 창간호에 첫선을 보였다. 그 뒤 월간으로 바뀌면서 차츰 잡지의 모습을 갖추었으며, 한국 아동 문학의 길잡이 역할을 하였다. 1934년 일본의 압력에 의해 폐간되었다.

천도교 소년회 : 1921년 천도교 청년들이 중심이 되어 만든 단체 로 '씩씩하고 참된 소년이 됩시다. 그리고 늘 사랑하며 도와 갑시 다'라는 표어를 내걸고 본격적으로 소년 운동을 전개하였다. 어린 이들에게 민족의 혼을 불어넣기 위하여 아름다운 우리말 교육에 힘쓰는 한편 동화와 잡지의 출판을 통해 우리 문화를 일깨워 주려 애썼다. 1935년 이후 일본의 탄압이 심해 활동이 중단되었다.

 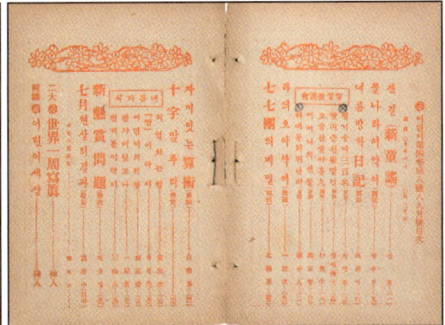 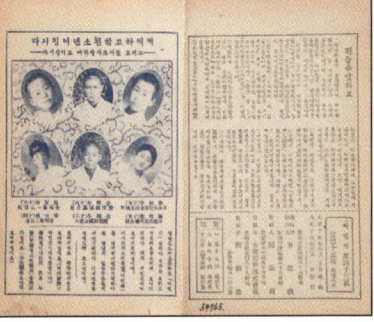

〈어린이〉

얽힌 이야기 한 토막

방정환은 천도교 회관에서 어린이들을 모아 놓고 동화를 자 주 들려주었다. 그날도 방정환이 들려주는 동화를 듣기 위해 천도교 회관은 어린이들로 북저거렸다. 그런데 그 가운데 어 울리지 않게 일본인 순사가 한 사람 끼어 있었다. 그때는 이 미 일본이 우리나라를 식민지로 삼은 지 한참 지난 후였다.
"조용히! 소파 선생님께서 나오신다. 모두들 이야기를 들을 수 있도록 조용히들 해. 그리고 고무신에 또 오줌 싸지 말고 어서 측간(화장실)에 다녀와."
그 말에 그곳에 모인 아이들은 와! 하고 웃음을 터뜨렸다.
드디어 방정환이 모습을 드러냈다.
"어린이 여러분, 반갑습니다. 오늘은 어떤 이야기를 들려줄 까요? 슬픈 이야기를 할까요, 즐거운 이야기를 할까요?"
"슬픈 얘기요. 눈물이 막 나오는 얘기가 좋아요. 우리 엄마도 선생님 얘기 듣고 막 울었대요."

그 말을 들은 방정환은 빙그레 웃으면서 이야기를 시작하였 다. 그날 이야기는 두 팔이 없는 아이에 대한 것이었다. 그 아 이는 태어나자마자 버림을 받았고, 서커스단에 들어가 자신 의 가련한 몸뚱이를 구경거리로 보여 주고 겨우겨우 밥을 얻 어먹었다. 이야기를 시작한 지 얼마 지나지도 않았는데, 벌 써부터 훌쩍거리는 어린이가 있었다.
'흥, 내가 이 따위 애들 이야기에 감동할 줄 알고? 독립 사상 을 들먹이거나 일본을 욕하는 소리가 나오기만 해 봐라. 당 장 잡아다 혼쭐을 내고 말겠다.'
일본 순사는 입술을 깨물면서 생각했다. 그러나 그는 곧 얼 마 지나지 않아 입을 헤 벌린 채 방정환의 이야기에 빠져들 고 있었다. 그리고 주인공이 서커스단에서 구박받는 이야기 가 전개될 때는 너무 슬퍼서 엉엉 울고 말았다.
그날 이후 방정환은 일본 순사를 울린 사람으로 소문이 났다.

삼별초의 난을 일으켜 끝까지 몽골에 맞선 고려의 장군이다.

배중손 裵仲孫 : ?~1271.

　몽골의 침입으로 나라 전체가 위태롭고 굴욕적인 시대를 살았던 배중손은 고려의 무신으로 삼별초의 장군이었다.

　강화도로 도읍을 옮겨 몽골군에 대항하여 싸우던 고려 조정은 1270년(원종 11) 몽골에 항복하고 말았다. 이어 개경으로 돌아온 원종은 삼별초에게 강화도에서 철수하여 개경으로 돌아올 것을 명령하였다. 그러나 삼별초가 몽골과 끝까지 싸울 것을 주장하며 임금의 명령을 거부하자 원종은 삼별초에게 강제 해산 명령을 내렸다.

　삼별초의 해산 명령은 배중손을 비롯한 삼별초의 지휘관에게는 목숨을 내놓으라는 것과 다름없었다. 이에 배중손은 자신이 이끌던 삼별초군과 노영희의 야별초를 묶어 강화도에서 몽골에 대항하는 삼별초의 난을 일으켰다.

　배중손은 몽골에 항복한 원종을 왕으로 모실 수 없다며, 왕족인 승화후 온을 새 왕으로 받들었다. 배중손은 육지와의 교통로를 막고 관리들과 귀족, 병사들이 섬을 빠져나가는 것을 금지시켰다. 그리고 섬 안에 있는 몽골 사람들을 처형하였다.

　배중손 등 삼별초의 지도부는 새 정부를 세운 지 3일 만에 병선 1천여 척에 강화도에 있던 백성들과 재물을 모두 싣고 강화도를 떠났다. 그것은 해전에 약한 몽골군과의 싸움에서 이기기 위한 전략이었다. 일행은 서해안 요지를 정복하며 남쪽으로 내려가 진도에 진을 치고 궁궐을 세웠다. 이어 서해의 여러 섬과 나주, 전주에까지 나아가 관군을 물리치고 해상 왕국을 건설하였다. 그 뒤 김방경이 이끄는 고려군과 흔도가 이끄는 몽골의 연합군을 여러 차례 물리쳐 주위에 큰 위세를 떨쳤다.

　1271년 배중손은 새로 홍다구가 이끌고 온 몽골군과 김방경, 흔도가 이끄는 연합군이 합세한 대규모 공격에 맞서 격전을 벌였으나 끝내 진도는 함락되고 말았다. 이리하여 삼별초 새 정부의 왕인 승화후 온은 홍다구의 손에 죽었고, 배중손도 맞서 싸우다가 전사하고 말았다.

　여기서 마지막까지 살아남은 삼별초군은 다시 탐라(제주도)로 들어갔다. 탐라에 진을 친 삼별초군은 김통정을 중심으로 2년 동안 저항을 계속했다. 그러나 1273년 고려와 몽골의 연합군에게 완전히 진압당했다.

함께 익혀 둡시다

김방경 (1212~1300. 자는 본연. 시호는 충렬) : 고려의 명장이다. 감찰어사, 서북면 병마 판관 등 여러 벼슬을 지냈다. 1271년에 몽골군과 함께 배중손이 이끄는 삼별초의 본거지인 진도를 점령하였고, 이어 1273년 탐라(제주도)에서 김통정이 이끄는 삼별초군을 완전히 몰아냈다. 1274년과 1281년 두 차례에 걸쳐 원나라(몽골)가 일본을 정벌하러 갈 때 중군장과 도원수로 참여하였다. 1277년 모함을 받아 백령도에 유배되었다가 원나라로 끌려갔으나 충렬왕의 도움으로 풀려났다.

김통정 (?~1273) : 삼별초의 장수이다. 1270년(원종 11) 도읍을 개경으로 옮기는 것에 반대하고, 몽골에 대항하여 끝까지 싸울 것을 주장했다. 몽골과 고려 연합군에 맞서 진도에 들어갔으나, 김방경과 원나라 흔도, 홍다구가 이끄는 연합군에 패하여 배중손이 전사하자, 남은 군사들을 이끌고 탐라로 들어갔다. 원나라와 고려 조정에서 수십 차례 사람을 보내 항복을 권했으나 끝내 응하지 않고 맞섰다. 1273년 김방경 등이 이끄는 연합군에 의해 탐라가 점령당하자 스스로 목숨을 끊었다.

노영희 (?~?) : 1270년 야별초의 지휘관으로 있으면서 배중손과 함께 도읍을 강화도에서 개경으로 옮기는 것을 반대하고 몽골과 싸울 것을 주장하였다. 승화후 온을 왕으로 추대하고 몽골에 맞섰다. 근거지를 진도로 옮겨 경상도, 전라도의 연안 지방에서 세력을 떨치다가 1271년 김방경 등이 이끄는 고려 몽골 연합군에게 패해 숨졌다.

삼별초 : 고려 최씨 집권 시기에 최우가 조직한 개인의 특수 군대이다. 삼별초는 최우가 도둑을 막고 치안을 유지하기 위해 설치한 야별초에서 비롯되었다. 별초란 '용사들로 조직된 선발 군인'이란 뜻이다. 그 뒤 야별초의 규모가 커지자 좌별초와 우별초로 나뉘었다. 또한 최우는 몽골군의 포로가 되었다가 탈출한 병사들을 모아 신의군을 조직하였다. 이 좌별초, 우별초, 신의군을 합해 삼별초라 불렀다.

승화후 : (?~1271. 이름은 온) : 고려의 왕족이다. 삼별초의 난 때 강화도에서 배중손 등에게 왕으로 추대되었다. 삼별초군이 진도에서 고려와 몽골의 연합군에게 크게 패했을 때 아들과 함께 몽골의 장수 홍다구에게 죽었다.

얽힌 이야기 한 토막

몽골의 침입으로 도읍을 강화도로 옮겼던 고려 조정은 몽골에게 항복하고 개경으로 돌아갔다. 그러나 삼별초는 개경으로 돌아갈 수가 없었다. 삼별초의 장군인 배중손이 몽골의 지배를 거부하고 있었기 때문이다.

"우리 고려가 몽골의 침입을 받은 지 벌써 30년이다. 그동안 당한 고통을 생각하면 피눈물이 나고 참을 수가 없다. 이제 와서 항복하고 개경으로 돌아간다면 나라를 파는 일과 같다. 나는 개경으로 갈 수가 없다. 우리는 진도로 가자."

배중손을 중심으로 굳게 뭉친 삼별초는 백성들과 함께 진도로 갔다. 그것은 육지에서 떨어진 섬에 들어가 해전에 약한 몽골과 끝까지 싸우기 위해서였다.

"성을 쌓아라. 몽골은 해전에 약하니 걱정할 것이 없다. 새 왕을 모시고 힘을 기른 뒤에 육지로 나아가 몽골의 지배로부터 백성들을 구하도록 하자."

배중손은 삼별초를 중심으로 진도에 새로운 왕을 모실 궁궐과 성을 세웠다. 이어 육지로 나아가 몽골 군대를 쳐부수기 시작했다.

1271년 김방경이 이끄는 고려군과 몽골에서 파견한 흔도, 홍다구가 이끄는 몽골군이 진도로 쳐들어왔다.

"이 싸움에서 꼭 이겨 몽골군의 기를 꺾어야 한다."

배중손은 비장한 각오로 삼별초를 이끌고 싸움터로 나갔다.

"와아! 와아!"

배중손을 중심으로 굳게 뭉친 삼별초군은 악착같이 싸웠으나, 막강한 몽골과 고려의 연합군을 도저히 당해 낼 수가 없었다.

"아, 분하다! 끝내 고려의 혼은 망하는구나. 이 원통함을 꼭 풀어 다오."

앞장서서 장검을 휘두르며 군사를 지휘하던 배중손은 수없이 날아든 화살과 창검에 찔려 원통하게 숨지고 말았다.

모든 기쁨과 슬픔을 거문고로 표현한 거문고의 명인이다.

백결 선생 百結先生 : ?~?

　백결 선생은 이름도 전해지지 않는 신비의 인물이다. 신라 제20대 자비왕 때의 사람이라고만 알려져 있다. 백결 선생이라는 호칭은 그가 입고 있던 옷에서 나왔다. 백결 선생은 집이 몹시 가난하여 언제나 누덕누덕 기운 옷을 입고 지냈다. 그것을 본 마을 사람들은 옷을 백 번이나 기워 입었다는 뜻으로 '백결 선생'이라고 불렀다.

　백결 선생은 신라의 도읍인 금성(경주)에서 아내와 함께 살았는데, 거문고 연주를 몹시 잘했다.

　먹을 게 별로 없을 만큼 가난하게 살면서도 백결 선생은 오직 거문고만을 좋아하였다. 기쁨과 슬픔, 화나는 것과 즐거움의 모든 감정을 거문고 가락에 실어 나타냈다. 또한 불만스러운 일이 있을 때에도 거문고에 호소하여 위안을 받았다.

　어느 해 섣달 그믐날이었다. 집집마다 떡방아 찧는 소리로 동네가 시끄러웠다. 너무나 가난해서 떡을 만들 쌀이 없는 백결 선생의 아내가 이를 부러워하면서 "우리만 홀로 쌀이 없으니 어찌 새해를 맞이할꼬." 하고 탄식을 하였다. 그러자 백결 선생은 "무릇 죽고 사는 것은 명에 달렸고, 부귀는 하늘에 매인 일이어서 사람의 힘으로는 어쩔 수 없는 것인데 어찌하여 부질없이 상심하는가." 하며 거문고를 연주하여 흥겨운 떡방아 찧는 소리를 내어 아내를 위로하였다.

　이 곡조는 후대까지 전해져서 대악 즉, 방아악이라 일컬어졌고, 〈방아 타령〉의 시초가 되었다.

　한편 백결 선생의 거문고 솜씨가 궁중에까지 알려지자, 궁중에서는 가난한 백결 선생을 도와주려 하였다. 그러나 더없이 청렴결백했던 백결 선생은 이 같은 궁중의 도움을 거절하고 스스로 궁색한 생활을 즐기다가 말년에 어느 날 갑자기 종적을 감추었다.

　백결 선생은 고구려의 왕산악(거문고), 신라의 우륵(가야금), 옥보고(거문고)와 함께 통일 신라 때까지의 가장 뛰어난 음악가로 불린다.

함께 익혀 둡시다

거문고 : 국악기 가운데 하나로 현금이라고도 부른다. 오동나무와 밤나무를 붙여서 만든 울림통 위에 명주실을 꼬아서 만든 줄 6개를 매고 술대로 쳐서 소리를 낸다. 《삼국사기》를 보면 중국 진나라에서 고구려에 보내 온 칠현금을 보고 왕산악이 고쳐 만들었다고 한다. 이때 100여 곡을 지어 연주를 하자 검은 학이 날아와 춤을 추었다고 하여 현학금이라고 불렸다고 한다. 그 뒤 신라에 전해져 옥보고, 속명득 등으로 이어졌다.

〈방아 타령〉 : 경기 민요의 하나이다. 가난한 백결 선생이 설날을 맞이하여 집집마다 떡방아 찧는 소리를 듣고 탄식하는 부인을 위로하기 위해 지었다는 이야기가 전해져 온다.

옥보고 (?~?) : 신라 경덕왕 때의 음악가로, 거문고의 대가이다. 지리산 운상원에 들어가 50년 동안 거문고 다루는 법을 닦고, 새로운 가락 30곡을 지었다. 속명득에게 거문고 다루는 법을 전했다. 금오산에 있는 금송정은 옥보고가 거문고를 연주하던 곳이라고 한다.

왕산악 (?~?) : 고구려 말기 양원왕 때인 552년 중국 진나라에서 칠현금을 들여왔으나 고구려 사람들은 아무도 이를 연주할 줄 몰랐다. 이에 나라에서는 칠현금을 연주할 사람을 널리 구하여 상을 주었다. 이때 왕산악이 칠현금을 개조하여 새로운 현악기로 만들었다. 그 뒤 100여 곡을 지었다고 하는데 전해 오지 않는다. 왕산악이 거문고를 연주하자 검은 학이 날아와 춤을 추었다고 해서 이 악기를 현학금 또는 현금이라고 불렀다. 왕산악이 고쳐 만든 이 칠현금이 오늘날 가야금, 비파와 함께 우리나라 3대 현악기로 꼽히는 거문고이다.

우륵 (?~?) : 신라 시대의 음악가로, 본래는 대가야의 사람이다. 가실왕의 뜻을 받들어 12현금(가야금)을 만들었고, 이 악기의 연주곡을 12곡 작곡했다. 대가야가 망하자 551년(진흥왕 12) 신라의 백성이 되어 제자 이문과 함께 낭성에서 살았다. 진흥왕에게 이름이 알려져 하림궁에서 이문과 함께 새로운 곡을 지어 연주했다. 이에 감동한 진흥왕의 배려로 국원(충주)에서 살게 되었다. 552년 대나마 계고와 법지, 그리고 대사 만덕 등 세 사람을 가르쳤는데, 그 소질에 따라 계고에게는 가야금을, 법지에게는 노래를, 만덕에게는 춤을 가르쳤다. 우륵은 박연, 왕산악과 함께 우리나라 3대 악성으로 꼽힌다.

거문고

얽힌 이야기 한 토막

백결은 집이 매우 가난하였지만 남의 도움을 전혀 받지 않았다. 사람들이 백결 선생이라고 부른 것은 백결의 옷이 해어져 백 군데나 기워 마치 메추라기를 달아 맨 것같이 보였기 때문이었다.

백결은 일찍이 영계기(옛날 중국에서 거문고를 타며 음악을 즐기던 기이한 사람)의 사람됨을 사모하여 언제나 거문고를 가지고 다녔다. 그리고 모든 기쁨과 노여움과 슬픔과 즐거움을 거문고로 풀었다.

그러던 어느 해 설날을 맞이해 이웃집에서는 모두들 방아를 찧었다. 그러자 백결의 아내가 그 소리를 듣고 말했다.

"남들은 모두들 곡식이 있어 방아를 찧는데 우리만 방아를 찧지 않으니, 어떻게 새해를 맞이하겠습니까?"

그 말을 들은 백결은 하늘을 우러러보며 탄식하였다.

"무릇 사람이 죽고 사는 것이 하늘에 달렸듯이 부유하게 살고 귀하게 사는 것도 하늘에 달렸소. 그렇듯이 오는 것을 막을 수 없고 가는 것을 따를 수 없소. 그런데 부인은 어찌하여 마음 상해 하시오? 내가 부인을 위해 방아소리를 내어 위로해 주겠소."

말을 마친 백결은 곧 거문고를 꺼내 들고 연주하기 시작하였다. 그 소리는 마치 쿵덕쿵덕 방아를 찧는 소리처럼 들렸다.

신라의 고대 국가 체제를 확립한 왕이다.

법흥왕
法興王 : ?~540. 재위 기간 : 514~540. 성은 김씨. 이름은 원종.

　신라 제23대 왕인 법흥왕은 지증왕과 연제 부인 사이에서 태어났다. 왕비는 보도 부인 박씨이다. 법흥왕은 아버지 지증왕의 뒤를 이어 514년에 왕위에 올랐다.
　왕위에 오른 법흥왕은 517년 병부를 설치하여 군사를 정비하고 변방을 튼튼히 하여 국방에 힘썼다. 또 국가의 체제를 세우는 데도 많은 노력을 기울였는데, 520년에는 율령(법률)을 정해, 모든 관리들이 관직의 높고 낮음에 따라 관복의 색깔을 달리하여 입는 제도를 실시하였다.
　531년 법흥왕은 '상대등'이란 벼슬을 만들어 상대등에게 나라의 모든 일을 관리하도록 하였다. 그리고 최초의 상대등으로 철부를 임명하였다. 더 나아가 536년에 중국의 연호를 폐지하고, '건원'이라는 독자 연호를 쓰기 시작하여 자주정신을 드높였다.
　한편, 법흥왕은 중국과의 교류와 영토 확장에도 힘을 기울였는데, 521년에는 중국 양나라에 사신을 보내 국교를 맺어 중국의 선진 문물을 들여왔다. 또 이듬해에 이웃에 있는 대가야가 화친을 전제로 결혼을 요구해 오자, 이 제의를 받아들여 귀족 가운데 비조부의 여동생을 대가야에 시집보냈다. 532년에는 금관가야가 스스로 항복해 와 신라의 영토는 더욱 넓어졌다.
　524년 법흥왕은 남부 지방을 두루 살피고는 백성들의 안정된 생활을 위하여 황무지를 개간하게 하였다.
　법흥왕은 왕권을 강화하기 위해 불교를 크게 일으키려 하였으나 귀족들의 거센 반대로 뜻을 이루지 못했다. 그러나 527년 이차돈의 순교를 계기로 불교를 공식적으로 인정했다.
　법흥왕은 재위 기간 동안 불교를 공인하고, 관제를 만들어 고대 국가의 기틀을 다졌다. 또 가야를 정복하여 비옥한 땅을 확보함으로써 신라가 삼국을 통일할 수 있는 토대를 마련하였다.
　불심이 깊었던 법흥왕은 나이가 들어서는 스스로 승려가 되어 법호를 '법운', 혹은 '법공'이라 불렀다. 법흥왕이 재위한 지 27년 만에 죽자 시호를 '법흥'이라 하였고, '애공사'라는 절에 장사를 지냈다.

함께 익혀 둡시다

금관가야 : 6가야의 하나로 지금의 경상남도 김해에 자리하고 있었다. 전설에 의하면 김수로왕이 기원후 42년에 나라를 세웠다고 한다. 한때 6가야 가운데서 가장 크게 세력을 떨쳤으나 532년(법흥왕 19)에 신라에 항복하면서 신라에 통합되었다.

대가야 : 기원전후부터 562년까지 경상북도 고령 지역에 있었던 국가이다. 대가야는 고령, 합천 등 경상도 내륙 산간 지방에 위치해 농업이 번창하였고, 또 그 지역에 풍부한 철과 제철 기술을 바탕으로 부강한 나라를 이루었다. 그러나 562년 신라의 침입으로 멸망하였다. 대가야는 가야금을 제작하고 음악을 정리하는 등 높은 문화 수준을 갖고 있었다.

비조부 (?~?) : 신라 법흥왕 때의 대신으로 벼슬은 이찬이었다. 522년(법흥왕 9) 가야국 왕이 화친을 조건으로 청혼을 해 오자 법흥왕의 명으로 누이동생을 가야국 이뇌왕에게 시집보냈다.

상대등 : 신라에서 제일 높은 벼슬로 531년(법흥왕 18)에 만들어졌다. 나라의 모든 일을 두루 맡아 관리하였다.

양나라 : 중국은 한나라가 망한 후 수나라가 세워질 때까지 여러 국가로 나누어져 있었다. 양나라는 이 여러 국가 가운데 한 나라로 소연이 502년에 세워 4대에 걸쳐 56년을 지배하다가 558년에 진나라에게 멸망당했다.

이차돈 : 268쪽 참조.

철부 (?~534) : 신라 법흥왕 때의 대신으로 531년(법흥왕 18) 이찬으로 있다가 상대등이 되어 모든 관리들을 지휘하면서 나라의 실무를 맡아보았다. 죽을 때까지 약 3년 동안 상대등의 자리에 있었고, 이때부터 신라에 상대등이라는 관직이 시작되었다.

얽힌 이야기 한 토막

불교가 들어오기 전 신라는 여러 미신을 믿고 있었다. 이에 법흥왕은 불교를 들여오려고 했으나 귀족과 신하들의 반대로 뜻을 이루지 못하고 하루하루를 근심 속에 보내고 있었다. 그러던 어느 날 법흥왕의 마음을 알아차린 이차돈이 앞으로 나서며 말했다.

"소인이 감히 큰 죄를 무릅쓰고 말씀드리겠습니다. 나라를 위해 목숨을 바치는 것은 신하의 큰 절개이고, 임금을 위해 목숨을 바치는 것은 백성의 도리입니다. 전하께서 소인이 거짓으로 왕명을 전했다고 하여 소인의 목을 베시면 모든 사람들이 감히 전하의 말씀을 거역하지 못할 것입니다."

"옛날 시비왕은 자신의 살을 베어서 새 한 마리를 살렸고, 자기의 목숨을 끊어서 7마리의 짐승을 살렸다고 하오. 짐이 불교를 펴려는 것은 백성들에게 도움을 주려는 것인데 어찌 죄 없는 사람을 죽이겠는가? 경은 비록 공덕을 남기려 하지만 죽지 않는 것만 못하오."

"소인이 저녁에 죽어서 아침에 불교가 행해진다면 부처님의 자비가 온 누리에 퍼져 전하의 앞날이 편안할 것입니다."

"경이 정말 그렇게 할 수 있다면 그건 바로 보살의 행동이라 할 수 있을 것이오."

이차돈이 뜻을 굽히지 않자 법흥왕은 마지못해 허락을 하였다. 이차돈은 마침내 절을 짓기 시작했다. 그러자 왕의 명령으로 절을 짓기 시작한다는 소문이 퍼져 귀족과 신하들이 반발하여 법흥왕에게 물었다. 그러나 법흥왕은 그런 명령을 내린 적이 없다며 이차돈을 불렀다. 이차돈은 그 일은 부처님의 뜻에 따라 자신이 혼자 한 일이라고 아뢰었다. 법흥왕은 이차돈이 임금의 명을 거짓으로 전한 죄를 물어 형리를 시켜 목을 베라고 명령했다.

이차돈은 마지막으로 법흥왕과 신하들에게 이야기를 했다.

"부처님이 신령하다면 내가 죽은 뒤 반드시 기이한 일이 일어날 것이오."

이차돈의 목을 베자 그의 목에서 젖 같은 흰 피가 솟아올랐고, 사방이 어두워졌다. 그러더니 하늘에서 꽃비가 내렸다. 이에 놀란 법흥왕과 신하들은 자신들의 어리석음을 깨닫고 비로소 불교를 공인하였다.

임진왜란 때 왜구를 물리친 조선의 명승이다.

사명 대사

泗溟大師: 1544~1610. 성은 임씨. 이름은 응규.
자는 이환. 호는 사명당, 송운, 종성. 법명은 유정.
시호는 자통홍제존자.

사명 대사는 1544년 경상남도 밀양에서 태어났다. 7세 무렵부터 할아버지에게 학문을 배웠다. 1558년 어머니가 돌아가시고, 이듬해 아버지마저 세상을 떠나자 김천에 있는 직지사에 들어가 신묵 화상의 제자가 되었다.

열심히 불법을 닦아 1562년(명종 17) 승과에 급제하였고, 직지사 주지를 지냈다. 1575년(선조 8) 선종 사찰인 봉은사 주지에 추천되었으나 사양하고, 묘향산 보현사를 찾아가 서산 대사의 제자가 되었다.

이후 사명 대사는 금강산, 태백산 등 명승지를 돌아다니며 불도를 닦았다. 한때 정여립 역모 사건에 관련되었다는 모함을 받고 옥에 갇혔으나 곧 무죄로 풀려났다.

금강산에 들어가 불도를 닦던 중 1592년 임진왜란이 일어나자, 사명 대사는 왜군으로부터 부근 아홉 고을 백성들을 구했다. 이때 군사를 일으켜 나라를 구하라는 조정과 스승 서산 대사의 글을 받고 승병을 모아 순안으로 가서 서산 대사와 합류했다. 사명 대사는 승군을 지휘해 평양성 전투에서 공을 세웠고, 한양 근교의 삼각산 노원평과 우관동에서 왜군을 크게 물리쳐 그 공으로 '선교양종판사'라는 벼슬을 받았다.

그 뒤 사명 대사는 적진에 네 차례에 걸쳐 우리나라 대표로 들어가 적장 가토 기요마사와 회담을 하였다. 이때 조선 4도를 일본에 넘기고, 왕자를 일본에 인질로 보내라는 가토 기요마사의 요구를 하나하나 논리적으로 따져 가며 왜군의 죄를 낱낱이 밝혔다. 특히 2차 회담을 마치고 돌아와서는 전쟁 대비책을 적은 상소문을 선조에게 올렸다. 그리고 영남 지방에 내려가 팔공산과 용기산, 금오산 등지에 성을 쌓고 군량과 무기를 갖추어 튼튼한 방비 태세를 갖추어 놓았다. 또한 1594년에는 의령에서 군량미를 모으기 위해 각 절에 보리를 심게 하였고, 산성 주위를 개간하여 정유재란이 끝날 때까지 군량미 4천여 석을 저장해 두었다.

1597년 정유재란이 일어나자 사명 대사는 그동안 준비해 놓은 것을 바탕으로 명나라 장군 마귀와 함께 울산에서 왜군을 맞아 싸웠고, 이듬해에는 순천에서 왜군을 크게 물리쳤다. 전쟁이 끝난 뒤인 1604년 사명 대사는 왕명을 받아 사신으로 일본에 갔다. 이때 사명 대사는 8개월 동안 노력한 끝에 도쿠가와 이에야스와 국교를 맺고, 임진왜란 때 끌려간 포로 3천여 명을 데리고 이듬해 돌아왔다.

그 뒤 사명 대사는 병을 얻어 해인사에서 요양하다가 1610년 8월 26일 제자들에게 설법을 마치고 그 자리에 앉은 채 세상을 떠났다.

함께 익혀 둡시다

가토 기요마사 (1562~1611) : 임진왜란 때 우리나라에 쳐들어 왔던 일본의 장수이다. 임진왜란 때 사명 대사와 여러 차례 회담을 했다. 어려서부터 도요토미 히데요시의 부하가 되어 많은 공을 세운 후 영주가 되었다. 정유재란 때에는 울산에서 우리나라 군사에게 포위되어 힘든 싸움을 치렀다.

도쿠가와 이에야스 (1542~1616) : 도요토미 히데요시가 죽은 후 일본을 통일한 사람이다. 처음에는 오다 노부나가와 손잡고 세력을 키웠으나, 그가 죽자 도요토미 히데요시와 손잡고 간토 지방을 다스렸다. 그러나 도요토미 히데요시가 추진한 조선 침략(임진왜란)에 참여하지 않고 힘을 키워 1614년부터 2년간 두 차례에 걸친 오사카 싸움에서 도요토미의 일당을 물리치고 일본을 통일하였다.

서산 대사 : 148쪽 참조.

임진왜란 : 1592년(선조 25) 일본을 통일한 도요토미 히데요시가 보낸 왜군 약 20만 명이 우리나라에 쳐들어오면서 시작된 전쟁으로 7년간에 걸쳐 벌어졌다. 1592년 왜군은 부산포에 침입하여 부산포와 동래를 점령하고 빠르게 한양으로 쳐들어왔다. 이에 조정에서는 신립을 보내 왜군이 충주 이북으로 진격하는 것을 막게 했으나 신립이 충주에서 크게 패하자 선조는 의주까지 피란을 갔다. 그러나 명나라에서 구원군이 들어오고, 바다에서는 이순신이, 육지에서는 권율과 의병들이 크게 활약하여 전세는 역전되었다. 1597년 왜군이 다시 쳐들어와 정유재란이 일어났으나, 1598년 도요토미 히데요시가 죽자 왜군이 물러감으로써 전쟁은 끝났다. 이 전쟁으로 우리나라는 매우 큰 피해를 입었다.

정여립 역모 사건 : 1570년 과거에 급제하여 관직에 있던 정여립은 당시 당파 싸움에 밀려 벼슬을 그만두고 고향으로 내려갔다. 그리고 당시 정치 사회에 불만을 품고 있던 사람들을 모아 무술을 훈련시키는 등 세력을 키워 나갔다. 또 '이씨는 망하고 정씨가 일어선다.'는 내용을 담은 《정감록》을 널리 퍼뜨렸다. 이에 조정에서는 정여립을 잡아들이라는 명령을 내렸고 정여립과 관련 있는 자들이 차례로 투옥되었다. 한편 정여립은 죽도로 도망을 갔는데, 관군에 포위당해 목숨이 위태롭게 되자 스스로 목숨을 끊었다.

정유재란 : 임진왜란 때 우리 군사들이 명나라군과 함께 서울을 회복하자 남해안으로 후퇴한 왜군은 명나라와 휴전 협상을 벌였다. 그러나 휴전 협상이 깨지면서 1597년(선조 30) 가토 기요마사는 14만여 명을 이끌고 다시 쳐들어왔다. 왜군은 조선과 명나라 연합군의 저항에 막혀 진격하지 못하고 남해안에서 노략질을 일삼다가 1598년 도요토미 히데요시가 죽자 일본으로 돌아갔다.

얽힌 이야기 한 토막

임진왜란이 끝난 뒤 사명 대사는 일본과 협상을 맺기 위해 왕명으로 일본에 건너갔다.

어느 날 왜인들은 방을 뜨겁게 달궈 사명 대사를 혼내 주리라 했다. 그러나 사명 대사는 도술을 부려 그 위기에서 벗어나고 오히려 방이 왜 이리 춥냐고 왜인들에게 호통을 쳤다.

그 일이 있은 뒤 왜인들은 사명 대사의 신통한 재주를 다시 한번 구경하고 싶었다.

하루는 심부름꾼이 와서 왜왕이 친히 뵙자고 하니 어서 궁궐로 가자고 했다. 사명 대사는 거절할 이유가 없어 심부름꾼을 따라갔다.

사명 대사가 궁궐 앞에 이르자, 문 앞에는 무쇠로 만든 말이 양쪽으로 5마리씩 세워져 있었다. 그런데 말과 말 사이가 너무 좁아 겨우 한 사람이 가까스로 지나갈 수 있을 정도였고, 말들은 숯으로 벌겋게 달궈져 있었다. 그 틈을 잘못 지나가다가는 몸이 나 타 버릴 것 같았다.

그 사실을 눈치챈 사명 대사는 큰소리로 호통을 쳐 물리쳐 버릴까 생각했다. 그러나 곧 마음을 바꾸어 그들이 원하는 대로 해 주기로 결심했다.

사명 대사는 북쪽을 향해 네 번 절을 한 뒤 주문을 외웠다. 그러자 돌연 맑기만 했던 북쪽 하늘에서 검은 구름이 몰려오더니 한바탕 소나기가 쏟아졌다. 벌겋게 불에 달궈졌던 무쇠 말은 소나기에 곧 식어 버렸다.

그것을 본 왜인들은 코가 땅에 닿도록 엎드려 절을 하며 사명 대사를 높이 우러러 받들었다.

벼슬을 하지 않은 채 평생을 학문 연구에 바친 대학자이다.

서경덕
徐敬德 : 1489~1546. 자는 가구. 호는 화담, 복재. 시호는 문강.

　이이, 이황과 함께 조선의 3대 성리학자로 불리는 서경덕은 1489년 개성에서 서호번의 아들로 태어났다. 서경덕은 어머니가 공자의 사당에 들어가는 꿈을 꾸고 잉태하여 그를 낳았다고 한다. 서경덕은 어려서부터 총명하고 영특하여 어른들의 말을 잘 받들었는데, 집안 형편이 어려워 혼자서 독학을 했다.
　서경덕은 어려서부터 학문에 대해 의문이 생기면 꼭 자신의 힘으로 풀어내는 인내와 탐구심을 가졌다. 14세 때 《서경》을 배우다가 태음력에 대한 의문이 생기자 보름 동안 혼자 궁리한 끝에 스스로 그 이치를 풀어냈다. 18세 때에는 《대학》을 읽다가 '학문을 하면서 먼저 모든 사물에 대한 이치를 모른다면 글을 읽어서 무엇에 쓰겠는가!'라고 탄식하고, 세상 모든 사물의 이름을 사방 벽에 써 붙여 놓고 날마다 사물의 이치에 대한 연구를 거듭하였다.
　31세 때 조광조가 벼슬자리에 추천하였으나, 평소 벼슬에 뜻을 두지 않았던 서경덕은 이를 사양하였다. 그리고 개성의 동문 밖 화담에 초가집을 짓고 오로지 학문 연구와 교육에만 힘썼다. 그의 호 '화담'은 서경덕이 개성의 화담에서 살 때 사람들이 그를 존경하여 '화담 선생'이라고 부르게 되면서 생겨났다고 한다.
　그 뒤 서경덕은, 자연에 묻혀 제자들과 함께 학문에 몰두하던 조식, 성운 등의 학자들과 함께 속리산, 지리산 등 명승지를 둘러보며 학문에 대하여 많은 의견을 나누었다. 그때 여행하면서 받은 느낌을 담은 기행시도 여러 편 남겼다.
　과거 시험에 뜻을 두지 않았던 서경덕은 어머니의 간청으로 1531년 생원시를 보아 장원으로 급제하였다. 그러나 벼슬을 단념하고 더욱 성리학 연구에 몰두하였다. 1544년에도 그의 학문을 아낀 사람들이 후릉 참봉에 추천하여 임명되었으나 사양하고 학문 연구와 교육에만 힘썼다.
　또한 예에 대한 학문에도 밝아 중종과 인종이 잇달아 세상을 떠나자 '임금님이 세상을 떠났는데 어찌 상복을 입지 않겠는가?'라고 하며 스스로 3개월간 상복을 입었다고 한다.
　기생 황진이의 유혹을 물리친 이야기로도 유명한 서경덕은 박연 폭포, 황진이와 더불어 '송도 삼절'로 불린다. 서경덕은 죽은 뒤인 선조 때에 이르러 우의정으로 봉해졌다.
　서경덕이 지은 책으로는 《화담집》 등이 있다.

함께 익혀 둡시다

성운 (1497~1579. 자는 건숙. 호는 대곡) : 조선 중기의 학자로 1545년 일어난 당파 싸움으로 형이 화를 입자 속리산으로 들어갔다. 그 뒤 여러 차례 벼슬을 내렸으나 모두 사양하고 산속에 묻혀 서경덕, 조식 등과 어울리며 학문 연구에 몰두하였다. 지은 책으로 《대곡집》이 있다.

송도 삼절 : 조선 제일의 기생인 황진이는 많은 선비들은 물론 10년을 수도한 지족 선사까지 파계시켰다. 하지만 서경덕의 마음만큼은 도무지 움직일 수 없었다. 이에 황진이는 서경덕을 높이 우러러 존경했다고 한다. 그래서 사람들은 시와 노래가 뛰어난 황진이와 학문이 깊은 서경덕을 경치가 아름다운 박연 폭포와 더불어 '송도 삼절'이라 불렀다.

이이 : 256쪽 참조.

이황 : 272쪽 참조.

조광조 : 306쪽 참조.

조식 (1501~1572. 자는 건중. 호는 남명. 시호는 문정) : 조선 중기의 학자로, 어려서부터 학문 연구에 몰두하여 높은 학식을 지녔으나 평생 한 번도 과거를 보지 않았다. 1539년 헌릉 참봉에 임명되는 등 여러 차례 벼슬이 내려졌으나, 모두 사양하고 자연에 묻혀 학문 연구와 제자 교육에만 힘썼다. 제자들에게는 학문을 배운 것으로 만족하지 말고 실천하는 것이 중요하다고 가르쳤고, 그의 제자 곽재우, 정인홍 등이 임진왜란 때 의병장으로 크게 활약하였다. 지은 책으로는 《남명집》, 《남명학기유편》, 《파한잡기》 등이 있고, 작품으로 〈남명가〉, 〈권선지로가〉 등이 있다.

태음력 : 달의 변화를 바탕으로 하여 만든 달력이다. 달이 지구를 한 바퀴 도는 시간이 29.5일이므로 한 달을 29일 또는 30일로 정했다. 1년을 12달로 하여 19년에 7번의 윤달을 두었다.

황진이 (?~? 기명은 명월) : 조선 중기의 여류 시인이자, 조선 제일의 기생이다. 진사의 서녀로 태어난 자신의 처지를 한탄하여 기생이 되었다. 당시 10년 동안 수도에 정진하여 살아 있는 부처님이라고 불리던 지족 선사를 유혹하여 파계시켰다. 당대의 대학자 서경덕을 유혹하려다 실패하자 그의 제자가 되었다. 서경덕, 박연 폭포와 더불어 '송도 삼절'이라 불렸다. 작품으로 〈등만월대 회고〉, 〈박연〉 등의 한시와 〈청산리 벽계수야〉, 〈동짓달 기나긴 밤을〉 등의 뛰어난 시조를 남겼다.

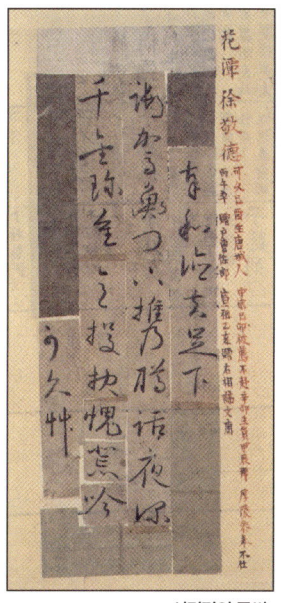

서경덕의 글씨

얽힌 이야기 한 토막

"너, 저 선반 위에 있는 책 좀 내려오너라."
어느 날 서당 훈장님이 서경덕에게 심부름을 시켰다. 서경덕이 선반 아래로 가 보니 키가 모자랐다. 발돋움을 해야 겨우 손끝에 책이 닿을 것 같았다.
그런데, 서경덕은 책을 내리지 않고 밖으로 나가더니 회초리 하나를 가지고 들어오는 것이었다. 이를 이상히 여긴 아이들이 서경덕에게 물었다.
"경덕아, 훈장님이 책을 내려오라고 하셨잖아."
그러나 서경덕은 아무 대꾸도 없이 회초리로 선반에 놓인 책 위를 훑었다. 그러자 책 위에서 무엇인가 '달그락' 하는 소리가 났다. 그 소리를 들은 서경덕은 회초리를 놓고 밖으로 나가더니 발판이 될 만한 것을 가지고 들어왔다.
서경덕은 발판 위에 올라서서 책 위에 놓인 물그릇을 내린 뒤 책을 가져다 훈장님께 드렸다.
선반에 있는 책 위에 물그릇이 있다는 사실은 서경덕은 물론 아무도 몰랐다. 그러나 서경덕은 다른 물건이 있는지 없는지 확인한 뒤에야 물건을 내리는 참으로 지혜롭고 조심성 있는 소년이었다.

임진왜란 때 왜군을 크게 물리친 승병장이다.

서산 대사
西山 大師 : 1520~1604. 성은 최씨. 이름은 여신. 자는 현응. 호는 청허, 서산. 법명은 휴정.

서산 대사는 1520년 평안남도 안주에서 최세창의 아들로 태어났다. 어머니가, 노파가 찾아와 아들을 잉태했다며 축하하는 꿈을 꾸고 이듬해 낳았다고 한다. 9세에 어머니를 여의고 이듬해 아버지마저 세상을 떠나자 안주 목사 이사증의 양자가 되었다. 양아버지를 따라 서울로 올라온 서산 대사는 성균관에서 3년 동안 글과 무예를 익힌 뒤 과거를 보았으나 낙방하고 말았다.

그 뒤 친구들과 어울려 지리산을 구경하며 그곳에 있는 절에 머물렀다. 어느 날 영관 대사의 설법을 듣고 《전등록》, 《화엄경》, 《법화경》 등 불경을 연구하기 시작하여 깨달음을 얻고 승려가 되었다. 더욱 열심히 불법을 갈고 닦아 1549년(명종 4) 승과에 급제하여 '선교양종판사'라는 벼슬에 올랐고, 보우 스님의 뒤를 이어 봉은사 주지가 되었다.

1556년 벼슬을 맡는 것은 승려의 본분이 아니라고 생각한 서산 대사는 승직에서 물러나 금강산, 묘향산, 두류산 등을 두루 돌아다니며 불법을 닦았다.

1589년 《정감록》에 의하여 정여립이 왕위에 오른다는 유언비어를 퍼뜨려 역모를 꾀한 정여립 역모 사건이 일어났다. 그 역모에 가담한 승려 무업이 서산 대사도 가담했다고 모함하여 제자인 사명 대사와 함께 옥에 갇혔으나, 곧 무죄임이 밝혀져 풀려났다.

1592년 임진왜란이 일어나자 선조 임금의 부름을 받은 서산 대사는 승병을 모으는 한편 전국 사찰에 글을 보내 승려들이 나라를 구하는 일에 앞장서도록 하였다. 이에 제자 처영은 지리산에서 승병을 모아 권율 밑에서 왜군과 싸웠고, 사명 대사는 금강산에서 승병을 모아 평양으로 왔다. 순안 법흥사에서 사명 대사와 합류한 서산 대사는 승병을 이끌고 명나라 군사와 함께 평양성을 되찾았다. 그 공으로 '팔도선교도총섭'이라는 직책을 받았다. 그러나 나이가 많음을 이유로 제자 사명 대사에게 자리를 물려주고 묘향산에 들어가 나라의 평안을 기원하였다.

1594년 서산 대사는 선조가 서울로 돌아온다는 소식을 듣고 승병 7백 명을 이끌고 개성에 나아가 선조를 호위하여 맞이하였다. 이때 선조는 서산 대사에게 '국일도 대선사 선교도총섭 부종수교 보제등계존자'라는 최고 존칭과 함께 정2품 당상관 작위를 내려 나라에 대한 공과 불교에서의 덕을 칭찬하였다.

서산 대사는 1604년 묘향산 원적암에서 85세의 나이로 세상을 떠났다.

함께 익혀 둡시다

권율 : 30쪽 참조.

보우 (1509~1565. 호는 허응, 나암) : 조선 명종 때의 승려이다. 15세에 금강산에 들어가 불경을 연구하였다. 그 후 문정 왕후의 신임을 받아 궁중에 살면서 봉은사 주지가 되었다. 승려들의 과거 시험인 승과를 만들었으며, 당시 쇠퇴해 가는 불교를 일으켜 세우려 애썼다. 문정 왕후가 죽은 뒤 유학자들의 모함을 받아 제주도에 귀양 갔다가 죽었다. 그가 죽은 뒤 승과 제도가 없어지는 등 불교는 또다시 심한 탄압을 받았다. 지은 책으로 《허응당집》, 《나암잡저》 등이 있다.

사명 대사 : 144쪽 참조.

선조 : 156쪽 참조.

정여립 역모 사건 : 1570년 과거에 급제하여 관직에 있던 정여립은 당시 당파 싸움에 밀려 벼슬을 그만두고 고향으로 내려갔다. 그리고 당시 정치 사회에 불만을 품고 있던 사람들을 모아 무술을 훈련시키는 등 세력을 키워 나갔다. 또 '이씨는 망하고 정씨가 일어선다.'는 내용을 담은 《정감록》을 널리 퍼뜨렸다. 이에 조정에서는 정여립을 잡아들이라는 명령을 내렸고 정여립과 관련 있는 자들이 차례로 투옥되었다. 한편 정여립은 죽도로 도망을 갔는데, 관군에 포위당해 목숨이 위태롭게 되자 스스로 목숨을 끊었다.

처영 (?~? 호는 뇌묵) : 임진왜란 때의 승병장이다. 1592년 임진왜란이 일어나자 승려들이 일어나 나라를 구해야 한다는 스승 서산 대사의 글을 보고 지리산에서 승병 1천 명을 모았다. 승병을 이끌고 권율과 더불어 금산 배고개 싸움에서 왜군을 물리쳤고, 1593년에는 수원 독왕산성에서 왜군을 물리쳤다. 행주 대첩 때에는 승병 7백 명을 이끌고 도원수 권율을 도와 왜군을 물리쳤으며, 그 공으로 절충 장군이 되었다.

얽힌 이야기 한 토막

사명 대사는 묘향산에 있으면서 자신이 조선에서 제일가는 도승이라고 생각했다. 그런데 금강산 장안사에 있는 서산 대사가 자신보다 더 뛰어나다는 말을 들었다. 그리하여 사명 대사는 금강산 장안사로 서산 대사를 찾아갔다.

서산 대사는 아무런 연락을 받지 않았지만, 사명 대사가 자신을 찾아온다는 사실을 이미 알고 있었다.

서산 대사는 데리고 있던 제자에게 말했다.

"오늘 묘향산 절에서 손님이 찾아오실 것이니 마중을 나가도록 하여라."

"스님, 한 번도 만나 보지 못한 제가 마중을 나간다고 한들 어떻게 그분을 알아보겠습니까?"

"그 사람은 시냇물을 역류시키면서 올 것이니 금방 알 수 있을 것이다."

제자는 묘향산에서 온다는 손님을 마중하기 위해 시냇물을 따라 내려갔다. 얼마 지나지 않아 정말 시냇물을 역류시키면서 걸어오는 한 스님을 만났다.

"장안사에서 스님을 마중 나왔습니다."

사명 대사는 자신이 올 것을 미리 알고 마중을 보낸 서산 대사의 능력에 적잖이 놀랐다. 하지만 내색은 하지 않고 그를 따라 장안사에 들어섰다.

서산 대사는 사명 대사가 방 안에 자리를 잡자 그릇에 물을 떠 가지고 왔다. 그러고는 그 안에 큰 물고기 몇 마리를 넣어 사명 대사 앞에 내어 놓았다.

"우리는 중이라서 고기를 먹지 못하나, 먹었다가 산 채로 다시 내어 놓는다면 아무 상관이 없을 것이오."

서산 대사가 물고기를 입에 넣었다가 다시 물속에 내놓자 고기가 뛰놀기 시작했다. 그러나 사명 대사의 입안에 들어갔다가 나온 물고기는 이미 죽어 있었다.

이어 달걀 쌓기와 바늘 먹기 시합을 벌였지만 사명 대사는 서산 대사에게 모두 지고 말았다. 그리하여 사명 대사는 서산 대사를 스승으로 모셨다고 한다.

<독립신문>을 펴낸 정치가이자 독립운동가이다.

서재필

徐 載 弼 : 1864~1951. 호는 송재. 미국 이름은 제이슨.

서재필은 1864년 전라남도 보성에서 서광효의 둘째 아들로 태어났다. 7세 때 서울에 올라와 외삼촌인 김성근의 집에서 한학을 공부하고, 1882년 과거에 세 번째로 급제하였다.

이 무렵 서재필은 김옥균, 박영효 등과 어울리면서 개화사상을 갖게 되었다. 1883년 김옥균의 권유로 일본 도야마 육군 학교에 입학했고 다음 해에 귀국해 고종에게 사관 학교를 세울 것을 건의해, 조련국을 설치하고 사관장이 되었다. 1884년 김옥균 등과 함께 일으킨 갑신정변이 실패하자 서재필은 일본을 거쳐 미국으로 망명하였다. 컬럼비아 대학교 의학부를 2등으로 졸업한 서재필은 대학에 다니던 1890년 우리나라 사람으로는 최초로 미국 국적을 취득했다. 1894년 미국 철도 우편 사업의 창설자인 암스트롱의 딸 뮤리엘과 결혼하고 병원을 열었다. 그러나 그해 조선에서 갑오개혁을 실시하면서 서재필에게 내려진 역적의 죄명이 벗겨지자 1895년에 귀국하였다.

귀국 후 중추원의 고문이 된 서재필은 1896년에 순 한글로 된 <독립신문>을 만들어 국민을 계몽하고, 국민의 뜻을 정부에 전했다. 이어 이상재, 이승만, 이승훈과 함께 독립 협회를 창설하였는데, 독립 협회는 우리나라의 독립과 자주 근대화를 추진하는 데 큰 역할을 하였다. 그리고 중국 사신을 접대하던 숙소인 모화관을 인수하여 독립관을 짓고, 1897년에 중국 사신을 맞이하던 문인 영은문을 헐어 버리고 그 자리에 독립 정신의 상징으로 독립문을 세웠다. 한편, 배재 학당에서 젊은 학생들을 가르치면서 신문의 논설과 강연을 통해 우리 민족에게 서양의 사정과 독립 사상, 민주주의 사상을 가르쳤다.

그러나 정부의 정책과 주변 강대국의 침략을 비판하자 1898년에 추방되어 다시 미국으로 건너갔다. 1919년에 3·1 운동이 일어나자 서재필은 전 재산을 털어 독립운동에 힘썼다. 교포들을 중심으로 독립운동 후원회를 만들고, 대한민국 임시 정부의 구미위원부 위원장으로 활동하면서 <인디펜던트>라는 영자 신문을 발행했다. 또 1922년에 워싱턴 군축 회의가 열리자 우리나라의 독립을 세계 여론에 호소했고, 1925년에는 일본의 방해를 물리치고 하와이에서 열린 범태평양 회의에 참석해 일본의 침략과 만행을 폭로했다.

광복 후 1947년에 귀국한 서재필은 1948년 대통령에 출마하기도 했으나, 정치 상황이 복잡해지자 다시 미국으로 돌아가 1951년에 일생을 마쳤다. 1977년 건국 훈장 대한민국장이 주어졌다.

함께 익혀 둡시다

갑신정변 : 1884년(고종 21) 김옥균, 박영효 등의 개화파가 명성황후 일파와 청나라를 배격하고 자주 근대화 정책을 펴기 위해 일으킨 정변이다. 그러나 협조를 약속했던 일본의 배반과 청나라의 반격으로 사흘 만에 실패했다.

갑오개혁 : 1894년(고종 31)에서 1895년까지 고종이 추진한 개혁으로 '갑오경장'이라고도 부른다. 이때 조선은 과거 제도 폐지, 도량형 통일, 과부의 재혼 허용 등 정치, 경제, 사회 분야의 제도를 근대적인 제도로 바꾸었다.

김성근 (1835~1919. 자는 중원. 호는 해사) : 조선 말기의 문신이자 서예가이다. 전라도 관찰사를 거쳐 공조·형조·이조·예조 판서 등을 지냈다. 1894년 개화파 정부가 들어서자 관직에서 물러났으나 다시 벼슬길에 올라 의정부 찬정, 탁지부 대신 등을 지냈다.

김옥균 : 64쪽 참조.

〈독립신문〉 : 1896년 4월 7일 독립 협회의 서재필이 정부로부터 자금을 지원받아 발간한 우리나라 최초의 민간 신문이다. 국민을 일깨워 계몽하고, 정부의 정책을 국민에게 설명하고 전달하는 기능을 했다. 〈독립신문〉은 19세기 말 일반 국민들이 읽기 쉽도록 순 한글을 사용했다. 〈독립신문〉은 경제적인 어려움을 겪으면서 여러 사람 손에 넘어갔다가 1899년 12월 4일자로 폐간되었다.

독립 협회 : 1896년 서재필, 이상재, 윤치호 등이 중심이 되어 만든 정치 사회 단체이다. 외세의 침략을 막고 국가의 독립과 민족의 자립을 목표로 여러 운동을 펼쳤다. 〈독립신문〉을 발간하고 독립문을 세웠으며 1898년에는 만민 공동회를 열어 민주주의 사상을 보급하기도 했다.

박영효 : 120쪽 참조.

이상재 : 242쪽 참조.

이승만 : 248쪽 참조.

이승훈 : 250쪽 참조.

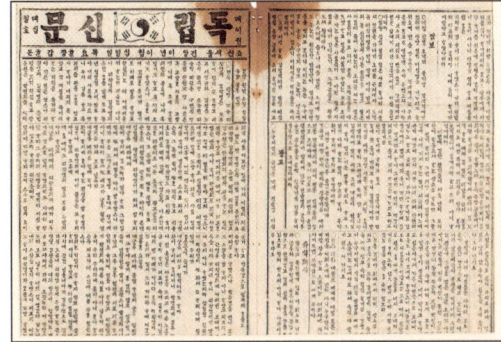

〈독립신문〉

얽힌 이야기 한 토막

갑신정변의 실패로 미국으로 건너갔던 서재필은 공부를 마친 뒤 박영효와 함께 다시 조선으로 돌아왔다.

'이 나라는 장차 어떻게 될까? 우리나라는 무엇 때문에 남의 나라의 간섭을 받으며 살아야 하는가? 그렇지! 그것은 백성들이 눈을 뜨지 못하고 깊이 잠들어 있기 때문이다. 먼저 신문을 펴내 백성들의 잠들어 있는 의식을 일깨우고 자주 독립 정신을 불어넣어 주자!'

그 당시 일본은 우리나라를 자신들의 식민지로 만들기 위해 안간힘을 쓰고 있었다. 게다가 청나라도 계속해서 우리나라의 내정을 간섭하고 있었다.

이러한 어려움 속에서 드디어 〈독립신문〉이 나왔다.

〈독립신문〉은 물가 소식 등 경제도 다루었지만, 기본적으로 민주주의와 독립 사상을 일깨우는 데 충실한 신문이었다. 또한 모든 기사를 한글로 써서 한문을 모르는 사람들도 모두 읽을 수 있는 신문이었다.

서재필은 〈독립신문〉을 펴내는 목적을 다음과 같이 밝혔다.

"〈독립신문〉을 발간함에 있어, 조선 내외 인민들에게 우리의 생각을 알리고자 한다. …… 당파나 신분 따위는 상관없이 모두 조선 사람으로 알고 조선만을 위해 공평하게 말할 것이다. 정부에서 하는 일을 백성들에게 알릴 것이요, 백성의 정세를 정부에 전할 것이니, 만일 백성과 정부가 서로의 일을 잘 알게 되면 불평이나 의심은 없어질 것이다. 우리가 이 신문을 발간하는 것은 이익을 보자는 것이 아니므로 헐값에 받아 볼 수 있을 것이며, 한글로 쓴 것이므로 누구나 볼 수 있다."

〈독립신문〉의 이런 정신은 오늘날에도 이어져 언론인들에게 좋은 모범이 되고 있다.

뛰어난 외교 능력으로 거란을 제압한 고려의 문신이다.

서희
徐熙 : 942~998. 자는 염윤. 시호는 장위.

서희는 고려 태조 왕건이 후삼국을 통일한 지 6년 뒤인 942년 내의령이었던 서필의 아들로 태어났다.

960년(광종 11) 과거에 급제한 서희는 여러 벼슬을 거쳐 내사령의 최고 벼슬까지 올랐으며 외교적으로도 뛰어난 업적을 많이 남겼다. 972년 송나라에 사신으로 가서 고려와 전혀 왕래가 없던 송나라와 처음으로 외교 관계를 맺었고, 그때 송나라 태조는 서희의 공적을 인정하여 '겸교병부상서'라는 벼슬을 주었다.

그러나 서희의 가장 큰 외교적 활약은 993년 대군을 이끌고 쳐들어온 거란의 장수 소손녕과 담판을 지어 거란이 물러가게 한 일이다. 거란은 고려의 북진 정책과 고려가 송나라와 국교를 맺은 것을 트집 잡아 고려에 쳐들어왔다. 거란은 봉산군을 빼앗은 뒤 '거란이 이미 고구려의 옛 땅을 차지하였는데, 고려가 국경을 침범하므로 정벌한다'며 위협을 해 왔다. 이에 고려 조정에서는 항복하자는 주장과 서경(평양) 이북 땅을 떼어 주고 화해하자는 주장이 나왔다. 그러나 봉산군만 공격했을 뿐 더 이상 진격하지 않고 위협만 되풀이하는 적장 소손녕의 속셈을 꿰뚫어 본 서희는 거란과 적극적으로 싸울 것을 주장하여 왕의 허락을 얻었다.

그 뒤 안융진을 공격했다가 패한 소손녕이 고려의 대신과 만나기를 청해 오자 서희는 협상을 하기 위해 거란 군영으로 들어갔다. 소손녕이 뜰에서 절할 것을 요구하자 서희는 뜰에서 절을 하는 것은 신하가 임금에게만 하는 것이라며 단호하게 거절하고 당당하게 맞서 서로 대등한 입장에서 담판을 짓게 되었다.

소손녕은 고려가 신라 땅에서 일어나 신라를 계승했으면서 자신들이 차지하고 있는 고구려의 옛 땅을 함부로 침범하고 있다는 점과 거란을 제쳐 놓고 바다 건너 송나라와 교류하고 있는 점을 비난했다. 이에 서희는, 고려는 고구려의 옛 터전을 이어받아 나라 이름을 '고려'라 하고 평양을 도읍으로 삼았고, 옛 고구려의 영토에 있는 거란의 도읍 동경도 고려의 땅이며, 그동안 고려와 거란 사이에 여진이 가로막고 있어 교류를 하지 못했다면서 오히려 압록강 동쪽에 있는 여진의 영토를 고려의 영토로 인정할 것을 주장했다. 서희의 조리 있고 기개가 있는 말솜씨에 설득당한 소손녕은 서희의 요구를 받아들이고 군대를 이끌고 돌아갔다. 서희는 국제 정세에 대한 통찰력과 당당한 태도, 조리 있는 말솜씨로 고려의 승리를 이끌었다.

994년 평장사에 오른 서희는 3년에 걸쳐 압록강 동쪽에 살던 여진족을 몰아내고, 장흥진과 귀화진, 귀주(구성), 곽주(정주), 흥화진(의주) 등에 강동 6주의 기초가 되는 성을 쌓고 우리 민족의 생활권을 압록강까지 넓히는 데 크게 기여하였다.

함께 익혀 둡시다

강동 6주 : 994년(고려 성종 13)에 여진족을 물리치고 압록강 동쪽에 건설한 고려 국경 부근에 있는 6개의 성이다. 흥화진, 용주, 통주, 철주, 귀주, 곽주를 일컫는다. 현종 때 거란의 성종이 쳐들어와 이 여섯 성의 반환을 요구하였으나 이에 응하지 않았다.

거란 : 4세기 이후 내몽골 시라무렌 강 유역에 살았던 몽골계 유목 민족이다. 당나라 때에 강력한 힘을 가진 여덟 부족이 연합하여 큰 세력이 되었다. 10세기 초 추장 야율아보기가 몽골 및 만주의 여러 부족을 통일하여 나라를 세웠다. 야율아보기의 아들 태종은 나라 이름을 '요'라고 하였다.

소손녕 (?~?) : 거란의 장수이다. 993년(고려 성종 12) 거란군의 도통사가 되어 30만 대군을 이끌고 고려 서북 국경을 침범하였다. 봉산군을 빼앗고 계속하여 남쪽으로 내려오다가 안융진에서 고려군에게 패했다. 서희와의 담판으로 강동 6주 3백 리에 이르는 땅을 고려에 넘겨주고 물러갔다.

송나라 : 중국 당나라가 멸망한 뒤 960년 조광윤이 세운 나라이다. 송나라는 문화와 학문이 고도로 발달해 주변 국가들에게 많은 영향을 미쳤다. 총 320년간 18명의 황제가 다스렸으나 몽골의 침략으로 멸망했다.

거란의 장수 소손녕과 담판을 하는 서희

얽힌 이야기 한 토막

거란은 고려가 송나라와 힘을 합쳐 거란을 침입할 것을 대비해 먼저 고려를 침략하였다. 993년 거란의 소손녕은 군사 30만을 이끌고 고려를 쳐들어왔다.

그때 고려 조정에서는 소손녕이 이끄는 군사들의 강대함을 알고 항복하자고 주장했다. 그러나 내사시랑 서희는 거란에 항복하는 것을 거세게 반대하였다. 그러고는 소손녕과 담판을 짓기 위하여 홀로 거란군 진영으로 들어갔다.

"고려는 신라 땅에서 일어났는데, 왜 거란이 차지한 고구려의 옛 땅을 찾으려 하는 것이오?"

"우리 고려는 처음 나라를 세울 때부터 남쪽 땅의 통일과 고구려의 옛 땅을 되찾는 것을 건국 이념으로 내세웠소. 그래서 나라 이름도 고구려의 후예라는 뜻으로 고려라 한 것이오. 그러니 우리 고려가 고구려의 옛 땅을 되찾으려 하는 것은 당연한 일이오. 지금 그대 나라의 도읍인 동경도 실은 우리 고려의 땅이라 할 수 있소. 그러니 어서 군대를 물리고 우리의 땅을 되돌려 주시오."

거란의 장수 소손녕은 서희의 말솜씨와 당당한 기개에 위압감을 느꼈다.

"좋소. 곧 군대를 물리고 강동의 여섯 성을 고려에게 되돌려 주겠소. 그 대신 송나라와의 외교 관계를 끊고, 거란과 국교를 맺겠다고 약속해 주시오."

서희는 고려에 쳐들어온 거란의 장수 소손녕과의 담판에서 오히려 우리나라 땅을 넓혔다. 그리하여 고구려가 멸망한 뒤 처음으로 우리나라 영토가 압록강까지 올라가게 되었다.

첨성대를 세운 우리나라 최초의 여왕이다.

선덕 여왕

善德女王 : ?~647. 재위 기간 : 632~647.
성은 김씨. 이름은 덕만. 호는 성조황고.

선덕 여왕은 진평왕과 마야 부인 김씨 사이에서 맏딸로 태어났다. 932년 진평왕이 왕위를 이을 아들이 없이 죽자 왕위에 올라 우리나라 최초의 여왕이 되었다. 왕위에 오른 선덕 여왕은 먼저 전국에 관리를 파견하여 흉년으로 어렵게 생활하는 백성들을 구제했다. 또 이듬해에는 지방 백성들의 생활을 안정시키기 위해 세금의 일부를 면제해 주기도 했다.

대외적으로 선덕 여왕은 해마다 당나라에 사신을 보내는 등 당나라와 긴밀한 관계를 유지했다. 그러나 고구려, 백제와는 영토 분쟁으로 늘 전쟁이 잦았다. 638년에 고구려가 칠중성을 공격하자 이를 물리쳤다. 642년에는 백제에게 서쪽 국경에 있는 40여 성과 서남 지역의 요충지인 대야성(경상남도 합천)을 빼앗겼다. 이에 선덕 여왕은 김춘추를 고구려에 보내 도움을 요청했으나 거절당했다. 그러자 선덕 여왕은 당나라와의 외교를 강화하여 백제와 고구려의 침략을 막았다.

선덕 여왕은 신라의 문화 발전에도 많은 노력을 기울였다. 633년에 동양 최초의 천문대인 첨성대를 세우고, 634년에는 분황사, 이듬해에는 영묘사를 세웠다. 또 당나라의 선진 문물과 불교문화를 받아들여 문화를 발달시켰다. 645년에는 당나라에 유학을 하고 돌아온 자장 율사의 건의를 받아들여 황룡사 9층 목탑을 세웠다. 황룡사 9층 목탑에는 고구려와 백제의 침략으로부터 나라를 구하고자 하는 호국 정신과 나아가 삼국 통일의 염원이 담겨 있었다. 신라의 도읍 경주에 거대한 탑을 세워 왕실의 권위와 나라의 힘을 널리 과시하고자 했던 것이다.

한편, 잦은 전쟁으로 나라가 혼란스러운 틈을 타 왕이 여자이기 때문에 나라를 잘 다스리지 못한다는 구실을 내세워 647년 상대등 비담이 난을 일으켰다. 비담의 난은 김춘추와 김유신에 의해 진압되었으나, 선덕 여왕은 반란의 소용돌이 속에서 왕위에 오른 지 16년 만에 세상을 떠나고 말았다.

선덕 여왕이 왕으로 있는 동안 신라는 고구려와 백제의 계속되는 침입으로 매우 혼란스러웠다. 그러나 김춘추, 김유신 등의 도움으로 선덕 여왕은 백성들에게 어진 정치를 베풀 수 있었다. 또한 당나라의 선진 문화를 받아들여 신라 문화 발전에 많은 기여를 하였다.

함께 익혀 둡시다

김유신 : 66쪽 참조.

김춘추 (태종 무열왕) : 340쪽 참조.

비담 (?~647) : 신라의 신하로, 645년(선덕 여왕 14)에 상대등이 되었다. 647년 '여자는 나라를 다스릴 능력이 없다'라고 주장하며 스스로 왕위에 오르려고 염종 등과 더불어 반란을 일으켰다. 명활성을 근거지로 맞서 싸우다가 김유신이 이끄는 군사들에게 패해 죽었다.

분황사 : 경상북도 경주시에 있는 절로, 634년(선덕 여왕 3)에 세워졌다. 원효 대사가 머물렀던 큰 절이었으나, 지금은 절 한 동과 불상, 분황사 석탑 그리고 우물터가 남아 있다.

영묘사 : 경상북도 경주시 성진리 강가에 있던 절로 신라 27대 선덕 여왕 1년에 짓기 시작하여 4년인 635년에 완성하였다. 《삼국유사》에 의하면 양지 법사가 현판을 쓰고 장육상을 만들었다고 한다. 장육상을 만들 때 성안의 백성들이 진흙을 날라 주었는데, 그때 불렸던 "왔도다. 왔도다. 인생은 서러워라. 서러워라. 우리들은, 공덕을 닦으러 왔네."라는 노래가 전해져 온다.

자장 율사 (?~? 성은 김씨. 이름은 선종) : 황룡사 9층 목탑을 세운 신라의 승려로, 귀족 출신이다. 일찍이 부모를 여의고, 원녕사를 세워 승려가 되었다. 선덕 여왕 5년에 10여 명의 제자와 함께 당나라에 건너가 불경을 공부하였으며 대장경과 불법에 필요한 물건을 가지고 돌아왔다. 분황사 주지를 지냈고, 645년에 통도사를 지었다. 또 전국에 10여 개의 불탑을 세워 불교를 널리 퍼뜨렸다. 나이 들어서는 강릉에 수다사를 짓고 태백산에 정암사를 세운 뒤 그곳에서 죽었다.

첨성대 : 신라 선덕 여왕 때 세운, 동양에서 제일 오래된 천문대이다. 경상북도 경주시 인왕동리에 있다. 화강석으로 둥글게 쌓아 올렸는데, 밑면의 둘레가 5.5미터이고, 위의 둘레는 2.5미터이며, 높이가 9미터이다. 국보 제31호이다.

황룡사 : 경상북도 경주시 구황동에 있었던 큰 절로, 553년(진흥왕 14)에 왕명으로 절을 짓기 시작하여 566년에 주요 건물이 완공되었다. 또 금당은 584년(진평왕 6)에 비로소 완성되었고, 신라 3대 보물의 하나인 9층 목탑은 645년 선덕 여왕 때 지었다. 진흥왕이 새 궁궐을 월성 동쪽에 세우려 했으나, 그곳에서 누런 용이 하늘로 올라가는 것을 보고 궁궐 공사를 중지하고 절을 짓게 한 뒤 '황룡사'라는 이름을 붙였다. 역대 왕들이 자주 찾았던 신라 최고의 절로, 고려 시대에도 번창하였다. 그러나 1238년(고종 25) 몽골군의 침입으로 탑은 물론 일체의 건물이 불타 버려 지금은 터만 남아 있다.

첨성대

얽힌 이야기 한 토막

선덕 여왕은 어려서부터 아주 영리하고 총명했다. 선덕 여왕이 왕위에 오르기 전 덕만 공주로 있던 때의 일이었다.
당나라에서 모란꽃 그림과 그 씨앗을 보내왔다. 그때 덕만 공주는 아버지 진평왕과 함께 모란꽃 그림을 보았다. 그림을 골똘히 바라보던 덕만 공주가 말했다.
"이 꽃은 매우 아름답기는 하지만 향기가 전혀 없습니다."
진평왕이 빙그레 웃으면서 공주에게 물었다.
"네가 이 꽃에 향기가 없다는 것을 어떻게 아느냐?"
"향기가 있는 꽃은 벌과 나비가 날아들기 마련입니다. 그러나 이 꽃은 매우 곱기는 하지만 그림에 벌과 나비가 없습니다. 그러니 꽃에 향기가 없다는 것입니다."
진평왕은 궁궐에 모란꽃 씨앗을 심게 했다. 그랬더니 과연 꽃은 매우 아름다웠지만 향기가 전혀 나지 않았다. 진평왕과 신하들은 덕만 공주의 총명함에 매우 감탄하였다.
덕만 공주는 진평왕의 뒤를 이어 왕위에 올라 선덕 여왕이 되었다. 선덕 여왕은 선견지명이 뛰어났는데, 개구리 울음소리를 듣고 적군이 쳐들어왔음을 알고 군사를 보내 물리쳤으며, 자신이 죽을 날과 묻힐 장소를 신하들에게 말했다고 한다.

임진왜란이라는 국난을 겪은 조선 제14대 왕이다.

선조
宣祖 : 1552~1608, 재위 기간 : 1567~1608. 초명은 균, 후에 공으로 바꿈. 시호는 소경.

중종의 손자인 선조는, 명종이 대를 이을 아들이 없이 세상을 떠나자 그 뒤를 이어 1567년에 왕위에 올랐다. 즉위 초 선조는 오로지 학문에 열중하여 매일 유교 경전을 토론하고 밤늦게까지 독서에 열중하였다. 또 이황과 이이 등 훌륭한 인재를 발굴하여 어진 정치를 펼치고,《윤선록》,《근사록》,《삼강행실》등 유교 경전을 펴내 유교를 장려하였다.

선조는 당파 싸움의 폐해를 뼈저리게 느껴 당파 싸움을 없애고 민심을 안정시키는 데 온 힘을 기울였다. 그러나 당파 싸움은 가라앉지 않고 오히려 여러 당파로 더 나뉘고 분쟁도 더 심해졌다. 또 선조 자신도 이 당파 싸움에 휘말려 나라가 혼란스러워지고 국력은 약해져 갔다.

이런 혼란 속에 1592년(선조 25) 임진왜란이 일어났다. 왜군이 물밀듯 진군해 부산진이 왜군의 손에 넘어가고, 믿었던 신립 장군이 충주에서 패하자 선조는 한양을 포기하고 신하들과 함께 의주로 피란을 떠났다. 의주에서 선조는 명나라에 사신을 보내 도움을 요청하고, 세자 광해군에게 의병을 모으고 군량미를 조달하게 하였다.

전국에서 의병이 일어나 왜군과 싸우고, 관군도 점차 힘을 되찾아 곳곳에서 승리를 거두었다. 특히 이순신이 이끄는 수군이 해전에서 승리하여 바다를 되찾고, 명나라 구원군과 관군이 힘을 합쳐 평양성을 되찾았으며, 권율의 행주 대첩으로 왜군은 사기가 꺾였다. 결국 왜군은 1593년 4월 한양에서 철수하였고 그해 10월 선조는 한양으로 돌아왔다.

선조는 전쟁이 끝나자 이듬해 훈련도감을 설치하여 군사들을 훈련시키고, 조선에 항복한 왜군에게 조총을 쏘는 법과 탄환을 만드는 기술을 군사들에게 가르치게 하였다. 그리고 전쟁으로 황폐한 나라를 복구하는 데 많은 노력을 기울였다. 또 전쟁으로 굶어죽는 백성들이 늘어나자 수라상(임금의 밥상)에 올라오는 쌀의 양을 줄여 백성들에게 나누어 주었다.

그러나 1597년 왜군이 다시 침입하여 정유재란이 일어났고, 7년의 전쟁을 치르는 동안 나라는 더욱 황폐해졌다. 그리고 그동안에도 당파 싸움은 계속되어 선조는 큰 시련을 겪다가 1608년 세상을 떠났다.

생전에 선조는 효성이 지극하였고, 지극히 검소하여 화려한 것을 좋아하지 않았다. 그러나 혼란과 위기에 빠진 나라를 제대로 돌보지 못한 왕으로 비판받고 있다.

함께 익혀 둡시다

광해군 : 26쪽 참조.

권율 : 30쪽 참조.

신립 : 172쪽 참조.

이순신 : 246쪽 참조.

임진왜란 : 1592년(선조 25) 일본을 통일한 도요토미 히데요시가 보낸 왜군 약 20만 명이 우리나라에 쳐들어오면서 시작된 전쟁으로 7년간에 걸쳐 벌어졌다. 1592년 왜군은 부산포에 침입하여 부산포와 동래를 점령하고 빠르게 한양으로 쳐들어왔다. 이에 조정에서는 신립을 보내 왜군이 충주 이북으로 진격하는 것을 막게 했으나 신립이 충주에서 크게 패하자 선조는 의주까지 피란을 갔다. 그러나 명나라에서 구원군이 들어오고, 바다에서는 이순신이, 육지에서는 권율과 의병들이 크게 활약하여 전세는 역전되었다. 1597년 왜군이 다시 쳐들어와 정유재란이 일어났으나, 1598년 도요토미 히데요시가 죽자 왜군이 물러감으로써 전쟁이 끝났다. 이 전쟁으로 우리나라는 매우 큰 피해를 입었다.

정유재란 : 임진왜란 때 우리 군사들이 명나라군과 함께 서울을 회복하자 남해안으로 후퇴한 왜군은 명나라와 휴전 협상을 벌였다. 그러나 휴전 협상이 깨지면서 1597년(선조 30) 가토 기요마사는 14만여 명을 이끌고 다시 쳐들어왔다. 왜군은 조선과 명나라 연합군의 저항에 막혀 진격하지 못하고 남해안에서 노략질을 일삼다가 1598년 도요토미 히데요시가 죽자 일본으로 돌아갔다.

행주 대첩 : 임진왜란 때 전라도 관찰사 권율이 행주산성에서 왜군을 크게 물리친 싸움을 말한다. 행주 대첩은 진주성 싸움, 한산도 대첩과 함께 임진왜란 3대첩 가운데 하나이다. 1593년 1월 권율은 평양에서 철수하는 왜군을 물리치고 한양을 수복하기 위해 1만여 명의 군사를 모아 행주산성에 진을 쳤다. 권율은 성을 정비하고 나무 울타리를 쌓아 왜군의 침입에 대비하였다. 2월 12일 왜군 3만여 명이 7개 부대로 나뉘어 성을 둘러싸고 공격해 왔다. 권율은 일사불란한 통솔력으로 군사들의 사기를 북돋우고 성 주변에 쌓아 놓은 나무 울타리에 불을 질러 왜군이 성안으로 진입하지 못하게 하였다. 결국, 왜군은 이 싸움에서 크게 패하고 돌아갔다. 이 싸움에서는 화차, 수차, 석포 등 당시 개발된 여러 가지 무기들이 사용되었다.

얽힌 이야기 한 토막

임진왜란 때 왜군들이 물밀듯이 쳐들어오자 선조는 한양을 떠나 의주로 피란을 떠났다. 선조는 가는 길에 평안남도에 있는 강서라는 고을에서 며칠을 머무르게 되었다.
그런데 지난해 가을에 수확한 쌀은 이미 다 떨어졌고 그때가 여름이라 들판에 벼는 아직 여물지를 않아서 임금에게 밥을 지어 올릴 쌀이 없었다. 이에 마을 사람들은 모두들 어찌할 바를 모른 채 안절부절못하고 있었다.
그때 근처 마을에 충성스러운 농부가 살고 있었다.
'아무리 쌀이 없다고 해도 상감마마께 드릴 쌀이 없다는 것은 백성으로서 죄를 짓는 일이 아닐 수 없다. 어떻게 해서라도 저 들판의 벼를 빨리 익게 하자.'
농부는 그날 하루 종일 수없이 논으로 나가 벼가 익었는지를 확인하였다. 이러한 농부의 정성에 하늘도 감동하였는지 하룻밤 사이에 벼가 누렇게 익었다. 농부는 곧 벼를 베어다 찧어 임금에게 바쳤다.
그 뒤 전세가 역전되어 선조는 다시 한양으로 돌아가게 되었다. 선조는 한양으로 돌아가는 길에 강서에 들러 그 농부를 찾았다.
"네가 정성으로 벼를 익게 하여 쌀을 바친 그 농부이냐?"
"네, 그러하옵니다, 상감마마."
"과인이 네 정성을 갸륵하게 생각하여 상으로 땅을 내리겠다. 앞으로 더욱 열심히 농사를 짓도록 하여라."
"황공하옵니다. 상감마마!"
선조가 하사한 땅을 '천도래'라고 부르는데 천도래란, 그 농부가 임금에게 드릴 벼가 익었는지 확인하기 위해 논과 집을 하루에 천 번이나 오갔다고 하여 붙여진 이름이다.

《화왕계》를 짓고 이두를 집대성한 신라의 학자이다.

설총
薛聰 : 655~?. 자는 총지. 호는 빙월당. 경주 설씨의 시조.

설총은 원효 대사와 신라 제29대 태종 무열왕의 딸인 요석 공주 사이에서 태어났다. 어려서부터 유달리 재주가 많고 총명했던 설총은 유학과 문학을 깊이 연구하여 유교 경전과 역사서에 폭넓은 지식을 가진 학자로 성장하였다. 또 《논어》, 《맹자》, 《예기》 같은 중국의 고전인 9경을 우리말로 해석하여 국학에서 학생들에게 가르쳐 우리나라 유학 발달에 크게 이바지하였다. 뛰어난 학자로 존경받은 설총은 신문왕 때에는 '한림'이란 벼슬을 하면서 신문왕의 정치적 자문을 맡아보기도 했다.

설총은 많은 글을 썼는데, 지금까지 전하는 것은 《화왕계》뿐이다. 《화왕계》는 신문왕이 어느 날 무료함을 달래기 위해 설총에게 재미있는 이야기를 해 달라고 청하자 설총이 들려준 이야기이다.

꽃나라를 다스리는 화왕('꽃의 왕'이란 뜻으로 여기서는 모란꽃을 말한다)에게 여러 꽃들이 인사를 하러 온다. 화왕은 이들 꽃 가운데 장미의 아름다움에 반하여 장미를 아끼고 사랑한다. 그러나 뒤이어 온 할미꽃의 충직한 모습을 보고 고민에 빠진다. 결국 화왕은 할미꽃의 간곡하고 충성스러운 말에 감동하여 할미꽃을 택한다는 이야기이다.

설총은 《화왕계》를 통해 신문왕에게 간신을 멀리하고 정직한 충신을 가까이해야 나라가 바로 선다는 것을 이야기한 것이다. 신문왕은 이 이야기를 글로 남겨 후세의 임금들이 본보기로 삼도록 했다고 한다.

한편, 설총은 세종 대왕이 한글을 만들기 전에 우리 글자의 역할을 한 이두 문자를 모아 정리하고 발전시켰다. 이두는 한자의 음과 훈을 빌려 일정한 규칙에 따라 우리말을 적는 표기법이다. 설총은 그 당시까지 쓰이던 이두를 정리하여 학문을 하는 사람들에게 많은 도움을 주었다.

설총은 강수, 최치원과 함께 신라 3대 문장가로, 또 신라의 10대 현인 가운데 한 사람으로 꼽힌다. 고려 현종은 설총의 높은 학문을 기리기 위하여 큰 유학자라는 뜻을 가진 '홍유'라는 시호를 내렸다.

함께 익혀 둡시다

강수 (?~692. 초명은 두) : 신라의 유학자이자 문장가이다. 어려서부터 유학에 뜻을 두어 《효경》을 비롯해 많은 유교 경전을 공부했다. 654년(태종 무열왕 1) 당나라에서 온 어려운 국서를 쉽게 풀이하였으며, 답하는 글을 잘 써서 왕의 신임을 얻었다. 재물에 관심이 없었던 그는 집이 가난하였고, 그 소문을 들은 왕은 강수에게 곡식 백 섬을 내렸다. 문무왕 때는 외교 문서를 잘 다루어 삼국 통일에 큰 공을 세워 사찬이라는 벼슬에 올랐다.

9경 : 중국의 고전인 9개의 경전으로, 《시경》, 《서경》, 《예기》, 《역경》, 《춘추》, 《효경》, 《논어》, 《맹자》, 《이아》 등을 말하며, 9경의 분류 방식은 주장하는 사람에 따라 다르다.

국학 : 오늘날의 국립 대학에 해당하는 신라 시대의 교육 기관이다. 682년 신문왕 때 세워졌다. 주로 귀족의 자제들에게 유교 경전과 한문학을 가르쳤고 교육 기간은 9년이었다.

신문왕 (?~692. 재위 기간 : 681~692. 이름은 정명, 명지. 자는 일초) : 신라 제31대 왕으로 문무왕의 큰아들이다. 665년 태자가 되었고, 681년 왕위에 올랐다. 김흠돌 등 귀족들이 반란을 일으키자 이를 진압하고 왕권을 강화했으며, 김흠돌의 딸인 왕비를 내쫓았다. 또한 청주에 관청을 세우는 등 지방 제도를 정비하였다. 봉성사와 망덕사를 짓고 당나라로부터 문장과 예에 관한 책 50여 권을 들여오는 등 불교와 문화 발전에 힘을 쏟았다. 989년에는 관리에게 땅으로 월급을 주던 제도를 없애고, 조세를 받아 이것으로 월급을 주었다.

원효 : 202쪽 참조.

이두 : 옛날에 우리말을 적던 방법의 하나로, 한자의 음이나 뜻을 따다가 우리말로 적은 것을 말한다. 이두는 조선 세종 때 훈민정음이 만들어질 때까지 한문을 번역하는 구실을 하였으며, 훈민정음이 만들어진 이후에는 그 쓰임이 쇠퇴하기 시작하였으나 조선 후기 영조, 정조 때까지 관청에서 쓰는 문서에 여전히 사용되었다.

최치원 : 334쪽 참조.

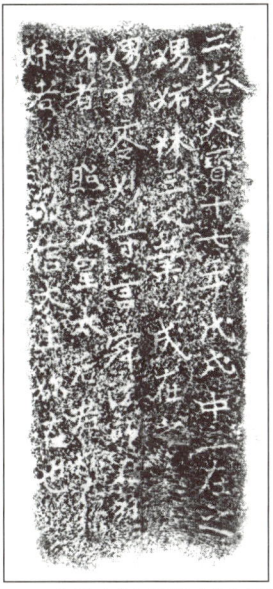

이두문이 새겨진 갈항사탑의 탑본

얽힌 이야기 한 토막

설총의 《화왕계》를 간략히 살펴보자.

먼 옛날, 꽃 가운데 가장 아름답고 향기로운 화왕(모란꽃)이 있었다. 봄이 되자 화왕은 예쁜 꽃을 피웠고, 이 세상 그 어느 꽃보다 아름다웠다. 그 소문을 듣고 여기저기서 곱고 어여쁜 꽃들이 서로 앞다투어 화왕을 찾아왔다.

그 무렵 붉고 아름다운 얼굴에 진한 향기를 가진 장미꽃이 화왕을 찾아와 애교를 떨며 말했다.

"저는 화왕께서 아주 높은 덕을 지녔다는 말을 듣고 이렇게 찾아왔습니다. 부디 곁에서 모시게 해 주십시오."

그때 베옷에 가죽띠를 매고, 흰머리에 지팡이를 짚은 할미꽃이 앞으로 나서며 말했다.

"저는 경성 밖 큰길가에 사는 백두옹(할미꽃)이라 합니다. 옛말에 약에도 사람의 몸에 좋은 양약과 몸을 해치는 독약이 있다고 합니다. 화왕께서는 어느 쪽을 택하시겠습니까?"

화왕은 아름답고 향기로운 장미꽃과 허리가 구부러지고 못생겼지만 바른말을 하는 할미꽃 중 어느 꽃을 곁에 두어야 할지 몰라 망설이고 있었다. 그때 할미꽃이 다시 말했다.

"저는 화왕께서 도리를 아는 줄 알고 찾아왔습니다. 그런데 대부분의 임금들이 그렇듯이 화왕께서도 듣기 좋은 말로 아첨하는 자를 가까이하고, 정직하고 바른말을 하는 사람을 멀리하시는군요. 저는 화왕께 몹시 실망하였습니다."

그 말을 듣고서야 자신의 어리석음을 깨달은 화왕은 돌아가려는 할미꽃을 붙들며 말했다.

"내가 잘못하였소."

충절을 지킨 사육신의 한 사람으로 선비 정신의 으뜸이다.

성삼문 成三問 : 1418~1456. 자는 근보. 호는 매죽헌. 시호는 충문.

성삼문은 1418년 충청남도 홍성에 있는 외가에서 성승의 아들로 태어났다. 막 태어나려고 할 때 공중에서 '낳았느냐?' 하고 세 번 묻는 소리가 들려와 이름을 '삼문'으로 지었다고 한다.

성삼문은 1438년(세종 20) 문과에 급제하고 이어 1447년 과거에 장원으로 급제하였다. 집현전 학사로 세종의 아낌없는 사랑을 받은 성삼문은 집현전의 여러 벼슬을 거쳤고 신숙주와 함께 왕명을 받아 유교 경전인 《예기》에 한글 주석을 단 《예기대문언독》을 펴내기도 했다. 성삼문은 항상 세종을 가까이에서 모시면서 좋은 의견을 많이 올렸는데 글씨와 문장 솜씨도 뛰어나 세종의 총애를 받았다.

1450년 세종이 세상을 떠나고, 뒤이은 문종마저 일찍 죽자 1452년 세종의 손자인 단종이 12세의 어린 나이에 왕위에 올랐다. 그러나 1455년(단종 3) 수양 대군이 단종을 폐위시키고 왕위에 오르자, 성삼문은 옥새를 껴안고 통곡하였다.

성삼문은 세조(수양 대군)에 반대하여 아버지 성승과 박팽년, 박중림, 유응부, 허조, 권자신, 이개, 유성원, 김질 등과 함께 단종을 다시 왕으로 모시기로 계획하였다. 성삼문은 이듬해 세조가 창덕궁에서 명나라 사신을 위한 잔치를 베풀기로 하자 그 날을 거사일로 정했다. 그러나 김질이 배반하여 세조에게 그 사실을 알리고 말았다. 이 일로 성삼문은 이개, 하위지, 유응부와 함께 붙잡혔다. 세조가 직접 문초하면서 회유했지만 성삼문은 세조를 '임금'이라 부르지 않고 '나리'라고 부르면서 세종과 단종에 대한 충절을 끝까지 지켰다. 결국 성삼문은 모진 고문을 받다가 사형을 당했다. 이 사건으로 성삼문의 아버지 성승을 비롯해 세 동생 그리고 세 아들까지 모두 처형당했다.

성삼문을 포함한 사육신의 유해는 훗날 매월당 김시습이 거둬 현재 서울 노량진에 있는 사육신 묘에 안장하였다. 그리고 오늘날 의성, 창녕, 연산 등에 있는 여러 서원에서 제향을 올려 그들의 충절을 기리고 있다. 성삼문이 지은 책으로는 《매죽헌집》이 있다.

함께 익혀 둡시다

박팽년 (1417~1456. 자는 인수. 호는 취금헌. 시호는 충정) : 사육신의 한 사람이며 성삼문 등과 함께 집현전 학사로 세종의 많은 사랑을 받았다. 세조가 단종으로부터 왕위를 빼앗자 성삼문, 이개, 하위지 등과 함께 단종을 다시 왕위에 올릴 계획을 하다가 김질의 밀고로 붙잡혔다. 그의 재능을 아낀 세조가 자기 편으로 끌어들이려 하였으나 끝까지 거절했으며, 심한 고문으로 인해 감옥에서 죽었다.

사육신 : 1456년 세조에게 왕위를 빼앗긴 단종을 다시 왕에 세우려다가 김질의 밀고로 붙잡혀 죽은 성삼문, 박팽년, 하위지, 이개, 유응부, 유성원의 여섯 신하를 가리킨다.

성승 (?~1456. 호는 적곡. 시호는 충숙) : 성삼문의 아버지이다. 무과에 급제한 뒤 경상도 병마절제사, 중추원 부사를 거쳐 도총관이 되었다. 세조가 단종의 왕위를 빼앗자 통곡하고, 아들 성삼문과 함께 단종을 다시 왕위에 올릴 계획을 세웠다. 그러나 김질의 밀고로 계획이 탄로나 온 가족이 처형되었다.

세조 : 164쪽 참조.

세종 : 166쪽 참조.

신숙주 : 176쪽 참조.

유성원 (?~1456. 자는 태초. 호는 낭간. 시호는 충경) : 사육신의 한 사람이며 집현전 학사로 세종의 사랑을 받았다. 문종이 왕위에 오른 뒤에는 사경, 수찬 등을 지냈다. 1453년 세조가 김종서 등을 죽이고 공을 세운 신하들에게 내리는 글을 압력에 못 이겨 쓴 뒤 몹시 부끄러워하였다. 성삼문, 박팽년 등과 단종을 다시 왕위에 세우려다가 실패하자 스스로 목숨을 끊었다.

유응부 (?~1456. 자는 신지, 선장. 호는 벽량. 시호는 충목) : 사육신의 한 사람으로, 무과에 급제하여 세종과 문종의 사랑을 받았다. 활쏘기를 잘했으며 유학에도 뛰어났다. 첨지 중추원사, 평안도 절제사를 거쳐 동지 중추원사가 되었다. 단종을 다시 왕으로 세우려다 김질의 배반으로 붙잡혀 고문을 받다가 죽었다.

이개 (1417~1456. 자는 청보, 백고. 호는 백옥헌. 시호는 충간) : 사육신의 한 사람으로, 이색의 4대손이다. 직제학으로 있으면서 단종을 다시 왕위에 세우려다가 붙잡혀 모진 고문을 받은 뒤 죽었다. 시와 문장이 훌륭하고, 글씨도 잘 썼다.

하위지 (1412~1456. 자는 천장, 중장. 호는 단계. 시호는 충렬) : 사육신의 한 사람으로, 하담의 아들이다. 집현전 교리가 되어 여러 책을 편찬하였다. 여러 벼슬을 거쳐 예조 판서에 올랐다. 단종을 다시 왕위에 세우려다가 실패하여 모진 고문을 받은 뒤 죽었다.

얽힌 이야기 한 토막

성삼문은 박팽년, 유성원 등 뜻을 같이하는 사람들과 함께 단종을 다시 왕으로 모시기 위한 계획을 세웠다. 하지만 첫 번째 계획이 실패하자 이에 겁을 먹은 김질의 배반으로 붙잡히고 말았다.
세조는 붙잡혀 온 성삼문을 큰 목소리로 심문했다.
"이놈! 내 녹을 먹으면서 무엇이 부족하여 우리 부자를 죽이려 역모를 꾸몄느냐?"
"상왕(단종)께서 나이가 많은 것도 아니고 더구나 어떤 잘못을 한 것도 아닌데, 나리가 정인지, 신숙주, 한명회 따위의 못된 무리들과 짜고 임금의 자리를 빼앗은 것 아니오? 그러니 상왕을 다시 모시는 것은 그 신하 된 도리로 마땅한 것이 아니겠소. 김질과 같은 배반자 때문에 이 꼴이 되었소만······."

성삼문은 혹독한 고문과 세조의 갖은 유혹에도 굴하지 않고 끝까지 절개를 지켰다. 더 이상 성삼문의 마음을 되돌릴 수 없다고 판단한 세조는 마침내 죽이라고 명령을 내렸다.
피투성이가 된 성삼문은 뜻을 같이한 사람들과 함께 소달구지에 실려 사형장으로 끌려갔다. 사형장인 새남터로 가면서 성삼문은 시 한 수를 읊었다.

**북소리가 이 목숨을 재촉하는데
돌아보니 지는 해는 서산을 넘는구나.
황천길엔 주막도 없을 터인데
오늘밤은 누구의 집을 찾아 쉬어 갈거나.**

조선의 문물 제도를 확립한 조선 제8대 왕이다.

성종
成宗 : 1457~1494. 재위 기간 : 1469~1494. 이름은 혈. 시호는 강정.

성종은 세조의 손자이자, 덕종의 둘째 아들로 태어났다. 태어난 지 두 달 만에 아버지인 의경 세자(덕종)가 죽자 할아버지인 세조가 키웠다. 타고난 성품이 뛰어났으며 도량이 넓고, 글씨와 그림뿐만 아니라 활 솜씨도 뛰어나 세조의 사랑을 한몸에 받았다. 어머니 소혜 왕후의 엄격한 가르침을 받으며 자란 성종은 어머니에 대한 효성이 매우 지극하였다고 한다. 1469년 성종이 13세의 나이에 왕위에 오르자 처음에는 할머니인 정희 대비가 성종을 대신하여 7년간 나랏일을 맡아보았다.

성종은 세종과 세조의 문화 정책을 이어받아 나라의 문물과 제도를 정비하여 문화를 크게 진흥시켰다. 또한 고려 때부터 조선 초까지 100여 년에 걸쳐 만들어진 여러 법전들을 총정리하여 세조 때부터 편찬하여 오던 《경국대전》을 1485년에 완성했다. 그리고 불교를 억제하고 나라의 근본을 유교에 두어 충성과 효도를 장려하였다.

성종은 또 학문을 높이 숭상하여 선비들에게 학문을 장려했다. 학문 기관인 성균관의 발전을 위해 여러 차례 토지를 내렸다. 그리고 용산 두모포에 독서당을 짓고 젊은 관리들에게 휴가를 주어 그곳에서 독서와 글쓰기에 힘쓰게 했다. 이어 세조 때에 없앤 집현전을 대신하여 홍문관을 설치해 학술과 언론을 담당하게 하였다. 역사, 지리, 예술에도 관심을 가져 이에 관련한 여러 책을 편찬하기도 했는데, 우리나라 최초의 지리지인 《동국여지승람》과 서거정 등이 쓴 역사서 《동국통감》을 비롯하여 문집 《동문선》, 예법에 관한 책 《국조오례의》 등을 펴냈고, 성현 등에게 명하여 음악서인 《악학궤범》을 만들었다.

성종은 인재도 과감하게 뽑아 썼는데 김종직 등 지방에서 오로지 학문에만 힘쓰던 선비들을 많이 등용하였다.

한편, 국방에도 많은 힘을 기울여 1479년 윤필상을 도원수로 임명해 건주위(명나라가 여진족을 통제하기 위해 설치한 기관)에 있는 오랑캐의 본거지를 토벌하였다. 이어 1491년에는 함경도 관찰사 허종에게 명해 두만강 일대에 자주 나타나 우리 백성들을 괴롭히는 오랑캐들을 토벌하게 하였다.

이렇듯 성종은 국가 체제를 정비하고, 국방력을 강화하고, 왕권을 강화하여 조선의 기틀을 마련하였다. 성종은 세종, 세조가 싹 틔우기 시작한 조선 초기의 문물과 문화를 활짝 꽃피운 성군이었다.

함께 익혀 둡시다

덕종 (1438~1457. 이름은 장. 자는 원명. 시호는 의경) : 세조의 큰아들이며 성종의 아버지이다. 비는 좌의정 한확의 딸 소혜 왕후 한씨이다. 1455년(세조 1)에 왕세자가 되었으나 왕위에 오르지 못하고 병에 시달리다가 1457년 20세의 젊은 나이에 죽었다. 1471년(성종 2) '덕종'이라는 칭호가 내려졌다.

독서당 : 조선 시대 때 나라에 중요한 인재를 길러 내기 위하여 특별히 설치한 곳으로 이곳에서 젊은 관리들이 책을 읽고 학문을 연구했다.

《동국통감》 : 1484년(성종 15) 서거정, 정효항 등이 왕명을 받아 펴낸 역사책이다. 신라 시조 박혁거세부터 고구려, 백제를 거쳐 고려 공양왕 때까지의 1400여 년 동안의 역사적 사실을 기록하였다. 56권 26책으로 되어 있다.

성현 (1439~1504. 자는 경숙. 호는 용재, 부휴자, 허백당, 국오. 시호는 문재) : 조선 시대 문신이자 학자이다. 대사간 등을 거쳐 1485년 여러 차례 명나라에 다녀왔다. 음악에도 뛰어나 1493년 유자광 등과 함께 우리나라 음악을 모아 《악학궤범》을 펴냈다. 그의 저서 《용재총화》는 조선 초기의 정치, 사회, 문화를 연구하는 데 중요한 자료가 되고 있다. 성현은 글씨도 잘 썼다.

소혜 왕후 (1437~1504. 성은 한씨) : 조선 덕종의 왕비이다. 1455년에 수빈으로 책봉되었으며 아들 자산군(성종)이 왕위에 올라, 아버지 의경 세자를 덕종으로 추대하자 인수 대비가 되었다. 부녀자의 예의범절을 가르치기 위하여 펴낸 《내훈》은 조선 시대 여인들의 삶을 연구하는 데 귀중한 자료가 되고 있다.

정희 대비 (1418~1483. 성은 윤씨) : 세조의 왕비로 판중추원사 윤번의 딸이다. 1428년(세종 10) 수양 대군과 결혼하여 낙랑 부대 부인이 되었다. 1455년 세조가 왕위에 오르자 왕비가 되었고, 1469년부터 어린 성종을 대신해 7년 동안 나랏일을 보았다.

홍문관 : 조선 시대 때 궁중의 각종 책을 관리하고 왕에게 학술과 언론에 대하여 자문을 해 주던 관청으로 옥당, 옥서, 영각, 서서원, 청연각이라고도 한다. 사헌부, 사간원과 함께 삼사로 불린다.

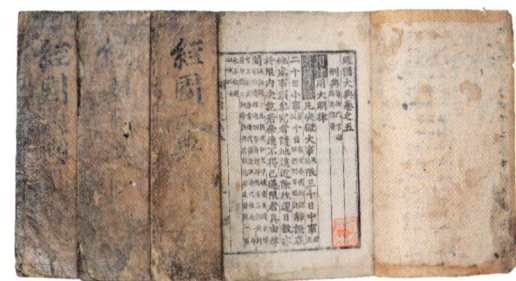

《경국대전》

얽힌 이야기 한 토막

성종이 왕위에 오른 지 얼마 지나지 않았을 때의 일이다. 어느 날 포도청에서 어떤 살인범을 잡았다고 보고해 왔다.
"증거는 틀림없는가?"
"네! 자백을 받았을 뿐만 아니라 증인도 두 사람 있습니다. 의심할 여지가 없습니다."
성종은 신하들과 의논한 끝에 사형을 명했다. 그러나 그때 포도청에서 그 죄인이 바쳤다는 문서 하나를 보내왔다.
'죽을 죄를 세 번 지어도 용서한다.'
그것은 할아버지인 세조가 단종을 몰아내고 왕위에 오르기 위한 계획을 세울 때 자금을 대준 사람에게 직접 써 준 문서였다.
이것을 본 정희 대비가 성종에게 말했다.

"선왕께서 손수 써서 약속한 글입니다. 그러니 그 죄인을 용서해 주시오."
"할마마마, 선왕이 그에게 써 준 것은 한때의 사사로운 은혜요, 무고한 사람을 죽이면 사형을 받는 것이 지금의 법입니다. 어찌 한때의 사사로운 은혜로 국법을 어기겠습니까?"
"그렇더라도 용서해 주시오."
성종은 할머니인 정희 대비의 청을 몇 번이고 거절했다. 정희 대비도 끝까지 용서해 줄 것을 주장했다.
"할마마마께서 제 말을 따르지 않으시면, 제가 감히 나랏일을 맡을 수 없으니, 다른 사람에게 나랏일을 맡기소서."
성종은 어려운 입장에 처해서도 법을 지키려는 의지를 결코 꺾지 않았다.

조카인 어린 단종을 몰아내고 왕위에 오른 조선 제7대 왕이다.

세조

世祖 : 1417~1468. 재위 기간 : 1455~1468. 이름은 유. 자는 수지. 시호는 혜장.

1417년 세종의 둘째 아들로 태어난 세조는 어려서부터 영특하여 학문이 뛰어났다. 그뿐만 아니라 할아버지 태종을 닮아 성격도 호방하고 병서와 무예에도 뛰어났다. 처음 진평 대군에 봉해진 뒤 1445년(세종 27) 수양 대군에 봉해졌다. 대군으로 있으면서 아버지 세종의 명을 받아 궁궐 안에 불당을 짓고 불경을 우리 말로 옮겼다.

세종의 뒤를 이은 형 문종이 죽고 1452년 어린 조카 단종이 왕위에 오르자 김종서, 황보인과 같은 대신들의 권력이 강해졌다. 이에 왕권이 약해질 것을 염려한 수양 대군은 권람, 한명회 등 여러 문인과 무사들을 모아 1453년(단종 1) 난을 일으켰다. 그리고 정승 김종서와 황보인 등을 죽이고, 이들과 친분이 두터운 안평 대군을 강화도로 귀양 보낸 뒤 영의정에 올라 권력을 잡았다. 이것을 '계유정난'이라고 한다.

그 뒤 수양 대군은 안평 대군을 사형에 처한 뒤 어린 조카 단종을 위협해 왕위를 빼앗았다. 1456년 세조(수양 대군)는 성삼문 등 집현전 학사들이 중심이 되어 단종을 다시 왕으로 세우려다 발각되자 이 사건에 관련된 사람들을 모두 처형했다. 이어 집현전을 없애고, 1457년에는 성삼문 등 사육신의 사건과 관련지어 단종을 영월로 귀양 보냈다가 죽였다.

비록 세조는 조카 단종으로부터 강제로 왕위를 빼앗았지만, 14년간 왕위에 있으면서 많은 업적을 쌓았다. 먼저 세조는 조정 대신들의 권력을 제한하고, 신하들이 왕권을 넘보지 못하도록 왕권을 강화했다. 또 국방력을 강화하기 위해 호패법을 실시하여 백성들의 실태를 파악하고, 1460년에는 두만강 유역의 여진족을 몰아냈다. 또 남쪽에 사는 백성들을 평안도, 강원도, 황해도 등에 이주시켜 국토의 균형 있는 발전을 꾀하였다.

세조는 농업을 장려했는데, 궁중에 잠실을 두어 왕후와 세자빈에게 직접 양잠을 하도록 하여 백성들에게 모범을 보였다. 또 《금양잡록》, 《사시찬요》 등 농업에 관한 책도 펴냈다.

한편 세조는 사치 풍조를 없앴다. 비단 대신 무명으로 옷을 지어 입게 하고 왕후를 비롯하여 궁녀들까지 조선에서 생산되는 옷감으로 옷을 만들어 입게 했다.

편찬 사업도 활발히 벌여 《국조보감》, 《국조오례의》, 《경제육전》, 《경국대전》 등을 편찬하였다. 또 여러 권의 불경을 펴내고, 말년에는 어린 조카를 몰아내고 왕위를 빼앗은 일로 괴로워하다가 불교에 귀의하였다.

함께 익혀 둡시다

계유정난 : 1453년 수양 대군이 김종서, 황보인 등 원로 대신을 죽이고 권력을 차지한 사건을 말한다. 1452년에 문종은 지병으로 세상을 떠나면서 우의정 김종서, 영의정 황보인, 좌의정 남지 등의 원로 대신들에게 12세의 어린 단종을 잘 보필해 달라는 유언을 남겼다. 단종이 왕위에 오르자 모든 권력은 원로 대신들에게 집중되었고 왕권은 매우 약해졌다. 이에 수양 대군은 신하들의 막강한 권력을 빼앗고 왕권을 강화하기 위해 김종서, 황보인 등을 역모를 꾀했다는 구실로 죽였다. 그리고 여러 신하들과 친분이 두터운 동생 안평 대군마저 귀양을 보냈다. 이 사건으로 수양 대군은 권력을 독차지했고, 훗날 왕위에 오를 수 있는 기반을 닦았다.

권람 (1416~1465. 자는 정경. 호는 소한당. 시호는 익평) : 조선 전기의 문신이다. 수양 대군과 함께 《역대병요》라는 책을 펴내면서 친분이 두터워졌다. 계유정난 때 한명회 등과 함께 수양 대군을 도왔다. 세조가 왕위에 오른 뒤 이조 참판, 좌의정 등 높은 벼슬을 두루 맡았다. 활을 잘 쏘고 문장에도 뛰어났다.

김종서 : 72쪽 참조.

성삼문 : 160쪽 참조.

안평 대군 (1418~1453. 이름은 용. 자는 청지. 호는 비해당, 낭간거사, 매죽헌. 시호는 장소) : 세종 대왕의 셋째 아들로, 황보인, 김종서 등 여러 신하들과 친분이 매우 두터웠다. 계유정난으로 황보인, 김종서가 살해된 뒤 강화도로 귀양 갔다가 교동으로 옮겨져서 사약을 받고 죽었다. 시와 문장에 뛰어났고, 당시 제일의 서예가로 이름을 떨쳤다.

한명회 : 342쪽 참조.

호패법 : 조선 시대 때 백성들의 신분이나 숫자를 파악하기 위해 오늘날의 주민등록증에 해당하는 호패를 지니고 다니도록 한 제도이다. 조선 태종 때 실시되었다가 한때 폐지되었으나, 1458년(세조 4) 다시 실시되어 조선 말까지 시행했다.

황보인 (?~1453. 자는 사겸. 호는 지봉. 시호는 충정) : 조선 초기의 문신이다. 강원도 관찰사를 거쳐 병조 판서에 올랐으며, 김종서와 함께 6진을 개척했다. 우의정을 거쳐 1452년 영의정이 되어 단종을 보살피다가 계유정난 때 두 아들, 손자와 함께 목숨을 잃었다.

얽힌 이야기 한 토막

계유정난 때의 일이다.
"그대들은 맡은 바 임무를 충실히 실행하면 되오. 당황하지 말고 마음을 굳게 먹고 침착하시오. 두려울 것 없소."
수양 대군은 뜻을 같이하는 무리들을 모아 놓고 말했다.
"우리 일에 가장 큰 걸림돌은 바로 김종서요. 그 자만 없애 버리면 이 일은 순풍에 돛을 단 듯 쉬울 것이오."
말을 마친 수양 대군은 그날 밤 장사 수십 명을 거느리고 서대문 밖에 있는 김종서의 집으로 갔다. 먼저 와 있던 홍달손은 김종서의 집 으슥한 곳에 몸을 숨기고 집 안팎의 동정을 살피고 있었다.
수양 대군은 김종서의 집 앞에서 문을 지키고 있는 김종서의 아들 김승규를 발견하고는 잠시 주춤했다. 그러나 이내 태연하게 말했다.
"급한 일로 좌상 대감을 만나러 왔으니 좀 뵙자고 여쭈게."
"급한 일이라뇨? 이 밤중에 웬일이십니까? 혹시 나라에 무슨 변란이라도……."
"어서 안내나 하게!"
김승규가 할 수 없이 대문을 열어 주자, 수양 대군은 장사 두 사람을 데리고 안으로 들어갔다.
밖에서 들려오는 떠들썩한 소리에 김종서는 방문을 열고 밖으로 나왔다.
"아니, 대군께서 이 밤중에 웬일이시오? 누추하지만 어서 방 안으로 드시지요."
"밤도 늦고 했으니 이만 물러가겠습니다. 여기 급한 서신을 전해야 하겠기에……."
수양 대군은 김종서에게 큰 서신을 건네 주며 옆에 선 장사에게 슬쩍 눈짓을 했다. 신호를 받은 장사는 소매 속에 감추어 온 철퇴로 김종서의 뒤통수를 내리쳤다.
서신을 읽고 있던 김종서는 '윽' 하는 외마디 소리와 함께 그 자리에 쓰러지고 말았다. 그것은 수양 대군이 어린 단종을 내쫓고 왕위에 오르기 위한 계획의 시작이었다.

우리나라 역사상 가장 위대한 왕으로 우러르는 성군이다.

세종 대왕

世宗大王 : 1397~1450. 재위 기간 : 1418~1450.
이름은 도. 자는 원정. 시호는 장헌.

세종은 1397년 태종의 셋째 아들로 태어났다. 1408년 충녕군에 봉해진 뒤 심온의 딸(소헌 왕후)과 결혼하였고, 1413년 충녕 대군이 되었다.

세종은 1418년 형 양녕 대군을 대신해 세자가 되었다. 그리고 그해 태종에게 왕위를 물려받아 22세의 나이로 왕위에 올랐다.

세종은 황희, 맹사성 등 청렴하고 유능한 신하들을 등용하여 정치를 새롭게 하였다. 또한 집현전을 설치하여 젊은 학자들이 자유롭게 학문을 연구할 수 있도록 했다.

세종은 나라의 주권 확립과 영토 확장에도 힘을 쏟았다. 1419년 이종무를 시켜 왜구들의 소굴인 쓰시마 섬을 정벌하였고, 1433년 최윤덕을 보내 압록강 근처에 있는 여진족을 토벌하여 4군을 설치하였다. 이어 1437년에는 김종서를 보내 두만강 지역에 6진을 설치하였다.

세종은 백성들이 어려운 중국 한자를 몰라 어려움을 겪자 이를 안타깝게 여겼고, 오랜 연구 끝에 1443년 훈민정음을 만들어 1446년에 반포하였다. 과학적 원리로 창제된 훈민정음은 누구나 쉽게 익힐 수 있는 문자로 세종이 남긴 업적 가운데 가장 빛나는 것일 뿐만 아니라 우리 민족의 가장 훌륭한 문화유산이다. 세종은 또한 학문의 장려에 힘써 《효행록》, 《삼강행실도》, 《치평요람》, 《용비어천가》 등 많은 책을 펴냈다. 이처럼 학문을 장려하며 책을 펴내다 보니 자연히 활자와 인쇄술도 발달하였다.

세종은 과학 기술에도 많은 관심을 보였다. 세종은 장영실 등으로 하여금 다양한 천문 과학 기구를 연구하고 개발하게 하였고, 그리하여 혼천의, 해시계, 물시계 등이 발명되었다.

백성을 사랑하는 세종의 마음은 농사법에도 미쳐 농사법을 다룬 《농사직설》을 펴냈으며, 《향약채집월령》, 《향약집성방》, 《의방유취》 등의 의학 서적도 간행하였다.

또 음악에도 관심을 기울여 박연에게 아악을 비롯한 기존의 모든 악보를 정리하게 하였다.

이처럼 세종은 정치, 군사, 문화, 과학, 예술 등 모든 분야에 걸쳐 위대한 업적을 남겼다. 세종처럼 모든 방면에 걸쳐 뛰어난 치적을 보인 왕은 역사 이래 아무도 없었다. 그러나 그 가운데에서도 가장 뛰어난 업적은 한글을 만든 일이다. 이로써 우리는 비로소 우리글을 갖게 되었기 때문이다.

함께 익혀 둡시다

김종서 : 72쪽 참조.

맹사성 : 100쪽 참조.

박연 : 118쪽 참조.

4군 : 조선 세종 때 북서 방면의 여진족을 막으려고 압록강 상류 지역인 무창, 여연, 우예, 자성에 설치한 4개의 군이다. 두만강 지역의 6진과 더불어 국방상 중요한 요충지였다.

성삼문 : 160쪽 참조.

신숙주 : 176쪽 참조.

양녕 대군 (1394~1462. 이름은 제. 자는 후백. 시호는 강정) : 태종의 큰아들로, 1404년(태종 4) 세자가 되었다. 성격과 행동이 바르지 못하다 하여 1418년에 세자 자리에서 밀려났다. 그 뒤 사람들과 어울려 전국을 돌아다니며 시와 술을 즐겼다. 세종과는 우애가 매우 깊었다고 한다. 시를 잘 지었고, 글씨도 잘 써서 숭례문 현판의 글씨를 직접 썼다고 전해진다.

6진 : 조선 세종 때 동북 방면 여진족의 침입에 대비하여 두만강 하류 지역에 설치한 종성, 온성, 회령, 경원, 경흥, 부령 등 6개의 진을 말한다.

이종무 (1360~1425. 시호는 양후) : 조선 초기의 무신으로 1381년(고려 우왕 7) 아버지와 함께 강원도에 침입한 왜구를 물리쳤다. 1397년(태조 6) 옹진에 침입한 왜구를 물리친 공으로 첨절제사라는 벼슬에 올랐다. 상장군 등을 거쳐 1419년 삼군 도체찰사에 올라 전함 227척을 이끌고 쓰시마 섬을 정벌하였다. 그 공으로 찬성사에 올랐다.

장영실 : 284쪽 참조.

최윤덕 (1376~1445. 자는 백수, 여화. 호는 임곡. 시호는 정렬) : 조선 초기의 무신으로 최운해의 아들이다. 어려서부터 활을 아주 잘 쏘았다. 아버지를 따라 여러 싸움에서 공을 세워 부사직이 되었다. 1413년 여진족을 정벌하였고, 1419년 이종무와 함께 쓰시마 섬을 정벌하였다. 1433년(세종 15) 함길도에 침입한 여진족을 크게 물리친 공으로 우의정에 오른 뒤 1435년 좌의정에 올랐다.

태종 : 338쪽 참조.

해시계 : 태양의 움직임을 이용하여 시각을 어림짐작하는 장치이다. 시각의 눈금을 새긴 판 위에 가는 막대기를 세워 놓고, 태양빛에 의한 막대기의 그림자 위치로 시간을 알았다.

혼천의 : 천체의 운행과 그 위치를 측정하던 관측기구이다. 혼천의는 한자로 '둥근 우주를 관찰하는 기계'라는 뜻이다. 1432년 세종의 명을 받아 정인지 등이 고전을 조사 연구하고, 이천과 장영실 등이 제작하여 이듬해에 완성하였다.

황희 : 362쪽 참조.

훈민정음 : 조선 4대 임금인 세종이 우리 글자가 없어 어려움을 겪는 백성들을 위하여 1443년(세종 25)에 만들어 1446년(세종 28)에 반포한 우리나라 글자이다. 훈민정음의 창제로 우리나라는 비로소 우리 글자를 갖게 되었다. 정음, 언문, 반절 등으로 불려지다가 주시경이 처음 '한글'이라는 이름을 사용했다고 한다.

얽힌 이야기 한 토막

세종 대왕이 충녕 대군으로 있었을 때, 몇 달 동안 병으로 누워 있던 적이 있었다. 그런데도 결코 손에서 책을 놓지 않았다. 아버지인 태종은 충녕 대군의 건강이 더 나빠지지 않을까 걱정이 되었다. 그래서 충녕 대군의 방에 있던 모든 책을 치워 버렸다. 그러나 충녕 대군은 병풍 사이에 남아 있던 책 한 권을 찾아내어 그 책이 다 닳을 때까지 읽고 또 읽었다.
"나는 한번 읽은 책은 절대로 잊지 않는다. 또 궁중에 있을 때도 책을 놓고 한가롭게 지낸 적이 단 한 번도 없다."

어느 날 왕위에 오른 세종이 집현전 학사들을 모아 놓고 말했다. 그것은 신하들에게 끝없이 학문에 열중하라고 충고하는 말이었다.
이처럼 쉬지 않고 공부하는 임금이었기에 세종은 다양한 방면에서 많은 업적을 남길 수 있었다.
타고난 영특함만으로 할 수 있는 일은 그리 많지 않다. 세상을 흔드는 훌륭한 일은 그 영특함 위에 많은 노력이 있어야만 가능한 것이다.

독립운동과 교육 사업에 힘쓴 천도교의 제3대 교주이다.

손병희

孫秉熙 : 1861~1922. 초명은 응구, 도호는 의암.

손병희는 1861년(철종 12) 충청북도 청원에서 손두흥의 서자로 태어났다. 손병희는 서자였기 때문에 제대로 행세할 수 없었던 당시 사회 현실에 불만을 품고 10대를 방탕하게 보냈다. 손병희는 22세 때인 1882년 '사람은 모두 하늘처럼 귀하다'는 동학의 교리를 듣고 동학에 입교했다. 동학에 들어간 지 3년 만에 교주 최시형을 만나 그의 수제자가 되었다.

당시 조선 정부는 부정부패가 극심했다. 그리하여 1894년 전라도 고부에서 동학 농민 운동이 일어나자 손병희는 동학군의 총 지휘관이 되었다. 손병희는 충청도 지역의 동학군 10만 명을 이끌고 전봉준과 힘을 합쳐 관군과 싸워 크게 이겼다. 그러나 일본군의 개입으로 동학 농민 운동이 실패하자, 원산, 강계 등지에서 숨어 지냈다.

1898년 동학 교주 최시형이 원주에서 붙잡혀 처형되자, 손병희는 최시형의 뒤를 이어 동학의 제3대 교주가 되었다. 그 뒤 손병희는 여러 지방을 돌며 동학의 세력을 넓히는 데 많은 노력을 기울였다.

손병희는 세계에 대한 안목을 넓히기 위해 미국을 돌아봐야겠다고 생각하고 1901년 일본으로 건너갔다. 그러나 미국행이 실패하자 일본에 머무르면서 개화사상을 접했다. 그리고 새로운 학문을 배우도록 동학 교도들의 일본 유학을 알선했다.

손병희는 국내의 동학 교도들에게 지시하여 '진보회'라는 애국 단체를 만들고 동학 교도들에게 단발을 하도록 하는 등 개화 운동에 앞장섰다. 그런데 이용구가 손병희를 배신하고 1904년 진보회를 친일 단체인 일진회와 통합하자, 손병희는 동학의 이름을 '천도교'로 바꾸고 1906년 우리나라로 돌아왔다.

손병희는 이용구 등 친일파를 몰아내고 약화된 천도교의 세력을 넓히기 위해 노력하였다. 또 오직 순수한 종교 활동에만 전념하였다. 손병희는 이어 출판사인 보성사를 만들어 민족을 계몽시키는 책들을 펴냈다. 또한 교육의 필요성을 느끼고 보성 학교, 동덕 여자 의숙 등의 학교를 인수하여 많은 인재를 길러 냈다.

그 후 박인호에게 교주 자리를 넘겨준 뒤 수도에만 전념하던 손병희는 1919년 이승훈, 한용운 등과 함께 3·1 운동을 주도하며 우리나라의 독립을 선언하였다. 손병희는 이 사건으로 일본 경찰에 붙잡혀 3년형을 선고받고 서대문 형무소에서 옥살이를 하다가 1년 8개월 만에 병으로 풀려났다. 그러나 요양을 하던 중 1922년 세상을 떠났다. 1962년 건국 훈장 대통령장이 주어졌다.

함께 익혀 둡시다

박인호 (1855~1940. 자는 도일. 도호는 춘암) : 독립운동가이자 천도교인이다. 충청남도 예산에서 태어나 일찍이 동학에 들어갔다. 동학 농민 운동 때 7천여 명의 교도들을 이끌고 예산, 홍주 등지에서 활약하였으며, 1908년 손병희의 뒤를 이어 제4대 교주가 되었다. 3·1 운동 때 손병희를 도와 활발히 활동했다.

이승훈 : 250쪽 참조.

이용구 (1868~1912. 이름은 상옥. 자는 대유. 호는 해산) : 조선 말의 친일파이다. 농사를 짓다가 동학에 들어가 손병희 등과 함께 최시형의 제자가 되었다. 손병희의 지시를 받고 진보회를 조직하였으나 1904년 송병준의 권고로 진보회를 친일 단체인 일진회와 통합하고 을사조약에 찬성했다. 1905년 손병희가 동학의 이름을 천도교로 바꾸자 시천교를 만들어 교주가 되었다. 대중들 앞에서 한일 합방에 찬성하고, 한일 합방 건의서를 전달하는 등 매국 행위를 일삼았다.

일진회 : 친일파 송병준이 1904년에 만든 친일 단체이다. 처음에는 이름을 '유신회'라고 지었으나 곧 일진회로 고치고 이용구가 이끄는 진보회를 흡수하였다. 이로써 조직이 커지자 일본의 후원을 받으며 본격적으로 친일 활동을 벌였다. 을사조약을 찬성하고, 한일 합방을 순종에게 건의하는 등 매국 행위를 하다가 1910년 해체되었다.

전봉준 : 288쪽 참조.

천도교 : 수운 최제우를 교조로 하는 우리나라의 고유 종교이다. 중심 교리는 '사람이 곧 하늘'이라는 인내천 사상이다. '동학교'라고도 부른다.

최시형 (1827~1898. 초명은 경상. 자는 경오. 호는 해월) : 동학의 제2대 교주로 경상북도 경주에서 태어났다. 1861년 동학에 들어가 최제우의 가르침을 받고 제2대 교주가 되었다. 정부의 탄압으로 최제우가 처형되자, 감시를 피해 전국을 돌며 포교에 힘썼다. 《동경대전》, 《용담유사》 등 주요 경전을 펴내어, 동학 교리의 가르침을 정리하였다. 그 뒤 두 차례에 걸쳐 종교의 자유와 억울하게 죽은 최제우의 한을 풀어 줄 것을 호소하는 운동을 펼쳤다. 1894년 고부에서 전봉준을 중심으로 농민과 동학 교도들이 동학 농민 운동을 일으키자, 동학 교도들에게 모두 참여할 것을 명하고 함께 싸우다가 1898년 붙잡혀 처형되었다.

한용운 : 344쪽 참조.

얽힌 이야기 한 토막

응구(손병희의 어릴 적 이름)는 첩의 아들로 태어난 서자였다. 작은 고을 아전의 서자였던 그는 사람대접을 전혀 받지 못한 채 손가락질을 받으며 살아야 했다.

응구는 가슴속에 불만을 가득 품고 살았다. 그리고 힘없고 약한 사람이 괴롭힘을 당하는 것을 보면 참지 못했다.

응구는 17세 되던 해에 충청도 괴산 땅을 지나다가 참혹한 광경을 보았다. 수신사라는 벼슬아치의 말 꼬리에 한 사람이 온통 피투성이가 된 채 매달려 끌려가고 있었다.

응구는 화가 불끈 치솟아서 소리를 질렀다.

"이보시오, 수신사 양반!"

그때까지 아무 말 못 하고 그저 구경만 하고 있던 사람들은 응구의 당돌한 외침에 깜짝 놀랐다.

수신사는 말 위에서 거만하게 아래를 내려다보며 코웃음을 쳤다. 농사꾼 같은 보잘것없는 젊은이가 벼슬아치를 대놓고 부르는 게 가소로웠던 것이다.

"네 이놈, 너는 대체 뭐 하는 놈이기에 함부로 나서느냐?"

"나는 권세라고는 눈곱만큼도 없는 백성이오. 하지만 아무리 양반이고 벼슬아치라도 사람을 그렇게 참혹하게 다루는 법이 어디 있소? 옛말에 백성이 나라의 근본이요, 주인이라 하지 않았소?"

응구는 말을 마치자마자 허리춤에서 칼을 빼어 말 꼬리를 싹둑 잘라 버렸다. 그러고는 놀란 말의 엉덩이를 힘껏 걷어찼다. 그러자 말은 쏜살같이 앞으로 달려가기 시작했다.

"사람 살려! 상놈이 양반 잡네!"

수신사는 말등에 위태롭게 매달려 가면서 비명을 질러 댔다. 그 꼴을 보고 사람들은 모두 배꼽을 잡고 웃었다.

당파 싸움 속에서 임진왜란 이후의 격변기를 이끌어 나간 조선 제19대 왕이다.

숙종
肅宗 : 1661~1720. 재위 기간 : 1674~1720.
이름은 순. 자는 명보. 시호는 현의.

숙종은 1661년 현종과 명성 왕후 김씨 사이에서 외아들로 태어났다. 7세 때인 1667년 세자에 올랐으며, 14세의 어린 나이로 현종의 뒤를 이어 왕위에 올랐다. 숙종이 왕위에 올랐을 때 조정은 당파 싸움 때문에 매우 혼란스러웠다. 그러나 숙종은 이들 당파를 잘 다루면서 나라의 발전을 도모해 나갔다.

그러나 숙종은 숙원 장씨를 총애하면서 여러 우여곡절을 겪었다. 1689년 장 씨가 왕자(경종)를 낳자 숙종은 장 씨를 희빈으로 올리고, 왕자를 세자에 책봉하려 하였다. 그러나 송시열 등 일부 신하들이 후궁에게서 태어난 왕자라 하여 반대하였다. 이에 숙종은 이들을 내쫓고 반대파를 등용했다. 더 나아가 이듬해에는 왕비인 인현 왕후를 폐하고 희빈 장씨를 왕비로 삼았다. 그러나 희빈 장씨는 원래 덕이 없는 사람이라 행실이 바르지 못하고 궁중 법도를 흐려 놓았다. 숙종도 뒤늦게 잘못을 깨닫고 희빈 장씨를 지지하던 사람들을 내쫓고 폐위한 인현 왕후를 다시 왕비로 맞아들였다. 또 희빈 장씨가 계속하여 분란을 일으키자 1701년 희빈 장씨에게 사약을 내렸다.

한편 숙종은 임진왜란과 병자호란으로 황폐해진 나라를 바로잡는 데 많은 노력을 기울였다. 먼저 숙종은 왕실의 권위를 높이기 위해 왕실의 족보인 《선원록》을 정리했다. 그리고 평안도와 함경도를 제외한 전국에 지방 특산품으로 바치던 조세를 쌀로 대신 바치게 하는 대동법을 실시하였다. 또 토지 개혁을 완성하였고, 상평통보 등의 화폐를 만들어 널리 사용하게 하였다.

국경선에서 청나라와 자주 다툼이 일어나자 1712년 청나라와 협의하여 백두산 정상에 정계비를 세워 국경선을 확정 지었다. 그리고 일본에 두 차례 통신사를 파견하였고, 일본과 협의하여 일본인의 울릉도 출입을 금지시키고 울릉도가 우리나라 땅이라는 사실을 확실히 하였다. 1712년 영의정 이유의 건의를 받아들여 북한산성을 크게 고쳐 남한산성과 함께 서울을 지키는 요충지로 삼았다.

숙종이 왕으로 있는 동안 조정에서는 끊임없는 당파 싸움이 일어나 송시열, 김수항 등 많은 선비들과 학자들이 죽거나 귀양을 갔다. 그러나 숙종은 당파 간의 경쟁을 통해서 충성심을 이끌어 내어 왕권을 강화하고 임진왜란, 병자호란 이후 혼란했던 사회를 정비하였다. 또한 대동법 등 여러 가지 새로운 제도를 시행하여 민생을 안정시켜 영조와 정조 때 문화를 꽃피울 수 있는 밑바탕을 마련했다.

함께 익혀 둡시다

대동법 : 조선 시대 때 각 지방의 특산물을 바치던 조세를 쌀로 대신 내게 한 제도이다. 특산물은 운반, 보관에 어려움이 많고, 또한 중간에서 관리들이 이자 놀이를 하는 등 많은 문제점이 발생했다. 이로 인해 국가의 수입이 줄고 백성들의 피해는 늘어만 갔다. 이러한 문제점을 해결하기 위하여 조세를 특산물 대신 쌀로 내게 하는 대동법을 실시하였다. 쌀이 생산되지 않는 산간 지방에서는 쌀 대신 베나 돈으로 받았다.

병자호란 : 1636년(인조 14)에 청나라가 우리나라에 쳐들어온 난리이다. 조선이 청나라의 군신 관계 요구를 거부하자, 청나라 태종이 20만 군대를 거느리고 쳐들어왔다. 인조는 삼전도에서 항복하였고, 청에 대하여 군신의 예를 행하기로 하는 굴욕적인 조약을 맺었다. 이로써 조선은 명나라와의 관계를 끊고 청의 간섭을 받게 되었다.

상평통보 : 조선 시대의 엽전 이름이다. 1633년(인조 11)부터 조선 말기 신식 화폐가 나올 때까지 2백 년 이상 사용되었다.

송시열 (1607~1689. 아명은 성뢰. 자는 영보. 호는 우암, 화양동주. 시호는 문정) : 조선 중기의 문신이자 학자이다. 김장생과 김집에게서 학문을 배웠으며 봉림 대군(효종)에게 글을 가르쳤다. 그 뒤 효종, 현종 등의 왕을 모시면서 이조 판서, 우의정, 좌의정 등의 벼슬을 지냈다. 그러나 숙종이 희빈 장씨의 아들을 세자로 정하려 하자 이를 반대하여 제주도로 귀양을 갔다가 사약을 받고 죽었다. 이이의 학문을 이어받아 성리학을 발전시켰고 많은 학자들을 길러 냈다. 지은 책으로는 《송자대전》, 《우암집》 등이 있다.

인현 왕후 (1667~1701) : 민유중의 딸로 태어나 1681년 숙종의 왕비가 되었다. 희빈 장씨의 모함으로 폐비되었다가 다시 왕비가 되는 등 순탄하지 못한 삶을 살았다. 인현 왕후의 일대기를 그린 고대 소설 《인현 왕후전》이 있다.

임진왜란 : 1592년(선조 25) 일본을 통일한 도요토미 히데요시가 보낸 왜군 약 20만 명이 우리나라에 쳐들어오면서 시작된 전쟁으로 7년간에 걸쳐 벌어졌다. 1592년 왜군은 부산포에 침입하여 부산포와 동래를 점령하고 빠르게 한양으로 쳐들어왔다. 이에 조정에서는 신립을 보내 왜군이 충주 이북으로 진격하는 것을 막게 했으나 신립이 충주에서 크게 패하자 선조는 의주까지 피란을 갔다. 그러나 명나라에서 구원군이 들어오고, 바다에서는 이순신이, 육지에서는 권율과 의병들이 크게 활약하여 전세는 역전되었다. 1597년 왜군이 다시 쳐들어와 정유재란이 일어났으나, 1598년 도요토미 히데요시가 죽자 왜군이 물러감으로써 전쟁은 끝났다. 이 전쟁으로 우리나라는 매우 큰 피해를 입었다.

통신사 : 조선 시대 때 나라에서 공식적으로 일본에 파견한 외교 사절을 말한다. 1876년(고종 13)부터 수신사로 그 이름이 바뀌었다.

얽힌 이야기 한 토막

"왕비 민씨는 희빈 장씨를 시기하는 등 왕비로서 덕이 부족하다. 그러므로 왕비에서 물러나고, 세자의 친어머니인 희빈 장씨를 왕비에 봉한다."
인현 왕후는 희빈 장씨의 시기를 받아 억울한 누명을 쓰고 폐비되었다. 인현 왕후가 폐비되자, 수많은 선비들이 돈화문 앞에 모여 목을 놓아 울었다. 또한 백성들은 '장다리는 한철이요, 미나리는 사철이라'라는 노래를 부르며 인현 왕후의 친정인 안국동까지 눈물을 흘리며 뒤를 따랐다. 숙종은 오두인, 박태보 등 80여 명의 신하들이 인현 왕후의 폐비를 반대하는 글을 올리자 크게 노하여 그들을 잡아들여 심한 고문을 하였다.

"너는 간악한 무리들과 한패가 되어 이 같은 짓을 한 것이 아니냐? 누가 시켜서 한 짓인지 사실대로 말하라."
모진 고문을 받은 박태보는 실신 상태로 말하였다.
"예부터 이 같은 형벌은 대역 죄인에게나 가하는 것입니다. 신이 무슨 역모를 꾸몄기에 이러한 형벌로 다스리십니까?"
"네 상소문의 내용은 역적보다 더하다!"
박태보는 모진 고문에도 끝까지 굽히지 않고 인현 왕후의 폐출이 부당하다고 주장하다가 귀양을 떠났다. 그러나 결국 가는 길에 고문의 후유증으로 숨지고 말았다.
한 여인의 아리따움에 눈이 먼 숙종은 한때 이처럼 수많은 신하들을 귀양 보내고 또 죽음으로 내몰았다.

용감하게 왜군과 맞서 싸운 임진왜란 때의 장군이다.

신립 申砬 : 1546~1592. 자는 입지. 시호는 충장.

　신립은 1546년(명종 1) 생원 신화국의 아들로 태어났다. 신립은 어려서부터 글 읽기보다는 무예를 좋아했는데 1567년(선조 즉위년) 무과에 응시하여 급제하였다. 신립은 선전관을 거쳐 여러 벼슬을 지낸 뒤 진주 판관에 올랐다. 이때 문장가로 이름난 진주 목사 양응정으로부터 거친 성격을 고치라는 충고를 받고, 그를 스승으로 삼아 학문을 배웠다.

　1583년에 함경북도 온성 부사가 된 신립은 여진족이 북쪽 국경을 침범하자 이박과 함께 이를 물리쳤다. 또 두만강을 건너 여진족의 소굴을 소탕하였다. 이어 경원부와 안원보에 침범한 여진족과 종성에 침입한 여진족 1만여 명을 물리쳤다. 신립은 용맹하고 민첩한 기마병 5백 명을 훈련시켜 두고 있었으므로 여진족들이 두려워했다. 신립은 여진족을 물리친 공으로 함경도 북병사에 올랐다.

　1590년 신립은 평안도 병마절도사가 되었다. 이듬해 한성부 판윤에 오른 신립은 항상 군비가 부족하다며 서둘러 군비를 늘려야 한다고 아뢰어 선조의 신임을 받았다.

　1592년 임진왜란이 일어나자 부산진 첨절제사 정발과 동래 부사 송상현이 목숨을 걸고 왜군과 싸웠으나 패하고 말았다. 이에 위급함을 느낀 조정에서는 신립을 삼도 도순변사로 임명하였다. 신립은 왕명을 받아 부장 김여물 및 80명의 군관과 군사들을 모아 충주로 갔다. 이때 신립은 경상도 상주 싸움에서 왜군에게 패하고 온 경상도 순변사 이일의 죄를 용서하고 그의 재주를 아껴 선봉으로 삼았다. 신립은 충주의 탄금대에 진을 치고 왜군과 맞서 싸웠으나 크게 패하고 말았다. 이에 신립은 부하 장수인 김여물과 함께 남한강에 몸을 던져 목숨을 끊었다.

　신립이 이끄는 군사가 무너지자 왜군은 부산에 상륙한 지 한 달도 못 되어 한양을 점령하였다. 서양에서 들여온 조총으로 무장한 왜군의 위력은 대단했다. 우리나라는 싸움 한번 제대로 해 보지도 못한 채 한양을 넘겨주고 말았다.

　신립은 이길 수 없는 싸움임을 알면서도 나라를 지키기 위해 목숨을 걸고 싸움터로 나갔다. 힘이 부족하여 결국은 싸움에서 패하자, 신립은 포로가 되는 굴욕적인 삶을 살기보다 조선의 장군으로 당당한 죽음을 택했다.

함께 익혀 둡시다

김여물 (1548~1592. 자는 사수. 호는 피구자, 외암. 시호는 장의) : 영의정을 지낸 김유의 아버지로 1577년 문과에 장원 급제하였다. 충주 도사를 거쳐 담양 부사, 의주 목사가 되었다. 한때 당파 싸움으로 벼슬에서 쫓겨나 옥살이를 하기도 했다. 임진왜란 때 신립과 함께 충주 탄금대에서 싸우다가 패하자 남한강에 몸을 던져 목숨을 끊었다.

도순변사 : 조선 시대 때 군무를 총괄하던 임금의 특사이다. 임진왜란 때에는 신립이 도순변사였다.

송상현 (1551~1592. 자는 덕구. 호는 천곡, 한천. 시호는 충렬) : 조선 시대의 문신으로 1576년 문과에 급제하여 호조, 예조, 공조 정랑 등 여러 벼슬을 거쳐 1591년 동래 부사가 되었다. 1592년 임진왜란이 일어나 왜군이 동래성에 가까이 오자 성안의 군사를 이끌고 맞아 싸웠으나 전투 중에 목숨을 잃었다. 한편 왜장은 그의 나라를 위하는 마음에 감동하여 장례를 후하게 치러 주었다고 한다. 뒤에 이조 판서, 좌찬성이라는 벼슬이 내려졌다.

이일 (1538~1601. 자는 중경. 시호는 장양) : 조선 중기의 무신이다. 1558년 무과에 급제하여 경원 부사 등을 거쳐 1587년 여진족을 물리쳤다. 임진왜란 때에는 경상도 순변사로 상주와 충주에서 왜적에 맞서 싸웠으나 패했다. 한양을 되찾은 뒤 훈련도감이 설치되자, 군대를 훈련시켰다.

정발 (1553~1592. 자는 자고. 호는 백운. 시호는 충장) : 조선 중기의 무신이다. 1579년 무과에 급제하여 선전관을 지냈다. 부산진 첨절제사로 있던 1592년 임진왜란 때 부산에 쳐들어온 왜군과 용감히 맞서 싸웠으나 성의 함락과 함께 전사했다. 뒤에 좌찬성의 벼슬이 주어졌다.

1583년 여진족을 물리친 신립의 활약을 그린 〈일전해위도〉

얽힌 이야기 한 토막

도순변사 신립은 왜군이 쳐들어오자 왕명을 받고 싸움터로 향했다.

"적은 보병이고 우리 군사는 기병이니 넓은 들에서 싸운다면 우리에게 유리할 것이다. 그러나 적이 이미 조령 밑에 와 있다. 우리가 고개 위에까지 나아가기 전에 적과 부딪치게 되면 위험하다."

신립은 충청도의 군사 약 8천 명을 단월역에 머무르게 하였다. 그리고 조령에 올라 지형을 살핀 뒤 생각했다.

'우리 군사는 새로 뽑은 군사들이라 훈련이 부족하다. 죽음을 각오하고 싸우지 않으면 도저히 싸움에서 이길 수 없다.'

생각을 마친 신립은 탄금대에 배수진을 쳤다.

왜장 고니시가 이끄는 왜군이 삼면에서 공격을 해 왔다. 신립은 기병 1천에게 1차 돌격 명령을 내렸다. 처음 왜군은 밀리는 듯했으나 곧 전열을 가다듬고, 죽은 자의 시체를 넘어 계속 밀고 들어왔다.

신립은 종사관 김여물과 함께 최후의 공격을 펼쳤으나 크게 패하고 말았다. 신립은 결국 남은 부하 장수들과 함께 남한강에 뛰어들어 스스로 목숨을 끊었다.

신립이 이끄는 군사가 적에게 패하자 서울인 한양마저 곧 함락되고 말았다.

어진 어머니이자, 현명한 아내이며 뛰어난 여류 화가이다.

신사임당

申師任堂 : 1504~1551. 이름은 인선. 호는 사임당, 임사재.

신사임당은 1504년(연산군 10) 강릉 오죽헌에서 신명화의 딸로 태어났다.

신사임당은 효성이 지극하고 지조가 높았으며, 자수와 바느질 솜씨가 뛰어났다. 어려서부터 유교의 경전과 좋은 책들을 많이 읽었고, 시와 그림에도 빼어난 재능을 보였다.

특히 그림 솜씨는 대단하여 7세 때 안견의 그림을 보고 따라 그릴 정도였다. 이후 안견의 화풍에 여성 특유의 섬세함과 정교함을 더한 신사임당은 조선 최고의 여류 화가라는 평가를 받았다. 또 산수화와 풀, 벌레, 포도 등을 그리는 데에도 독특한 솜씨를 발휘하였다.

신사임당은 한시에도 남다른 재능을 갖고 있었는데, 남편 이원수를 따라 시댁인 한양으로 떠나는 길에 대관령에서 친정을 바라보며 지은 〈유대관령망친정〉과 어머니에 대한 그리움을 읊은 〈사친〉 등이 있다.

신사임당은 19세에 이원수와 결혼하였다. 이때 학문을 열심히 닦기로 약속하고 떠난 남편 이원수가 아내 신사임당을 그리워하여 밤중에 돌아오자 되돌려 보냈다는 일화는 유명하다. 또한 남편 이원수가 당숙인 우의정 이기의 집을 드나들자 이를 말렸다. 그것은 이기가 1545년(인종 1) 윤원형과 함께 당파 싸움을 일으켜 죄 없는 많은 선비들을 모함하여 죽였기 때문이었다. 이원수는 이러한 신사임당의 말을 받아들여 뒷날 당파 싸움의 화를 당하지 않았다. 신사임당은 그저 평범한 아내가 아니라, 남편을 격려하고 용기를 북돋워 주는 강인한 품성을 지닌 아내였다.

신사임당은 네 아들과 세 딸을 낳아 사랑으로 키웠다. 신사임당이 책을 가까이하고 그림에 열중하는 모습은 그대로 자녀들에게 본이 되었다. 신사임당의 자애로운 성품과 행실을 이어받아 일곱 남매는 저마다 훌륭하게 자랐다. 그 가운데에서도 율곡 이이의 인품과 학문은 당대에 따를 사람이 없을 정도였다.

1551년 신사임당은 48세의 나이로 세상을 떠났다.

신사임당은 뛰어난 화가인 동시에 높은 덕과 인격을 쌓은 어진 부인이었다. 그뿐만 아니라, 일곱 남매를 키운 훌륭한 어머니이기도 했다. 이와 같이 여성으로서 갖춰야 할 모든 덕목을 갖춘 신사임당은 우리나라 여성의 모범이 되고 있다.

신사임당이 그린 그림으로는 〈산수도〉, 〈자라도〉, 〈초충도〉 등이 유명하다.

함께 익혀 둡시다

안견 (?~? 자는 가도, 득수. 호는 현동자, 주경) : 조선 초기 산수화에 뛰어난 화가이다. 1447년 안평 대군의 꿈 이야기를 듣고 그린 〈몽유도원도〉가 유명하다. 주로 〈청산백운도〉 같은 산수화를 많이 남겼다. 안견의 화풍은 뒷날 여러 화가들에게 영향을 끼쳤을 뿐 아니라 일본의 회화에도 큰 영향을 미쳤다. 현재 국립 현대 미술관에 〈적벽도〉, 〈다경 산수도〉 등이 남아 있다. 일본 덴리 대학 도서관에는 〈몽유도원도〉가 보관되어 있다.

윤원형 (?~1565. 자는 언평) : 중종의 둘째 왕비인 문정 왕후의 동생이다. 누나인 문정 왕후가 권력을 잡은 것을 계기로 이기 등과 짜고 1545년 인종의 외척인 윤임 등 반대파를 제거하였다. 그 뒤 외척으로 권세를 누리며 많은 학자와 선비들을 죽이거나 귀양보냈다. 1556년 문정 왕후가 세상을 떠나자 벼슬에서 쫓겨나 강음에서 살다가 죽었다.

이기 (1476~1552. 자는 문중. 호는 경재) : 조선 시대의 문신으로, 1545년(명종 즉위년) 우의정에 올라 윤원형 등과 손잡고 인종의 외척인 윤임 등 반대파를 제거하고 많은 선비와 학자들을 죽게 하였다. 후에 영의정에 이르렀으나 선조 초에 죄가 밝혀져 모든 작위와 벼슬을 빼앗겼다.

이이 : 256쪽 참조.

〈초충도-맨드라미와 쇠똥구리〉

얽힌 이야기 한 토막

신사임당이 어렸을 때 그린 그림에 대한 이야기이다.
대청마루에서 그림을 그리던 인선(신사임당의 이름)은 잠깐 방에 들어갔다가 나왔다. 그 사이에 수탉 한 마리가 마루 위에 올라와 인선이 그리던 종이를 마구 쪼아 대고 있었다. 깜짝 놀란 인선은 옆에 놓여 있는 방망이로 수탉을 멀리 내쫓았다.
"꼬꼬댁, 꼬꼬댁……."
수탉은 날갯짓을 하며 황급히 달아났다. 수탉이 휘젓고 간 자리는 엉망으로 변해 있었다.
그때 인선의 아버지 신 진사가 바깥의 시끄러운 소리를 듣고 안채 쪽을 향해 소리를 쳤다.
"왜 이리 소란스러운고?"
"앙앙, 난 몰라! 난 몰라, 앙앙……!"
서러움이 깃든 여자아이의 울음소리에 신 진사는 귀를 기울였다. 그것은 둘째 딸 인선의 울음소리였다.

신 진사는 인선을 몹시 귀여워했다. 인선은 그림은 물론 시, 글씨에 자수까지 못하는 것이 없는 아이였기 때문이었다.
신 진사는 궁금함을 참지 못하고 안채로 들어갔다. 인선이 대청마루에서 찢어진 그림을 들고 울고 있었고, 부인은 그 옆에서 딸을 달래고 있었다.
"이것 좀 보세요. 다 된 그림을 닭이 이 모양을 해 놓았지 뭐예요. 오늘 아침 내내 이 그림에 정성을 쏟았는데……, 얼마나 마음이 아프겠어요."
신 진사는 그림을 자세히 들여다보았다. 그러고는 이내 눈썹을 꿈틀했다. 그 그림은 빨간 열매가 달린 꽈리나무 위에 메뚜기 한 마리가 기어가는 그림이었다. 그런데 그 그림의 빨간 열매에만 유난히 닭이 콕콕 쪼아 댄 자국이 남아 있었다. 신사임당이 그린 그림이 너무 사실적이어서 닭이 빨간 열매 위를 기어가는 벌레가 먹이인 줄 알고 쪼아 먹으려고 했던 것이다.

여섯 임금을 모신 조선 초기의 문신이다.

신숙주

申淑舟 : 1417~1475. 자는 범옹. 호는 보한재, 희현당. 시호는 문충.

　신숙주는 1417년(태종 17) 공조 참판 신장의 아들로 태어났다. 진사시와 생원시에 동시 합격한 신숙주는 1439년(세종 21) 문과에 급제하여 집현전 부수찬이 되었다. 1443년에는 통신사 변효문을 따라 일본을 다녀왔다.

　세종이 한글을 창제한 뒤에는 집현전 학사인 정인지, 성삼문 등과 함께 한글 창제의 이유와 원리를 밝힌 《훈민정음 해례본》을 비롯한 한글 서적 편찬에 참여하였다. 또 1451년(문종 1) 명나라 사신이 왔을 때에는 왕명으로 성삼문과 함께 시를 지어 '동방거벽'이라는 칭찬을 받기도 했다.

　이듬해 신숙주는 명나라에 사신으로 가는 수양 대군을 따라갔는데 이때 수양 대군과 두터운 친분을 쌓았다. 1553년 수양 대군이 계유정난을 일으키자 신숙주는 이를 지지하였고, 성삼문 등 다른 집현전 학사들과는 달리 수양 대군이 단종을 몰아내고 왕위에 오르는 것을 적극 도왔다. 그 공으로 신숙주는 좌익공신 1등에 예문관 대제학이 되어 고령군에 봉해졌다. 사신으로 명나라에 갔다 돌아온 신숙주는 병조 판서 등 여러 벼슬을 지냈다.

　신숙주는 1458년 우의정을 거쳐 좌의정에 올랐다. 1460년에는 강원 함길도 도체찰사가 되어 오랑캐들을 토벌하였다. 1462년 영의정에 올랐으나 2년 뒤 벼슬이 너무 높아진 것을 염려하여 스스로 물러났고, 1467년 예조 판서를 겸했다.

　1468년 세조가 죽고 예종이 왕위에 오르자 신숙주는 세조의 유언에 따라 승정원에서 나랏일을 처리했다. 이듬해 예종이 죽자 신숙주는 대왕대비인 정희 왕후(세조의 왕비)에게 서둘러 다음 왕을 정할 것을 건의하였다. 성종이 왕위에 오르자 다시 영의정에 올랐으며, 병을 이유로 여러 차례 물러날 것을 청했으나 받아들여지지 않았다.

　세종부터 성종까지 여섯 임금을 모시면서 신숙주는 뛰어난 학식과 글솜씨로 《국조오례의》, 《동국정운》, 《국조보감》, 《세조실록》, 《영모록》 등을 펴냈다.

　신숙주는 세종의 사랑을 받은 젊은 학자 가운데 한 사람이었으며, 풍부한 학문과 지식을 바탕으로 우리나라에 필요한 많은 책을 펴냈다. 그러나 세조가 단종을 몰아내고 왕위를 빼앗을 때 세조에게 적극 협조하여 뒷날 사람들에게 많은 비난을 받았다.

함께 익혀 둡시다

계유정난 : 1453년 수양 대군이 김종서, 황보인 등 원로 대신을 죽이고 권력을 차지한 사건을 말한다. 1452년에 문종은 지병으로 세상을 떠나면서 우의정 김종서, 영의정 황보인, 좌의정 남지 등의 원로 대신들에게 12세의 어린 단종을 잘 보필해 달라는 유언을 남겼다. 단종이 왕위에 오르자 모든 권력은 원로 대신들에게 집중되었고 왕권은 매우 약해졌다. 이에 수양 대군은 신하들의 막강한 권력을 빼앗고 왕권을 강화하기 위해 김종서, 황보인 등을 역모를 꾀했다는 구실로 죽였다. 그리고 여러 신하들과 친분이 두터운 동생 안평 대군마저 귀양을 보냈다. 이 사건으로 수양 대군은 권력을 독차지했고, 훗날 왕위에 오를 수 있는 기반을 닦았다.

단종 (1441~1457. 재위 기간 : 1452~1455. 이름은 홍위) : 조선 제6대 왕으로 문종의 아들로 태어났다. 1450년 세자가 되어 1452년 세상을 떠난 문종의 뒤를 이어 왕위에 올랐다. 이듬해 수양 대군(세조) 등이 일으킨 계유정난으로 곁에서 보필하던 김종서, 황보인 등이 죽자 실권을 빼앗겼다. 1455년 수양 대군에게 왕위를 물려주고 상왕이 되자, 사육신 등이 단종을 다시 왕으로 세우려는 운동이 일어났다. 1457년 노산군에 봉해진 뒤 영월로 귀양 갔다가 세조에게 처형되었다.

성삼문 : 160쪽 참조.

세종 : 166쪽 참조.

수양 대군(세조) : 164쪽 참조.

박팽년 (1417~1456. 자는 인수. 호는 취금헌. 시호는 충정) : 사육신의 한 사람이며 성삼문 등과 함께 집현전 학사로 세종의 많은 사랑을 받았다. 세조가 단종으로부터 왕위를 빼앗자 성삼문, 이개, 하위지 등과 함께 단종을 다시 왕위에 올릴 계획을 하다가 김질의 밀고로 붙잡혔다. 그의 재능을 아낀 세조가 자기 편으로 끌어들이려 하였으나 끝까지 거절했으며, 심한 고문으로 인해 감옥에서 죽었다.

변효문 (1396~? 초명은 계문. 자는 일민) : 판윤 변남룡의 아들로, 여러 벼슬을 거쳐 직제학이 되었다. 1443년(세종 25) 통신사로 일본에 다녀왔다. 1444년 《오례의주》를 제안했고, 그에 앞서 최치운, 이세형, 김황 등과 함께 《신주무원록》을 펴냈다.

훈민정음 : 조선 4대 임금인 세종이 우리 글자가 없어 어려움을 겪는 백성들을 위하여 1443년(세종 25)에 만들어 1446년(세종 28)에 반포한 우리나라 글자이다. 훈민정음의 창제로 우리나라는 비로소 우리 글자를 갖게 되었다. 정음, 언문, 반절 등으로 불려지다가 주시경이 처음 '한글'이라는 이름을 사용했다고 한다.

얽힌 이야기 한 토막

단종을 다시 왕으로 세우려 했던 성삼문 등 사육신을 비롯한 사람들의 계획에 차질이 생겼다. 이에 불안을 느낀 김질이 세조에게 그 계획을 밝히고 말았다. 그리하여 이 사건과 관련된 사람들이 모두 붙잡혔다. 세조가 직접 이들을 문초하였는데, 성삼문은 모진 고문과 유혹에도 아랑곳하지 않았다. 그때 신숙주는 세조 곁에 서서 고문을 당하는 옛 동료들을 지켜보고 있었다. 성삼문은 모진 고문을 당하면서도 세조 옆에 서 있는 신숙주를 분노에 찬 눈으로 노려보았다.

"이놈, 숙주야! 우리가 집현전 학사로 있을 때 세종께서 갓난아이인 손자 단종을 안으시고 간곡히 부탁하신 말씀을 네놈만 잊었단 말이냐? 그런 놈이라는 것을 내 미처 몰랐구나!"

신숙주는 성삼문의 말에 감히 그를 바라볼 수가 없었다. 그날 신숙주가 어지러운 마음으로 집으로 돌아오니 그의 부인이 대들보 밑에 쪼그리고 앉아 있었다.

"아니, 부인! 왜 그러고 앉아 있소?"

"영감께서 성 학사(성삼문)와 형제같이 지내지 않았습니까? 오늘 성 학사가 모진 고문을 받고 사형장으로 끌려갈 것이라 들었습니다. 영감께서도 그들과 함께 죽을 줄 알고 저도 자결하려 했습니다."

부인의 말을 들은 신숙주는 부끄러운 나머지 몸둘 바를 몰라 했다.

판소리 여섯 마당을 정리한 판소리의 대가이다.

신재효 申在孝 : 1812~1884. 자는 백원. 호는 동리.

신재효는 1812년(순조 12) 전라북도 고창에서 한약방을 하며 재산을 모은 신광흡의 아들로 태어났다. 어려서부터 총명하고 효성이 지극하여 '재효'라고 이름을 지었다고 한다. 아버지에게 학문을 배운 신재효는 아버지가 마련해 놓은 기반을 바탕으로 35세 이후에 이방이 되었다가 호장에 올랐다.

신재효는 마음이 따뜻한 사람이었다. 삼남 지방(충청도, 전라도, 경상도)에 가뭄이 들어 굶어 죽는 백성들이 생겨나자 자신의 재산을 풀어 그들을 도와주었다. 그 공을 인정받아 1876년(고종 13) 통정대부가 되고 이어 절충장군을 거쳐 호조 참판으로 동지중추부사를 겸했다.

신재효는 관직을 받아 신분이 상승되기는 했지만, 다른 양반들처럼 한시를 즐기기보다는 평민들이 즐겨 하는 판소리를 더 가까이했다. 40세가 넘자 신재효는 뒤늦게 호장을 그만두고 판소리 연구와 창작에 온 힘을 기울였다. 그리고 자신의 넉넉한 재산으로 판소리꾼들을 모아 돌보는 한편 판소리를 가르치기도 했는데, 당시의 명창은 대부분 신재효의 지도를 받았다. 또 진채선 등 여자 명창도 길러 내어 여자도 판소리를 할 수 있는 길을 열었고, 어린 광대들이 〈춘향전〉을 익힐 수 있는 대본을 만들기도 했다.

신재효는 계속해서 그때까지 전해 오던 판소리를 찾아 분류하고 또 새로운 판소리를 만드는 데도 많은 정성을 쏟았다. 그리하여 그동안 계통 없이 불러 오던 광대들의 소리를 하나로 통일하여 〈춘향가〉, 〈가루지기 타령〉, 〈적벽가〉, 〈심청가〉, 〈박타령〉, 〈토끼타령〉의 판소리 여섯 마당을 완성했다. 또 〈춘향가〉, 〈심청가〉, 〈박타령〉, 〈토끼타령〉 등을 창극으로도 만들었다.

한편 신재효는 판소리 여섯 마당의 내용과 형식을 체계적으로 구성하기는 했지만, 격식을 차린 한문 어투를 많이 사용해서 당시 평민들이 즐겨 사용하던 말투가 일부 누락되기도 했다. 그러나 양반의 입장이 아닌 아전과 평민의 입장에서 판소리를 보다 사실적이고 생동감 있게 그려 냈다. 신재효의 판소리에는 풍자와 해학, 그리고 우리 고유의 민족성이 그 밑바탕을 이루고 있다. 신재효의 노력에 힘입어 비로소 우리의 판소리는 민족 예술로서 성장할 수 있는 기틀을 마련한 것이다.

신재효의 작품으로는 〈변강쇠전〉, 〈흥보가〉, 〈허두가〉, 〈성조가〉, 〈광대가〉, 〈오섬가〉가 있다. 이 밖에도 30여 편의 단가를 지었다.

함께 익혀 둡시다

진채선 (1842~?) : 판소리의 명창으로, 전라북도 고창에서 태어났다. 신재효에게 판소리를 배운 우리나라 최초의 여류 명창이다. 고종 때 경회루 낙성연에서 뛰어난 목소리로 창을 하여 청중을 놀라게 했고, 그로 인해 흥선 대원군의 사랑을 받았다. 〈춘향가〉와 〈심청가〉를 잘 불렀다.

창극 : 우리나라 전통적인 창을 연극처럼 배역을 정해서 연이어 부르는 노래극을 말한다. 조선 순종 때 원각사에서 시작되었다.

판소리 : 광대 혼자서 고수의 북 반주에 맞추어서 긴 이야기와 노래를 함께 부르는 민속 음악이다. 판소리의 '판'은 장소를 나타내는 마당이라는 뜻이며, '소리'는 사설(판소리의 가사)을 북장단에 맞추어 부르는 노래라는 뜻이다. 이때 소리하는 사람을 '광대'라고 부르고, 북으로 장단을 맞추는 사람을 '고수'라고 부른다. 조선 숙종, 영조 때 충청도와 전라도를 중심으로 발달했다. 판소리는 열두 마당이 있었으나, 지금은 〈춘향가〉, 〈심청가〉, 〈수궁가〉, 〈흥부가〉, 〈적벽가〉의 다섯 마당만이 불려진다.

전라북도 고창에 있는 신재효의 생가

얽힌 이야기 한 토막

신재효는 자신의 집에 세운 동리정사에 틀어박혀 지냈다. 모여든 광대들로 하여금 판소리를 부르게 하고, 이를 가다듬고 정리하는 데 몰두하기 위해서였다. 여러 광대들을 만나고 그들의 창을 듣다 보니 신재효는 광대들의 소리를 지도할 수 있을 정도로 소리를 분별하는 능력이 발달하게 되었다. 그런 소문을 듣고 많은 광대들이 그의 집에 찾아들었다. 신재효는 어느 누구도 마다하지 않고 받아들여 광대들의 좋은 후견인이 되었다.

그 무렵 채선이라는 어린 기생이 그에게 창을 배우기 위해 와 있었다. 채선은 음률과 가무가 뛰어날 뿐 아니라 판소리를 특출나게 잘하였다.

그 당시 신재효의 이름은 널리 한양까지 퍼져 있었다. 그래서 커다란 연회가 있을 때는 그에게 재인(광대)들을 보내 달라고 연락이 오곤 하였다.

어느 날 신재효는 경복궁 경회루 낙성 연회에 부름을 받았다. 그때 신재효는 그 동안 자신이 정성을 들여 가르쳐 온 제자 채선을 올려 보냈다. 채선은 어느새 명창 버금가게 판소리를 잘할 정도로 성장했다.

스승 대신 경회루 낙성 연회에 참석한 채선은 그날 신재효가 지은 〈성조가〉와 〈방아타령〉을 불렀다. 채선은 스승에게 배운 솜씨로 판소리를 빼어나게 불러 그곳에 참석한 사람들에게 많은 칭찬을 들었다. 그리하여 진채선의 이름은 알려지게 되었고 흥선 대원군의 사랑을 받으며 한양에 머물렀다.

채선은 신재효가 가장 아끼는 제자였다. 그런 제자를 떠나보낸 신재효의 마음은 허전했다. 이에 신재효는 아끼는 제자 채선을 위해 〈도리화가〉라는 노래를 지었다. 〈도리화가〉는 1년에 단 한 번 칠월 칠석날밖에 만날 수 없는 견우와 직녀의 애틋한 이야기를 내용으로 하고 있다.

채선은 그 뒤 스승인 신재효가 생각날 때마다 그 노래를 불렀다. 그 노래가 얼마나 구슬픈지 듣는 사람마다 눈물을 흘리지 않는 사람이 없었다고 한다.

올바른 역사의식을 심어 준 역사학자이자 독립운동가이다.

신채호
申采浩 : 1880~1936. 호는 단재, 단생.

신채호는 1880년 충청남도 대덕군에서 신광식의 아들로 태어났다. 신채호는 어려서부터 할아버지의 서당에서 한학을 공부하여, 10세 때 이미 역사책인 《통감》과 사서삼경을 읽었다고 한다. 또 시와 글에도 뛰어나 신동으로 불렸다. 성균관에 들어가 학문 연구에 힘썼고, 22세에 고향으로 내려와 문동 학원에서 강사로 있었다. 이어 25세 때에는 산동 학원을 세우고 신교육 운동을 벌였다.

1905년 성균관 박사가 된 신채호는 관직에 나아갈 뜻을 버리고 〈황성신문〉 기자가 되었다. 이듬해에는 〈대한매일신보〉 주필이 되어 논설을 통해 국민을 계몽하고 정부의 잘못된 정책을 비판하며 항일 언론 운동을 펼쳤다. 1907년 안창호 등과 함께 항일 비밀 결사 단체 신민회를 만들고, 신문 논설을 통하여 국채 보상 운동을 적극적으로 도왔다.

한일 합방이 된 1910년 신채호는 중국으로 망명하였다. 그 뒤 블라디보스토크로 가 그곳에서 광복회를 만들어 부회장으로 활약하였고, 그 뒤 상하이, 베이징 등을 넘나들며 대한민국 임시 정부 수립에 참여하는 등 독립운동에 힘썼다.

신채호는 1928년 폭탄 제조소의 설치 자금을 마련하다가 대만에서 체포되었다. 1930년 대련 지방 법원에서 10년 형을 선고받고, 안중근 의사가 사형당했던 뤼순 감옥에 수감되었다. 옥살이를 하던 1936년 신채호는 뇌출혈로 옥중에서 쓸쓸히 세상을 떠났다. 신채호는 죽으면 화장해서 그 재를 바다에 뿌려 달라는 유언을 남겼다. 죽어서도 일본인들의 발굽에는 짓밟히지 않겠다는 뜻이었다.

한평생 민족을 위해 몸 바쳤던 신채호는 한국사 연구를 통해 민족 운동에 앞장섰다. 신채호는 〈대한매일신보〉에 역사에 관한 많은 논문을 발표한 것을 시작으로 《최영전》, 《을지문덕전》, 《이순신전》 등 우리나라의 어려움을 극복한 영웅에 대한 전기를 썼다. 우리 민족 영웅들의 삶을 통해서 민족의식과 독립 정신을 북돋아 주기 위해서였다.

1910년 중국으로 망명한 신채호는 만주에 있는 광개토 대왕릉을 비롯해 고구려와 발해의 옛 유적지를 돌아보는 등 본격적으로 우리 고대 역사를 연구했다. 그 결실로 1920년대에 이르러 《조선상고사》, 《조선상고문화사》, 《조선사연구초》 등을 저술하여 한국 고대사를 체계화하는 업적을 세웠다.

1962년 건국 훈장 대통령장이 주어졌다.

함께 익혀 둡시다

광복회 : 1910년 러시아 블라디보스토크에서 신채호, 윤세복, 이동휘, 이갑 등이 중심이 되어 만든 애국 독립운동 단체이다. 1913년 박성태, 김좌진 등이 만들어 국내외에서 활동한 독립운동 단체인 광복회와는 다른 단체이다.

국채 보상 운동 : 1907년 일본으로부터 빌려 쓴 돈을 갚기 위해 펼쳤던 모금 운동으로, 전국적으로 확산되었다.

신민회 : 1907년에 국권 회복을 목적으로 결성한 전국 최대 규모의 비밀 단체이다. 안창호, 양기탁, 이동휘 등이 중심이 되어 결성했다. 비밀 단체였지만 학교 설립, 계몽 강연회 등의 일들은 공개적으로 진행했다. 1911년 민족 운동을 탄압하기 위해 일본 경찰이 꾸며 낸 105인 사건으로 많은 회원들이 붙잡혀 감옥에 갇히면서 해체되었다.

안창호 : 186쪽 참조.

〈조선사 연구초〉

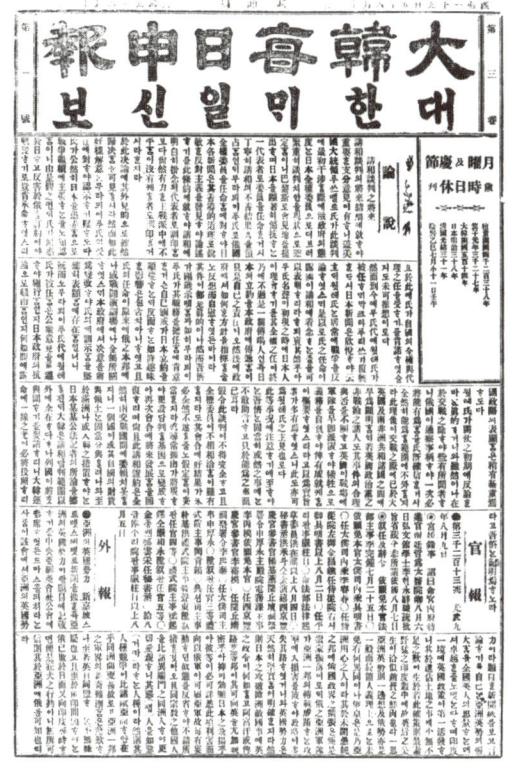
〈대한매일신보〉

얽힌 이야기 한 토막

신채호가 동료와 함께 목욕탕에 갔을 때의 일이다.
목욕탕에 들어가 옷을 벗던 동료가 갑자기 손을 멈추고 어이없다는 표정으로 신채호를 바라보았다. 신채호가 여자나 입는 빨간 내의를 입고 있었던 것이다. 신채호는 동료의 표정에는 아랑곳하지 않고 빨간 내의를 벗고 있었다.
"아니 신 선생, 이 무슨 해괴한 짓이시오? 남 보기 부끄럽지 않소?"
"뭐가 말이오?"
동료의 말에 신채호는 대수롭지 않게 되물었다.
"신 선생이 입은 내의가 그게 뭐요?"
"내의가 내의지, 뭐라니요?"
신채호는 자신이 입은 내의를 내려다보며 되물었다.
"그건 남자 내의가 아니잖소? 여자 내의 중에서도 그 색깔이……."
"이게 여자 내의란 말이오? 얼마 전에 어느 옷가게 앞을 지나다 보니 빛깔이 하도 고와서 샀는데……."
말을 잇지 못하고 고개를 돌리는 동료에게 신채호는 여전히 태연하게 대답했다.
그 이야기는 동료들과 친구들 사이에 금방 퍼졌다. 그래서 한동안 신채호가 나타나기만 하면 모두들 웃음을 터뜨리곤 했다. 그러나 원래 성품이 무뚝뚝한 그는 왜 웃느냐고 묻지도 않고 그저 자신이 할 일만 열심히 하였다.
하지만 신채호는 나라를 위하는 일에 관해서는 조그만 문제라도 결코 그냥 지나치는 일이 없었다.
국채 보상 운동이 일어났을 때 신채호는 '나도 담배를 끊어 그 돈을 나라의 빚을 갚는 데 보태리라.' 하고는 당장에 담배를 끊기도 했다.

〈애국가〉를 작곡한 음악가이자 세계적인 지휘자이다.

안익태
安益泰 : 1906~1965.

안익태는 1906년 평안남도 평양에서 태어났다. 안익태는 6세 때 예배당에서 들은 찬송가에 이끌려 음악에 관심을 갖게 되었고 선교사에게 바이올린을 배웠다. 1914년 평양 종로 보통학교에 입학하여 트럼펫과 바이올린을, 1918년 평양 숭실 중학교에 입학하여 첼로를 배웠다.

이듬해 3·1운동에 참여해 숭실 중학교에서 퇴학당한 안익태는 1921년 일본 도쿄 세이소쿠 중학교에 음악 특기자로 입학하였다. 이어서 도쿄 구니타치 음악 학교에서 첼로를 배우며 본격적으로 음악 공부를 시작했다. 안익태는 여름 방학 동안에는 우리나라에 돌아와 연주 활동을 하여, 당시 국내 음악계에 서양 음악에 대한 관심을 이끌려 냈다. 또한 평양에서 이상재, 조만식 등을 알게 되어 애국 운동에도 관심을 가졌다.

1931년 구니타치 음악 학교를 졸업하고 도쿄와 서울에서 연주 활동을 벌이던 안익태는 이듬해 미국으로 건너가 신시내티 음악 학교에서 공부하는 한편 신시내티 교향악단에 첼로 연주자로 들어가 동양인 최초의 연주자가 되었다. 그 뒤 필라델피아 교향악단을 거쳐 필라델피아와 신시내티에서 첼로 독주회를 가졌다. 1934년 유럽으로 건너간 안익태는 독일, 오스트리아 등지에서 작곡과 지휘하는 법을 배웠다. 1936년 안익태는 그때까지 스코틀랜드 민요 가락에 가사를 붙여 부르던 〈애국가〉를 새로 작곡하였다.

안익태는 제2차 세계 대전이 일어난 뒤 독일과 오스트리아 등에서 지휘자로 활동하였는데, 빈 필하모닉 오케스트라, 베를린 필하모닉 오케스트라, 로마 교향악단 등에서 지휘를 맡아 유럽에서 뛰어난 지휘자로 인정을 받았다. 이후 스페인 백작의 딸 로리타와 결혼하여 스페인 국적을 얻은 안익태는 마드리드의 마요르카에 살면서 그곳 교향악단의 상임 지휘자가 되었다.

1957년 우리나라에 들어온 안익태는 자신이 작곡한 〈강천성악〉과 〈한국 환상곡〉 등의 연주회를 갖고 처음으로 우리나라에서 악단을 지휘하였다. 그리고 1961년에서 1963년까지 세 차례에 걸쳐 서울에서 국제 음악제를 열었다.

1965년 안익태는 런던 로열 앨버트 홀에서 뉴 필하모니 교향악단의 초청 지휘자로서 자신이 마지막으로 작곡한 〈애! 강상의 의기 논개〉를 연주하였다. 그리고 그해 9월 스페인 마요르카에서 세상을 떠났다. 1977년 유해를 서울로 옮겨 와 국립 묘지에 안장했다.

함께 익혀 둡시다

교향악단 : 교향악을 연주하기 위한 대규모 관현악단을 말한다. 관현악단은 관악기, 타악기, 현악기 들이 함께 연주하는 것이다.

이상재 : 242쪽 참조.

〈애국가〉 : 우리나라의 국가이다. 국가란, 조국에 대한 사랑을 일깨우고 다짐하기 위하여 온 국민이 부르는 노래이다. 나라마다 국가가 있는데, 처음 우리나라는 가사를 스코틀랜드 민요의 가락에 맞추어 불렀다. 현재 우리가 부르고 있는 애국가는 1936년 안익태가 유럽에 있으면서 작곡한 것으로 1948년 8월 15일 대한민국 정부 수립과 함께 국가로 제정되었다.

조만식 : 308쪽 참조.

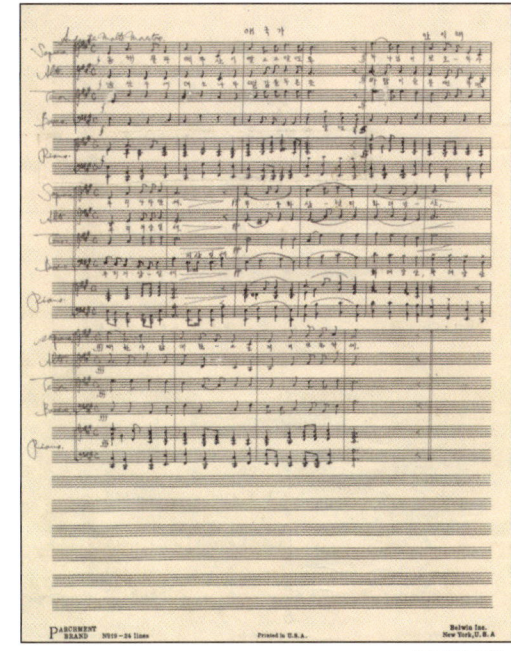

〈애국가〉 악보

얽힌 이야기 한 토막

안익태는 우리 겨레를 대표할 수 있는 노래인 〈애국가〉를 스코틀랜드 민요인 〈올드 랭 사인〉에 맞추어 불러야 한다는 사실이 안타까웠다. 그때까지 애국가는 가사만 우리 것일 뿐, 곡은 남의 나라 정서를 담은 곡이었던 것이다. 그러한 안타까움이 안익태로 하여금 창작욕을 불태우게 만들었다.

'어떻게 하면 우리나라 사람들이 쉽고도 엄숙하게 부를 수 있는 애국가를 작곡할 수 있을까?'

애국가 작곡에 몰두한 지 2달이 지났으나 앞의 두 소절 외에는 더 이상 생각나지 않았다. 그러던 어느 날, 꿈결에 어떤 가락이 그의 뇌리를 스쳐 지나갔다. 잠에서 깨어난 안익태는 그 꿈의 가락을 기억하려고 애썼다.

'아! 바로 이것이다!'

안익태는 벌떡 자리에서 일어나 그 가락을 오선지에 그려 나갔다. 이렇게 하여 드디어 〈애국가〉가 완성되었다.

안익태는 자신이 만든 〈한국 환상곡〉 마지막 부분에 〈애국가〉를 넣어 연주하여 미완성이었던 곡을 완성시켰고, 우리 겨레의 긍지를 온 세계에 드높였다.

안익태는 〈애국가〉의 악보를 샌프란시스코에 있는 대한 국민회에 보냈다. 대한 국민회에서는 〈애국가〉를 당시 우리말로 발행되고 있던 〈대한민보〉에 실어 미국에 사는 동포들에게 널리 알렸다. 또한 악보를 많이 인쇄하여 중국 상하이에 있는 대한민국 임시 정부에도 보냈다. 그러나 정작 조국에는 보낼 수가 없었다. 우리나라를 지배하고 있던 일본의 감시가 심했기 때문이었다.

안익태는 〈애국가〉를 작곡한 그해 베를린에서 열린 제11회 올림픽 대회를 찾아갔다. 나라를 빼앗긴 우리 선수들은 모두 일본 국기를 달고 일본 선수로 참가하고 있었다. 안익태는 우리 선수들에게 다가가 〈애국가〉의 악보를 일일이 나눠 주며 말했다.

"이것이 나의 응원가입니다."

그러고는 힘차게 〈애국가〉를 소리 높여 불렀다. 그 자리에 있던 선수들과 우리나라 사람들 모두가 안익태를 따라 〈애국가〉를 부르며 나라 잃은 설움을 달랬다.

우리나라 침략의 원흉인 이토 히로부미를 암살한 애국지사이다.

안중근
安重根 : 1879~1910. 아명은 응칠.

안중근은 1879년(고종 16) 황해도 해주에서 안태훈의 아들로 태어났다. 어려서부터 말을 잘 탔을 뿐만 아니라 사냥을 할 때 총을 잘 쏘아 명사수로 이름을 날렸다. 1905년 일본이 강제로 을사조약을 맺자 안중근은 중국으로 건너가 독립 기지 건설을 위한 방안을 모색하다 우리나라로 돌아와 1906년 삼흥 학교를 세우고 돈의 학교를 인수하여 인재를 길러 내는 데 힘썼다.

이듬해 안중근은 만주를 거쳐 블라디보스토크로 건너가 이범윤 등과 함께 대한 의군을 조직하고 참모 중장을 맡아 일본군과 맞서 싸웠다.

1909년 러시아로 간 안중근은 김기룡 등 11명과 함께 '단지회'라는 비밀 결사를 만들었다. 이때 이들은 이토 히로부미와 친일파들을 없애기로 손가락을 잘라 피로 맹세했다.

안중근은 그해 9월 이토 히로부미가 러시아와 회담을 하기 위해 하얼빈에 도착한다는 사실을 알았다. 이토 히로부미를 없앨 좋은 기회라고 생각한 안중근은 동지들과 암살 계획을 세웠다. 드디어 이토 히로부미가 도착하기로 한 10월 26일, 안중근은 일본인 기자로 변장하고 하얼빈 역에 숨어 들어갔다. 이토 히로부미가 기차에서 내려 환영객들을 향해 나가는 순간 안중근은 3발의 권총을 쏘아 명중시켰다. 이어 안중근은 태극기를 꺼내 우렁찬 목소리로 "대한 만세!"를 외치다가 그 자리에서 붙잡혔다.

안중근은 그 뒤 경찰 심문 과정에서 자신은 대한 의군 참모 중장이며 나이가 31세임을 밝히고 이토 히로부미를 죽인 이유를 "이토 히로부미는 대한의 독립 주권을 빼앗아 간 침략의 원흉이며 동양 평화를 해치는 자이다. 그러므로 대한의군 참모 중장의 자격으로 이토 히로부미를 총살한 것이지, 내 개인의 생각으로 그를 죽인 것이 아니다."라고 의연하게 밝혔다. 또한 여섯 차례 재판을 받는 과정에서도 일반 살인범으로 취급하지 말고 전쟁 포로로 대할 것을 주장하였다. 꿋꿋한 자세로 당당하고 논리 있게 답변하는 안중근을 보고 일본인 재판관과 검사들도 감탄했다고 한다. 죽음을 며칠 앞두고 안중근은 두 동생에게 "우리나라가 독립하기 전에는 내 시신을 국내로 옮기지 말라. …… 대한 독립의 소리가 천국에 들리면 나는 마땅히 춤을 추며 만세를 부를 것이다."라고 유언을 했다. 여러 차례의 재판에서도 의연한 자세를 잃지 않았던 안중근은 1910년 3월 26일 10시 뤼순 감옥에서 사형당했다.

1962년 건국 훈장 대한민국장이 주어졌다.

함께 익혀 둡시다

대한 의군 : 1907년 블라디보스토크에서 안중근이 이범윤, 엄인섭, 김기룡 등과 함께 만든 무장 독립운동 단체이다. 블라디보스토크로 망명한 안중근은 이범윤과 상의하여 그곳에 사는 동지들을 만나 독립 정신을 고취시키고 의병을 모집하였다. 의병 지원자가 300여 명을 넘자 안중근은 동지들과 함께 대한 의군을 만들었다. 그리고 김두성은 총독, 이범윤은 대장, 안중근은 참모 중장의 직책을 맡았다. 대한 의군은 무기를 구하여 비밀리에 수송을 담당하였고, 군대를 두만강 지역으로 집결시켜 적극적인 무장 독립운동을 펼쳤다.

이범윤 (1863~?) : 독립운동가로, 훈련대장 이경하의 아들로 태어났다. 1902년 청나라가 간도를 자기 땅이라고 우기자 포병을 조직하여 우리나라 사람들을 보호하는 데 앞장섰다. 1907년 블라디보스토크에서 안중근 등과 함께 대한 의군을 만들어 함경도 지방을 공격하여 일본군에게 많은 피해를 입혔다. 1919년 의군부를 조직한 뒤 북로 군정서와 함께 청산리 전투에서 일본군을 크게 물리쳤다. 1962년 건국 훈장 국민장이 주어졌다.

이토 히로부미 (1841~1909) : 우리나라를 일본의 식민지로 만든 일본의 정치가이다. 1905년 우리나라의 외교권을 빼앗는다는 내용의 을사조약 체결을 주도하였고, 또 조선의 초대 통감이 되어 우리나라를 탄압했다. 1909년 러시아 재무 장관과 회담하기 위해 하얼빈에 갔다가 안중근 의사가 쏜 총탄을 맞고 죽었다.

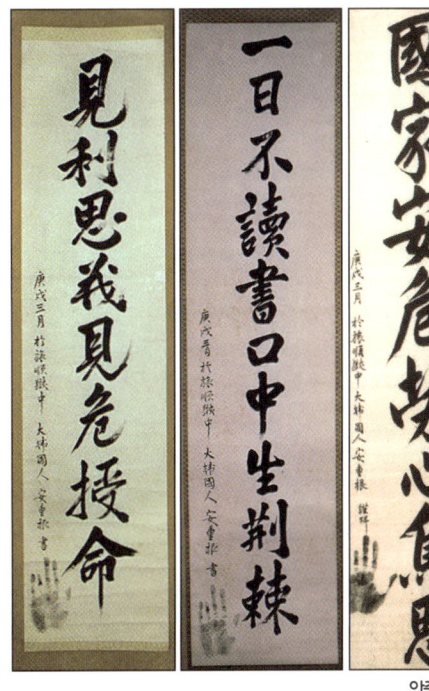

안중근의 글씨

얽힌 이야기 한 토막

안중근은 일본의 침략에 격분하여 조국의 독립을 위해 목숨을 바칠 것을 결심했다. 1909년 봄 블라디보스토크에서 안중근을 비롯한 12명의 동지들이 모였다.
"일본이 우리 땅에서 물러갈 때까지 투쟁을 계속합시다."
안중근은 동지들을 바라보며 힘주어 말했다.
"그렇습니다. 우리 모두 목숨을 걸고 투쟁해 나갑시다."
모두 나라를 위해 기꺼이 목숨을 바치겠다는 굳은 결의가 가득 차 있었다.
안중근은 칼을 들어 왼손의 약지를 자르고, 태극기에 그 피로 '대한 독립'이라 쓰고 아래에 이름 석 자를 썼다. 함께 있던 다른 동지들도 손가락을 자르고 혈서를 썼다.
"우리는 피로 맹세한 동지들이오. 우리 열두 동지는 조국의 독립과 동양의 평화를 위해 목숨을 바쳐 싸웁시다!"

12명의 사람들은 이렇게 다짐하며 모두 태극기를 치켜들고 만세를 불렀다.
"대한 독립 만세!"
이들은 안중근이 조직한 단지회의 회원들이었다. '단지'란 손가락을 잘랐다는 뜻이다.
"나는 조선 침략의 원흉 이토 히로부미를 반드시 죽이고 말겠소."
안중근이 말했다. 곧이어 김태련이 말했다.
"나는 나라를 팔아먹은 역적 이완용을 처단하겠소."
그리고 나머지 회원들도 각자 투쟁 목표를 선언했는데, 만일 3년 이내에 목표를 달성하지 못하면 스스로 목숨을 끊어 나라와 국민 앞에 속죄하겠다고 맹세하였다.

독립운동과 민족 교육에 평생을 바친 애국자이다.

안창호

安昌浩 : 1878~1938. 호는 도산.

안창호는 1878년 평안남도 강서에서 안흥국의 셋째 아들로 태어났다. 14세까지 서당에서 한학을 공부하였고, 1895년 청일 전쟁으로 조선이 두 나라의 싸움터가 되어 많은 피해를 당하는 것을 보면서, 나라가 힘이 없음을 안타깝게 느끼고 신학문을 배우기로 결심했다.

안창호는 서울에 올라가 미국인 선교사 언더우드가 운영하는 구세 학당에 입학하여 새 학문을 배우고 기독교 신자가 되었다. 이후 학교에서 학생들을 가르치고, 1897년 독립 협회에 가입했다. 이듬해 이승만, 이상재 등과 함께 독립 협회가 주최한 만민 공동회에 참석하여 외세를 배격하고 언론, 집회의 자유를 요구하는 등 민주주의 운동을 벌였다. 또한 1899년에는 민족의 힘을 기르기 위해 점진 학교를 세웠다.

1900년 미국으로 건너간 안창호는 한국인 친목회와 대한인 공립 협회를 만들었다. 그리고 야학을 세워 교포들을 교육하고 〈공립신보〉를 만들어 교포들의 권익 보호와 생활 향상을 위해 힘썼다.

안창호는 1905년 을사조약의 소식을 듣고 이듬해에 돌아와 1907년 이갑, 양기탁, 신채호 등과 함께 비밀 결사인 신민회를 만들었다. 그리고 〈대한매일신보〉를 통해 민중 운동을 이끌어 나갔다. 신민회는 첫째, 국민에게 민족 사상과 독립 사상을 일깨우고, 둘째, 동지들을 모아 국민 운동의 힘을 쌓으며, 셋째, 교육 기관을 세워 청소년을 교육하고, 넷째, 여러 상공업 기관을 만들어 국민의 재산을 늘린다는 목적으로 만든 것이었다. 그 목적을 실현하기 위해 안창호는 그해 평양에 대성 학교, 정주에 오산 학교를 세웠고, 평양과 대구에 출판사 태극서관을 설립했으며, 평양에 도자기 회사를 만들어 민족 산업 육성에도 힘썼다.

안창호는 1909년 안중근 의사의 이토 히로부미 암살 사건에 관련해 3개월간 옥살이를 한 뒤 미국으로 망명하였다. 그리고 1913년 로스앤젤레스에서 흥사단을 만들어 우리나라에서 이루지 못한 신민회의 뜻을 실현하기 위해 애썼다. 3·1운동 후에는 상하이로 건너가 임시 정부 내무총장, 국무총리 서리 등을 지내기도 했다. 1932년 안창호는 윤봉길의 홍커우 공원 폭탄 사건과 관련하여 체포되어 2년 6개월 동안 옥살이를 하였다. 그 뒤 1937년 흥사단 동지들과 함께 동우회 사건으로 다시 검거되었다. 그러나 이듬해 병보석으로 나와 치료를 받던 중 간경화증으로 세상을 떠났다.

1962년 건국 훈장 대한민국장이 주어졌다.

함께 익혀 둡시다

동우회 사건 : 동우회는 1929년 11월에 조직된 민중 계몽 단체이다. 이광수를 중심으로 만들어진 수양 동우회와 안창호가 만든 흥사단을 합쳐 '동우회'라 하였다. 동우회는 당시 최고 지식인이었던 변호사, 목사, 의사, 교육자 등 82명의 회원으로 구성되었다. 회원들은 대부분 민족주의자로서 기독교인들이 많았다. 동우회는 회관을 세우고, 기관지 〈동광〉을 펴내며 민중들의 계몽에 앞장섰고, 민중들에게 독립 정신을 일깨웠다. 이런 의도를 눈치챈 일본 경찰이 1937년 6월에서 1938년 3월에 걸쳐 주요한, 이광수, 안창호 등 동우회 회원 181명을 검거하였다. 이를 '동우회 사건'이라 한다.

만민 공동회 : 1898년 독립 협회가 서울 종로에서 연 민중 대회이다. 3월에 처음 열린 만민 공동회에는 서울 시민 1만여 명이 참여하여 외국의 침략을 규탄하고 우리나라의 자주 독립을 결의하였다. 또 토론회를 열고, 연설회를 갖는 등 민주주의 사상을 보급하기도 했다.

신채호 : 180쪽 참조.

안중근 : 184쪽 참조.

양기탁 (1871~1938. 아명은 의종. 호는 우강) : 독립운동가로, 평양에서 태어났다. 아버지와 함께 미국인 선교사 게일이 《한영사전》을 펴내는 것을 도왔다. 안창호 등과 신민회를 만들어 민족 운동에 힘썼으며, 105인 사건으로 4년간 옥살이를 하였다. 독립 진정서 사건으로 붙잡혀 옥살이를 하다가 가석방된 뒤 만주로 망명하였다. 1926년 고려 혁명당을 만들어 위원장이 되었고, 대한 독립 운동자 후원회를 만들었다. 1935년 조선 혁명당을 조직했으며 1938년 세상을 떠났다. 1962년 건국 훈장 대통령장이 주어졌다.

윤봉길 : 220쪽 참조.

이갑 (1877~1917. 이름은 휘선. 호는 추정) : 독립운동가로, 평안남도 평원에서 태어나 일본 육군 사관 학교를 졸업하였다. 을사조약이 맺어지자 벼슬에서 물러나 항일 운동에 참여하였다. 1906년 서우 학회, 오성 학교를 세워 교육 사업에 힘쓰는 한편, 안창호, 양기탁 등과 함께 신민회를 만들었다. 1907년 고종의 퇴위를 반대하다가 옥살이를 한 뒤 시베리아로 망명하여 언론을 통한 독립운동과 계몽 사업을 벌였다. 1962년 건국 훈장 독립장이 주어졌다.

흥사단 : 1913년 도산 안창호가 미국의 샌프란시스코에서 만든 민족 부흥 운동 단체이다. 〈흥사단보〉를 발행하여 재미 교포들의 의식을 일깨우려 애썼다.

얽힌 이야기 한 토막

안창호가 미국 샌프란시스코에서 공부하고 있을 때의 일이다. 하루는 길을 가다 보니, 한국 상인 두 사람이 싸우고 있었다. 그 주위에는 사람들이 빙 둘러서서 재미있다는 듯이 구경하고 있었다.
안창호는 서둘러 싸움을 말린 다음, 싸운 이유를 물었다.
"우리는 중국인들에게 인삼을 파는 상인입니다. 그런데 글쎄, 이 작자가 얌체같이 내가 먼저 거래하던 곳을 가로채지 않겠습니까?"
"이놈아, 잘해 주면 사람들이 몰리는 거야 당연하지. 억울하면 너도 그렇게 해!"
그 말을 들은 안창호는 참으로 어처구니가 없었다.
'동포끼리 서로 힘을 합쳐도 모자랄 판에 싸우다니 정말 한심한 일이다. 이러니 미국에 살고 있는 우리 동포들이 욕을 먹지. 서로 협동하는 마음은 어디에도 보이지 않으니…….'

당시 미국에 와 있던 한국인들은 어려운 환경에서 자기 혼자 살아 보려고 서로 헐뜯고 싸우는 일이 자주 있어 멸시를 당하는 경우가 많았다.
안창호는 친구늘을 불러 모아 놓고 말했다.
"우리가 나서지 않으면 이곳에서 한국인들은 영원히 멸시받을 걸세. 우리가 앞장서서 동포들의 생활을 바꾸도록 하세."
다음 날부터 안창호는 손수 빗자루를 들고 동포들의 집을 찾아다니며 청소를 해 주었다. 유리창과 마당은 물론 화장실까지 깨끗이 닦아 주었다. 창에 커튼을 달아 주는가 하면, 정원에 꽃도 심어 주었다.
처음에 교포들은 그런 안창호를 미친 사람으로 취급했다. 하지만 차츰 안창호의 뜻을 알게 된 교포들은 하나둘 그를 따르기 시작했다. 안창호의 솔선수범은 동포들 모두가 스스로 따를 때까지 묵묵히 계속되었다.

우리나라에 성리학을 처음 들여온 고려의 학자이다.

안향

安珦 : 1243~1306. 초명은 유. 자는 사온. 호는 회헌, 회암. 시호는 문성.

안향은 1243년(고종 30) 홍주(경상북도 영주시 풍기)에서 안부의 아들로 태어났다. 1260년 문과에 급제한 뒤 교서랑 등 여러 벼슬에 올랐다. 당시 고려는 원나라와의 오랜 전쟁 끝에 원나라에 항복하고 굴욕적인 화친 조약을 맺었다. 그리하여 강화도로 피란 가 있던 고려 24대 왕 원종도 개성으로 돌아왔다. 그러자 끝까지 원나라에 항거하여 고려를 지키겠다는 삼별초의 군사들이 강화도에서 난을 일으켰다. 그때 안향은 삼별초에 의해 강화도에 붙잡혀 있다가 무사히 탈출하여 원종의 신임을 한몸에 받았다.

안향은 1275년(충렬왕 11) 상주 판관으로 있을 때 무당이 백성들을 현혹시켜 아녀자들의 마음을 어지럽히자, 이 무당을 엄하게 다스려 민간에 널리 퍼져 있는 미신을 물리치고 민심을 바로잡았다.

1288년 왕을 수행하여 원나라에 간 안향은 그곳에서 많은 학자들과 사귀면서 학문을 논했다. 그리고 《주자전서》를 손수 베끼고, 공자와 주자의 초상화를 그려 가지고 이듬해 돌아왔다.

성리학 연구에 정성을 쏟은 안향은 우리나라에 성리학을 소개하는 커다란 업적을 남겼다. 또 무신의 난으로 쇠퇴한 학문을 일으키기 위해 학교를 다시 세우고, 인재를 기르려 노력하였다. 그는 단순히 성리학을 우리나라에 처음 들여온 것에 그치지 않고 스스로 연구하고 가르쳐 우리나라에 성리학이 뿌리내리는 데 크게 기여하였다. 이로 인해 원나라에서는 안향을 '동방의 주자'라고 일컬으며 칭송을 아끼지 않았다.

안향은 이어서 백이정, 이제현과 같은 학자들을 원나라에 보내 성리학을 더 깊이 연구하게 했다. 1303년에는 김문정을 원나라에 보내 공자와 70제자의 초상화, 문묘에 사용할 제기, 악기 및 서적들을 구해 오게 하였다. 그리고 국학 대성전을 지어 공자의 초상을 모셨다. 이어 인재를 기르고 유교를 발전시키기 위해 왕에게 건의하여 관리들로부터 기부금을 거두어 우리나라 최초의 육영 재단을 만들었다. 또 양현고와 섬학전 등 장학 기관을 설치하여 여러 학문을 연구하게 하였다.

1306년 안향이 64세로 죽자 왕이 그의 묘지 자리를 내렸으며, 1318년 충숙왕은 그의 공적을 기리기 위해 원나라 화공에게 그의 초상화를 그리게 했다고 한다. 안향의 초상화는 이제현의 초상화와 함께 우리나라에서 가장 오래된 초상화로 전해져 온다.

함께 익혀 둡시다

김문정 (?~?) : 고려 충렬왕 때의 문신이다. 1303년 원나라에 가서 공자와 그 제자들의 초상화와 문묘에 쓸 제기, 악기 등과 여러 책들을 구해 가지고 돌아왔다. 1309년에는 서해도를 돌아보고 관리들의 부정을 조사하였다.

백이정 (1247~1323. 자는 약헌. 호는 이재. 시호는 문헌) : 고려 충선왕 때의 학자로 평안남도 남포에서 태어났다. 안향의 제자로 1298년 충선왕을 따라 원나라에 갔다가 그곳에서 10년간 성리학을 공부하고 돌아왔다. 이제현 등을 가르치는 한편 성리학 연구에 몰두하여 고려의 성리학 체계를 세웠다.

삼별초 : 고려 최씨 집권 시기에 최우가 조직한 개인의 특수 군대이다. 삼별초는 최우가 도둑을 막고 치안을 유지하기 위해 설치한 야별초에서 비롯되었다. 별초란 '용사들로 조직된 선발 군인'이란 뜻이다. 그 뒤 야별초의 규모가 커지자 좌별초와 우별초로 나뉘었다. 또한 최우는 몽골군의 포로가 되었다가 탈출한 병사들을 모아 신의군을 조직하였다. 이 좌별초, 우별초, 신의군을 합해 삼별초라 불렀다.

성리학 : 중국 송나라의 학자인 주희(주자)가 집대성한 유교 학문 철학으로 주자학이라고도 부른다. 우리나라에는 고려 말 안향이 들여와 이색, 정몽주 등으로 이어져 조선 시대 이황, 이이 등에 와서 크게 발전하였다.

이제현 : 262쪽 참조.

얽힌 이야기 한 토막

충렬왕을 모시고 원나라에 간 안향은 그곳 학교를 돌아보다가 《주자전서》라는 책을 발견하고는 매우 기뻐하였다.
"오! 원나라에 와서야 비로소 유학의 정통을 보게 되었으니, 나에게 이보다 더 기쁜 일이 어디 있으랴!"
그때부터 안향은 밤낮을 가리지 않고 직접 이 책의 내용을 몽땅 베끼고, 공자와 주자의 초상화도 그렸다. 그는 유교 사상의 고향에 온 이 좋은 기회를 놓칠세라 자기가 할 수 있는 일은 모두 하였다.
이듬해 고려로 돌아온 안향은 이내 성리학을 연구하기 시작했으며, 또 그것을 보급하기 위하여 힘썼다. 그는 학교가 날이 갈수록 제구실을 하지 못하는 것을 보고 몹시 안타까워하다가 조정에 자기의 의견을 내놓았다.
"재상의 첫째 가는 임무는 인재를 길러 내는 것입니다. 그런데 지금 양현고(고려 예종 때인 1119년 설치된 국학의 장학 재단)에 있던 것을 모두 써 버려 선비들을 키워 낼 만한 비용이 없습니다. 마땅히 6품 이상의 관리들은 은 1근을, 7품 이상의 관리는 베를 내도록 해서 양현고를 지원해 주는 게 좋겠습니다. 그래서 그 본전은 남겨 두고 이자만을 가져다 학교의 경비로 쓰는 것입니다. 또한 인재를 기르기 위해 관리들이 내는 은과 베를 '섬학전'이라고 부르는 게 좋겠습니다. 이렇게 하면 제 기능을 하지 못하는 학교를 다시 일으켜 세울 수 있을 것입니다."

조정에서는 안향의 의견을 받아들였다. 그리고 이를 왕에게 올렸다.
"안향의 의견이 과연 옳다!"
왕은 기뻐하며 왕실의 창고를 열어 돈과 양식을 내주고 학교 교육에 보태도록 하였다. 그러나 안향의 뜻에 반대하는 사람들도 있었다.
"나는 무사요. 학교에서 무사를 키우는 것도 아닌데, 내가 돈을 내야 하는 이유가 무엇이란 말이오?"
밀직 부사로 있던 고세라는 자가 반대하고 나섰다. 그 사람은 무관이었다.
"공자의 가르침은 문무를 가리지 않으며 자손 만대까지 그 규범이 되고 있소. 신하가 임금에게 충성을 다하며, 아우가 형에게 공손히 대해야 한다고 한 이것이, 그래 문인에게만 가르칠 것이란 말이오? 자신은 무인이니 돈을 내지 않겠다고 하는 것은 공자의 가르침을 반대하는 것과 같은 것이오. 그래, 공자의 가르침을 무시해도 좋단 말이오?"
안향의 말에 고세는 몹시 부끄러워하며 곧 돈을 내놓았다. 그러자 고세를 따르던 다른 무신들도 모두 섬학전을 내놓게 되었다.
그렇게 모은 섬학전으로 인재를 양성하기 위한 교육은 다시 활기를 띠게 되었다.

천리장성을 쌓아 당나라에 맞선 고구려의 장군이다.

연개소문 淵蓋蘇文 : ?~665. 또는 천개소문.

　연개소문은 고구려의 힘이 점점 기울어 가던 무렵 연태조의 아들로 태어났다. 연개소문의 집안은 할아버지, 아버지가 모두 고구려의 최고 벼슬인 막리지를 지낸 명문가였다. 어려서부터 성격이 활달하고 큰 뜻을 품었던 연개소문은 15세 때 아버지의 뒤를 이어 동부대인 대대로가 되었다. 그리고 당나라의 침입에 대비하여 642년(영류왕 25) 만주의 부여성에서부터 발해만(동해)에 이르는 천리장성을 쌓았다.

　천리장성을 쌓으면서 연개소문은 백성들로부터 존경을 받았고, 세력이 점점 더 커졌다. 이에 연개소문의 세력이 커지는 것을 두려워한 영류왕과 귀족들은 그를 죽일 계획을 세웠다. 이것을 눈치챈 연개소문은 자신을 반대하는 귀족과 신하들을 모두 연회에 초청하였다. 그리고 그 자리에 참석한 180여 명을 모두 죽인 뒤 궁궐로 가 영류왕마저 죽였다. 연개소문은 영류왕의 뒤를 이어 보장왕을 세운 뒤 최고 벼슬인 대막리지가 되어 권력을 손에 쥐었다.

　그 당시 남쪽에서는 신라와 백제의 싸움이 계속되었고, 또 한강 유역을 둘러싼 삼국 간의 싸움은 더욱 치열해졌다. 이때 신라는 백제에게 40여 성을 빼앗기고 대야성마저 빼앗기자 김춘추를 고구려에 보내 구원을 요청하였다. 그러나 연개소문은 김춘추를 가두고, 오히려 신라에게 빼앗겼던 마목현(조령)과 죽령을 돌려줄 것을 요구하였다. 그리고 신라 국경에 있는 성을 빼앗는 한편 백제와 힘을 합쳐 신라와 당나라의 교통로인 당항성마저 빼앗았다.

　연개소문은 643년 당나라에서 도교의 도사 8명과 《도덕경》을 들여왔다. 새로운 사상으로 민심을 모으고 당나라와의 외교 관계를 원활히 해 전쟁을 피하고자 한 것이다.

　그러나 연개소문은 당나라 태종이 사신을 보내 신라와 화해하라고 요구하자 이를 물리치고, 사신을 옥에 가두어 버렸다. 그러자 645년(보장왕 4) 당나라 태종이 17만 대군을 이끌고 고구려를 쳐들어왔다. 연개소문의 노력에도 불구하고 개모성, 요동성, 백암성 등이 차례로 당나라에 함락되고 말았다. 그때 안시성 싸움에서 양만춘 장군이 60여 일간의 치열한 싸움 끝에 당나라 군사를 크게 물리침으로써 고구려는 전쟁에서 승리했다. 그 뒤에도 네 차례에 걸쳐 당나라가 쳐들어왔으나, 연개소문은 그때마다 모두 물리쳤다.

　그러나 665년 연개소문이 죽자 고구려는 금세 힘을 잃었다. 더욱이 연개소문의 뒤를 이어 대막리지에 오른 맏아들 연남생이 형제들과의 다툼에서 밀려나 당나라로 망명했고, 동생인 연정토도 신라에 귀순해 버렸다. 그리하여 결국 고구려는 668년 신라와 당나라 연합군에게 완전히 망하고 말았다.

함께 익혀 둡시다

김춘추(태종 무열왕) : 340쪽 참조.

당 태종 (598~649. 재위 기간 : 626~649. 이름은 세민) : 당나라의 제2대 황제이다. 수나라가 망할 것을 미리 예측하고 군사들을 모아 두었다가 아버지 이연과 함께 군사를 일으켜 수나라를 멸망시켰다. 626년 형 이건성과 동생 이원실을 물리치고 황제에 올랐다. 그 뒤 토번, 고창, 서돌궐, 북변, 서변 등을 끊임없이 정벌하여 당나라의 영토를 넓혔다. 645년 고구려 정벌에 나섰으나 실패하였다.

《도덕경》 : 《노자 도덕경》이라고도 하며, 중국 춘추 시대 말기에 노자가 지은 것이라고 한다. 또는, 도가 사상가들의 가르침을 모아 한나라 초기에 책으로 엮은 것이라고도 한다.

보장왕 (?~682. 재위 기간 : 642~668) : 고구려 마지막 왕으로, 영류왕의 조카이다. 642년 연개소문의 추대로 왕위에 올랐다. 643년 당나라에 사신을 보내 당나라로부터 도사 8명과 《도덕경》을 받아들였다. 연개소문이 죽은 뒤 나라 안에 혼란이 일어났으나, 이를 슬기롭게 다스리지 못했다. 668년 나당 연합군이 쳐들어와 평양성이 포위되자 항복하였다. 당나라로 끌려가 677년 요동주 도독으로 조선왕에 봉해졌다. 말갈과 함께 고구려의 부흥을 꾀하다가 양주로 유배된 뒤 그곳에서 죽었다.

안시성 싸움 : 645년 당나라 태종은 대군을 이끌고 고구려에 쳐들어왔다. 고구려의 개모성, 요동성, 백암성 등을 차례로 함락시킨 당 태종은 대군을 몰아 안시성을 공격해 왔다. 이때 고구려 군사들은 성주 양만춘의 지휘 아래 60여 일에 걸쳐 하루 6~7차례씩의 당나라군과의 싸움에서 모두 이겼다. 결국 안시성 싸움에서 실패한 당 태종은 돌아가면서 양만춘의 지혜와 나라를 위한 충성에 감탄하여 비단 100필을 주었다고 한다.

양만춘 (?~?) : 고구려의 장군이다. 645년 안시성 성주로 있으면서 당나라 태종의 공격을 물리쳤다. 당나라군은 60여 일 동안 하루에 6~7차례씩 쳐들어왔으나, 양만춘은 굳건하게 병사와 주민들을 격려하여 적을 몰아냈다. 이 싸움에서 당 태종은 양만춘이 쏜 화살에 맞아 한쪽 눈을 잃었다고 한다.

영류왕 (?~642. 재위 기간 : 618~642. 이름은 건무, 건성) : 고구려 제27대 왕이다. 당나라와 화친을 맺어 수나라의 고구려 침입 때 사로잡은 중국 포로들을 돌려보내고 고구려의 포로들을 찾아왔다. 631년부터 부여성에서 동남쪽 바다에 이르는 성을 쌓기 시작하며 그 감독을 연개소문에게 맡겼다. 연개소문의 권력이 커지자 신하들과 그를 죽일 계획을 세우다가 오히려 연개소문에게 살해당했다.

얽힌 이야기 한 토막

연개소문은 당나라의 침입으로부터 나라를 지키기 위해서 천리장성을 쌓는 일에 모든 힘을 기울였다. 그러나 연개소문의 힘이 강해지는 것에 불안을 느낀 왕과 다른 신하들은 비밀리에 회의를 열어 그를 없애기로 결정했다.

그러나 그 일은 곧 연개소문의 귀에 들어갔다. 연개소문은 아무것도 모르는 척 군사를 이끌고 평양성으로 돌아왔다. 그러고는 평양성 남쪽 성 밖에서 군대의 행군식을 구실로 풍성한 술자리를 만들고 신하들을 초대했다.

초대받은 신하들은 계획이 탄로나지 않았을까 처음에는 불안에 떨었으나, 연개소문의 태연함을 보고 안심했다. 그리하여 산더미 같은 음식과 향기로운 술을 마음껏 즐겼다.

한참 분위기가 무르익었을 무렵 연개소문은 잔 속의 술을 단숨에 들이키고는 그 잔을 장막 밖으로 힘껏 내던졌다. 그것은 때가 되었으니 일을 시작하라는 연개소문의 신호였다.

그러자, 장막 밖에 대기하고 있던 군사들이 순식간에 들이닥쳤다. 군사들은 모두 신하들의 목에 길을 들이댔다. 신하들은 누구라 할 것 없이 새파랗게 질린 채 바들바들 떨었다.

"천하에 쥐새끼 같은 놈들! 간사한 네놈들을 그냥 놔둘 수가 없지!"

흥겹던 잔치는 순식간에 피비린내 나는 지옥으로 변했다. 연개소문은 자신을 해치려던 사람들을 모조리 죽여 없앴다.

'이제는 이 나라를 내가 맡아 훌륭히 다스리겠다!'

이렇게 마음먹은 연개소문은 곧바로 보장을 찾아가 왕위를 맡아 줄 것을 부탁했다. 이리하여 고구려 마지막 왕인 보장왕이 왕위에 올랐고, 연개소문은 최고 벼슬인 대막리지가 되어 자기의 뜻대로 고구려를 다스렸다.

당파 싸움을 없애고 나라 부흥을 일으킨 조선 후기의 왕이다.

영조
英祖 : 1694~1776. 재위 기간 : 1724~1776.
이름은 금. 자는 광숙. 호는 양성헌.

영조는 1694년(숙종 20년) 숙종의 아들로 태어나 1699년 연잉군에 봉해졌다. 1720년 숙종의 뒤를 이은 경종이 건강이 좋지 않고 후사를 이을 아들이 없자 이듬해인 1721년에 왕세제가 되었다.

1724년 왕위에 오른 영조는 당파에 구애받지 않고 모든 인재를 실력에 따라 등용하는 탕평책을 썼다. 영조 자신도 당파 싸움에 휘말려 목숨을 잃을 뻔했기 때문이었다. 영조는 계속해서 고른 인재 등용으로 당파 싸움을 막는 한편, 지방 차별과 서자 차별 등 불합리한 제도를 폐지하는 등 획기적인 정책을 폈다.

영조는 국방력 강화에도 남다른 노력을 기울였다. 1729년에는 화차를 개발하였고, 이듬해에는 수어청에서 총을 만들도록 했다. 또한 북쪽 국경을 지키는 군사들에게도 조총 쏘는 법을 훈련시켰고, 전국에 있는 군사 시설을 정비하였다.

영조는 세종 못지않게 백성을 아낀 왕이었다. 영조는 농업을 장려하고, 세금을 줄여 백성들의 생활이 나아질 수 있도록 많은 노력을 기울였다. 그리고 백성들의 원성이 높았던 가혹한 형벌을 없애고, 태종 때 만들었다 폐지한 신문고를 다시 설치하여 백성들이 억울한 일을 왕에게 직접 알리도록 했다. 또 사치와 낭비를 막기 위하여 금주령을 내리는 등 절약과 검소를 강조하였다.

영조는 특히 학문을 좋아해 책의 편찬에 많은 노력을 기울였다. 재위 기간 중 《소학훈의》, 《속오례의》, 《속대전》, 《연행록》, 《반계수록》 등 훌륭한 책과 우리나라 최초의 백과사전인 《동국문헌비고》를 펴냈다. 한편 손수 《악학궤범》의 서문을 쓰기도 하고, 《어제자성편》, 《위장필람》 등 여러 권의 책을 직접 썼다.

1762년, 영조가 아들 사도 세자를 뒤주에 가두어 죽게 하는 사건이 일어난다. 사도 세자는 당시 여러 가지 비행을 일삼았다고 하는데, 사도 세자에게 적대적이었던 노론이 이를 영조에게 고하곤 했다. 영조를 왕위에 올린 당파인 노론에 대해 비판적이고, 반대 세력인 소론에 대해 옹호하는 태도를 보이던 사도 세자에게 노론은 불만을 품고 있었던 것이다. 영조는 사도 세자에게 자살할 것을 명령했으나, 이를 듣지 않자 평민으로 폐하고 뒤주 속에 가두어 8일 만에 굶어 죽게 했다.

영조는 사도 세자의 비극 같은 안타까운 일을 하기도 했지만, 조선 왕조 역사상 가장 긴 52년의 재위 기간 동안 많은 업적을 남겼다.

함께 익혀 둡시다

김한구 (1723~1769. 시호는 충헌) : 정순 왕후의 아버지로 딸이 왕비가 된 뒤 오흥 부원군이 되었다. 금위대장에 이어 어영대장에 올랐으나, 1764년 당파 싸움에 관여한 아들 김구주와 함께 벼슬에서 물러났다. 1766년 다시 벼슬길에 올라 어영대장을 지냈으며, 죽은 뒤 영의정의 벼슬이 내려졌다.

사도 세자 (1735~1762. 이름은 선. 자는 윤관. 호는 의재) : 영조의 둘째 아들로, 태어난 지 1년 만에 세자가 되었다. 어려서부터 매우 똑똑해 3세에 《효경》을 외우고, 7세에는 《동몽선습》을 떼었다. 문인적 기질보다는 무인적 기질이 강했으며, 이런 면에서도 영조와 갈등이 있었다. 성장한 뒤에는 함부로 궁녀를 죽이거나 여승을 궁궐에 들이는 등 비행을 저지르기도 했으며, 평안도에 몰래 여행을 다녀온 일은 왕권을 위협하는 것으로 의심되기도 했다. 일련의 사건으로 영조의 노여움을 샀고, 이어 세자 자리에서 쫓겨난 뒤 뒤주 속에 갇혀 있다가 8일 만에 굶어 죽었다. 그 뒤 이를 후회한 영조가 '사도'라는 시호를 내렸고, 그의 아들 정조가 즉위한 뒤 '장헌 세자'로 높여 불렸다.

정순 왕후 (1745~1805. 성은 김씨) : 영조의 두 번째 왕비로 김한구의 딸이다. 영조의 첫 번째 왕비인 정성 왕후 서씨가 죽자 1759년 왕비가 되었다. 영조, 정조가 세상을 떠난 뒤 어린 순조를 대신하여 나랏일을 맡아보며 천주교를 탄압하기도 하였다.

탕평책 : 조선 후기인 영조와 정조 때에 골이 깊어진 당파 싸움의 폐해를 막기 위하여 실시한 정책이다. 영조와 정조는 각 당파의 인재를 고루 등용하여 당파 싸움을 막으려 했다.

화차 : 수레 속에 40여 개의 총구멍을 만들어 총을 걸고 심지를 서로 이어서 차례로 발사되게 만든 무기를 말한다.

얽힌 이야기 한 토막

영조는 경희궁에 있으면서 백성들의 사정을 직접 살피고자 틈만 나면 높은 누각에 올라 대궐 밖의 길을 내려다보았다. 어느 날 영조가 대궐 밖을 내려다보니 웬 여자아이가 종종거리며 걸어가는 것이 눈에 띄었다. 어느 집 종인 듯한데 매우 분주하게 걸어가는 모습이 무슨 까닭이 있는 것 같았다.

"여봐라, 저기 지나가는 여자아이를 불러오너라!"

영조 앞에 불려 온 여자아이는 열너댓 살쯤으로 매우 총명한 눈빛을 하고 있었다. 영조는 그 아이에게 누구며, 어디를 그리 급히 가느냐고 물었다.

"저는 동촌에 사는 이 판서 댁 며느님의 계집종입니다. 내일이 대감님의 생신이나 형편이 어려워 아침 진지를 마련하기도 힘든 형편입니다. 그래서 지금 아씨의 친정인 남 판서 댁에서 빌려 올 수 없을까 하여 아씨의 편지를 가지고 가는 길입니다."

듣고 보니, 남 판서라는 이도 역시 가난하고 청렴한 선비라 별 도움을 줄 수 있을 것 같지 않았다. 그러나 영조의 마음은 흐뭇하기 짝이 없었다.

"잘 알았다. 여자들끼리 주고받는 내간 편지를 본다는 것은 안 될 일이나, 어디 한번 보자."

여자아이가 건네주는 편지를 뜯어 읽어 보니, 영조의 짐작대로였다. 영조는 신하들이 갸륵하기 그지없었다.

"착한 신하로다. 남 판서 집도 짐작컨대, 그럴 여유가 없을 것이 틀림없다. 모름지기 양반이라는 사람들은 모두 이래야 한다. 그들이 지나치게 잘살면 백성들은 말할 수 없을 정도로 피와 땀을 흘려야 할 것이다. 남 판서 집에 가는 것은 그만두어라. 그 대신 내가 적어 주는 것을 가지고 가서 대감의 아침 식사를 마련해 드리거라."

영조는 종이에 뭔가를 적어 신하에게 건네주며 말했다.

"이것을 가지고 선혜청에 가서 당번에게 전하고, 물건을 주거든 저 아이와 함께 이 판서 집에 갖다 주고 오너라."

여자아이는 뛸 듯이 기뻐하며 감사의 절을 거듭하였다.

여자아이가 선혜청에 가니 돈 천 냥과 쌀 스무 섬을 내주었다. 계집종의 말을 전해 듣고 물건을 받아 든 이 판서는 왕의 은혜에 감동하여 몸둘 바를 몰라 했다.

평강 공주와 결혼한 고구려의 전설적인 장군이다.

온달 温達 : ?~590.

온달은 어렸을 때 몹시 가난하여 마을을 돌아다니며 밥을 빌어다가 눈이 먼 홀어머니를 모셨다. 항상 허름한 옷차림으로 돌아다녔을 뿐만 아니라 얼굴도 못생겨 사람들은 그를 '바보 온달'이라고 놀렸다. 그리고 누구나 바보 같은 짓을 하면 '바보 온달 같다'고 핀잔을 주었다. 그러나 온달은 바보가 아니라 착하고 밝은 마음씨를 가진 젊은이였다.

온달은 아버지의 반대를 물리치고 찾아온 평원왕의 딸 평강 공주와 결혼하였다. 평강 공주는 어렸을 때 아주 많이 울었는데, 아버지 평원왕은 공주가 울 때마다 '그렇게 계속 울면 바보 온달에게 시집보낸다'고 늘 엄포를 놓았다. 평강 공주는 아버지의 놀리는 말을 사실로 굳게 믿었다. 그 뒤 평강 공주가 시집갈 나이가 되자 평원왕은 공주를 귀족의 아들에게 시집보내려 했다. 그러나 평강 공주는 온달과 결혼하겠다고 고집을 부렸고, 화가 난 평원왕은 공주를 궁궐에서 내쫓았다. 그래서 평강 공주는 혼자서 온달을 찾아갔다.

공주와 결혼한 온달은 공주가 가져온 보물을 팔아 집을 사고 농사지을 땅을 마련하였다. 그리고 공주의 뜻에 따라 열심히 글을 배우고 무예를 닦았다.

그때 고구려는 해마다 음력 3월 3일이 되면 왕이 신하, 군사들과 더불어 사냥을 하는 풍습이 있었다. 평강 공주는 온달에게 사냥 대회에 나가라고 권했다. 온달은 사냥 대회에 참가하여 그동안 갈고 닦은 무예를 바탕으로 뛰어난 사냥 솜씨를 보였다.

그 무렵 중국 후주의 무제가 군사를 이끌고 고구려의 요동성에 쳐들어왔다. 이에 온달도 왕을 따라 싸움터로 나갔다. 온달은 고구려군의 선봉에 서서 적을 무찌르는 데 큰 공을 세웠다. 그 공으로 온달은 비로소 평원왕에게 사위로 인정을 받았고, '대형'이라는 벼슬에 올랐다.

평원왕에 이어 590년 왕위에 오른 영양왕은 지난날 신라 진흥왕에게 빼앗긴 한강 유역을 되찾기 위해 군사를 보냈다. 이때 온달은 스스로 싸움터에 나가기를 자청했다. 왕의 허락을 받은 온달은 한강 유역의 땅을 되찾기 전에는 돌아오지 않겠다는 맹세를 하고 싸움터로 나갔다. 신라군에 맞서 용감하게 싸우던 온달은 아단성에서 신라군이 쏜 화살을 맞고 숨졌다.

한편, 사람들이 온달의 장례를 치르려고 하였지만 무슨 일인지 관이 움직이지 않았다. 이에 평강 공주가 달려가 관을 어루만지면서 "장군, 삶과 죽음이 이미 결정되었으니 이제 돌아갑시다." 하고 달래니 관이 움직여 장례를 치를 수 있었다고 한다.

함께 익혀 둡시다

아단성 : 고구려의 온달 장군이 신라에 빼앗긴 한강 유역을 되찾기 위해 출정하여 싸우다 전사한 곳으로, 충청북도 단양에 있는 온달 산성 또는 서울 광진구에 있는 아차산성으로 추정되고 있다.

평강 공주 (?~?) : 고구려 제25대 평원왕의 딸이다. 어릴 때 잘 울어 아버지로부터 바보 온달에게 시집보낸다는 말을 들었다. 16세 때 아버지가 명문 귀족인 고씨 집안으로 시집보내려 하자 이를 거부하였다. 이에 왕이 화가 나서 궁궐에서 쫓아내자, 보물을 가지고 궁궐을 나와 온달을 찾아가 부부가 되었다. 그 뒤 보물을 팔아 집과 논밭을 마련하였다. 눈먼 시어머니를 잘 받들었으며 온달에게 학문과 무예를 가르쳤다. 공주의 도움으로 온달은 드디어 고구려의 뛰어난 장군이 되었다.

온달 산성

얽힌 이야기 한 토막

고구려 평원왕 때 평양성 변두리에서 온달이라는 사람이 눈먼 어머니를 모시고 살고 있었다. 온달은 매우 가난하여 밥도 빌어다 먹는 신세였다.

그때 평원왕에게는 평강이라는 공주가 하나 있었다. 어려서부터 울기를 잘하여 '울보 공주'라 불렀다. 왕은 공주가 울 때마다 달래면서 장난으로 말하곤 했다.

"너는 항상 울기만 하니 다음에 크면 바보 온달에게나 시집보내야겠다."

평강 공주의 나이가 16세가 되자, 왕은 공주를 귀족 가문의 자제에게 시집보내려 하였다. 그러나 공주는 온달에게 시집보내겠다던 약속을 지킬 것을 주장하며 아버지인 평원왕의 말을 듣지 않았다. 그리하여 마침내 공주는 궁궐에서 쫓겨나는 몸이 되었다. 대궐에서 쫓겨난 공주는 사람들에게 물어 바보 온달의 집을 찾아갔다.

"제 아들은 너무나 못나 공주님의 짝이 될 수 없습니다. 그뿐만 아니라 집도 너무 가난하여 공주님은 사실 수 없을 것입니다."

"저는 어떤 일이든 다 할 수 있습니다. 서로 마음만 맞는다면 천하고 가난한 것이 무슨 문제가 되겠습니까?"

이렇게 하여 평강 공주는 온달의 아내가 되었다.

공주는 자신이 가지고 온 보물들을 팔아서 집과 살림살이를 마련하였다.

또한 공주는 온달에게 글을 가르쳤으며 무술을 익히도록 했다. 글을 배우고 무예를 익히자 온달은 아주 용맹한 사나이로 바뀌었다.

그때 고구려에서는 해마다 3월 3일이면 왕이 여러 신하들과 함께 사냥하는 풍습이 있었다.

온달도 그날 사냥 대회에 참가했다. 온달은 언제나 앞장서서 말을 달렸고, 사냥한 짐승도 제일 많았다. 왕은 그가 누구인지 궁금하여 가까이 불러 이름을 물었다.

"제가 바로 그 바보 온달입니다."

그 뒤 온달은 고구려에 쳐들어온 후주의 군사를 물리치는 데 공을 세워 평원왕으로부터 사위로 인정을 받았다.

고구려 동명왕의 아들로 태어나 백제를 세운 왕이다.

온조
溫祚 : ?~28. 재위 기간 : 기원전 18~기원후 28년.

　온조는 고구려의 시조 동명왕의 셋째 아들로 태어났다. 동명왕은 옛날 북부여에 있을 때 낳은 아들 유리가 고구려로 찾아오자 그를 태자로 삼았다. 이에 온조는 어머니 소서노, 형 비류와 함께 여러 신하와 백성들을 이끌고 고구려를 떠나 새로운 나라를 세우기 위해 남쪽으로 내려왔다.

　형인 비류는 미추홀(인천)을 도읍으로 삼자고 했으나, 온조는 위례성(서울 부근)을 내세웠다. 의견의 일치를 보지 못한 형제는 결국 서로 헤어져 미추홀과 위례성에 각각 나라를 세웠다. 온조는 나라 이름을 '십제'라 부르고, 신하 10명의 도움을 받아 나라를 다스렸다. 그러다 형 비류가 죽자 미추홀의 백성들까지 받아들여 나라를 넓히고 나라 이름도 '백제'라 고쳤다.

　온조는 부여 출신이라 자신의 성을 '부여'라고 했고 아버지 동명왕의 묘를 세워 나라가 평화롭기를 기원하였다. 또 신하 을음을 당시 최고 벼슬인 우보로 삼아 나랏일과 군사에 관한 일을 맡아보도록 하였다.

　온조는 기원전 16년 군사를 이끌고 북쪽 국경으로 나아가 말갈족을 무찔렀다. 이어 기원전 11년에는 군사 3천 명을 이끌고 위례성을 침입한 말갈족을 대부현(강원도 평강)까지 쫓아가 물리친 뒤 500여 명을 사로잡았다. 계속된 말갈족의 침입으로 나라가 어려워지자, 온조는 기원전 5년 도읍을 남한산성으로 옮겼다. 기원후 9년 온조는 마한을 정복하여 영토를 넓혀 백제의 위세를 크게 떨쳤다. 이어 큰아들 다루를 태자로 삼고 군사에 관한 일을 맡겼다. 한편, 마한의 옛 장수 주근이 우곡성을 근거지로 하여 16년에 반란을 일으키자 온조는 친히 군사 5천 명을 이끌고 나가 이를 진압하였다.

　온조는 백성들의 생활 안정을 위해서도 많은 애를 썼는데 신하들을 보내 농업과 양잠업을 장려하였으며 백성들에게 불필요한 제도를 없앴다.

　21년 죽은 을음을 대신하여 지식이 풍부한 부여 출신의 해루를 우보에 임명하고, 기원전 2년(온조 17)에 낙랑군의 침입으로 불타 버린 위례성을 다시 지었다.

　온조는 또 나라 안의 여러 요충지에 성을 쌓아 국방의 기초를 닦았다. 백제가 이른 시기에 고대 국가로 발전할 수 있었던 것도 시조인 온조가 이렇듯 국력을 강화시켜 놓았기 때문이었다.

함께 익혀 둡시다

동명왕 : 98쪽 참조.

마한 : 우리나라 고대의 삼한(마한, 진한, 변한) 가운데 한 나라이다. 기원전 3~4세기경 지금의 충청도와 전라도에 걸쳐 50여 개의 작은 국가로 이루어져 있었다. 대부분 농사를 주로 지었으며 기원후 9년 백제에게 멸망했다.

비류 (?~?) : 고구려 동명왕의 둘째 아들이다. 북부여에서 온 형 유리가 태자가 되자, 동생 온조와 함께 신하들을 이끌고 남쪽 땅으로 내려왔다. 온조와 도읍지 문제로 의견이 맞지 않자 미추홀(인천)을 도읍으로 정했다. 미추홀이 습기가 많고 물이 짜서 살기가 힘들자, 온조에게 돌아와 위례성 백성들의 편안한 삶을 돌아보고 후회하며 괴로워하다가 죽었다고 《삼국사기》에 전한다.

우보 : 백제 초기의 최고 벼슬로 재상의 역할을 했다.

유리왕 (?~18. 재위 기간 : 기원전 19~기원후 18. 다른 이름은 유류, 주류) : 고구려 제2대 왕으로, 시조 동명왕의 맏아들이다. 북부여에서 아버지를 찾아 고구려로 와서 아버지의 뒤를 이어 왕위에 올랐다. 기원후 3년에 도읍을 국내성으로 옮기고 위나암성을 쌓았다. 13년에 부여군이 쳐들어오자 왕자 무휼을 시켜 물리쳤다. 14년 오이, 마리에게 군사 2만 명을 주어 양맥을 치게 하였고, 한나라의 고구려현을 빼앗았다.

을음 (?~23) : 백제 초기의 왕족이다. 온조가 고구려를 떠날 때 온조를 따라 내려왔다. 온조를 도와 백제를 세우는 데 큰 공을 세웠다. 지식과 담력이 뛰어나 기원전 17년(온조 2) 우보에 임명되어 군사에 대한 일과 나라 돌보는 일을 죽을 때까지 맡았다.

해루 (기원전 55~기원후 34) : 백제 초기의 재상이다. 백제 북부 사람으로, 부여국 출신이다. 23년(온조 41)에 나이가 일흔이 넘었지만 지식이 많고 기력이 쇠하지 않아 우보에 임명되어 34년(다루왕 7)에 죽을 때까지 그 직무를 맡아보았다.

얽힌 이야기 한 토막

동명왕이 북부여에 있을 때 낳은 아들 유리가 아버지를 찾아 고구려로 왔다. 동명왕은 큰아들 유리를 반갑게 맞이하며 그를 태자로 삼았다. 이에 유리와 어머니가 다른 비류와 온조는 태자 유리가 혹여 자신들을 죽이지 않을까 두려워했다. 어느 날 비류는 아우인 온조에게 말했다.

"우리 어머니는 모든 재산을 털어 아버님의 건국을 도왔을 뿐 아니라 오늘날까지 잠시도 쉬지 않고 일을 하셨다. 그러나 고구려는 이미 유리의 것이 되었다. 우리도 이곳에 있으면 목숨을 부지하기 어려울 것이다. 어머님을 모시고 남쪽으로 내려가 좋은 곳을 찾아 도읍을 정하고 나라를 세우자."

그래서 두 형제는 마침내 어머니를 모시고 오간, 마려 등 열 명의 신하들과 함께 남쪽 땅으로 내려왔다. 이때 두 사람을 따르는 백성들이 뒤를 이었다.

비류와 온조는 한산에 도착하여 부아악(삼각산)에 올라 자신들이 살 만한 곳을 찾아보았다.

비류는 바닷가에 살기를 바랐다. 그러자 신하들이 말했다.

"이 하남 땅은 북쪽으로 한수(한강)가 흐르고, 동쪽으로는 높고 험한 산이 있습니다. 또 남쪽은 비옥한 땅이고, 서쪽으로는 큰 바다가 있습니다. 그러니 이보다 더 나은 도읍지는 없을 것입니다."

그러나 비류는 그 말을 듣지 않고 백성들을 나누었다.

비류는 미추홀(인천)을 도읍으로 정했고, 온조는 신하들의 말을 따라 하남 위례성에 도읍을 정했다. 그리고 10명의 신하와 함께 나라의 기반을 닦고 나라 이름을 '십제'라 하였다. 비류가 정한 미추홀은 땅에 습기가 많고 물이 짜서 사람들이 살기에 좋지 않은 땅이었다. 그래서 온조가 살고 있는 위례성에 돌아와 보니 도읍이 안정되고 백성들이 아무 불편 없이 잘살고 있었다. 이에 비류는 자신의 행동을 반성하고 부끄러워하다가 죽었다.

그러자 비류를 따라갔던 백성들이 모두 위례성으로 돌아왔다. 이때 온조는 나라 이름을 '백제'로 고쳤다.

후삼국을 통일하고 고려를 세운 왕이다.

왕건
王建 : 877~943. 재위 기간 918~943. 자는 약천. 시호는 신성.

　왕건은 신라 말 나라의 힘이 약해져 곳곳에서 반란이 일어나는 등 나라 전체가 몹시 혼란하던 877년 송악(개성)에서 호족인 왕융의 아들로 태어났다.
　왕건은 895년(진성 여왕 9) 아버지를 따라 궁예 밑에 들어가 부하가 되었다. 그 당시 궁예는 신라에 반기를 들고 강원도 일대를 차지하여 세력을 떨치고 있었다. 왕건은 900년에 충주, 남양, 광주 등지를 차례로 점령하였다. 901년에는 궁예를 도와 후고구려를 세우는 데 공을 세웠고, 계속하여 906년 상주에서 후백제 견훤의 군대를 물리쳤다. 이어 909년에는 수군을 이끌고 전라남도 진도 부근의 섬들을 점령하고 금성(전라남도 나주)을 정벌했다. 그 공으로 왕건은 궁예의 신임을 얻어 시중이라는 벼슬에 올랐으며 백성들의 존경을 받았다.
　911년 나라 이름을 '태봉'으로 고친 궁예는 나라가 커지자 점점 오만하고 난폭해져 스스로 '미륵 부처'라 일컬으며 백성들을 괴롭혔다. 그러자 918년 홍유, 배현경, 신숭겸, 복지겸 등이 궁예를 내쫓고 왕건을 새로운 왕으로 추대하였다.
　왕건은 나라 이름을 '고려'라 하고, 연호를 '천수'라 정한 뒤 이듬해 도읍을 송악(개성)으로 옮겼다. 왕건은 먼저 신라 말에 혼란해진 여러 제도를 바로잡고, 과도한 세금을 낮추어 민심을 바로잡는 데 힘썼다. 또한 불교를 숭상하고 여러 곳에 절을 세웠다.
　935년 왕위 문제로 아들에게 감금당한 후백제의 견훤이 항복해 오자 이를 받아들였고, 같은 해에 신라의 경순왕이 항복해 왔다. 그러자 왕건은 경순왕에게 자신의 딸을 시집보내고 옛 경주를 다스리게 했다. 왕건은 다음 해 후백제를 공격하여 승리하였고, 마침내 후삼국을 통일하였다.
　왕건은 새로운 나라를 다스리는 기본 방향과 신하들이 지켜야 할 것들을 담은 《정계》, 《계백요서》를 손수 지어 왕권을 확립하고, 고구려의 옛 영토를 되찾기 위해 북진 정책을 펼쳤다. 또 서북면을 개척하고 발해의 유민들을 받아들였는데, 이로써 고려의 영토는 청천강 하류인 안주에서 동북으로는 영흥까지로 늘어났다.
　943년 왕건은 후대 왕들이 나라를 다스리는 데 본보기로 삼을 수 있는 10가지 지침인 〈훈요십조〉를 남기고 세상을 떠났다.

함께 익혀 둡시다

견훤 : 12쪽 참조.

궁예 : 28쪽 참조.

배현경 (?~936. 시호는 무열) : 고려 초기의 장군으로 처음에는 궁예의 부하로 활동하였다. 궁예의 횡포가 심해지자 918년 신숭겸 등과 궁예를 몰아내고 왕건을 왕으로 세웠다. 이후 많은 싸움에 참가하여 고려가 후삼국을 통일하는 데 큰 공을 세웠다.

복지겸 (?~? 시호는 무공. 면천 복씨의 시조) : 고려 태조 때의 장군으로 궁예의 부하로 있다가 918년 신숭겸 등과 궁예를 몰아내고 왕건을 왕으로 세웠다. 그 뒤 환선길과 임춘길의 반란을 평정하는 데 공을 세웠다.

신숭겸 (?~927. 처음 이름은 능산. 시호는 장절. 평산 신씨의 시조) : 광해주(춘천)에서 태어났으며 고려 건국의 일등 공신이다. 927년 태조 왕건이 대구 공산 싸움에서 견훤의 후백제군에 포위되자, 김낙과 함께 왕건을 구해 내고 죽었다.

호족 : 지방에서 재산이 많고 세력이 강한 집안을 말한다.

홍유 (?~936. 시호는 충렬. 의성 홍씨의 시조) : 고려 태조 때의 장군으로 918년 신숭겸 등과 궁예를 몰아내고 왕건을 왕으로 세웠다. 그 뒤 홍유는 왕건을 도와 후삼국을 통일하는 데 큰 공을 세웠다.

〈훈요십조〉 : 고려 태조가 자손들에게 남긴 정치 지침서이다. 불교 신앙과 풍수지리설을 중심으로 하여 나라를 다스리는 방법 등이 적혀 있다. 왕건 이후의 왕들은 이 〈훈요십조〉에 따라 나라를 다스렸다고 한다.

태조 왕건의 현릉

얽힌 이야기 한 토막

왕건은 활 쏘기 연습을 할 때마다 소나무에 달린 솔방울을 쏘았다. 그래서 동네의 소나무에는 솔방울을 거의 찾아볼 수가 없을 정도였다.

어느 날 왕건은 하인과 함께 사냥을 나갔다. 때마침 노루 한 마리가 지나갔다. 왕건은 활을 들어 노루를 향해 시위를 당겼다. 배에 정통으로 화살을 맞은 노루는 그 자리에 픽 쓰러졌다.

하인은 신이 나서 노루를 향해 뛰어갔다. 그런데 화살을 맞고 쓰러진 노루가 벌떡 일어나더니 도망치는 것이었다. 하인은 이상하게 생각하며 화살을 주워 보았다.

"에이, 촉 없는 화살이네."

왕건은 연습 삼아 촉 없는 화살로 활을 쏘았던 것이다.

"도련님, 이제 사냥 가시는 데는 따라다니지 않겠어요. 짐승을 한 마리도 잡지 않으니 영 재미가 없어요."

"짐승이 많아야 내가 활 쏘는 연습을 많이 할 것이 아니냐? 어째서 넌 하나만 알고 둘은 모르느냐?"

하인은 시무룩한 표정을 지었다. 하지만 왕건의 지혜와 짐승이라 할지라도 목숨을 귀하게 여기는 그 마음에 절로 존경심이 우러났다.

왕건은 언제나 백성과 부하들에게 덕을 베풀었다. 왕건이 비록 궁예의 부하이긴 했지만 많은 사람들이 따르고 존경했던 것은 다 이 때문이었다.

일본으로 건너가 유학을 퍼뜨린 백제의 학자이다.

왕인 王仁 : ?~?

왕인은 백제 근초고왕 때의 학자로 전라남도 영암군 군서면 구림리에서 태어난 것으로 알려져 있다.

그 당시 백제는 3년마다 교대로 왜(일본)에 오경박사 등을 보내 학문과 문화를 전달해 주었다. 왕인이 왜에 건너가기 바로 전에는 아직기가 왕의 명을 받고 말 두 필을 끌고 왜에 건너갔다. 아직기는 왜왕에게 말을 전하고, 뛰어난 학문을 인정받아 태자의 스승이 되었다.

아직기가 임기를 마치고 백제로 돌아올 때 왜왕은 사신을 보내 학문과 덕이 높은 학자와 서적 등을 보내 줄 것을 요청했다. 그러자 근초고왕의 뒤를 이은 근구수왕은 왕세손인 진손왕과 많은 기술자들과 함께 왕인을 왜에 보내 주었다. 이때 왕인은《논어》10권과《천자문》1권을 함께 가지고 갔다.

유학과 한문학에 뛰어났던 왕인은 왜왕의 신임을 얻어 태자에게 글을 가르쳤다. 또한 왜왕의 요청에 따라 왜의 관리들에게 유교 경전과 역사를 가르쳤다. 그리하여 왜에 학문을 소개하고, 우수한 백제의 문화를 전달했다.

그 뒤 왕인의 후손들은 대대로 왜의 가와치 지역에 살면서 학문과 역사를 기록하는 일을 맡아 왜의 문화 발전에 커다란 기여를 하였다.

왕인에 대한 기록은 우리 역사책에는 없고, 일본의 역사책인《고사기》와《일본서기》에 기록되어 있다.

현재 전라남도 영암군 구림리에는 왕인 박사의 생가터가 있다. 또 왕인이 책을 읽었다는 왕인 책굴과 왕인 석상을 비롯하여, 왕인이 왜로 배를 타고 떠났다는 상대포 사적지 등이 있다.

한편, 일본에는 오사카를 비롯한 20여 곳에 왕인과 관계된 사적이 남아 있다. 지금도 일본에서는 왕인을 학문의 시조로서 높이 떠받들고 있으며, 오사카 히라카타에 있는 왕인의 묘에는 많은 참배객들이 줄을 잇고 있다고 한다.

함께 익혀 둡시다

《고사기》 : 3권으로 구성된 일본 역사책으로, 712년 1월에 완성되었다. 일본 왕실의 전통을 세우기 위해 만들었다. 상권은 일본의 신화를 기록하고, 중권은 영웅 설화와 역사적 인물을 적었으며, 하권은 일본 왕족의 역사를 서술했다. 중권에 백제의 왕인에 대한 기록이 전한다.

근구수왕 (?~384. 재위 기간 : 375~384. 귀수왕, 근귀수왕이라고도 부름) : 백제의 제14대 왕으로, 근초고왕의 아들이다. 태자로 있을 때인 369년 치양성(황해도 배천)에 쳐들어온 고구려군을 크게 물리쳤다. 371년 아버지 근초고왕과 함께 평양성 싸움에 참가하여 고구려군을 크게 물리치고 고국원왕을 전사시켰다. 근초고왕의 뒤를 이어 왕위에 오른 뒤 여러 차례나 고구려를 공격했다. 진나라와 왜와 국교를 맺었고 왕인을 통해 백제의 발달된 문화를 왜에 전해 주었다.

《논어》 : 사서의 하나로 공자의 말과 행동이나 제자, 제후와의 질문과 대답, 제자들끼리의 질문과 답을 기록해 놓은 책이다. 공자가 살아 있을 때부터 기록하여 그가 죽은 후에 제자들이 펴낸 것으로 생각된다. 공자의 이상과 정치, 교육에 대한 의견이 담겨 있는 유교의 경전으로 7권 20편으로 되어 있다.

오경박사 : 백제 때, 나라에서 시경, 서경, 주역, 예기, 춘추 등 5개의 경전에 뛰어난 학자에게 주었던 이름이다. 오경박사로는 고안무, 단양이, 왕유귀 등이 유명하다.

《일본서기》 : 일본에서 가장 오래된 역사책이다. 예전에는 《일본기》라고 불렸다. 중국 역사책의 체제를 따른 일본의 역사책으로 일본 왕의 신성함과 일본 국토 통일의 정당함을 주장하기 위하여 쓰여진 책이다.

《천자문》 : 자연 현상에서부터 인류 도덕에 이르는 모든 분야의 지식 용어를 수록한 책으로, 중국 양나라의 주흥사가 지었다. 예부터 한문 학습의 입문서로 널리 쓰이는 이 책은 모두 1천 자로 이루어져 있다.

얽힌 이야기 한 토막

4세기 무렵 백제는 왜에 문화를 전했다. 아직기와 왕인은 사신으로 왜에 건너가 왕자들에게 논어와 천자문을 가르쳤다. 왜왕은 아직기를 태자의 스승으로 삼았는데 태자의 학문이 늘자 아직기를 불러 고마운 마음을 전하였다.
"나라를 다스리는 데 있어 학문이 뛰어난 신하는 귀한 것인데, 백제에서 이렇게 기꺼이 보내 주었으니 정말 고맙소."
"백제에는 저보다 뛰어난 분들이 많이 있습니다. 저는 그에 비하면 아주 보잘것 없지요."
"선생보다 훌륭한 분이 있다니 믿기 어렵소. 그 가운데 누가 가장 뛰어나오?"
"왕인이란 분입니다. 그 분은 학문뿐만 아니라 덕행도 높으신 분이십니다."
왜왕은 왕인을 모시고 싶어 모든 예를 갖추어 스승으로 모시고 싶다고 백제에 요청하였다.
이에 왕인은 왜로 건너가 태자에게 천자문을 가르치고 왕과 신하들에게 《논어》를 가르쳤다. 또 활기차게 사는 백성들의 모습을 보고 그것을 노래로 만들어 가르치기도 했다. 이때부터 일본인들은 노래를 부르기 시작했다. 왕인은 또 백제에 도공들을 요청하여 도자기 기술을 가르치고, 문자와 붓글씨까지 전수하여 일본 문화의 토대를 이루었다.
현재 일본에 남겨진 비석을 보면 왕인이 얼마나 존경받았는지를 잘 알 수 있다.
오사카 히라카타 시의 묘 앞 안내판의 글귀에는 이렇게 적혀 있다.
'왕인 박사는 4세기 말 일본에 건너올 때 《논어》 10권과 《천자문》 1권을 가져왔다. 그는 고대로부터 학문의 시조로 숭앙받았다.'
또 우에노 공원의 비석에는 이렇게 적혀 있다.
'박사 왕인은 백제인으로 당시 백제에서 많은 학자들의 존경을 받는 군자였다. 오진왕의 초청을 받아 일본에 들어와 태자의 스승이 되었다. 《천자문》과 《논어》를 가르쳤다. 천고에 빛나는 왕인 박사의 업적이야말로 크고 위대하며 끝이 없다.'

대중 불교로 민심을 안정시킨 신라의 고승이다.

원효

元曉 : 617~686. 성은 설씨. 이름은 서당, 신당. 법명은 원효.

원효는 삼국이 서로 유리한 땅을 차지하기 위해 치열한 싸움을 벌이던 617년(진평왕 39) 압량주(경상북도 경산) 불지촌에서 설남달의 아들로 태어났다.

원효의 집은 율곡의 서남쪽에 있었는데, 원효를 잉태한 어머니가 절에 불공을 드리고 집으로 돌아가다가 갑자기 산기를 느껴 율곡 골짜기 밤나무 밑에서 원효를 낳았다고 한다.

원효는 소년 시절 화랑으로 활동하며 몸과 마음을 닦던 중 불교에 뜻을 두고 자신의 집을 헐어 초개사를 지었다. 이어 648년(진덕 여왕 2) 황룡사에 들어가 승려가 되었고, 여러 가지 불교 경전을 읽으며 불도를 닦았다. 그리고 영취산의 낭지 대사와 흥륜사의 연기 대사, 고구려 반룡산의 보덕 대사 밑에서 불도를 배웠다.

원효는 불법을 더욱더 열심히 공부하기 위하여 650년(진덕 여왕 4) 의상과 함께 당나라 유학길에 올랐다. 그때 고구려의 땅을 지나다가 요동성에서 첩자로 몰려 고구려군에 붙잡히는 바람에 실패하고 돌아왔다.

661년(문무왕 1) 의상과 함께 다시 당나라 유학길에 오른 원효는 가는 도중에 당항성(경기도 남양 부근)에서 잠을 자게 되었다. 밤중에 목이 말라 물을 마셨는데, 그 물이 참으로 시원하고 맛이 있었다. 그러나 이튿날 아침 깨어나 지난밤 자신이 마신 물이 해골에 고인 물이었다는 사실을 알고는 토악질을 했다. 그때 원효는 '진리는 결코 밖에서 찾을 것이 아니라 자기 자신에게서 찾아야 한다.'는 깨달음을 얻고 당나라로 가던 발길을 돌려 신라로 돌아왔다. 그 뒤 원효는 분황사에 있으면서 '모든 사람이 다 부처가 될 수 있다'고 설법하고 대중들에게 불교를 보급하였다.

태종 무열왕의 둘째딸 요석 공주와 원효 사이에서 설총이 태어나자, 원효는 승복을 벗고 스스로 '소성거사', '복성거사'라 부르며 자유롭게 떠돌았다. 그리고 불교의 이치를 이해하기 쉽게 풀어 일반 백성들도 불교를 잘 알 수 있게 하였다. 또 당나라에서 들여온 불교 경전《금강삼매경론》을 왕과 고승들 앞에서 풀이하기도 했다. 그 뒤로 원효는 죽을 때까지 오로지 절에 파묻혀 수도를 하고 책을 쓰는 일에만 전념했다.

원효는 불교에 관한 많은 책을 펴내고, 그때까지 귀족들의 종교였던 불교를 일반백성들에게까지 널리 보급하여 우리나라 불교 발전에 큰 역할을 했다.

원효가 지은 책으로는《대승기신론소》,《화엄경소》,《법화경종요》등 다수가 있다.

함께 익혀 둡시다

낭지 대사 (?~?) : 신라의 승려로 삽량주(경기도 양주) 영취산에서 법화경을 가르쳤다. 661년(문무왕 1) 지통을 제자로 두었으며, 반고사에서 원효를 가르쳤고, 그에게 《초장관문》과 《안신사심론》을 짓게 하였다.

보덕 대사 (?~? 자는 지법) : 고구려의 승려로 용강현에서 태어났다. 대보산 바위 아래서 참선하고 영탑사를 지은 뒤 반룡산 연복사에서 머물렀다. 보장왕이 도교를 믿고 불교를 멀리하자 백제로 건너가 완산주(전주) 고대산에 경복사를 지었다.

설총 : 158쪽 참조.

연기 대사 (?~?) : 신라 진흥왕 때의 승려로 지리산의 화엄사를 세웠다고 전한다. 출가하여 도를 닦은 뒤 여러 명산을 돌아다녔다고도 하고, 인도에서 건너왔다고도 한다. 연을 타고 우리나라로 날아왔기 때문에 '연기'라고 불렀다고도 전해진다. 지리산 화엄사를 비롯하여 천운사와 연곡사, 흥덕의 연기사, 나주의 흥운사, 곤양의 서봉사, 산청의 대원사 등을 세웠다. 지은 책으로 《화엄경 요결》이 있었다고 하나, 지금은 전하지 않는다.

의상 : 226쪽 참조.

화랑도 : 신라 시대 청소년들이 몸과 마음을 수련하던 단체로 풍월도, 국선도, 원화도, 풍류도라고도 불렀다. 화랑도는 원광 법사가 일러 준 5가지 계율인 세속 오계에 따라 몸과 마음을 닦았다. 세속 오계는 충성을 다하여 임금을 섬길 것, 효를 다하여 부모를 모실 것, 믿음으로 벗을 사귈 것, 싸움에 임해서는 물러섬이 없을 것, 살생을 할 때는 가려 가며 할 것 등이다.

《금강삼매경론》

얽힌 이야기 한 토막

원효가 불법을 깊이 공부하고자 조용한 곳을 찾아 자리 잡은 곳은 경기도에 있는 소요산이었다.
원효는 그곳에 암자를 짓고 부처님의 도를 깨닫기 위해 바위에 꿇어앉아 백일기도를 올렸다. 그리하여 원효는 마침내 불교의 깊은 이치를 깨달았다.
하루는 밥 짓는 동자승이 암자 앞 폭포에 물을 길러 갔다가 큰 뱀을 만났다. 뱀이 동자승의 몸을 친친 감은 채 잡아먹으려고 하자, 원효는 부처님 앞에 나아가 기도를 드렸다.
"하찮은 것까지도 보호하시는 부처님! 지금 동자승이 뱀에게 잡아먹힐 지경에 놓여 있습니다. 부처님의 신비한 힘은 어디에 있습니까?"

원효가 기도하고 있을 때 갑자기 하늘에서 '우르르쾅' 하고 천둥이 쳤다. 그 소리에 깜짝 놀라 고개를 들어 보니 뱀은 사라지고 동자승만 기절한 채 누워 있었다.
기절한 동자승을 안고 돌아와 암자 안에 눕힌 원효는 다시 한 번 머리 숙여 부처님의 자비로우신 은혜에 깊이 감사를 드렸다.
그때 원효가 수도했던 바위가 지금도 자재암 근처에 있는데, 이를 '원효목'이라고 부른다. 원효의 높은 학식과 불교에 대한 깨달음은 모두 이 원효목에서 수도하여 얻은 것이라고 전해진다.

3·1 운동 때 독립 만세 운동에 앞장선 애국지사이다.

유관순 柳寬順 : 1902~1920.

유관순은 1902년 충청남도 천안군 병천에서 유중권의 둘째 딸로 태어났다.

유관순은 기독교 신자인 아버지의 뜻에 따라 1916년 이화 학당(이화 여자 대학교)에 입학하였다. 1919년 3월 1일, 탑골 공원을 시작으로 독립 만세 운동이 일어나자 유관순은 친구들과 함께 거리로 뛰쳐나가 덕수궁 앞에서 만세를 불렀다.

3·1운동으로 학교에 휴교령이 내리자 유관순은 고향 천안으로 내려갔다. 유관순은 교회와 청신 학교 등을 돌며 서울에서 있었던 만세 운동을 설명하고 이곳에서도 만세 운동을 벌이자고 호소하였다. 그리하여 음력 3월 1일 장날에 아우내 장터에서 만세 운동을 벌이기로 계획을 세웠다.

만세를 부르기로 한 전날 유관순은 지령산 매봉에 올라 봉화 횃불을 올려 각 마을에 신호를 보냈다. 다음 날 아우내 장터에서 사람들에게 태극기를 나누어 준 유관순은 앞장서서 사람들을 이끌고 만세를 외쳤다.

수천 명의 군중들이 장터 복판에 이르자 유관순은 곡물점의 쌀섬을 딛고 올라서서 독립 만세를 외쳐 나라를 되찾자고 연설하여 사람들을 감동시켰다. 달려온 일본 헌병들이 말려도 듣지 않고 연설을 계속하던 유관순은 일본 헌병들에게 붙잡혔다. 이 사건으로 유관순의 부모는 일본 헌병들에게 무참히 총살당했다.

헌병대에 끌려간 유관순은 모진 고문을 받았으나 끝까지 버티며 굴복하지 않았다. 유관순은 3년형을 선고받은 뒤 서울로 옮겨졌다. 유관순은 서울 법정에서 다시 재판을 받다가 큰 소리로 만세를 불렀다. 그리고 조선 사람이 일본 법에 의해 재판받는 것은 잘못되었다고 항의하며 일본인 법관을 향해 의자를 내던졌다. 이 때문에 법정 모독죄가 보태져 7년 형을 선고받고 서대문 형무소에 갇혔다.

유관순은 감옥에서도 끝없이 만세를 부르며 동지들을 격려하였고, 그때마다 끌려나가 모진 고문을 받았다. 불굴의 정신으로 옥중에서 항일 운동을 계속하던 유관순은 가혹한 고문 끝에 1920년 19세의 꽃다운 나이로 세상을 떠났다.

어린 나이에도 나라의 독립을 위해 기꺼이 목숨을 바친 유관순은 '한국의 잔 다르크'라 불린다. 유관순의 죽음은 헛되지 않아서 이후 독립운동의 큰 불씨를 지폈다. 유관순의 불꽃 같은 애국심은 겨레의 가슴속에 강한 독립의 의지를 심어 주었다. 1962년 건국 훈장 독립장이 주어졌다.

함께 읽혀 둡시다

3·1 운동 : 1910년 일본은 우리나라를 강제로 빼앗고 우리의 자유와 독립을 짓밟았다. 이에 우리 민족은 민족 대표 33인을 중심으로 독립운동을 펴 나갈 것을 결의하였다. 그리하여 1919년 3월 1일 탑골 공원에서 전 세계에 조선이 독립국임을 알리는 독립 선언서를 낭독하고, 대한 독립 만세를 외쳤다. 이 외침은 온 나라에 퍼져 나가 이후 독립운동의 귀한 뿌리가 되었다. 3·1 운동의 기본 정신은 세 가지이다. 첫째는, 외세의 간섭에서 벗어나 우리 겨레의 일은 우리 스스로 다스린다는 민족정신이다. 둘째는, 일본에게 빼앗긴 우리의 자유를 되찾는다는 자유 정신이다. 셋째는, 독립운동을 하되 총이나 칼로 대항하는 것이 아니라 평화적으로 한다는 평화 정신이다.

이화 학당 : 1886년 미국 감리교 선교사인 스크랜턴 부인이 세운 여자 학교로, 그 이듬해에 고종이 학교 이름을 이화 학당이라 붙여 주었다. 1910년 4년제 대학 과정을 새로 만들었고, 1925년 이화 여자 전문 학교로 이름을 바꾸었다. 1943년 일본의 탄압으로 1년제 여자 청년 연성소 지도자 양성과가 되었다가 1945년 경성 여자 전문 학교로 다시 이름을 바꾸었다. 그해 10월 8개 학과를 둔 종합 대학으로 승격하여 지금의 이화 여자 대학교가 되었다.

이화 학당 재학 시절의 유관순(뒷줄 오른쪽)

얽힌 이야기 한 토막

아우내 장터에서 만세 운동을 벌이다 붙잡힌 유관순은 3년 형을 선고받았다. 이에 상소한 유관순이 서울 법정에서 재판을 받을 때의 일이다.

유관순은 자신을 회유하고 협박하는 일본 법관에게 당당하게 소리쳤다.

"지금 이 나라, 이 땅 어디인들 감옥 아닌 곳이 있느냐? 안에 있어도 감옥이요, 밖에 나가도 감옥이긴 마찬가지이다!"

유관순은 말끝에 '대한 독립 만세!'를 외쳤다. 일본 경찰들이 미처 말릴 틈도 없었다.

"너희들은 네 나라로 물러가라! 너희 일본은 반드시 망하고 너희 왜놈들은 천벌을 받을 것이다!"

유관순은 자리에서 벌떡 일어나 의자를 들어 법관을 향해 내던졌다. 유관순의 기세에 놀란 일본 경찰들이 우르르 달려들었다.

"대한 독립 만세!"

경찰들이 입을 틀어막을 때까지 유관순의 만세 소리는 법정을 흔들었다.

유관순은 재판정에서 소란을 피웠다는 죄가 추가되어 7년의 징역형을 선고받았다. 그러나 유관순은 전혀 아랑곳하지 않았다. 법정 밖으로 끌려 나가면서도 유관순은 목이 터져라 '대한 독립 만세'를 외쳤다.

《서유견문》을 지어 유럽 문물을 우리나라에 소개한 개화 운동가이다.

유길준

俞吉濬 : 1856~1914. 자는 성무. 호는 구당.

유길준은 1856년 서울에서 유진수의 아들로 태어나, 아버지에게서 한학을 배웠다. 1870년 박규수 밑에서 실학 사상을 배웠고, 이때 김옥균, 박영효 등 개화파 사람들과 사귀었다.

1881년 신사 유람단에 참가하여 일본에 건너간 유길준은 일본 게이오 의숙에 입학하였다. 유길준은 이듬해 귀국하여 외교와 관련된 업무를 맡았다.

유길준은 1883년 주미 전권 대사 민영익을 따라 미국에 건너가 우리나라 최초의 유학생이 되어 보스턴 대학에서 공부하였다. 1884년 갑신정변이 실패했다는 소식을 듣고 학교를 그만둔 유길준은 서양 문명의 원류를 찾아 유럽 여러 나라를 돌아보고 1885년 우리나라에 돌아왔다. 그러나 갑신정변의 주모자인 김옥균, 박영효 등과 친하게 지냈다는 혐의로 체포되었다. 유길준은 한규설의 도움으로 겨우 목숨을 건졌지만 1892년까지 집에서 연금 생활을 해야 했다. 유길준은 이때 집에 있으면서 유럽에서 보고 들은 것을 정리하여 《서유견문》을 썼다. 우리말과 한문을 섞어서 사용한 이 책은 앞선 서양 문물을 본격적으로 우리나라에 소개한 책이었다.

유길준은 1894년 갑오개혁 때 외무, 내무의 요직을 맡았고 이듬해에는 내부대신이 되어 단발령, 음력의 폐기, 종두법 실시 등 여러 가지 개혁 운동을 벌였다. 하지만 강제적인 단발령의 실시로 국민들의 반발을 사기도 했다. 유길준은 계속해서 서재필이 〈독립신문〉을 간행할 때 적극 돕는 등 개혁에 앞장섰다. 그러나 1896년 고종 황제가 러시아 공사관으로 거처를 옮겨 친러파가 정권을 잡자 일본으로 망명하였다.

유길준은 1907년 고종 황제가 물러난 뒤 귀국하여 흥사단 부단장으로 활동하였다. 나라의 미래를 위해서 인재가 필요하다고 생각한 유길준은 계산 학교를 설립했다. 또 국민 경제회, 호남 철도 주식회사 등을 만들어 우리 민족 산업을 기르는 데 힘을 쏟았다. 1909년에는 국어 문법책인 《대한문전》을 펴냈고, 이듬해 대한 제국의 훈1등 태극대수장이란 훈장을 받았다.

유길준은 송병준, 이용구가 중심이 된 일진회의 한일 합방론에 반대하였으며, 한일 합방 조약으로 우리나라의 주권을 빼앗은 일본 정부가 남작이라는 작위를 주었으나 이를 거절하였다.

유길준이 지은 책으로는, 《보로사국 후례대익대왕 7년 전사》, 《영법로토제국 가리미아 전사》, 《노동야학 독본》, 《세계대세편》, 《평화광복책》, 《이태리 독립전사》 등이 있다.

함께 익혀 둡시다

갑신정변 : 1884년(고종 21) 김옥균, 박영효 등의 개화파가 명성 황후 일파와 청나라를 배격하고 자주 근대화 정책을 펴기 위해 일으킨 정변이다. 그러나 협조를 약속했던 일본의 배반과 청나라의 반격으로 사흘 만에 실패했다.

갑오개혁 : 1894년(고종 31)에서 1895년까지 고종이 추진한 개혁으로 '갑오경장'이라고도 부른다. 이때 조선은 과거 제도 폐지, 도량형 통일, 과부의 재혼 허용 등 정치, 경제, 사회 분야의 제도를 근대적인 제도로 바꾸었다.

김옥균 : 64쪽 참조.

〈독립신문〉 : 1896년 4월 7일 독립 협회의 서재필이 정부로부터 자금을 지원받아 발간한 우리나라 최초의 민간 신문이다. 국민을 일깨워 계몽하고, 정부의 정책을 국민에게 설명하고 전달하는 기능을 했다. 〈독립신문〉은 19세기 말 일반 국민들이 읽기 쉽도록 순 한글을 사용했다. 〈독립신문〉은 경제적인 어려움을 겪으면서 여러 사람 손에 넘어갔다가 1899년 12월 4일자로 폐간되었다.

박규수 (1807~1876. 자는 환경. 호는 환재. 시호는 문익) : 조선 말기의 문신이며 《열하일기》를 쓴 박지원의 손자이다. 1866년(고종 3) 평안도 관찰사로 있을 때 미국 상선 제너럴셔먼호가 행패를 부리자 군사를 동원하여 대동강에서 불살라 버렸다. 일찍이 서양 문물에 눈을 떠 자주적으로 문호를 개방할 것을 주장하였고, 김옥균, 박영효 등 개화파에 영향을 주었다. 글씨와 그림에도 뛰어났으며, 지은 책으로 《환재집》, 《환재수계》 등이 있다.

박영효 : 120쪽 참조.

《서유견문》 : 조선 말기의 정치가인 유길준이 유럽과 미국 여행에서 보고 느낀 바를 적은 책이다. 우리말과 한문을 같이 쓴 기행문으로 말과 글을 한 가지로 쓰는 언문일치 글쓰기의 선구가 되었다. 사람들을 개화사상에 눈뜨게 한 책으로 손꼽힌다.

서재필 : 150쪽 참조.

신사 유람단 : 1881년(고종 18)에 일본의 새로운 문물을 받아들이기 위해 박정양 등 10여 명을 뽑아 일본에 보냈던 시찰단이다.

일진회 : 친일파 송병준이 1904년에 만든 친일 단체이다. 처음에는 이름을 '유신회'라고 지었으나 곧 일진회로 고치고 이용구가 이끄는 진보회를 흡수하였다. 이로써 조직이 커지자 일본의 후원을 받으며 본격적으로 친일 활동을 벌였다. 을사조약을 찬성하고, 한일 합방을 순종에게 건의하는 등 매국 행위를 하다가 1910년 해체되었다.

흥사단 : 1913년 도산 안창호가 미국의 샌프란시스코에서 만든 민족 부흥 운동 단체이다. 〈흥사단보〉를 발행하여 재미 교포들의 의식을 일깨우려 애썼다.

얽힌 이야기 한 토막

갑신정변이 실패로 끝나자 개화를 반대하는 세력이 다시 집권하였다. 이들은 갑신정변 관련자와 함께 개화를 주장하는 사람 모두를 잡아들였다. 이때 일본과 미국에서 유학하고 세계 일주까지 한 유길준도 위험한 인물이라며 죽여야 한다는 소리가 높았다. 그러나 유길준은 그의 학식을 잘 알고 있던 한규설 등의 도움으로 죽음을 면하고 집에 감금되었다.

유길준이 연금된 지 7년이 넘었을 때였다. 한 서양 사람이 우리나라에 설치하는 전기에 관한 모든 이익을 독점하는 권리를 단돈 14만 원에 사겠다고 나섰다. 당시 외교를 담당하는 관리들 가운데는 이 문서가 어떤 내용인지 아는 사람이 없었다. 외국어를 몰랐기 때문이었다. 또한 재정이 부족한 정부에서는 그 돈을 받고 권리를 넘겨줄 생각을 하고 있었다.

그때 한 관리가 유길준을 기억해 내고 서둘러 유길준을 찾아가 그 문서를 우리말로 옮겨 달라고 부탁했다.

문서 내용을 보고 깜짝 놀란 유길준은 급히 고종에게 글을 올렸다.

'저는 죄를 지은 죄인이지만, 항상 나라에 충성하는 것을 잊은 적이 없습니다. 지금 전기 사업의 엄청난 이권을 외국인에게 넘겨주면, 장차 우리나라는 큰 손해를 볼 것입니다. 이것은 분명 나라를 욕되게 하는 결과를 낳을 것입니다.'

이리하여 전기 사업의 권리가 서양 사람에게 넘어가지 않게 되어 우리 정부는 큰 손해를 볼 위기를 넘겼다.

임진왜란을 슬기롭게 극복한 조선 중기의 문신이며 학자이다.

유성룡

柳成龍 : 1542~1607. 자는 이현. 호는 서애. 시호는 문충.

1542년(중종 37) 외가인 경상북도 의성에서 태어난 유성룡은 당대 최고의 학자인 이황에게서 학문을 익혔다. 문과에 급제한 유성룡은 여러 벼슬을 거쳐 1569년에 선조의 명을 받아 명나라에 사신으로 갔다가 이듬해 돌아왔다. 이어 대사헌, 도승지 등 여러 벼슬을 두루 맡아보았다. 1583년 유성룡은 함경도 관찰사에 임명되었으나 고향에 계신 나이 든 어머니의 병으로 사양하였고, 뒤이어 대사성의 벼슬이 내렸으나 역시 나아가지 않았다. 그러자 선조의 배려로 어머니를 돌볼 수 있도록 고향 경상도의 관찰사로 임명되었다.

1589년 '이씨가 망하고 정씨가 흥한다'는 내용의 《정감록》을 바탕으로 한 정여립 역모 사건이 일어났다. 이때 정여립이 쓴 글에 유성룡의 이름이 올라 있었다. 이에 유성룡은 스스로 여러 차례 벼슬에서 물러나겠다고 했으나 선조는 받아들이지 않았다.

1590년 유성룡은 우의정이 되었고 1592년 초 왜군이 쳐들어올 것을 대비해 권율과 이순신을 선조에게 추천하였다. 그리고 한성 판윤으로 있던 신립과 함께 왜군의 침략에 대한 대비책을 의논하였다.

그해 4월 왜군이 부산에 쳐들어와 임진왜란이 일어나자 유성룡은 도체찰사가 되어 군사에 관한 일을 맡아보았고, 피란길에 오른 선조를 평양까지 호위하였다. 하지만 왜군의 침입을 제대로 막지 못했다며 반대파의 탄핵을 받아 한때 벼슬에서 물러났다. 이듬해 유성룡은 명나라 장수 이여송과 함께 평양을 되찾았고, 명나라 군사들과 함께 파주까지 나아갔다. 한편 유성룡이 추천한 권율이 행주산성에서, 이순신이 바다에서 왜군을 물리치는 쾌거를 이루었다.

유성룡은 임진왜란을 겪으면서 국방력을 강화해야 한다는 것을 절실히 깨달았다. 이에 유성룡은 훈련도감을 만들어 군사를 훈련하고, 무기를 만들었으며, 성을 쌓는 등 국방에 힘썼다. 또한 선조의 명을 받아 병법책인 《기효신서》를 연구하여 풀이해 놓았다.

임진왜란이 끝난 뒤인 1598년 유성룡은 반대파의 탄핵으로 벼슬에서 물러났다. 2년 뒤 다시 벼슬이 내려졌으나 벼슬에 나아가지 않고 자연에 묻혀 학문을 연구하며 지냈다.

유성룡은 치열한 당파 싸움의 와중에서 벌어진 조선 최대의 국난인 임진왜란을 잘 극복해 낸 훌륭한 재상으로 꼽힌다. 인재를 알아보는 밝은 눈으로 당대의 명장인 이순신과 권율을 등용하여 임진왜란의 어려움에서 나라를 구했다.

지은 책으로는 《서애집》, 《운암잡기》, 《징비록》 등이 있다.

함께 익혀 둡시다

권율 : 30쪽 참조.

《기효신서》 : 명나라 장군 척계광이 지은 병법 책이다. 북쪽의 오랑캐, 남쪽의 왜구와 실제로 싸운 경험을 바탕으로 엮었다. 임진왜란 때 선조가 이 책을 구해 읽고 훈련도감을 만들어 총을 쏘는 포수, 창과 칼로 싸우는 살수, 활을 쏘는 사수의 삼수병을 두었다.

신립 : 172쪽 참조.

이순신 : 246쪽 참조.

이여송 (?~1598. 자는 자무. 호는 양성. 시호는 충렬) : 명나라 장군이다. 임진왜란 때 구원군 4만여 명을 이끌고 우리나라에 와서 평양성을 되찾는 등 많은 일을 하였다. 벽제관 싸움에서 크게 패한 뒤 후퇴하여 평양성에 머무르다 심유경을 보내 일본과의 협상을 추진하였다. 1597년 요동 도총관이 된 뒤 이듬해 전쟁에서 전사하였다.

이황 : 272쪽 참조.

정여립 역모 사건 : 1570년 과거에 급제하여 관직에 있던 정여립은 당시 당파 싸움에 밀려 벼슬을 그만두고 고향으로 내려갔다. 그리고 당시 정치 사회에 불만을 품고 있던 사람들을 모아 무술을 훈련시키는 등 세력을 키워 나갔다. 또 '이씨는 망하고 정씨가 일어선다.'는 내용을 담은 《정감록》을 널리 퍼뜨렸다. 이에 조정에서는 정여립을 잡아들이라는 명령을 내렸고 정여립과 관련 있는 자들이 차례로 투옥되었다. 한편 정여립은 죽도로 도망을 갔는데, 관군에 포위당해 목숨이 위태롭게 되자 스스로 목숨을 끊었다.

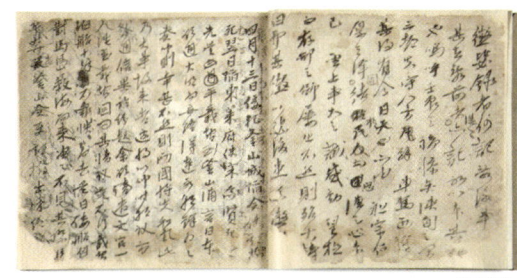

《징비록》

얽힌 이야기 한 토막

임진왜란 때의 일이다. 의주로 피란을 간 선조는 이항복의 건의를 받아들여 급히 명나라에 구원을 요청했다. 그리하여 명나라 장수 이여송이 군사를 이끌고 압록강을 건너왔다.

우리나라를 업신여긴 이여송은 어느 날 거드름을 피우며 선조에게 바둑을 두자고 청했다. 선조는 이여송의 갑작스러운 제의에 당황하여 어쩔 줄 몰랐다. 선조는 전혀 바둑을 둘 줄 몰랐기 때문이다. 선조는 원군을 이끌고 온 이여송의 비위를 거스를 수도 없고, 그렇다고 마주 앉아 바둑을 둘 수도 없는 딱한 처지가 되었다. 선조는 물론 모든 신하들이 난처해하고 있을 때, 유성룡이 앞으로 나섰다.

"상감마마, 그 청을 승낙하십시오."

유성룡의 말에 선조는 그의 얼굴을 한참 뚫어져라 바라보았다. 유성룡의 얼굴에서 자신감을 읽은 선조는 이윽고 이여송에게 좋다고 허락하였다.

드디어 선조와 이여송이 마주 앉아 바둑을 두기 시작했다.

두 사람이 바둑을 두기 전에 유성룡은 미리 햇빛을 가리기 위하여 양산을 마련해 두었다. 그러고는 선조가 둘 때마다 맞은편 양산에 구멍을 하나 둘 뚫어 갔다. 선조는 유성룡이 우산에 뚫어 놓은 구멍을 따라 바둑을 두었다.

이여송은 명나라에서 바둑을 매우 잘 두기로 소문이 난 사람이었다. 그러나 그는 선조를 이길 수가 없었다. 이여송은 유성룡이 훈수를 두고 있다는 사실을 전혀 눈치채지 못했던 것이다. 이여송은 결국 바둑돌을 놓고 패배를 인정했다. 그러고는 선조에게 바둑을 두자고 한 것에 대해 깊이 사죄하였다. 선조는 유성룡을 돌아보며 큰 소리로 웃음을 터뜨렸다.

유성룡은 대단한 바둑 애호가였던 것이다. 유성룡의 뛰어난 기지로 선조는 임금으로서의 체면을 살릴 수 있었다.

전 재산을 사회에 환원하고 공익 사업에 힘쓴 기업가이다.

유일한 柳 一 韓 : 1895~1971.

유일한은 1895년 평안남도 평양에서 유기연의 9남매 가운데 장남으로 태어났다. 유일한은 신식 공부를 하기 위해 9세 때 선교사를 따라 미국으로 건너갔다. 유일한은 미국에서 얼굴색이 노랗고 체구가 작아 원숭이라고 놀림을 받았지만 이에 아랑곳하지 않고 열심히 일하며 공부하였다.

선생님의 도움으로 대학에 진학한 유일한은 돈을 벌어야만 학비를 내고 생활을 할 수 있었다. 유일한은 돈을 벌 방법을 고민하였다. 며칠을 궁리한 끝에 유일한은 중국 물건들을 팔기로 하였다. 당시 미국에는 중국 사람들이 많이 살고 있어서 장사가 아주 잘되었다. 일하면서 어렵게 미시간 대학을 졸업한 유일한은 스탠포드 대학원에서 법학을 공부하였다. 그리고 학업을 마친 뒤에는 미국 전자 회사에서 사원으로 일했다.

유일한은 외국에서 가난한 나라의 유학생으로 공부를 하면서 경제력의 중요성을 절실히 깨달았다. 그리하여 사업을 해야겠다고 결심하고 1922년 라초이 식품 주식회사를 세웠다. 라초이 식품이 크게 성공하자 유일한은 우리나라로 돌아왔다. 그리고 1926년 우리나라 최초의 제약 회사인 '유한 양행'을 세웠다. 당시 치료약이 없어서 제대로 치료를 받지 못하던 우리나라 사람들의 건강을 지켜야겠다고 생각했기 때문이다.

이때 유일한은 우리나라에서는 처음으로 종업원 지주제를 실시했다. 종업원들에게 회사의 주식을 나누어 주어, 종업원 스스로가 회사의 주인이 되어 의욕적으로 일할 수 있도록 만든 것이다. 종업원 지주제가 우리나라에 정착된 것이 1980년대 즈음이니 유일한은 50여 년을 앞지른 셈이었다.

사업이 번창하자 유일한은 나라 밖으로 눈을 돌려 만주, 다롄, 톈진 등 동북아시아 쪽으로 시장을 개척하였다. 유일한의 평생 꿈은 나라와 사회에 이익을 주는 공익 사업과 미래를 이끌어 갈 인재를 기르는 육영 사업이었다. 그 꿈을 실현하기 위해 1962년 유한 학원을 설립하였으며 한국 고등 기술 학교를 세웠다.

유일한은 1969년 사업에서 물러나면서 획기적인 일을 단행했다. 모든 재산을 사회에 기부하고, 가족이 아닌 남에게 회사의 경영을 맡긴 것이다. 유일한의 이 같은 결정은 이후 우리나라에 전문 경영인 시대를 연 선구적인 업적이었다. 유일한은 더불어 산다는 것이 무엇인지, 나누며 사는 삶이라는 게 무엇인지를 몸소 실천한 기업가였다. 이와 같은 공로를 인정받은 유일한은 동탑 산업 훈장을 받았다.

함께 익혀 둡시다

라초이 식품 : 유한 양행의 설립자인 유일한이 1922년 미국에서 세운 식품 회사이다. 쉽게 변하는 숙주나물을 잘 변하지 않고 오래 보관할 수 있도록 통조림으로 만들어 판매했다.

유한 양행 : 1926년 미국 유학에서 돌아온 유일한이 세운 우리나라 최초의 의약품 제조 회사이다. 의약품 부족으로 죽어 가는 우리 민족의 건강을 찾는 데 큰 기여를 했다. 우리나라에서 처음으로 종업원 지주제를 실시하는 등 기업 경영의 모범을 보였다. 유한 학원 설립을 통해 교육 사업에도 참여하여 우리나라 발전에 크게 공헌했다.

종업원 지주제 : 종업원이 자기가 근무하는 회사의 주식을 갖는 제도이다. 종업원이 회사에 대해 주인 의식을 가지고 의욕적으로 일할 수 있게 하며, 종업원이 저축한 자금을 회사 자금으로 사용할 수도 있다.

얽힌 이야기 한 토막

대학을 졸업한 유일한은 규모가 큰 미국의 전기 회사에 취직하였다. 몇 년이 지나자 회사에서는 성실하게 일하는 그에게 중요한 자리를 맡겼다. 그러나 유일한은 과감히 회사를 그만두었다.

'지금 내가 다니는 회사는 미국 회사이다. 내가 중요한 자리를 맡게 되면 평생 미국 회사를 위해 일해야 할지도 모른다. 작더라도 직접 내 사업을 해 보자.'

직장을 그만둔 유일한은 얼마 지나지 않아 숙주나물 장사를 시작하였다. 숙주나물은 중국인들이 즐겨 먹는 나물로 만두의 맛을 내는 데 꼭 필요한 재료였다. 그러나 미국에서는 녹두를 많이 재배하지 않아 늘 모자라는 형편이었다. 이 사실을 안 유일한은 직접 녹두를 사다가 기워서 팔았다.

'또 상했잖아! 숙주나물은 너무 금방 상하는 게 탈이야.'

그때부터 유일한은 숙주나물을 오래 보관할 수 있는 방법을 궁리하기 시작하였다.

'그래, 통조림으로 만들면 되겠구나! 왜 이 생각을 진작 하지 못했지?'

유일한은 보관이 어려운 숙주나물을 통조림으로 만들어 팔았다. 예상대로 장사는 대성공이었다. 그러나 유일한의 마음은 조급하기 이를 데 없었다.

'지금 우리나라는 일본에게 고통을 받고 있다. 그렇다면 내가 여기서 사업에 성공하는 일이 무슨 의미가 있을까? 조국에 돌아가면 분명 내가 할 수 있는 사업이 있을 것이다.'

숙주나물 사업으로 돈을 번 유일한은 이제 조국을 위해 일을 해야겠다는 생각을 하고는 약품을 사서 돌아왔다. 그리고 고심 끝에 가난한 사람들도 쉽게 약을 사 먹고 병을 낫게 해야겠다고 결심하고 의약품 사업에 손을 대었다. 나아가 회사를 차리면 많은 사람들이 일자리까지 얻을 수 있으리라는 생각으로 회사를 세웠다. 이것이 바로 우리나라 최초의 제약 회사인 유한 양행이다.

회사가 매우 빠른 속도로 번창하자 일본은 의도적으로 약품의 수출을 막거나 갖가지 이유를 대서 몇 달씩 회사의 문을 닫게 하였다. 어떤 때는 회사의 문을 닫게 하기 위해서 종업원들을 잡아가 고문하고 회유하고 협박을 가하기도 했다. 그러나 유일한은 굴하지 않았다. 또한 6·25 전쟁으로 회사가 모두 불타 버렸을 때도 좌절하지 않고 다시 회사를 일으켜 더욱 번창시켰다.

유일한은 직원들에게 늘 이렇게 말했다.

"이 회사는 사장 한 사람의 것이 아닙니다. 유한 양행에서 일하는 모든 사람들의 것이며, 나아가 우리 민족의 것입니다."

《반계수록》을 지어 실학을 체계화한 조선 중기의 학자이다.

유형원
柳馨遠 : 1622~1673. 자는 덕부. 호는 반계.

유형원은 1622년(광해군 14) 서울에서 태어났다. 2세 때 아버지를 여읜 유형원은 5세 때부터 외삼촌 이원진과 고모부 김세렴에게 글을 배웠다.

15세 때인 1636년(인조 14)에 병자호란이 일어나자 유형원은 가족과 함께 강원도 원주로 피란을 갔다. 그리고 이듬해 경기도 양평으로 옮겼다가, 그다음 해에는 다시 여주 백양동으로 이사를 하는 등 여러 차례 이사를 다녔다. 한편 23세에 할머니를, 27세에는 어머니를, 30세에는 할아버지를 여의어 9년 동안이나 상중에 있었다.

유형원은 할아버지의 상을 마친 뒤 32세라는 젊은 나이에 전라도 부안현 보안면 우반동에 들어가 자연에 묻혀 살며 농사와 학문 연구에 몰두하였다. 그 뒤 주위의 권유에 못 이겨 1654년 진사시를 보아 합격했으나 더 이상의 과거 시험은 보지 않았다. 또 학문과 덕행이 널리 알려져 두 차례에 걸쳐 관리로 뽑혔으나 나아가지 않았다. 유형원은 평생 동안 벼슬을 멀리한 채 그저 선비로만 지냈다.

유형원은 학문 연구와 저술에 몰두하는 한편 여러 차례 전국 방방곡곡을 돌아다녔다. 그 결과 백성들의 어려움을 몸으로 느낄 수가 있었다. 유형원은 그때의 경험을 토대로 농민을 지도하였다. 그리고 어려울 때를 대비해서 곡식, 배, 말 등을 마련해 두라고 일렀다.

임진왜란과 병자호란 등으로 어려워진 나라의 형편을 보고 유형원은 직접 농촌에 살면서 체험한 것을 바탕으로 《반계수록》을 썼다. 유형원은 《반계수록》에서 나라를 부강하게 하고 농민들의 생활을 안정시키기 위해서는 토지 제도를 개혁해야 한다고 주장하였다.

유형원의 《반계수록》은 이익, 서유구, 홍대용, 정약용 등에게 이어져 '실학'이라는 새로운 학문으로 발전하였다. 하지만 그 당시에는 정책으로 채택되지 못한 채 묻혀 있다가 100년 뒤에야 그의 인물됨과 《반계수록》의 내용이 세상에 알려져 높은 평가를 받았다. 또 영조는 유형원이 쓴 《반계수록》의 첫 원고를 직접 읽어 보고 감탄하여 책으로 펴내 세상에 널리 알리도록 했다. 그것은 유형원이 죽은 지 97년 뒤인 1770년의 일이었다.

유형원의 학문은 성리학, 역사, 지리, 병법, 문학 등 두루 미치지 않는 곳이 없었다. 유형원은 20여 종의 저서와 문집을 남겼으나, 불행하게도 《반계수록》과 《군현제》 1권만이 전해질 뿐이다.

함께 익혀 둡시다

《반계수록》 : 유형원이 쓴 책으로 1770년(영조 46)에 책으로 널리 펴냈다. 농사를 소중히 생각하는 사상을 바탕으로 쓴 책이다. 한 사람이 토지를 많이 가지는 것을 금지하고, 토지를 균등하게 나눌 수 있도록 토지에 관한 제도를 바꾸며, 세금 제도, 관리 제도, 교육 제도를 개혁하고, 과거 제도를 폐지하자는 내용으로 되어 있다. 이 책은 이후 실학자들에게 교과서 같은 역할을 하였다.

서유구 (1764~1845. 자는 준평. 호는 풍석. 시호는 문간) : 조선 시대의 실학자이자 문신이다. 여러 지방의 군수와 관찰사를 거쳐 이조 판서, 대제학에 올랐다. 1834년 전라도 순찰사로 있으면서 굶주린 백성들을 위해 일본에서 고구마 종자를 들여왔고, 《종저보》라는 책을 지어 그 재배법을 알려 주었다. 이어 여러 번 상소문을 올려 농사짓는 법의 개혁을 주장하였다. 나이가 들어서는 시골에서 농사를 짓고 살았으며, 농업 경제에 대한 백과사전인 《임원경제 십육지》라는 책을 썼다.

이익 : 258쪽 참조.

정약용 : 294쪽 참조.

홍대용 : 358쪽 참조.

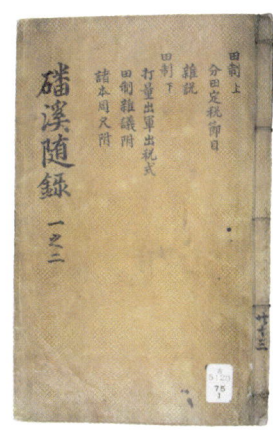 

《반계수록》

얽힌 이야기 한 토막

청나라 군사들이 쳐들어오자 사람들은 모두 피란을 떠났다. 유형원의 식구들도 피란길에 나섰다. 지친 몸을 이끌고 강원도 원주로 가는데, 산길에서 그만 도적 떼를 만나고 말았다. 도적들은 칼과 창을 들이대고 가진 것을 다 내놓으라고 으름장을 놓았다. 할아버지와 할머니는 겨우 몸을 가누는 형편이었고, 어머니와 고모는 새파랗게 질려 벌벌 떨고 있었다.

"살려 주십시오. 저희들은 가진 것이 아무것도 없습니다."

할머니는 두 손을 싹싹 빌며 애원하였다. 그러나 도적들은 어머니가 안고 있는 보따리를 낚아채어 풀어헤쳤다. 그 속에는 몇 가지의 옷밖에는 없었다. 그러자 도적은 실망 가득한 얼굴로 할아버지 목에 칼을 들이대었다. 깜짝 놀란 어머니는 급히 머리에 꽂은 은비녀를 뽑아 도적에게 건넸다.

"정말 우리는 가진 것이 더 이상 없습니다."

"손에 낀 가락지도 없느냐? 손을 이리 내놔 봐!"

도적 중 한 놈이 어머니의 손을 우악스럽게 잡아챘다. 그러나 어머니의 손에 반지 같은 게 있을 리 없었다.

당시 15세였던 유형원이 앞으로 나섰다. 더 이상 보고 있을 수만은 없었던 것이다.

"사람이라면 누구나 어버이가 있다. 너희들도 분명 사람일진대, 늙으신 할아버지, 할머니께 어찌 이처럼 욕을 보일 수가 있느냐? 여기 있는 물건이나 가지고 썩 물러가거라!"

유형원의 우렁차고 당돌한 호령에 놀란 도적들은 한동안 말 없이 서로의 얼굴을 바라보았다. 그러더니 어머니의 비녀를 슬그머니 땅에 내려놓고는 금세 사라져 버렸다.

여진을 정벌하고 9성을 쌓은 고려의 장군이자 학자이다.

윤관

尹瓘 : ?~1111. 자는 동현. 시호는 문경.

윤관은 고려 중기에 윤집형의 아들로 태어났다. 문종 때 과거에 급제하고, 숙종 때 추밀원 지사, 한림학사 등을 지냈다. 1095년 윤관은 임의와 함께 사신으로 요나라에 가서 숙종이 왕위에 올랐음을 알리고 돌아왔고, 3년 뒤에는 조규와 함께 송나라에 사신으로 가서 마찬가지로 숙종의 즉위를 알렸다.

윤관은 1104년(숙종 9) 동북면 행영병마도통이 되어 여진족의 정벌에 나섰다. 이때 여진족 가운데 새롭게 일어난 완안부족이 크게 힘을 길러 고려 땅인 함흥 부근까지 쳐들어왔다. 숙종은 여진족을 정벌하고자 임간을 시켜 물리치게 했으나 고려군은 여진군에게 크게 패하고 말았다. 이어 윤관이 여진을 정벌하기 위해 군사를 이끌고 나갔다. 그러나 윤관이 이끄는 고려군도 여진족에게 크게 패하고 말았다. 고려군은 보병으로 구성되어 있는데 여진족은 말을 탄 기병으로 구성되어 있어 고려군보다 기동력이 빨랐던 것이다.

윤관은 이 일을 교훈 삼아 숙종에게 건의하여 '별무반'이라는 특수 군대를 만들어 고려군을 빠르고 강한 기병 부대로 길렀다. 1107년(예종 2) 여진족이 다시 국경을 침략하려는 움직임이 보이자 윤관은 원수로 임명되어 부원수 오연총과 함께 별무반을 포함하여 군사 17만 대군을 이끌고 정벌에 나섰다. 윤관과 별무반은 뛰어난 전술로 여진족을 물리쳐 135개의 마을을 점령하여 영토를 개척했다. 이어 1108년 함주, 영주, 웅주, 복주, 길주, 공험진, 숭녕진, 통태진, 진양진 등 아홉 곳에 9성을 쌓고 남쪽 지방의 사람들을 이주시켜 농사를 짓게 하였다. 그 이듬해에는 두만강 건너에 고려 정계비를 세워 국경으로 삼았다.

그러나 삶의 터전을 잃은 여진족은 그 뒤로 여러 차례 침략해 왔고 자신들의 생활의 터전인 9성을 돌려주면 다시는 침략을 하지 않겠다고 간청해 왔다. 이에 고려는 여진족의 간청과 9성이 너무 멀어 관리하기 어렵다는 이유로 9성을 돌려주었다.

여진족에게 9성을 되돌려 주자 윤관은 여진족 정벌에 실패했다는 추궁을 받아 벼슬을 삭탈당했다. 또한 이익 없는 전쟁으로 국력을 낭비했다 하여 끊임없는 탄핵을 받아, 개경으로 돌아와 왕에게 보고도 하지 못한 채 집으로 돌아가야 했다. 그러나 윤관을 아낀 예종은 재상과 신하들의 탄핵을 물리치고 1110년 윤관에게 수태보 문하시중 판병부사 상주국 감수국사라는 벼슬을 다시 내렸다. 하지만 윤관은 벼슬을 사양하고 고향인 파평(경기도 파주)에서 조용히 지내다 1111년 세상을 떠났다.

함께 익혀 둡시다

9성 : 고려 예종 때 윤관이 17만의 대군으로 여진족을 정벌한 뒤 쌓은 9개의 성이다. 함주(함흥), 영주, 웅주, 복주, 길주, 공험진, 숭녕진, 통태진, 진양진을 말한다. 이로 인해 여진족은 생활 근거지를 잃었다. 9성을 빼앗긴 여진족이 계속해서 말썽을 일으키자 결국은 9성을 돌려주고 여진족으로부터 조공을 받았다.

별무반 : 고려 숙종 때 윤관이 여진을 정벌하기 위하여 기병(말을 타고 싸우는 군사)을 중심으로 만든 군대이다. 말을 탄 기병으로 구성한 신기군, 보병으로 구성한 신보군, 승려들로 이루어진 항마군 등 세 부대로 구성되었다.

오연총(1055~1116. 시호는 문양) : 고려 예종 때의 문신이다. 송나라에 사신으로 갔다가 《태평어람》을 가지고 온 공으로 벼슬이 높아졌다. 윤관과 함께 여러 차례 여진족의 침입을 물리쳤다.

경기도 파주에 있는 윤관의 묘

얽힌 이야기 한 토막

윤관이 첫 번째 여진족 정벌에 실패하고 '별무반'이라는 기병 부대를 만들어 다시 여진족 정벌에 나섰을 때이다.

윤관은 고려군에게 붙잡힌 포로를 되돌려 주겠다고 여진족을 유인하여 크게 무찔렀다. 고려군의 위세에 눌린 여진족은 첫 싸움에서 패한 뒤 성으로 들어가 버렸다.

윤관은 싸움에 앞서 거듭 항복하라고 권했지만 여진족은 굴복하지 않았다. 이에 윤관은 군사들을 동원해 쳐들어갔다. 그러나 여진족이 무수히 쏘아 대는 화살과 돌로 인하여 쉽게 무너뜨릴 수가 없었다.

싸움이 길어지면 길어질수록 불리하다고 생각한 윤관은 부하 장수인 척준경을 불렀다.

"날이 저물면 상황이 우리에게 더 불리해질 것일세. 그러니 그대가 장군 이관진과 힘을 합해 적진을 돌파해 줘야겠네."

"제가 일찍이 장주에서 종군하다가 잘못하여 죄를 저지른 적이 있습니다. 그때 장군께서 조정에 저를 용서해 줄 것을 청하여 목숨을 건질 수 있었습니다. 오늘이야말로 저의 한 몸을 바쳐 장군과 나라의 은혜에 보답하겠습니다."

척준경은 갑옷을 입고 방패를 앞세우더니 돌과 화살이 비 오듯 쏟아지는 적진으로 달려갔다. 그러고는 여진족의 추장만을 골라 목을 베기 시작하였다. 그것을 본 고려 군사들은 다시 사기가 올랐다. 그 틈을 이용해 윤관은 병사들을 총출동시켜 적을 무찌르기 시작했다.

고려군의 기세에 눌린 여진족은 싸울 엄두도 내지 못하고 흩어져 도망가기에 바빴다. 여진족을 몰아낸 윤관은 그 땅에 9개의 성을 쌓고 남쪽 백성들을 이주시켰다.

어린이에게 희망을 심어 준 동요 작곡가이다.

윤극영
尹克榮 : 1903~1988.

우리 겨레의 가슴에 영원히 '반달 할아버지'로 남은 윤극영은 1903년 서울에서 태어났다. 1921년 경성 법학 전문 학교를 중퇴한 윤극영은 음악 공부를 하기 위해 일본으로 건너갔다. 도쿄 음악 학교와 도요 음악 학교 등에서 성악과 바이올린을 공부하던 윤극영은 관동 대지진이 일어나자, 서둘러 귀국하였다. 일본인들이 조선 사람이 재앙을 불러일으켰다고 헛소문을 퍼뜨려 조선 사람들을 마구 죽였기 때문이다.

윤극영은 아버지가 마련해 준 작업실에서 아이들을 가르치는 한편, 동요를 작곡하기 시작하였다. 윤극영은 우리말 가사를 붙인 찬송가나 일본 노래뿐인 때에 처음으로 우리 동요를 만들기 시작했다. 이어 1923년부터는 방정환, 마해송 등과 함께 '색동회'라는 단체를 만들어 활동하였다. 그리고 그해 서울에서 열린 전조선 소년 지도자 대회에 참여하여 동요에 대해서 강연을 하기도 했다.

일본의 지배를 받던 1920년대에는 모든 사람들의 생활이 매우 어려웠다. 특히 어린이들의 비참함은 이루 말할 수가 없었다. 윤극영은 이런 어린이들에게 꿈을 심어 주는 일이 절실하다고 생각했다. 그리하여 1924년 동요 단체 '다리아회'를 만들어 어린이 문화 운동을 펼쳤다. 윤극영은 열심히 동요와 노래를 만들었다. 윤극영에게 있어 동요를 쓰고 노래를 만드는 것은 우리 민족의 한과 아픔, 그리고 희망을 사람들에게 전달하는 일이었다. 우리나라 최초의 동요인 〈반달〉과 〈설날〉, 〈할미꽃〉, 〈고기잡이〉, 〈꾀꼬리〉 등의 창작 동요가 다 이때 만들어졌다. 또 〈고드름〉, 〈따오기〉 등을 작곡한 것도 이 무렵이다.

일본의 간섭과 침탈이 심해지자 윤극영은 1926년 만주로 건너가 용정 동흥 중학교, 광명 고등 여학교 등에서 학생들에게 음악을 가르쳤다. 그리고 1936년 서울로 돌아와 음악 활동을 하다가 일본으로 건너가 극장 가수로 활동하기도 했고, 1940년 중국 하얼빈에서 하얼빈 예술단을 만들어 예술 운동을 벌이기도 했다.

해방 이후 1947년 우리나라로 돌아온 윤극영은 노래 동우회를 만들어 보다 더 활발하게 어린이 문화 운동을 펼쳤다. 이러한 공로를 인정받아 윤극영은 1957년 제1회 소파상을 받았다.

윤극영은 1963년 서울 교육 대학이 제정한 '고마우신 선생님'에 추대되었으며, 1970년 국민 훈장 목련장을 받았다.

함께 익혀 둡시다

마해송 (1905 ~ 1966. 이름은 상규. 호는 해송) : 1905년 개성에서 태어나 1920년 보성 학교(고려 대학교)에 다니다가 동맹 휴학 사건으로 퇴학당하였다. 1921년 일본에 건너가 일본 대학 예술과에 다녔다. 1924년 방정환 등이 만든 색동회의 회원이 되어 많은 동화를 발표하여 어린이 운동의 선구자가 되었다. 1957년 어린이 헌장을 지었고 1959년에는 제6회 자유 문학상을 받았으며, 마을 문고 보급회 명예 회장이 되어 농촌의 독서 운동에 힘썼다. 1962년 서울시 시민 헌장을 썼으며, 1964년 고마우신 선생님상과 제1회 문인 협회상을 받았다.

윤극영이 직접 쓴 〈자장가〉

〈반달〉 : 윤극영이 지은 우리나라 최초의 동요이다. 가사는 다음과 같다.

푸른 하늘 은하수 하얀 쪽배엔
계수나무 한 나무 토끼 한 마리
돛대도 아니 달고 삿대도 없이
가기도 잘도 간다 서쪽 나라로.
은하수를 건너서 구름 나라로
구름 나라 지나서 어디로 가나
멀리서 반짝반짝 비추이는 건
샛별 등대란다 길을 찾아라.

방정환 : 136쪽 참조.

얽힌 이야기 한 토막

일본의 관동 지역에 큰 지진이 일어나 많은 사람들이 떼죽음을 당하고 전염병이 돌았다. 그러자 일본인들은 그 재앙이 조선인 탓이라며 조선인을 눈에 띄는 대로 죽였다. 그 당시 일본에서 공부하고 있던 윤극영은 서둘러 고향으로 돌아왔다. 윤극영의 아버지는 아들을 위해 '일성당'이라는 음악실을 마련해 주었다. 그때부터 윤극영은 어린이들이 즐겨 부를 수 있는 노래를 만들기 시작했다.
그때 일본은 우리의 민족혼을 완전히 없애기 위해 혈안이 되어 있었다. 하지만 어린이들의 노래에 대해서는 감시가 덜 했다. 그래서 윤극영은 어린이들의 노래를 통해서 우리 민족의 아픔을 표현하려 애썼다.
윤극영에게는 또 하나의 슬픈 일이 일어났다. 그것은 큰누이의 죽음이었다. 집안은 온통 슬픔에 잠겨 있었다.

윤극영은 늦은 밤 우연히 하늘을 쳐다보았다. 하늘에 하얀 조각달이 걸려 있었다. 새벽이 오면 사라질 그 하얀 조각달은 마치 죽은 누이 같기도 하고 나라를 빼앗긴 우리 민족 같기도 했다.
불현듯 그의 머릿속에 악상들이 떠올랐다. 윤극영은 그 길로 음악실로 달려가 곡을 만들기 시작했다.
그 곡이 바로 유명한 〈반달〉이다.
총독부에서는 우리 민족의 한을 담은 노래라 하여 금지령을 내렸지만 〈반달〉은 불길처럼 사람들에게 퍼져 나갔다.
일본 순사들까지 자기들이 금지한 〈반달〉을 흥얼거릴 정도였으니, 그 영향력이 얼마나 대단했는지를 미루어 짐작할 수 있다.

나라 빼앗긴 슬픔을 시로 쓴 애국 시인이다.

윤동주
尹東柱 : 1917~1945.

시인 윤동주는 1917년 북간도 명동의 기독교 집안에서 윤영석의 아들로 태어났다. 당시 우리 민족은 일본에 주권을 빼앗겨 멀리 간도나 만주로 많이 이주하여 살았다.

1932년 가족과 함께 용정으로 이사한 윤동주는 그곳에 있는 은진 중학교에 다니다 1935년 평양에 있는 숭실 중학교로 전학하였다. 이듬해 숭실 중학교가 일본이 강요한 신사 참배를 거부하여 폐교되자 다시 용정으로 돌아가 광명 학원 중학부를 졸업하였다. 이어 1941년 연희 전문 학교(연세 대학교) 문과를 졸업하였다.

영문학을 더 공부하고 싶었던 윤동주는 이듬해 일본으로 유학을 떠났다. 윤동주는 릿쿄 대학을 다니다가 도시샤 대학 영문과로 옮긴 뒤 시를 쓰는 데 몰두하였다. 이어 1943년 여름 방학을 맞아 귀국하려다 항일 운동을 한 혐의로 친구인 송몽규와 함께 일본 경찰에 붙잡혔다. 2년 형을 선고받고 옥살이를 하던 윤동주는 1945년 해방을 얼마 앞두고 규슈의 후쿠오카 형무소에서 세상을 떠났다.

윤동주는 문학 청년이었다. 중학교에 다닐 때 연길에서 발행되던 잡지《가톨릭 소년》에 〈병아리〉, 〈빗자루〉, 〈오줌싸개 지도〉 등 여러 편의 동시를 발표하였다. 또 연희 전문 학교에 다닐 때는 교지에 〈자화상〉, 〈새로운 길〉을 발표하고, 〈경향신문〉에 〈쉽게 쓰여진 시〉를 발표하는 등 시를 짓는 일에 몰두했다.

윤동주는 연희 전문 학교를 졸업하던 해인 1941년 19편의 시를 모아 시집《하늘과 바람과 별과 시》를 펴내고자 했으나 뜻을 이루지 못했다. 그때 윤동주는 자신의 시를 직접 글로 써서 3부를 남겼는데 해방 후 동생과 친구들이 다른 시와 함께 30편을 모아《하늘과 바람과 별과 시》라는 제목의 시집을 펴냈다. 이 시집으로 세상에 알려지게 된 윤동주는 일본이 우리나라의 주권을 빼앗은 시기에 일본에 저항한 시인으로 크게 주목을 받았다. 〈서시〉, 〈참회록〉, 〈또 다른 고향〉, 〈별 헤는 밤〉, 〈십자가〉, 〈슬픈 족속〉 등 어느 시 한 편을 보더라도 거기에는 나라 잃은 슬픔과 봄(광복)을 기다리는 간절한 소망이 담겨 있다.

윤동주의 숨결이 스며 있는 연세 대학교와 용정 중학 교정에 윤동주의 시비가 세워졌다. 또한 1995년 그가 다녔던 일본 도시샤 대학에도 대표작 〈서시〉를 담은 시비가 세워졌다. 윤동주는 우리 겨레가 사랑하는 시인 중의 한 사람으로 살아남아 있다. 1990년 건국 훈장 독립장이 주어졌다.

함께 익혀 둡시다

〈서시〉: 오늘 날 가장 애송되고 있는 윤동주의 대표시이다.

죽는 날까지 하늘을 우러러
한 점 부끄럼이 없기를
잎새에 이는 바람에도
나는 괴로워했다.
별을 노래하는 마음으로
모든 죽어 가는 것을 사랑해야지.
그리고 나한테 주어진 길을
걸어가야겠다.
오늘 밤에도 별이 바람에 스치운다.

신사 참배: 일제 시대 때 일본이 우리의 민족정신을 말살하기 위해 우리나라 곳곳에 신사(일본의 조상신을 모신 사당)를 세우고 강제로 참배하게 한 것을 말한다.

《하늘과 바람과 별과 시》: 윤동주의 유고 시집으로 1948년 동생 윤일주와 친구 정병욱 등이 30편을 모아 처음 펴냈다. 이어 죽은 지 10년을 맞아 빠진 시들을 보태어 1955년 같은 이름으로 다시 펴냈다. 이 시집으로 윤동주는 비로소 세상에 알려지게 되었다. 이 시집에는 일본에 감시를 받는 괴로움과 우리나라의 광복을 그리는 마음이 잘 그려져 있다. 〈별 헤는 밤〉, 〈자화상〉, 〈참회록〉 등의 시가 실려 있다.

서울 종로구 윤동주 문학관에 있는 〈서시〉 시비

얽힌 이야기 한 토막

젊어서 문학에 뜻을 두었던 아버지는 지나온 과거를 돌이켜 볼 때 아들은 의과 대학에 진학하는 것이 낫겠다고 생각했다. 의사로서 편안하고 안정된 삶을 살기를 바랐던 것이다.
그러나 윤동주의 생각은 달랐다.
"아버지, 저는 제가 무얼 해야 하는가를 잘 알고 있습니다. 좋은 글로 동포의 마음을 움직여 우리가 떳떳이 살 수 있는 세상을 다시 만들어야 합니다."
"지금 형편으로는 그게 여간 어려운 것이 아니다. 잔말 말고 의학 공부를 해라. 의사가 되어서도 얼마든지 동포를 위해서 일할 수가 있다."
자기의 생각을 꺾을 수 없었던 윤동주는 아버지와 만나기만 하면 다투었다. 아버지는 기어코 아들이 문과를 택할 경우 부자간의 인연을 끊겠다고 말했다.
윤동주는 아버지의 마음을 돌리기 위해서 무릎을 꿇고 사정하다가 안 되자 마침내 밥까지 굶기 시작했다.

옆에서 보다 못한 어머니는 아버지에게 자식이 원하는 대로 해 주자고 애원했다. 그러나 아버지는 그런 어머니에게 버럭 화를 낼 뿐이었다.
"아비 말도 안 듣는 녀석, 굶어 죽게 버려 두구려! 자식 하나 안 낳은 셈 치면 그만이지!"
부자간에 몇 달째 이렇게 팽팽한 신경전을 벌이다 보니 집안은 늘 싸늘했다. 어린 동생들은 눈치를 살피느라 숨도 제대로 못 쉴 지경이었다.
그러자 할아버지와 외삼촌이 윤동주의 편을 들고 나섰다.
"아범아, 네 생각을 모르는 것은 아니다만, 사람은 제 재주를 살려야 하느니라."
"매제, 의사도 좋긴 하지만, 하루를 살더라도 소신껏 사는 게 또한 남아의 길이 아니겠소?"
그래서 윤동주는 아버지의 뜻을 꺾고 자기가 원하는 문과에 진학할 수 있었다.

상하이 훙커우 공원에서 폭탄을 던진 애국지사이다.

윤봉길

尹奉吉 : 1908~1932. 본명은 우의. 호는 매헌.

1908년 충청남도 예산에서 농사꾼의 아들로 태어난 윤봉길은 6세 때 큰아버지로부터 한문을 배웠다. 1918년 덕산 보통학교에 들어갔으나, 이듬해 3·1 운동을 겪고 일본의 말과 글을 배우는 것이 무척이나 싫어 학교를 그만두고 말았다.

19세 때에 윤봉길은 글을 읽을 줄 몰라서 아버지의 무덤을 찾지 못하는 청년을 보았다. 이때 윤봉길은 사람들을 깨우치는 것이 곧 나라를 구하는 길이라는 것을 깨달았다. 윤봉길은 곧 자기 집 사랑방에 야학을 세워 글을 모르는 사람들을 가르쳤다. 그리고 자신도 신학문에 관한 책을 구해 열심히 공부하였다. 신학문을 배우지 않으면 결코 일본을 비롯한 외세를 이길 수 없다고 생각했기 때문이다.

한편, 윤봉길은 월진회를 만들어 마을 청소년들에게 애국심을 일깨우고 근면과 협동 정신을 가르쳤다. 그러나 일본 경찰의 방해로 많은 어려움을 겪었다.

윤봉길은 23세 때인 1930년 2월 나라를 구하겠다는 큰 뜻을 품고 중국으로 건너가 다롄, 칭다오를 거쳐 상하이로 갔다. 그리고 1932년 김구를 만나 독립을 위해 목숨을 바칠 각오가 되어 있음을 밝혔다. 이후 윤봉길은 한인 애국단에 가입하고 김구로부터 특명을 받았다. 그 무렵 김구는 4월 29일에 일본이 일본 왕의 생일과 중일 전쟁에서의 승리를 자축하기 위하여 상하이 훙커우 공원에서 성대한 기념식을 연다는 정보를 입수했다. 김구의 특명은 이 기념식 장소에 폭탄을 투하해 그 자리에 참석한 일본 최고 사령관을 비롯, 일본 거류 민단장, 함대 사령관, 사단장 등 일본의 주요 인사들을 암살하는 것이었다.

1932년 4월 29일 아침, 윤봉길은 김구와 함께 마지막 아침 식사를 마쳤다. 그리고 자신의 6원짜리 시계와 김구의 2원짜리 시계를 바꿔 차고는 도시락에 폭탄을 숨겨 가지고 훙커우 공원으로 갔다. 검문검색을 무사히 통과한 윤봉길은 기념식장의 단상 앞으로 갔다. 그리고 식이 시작될 무렵 단상을 향해 준비해 온 폭탄을 던졌다. 폭탄은 '쾅' 하고 폭발했고 일본 최고 사령관 등 20여 명이 죽거나 다쳤다. 윤봉길은 대한 독립 만세를 외쳐 부르다 그 자리에서 일본 경찰에 붙잡혀 그해 12월 일본 오사카 형무소에서 사형을 당했다.

윤봉길 의사의 의거는 우리나라의 독립 의지를 다시 한번 일깨워 준 쾌거였다.

1962년 건국 훈장 대한민국장이 주어졌다.

함께 익혀 둡시다

김구 : 34쪽 참조.

한인 애국단 : 김구가 중심이 되어 만든 비밀 단체로, 우리나라의 독립을 위하여 목숨을 바칠 각오가 된 사람들이 일본의 중요 인물들을 무력으로 없애려 했던 단체이다. 1932년의 2대 암살 사건으로 큰 파문을 일으켰다. 2대 암살 사건은 이봉창 의사의 일왕 저격 사건과 윤봉길 의사의 훙커우 공원 폭탄 투척 사건이다.

훙커우 공원 사건 : 1932년 4월 29일 중국 상하이에 있는 훙커우 공원에서 일본 왕의 생일 및 중일 전쟁 승리를 자축하는 기념식이 벌어졌다. 이때 한인 애국단원 윤봉길이 폭탄을 던져, 시리카와 사령관, 우에타 제9사단장, 시게마쓰 공사 등 많은 일본의 요인들이 죽거나 다쳤다. 거사에 성공한 윤봉길은 계획대로 신분을 밝히지 않고 폭탄으로 자결하려 했으나, 시간적 여유가 없어 붙잡혔다. 일본 오사카로 옮겨진 윤봉길은 그곳에서 순국했다.

한인 애국단장 김구와 단원 윤봉길

얽힌 이야기 한 토막

훙커우 공원에서 일본 왕의 생일 축하식이 벌어지기로 한 날, 이른 아침 윤봉길은 김해산의 집으로 갔다. 그리고 그곳에서 김구와 마주 앉아 아침 식사를 했다.

윤봉길은 양복을 입고 일본인처럼 꾸몄다. 일장기를 손에 들고 물통을 메고 도시락을 들었다. 윤봉길은 훙커우 공원으로 떠나기 직전 자신의 6원짜리 시계를 풀렀다.

"선생님, 선생님 시계보다는 제 시계가 조금 더 좋으니 바꿔 차시지요. 저는 한 시간밖에는 시계를 찰 일이 없습니다."

"윤군! 훗날 지하에서 만나세!"

김구는 윤봉길과 시계를 바꿔 차고, 훙커우 공원으로 떠나려는 윤봉길의 손을 굳게 잡았다.

윤봉길이 도착한 훙커우 공원은 펄럭이는 만국기와 사람들로 축제 분위기였다. 하지만 들뜬 분위기와는 달리 물샐 틈 없는 경비가 이루어지고 있었다.

김구가 마련해 준 양복으로 말끔하게 차려입은 윤봉길은 도시락과 물통, 일장기를 들고 유창한 일본말로 유유히 경비를 통과했다. 윤봉길이 든 도시락과 물통 속에는 일본 침략자들을 죽일 수류탄이 숨겨져 있었다.

드디어 축하식이 시작되었다. 전면 중앙 단상에 가까이 다가간 윤봉길은 기회를 엿보았다. 11시 40분쯤, 윤봉길은 조심스럽게 주위를 살펴보았다.

'그래, 지금이 가장 좋은 기회야! 더 이상 시제해서는 성공할 수 없어.'

윤봉길은 가지고 있던 수류탄 하나를 꺼내 일본군 총사령관 시리카와가 앉아 있는 귀빈석을 향해 힘껏 던졌다.

"쾅!" 하는 소리와 함께 행사장은 순식간에 아수라장이 되었다. 윤봉길은 거기서 멈추지 않고 다시 수류탄 하나를 꺼내 들었다. 그때 일본 헌병들이 달려들어 윤봉길을 붙잡았다.

"대한 독립 만세!"

윤봉길은 힘껏 만세를 외치며 끌려갔다.

시조를 완성시킨 조선 중기의 시인이자 학자이다.

윤선도

尹善道 : 1587~1671. 자는 약이. 호는 고산, 해옹. 시호는 충헌.

　윤선도는 1587년 윤유심의 아들로 태어나, 8세 때 큰아버지 윤유기의 양자로 들어간 뒤 전라남도 해남으로 가 그곳에서 자랐다. 윤선도는 어려서부터 총명하고 글을 좋아하여 모르는 학문이 거의 없었다. 윤선도는 26세 때 과거에 급제하여 성균관 유생이 되었다. 그 무렵 광해군이 왕위에 오르는 데 공을 세워 권세를 누리던 이이첨 등이 횡포를 부리자 윤선도는 이들의 죄에 대한 상소를 올렸다. 그러나 그 일로 인해 오히려 자신이 함경도 경원으로 귀양 가는 몸이 되고 말았다.

　인조반정으로 광해군이 왕위에서 물러나자 윤선도는 유배에서 풀려나 의금부 도사가 되었다. 그러나 조정의 당파 싸움에 싫증을 느껴 곧 벼슬에서 물러났다. 고향으로 내려간 윤선도는 자연과 더불어 지냈다.

　1628년 문과에 응시하여 장원으로 급제한 윤선도는 왕자를 가르치는 스승이 되었다. 이후 인조와 왕비의 신임을 받으며 예조 정랑 등 여러 벼슬에 올랐으나 1634년 모함을 받아 이듬해 벼슬에서 물러났다.

　고향인 해남에 머물고 있던 1636년(인조 14) 병자호란이 일어났다. 왕이 청나라에 항복했다는 소식을 들은 윤선도는 이를 욕되게 생각하고 제주도로 가던 중 보길도의 빼어난 경치에 이끌려 그곳에 머물렀다. 병자호란이 끝난 뒤 서울로 올라왔으나 남한산성에 있던 인조에게 문안 인사를 드리지 않았다는 죄목으로 영덕에 유배되었다가 풀려나는 고초를 겪었다. 그 후 10여 년 간 윤선도는 벼슬에 나가지 않고 보길도에서 자연에 묻혀 지냈다.

　윤선도는 1652년 효종의 부름을 받아 예조 참의에 올랐으나 곧 그만두고 경기도 양주 고산에서 자연에 묻혀 지냈다. 이후 계속 벼슬과 귀양살이를 반복하다가 보길도 부용동에 들어가 학문 연구와 시 짓기에 몰두하였다. 윤선도는 1671년 그곳 낙서재에서 85세로 세상을 떠났다.

　고산 윤선도는 자연을 소재로 한 시조 작가 가운데 가장 뛰어난 사람으로 평가받을 만큼 훌륭한 시조를 많이 남겼다. 특히, 물과 돌, 소나무와 대나무, 달을 친구 삼아 노래 부른 〈오우가〉는 한글의 아름다움을 잘 살려 지은 시조로 널리 알려져 있다. 〈오우가〉는 〈어부사시사〉와 더불어 윤선도의 대표작으로 손꼽힌다. 이 밖에도 〈산중신곡〉, 〈고산별곡〉, 〈산중속신곡〉 등의 작품을 남겼다.

　윤선도는 송강 정철, 노계 박인로와 함께 우리나라 3대 가인이라 불린다.

함께 익혀 둡시다

광해군 : 26쪽 참조.

박인로 : 124쪽 참조.

병자호란 : 1636년(인조 14)에 청나라가 우리나라에 쳐들어온 난리이다. 조선이 청나라의 군신 관계 요구를 거부하자, 청나라 태종이 20만 군대를 거느리고 쳐들어왔다. 인조는 삼전도에서 항복하였고, 청에 대하여 군신의 예를 행하기로 하는 굴욕적인 조약을 맺었다. 이로써 조선은 명나라와의 관계를 끊고 청의 간섭을 받게 되었다.

〈어부사시사〉 : 조선 효종 때인 1651년 고산 윤선도가 지은 시조로 봄, 여름, 가을, 겨울을 주제로 각 10수씩 총 40수로 되어 있다. 우리말의 아름다움을 살려 속세를 떠나 자연에 묻혀 사는 어부의 평화로운 모습을 담고 있으며 《고산유고》에 전해져 온다.

〈오우가〉 : 조선 중기의 시인 고산 윤선도가 56세 때 해남 금쇄동에서 지은 〈산중신곡〉 속에 들어 있는 연작 시조로 《고산유고》에 전해 온다. 6수로 된 시조로 서시와 물, 돌, 소나무, 대나무, 달을 다섯 벗으로 삼아 자연의 특징과 자연을 사랑하는 자신의 마음을 담고 있다.

인조반정 : 1623년(광해군 15)에 김류, 이서 등이 광해군을 몰아내고, 능양군(인조)을 왕위에 세운 사건이다. 광해군이 나랏일을 제대로 돌보지 않고 영창 대군을 죽이고 인목 대비를 폐하여 서궁에 가두는 등 폭정을 일삼자 이귀, 이괄, 심기원, 최명길, 김자점 등이 김류를 대장으로 하여 이흥립 등의 도움으로 저항 없이 창덕궁을 점령하고, 능양군을 왕으로 세웠다.

정철 : 304쪽 참조.

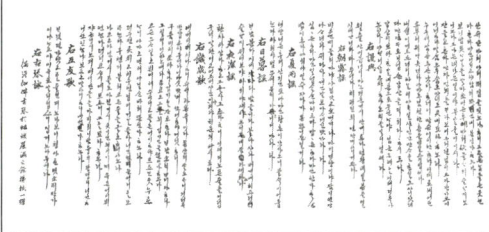

윤선도가 쓴 〈산중신곡〉 중에서

얽힌 이야기 한 토막

윤선도는 어릴 때 누님에게서 한글을 배웠다.
세종 대왕이 한글을 만든 지 백여 년이 넘었건만, 안타깝게도 한문처럼 널리 쓰이지 않았다.
당시에는 조금이라도 지식이 있는 양반들은 한자를 진짜 글이라 하고, 한글을 천시하여 한글은 여자들이나 평민들만 쓰고 있었다.
어느 날, 윤선도는 누님이 열심히 읽고 있는 책을 들여다보았다. 그것은 한 번도 본 적이 없는 이상한 모양의 글자였다.
"누님, 한자가 아닌데, 누님은 읽을 수 있어요?"
"그럼, 읽을 수 있지. 이 글자가 무엇이냐 하면 세종 대왕께서 만드신 우리나라 글자란다. 사람들은 '언문'이라 낮춰 말하지만."
"그런데 왜 내게는 가르쳐 주지 않는 거지요?"

"사내 대장부는 한자를 배워야지. 이렇게 천한 글을 배워서야 되겠니?"
"세종 대왕께서 만드신 글이 어째서 천한 것입니까? 누님, 내게도 이 한글을 가르쳐 주세요. 훌륭하신 대왕께서 만드셨으니 좋은 점이 있을 것입니다."
그래서 어른들 몰래 윤선도는 누님에게 한글을 배웠다. 윤선도는 배우면 배울수록 한글이 얼마나 훌륭한지를 깨달았다. 바람 소리나 물소리 같은 우리의 자연을 표현하는 데에는 우리 한글이 아니면 제대로 표현할 수 없었던 것이다.
윤선도는 남들이 외면하던 한글을 애써 배우고 그것을 잘 활용하여 후세에 길이 남을 아름답고 훌륭한 시를 지었다. 윤선도의 대표작으로 불리는 〈오우가〉는 이러한 노력의 결실인 것이다.

살수 대첩으로 중국 수나라를 대패시킨 고구려 최고의 명장이다.

을지문덕 乙支文德 : ?~?

　을지문덕은 고구려 영양왕 때의 장군인데, 언제 어디서 태어났는지에 대한 기록이 없다.
　612년(영양왕 23) 수나라 양제가 113만여 대군을 이끌고 고구려에 쳐들어왔다. 수양제는 고구려의 군사 요충지인 랴오둥(요동)성을 공격하면서, 우중문과 우문술 등의 장수에게 군사 30만 5천 명을 주어 고구려의 도읍인 평양을 공격하게 했다. 을지문덕은 압록강에서 적과 맞서고 있을 때 영양왕의 명령을 받아 거짓으로 수나라에 항복하였다. 그리고 수나라군 진영에 들어가 적군의 실상을 파악하고 돌아왔다. 을지문덕이 거짓으로 항복하고 자신들의 약점을 파악하고 돌아갔다는 사실을 뒤늦게 알아차린 수나라 장수 우중문과 우문술은 군사를 이끌고 고구려군을 추격해 왔다. 그때 을지문덕은 수나라군의 힘을 소모시키기 위해 일부러 싸울 때마다 패배해 도망하는 것처럼 꾸며 평양성 밖 30리까지 적을 유인하였다. 그때 을지문덕은 적장 우중문에게 다음과 같이 조롱하는 시를 써 보내 군사를 이끌고 돌아가라고 충고했다.

　귀신 같은 그대의 작전은
　하늘과 땅의 이치를 꿰뚫었도다.
　싸움마다 이겨 이미 공이 높으니,
　족한 줄 알고 제 그만두고
　돌아가는 게 어떨까?

　한편 을지문덕은 수나라 군사가 물러가면 영양왕이 수양제를 만나러 가겠다고 다시 한번 거짓 항복을 하였다. 수나라는 을지문덕의 말을 믿고 철수하였다. 그러나 수나라 군사가 살수(청천강)를 반쯤 건널 때 을지문덕은 갑자기 총공격을 하여 적을 크게 물리쳤다. 이를 '살수 대첩'이라고 한다. 이때 수나라 군사 30만 5천 명 가운데 살수를 건너 수나라로 살아 돌아간 군사가 불과 2천 7백여 명이라 하니 얼마나 큰 승리였는지를 짐작할 수 있다. 이 싸움에서 크게 패한 수나라 군사는 모두 물러갔다. 그 뒤에도 수나라는 세 차례나 쳐들어 왔으나 번번이 을지문덕에게 패하고 돌아갔다.
　을지문덕은 고구려의 위세를 역사에 길이 남겨 놓았으며, 우리 민족의 기상을 널리 떨친 인물이었다. 을지문덕은 침착하고 용감하며 지략도 뛰어난 장수일 뿐만 아니라, 시와 글씨도 잘 썼다고 전한다.

함께 익혀 둡시다

계백 : 14쪽 참조.

김유신 : 66쪽 참조.

살수 대첩 : 612년(영양왕 23)에 수나라의 양제가 대군을 이끌고 쳐들어오자 고구려의 을지문덕이 살수(청천강)에서 크게 물리쳐 이긴 싸움이다. 수나라 장수 우중문과 우문술이 을지문덕의 전략에 빠져 군사 30만 5천 명을 이끌고 평양 부근까지 쳐들어왔다가 돌아가던 중 살수에서 을지문덕이 이끄는 고구려 군사들에게 크게 패해 군사 대부분이 물에 빠져 죽고, 불과 2천 7백여 명만이 살아 돌아갔다고 한다.

우문술 (?~? 자는 백통) : 수나라의 장수이다. 612년 제2차 고구려 원정 때 우중문과 함께 30만 5천 명의 대군을 이끌고 평양 부근까지 쳐들어왔다가 살수(청천강)에서 크게 패하였다.

우중문 (?~?) : 수나라의 장수이다. 수나라의 두 번째 고구려 원정 때 우문술과 함께 30만 5천 명의 대군을 이끌고 평양 부근까지 쳐들어왔으나, 살수에서 을지문덕에게 크게 패해 돌아가 그 죄로 옥에 갇혔다가 죽었다.

〈살수 대첩 기록화〉

얽힌 이야기 한 토막

수나라 양제가 113만 대군을 이끌고 고구려에 쳐들어왔다. 겁에 질린 고구려 조정은 발칵 뒤집혔다. 모든 신하들은 수나라와 같은 대국과 싸워 이길 수 없으니 항복하자고 했다. 이때, 을지문덕이 나섰다.
"아니 됩니다! 우리 고구려는 이제까지 어느 나라에도 굴복한 적이 없습니다. 제가 나아가 무찌르겠습니다."
영양왕은 을지문덕의 말을 받아들여 을지문덕을 육군 총사령관으로, 왕의 동생인 고건무(영류왕)를 수군 총사령관으로 삼았다.
수나라 군사와 고구려 군사는 압록강을 사이에 두고 맞섰다. 을지문덕은 적의 상황을 살펴보기 위해 거짓 항복 문서를 들고 홀로 압록강을 건너 수나라의 진영으로 들어갔다. 을지문덕은 목숨을 건 모험을 통해 적에게 식량이 부족하다는 사실을 알아내고 적의 움직임을 낱낱이 살핀 다음 무사히 배를 타고 돌아왔다.
을지문덕이 무사히 돌아오자 고구려 군사들의 사기는 하늘을 찌를 듯했다. 을지문덕은 적의 공격에 대비해 백성들과 모든 식량들을 평양으로 옮겨 놓으라고 지시했다. 그것은 수나라 군사들에게 한 톨의 식량도 내주지 않기 위해서였다.
이윽고 수나라 군사들이 압록강을 건너 쳐들어왔다. 을지문덕은 싸우는 체하면서 후퇴를 거듭하여 내륙 깊숙이 수나라 군사들을 유인했다. 수나라 군사들은 점령하는 곳마다 곡식이 하나도 남아 있지 않아 굶주렸고 게다가 지쳐 있었다.
평양성으로 물러난 고구려 군사들은 성문을 굳게 닫았다. 그런 후에 을지문덕은 우중문에게 시를 하나 보냈다.
우중문은 을지문덕의 시를 읽고서야 비로소 자기들이 을지문덕의 술수에 빠진 것을 깨달았다. 더군다나 지친 군사들을 더 이상 두고 볼 수가 없었다. 결국 우중문은 후퇴할 수밖에 없었다.
그러나 을지문덕은 적이 후퇴할 것을 이미 알고 살수(청천강)의 상류를 막아 놓고 있었다. 살수에 다다를 무렵 고구려 군사의 공격을 받은 수나라 군사들은 맥없이 쓰러졌다. 더욱이 살수를 건널 때 터놓은 둑의 물에 휩쓸려 대부분의 군사들이 떼죽음을 당하고 말았다.

우리나라에 처음으로 화엄종을 퍼뜨린 신라의 고승이다.

의상

義湘 : 625~702. 성은 김씨 혹은 박씨라고도 함.

의상은 불교의 보급에 적극적이었던 신라 진평왕 때인 625년에 서라벌(경주)에서 김한신의 아들로 태어났다. 의상은 19세에 경주에 있는 황복사에 들어가 승려가 되었다.

의상은 불교를 더 공부하기 위하여 650년(진성 여왕 4) 원효와 함께 당나라로 유학을 떠났다. 하지만 랴오둥(요동) 지방에서 고구려 순찰대에 붙잡혀 첩자로 오해를 받고 수십 일 동안 붙잡혀 있다가 돌아왔다.

부처님의 가르침에 목말랐던 의상은 661년(문무왕 1) 원효와 함께 다시 유학길에 올랐다. 그러나 원효는 당항성(경기도 남양)에서 해골에 든 물을 마시고 깨달음을 얻어 돌아가 버렸다. 홀로 남은 의상은 당나라 사신의 배를 얻어 타고 중국으로 건너갔다.

의상은 당나라의 유명한 지엄 스님을 스승으로 모시고 현수와 함께 8년 동안 화엄종에 대한 가르침을 받았다. 의상은 신라로 돌아온 뒤에도 함께 공부했던 현수와 연락을 주고받으며 지냈는데, 현수는 자신이 쓴 책이나 서신을 의상에게 보내고, 의상은 현수에게 금을 선물했다고 한다.

의상이 당나라에 있을 때, 당나라는 신라에서 온 사신을 옥에 가두고 신라를 정벌하려 했다. 그 사실을 알게 된 의상은 서둘러 신라로 돌아와 이 사실을 문무왕에게 알려 당나라의 침입을 대비하게 하였다.

신라로 돌아온 의상은 낙산사의 관음굴에서 100일 동안 기도하면서 화엄종을 창안하였다. 의상은 왕명에 따라 부석사를 짓고 《화엄경》을 토대로 화엄종을 창시하였다.

이후 의상은 부처님의 가르침을 펴기 위하여 전국 곳곳에 화엄종 사찰을 세웠다. 이때 세운 절은 화엄사, 해인사, 부석사, 갑사, 화산사, 범어사, 미리사, 보원사, 옥천사, 국신사 등으로 '화엄 십찰'이라 부른다.

의상은 또한 제자들을 가르치는 데에도 많은 노력을 기울여 뛰어난 승려들을 키워 냈다. 오진, 지통, 표훈, 진정, 진장, 도융, 양원, 상원, 능인, 의적 등이 대표적인 제자들이다.

의상으로부터 시작된 화엄종은 이후 크게 발달하여 신라 불교의 찬란한 금자탑을 이루었다. 의상의 제자만 해도 3천여 명에 이르렀다고 한다.

후에 고려 숙종은 의상에게 '해동 화엄 시조 원교 국사'라는 시호를 내렸다.

함께 익혀 둡시다

낙산사 : 강원도 양양 오봉산에 있는 절이다. 관동 팔경 중의 하나로 유명하다. 671년(문무왕 11)에 의상 대사가 지었다. 6·25 전쟁 때 불탄 것을 1953년에 다시 세웠다. 절 주위에 7층 석탑과 공중 사리탑 등이 있다.

현수 (643~712. 이름은 법장) : 당나라의 승려로, 화엄종의 제3대 시조이다. 중국 화엄종의 2대 시조인 지엄의 제자로 의상과 함께 공부하면서 친하게 지냈다. 두 사람은 지엄이 죽고 의상이 신라로 돌아온 뒤에도 교류를 계속하였다. 현수는 의상에게 그동안 자신이 연구한 교리에 대한 글과 편지를 보냈고, 의상은 현수에게 금을 선물로 보냈다. 지은 책으로는 《화엄 오교장》, 《화엄경 탐현기》 등이 있다.

《화엄경》 : 석가모니가 도를 이룬 뒤 깨달은 것들을 이야기해 놓은 책이다. 화엄종의 근본 경전으로, 평등의 진리를 깨우친 부처의 수많은 행동과 덕을 칭송한 것이다. 정식 명칭은 《대방광불화엄경》이다.

화엄사 : 전라남도 구례 지리산 서쪽 기슭에 자리 잡고 있는 절이다. 신라 544년 진흥왕 때 연기 대사가 지었다고 전해 오며, 670년(문무왕 10) 의상 대사가 화엄종을 널리 알리기 위해 다시 크게 고쳐 지었다고 한다.

화엄종 : 신라 때 의상 대사가 중국에서 불경을 공부하고 돌아와 《화엄경》을 근본 경전으로 하여 만든 불교의 한 종파이다. 이후 화엄종은 신라 불교를 이끌었다.

얽힌 이야기 한 토막

의상이 영주에 있는 부석사를 지을 때의 이야기이다.
의상은 당나라에 도착해 며칠 동안 바닷가 부근의 한 집에 머물렀다. 그 집 주인에게는 선묘라는 딸이 있었는데, 선묘는 의상을 사모하게 되었다. 그러나 의상이 승려의 신분이라 결혼을 할 수 없게 되자, 선묘는 의상이 열심히 불법을 공부할 수 있도록 부처님께 기도를 드렸다.
의상은 이후 선묘의 집을 나와 지엄 스님을 찾아가 열심히 불법을 배운 뒤 신라로 돌아가게 되었다. 선묘는 의상이 공부를 마치고 신라로 돌아간다는 소식을 듣고 정성껏 옷 한 벌을 지었다. 그런데 의상은 선묘의 집에 들러 부모님만 뵙고는 떠나 버렸다.
의상이 떠났다는 말을 들은 선묘는 옷을 상자에 넣어 바닷가로 뛰어갔다. 바닷가에 도착해 보니 의상이 탄 배는 이미 저 멀리 떠나가고 있었다. 선묘는 안타까워하며 무릎을 꿇고 부처님께 빌었다.
"부처님, 부처님께서는 제 마음을 아실 것입니다. 부디 이 상자를 대사님께 전해 주세요."
그러고는 옷이 든 상자를 바다를 향해 힘껏 던졌다. 그러자 물결이 일면서 그 상자를 의상에게 전해 주는 것이었다. 그 것을 본 선묘는 다시 기도를 올렸다.

"부처님, 부디 대사님이 신라까지 무사히 돌아갈 수 있도록 소녀가 용이 되어 뱃길을 안내하게 해 주십시오."
기도를 마친 선묘는 바다에 몸을 던졌다. 그러자 오색 찬란한 안개가 피어나면서 그 안개를 헤치고 한 마리 용이 솟아오르는 것이었다.
용이 된 선묘의 도움으로 무사히 신라에 도착한 의상은 영주 부석산 기슭에 명당 자리를 발견하고 그 자리에 절을 지으려고 했다.
그런데 그곳에는 5백 명의 도둑들이 살고 있어서 절을 짓는 것을 방해하였다. 의상은 하는 수 없이 그곳에 절을 짓는 것을 포기하려고 하였다.
그러자 갑자기 커다란 바위가 나타나 공중에 떠다니며 도둑 무리를 쫓는 것이었다. 이에 도둑들은 놀라 멀리 달아나고 말았다.
그리하여 의상은 무사히 그곳에 절을 지을 수 있었다. 그 바위는 용으로 변한 선묘가 의상을 위하여 다시 바위로 변해 도둑을 쫓아 준 것이었다.
그래서 그 절 이름을 '부석사'라고 하였으며, 지금도 부석사에는 그 바위가 남아 있다.

백제의 마지막 왕이다.

의자왕

義慈王 : ?~660. 재위 기간 : 641~660. 이름은 의자.

　의자왕이 태어날 무렵 중국에는 당나라가 새로이 들어서고, 우리나라는 고구려, 백제, 신라가 서로 유리한 영토를 차지하기 위하여 치열하게 싸움을 벌이고 있었다.

　백제 무왕의 맏아들인 의자왕은 어릴 때부터 효성과 형제애가 지극하여 하늘이 우리나라에 내린 군자라는 뜻을 가진 '해동 증자'로 불렸다. 의자왕은 641년 무왕의 뒤를 이어 왕위에 올랐다.

　의자왕은 왕위에 오른 이듬해 친히 군사를 이끌고 신라를 공격하여 미후성 등 40여 성을 빼앗았다. 이어 윤충에게 대야성(경상남도 합천)을 치도록 하였다. 이때 성주로 있던 김품석을 죽이고 신라의 요충지인 대야성을 빼앗아 신라에 큰 타격을 입혔다. 그리고 이듬해에는 신라와 당나라 간의 교통로를 빼앗기 위해 고구려와 연합하여 신라의 당항성(경기도 남양)을 공격하였다. 또한 645년에는 신라 서쪽에 있는 7개 성을 빼앗았다.

　의자왕은 의욕적으로 나라를 이끌었다. 그러나 잦은 전쟁으로 점차 국력이 약해지고 결국 백성들도 전쟁 준비에 지쳐 생활이 점점 어려워졌다. 그리고 의자왕도 자만심에 빠져 차츰 방탕한 생활을 하였다. 의자왕이 나랏일은 돌보지 않고 술과 놀이에 빠지자 귀족들은 서로 권력을 차지하려고 다툼을 벌였다.

　이처럼 나라가 혼란스럽자 충신 성충과 흥수 등이 나서서 의자왕에게 나라를 굽어살피라고 간곡히 청원하였다. 하지만 의자왕의 귀에는 이들의 충언이 들리지 않았다. 오히려 의자왕은 간신들의 모함을 받아들여 성충을 옥에 가두어 죽게 하고, 흥수는 고창으로 귀양을 보냈다.

　한편 신라는 백제가 혼란한 틈을 놓치지 않고 660년 당나라와 연합하여 백제로 쳐들어왔다. 국방을 소홀히 한 백제군은 변변히 싸워 보지도 못한 채 패하고 말았다. 마침내 백제 최고의 명장 계백이 황산벌 싸움에서 김유신이 이끄는 신라군에 패해 전사하자 백제는 더 이상 싸울 힘을 잃고 말았다. 오래지 않아 백제의 도읍인 사비성(충청남도 부여)이 나당 연합군에 포위되었고 의자왕은 태자와 함께 웅진성(충청남도 공주)으로 피신하였다.

　그러나 웅진성도 안전하지는 못했다. 의자왕은 나당 연합군의 매서운 공격을 더 이상 견디지 못하고 드디어 항복하고 말았다. 이로써 백제는 나라를 세운 지 678년 만에 멸망하였다. 이후 의자왕은 태자를 포함해 1만 2천여 명의 백제 포로들과 함께 당나라에 끌려가 그곳에서 병으로 죽었다.

함께 읽어 둡시다

김품석 (?~642) : 신라 선덕 여왕 때의 무관이며, 태종 무열왕 김춘추의 사위이다. 대야성 성주로 있으면서 백제 장군 윤충이 이끄는 군사들에게 패배하여 성을 빼앗기고 가족과 함께 붙잡혀 처형되었다.

무왕 (?~641. 재위 기간 : 600~641. 이름은 장. 아명은 서동) : 백제의 제30대 왕으로, 아버지 법왕의 뒤를 이어 600년에 왕위에 올랐다. 신라를 여러 번 공격했으며, 고구려를 견제하기 위해 수나라, 당나라와 가까이하였다. 627년 군사를 일으켜 신라에 빼앗긴 땅을 되찾으려 했으나, 당나라가 화친을 권하는 바람에 그만두었다. 일본에 관륵을 보내 천문, 지리 등에 관한 책과 불교를 전했다. 뒤에는 왕흥사를 짓는 등 잦은 토목 공사와 사치로 나랏일을 거의 돌보지 않았다. 이로 인해 나라의 힘이 많이 약해졌고, 백제 멸망의 한 원인이 되었다.

성충 (?~656) : 백제 말기의 충신이다. 의자왕이 나랏일을 돌보지 않고 사치와 방탕에 빠지자 충언을 하다가 감옥에 갇혔다. 감옥에서 외적의 침입을 예언한 성충은 육로는 탄현에서, 수로는 기벌포에서 적을 막으라는 상소를 올린 뒤 감옥에서 숨졌다.

윤충 (?~?) : 백제의 장군이다. 642년 왕명을 받아 신라 대야성(경상남도 합천)을 함락시킨 뒤 성주 김품석을 죽이고, 남녀 1천여 명을 사로잡아 서쪽 지방에 살게 한 뒤 군사를 주둔시켜 성을 지키게 했다. 그 공으로 말 20필과 곡물 1천 석을 받았다.

흥수 (?~?) : 백제의 충신이다. 성충과 함께 사치와 향락에 빠져 있는 의자왕에게 충언을 하다가 고창으로 귀양 갔다. 660년 나당 연합군이 쳐들어오자 의자왕이 유배지로 사람을 보내 나당 연합군을 막을 방법을 묻자, 성충의 말을 빌려 '당나라 군사는 백강을 넘지 못하게 하고, 신라 군사는 탄현을 통과하지 못하게 하라'고 충언했다. 그러나 의자왕은 이를 실행하지 못하고 있다가 결국은 나당 연합군에게 나라를 빼앗기고 말았다.

낙화암

얽힌 이야기 한 토막

백제의 마지막 왕인 의자왕은 처음엔 나라를 잘 다스렸지만, 차츰 자만해져 나라는 다스리지 않고 사치와 향락에 빠져 있었다. 신하 성충은 충심으로 왕에게 충고하였다. 그러나 의자왕은 귀에 거슬린다며 오히려 성충을 옥에 가두고 말았다. 성충은 오로지 나라 걱정에 먹지도 자지도 못하고 지내다가 마침내 죽고 말았다.

그 무렵 백제에서는 나라가 망할 징조가 여기저기서 나타났다. 궁중의 느티나무가 밤마다 울기도 하고, 여우가 떼를 지어 궁중으로 들어오기도 했다. 어느 때는 괴이한 폭풍이 불어 천왕사와 도양사의 탑이 넘어지기도 하고, 비 오는 날 귀신이 나타나서 '백제는 망한다. 백제는 망한다' 하고 외치고는 땅속으로 들어가기도 했다. 하지만 의자왕은 아랑곳하지 않고 더욱 사치와 향락만을 일삼았다.

그때 백제에 복수하기 위하여 힘을 기른 신라가 마침내 당나라의 군사와 연합하여 백제에 쳐들어왔다. 백제의 용장 계백은 적은 군사로 황산벌에 나가 신라 군사를 맞아 싸웠으나 결국 패하여 죽고 말았다. 그러자 나당 연합군은 일시에 수많은 군사들을 이끌고 쳐들어왔다. 그제야 의자왕은 성충의 말을 듣지 않은 것을 후회했지만 때는 이미 늦어 있었다.

의자왕은 하는 수 없이 해질 무렵을 기다려 태자 효를 데리고 웅진성으로 달아났다. 의자왕은 웅진성에서 남은 군사들을 이끌고 죽을힘을 다해 싸웠으나 사로잡히고 말았다.

사비성이 무너지자 궁녀들은 슬피 울면서 '흉악한 적군에게 굴욕을 받으며 사는 것보다 깨끗하게 죽는 것이 옳다'고 생각하고 높은 바위 위에 올라 백강 깊은 물에 몸을 던져 죽고 말았다.

그 뒤로 사람들은 그 바위를 '낙화암'이라고 불렀다.

우리나라 천태종의 시조로, 대각 국사라 불리는 고려의 승려이다.

의천
義天 : 1055~1101. 이름은 후. 자는 의천. 호는 우세. 시호는 대각.

의천은 1055년 고려 제11대 왕 문종과 인예 왕후 사이의 넷째 왕자로 태어났다. 의천은 불교를 숭상하는 아버지의 뜻을 받아들여, 11세에 영통사에서 경덕 국사를 스승으로 삼아 공부하다가 승려가 되었다. 승려가 된 뒤 더욱 학문에 힘을 기울여 불교, 유교, 역사서 등을 두루 공부하였다. 그 뒤 스승 경덕 국사가 죽자 의천은 스승을 대신하여 강의를 맡았는데 훌륭한 강의로 이름을 떨쳤다. 이어 왕으로부터 '우세'라는 승호(승려의 이름)와 함께 '승통'이라는 승직(승려에게 내린 벼슬)을 하사받았다.

의천은 이에 만족하지 않고 더욱 불교를 깊게 연구하고자 송나라로 건너갔다. 의천은 송나라 철종에게 융숭한 대접을 받으며 유성 법사, 천길상, 정원 법사 등으로부터 화엄종과 천태종의 교리를 배웠다.

1086년 의천은 아들을 그리워하는 어머니의 간절한 뜻에 따라 3천여 권의 불교 서적을 가지고 고려로 돌아왔다. 의천은 개경(개성)에 있는 흥왕사의 주지가 되어 제자들을 가르치는 한편, 송나라의 승려들과 책과 편지를 주고받으며 더욱더 학문에 몰두하였다. 또 흥왕사에 교장도감을 두고 송나라와 요나라, 일본 등지에서 모은 불경과 국내의 고서들을 바탕으로 교장 4천 7백여 권을 펴냈다.

이후 의천은 선암사와 홍원사를 거쳐 해인사에 머무르다 흥왕사에 돌아와 다시 제자들을 가르쳤다. 이어 의천은 어머니 인예 왕후가 죽자 인예 왕후의 명복을 빌기 위해 국청사를 세웠다. 그리고 그곳의 주지가 되어 우리나라에서는 처음으로 천태종을 가르치기 시작하였다. 그때 그의 강의를 듣기 위해 전국에서 모여든 승려들이 천 명을 넘었다고 한다.

당시의 고려 불교는 교리에 얽매이지 않고 직접 참선을 통해 깨달음을 얻어 부처가 되려는 선종과 교리를 통해 깨달음을 얻으려는 교종으로 갈라져 대립하고 있었다. 의천은 선종과 교종으로 나뉘어 서로 대립하고 있는 고려 불교를 바로잡고 올바른 도리를 밝혀 바른 사상을 세우려고 노력하였는데, 그 결과 선종과 교종을 한데 어우르는 천태종을 만들었다.

고려 불교를 통합하여 우리나라 불교 발전에 큰 자취를 남긴 의천은 1101년 총지사에서 세상을 떠났다.

의천이 지은 책으로는, 《신편제종교장총록》, 《석원사림》, 《대각국사문집》 등이 있다.

함께 익혀 둡시다

교장 : 고려 현종 때 불교의 힘을 빌어 거란의 침입을 물리치고자 만든 초조대장경이 완간된 뒤 대각 국사 의천이 펴낸 대장경 주석서이다. 의천이 흥왕사에 교장도감을 두고 송나라, 요나라, 일본 등지에서 대장경을 해석한 책들을 모아 정리한 것이다.

교종 : 불교의 한 갈래로 참선을 통해 불교의 진리를 찾으려는 선종과는 달리 교리를 중시하고 불경이나 부처님의 말씀을 통해 깨달음을 얻으려 했다.

문종 (1019~1083. 재위 기간 : 1046~1083. 이름은 휘. 자는 촉유. 시호는 인효) : 고려 제11대 왕으로 1047년 최충에게 명하여 법률을 새로이 고치게 하여 고려의 법을 정비하였다. 불교에 대한 믿음이 매우 깊어 흥왕사 등 여러 절을 세웠다. 송나라와 외교 관계를 맺고, 여러 가지 토지 제도를 개선하는 등 고려 전기의 문화와 문물 제도를 완성시킨 왕이다. 학문을 좋아하고 서예에도 뛰어났다.

선종 : 불교의 한 갈래로 어려운 불경이나 설교에 의존하지 않고 참선을 통해 불교의 깨달음을 얻으려 했다. 6세기 초인 양나라 무제 때에 인도 승려인 달마 대사가 중국에 전했다. 우리나라에는 신라 때 승려인 도의가 들여왔다.

인예 왕후 (?~1092. 성은 이씨) : 문종의 왕비로 이자연의 큰딸이며 순종, 선종, 숙종, 대각 국사 의천의 어머니이다. 동생 인경 현비, 인절 현비와 함께 아버지의 뜻에 따라 1052년 문종의 왕비가 되었다. 문종이 죽은 뒤인 1086년(선종 3)에 태후가 되었다.

천태종 : 중국 수나라 승려인 지의가 만든 불교의 한 종파로 《법화경》을 근본 경전으로 하였다. 우리나라에서는 1097년(숙종 2)에 대각 국사 의천이 국청사에서 처음으로 천태종을 강의하였다. 이후 의천은 여러 종파로 갈라져 있던 고려 불교를 천태종으로 통합하였다.

얽힌 이야기 한 토막

불교에 대한 믿음이 깊었던 의천의 아버지 문종은 의천이 태어난 이듬해부터 흥왕사라는 큰 절을 짓기 시작했다. 절터가 수십만 평에 이르고 절은 2천 8백여 칸이나 되었으며, 순금 114근과 은 427근을 녹여 금탑도 만들었다.
문종은 틈틈이 왕자들을 데리고 나가 절을 짓는 공사장을 둘러보았다.
어느 날, 문종과 함께 공사장을 둘러본 왕자들이 말했다.
"신라 때 제일 컸던 분황사와 황룡사도 이 절의 규모에는 미치지 못할 것입니다."
"분황사와 황룡사는 생명력을 지닌 절이었다. 이 흥왕사도 그런 힘을 지닌 절이 되어야 할 텐데, 걱정이구나."
문종이 말끝에 한숨을 내쉬자 왕후가 말했다.
"걱정하지 마십시오. 공사가 잘되어 옛날 그 어느 절보다 더 크고 훌륭한 절이 될 것입니다."

"분황사나 황룡사에 원효나 의상 같은 훌륭한 대사가 없었다면, 아무리 큰 절이라 해도 주인 없는 빈 집과 다를 바 없을 것이오."
"참, 우리 고려에는 이름 높은 승려가 없군요."
왕자들은 모두 그 말이 맞다는 듯 고개를 끄덕였다.
그때 11세의 왕자 후가 왕 앞으로 나서며 말했다.
"아바마마, 제가 출가하여 아바마마의 걱정을 덜어 드리겠습니다."
왕은 깜짝 놀라 왕자 후를 쳐다보았다.
"큰 절을 지으면, 그 안에 큰 주인이 있어야 하지 않겠습니까?"
이리하여 왕자 후는 한 달 뒤에 머리를 깎고 승려가 되어 '의천'이라는 법명을 얻었다.

독립운동에 몸 바친 조선 말기의 의병장이다.

이강년 李康秊 : 1858~1908. 자는 낙인. 호는 운강.

민긍호, 허위, 민종식, 신돌석, 유인석 등과 함께 구한말의 대표적인 의병장으로 손꼽히는 이강년은 1858년 경상북도 문경에서 효령 대군의 18대손으로 태어났다. 1880년 무과에 급제하여 선전관이 되었으나 갑신정변이 일어나자 벼슬에서 물러나 고향으로 내려갔다.

이듬해 명성 황후가 일본인들에게 시해되고, 나라에서 단발령을 내리자 이강년은 1896년 재산을 털어 문경에서 의병을 일으켰다.

그 무렵 백성들의 원성이 높던 안동 관찰사 김석중이 서양식으로 머리를 자르고 일본 옷을 입은 채 문경 새재를 넘다가 이강년에게 붙잡혔다. 이강년은 김석중 일행을 농민들이 모인 농암 장터로 끌고 가 그들의 횡포와 잘못을 낱낱이 밝힌 뒤 사형에 처했다. 이 날 이강년의 말과 행동에 감동을 받아 의병에 가입한 사람이 백 명이 넘었다.

이강년은 이어 당시 유학자이자 의병장으로 명성을 떨치고 있던 유인석을 찾아갔다. 유인석의 제자가 된 이강년은 유인석 의병 부대의 유격장이 되어 문경, 조령 등지에서 크게 활약하였다. 그러나 그해 그가 이끌던 의병이 제천에서 관군에게 크게 패하자, 유인석을 따라 중국으로 망명했다. 그리고 3년 뒤 돌아와 단양에서 학문 연구에 몰두하였다.

1907년 일본의 강요로 고종이 황위에서 물러나고, 조선 군대가 강제로 해산당하자 이에 분노한 이강년은 영춘에서 다시 의병을 일으켰다. 이강년은 원주 진위대를 중심으로 의병을 일으킨 민긍호와 합세하여 충주를 공격하였다. 그 뒤 제천, 싸릿재, 죽령, 고리평, 백자동 등지에서 일본군과 싸워 크게 승리하였다.

이어 각 도 의병장들이 양주에 모여 13도 창의군을 만들고 서울로 진격하기로 했다. 그러나 서울로 진격하려던 13도 창의군의 계획이 무산되자 1908년 부하들을 독려하여 용소동 전투, 갈기동 전투, 백담사 전투, 안동 서벽 전투 등에서 큰 승리를 거두었다. 그리하여 이강년의 의병 부대는 국민들의 절대적인 지지를 받았고, 일본군이 가장 두려워하는 의병 부대가 되었다.

그해 청풍, 작성에서 일본군과 싸우던 이강년은 발목에 총알을 맞고 일본군에게 붙잡혔다. 수원의 일본 수비대에 붙잡혀 있으면서도 꿋꿋하고 당당한 자세를 보이던 이강년은 서울로 옮겨진 뒤 사형을 당했다.

1962년 건국 훈장 대한민국장이 주어졌다.

함께 익혀 둡시다

갑신정변 : 1884년(고종 21) 김옥균, 박영효 등의 개화파가 명성 황후 일파와 청나라를 배격하고 자주 근대화 정책을 펴기 위해 일으킨 정변이다. 그러나 협조를 약속했던 일본의 배반과 청나라의 반격으로 사흘 만에 실패했다.

민긍호 (?~1908) : 조선 말기의 의병장이다. 1907년 원주 진위대의 장교로 있을 때 일본의 강요로 고종이 물러나고 군대가 강제로 해산당하자 이에 격분하여 의병을 일으켰다. 관동군 창의 대장이 되어 100여 차례나 일본과 싸워 공을 세웠다. 1908년 치악산에서 일본군과 싸우다가 사로잡힌 뒤 탈출을 시도하다가 총에 맞아 죽었다.

민종식 (1861~1917. 자는 윤조. 호는 퇴초자) : 조선 말기의 의병장이다. 1895년 일본이 명성 황후를 시해하자 벼슬을 버리고 충청남도 정산에 들어가 지냈다. 1905년 일본의 강요로 을사조약을 맺자 정산에서 의병을 일으켰고, 1906년에는 홍주(홍성)에서 일본군과 싸워 크게 이겼다. 이어 홍주성에서 대혈전을 벌인 뒤 숨어 있다가 일진회의 밀고로 붙잡혔다. 진도로 유배되었다가 왕실의 외척이라 하여 풀려났으나 고문의 후유증으로 1917년 세상을 떠났다.

신돌석 (1878~1908. 본명은 태호, 자는 순경) : '태백산 호랑이'로 불렸던 조선 말기의 의병장이다. 1869년 19세의 나이로 100여 명을 모아 영해에서 의병을 일으켰으며, 1906년 다시 의병을 모아 삼척, 강릉, 양양 등지에서 일본군을 무찔렀다. 이듬해 13도 창의군의 서울 진공 작전에 참여하였다. 1908년 의병을 해산한 뒤 숨어 지내다가 암살당했다.

13도 창의군 : 1907년 고종 황제가 물러나자 전국에 흩어져 있던 의병들이 서울을 다시 되찾을 목적으로 모여 이룬 연합 의병 부대이다. 유인석, 이인영, 이강년 등의 의병장들을 중심으로 양주에 모여 서울을 공격하기 위한 계획을 세웠으나, 일본군과의 싸움에서 패해 뜻을 이루지 못하고 곧 해산되었다.

허위 (1855~1908. 호는 왕산) : 조선 말기의 의병장이다. 명성 황후 시해 사건과 단발령에 반대하여 1897년 의병을 일으켜 금산, 성주에서 일본군과 싸우던 중 고종의 명령으로 해산했다. 1908년 이인영 등과 함께 의병을 이끌고 서울 동대문 밖에서 일본군과 싸웠으나 패했다. 이어 이강년 등과 연락하며 일본군과 싸울 준비를 하다가 경기도 영평에서 일본 헌병에 붙잡혀, 서대문 형무소에서 세상을 떠났다.

얽힌 이야기 한 토막

이강년은 의병을 이끌고 1907년 8월 갈평에서 일본군과 싸워 크게 이겼다. 그곳 사람들은 일본군과 싸워 승리한 의병들에게 저녁밥을 대접하겠다고 했다. 저녁이 되자 동네 사람들이 저녁을 내왔다. 그런데 밥상을 받은 것은 이강년뿐이었고, 의병들에게는 주먹밥을 나누어 주는 것이었다.
이강년은 조용히 농민 대표를 불러 말했다.
"나 혼자만 상을 받게 되면 부하들의 사기가 떨어집니다. 대장이라고 해서 먹고 입는 것이 다르다면 누가 나를 믿고 따르겠습니까? 이 상을 치우고 내게도 주먹밥을 나누어 주십시오. 주먹밥만 해도 나에게는 고마운 음식입니다."
사람들은 그의 말에 저절로 고개가 숙여졌다. 그 말을 전해 들은 의병들은 눈물을 흘리며 주먹밥을 입에 넣었다.
또 어느 해 정월 초하루에 영평에서 있었던 일이다.

이강년은 부하들로부터 신년 인사를 받았다. 그때 이강년은 장남인 승재에게 세배를 받다가 대뜸 호통을 쳤다.
"이놈, 모든 병사들뿐만 아니라 애비도 홑옷을 입고 이 겨울을 나는데, 자식인 네가 어찌 솜옷을 입고 있단 말이냐? 이것은 군율을 어긴 것이며 군심을 동요시키는 것이니 용서할 수 없다."
아들 승재는 다른 부하들과 달리 솜옷을 입고 있었다. 이강년은 당장 아들의 목을 베라는 명령을 내렸다. 모든 부하들이 나서서 이를 말렸고, 아들도 당장 솜옷을 벗고 막사 아래에서 3일간 빌고 난 다음에야 겨우 용서를 받을 수 있었다. 이강년이 이처럼 모든 부하들을 아끼고 사랑했기 때문에 이강년 부대는 사기가 꺾일 줄 몰랐다.

두 번이나 반란을 일으킨 조선의 무장이다.

이괄
李适 : 1587~1624. 자는 백규.

1587년에 태어난 이괄은 어린 시절을 임진왜란이라는 전쟁의 소용돌이 속에서 보냈다. 7년에 걸친 임진왜란을 겪으며 나라는 매우 혼란스럽고 농토 또한 농사를 지을 수 없을 정도로 황폐해져 있었다. 이괄은 전쟁을 겪으면서 무엇보다도 힘을 길러야 한다고 생각하고 열심히 무예를 갈고 닦았다. 그 결과 선조 때 무과에 급제하여 형조 좌랑를 거쳐 태안 군수에 올랐다.

당시 광해군은 동생 영창 대군을 죽이고, 영창 대군의 어머니 인목 대비를 폐비하여 서궁에 가두는 등 횡포를 부려 나라가 몹시 어지러웠다. 이때 이괄은 1622년 함경도 병마절도사에 임명되어 근무지로 떠날 준비를 하다가 평소 친하게 지내던 신경유의 권유로 광해군을 몰아내고 새 왕을 세우는 계획에 참여하였다. 이듬해 이괄은 김류, 이서 등과 인조반정을 일으켜 광해군을 폐위시키고 인조를 새 왕으로 세웠다. 이때 이괄은 군사를 이끌고 반정을 성공시키는 데 큰 공을 세웠다.

같은 해 이괄은 포도대장을 거쳐 평안도 병마절도사 겸 부원수에 임명되었다. 이괄은 평안도 영변으로 나가 군사 훈련에 힘쓰는 한편 그 지방의 성곽을 고치는 등 국경 방비에 힘을 기울였다. 그것은 새로 왕위에 오른 인조가 명나라와 친하게 지내고 후금(청나라)을 멀리하자, 불만을 품은 후금이 침략할 기회를 노리고 있었기 때문이었다.

1624년 이괄은 아들 전이 반역을 꾀한다는 모함을 받았다. 이에 인조는 그 사실 여부를 알아보기 위해 선전관과 의금부 도사를 영변에 보내 이괄의 아들을 잡아오게 하였다. 이 소식을 들은 이괄은 인조가 왕위에 오를 때 똑같이 공을 세우고도 무관이라고 푸대접하는 것에 대한 불만이 함께 폭발하여 반란을 일으켰다.

이괄은 인조가 보낸 선전관과 의금부 도사를 죽인 뒤 1만 2천의 군사를 거느리고 재빨리 영변을 떠나 한양으로 진격하였다. 잘 훈련되어 막강해진 이괄의 군대는 이괄의 탁월한 작전으로 차례로 관군을 물리치고 한때 한양을 점령하는 등 기세를 떨쳤다. 그러자 겁에 질린 인조는 재빨리 공주로 피란을 떠났다.

한양을 점령한 이괄은 흥안군 제를 새로운 왕으로 추대했다. 그러나 한양에 입성한 지 이틀 만에 인왕산 골짜기에서 장만이 이끄는 관군에게 대패하여 이천으로 도망쳤다. 도망하던 이괄이 부하 장수인 기익현과 이수백에게 살해되면서 이괄의 난은 평정되었다.

이괄은 무과 출신의 장수였지만 글씨와 문장에도 뛰어났다.

함께 익혀 둡시다

광해군 : 26쪽 참조.

영창 대군 (1606~1614. 이름은 의) : 선조와 인목 왕후 사이에 태어난 유일한 아들로, 선조의 아낌없는 사랑을 받았다. 선조가 죽고 광해군이 왕위에 오른 뒤 1613년 역모를 꾸민다는 이이첨 등의 모함을 받아 강화도로 유배되었다. 이듬해 강화 부사 정항에 의하여 죽었다.

인조반정 : 1623년(광해군 15)에 김류, 이서 등이 광해군을 몰아내고, 능양군(인조)을 왕위에 세운 사건이다. 광해군이 나랏일을 제대로 돌보지 않고 영창 대군을 죽이고 인목 대비를 폐하여 서궁에 가두는 등 폭정을 일삼자 이귀, 이괄, 심기원, 최명길, 김자점 등이 김류를 대장으로 하여 이흥립 등의 도움으로 저항 없이 창덕궁을 점령하고, 능양군을 왕으로 세웠다.

장만 (1566~1629. 자는 호고. 호는 낙서. 시호는 충정) : 조선 중기의 문신으로 예조 좌랑 등을 거쳐 병조 판서에 올랐다. 1619년 시급하게 처리할 나랏일에 대해 강력하게 건의하다가 광해군의 노여움을 사자 벼슬에서 물러났다. 1623년 인조 반정으로 인조가 왕위에 오르자 도원수가 되었다. 1924년 이괄의 난을 평정한 뒤에 우찬성 등에 올랐으나, 정묘호란 때 적을 막지 못한 죄로 부여에 유배되었다.

흥안군 (?~1624. 이름은 제) : 선조의 열 번째 서자로, 성품이 활달했다. 1624년 이괄이 이끄는 반란군이 한양에 들어왔을 때 왕으로 추대되었다. 이괄이 패하자 숨어 지내다 안사성에게 붙잡혀 도원수 심기원에게 살해되었다.

얽힌 이야기 한 토막

인조반정에 성공하여 광해군을 내쫓고 인조를 왕위에 세운 공신들은 서로 좋은 벼슬을 차지하기 위해 다투었다. 이괄은 인조반정에 큰 공을 세웠지만 우유부단하게 일처리를 하는 김류에게 반발하다가 그의 미움을 사서 일등이 아닌 이등 공신에 한성부 판윤이라는 벼슬을 받았다.

"이놈들, 나에게 병조 판서를 준다고 하더니 겨우 한성부 판윤? 거기에 또 이등 공신이라고?"

이 무렵 후금은 명나라와 가까이 지내고 자신들을 멀리하는 조선에 불만을 품고 침략할 기회를 노리고 있었다. 조정에서는 장만을 도원수로 삼고, 이괄을 평안도 병마절도사 겸 부원수로 임명하여 후금의 침입에 대비했다.

"이놈들, 이제는 나를 아주 변방으로 내쫓는구나. 이놈들, 어디 두고 보자!"

이괄은 그렇지 않아도 자신을 푸대접하는 공신들에게 더욱 더 화가 났다. 그러나 이괄은 분한 마음을 누르고 맡은 바 책임을 다하기 위하여 1만여 명의 군사를 훈련시키고 변방을 튼튼히 하려 애썼다.

한편 공신들은 이괄이 불만을 품고 있다는 사실을 알고 그를 두려워하였다. 그들은 이괄을 제거하기 위해 이괄의 부하를 꾀어 이괄 부자가 역모를 꾸미고 있다고 모함하였다. 그러자 조정에서는 사실을 알아보기 위해 의금부 도사를 보내 이괄의 아들 전을 잡아오게 하였다.

의금부 도사가 자신의 아들을 잡아가기 위해 영변에 온다는 소식을 듣고 몹시 화가 난 이괄은 부하들을 모두 모아 놓고 큰 소리로 외쳤다.

"나에게는 자식이 하나밖에 없소. 그런데 지금 내 아들을 잡아가기 위해 조정 간신배들이 보낸 의금부 도사가 이곳으로 오고 있소. 그들은 나를 역적으로 몰아 죽일 구실을 찾기 위해 내 아들을 잡아가려는 것이오. 나는 이대로 앉아서 죽기보다는 그들과 맞서 싸우겠소. 남자가 한번 죽기를 각오한 이상 무엇이 두렵겠소."

이괄의 말에 그의 부하들은 모두 호응하고 나섰다.

"옳습니다! 거사를 해야 합니다. 한양에서 내려온 의금부 도사의 목부터 베고, 그것을 신호로 우리 모두 일어섭시다!"

그들의 함성 소리가 천지를 진동시켰다. 반란을 일으킨 이괄은 자신을 따르는 무리들을 이끌고 한양을 향해 쳐들어가기 시작했다.

우리나라 근대 문학을 대표하는 소설가이다.

이광수
李 光 洙 : 1892~? 아명은 보경. 호는 춘원.

이광수는 1892년 평안북도 정주에서 태어났다. 5세 때에 한글을 비롯하여 천자문을 깨우쳤는데, 외할머니에게 책을 읽어 드릴 정도로 뛰어났다고 한다. 그러나 이광수는 가난하게 자랐고 11세 때는 콜레라로 부모를 잃고 고아가 되었다.

이광수는 1903년 동학에 들어가 서기 일을 맡아보다가 1905년 일진회의 유학생으로 뽑혀 일본에 건너갔다. 학비가 없어 잠시 귀국했다가 이듬해 다시 메이지 학원 중학부에 입학하였고, 홍명희, 문일평 등과 소년회를 만들어 〈소년〉지를 펴냈다. 이광수는 1910년 메이지 학원을 졸업하고 돌아와 오산 학교에서 학생들을 가르치다 다시 일본 와세다 대학 철학과에 들어갔다.

1917년 이광수는 우리나라 최초의 장편 소설《무정》을 〈매일신보〉에 연재하기 시작했다.《무정》은 신교육을 다룬 신소설로, 우리 문학의 새로운 시작을 알리는 명작이었다. 이광수는 계속해서 〈소년의 비애〉, 〈어린 벗에게〉, 〈개척〉 등을 발표하여 좋은 평을 얻었다. 1919년 일본으로 건너가 조선 독립 청년단에 가입한 이광수는 2·8 독립 선언서의 초안을 쓴 뒤 일본 경찰의 눈을 피해 상하이로 망명하였다. 그리고 임시 정부에서 〈독립신문〉을 만들었다.

1921년 이광수는 홀로 귀국하다 일본 경찰에 체포되었다. 그러나 곧 풀려나면서 친일 활동을 시작했다. 1926년 이광수는 〈동아일보〉의 편집국장이 되었다. 이후 1933년에는 〈조선일보〉 부사장으로 자리를 옮겨《흙》을 연재하는 등 많은 작품 활동을 했다. 이광수는 1937년 수양 동우회 사건으로 감옥에 갇혔다가 6개월 만에 병보석으로 풀려났다. 이때부터 이광수는 본격적인 친일 활동을 펼쳤다. 친일 단체인 조선 문인 협회 회장이 되었으며, 1939년 '가야마 미쓰로'라고 이름까지 고쳤다. 이어 1941년 태평양 전쟁이 일어나자, 이광수는 전국을 다니며 젊은이들이 전쟁에 나갈 것을 권하는 강연에 앞장섰다.

이광수는 8·15 해방이 되자 절에 들어가 숨어 글쓰기를 계속하다 친일파로 지목되어 구속되었다. 그러나 병보석으로 풀려나 1950년 6·25 전쟁 때 북으로 끌려갔다.

근대 우리 민족의 수난 시대를 살았던 이광수는 이 시대적 상황을 시, 소설, 수필, 논설문, 기행문 등의 형식을 빌어 표현함으로써 우리나라 근대 문학의 선구자 역할을 하였다. 그러나 변절하여 대표적인 친일 인사가 됨으로써 그의 업적은 빛이 바랬다.

함께 익혀 둡시다

《무정》 : 이광수가 지은 우리나라 최초의 현대적인 장편 소설이다. 1917년 〈매일신보〉에 연재되어 당시 최대의 화제를 몰고 왔다. 신문명에 대한 동경, 신교육 사상, 자유 연애를 다룬 이 소설은 한국 현대 문학의 출발을 알리는 선구적인 작품으로 평가받고 있다.

수양 동우회 : 1926년 서울에서 만들어진 독립운동 단체이다. 1921년 안창호의 지시를 받은 이광수가 흥사단 한국 지부로 수양 동맹회를 만들었다. 이어 1926년 같은 흥사단에 속해 있던 동우 구락부와 합쳐 수양 동우회라 하였다. 청년들의 몸과 마음을 수양하여 실력을 기르고 나아가 독립운동에 참여할 인재를 양성하는 것을 목적으로 하였다. 1937년 5월 〈멸망에 향한 민족을 구출하는 기독교인의 역할〉이라는 인쇄물을 35개 지부에 보냈다. 이것이 일본 경찰에 발각되면서 수양 동우회와 관련되어 있음이 밝혀져 회원 181명이 붙잡혀, 이 가운데 이광수 등 42명이 재판을 받았다.

2·8 독립 선언 : 1919년 2월 8일 일본 도쿄에서 일본에 유학 중이던 학생들이 발표한 독립 선언이다. 일본에 유학 중인 학생들이 모여 조직한 조선 청년 독립단은 독립 선언서를 작성하여 송계백을 국내로, 이광수를 상하이로 보냈으며, 기독교 청년 회관에서 독립 선언식을 열었다. 이 행사는 일본 경찰에 의해 강제로 해산되었고, 27명의 유학생이 붙잡혔다. 2·8 독립 선언서는 3·1 독립 선언서보다 훨씬 강하게 일본의 침략을 고발하고, 독립을 위하여 마지막 한 사람까지 싸울 것을 선언하고 있다.

조선 문인 협회 : 1939년에 조선 총독부의 활동을 돕기 위해 만들어진 친일 문학 단체로 이광수, 김동환, 김억, 유진오 등이 앞장섰다. 이 협회를 중심으로 조직적인 친일 문학 활동이 펼쳐졌다. 우리말과 우리글을 없애려는 조선 총독부의 정책에 적극적으로 동조했을 뿐 아니라 갖가지 친일적인 행사를 주관해 오다가 1943년에 만들어진 조선 문인 보국회에 통합되었다.

얽힌 이야기 한 토막

11세라는 나이에 고아가 된 이광수는 억척스럽게 담배 장사를 하며 동생들을 먹여 살렸다. 하지만 주위 사람들의 동정을 받는 것만은 아주 싫어했다.
'사람들은 나더러 불쌍하다고 하지만, 나는 스스로를 그렇게 비참하게 생각하지 않겠다. 어떤 일이 있어도 꼭 훌륭한 사람이 되고 말 테야!'
이광수는 자신의 손에 들어온 책은 모두 외워 버렸다. 한편으로 공부할 수 있는 길을 열심히 찾았다.
이때, 천도교의 지도자인 박찬명이라는 사람이 이광수에게 배움의 길을 열어 주었다. 일본으로 유학 갈 수 있는 길을 마련해 준 것이다.

마침내 일본에서 공부하게 된 이광수는 장편 소설 《무정》을 써서 온 국민의 사랑을 받았다. 그 이후에도 많은 훌륭한 소설을 썼다.
그러나 일본은 한국민들에게 영향력이 큰 이광수를 가만두지 않았다. 많은 협박과 갖은 회유를 일삼았다. 안타깝게도 이광수는 그런 일제의 압박을 견디지 못했다. 그래서 담배 장사를 하며 동생을 돌보던 천재 소설가 이광수는 나중에 민족의 반역자란 낙인이 찍히고 말았다.
이광수가 남긴 훌륭한 문학 작품들은 그의 친일 행위로 인해 빛이 바래고 말았다.

〈동명왕편〉을 써서 민족정신을 불러일으킨 고려의 대문장가이자 시인이다.

이규보

李奎報 : 1168~1241. 자는 춘경. 호는 백운거사, 삼혹호 선생. 시호는 문순.

1168년 이윤수의 아들로 태어난 이규보는 9세 때부터 중국 고전을 두루 읽기 시작하였고, 글재주가 남다르게 뛰어나 신동이라 불렸다. 그러나 시를 잘 지어 천재라고 불렸던 이규보는 15세 때 과거에 응시했으나 실패하고, 19세 때 다시 시험을 보았으나 떨어지고 말았다. 그것은 이규보가 자라면서 술과 시를 좋아하고 친구들과 어울려 다니면서, 딱딱한 과거 시험에 맞는 문장을 익히는 데 게을렀기 때문이다. 그래서 이규보는 22세가 되어서 비로소 과거에 급제하였다. 그러나 과거에 급제했어도 바로 관직에 나아가지는 못했다.

24세 때 부모님이 돌아가시자, 이규보는 개경의 천마산에 들어가 시와 글을 지으며 지냈다. 이때 '백운거사'라는 호를 얻었다.

이후 개경으로 돌아온 이규보는 《구삼국사》를 구해 읽고 난 뒤 우리나라 최초의 서사시로 일컫는 〈동명왕편〉을 썼다. 〈동명왕편〉은 고구려의 시조인 동명왕(주몽)의 탄생에서부터 건국까지의 이야기를 기록한 시이다. 동명왕의 이야기는 이후 몽골의 침략으로 시달리던 백성들에게 민족정신을 불러일으켰다. 〈동명왕편〉은 오늘날 《삼국유사》, 《제왕운기》와 더불어 우리나라 신화 연구에 매우 중요한 자료이다.

과거에 급제한 뒤 10여 년간 벼슬길에 오르지 못한 이규보는 32세 때 비로소 관직에 나갈 수 있었다. 당시 고려는 무신들이 정권을 잡고 있었다. 그 무렵 최고의 권력을 쥐고 있던 무신 최충헌은 잔치를 열고 선비들을 불러 시를 짓게 했는데, 여기서 이규보는 최충헌에게 그의 문학적 재능을 인정받아 비로소 관직에 오르게 되었다. 이후 이규보는 직한림이라는 벼슬을 시작으로 우사간 등 여러 벼슬을 거쳤다.

최충헌의 뒤를 이은 최이는 이규보의 문장 능력을 높이 평가하여 이규보에게 외교 문서를 작성하게 하고 팔만대장경의 제작에 참여시키는 등 중요한 일을 많이 맡겼다.

최씨 무신 정권 아래 높은 벼슬과 명예를 모두 얻은 이규보는 70세에 벼슬에서 물러나 74세 때 병으로 세상을 떠났다.

호탕하고 활달한 이규보의 시는 당시 최고의 인기를 끌었다. 특히 벼슬에 임명될 때마다 그 감상을 읊은 즉흥시는 대단히 유명하였다. 시와 술 그리고 거문고를 좋아한 이규보는 평생 시와 문장을 통해 이름을 날리고 높은 벼슬길에 나아갔다. 최이가 발간한 이규보의 문집이 오늘날까지 전해지고 있다.

이규보가 지은 책으로는 〈동명왕편〉이 실려 있는 《동국이상국집》, 《백운소설》, 《국선생전》 등이 있다.

함께 익혀 둡시다

〈동명왕편〉: 고려 고종 때의 문인인 이규보가 지은 서사시이다. 고구려의 시조인 동명왕을 영웅으로 묘사하였으며, 그의 탄생과 고구려의 건국 과정, 동명왕의 뒤를 이은 유리왕의 활동 등으로 구성되어 있다. 이 시는 《동국이상국집》에 실려 있다.

최이 (?~1249. 초명은 우) : 고려 무신 정권 시대의 권력자로 최충헌의 아들이다. 1219년 (고종 6) 죽은 최충헌의 뒤를 이었는데 아버지가 빼앗은 땅을 주인들에게 돌려주는 등 민심을 얻는 데 노력하였다. 또한 몽골의 침입에 대비하여 의주(덕원), 화주(영흥), 철관(철령) 등의 요지에 성을 쌓았다. 1232년 몽골에 대항하여 도읍을 강화도로 옮겼다.

최충헌 : 332쪽 참조.

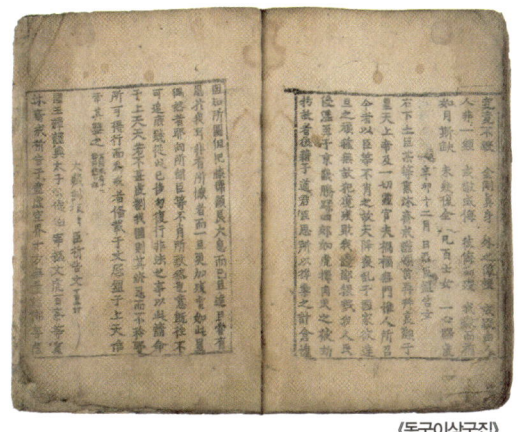

이규보의 글씨

《동국이상국집》

얽힌 이야기 한 토막

당시 고려에서는 실력보다는 가문을 보고 관리를 뽑았다. 이규보는 시골 사람인 데다 가문도 변변하지 않아 과거에 급제하고도 관직에 나갈 수 없었다. 이규보는 자신의 실력을 알아주지 않는 세상이 원망스러웠다.

그러던 어느 날, 이규보에게 자신의 뜻을 펼 기회가 찾아왔다. 당시 관리나 귀족들이 자주 갖는 시 짓는 모임에 참석한 것이다. 그날도 사람들은 그를 촌놈이라고 업신여겼고, 이규보는 겨우 한 귀퉁이에 앉을 수 있었다.

이윽고 나이 많은 벼슬아치가 그날의 제목을 발표하자 사람들은 모두 시를 짓는다며 수선을 피웠다. 무엇을 써야 할지 몰라 허둥대는 사람도 있었고, 공연히 수염만 만지작거리는 사람도 있었다.

한 귀퉁이에 앉아 있던 이규보는 느긋한 자세로 붓에 먹물을 듬뿍 적셨다. 글을 짓기 시작한 이규보는 종이에서 붓을 한 번도 떼지 않고 그대로 써 내려갔다. 사람들은 그런 이규보를 보며 비웃었다. 마치 '촌놈 주제에 뭘 안다고?' 하는 표정들이었다.

저녁 무렵, 그 모임을 이끌던 나이 많은 벼슬아치가 갑자기 한 장의 시를 들고 크게 외쳤다.

"이 시는 정말 대단하구나! 전혀 새로운 내용이야. 여보게들, 이 시를 좀 보게나!"

사람들은 그 시를 돌려 읽으며 감탄을 거듭했다.

"정말 잘 지은 시로구먼. 그런데 이 시를 지은 사람이 누군가? 어디 보자……. 백운 이규보? 처음 보는 이름인데?"

이규보는 흡족한 마음으로 천천히 자리를 털고 일어나 집으로 돌아갔다.

그날 이후 청년 이규보의 이름은 개경에 널리 알려졌다. 그리고 곧이어 당시 권력을 쥐고 있던 최충헌의 부름을 받았다.

일본 왕을 향해 수류탄을 던진 애국지사이다.

이봉창 李奉昌 : 1900~1932.

이봉창은 1900년 서울에서 이진규의 둘째 아들로 태어났다. 용산에 있는 문창 보통학교를 졸업한 뒤, 일본인이 경영하는 과자점에 들어가 점원으로 일했다.

1918년 용산역 남만주 철도 주식회사 기차 운전 견습소의 견습생으로 들어갔다가 1924년 병으로 퇴직하였다. 다음 해 형 이범태와 함께 일본으로 건너간 이봉창은 오사카에서 철공소 직공으로 일했다. 일본인의 차별로 살기가 힘들어진 이봉창은 일본인의 양자가 되었다. 이봉창은 이름을 '기노시타 쇼조'라고 바꾸고 도쿄, 오사카 등지를 떠돌며 힘들게 생계를 꾸려 나갔다.

이봉창은 일본에서 어렵게 생활하면서 일본의 침략으로 우리 민족이 위협을 받고 있다는 생각을 갖게 되었다. 그래서 방랑 생활을 하기보다는 독립을 위해 일할 것을 맹세하고 1931년 대한민국 임시 정부가 있는 상하이로 건너갔다. 이봉창은 곧 한국 거류민단 사무실을 찾아가 독립운동에 모든 것을 바치겠다고 말했다. 그때 거류민단 간부들은 일본 말씨가 섞인 말을 쓰고 있는 이봉창을 의심하였으나, 이봉창의 참뜻을 알아차린 김구가 자신이 조직한 한인 애국단에 가입시켜 주었다. 이봉창은 김구에게 일본 왕 히로히토를 암살하겠다는 뜻을 밝히고 계획을 진행시켰다. 그러나 자금이 부족하여 인쇄소와 악기점 등에서 일을 하며 일본 왕을 암살할 기회를 엿보았다. 마침내 거사 자금이 마련되자 이봉창은 1931년 겨울 안중근의 막냇동생 안공근의 집에서 양손에 수류탄을 든 채 선서식을 마치고 일본으로 건너갔다.

이듬해인 1932년 1월 8일 일본 왕은 만주국 황제 푸이와 함께 도쿄 교외에 있는 요요기 연병장에서 기념식을 가졌다. 이때 이봉창은 기념식을 마치고 돌아가는 일본 왕을 향해 힘껏 수류탄을 던졌다. 수류탄은 이봉창의 생각과 달리 빗나가 거사는 실패하고 말았다. 그러나 이봉창은 이에 전혀 굴하지 않고 몸에서 태극기를 꺼내 "대한 독립 만세!"를 힘차게 외쳤다.

일본 경찰에 체포된 이봉창은 조사 과정에서 온갖 고문을 당했다. 하지만 이봉창은 김구의 이름은 입 밖에 내지 않았다. 결국 이봉창은 1932년 10월 이치가야 형무소에서 사형을 선고받아 순국했다. 이때 중국 각 신문들은 이 사실을 앞다투어 크게 보도했고, 특히 중국의 〈국민일보〉는 '한국인 이봉창이 일본 왕을 저격하였으나 불행하게도 명중시키지 못했다.'고 보도하며 안타까워했다.

1962년 건국 훈장 대통령장이 주어졌다.

함께 익혀 둡시다

김구 : 34쪽 참조.

한국 거류민단 : 1918년 상하이에서 여운형 등이 중심이 되어 그곳에 살고 있는 청년 교포들을 중심으로 만든 단체로, 이후 우리나라 독립운동에 많은 지원을 했다.

한인 애국단 : 김구가 중심이 되어 만든 비밀 단체로, 우리나라의 독립을 위하여 목숨을 바칠 각오가 된 사람들이 일본의 중요 인물들을 무력으로 없애려 했던 단체이다. 1932년의 2대 암살 사건으로 큰 파문을 일으켰다. 2대 암살 사건은 이봉창 의사의 일왕 저격 사건과 윤봉길 의사의 훙커우 공원 폭탄 투척 사건이다.

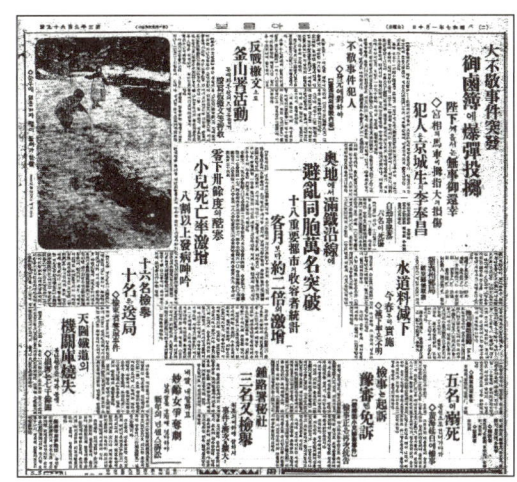

이봉창 의거 당시 〈동아일보〉에 실린 기사

얽힌 이야기 한 토막

"나는 조국의 독립과 자유를 회복하기 위하여 한인 애국단의 일원이 되어 일본의 우두머리를 죽여 없애기로 맹세합니다. 대한민국 13년(1931년) 12월 13일. 이봉창!"
김구는 선서문을 힘차게 읽어 내려가는 이봉창을 지그시 바라보았다. 일본 왕을 죽이기 위해 일본으로 떠나는 이봉창이 살아 돌아올 수 없다는 사실을 잘 알고 있는 동지들의 표정은 어둡기만 했다.
"내가 영원한 쾌락을 얻으러 가는 길이니, 우리 기쁜 낯으로 웃으면서 사진을 찍읍시다."
이봉창이 양손에 수류탄을 들고 환하게 웃고 있는 그 유명한 사진은 이렇게 찍혔다.
이에 앞서 상하이로 건너간 이봉창은 김구를 찾아가 자기가 일본 왕을 죽일 수 있게 해 달라고 졸랐다. 처음에 김구는 생김새도 일본인과 비슷하고 일본에서 오래 지내 일본말을 완벽하게 쓸 줄 아는 이봉창이 미심쩍었다. 당시에는 일본의 첩자들이 곳곳에서 날뛰고 있던 때라 매사에 조심하지 않으면 안 되었다.

그러나 김구는 사람을 제대로 볼 줄 아는 인물이었다.
"자네를 돕겠네. 한민족의 이름으로 일본 왕을 처단하세나."
김구의 말에 이봉창은 뛸 듯이 기뻐했다.
"선생님, 제 나이가 이제 서른둘입니다. 앞으로 32해를 더 산다고 해도 지금보다 더 기쁜 일은 없을 것 같습니다. 인생의 목적이 기쁨이라면, 여태까지 대강 느껴 보았습니다. 이제부터는 영원한 기쁨인 조국의 독립을 위하여 목숨을 바칠 생각입니다. 저에게 세상을 깜짝 놀라게 할 성스러운 임무를 주셔서 감사합니다."
1932년 1월 8일, 이봉창은 일본 왕이 타고 있던 마차를 향해 수류탄을 던졌다. 그러나 안타깝게도 명중되지 못한 채 수류탄이 터지고 말았다.
하지만 이봉창의 용기 있는 행동은 일본에게 한국인의 매서운 맛을 제대로 보여 준 셈이 되었다. 또 한편으로 이봉창의 수류탄 투척은 온 세계에 한민족이 아직도 온전히 살아 있음을 알리는 큰 사건이기도 했다.

한평생을 가난한 민중과 함께한 위대한 애국자이다.

이상재

李商在 : 1850~1927. 자는 계호. 호는 월남.

이상재는 1850년(철종 1) 충청남도 서천에서 이희택의 아들로 태어났다. 1867년(고종 4) 과거 시험을 보았으나, 당시는 관직을 돈으로 사고팔던 때라 낙방하고 말았다. 이에 실망하고 고향에 돌아가려던 이상재는 친척의 소개로 박정양의 집에 들어가 1880년까지 박정양의 비서로 일했다.

1881년 이상재는 신사 유람단으로 일본에 가는 박정양을 따라 일본에 다녀왔다. 이때 일본의 새로운 문물과 발전된 사회를 보고 충격을 받은 이상재는 함께 갔던 홍영식, 김옥균 등과 깊이 사귀면서 개화사상에 눈뜨기 시작했다.

1884년 홍영식의 추천으로 오늘날 우체국에 해당하는 우정국 주사에 임명되었으나, 우정국 개국 축하연에서 김옥균, 홍영식 등이 중심이 되어 일으킨 갑신정변이 실패하자 고향으로 내려갔다.

1887년 2등 서기관이 된 이상재는 초대 주미 공사로 가는 박정양을 따라 미국에 건너갔다. 이때 청나라가 우리나라와 미국이 외교 관계를 맺지 못하도록 방해하자, 이상재는 청나라 공사와 담판을 벌여 미국과의 수교를 성사시키고 귀국하였다. 그 뒤 고향에서 지내던 이상재는 1892년 다시 관직에 나가 학무국장을 지냈다. 그리고 사범 학교, 중학교, 소학교, 외국어 학교를 세워, 한때 외국어 학교 교장을 맡기도 했다.

이상재는 서재필 등과 함께 1896년 독립 협회를 만들고, 부회장이 되어 만민 공동회를 열어 국민 계몽 운동을 펼쳤다. 1898년 독립 협회가 정부의 탄압과 황국 협회의 방해로 해산되자 벼슬에서 물러나 고향으로 내려갔다. 1902년에는 정부의 무능력을 지적하는 상소를 올렸다가 2년간의 옥살이를 했다. 이때 감옥에서 기독교인이 되었고 출옥 후 황성 기독교 청년회(YMCA)에 들어갔다. 1905년 을사조약 후 다시 관직에 나갔으나 1907년 우리나라 군대가 해산되자 물러났다. 황성 기독교 청년회에서 교육부장을 맡은 이상재는 종교 운동과 청년 운동에 온 힘을 쏟았다. 또 민중을 위한 사회 운동에도 힘을 쏟았다. 3·1 운동에 관련되어 6개월간 옥살이를 하고 풀려난 이상재는 각종 강연회, 토론회를 통해 계몽 운동을 펼쳤다. 1921년에는 조선 교육 협회의 초대 회장이 되어 민립 대학 설립 운동을 주도했고 1924년에는 〈조선일보〉 사장이 되었다.

이상재는 1927년 신간회의 초대 회장에 추대되었다. 그러나 그해 병으로 세상을 떠났고, 사회장으로 치러진 그의 장례식에 수많은 민중들이 몰려와 이상재의 죽음을 애도하였다.

1962년 건국 훈장 대통령장이 주어졌다.

함께 익혀 둡시다

갑신정변 : 1884년(고종 21) 김옥균, 박영효 등의 개화파가 명성 황후 일파와 청나라를 배격하고, 자주 근대화 정책을 펴기 위해 일으킨 정변이다. 그러나 협조를 약속했던 일본의 배반과 청나라의 반격으로 사흘 만에 실패했다.

김옥균 : 64쪽 참조.

독립 협회 : 1896년 서재필, 이상재, 윤치호 등이 중심이 되어 만든 정치 사회 단체이다. 외세의 침략을 막고 국가의 독립과 민족의 자립을 목표로 여러 운동을 펼쳤다. 〈독립신문〉을 발간하고 독립문을 세웠으며, 1898년에는 만민 공동회를 열어 민주주의 사상을 보급하기도 했다.

만민 공동회 : 1898년 독립 협회가 서울 종로에서 연 민중 대회이다. 3월에 처음 열린 만민 공동회에는 서울 시민 1만여 명이 참여하여 외국의 침략을 규탄하고 우리나라의 자주 독립을 결의하였다. 또 토론회를 열고, 연설회를 갖는 등 민주주의 사상을 보급하기도 했다.

박정양 (1841~1904. 자는 치중. 호는 죽천. 시호는 문익) : 1881년 신사 유람단으로 일본의 새로운 문물을 보고 돌아왔다. 학부대신과 내부대신 등을 지냈으며, 이상재 등 개화파를 도와 주었다.

신간회 : 1927년 안재홍, 신채호, 권동진 등이 중심이 되어 만든 민족주의 운동 단체이다. 초대 회장에 이상재가 선출되었으며, 우리 민족의 정치적, 경제적 독립을 목표로 하였다.

신사 유람단 : 1881년(고종 18)에 일본의 새로운 문물을 받아들이기 위해 박정양 등 10여 명을 뽑아 일본에 보냈던 시찰단이다.

황국 협회 : 1896년 서재필을 중심으로 조직된 독립 협회가 개화를 외쳐 국민의 신임을 얻자 이를 탄압하기 위하여 조병식 등 보수 세력이 1898년 보부상들을 중심으로 황국 중앙 총상회를 조직했다. 얼마 뒤 황국 협회로 이름을 바꾸고 독립 협회를 방해했으며, 정부의 탄압으로 독립 협회가 해산되자 황국 협회도 해산되었다.

얽힌 이야기 한 토막

이상재는 전국을 돌아다니며 강연회를 열어 백성들에게 독립 정신을 호소하였다. 또 강연장이나 모임 장소에서 날카로운 풍자로 일본 관리나 친일파들을 골탕 먹였다.
하루는 일본군 사령관이 초청한 자리에 참석하게 되었다. 일본군 사령관 우쓰노미야가 잔뜩 거드름을 피우며 말했다.
"감기가 들어서 많이요……."
이상재가 그 말을 듣자마자 말했다.
"사령관, 감기는 대포로 쏘아 잡지는 못하오?"
일본이 우리나라를 무력으로 억누르는 것을 비꼬아 말한 것이다.
이상재는 이완용과 송병준 등 친일파들을 만나면 이렇게 말했다.
"대감들은 도쿄로 이사를 가시는 게 어떻겠소?"
"아니, 갑자기 그게 무슨 말씀이십니까?"
"대감들이 도쿄로 이사를 가면 일본도 곧 망할 것이 아니겠소?"
그것은 그들이 우리나라를 일본에 팔아먹어 나라를 망하게 했던 것처럼, 일본으로 건너가 살면 일본도 팔아넘겨 곧 망하지 않겠느냐고 따끔하게 꼬집는 말이었다.
한번은 종로에 있는 기독교 청년 회관에서 열린 강연회에서 이상재가 사회를 보고 있었다. 그 자리에는 강연회를 감시하기 위해 일본 형사들이 앉아 있었다. 그것을 본 이상재는 잊지 않고 한마디했다.
"이곳에 개나리꽃이 만발했군요!"
순간, 장내는 웃음바다를 이루었다. 이 무렵 사람들은 일본 형사를 '개'라고 비꼬았고, 순경들을 '나리'라고 불렀던 것이다. 개나리꽃이 만발했다는 것은 바로 일본 형사들이 많이 있다는 말이었던 것이다.

외적을 무찔러 얻은 명성으로 조선을 세운 왕이다.

이성계

李成桂 : 1335~1408. 재위 기간 : 1392~1398.
자는 중결. 호는 송헌.

1335년 함경남도 함흥에서 이자춘의 둘째 아들로 태어났다. 이성계는 어려서부터 총명하고 용기가 있었으며, 특히 활 솜씨가 뛰어났다. 1356년(공민왕 5) 이성계는 공민왕의 부름을 받아 고려의 장군이 되었다.

이성계는 1361년 반란을 일으킨 박의를 토벌하면서 이름을 떨치기 시작했다. 이듬해에는 홍건적에게 함락된 개경을 되찾는 데 큰 공을 세웠고, 이어 함경도에 쳐들어온 원나라 장수 나하추의 군사를 함흥 평야에서 크게 물리쳤다. 1364년에는 고려에서 죄를 지어 원나라에 가 있던 최유가 덕흥군을 왕으로 추대하고 원나라 군사 1만 명을 이끌고 쳐들어오자 최영과 함께 달천강에서 크게 무찔렀다. 또 함경도 화주에 쳐들어온 여진족을 물리쳤는데 그 공으로 밀직 부사에 올랐다. 이성계는 또 1377년(우왕 3) 경상도 남해안 일대와 지리산 일대에서 노략질을 일삼는 왜구를 크게 무찔렀다. 이어 1380년에는 서해안에 침입한 왜구를 전라도 운봉에서 물리쳤다. 또 1388년 이성계는 권력을 쥐고 나라를 어지럽히던 염흥방 일당을 최영과 함께 제거하고 계속된 외적의 침입을 물리쳐 백성들의 신임을 얻었다.

그해 명나라가 철령 이북에 있는 우리 땅을 넘보았다. 이에 최영이 랴오둥(요동) 정벌을 주장하자 이성계는 명나라가 큰 나라임을 내세워 반대하였다. 그러나 최영의 주장대로 랴오둥 정벌이 결정되었다. 결국 이성계는 군사들을 이끌고 싸움터로 나갔다. 그러나 위화도에 이르러 왕명을 어기고 군사를 돌이켜 개경으로 돌아와 최영을 죽이고 우왕을 강화도로 유배 보낸 뒤 창왕을 왕으로 세웠다. 이듬해인 1389년 창왕을 내쫓고 공양왕을 세운 이성계는 수문하시중에 올라 최고 권력자가 되었다.

이성계는 1392년 정도전, 조준 등의 추대를 받아 왕위에 올랐으며 이듬해 나라의 이름을 '조선'이라 정하고, 1394년 도읍을 한양으로 옮겼다. 또 불교를 멀리하고 유교를 정치의 근본으로 삼았으며, 농업을 장려하였다. 한편《조선경국전》,《경제육전》등의 법전을 펴내도록 하여 나라를 다스리는 기틀을 마련했다.

1398년 둘째 왕비인 신덕 왕후의 아들인 방석이 세자에 오르자 이에 불만을 품은 다섯째 아들 이방원 (태종)이 난을 일으켰다. 이 난으로 아들 방석, 방번과 아끼던 신하 정도전 등이 죽자 이성계는 상심하여 둘째 아들 방과(정종)에게 왕위를 물려주고 상왕이 되었다. 1400년 태종이 왕위에 오르자 태상왕이 되었으나, 오랫동안 태종에 대한 증오심을 풀지 않았다. 말년에 불교에 전념하다가 1408년 창덕궁에서 세상을 떠났다.

함께 익혀 둡시다

공민왕 : 20쪽 참조.

공양왕 (1345~1394. 재위 기간 : 1389~1392. 이름은 요) : 고려의 마지막 왕이다. 1389년 이성계에 의해 왕위에 올랐으나 모든 권력을 이성계에게 빼앗겼다. 1392년 왕위에서 쫓겨나 삼척으로 유배되었다가 그곳에서 죽었다. 이로써 고려는 34대 475년 만에 멸망하였다.

염흥방 (?~1388. 자는 중창. 호는 동정) : 고려 우왕 때의 권신이다. 홍건적의 난 때 개경을 되찾은 공으로 제학에 올랐다. 권세를 믿고 이인임과 짜고 갖은 못된 짓을 일삼다가 최영, 이성계에게 죽었다.

우왕 (1364~1389. 재위 기간 : 1375~1388. 아명은 모니노) : 고려 제32대 왕으로 공민왕의 아들이며, 10세에 왕위에 올랐다. 최영과 랴오둥 정벌을 추진하다가 위화도에서 회군한 이성계에게 내쫓겼다. 그 뒤 강화도로 귀양 갔다가 죽었다.

위화도 회군 : 최영의 주장으로 명나라 랴오둥(요동) 정벌에 나섰던 이성계가 때마침 장마철이고, 작은 나라가 큰 나라를 칠 수 없다는 등의 이유로 내세워 왕명을 어기고 위화도에서 군사를 돌려 되돌아온 일을 말한다. 개경으로 돌아온 이성계는 최영을 죽인 뒤, 우왕을 쫓아내고 정권을 잡았다. 이를 '위화도 회군'이라 한다. 위화도는 압록강 하구에 있는 작은 섬이다.

정도전 : 290쪽 참조.

창왕 (1380~1389. 재위 기간 : 1388~1389) : 고려의 제33대 왕이다. 위화도에서 회군을 한 이성계, 정도전 등이 추대하여 1388년 왕위에 올랐으나 재위 1년 만인 1389년 고려의 정통 왕족이 아니라는 이유로 강화로 쫓겨났다가 목숨을 잃었다.

최영 : 324쪽 참조.

태종(이방원) : 338쪽 참조.

홍건적 : 원나라 말에 생긴 도적의 무리이다. 붉은 두건을 머리에 둘러 동지의 표지로 삼았기 때문에 '홍건적'이라 부른다. 1368년 홍건적 출신의 주원장이 원나라를 멸망시키고 명나라를 세웠다.

얽힌 이야기 한 토막

왜구들이 한창 극성을 부릴 때였다.
왜구들 가운데 아기발도라는 유명한 장수가 있었다. 우리 군사들은 싸움에서 이기다가도 아기발도가 나타나기만 하면 번번이 싸움에서 밀렸다.
그러던 중 이성계가 이끄는 군사들과 아기발도의 무리가 싸움을 벌이게 되었다.
"저놈은 화살을 맞아도 끄떡이 없구나. 무슨 까닭인지 아느냐?"
이성계가 의형제를 맺은 여진족 출신의 장군 이지란에게 물었다.
"형님, 저놈은 갑옷을 단단히 차려입어서 화살이 비집고 들어갈 틈이 없는 것 같습니다."

"좋은 수가 있다. 내가 먼저 활을 쏘아 저놈의 투구 끈을 끊어 버릴 테니, 투구가 벗겨진 순간에 네가 활을 쏘아라."
이성계는 활을 잘 쏘기로 이름난 장군이었다. 또한 이지란도 이성계에 못지않게 활쏘기에는 자신이 있는 장수였다. 이성계의 말에 이지란은 눈빛을 반짝였다.
이성계가 먼저 활을 쏘았고, 날아간 화살은 정확하게 아기발도의 투구 끈을 끊었다. 끈이 끊긴 아기발도의 투구가 벗겨지는 순간이었다. 이지란이 쏜 화살은 아기발도의 목을 향해 정확하게 날아갔다.
아기발도가 죽자 왜구들은 흩어져 달아나기 시작했다.
이렇게 하여 이성계는 뛰어난 기지와 무예로 그날의 싸움을 승리로 이끌었다.

임진왜란 때 왜군을 무찌른 민족의 영웅이다.

이순신
李舜臣 : 1545~1598. 자는 여해. 시호는 충무.

이순신은 1545년 서울 건천동에서 이정의 아들로 태어났다. 집안 사정이 어려웠지만 이순신은 어머니의 엄격한 교육과 사랑을 받으며 자랐다. 어려서부터 활쏘기를 잘하고 전쟁놀이를 좋아한 이순신은 28세에 무과에 응시하여 시험을 보던 중 달리던 말이 넘어져 실패하고 말았다. 4년 뒤인 1576년 무과에 급제하여 관직에 나간 이순신은 함경도에서 국경을 수비하며 북방의 오랑캐를 막아 냈다. 그 뒤 정읍 현감이 된 이순신은 당시 좌의정 유성룡의 추천으로 1591년 전라좌도 수군절도사가 되었다. 부임하자마자 왜구의 침입을 예상하고 군대를 재정비하고, 거북선을 만들고, 군량미를 확보하는 등 만반의 준비를 하였다.

이듬해 1592년 임진왜란이 일어나자 이순신은 원균, 이억기 등과 함께 옥포에 나가 적과 싸웠다. 첫 싸움인 옥포에서 적선 30여 척을 쳐부수고 크게 승리한 이순신은 사천에서 13척, 당포에서 20척, 당항포에서 100여 척을 쳐부수었다. 사천 싸움에서 거북선을 처음 사용한 이순신은 한산도 앞바다에서 거북선을 앞세워 '학익진'(학이 날개를 편 모양의 진법)이라는 뛰어난 진법으로 적선 47척을 부수고 12척을 나포하였다. 이것이 '한산도 대첩'이다. 부산 앞바다에서 적선 100여 척을 쳐부수는 등 계속된 싸움에서 모두 승리한 이순신은 바다를 완전히 장악하여 왜군의 식량 보급로를 막았다.

그 공으로 삼도 수군통제사에 오른 이순신은 명나라와 왜의 회담이 열리는 동안 병사들을 훈련시키고, 백성들을 돌보는 데 힘을 기울였다. 1597년 정유재란이 일어나자, 이순신은 왜구의 계략과 평소 그를 시기하던 원균의 모함으로 서울로 붙잡혀 갔다. 그때 정탁의 도움으로 목숨을 건진 이순신은 도원수 권율 밑에서 백의종군하게 되었다. 그러나 그해 삼도 수군통제사에 오른 원균이 왜군에게 패해 군사와 함선을 모두 잃자 조정에서는 다시 이순신을 삼도 수군통제사에 임명했다. 그때 조선 수군은 군사 120명에 함선은 12척밖에 남아 있지 않았다. 그러나 이순신은 명량 해전에서 지형을 이용하여 133척의 왜군 함대 가운데 31척을 쳐부수었다. 다시 바다를 장악한 이순신은 명나라 제독 진린과 함께 노량진 앞바다에 모여 있는 왜군을 공격하였다. 뱃머리에 나가 싸움을 독려하던 이순신은 승리를 눈앞에 두고 적의 총탄을 맞고 말았다. 이순신은 죽는 순간까지 '내가 죽었다는 것을 알리지 말라'는 말을 남기고 53세의 나이로 세상을 떠났다.

이순신은 글도 잘 써 《난중일기》와 시조, 한시 등 여러 편의 작품을 남겼다.

함께 익혀 둡시다

거북선 : 임진왜란 전에 이순신 장군이 철로 만든 세계 최초의 공격용 전함이다. 거북선의 구조를 보면, 앞은 용머리 모양을 하고 등에는 쇠못을 꽂아 적이 배에 오르는 것을 막았으며, 입으로 대포를 쏘고, 안에서는 밖을 내다볼 수 있지만 밖에서는 안을 들여다볼 수 없게 되어 있었다. 임진왜란 때인 1592년 사천 싸움에서 처음 사용하였다.

권율 : 30쪽 참조.

《난중일기》 : 임진왜란 때 충무공 이순신 장군이 전쟁터에서 쓴 일기이다. 선조 25년인 1592년 5월 1일부터 1598년 10월 7일까지 기록되어 있는데, 전쟁 상황이나 나라를 사랑하는 마음이 잘 나타나 있다. 현재 현충사에 보관되어 있으며, 국보 제76호 및 세계 기록 유산으로 지정되었다.

백의종군 : 벼슬이 없이 군대를 따라 전쟁에 나가는 것을 말한다.

원균 (?~1597. 자는 평중) : 조선 선조 때의 무신이다. 변방의 오랑캐를 토벌한 공으로 경상 우수사가 되었다. 임진왜란 때 이순신과 함께 왜군을 무찔렀으나, 이순신이 삼도 수군통제사에 오르자 이를 시기하여 모함하였다. 1597년 삼도 수군통제사에 올랐으나 적의 전술에 말려들어 칠천량 싸움에서 크게 패해 전사했다.

유성룡 : 208쪽 참조.

이억기 (1561~1597. 자는 경수. 시호는 의민) : 조선 선조 때의 무신이다. 임진왜란 때 전라 우수사로 이순신을 도와 옥포, 당포, 당항포, 안골포 등의 싸움에서 크게 승리를 거두었다. 정유재란 때 통제사 원균과 함께 칠천량 싸움에서 왜군에 맞서 싸우다 전사하였다.

정유재란 : 임진왜란 때 우리 군사들이 명나라군과 함께 서울을 회복하자 남해안으로 후퇴한 왜군은 명나라와 휴전 협상을 벌였다. 그러나 휴전 협상이 깨지면서 1597년(선조 30) 가토 기요마사는 14만여 명을 이끌고 다시 쳐들어왔다. 왜군은 조선과 명나라 연합군의 저항에 막혀 진격하지 못하고 남해안에서 노략질을 일삼다가 1598년 도요토미 히데요시가 죽자 일본으로 돌아갔다.

정탁 (1526~1605. 자는 자정. 호는 약포, 백곡. 시호는 정간) : 조선 중기의 문신으로 이황에게서 글을 배웠고, 대사헌 등을 거쳐 좌의정에 올랐다. 임진왜란 때 이순신, 곽재우, 김덕령 등 명장을 등용하여 전쟁을 승리로 이끄는 데 밑바탕을 만들었다.

진린 (?~?) : 명나라의 무장이다. 임진왜란 때 명나라 수군을 이끌고 와서 우리나라를 도왔다.

한산도 대첩 : 임진왜란 때인 1592년 한산도 앞바다에서 왜군을 크게 무찌른 싸움을 말한다. 이순신은 경상남도 고성의 견내량에 있던 왜군 함대 70여 척을 한산도 앞바다로 유인해 낸 뒤 학익진을 펴며 일제히 공격하여 왜군을 크게 물리쳤다. 진주성 싸움, 행주 대첩과 함께 임진왜란 3대첩 중 하나로 불린다.

얽힌 이야기 한 토막

임진왜란 때 명나라 구원군 가운데 진린이라는 수군 제독이 있었다. 진린은 조선 사람들을 비웃었으며, 반드시 이순신의 콧대를 꺾어 놓겠다고 잔뜩 벼르고 있었다.

그러나 진린은 이순신과 만나는 순간 생각을 달리했다. 이순신의 당당하고 위엄이 넘치는 풍모에 우선 기가 죽었고, 자신과 명나라 군사를 대하는 이순신의 태도가 너무 겸손하고 정중하였기 때문이었다. 게다가 이순신은 모든 전공을 진린에게 돌려 그의 벼슬이 올라가게 해 주었다.

어느 날, 백성들이 이순신을 찾아와 억울함을 하소연했다. 명나라 군사들이 우리 군사들과 백성들을 함부로 때리고, 욕을 보이고, 약탈을 일삼는다는 것이었다.

우리 군사와 명나라 군사가 충돌할 것을 우려한 이순신은 한 가지 꾀를 생각해 냈다. 이순신은 백성들에게 세간을 모두 싼 뒤 처자들을 데리고 이리돈기 떠나는 척하라고 일렀다. 또한 군사들에게도 진영을 옮길 준비를 하라고 일렀다. 이순신의 갑작스러운 행동에 놀라 달려온 진린이 그 이유를 물었다.

"이 섬(고금도)에 있는 우리 군사와 백성들이 모두 명나라군 사들의 천대를 이기지 못하여 떠나려 하니, 나도 그들을 보호하기 위해 떠나갈 수밖에 더 있습니까?"

"이 통제사! 고정하시오. 이 통제사가 떠나시면 나는 어떻게 합니까? 내가 우리 군사들을 엄히 다스리겠습니다."

"장군! 그러면 명나라 군사들의 감독권을 나에게 주십시오."

진린은 쾌히 승낙했다. 이후 이순신의 지휘를 받은 양국 군사들은 전혀 흐트러짐 없이 싸움에 나가 큰 승리를 거두었다.

독립운동가이자 우리나라의 첫 대통령이다.

이승만
李承晚 : 1875~1965. 호는 우남. 초명은 승룡.

이승만은 1875년 황해도 평산에서 이경선의 외아들로 태어났다. 이승만은 3세 때 부모를 따라 서울로 올라와 서당에 다니다가, 신학문을 배우기 위해 1894년 배재 학당에 입학하였다. 그리고 졸업 후 그 학교의 영어 교사가 되었다.

1895년 일본이 명성 황후를 시해하자, 이승만은 국모를 살해한 원수를 갚고 친일 정권을 몰아내기 위해 시위를 벌이다 지명 수배되었다. 이 무렵 기독교인이 된 이승만은, 미국에서 돌아온 서재필의 개화사상에 감명을 받고 서재필이 만든 협성회와 독립 협회에 가입하였다. 그리고 〈협성회보〉와 〈매일신보〉의 주필로 활동하며 만민 공동회를 여는 등 독립 사상을 북돋우며 민중 계몽 운동에 앞장섰다. 또한 이승만은 부패하고 무능한 정부를 비판하다가 1898년 황국 협회의 모함으로 붙잡혀 종신형을 선고받았다. 그러나 1904년 민영환의 도움으로 풀려나 고종의 밀서를 가지고 미국에 건너갔다. 이승만은 루스벨트 미국 대통령을 만나 일본을 물리치는 데 도와줄 것을 호소했으나 뜻을 이루지 못했다.

미국에 머물면서 이승만은 조지 워싱턴 대학과 하버드 대학 등에서 공부하고 프린스턴 대학에서 철학 박사 학위를 받았다. 1910년 한일 합방 뒤 귀국한 이승만은 조선 기독교 청년 연합회(YMCA)에서 후배들을 지도하였다. 이승만은 1912년 일본이 조작한 105인 사건으로 검거되었으나, 미국인 선교사의 도움으로 풀려 났다. 그해 미국에서 열린 세계 감리교 대회에 참가하기 위해 다시 미국으로 건너갔다.

이승만은 1913년 하와이로 건너가 교육과 언론 활동에 힘쓰다 3·1 운동 후 국내에서 조직된 한성 정부와 상하이 대한민국 임시 정부 등에서 각각 최고 책임자인 대통령, 총리 등을 지냈다. 그러나 이승만은 자신의 생각과 임시 정부의 정책이 맞지 않자 미국에서 단독으로 항일 운동과 외교 활동을 펼쳤다.

1945년 광복이 되자 우리나라로 돌아온 이승만은 남한 단독 정부가 수립되면서 1948년 대한민국 초대 대통령에 당선되었다. 이후 이승만은 공산주의 운동을 철저히 막았으며, 일본에 대하여 강경 자세를 취하였다. 6·25 전쟁이 일어나자 이승만은 미국과 유엔의 도움을 요청했다.

1952년 이승만은 계엄령을 선포한 뒤 헌법을 고쳐 대통령에 다시 당선되었고 1960년 4선 대통령에 당선되었다. 그러나 부정 선거에 반발하여 4·19혁명이 일어나자 대통령에서 물러나 하와이로 망명했다가 그곳에서 죽었다.

함께 익혀 둡시다

계엄령 : 전쟁이나 반란이 일어나 나라가 위기에 처했을 때 사회의 안녕과 질서를 위해서 대통령이 선포하는 명령이다. 계엄령이 선포되면 계엄 사령관이 그 지역을 다스린다.

독립 협회 : 1896년 서재필, 이상재, 윤치호 등이 중심이 되어 만든 정치 사회 단체이다. 외세의 침략을 막고 국가의 독립과 민족의 자립을 목표로 여러 운동을 펼쳤다. 〈독립신문〉을 발간하고 독립문을 세웠으며, 1898년에는 만민 공동회를 열어 민주주의 사상을 보급하기도 했다.

만민 공동회 : 1898년 독립 협회가 서울 종로에서 연 민중 대회이다. 3월에 처음 열린 만민 공동회에는 서울 시민 1만여 명이 참여하여 외국의 침략을 규탄하고 우리나라의 자주 독립을 결의하였다. 또 토론회를 열고, 연설회를 갖는 등 민주주의 사상을 보급하기도 했다.

민영환 : 114쪽 참조.

105인 사건 : 1911년 일본이 민족 운동을 탄압하려고 조작한 사건이다. 1910년 12월 안명근이 군자금을 모으다 잡혔는데, 일본이 이 사건을 확대해 민족주의 인사들이 압록강 철교 준공식에 참석하러 신의주로 가는 데라우치 총독을 암살하려 했다고 날조했다. 그리하여 평안도 지방의 민족주의 인사 600여 명을 체포하고 이들을 고문해서 허위 자백을 받아 냈다. 그리고 윤치호, 양기탁, 이승훈 등 신민회 회원 105명을 감옥에 가두었다.

4·19 혁명 : 1960년 4월 19일, 학생을 비롯한 국민들이 이승만 자유당 정권의 독재와 부정부패, 부정 선거에 항의하여 벌인 민주 항쟁이다. 4월 19일에 절정에 달했으며, 4월 26일 마침내 이승만 대통령이 물러났다.

서재필 : 150쪽 참조.

협성회 : 1896년 11월 배재 학당(배재 고등학교) 강사로 나간 서재필이 학생들의 교육을 목적으로 만든 토론회이다. 협성회는 그 학교 교사로 있던 이승만 등이 참여하면서 서울의 청년 학생들을 교육하고 계몽하는 단체로 발전하여 우리나라 인재를 기르는 데 크게 이바지하였다.

얽힌 이야기 한 토막

4·19 혁명이 일어난 지 일주일 만에 이승만 대통령은 시위 군중에서 뽑힌 5명의 청년들과 만났다.
"젊은이들이 원하는 것이 무언가? 결국 나더러 물러나라는 것인가?"
"그렇습니다. 국민들은 현 정권이 하루 속히 물러나기를 바라고 있습니다. 국민들은 대통령께서 독재를 한다고 못마땅하게 여기고 있습니다. 이번에 실시한 3·15 총선거만 하더라도……."
"이번 선거에 부정이 있었다는 것은 나도 알고 있네. 부정을 보고도 가만히 있는 국민은 못쓰지. 젊은이라면 가만히 있으면 안 되네."
"그래서 그 부정을 고치려고 이렇게 젊은이들이 일어났습니다. 그런데 경찰들이 마구 총을 쏘고 있습니다. 바로 제 곁에 있던 친구가 대한민국 경찰이 쏜 총에 맞아 피를 흘리며 죽었습니다."
학생의 말은 계속 이어졌지만 늙은 대통령의 귀에는 고막을 찢을 듯한 총소리만이 들렸다. 이승만은 급히 아랫사람을 불러 이게 웬 총소리냐고 물었다. 시위 군중들이 대통령을 만나겠다고 경무대 정문으로 몰려왔기 때문에 총을 쏜 것이라고 대답하자 이승만은 버럭 화를 냈다.
"누가 총을 쏘라고 하였나? 쏘면 안 돼! 부정을 보고도 일어설 줄 모르는 민족은 죽은 민족이야! 도대체 누가 누구를 총으로 쏜단 말인가? 모두들 미쳤군."
"대통령 각하, 각하께서 모든 책임을 지시고 물러나는 길밖에 도리가 없다고 생각합니다."
이승만은 당차게 말하는 그 학생을 오랫동안 쳐다보다가 무겁게 입을 열었다.
"결국, 그것이 국민들의 소원인가?"
"그렇습니다."
그 학생은 조금의 주저도 없이 대답했다.
"국민이 원한다면……, 내 물러나지!"
이렇게 하여 이승만은 오랜 정치 생활을 마치고, 미국 하와이로 망명의 길을 떠났다.

독립운동에 자금을 댄 사업가이며 훌륭한 교육자이다.

이승훈

李昇薰 : 1864~1930. 아명은 승일. 본명은 인환.
자는 승훈. 호는 남강.

이승훈은 1864년 평안북도 정주의 가난한 집안에서 이석주의 아들로 태어났다. 어려서 한문을 공부하던 이승훈은 일찍이 부모를 여의고 16세 때 놋그릇을 파는 상점의 점원이 되었다. 이어 30세 무렵 독립하여 상점과 공장을 차려 10여 년 동안 놋그릇을 팔아 재산을 꽤 모았으나, 청일 전쟁으로 모두 잃고 말았다.

선천의 갑부 오희순의 도움을 받아 상점과 공장을 다시 세운 이승훈은 1901년 평양에서 무역업을 시작하였다. 진남포에 지점을 설치하는 등 이승훈은 서울과 인천을 오가며 착실히 사업에 성공하여 마침내 대실업가가 되었다. 그러나 1904년 러일 전쟁이 일어나 또다시 재산을 모두 잃고 고향으로 돌아갔다.

실의에 빠져 있던 이승훈에게 1907년 평양에서 있었던 안창호의 연설은 인생을 바꿔 놓는 계기가 되었다. 교육이 나라를 살린다는 연설에 크게 감명받은 이승훈은 당장 상투를 자르고 금주, 금연을 실천에 옮기는 한편, 안창호, 이동녕, 이동휘 등이 만든 비밀 단체인 신민회에 들어갔다. 또한 평양에서 용동으로 돌아와 신식 교육을 위해 서당을 바꾸어 강명 의숙을 열었다. 이어서 오산 학교를 세워 교장이 된 이승훈은 조만식, 이종성, 이광수 등과 함께 많은 인재들을 길러 냈다.

1911년 안악 사건에 관련되어 제주도로 유배되었고, 그해 105인 사건으로 10년형을 선고받고 4년여 동안 옥살이를 하였다. 감옥에서 풀려난 이승훈은 오산 학교에 돌아와 학교와 교회 일에 열성을 쏟았고, 세례를 받고 장로가 되었으며, 신학을 공부하기 위해 평양 신학교에 들어갔다.

1919년 3·1 운동 때에는 기독교를 대표하여 민족 대표 33인의 한 사람으로 참여하여 민족 운동을 이끌었다. 3·1 운동으로 체포된 이승훈은 옥살이를 하다가 1922년 석방되어 오산 학교로 돌아갔다.

1924년 이승훈은 김성수의 부탁으로 〈동아일보〉의 사장이 되어 1년간 〈동아일보〉를 운영하기도 하였다. 이때 물산 장려 운동, 민립 대학 세우기 운동에 가담하기도 하였으며, 조선 교육 협회 일에도 참여하였다.

〈동아일보〉사장에서 물러난 이승훈은 오산 학교 운영에 온 힘을 쏟다가 1930년 세상을 떠났다. 이승훈은 죽기 전에 자신의 유골을 해부하여 생리학 표본으로 만들어 학생들의 학습에 이용하라는 유언을 남겼다. 그러나 일본이 그것을 금지하여 뜻을 이루지 못하고 사회장으로 오산 학교 교정에 묻혔다.

1962년 건국 훈장 대한민국장이 주어졌다.

함께 익혀 둡시다

김구 : 34쪽 참조.

러일 전쟁 : 1904년에 한반도와 만주에 대한 지배권을 둘러싸고 러시아와 일본이 벌인 전쟁이다. 1905년 미국 루스벨트 대통령의 중재로 강화 조약을 맺었다. 그 결과 일본은 우리나라에 대한 지배권을 국제적으로 묵인받게 되었다.

안악 사건 : 1910년 안명근이 나라를 팔아먹은 이완용 등을 암살하고 북간도로 가서 독립군을 양성하기 위해 황해도 안악을 중심으로 자금을 모으던 중 붙잡혔다. 그 일로 안명근, 배경진, 박만준, 한순직 등이 체포되었다. 일본은 당시 황해도 중심의 민족 교육 운동을 탄압하기 위해 이 사건을 날조하였다. 그러나 안명근 등이 끝내 부정하자 일본은 안악을 중심으로 애국 인사 160여 명을 거짓 죄명으로 잡아들였다. 이 사건을 '안악 사건'이라 하며, 일본은 이 일을 평안도까지 넓혀 애국 인사를 탄압하였다. 그때 비밀 단체인 신민회 조직이 드러나자 데라우치 총독을 암살하려 했다고 거짓으로 사건을 꾸며 신민회 회원 105인을 붙잡아 가두는 '105인 사건'을 만들어 냈다.

안창호 : 186쪽 참조.

오산 학교 : 원래 이승훈이 평안도 정주에 세웠던 학교였으나, 지금은 용산구에 있다. 오늘날 이름은 오산 고등학교이다. 기울어 가는 나라를 되살리기 위해서는 민족 교육이 최우선이라는 이승훈의 뜻에 따라 세워졌다. 교사와 학생이 3·1 운동에 앞장서서 민족정신을 드높였고, 해방 후에는 공산주의자들의 탄압에 맞서 시위를 벌이기도 했다.

이동녕 (1869~1940. 자는 봉소. 호는 석오) : 독립운동가로, 충청남도 천안에서 태어났다. 북간도 용정에서 서전 의숙을 세워 교육에 힘쓰다가 귀국하여, 1909년 안창호, 김구 등과 함께 신민회를 만들어 애국 계몽 운동에 앞장섰다. 1910년 만주로 건너가 신흥 학교를 세워 소장으로서 독립군 양성과 교포 교육에 힘썼다. 상하이 임시 정부 국무총리, 주석 등을 맡으며 김구와 함께 조국 광복을 위하여 싸우다가 병으로 숨졌다. 1962년 건국 훈장 대통령장이 주어졌다.

이동휘 (1872~1935. 호는 성재) : 독립운동가로 함경남도 단천에서 태어났다. 대한 제국 육군 참령으로 있을 때 군대가 해산되자 강화도에서 의병을 일으킬 계획을 세우다 붙잡혀 유배되었다. 미국인 선교사의 도움으로 풀려난 뒤 1909년 안창호 등과 신민회를 만들어 애국 계몽 운동에 앞장섰다. 1920년 상하이 임시 정부 국무총리에 올랐다.

조만식 : 308쪽 참조.

청일 전쟁 : 1894년에 우리나라에서 일어난 동학 농민 운동의 진압 문제로 청나라와 일본이 벌인 전쟁이다. 이 싸움에서 일본이 청나라를 물리치고 승리하였다.

얽힌 이야기 한 토막

어릴 때 부모님을 여의고 혼자가 된 이승훈은 10세 때까지 할머니 밑에서 자랐다. 그러나 할머니마저 돌아가시자 이승훈은 의지할 데가 전혀 없었다.
동네 사람들은 그의 처지를 가엾게 여겼지만 당시는 모두가 살기 어려웠던 때라 아무도 선뜻 나서서 그를 도와주려 하지 않았다.
이승훈은 놋그릇을 만드는 집에 심부름꾼으로 들어갔다. 이승훈은 주인이 쓰다 버린 종잇조각을 주워 모아 거기에 글씨 공부를 하였다. 주인은 그런 이승훈을 격려해 주었다.
"너는 글씨를 참 곱게 쓰는구나. 지금 쓰는 붓은 너무 작으니 좀 큰 붓을 사 주마."
주인은 이승훈에게 붓과 비싼 종이를 사다 주었다. 그래도 이승훈은 종이 모으는 일을 그만두지 않았다.
"네 앞에서는 흰나비도 날지 못하겠구나. 나비도 종이로 보일 테니까 말이다."
어른들은 작은 종잇조각만 보아도 부리나케 주워 모으는 이승훈을 기특하게 여겼고, 주인도 손님들에게 그런 이승훈을 자랑했다.
"저 애는 자기 일을 스스로 알아서 잘 하지요. 나는 여태껏 저 애한테 무엇 하나 이래라 저래라 시킨 적이 없어요."
이승훈은 이런 성실함으로 많은 돈을 모으게 되었고, 그 돈으로 독립운동의 자금을 대고 학교를 세울 수 있었다.

을사오적의 한 사람으로, 매국 행위에 앞장선 친일파이다.

이완용
李完用 : 1858~1926. 자는 경덕. 호는 일당.

이완용은 1858년 경기도 광주에서 이석준의 아들로 태어났다. 1882년 과거에 급제한 이완용은 주서, 규장각 대교 등 여러 벼슬에 올랐다. 1886년 이완용은 외국 문물을 받아들이려면 외국어를 알아야겠다고 생각하고 육영 공원에 들어가 영어와 신학문을 배웠다. 이완용은 이듬해 주미 전권 공사 박정양을 따라 미국에 갔으나 1년 만에 병으로 돌아왔다.

주차 미국 참찬관으로 다시 미국으로 건너가 대리 공사로 승진한 뒤 1890년에 귀국한 이완용은 형조 참판 등을 거쳐 1894년 외무협판, 이듬해 학부대신 등에 올랐다. 1895년 일본이 명성 황후를 시해하자 이완용은 미국 공사관으로 피신했다. 그리고 1896년 고종을 러시아 공사관으로 옮기게 한 뒤 다시 외부대신 겸 학부대신에 올랐다. 한때 독립 협회의 일도 보았으나 각종 이권을 강대국에게 넘겨준 책임으로 제명되었다.

1897년 고종이 러시아 공사관에서 돌아와 대한 제국을 수립하자, 이완용은 친러파로 몰려 평안남도 관찰사 등 지방직으로 물러났다. 1901년 다시 중앙의 관직으로 돌아온 이완용은 1905년 학부대신으로 을사조약 체결을 주도하였다. 그리하여 이완용은 을사오적의 한 사람으로 많은 사람들로부터 손가락질을 받았다. 그 후 이완용은 의정부 참정을 지냈으며, 1907년 통감 이토 히로부미의 추천으로 총리대신이 되었다.

그해 고종이 네덜란드 헤이그에서 열린 만국 평화 회의에 특사를 보낸 것이 알려지자 이완용은 일본의 지시대로 일진회 회장 송병준 등과 고종에게 책임을 묻고 황위에서 물러날 것을 강요하였다. 고종이 물러나고 순종이 즉위한 뒤 이완용은 일본과 조약을 맺어 우리나라 군대를 해산시켰다. 그 공로로 일본 정부로부터 '욱일동화장'이란 훈장을 받았다. 그러나 이완용의 매국 행위에 분노한 백성들은 이완용의 집에 불을 질렀고 전국에서 의병이 일어났다. 1909년 이완용은 매국 행위에 분노한 독립운동가 이재명의 칼을 맞았으나 목숨을 건졌다.

이듬해 총리대신으로 정부 전권 위원이 된 이완용은 일본과 한일 병합 조약을 체결하여 나라를 일본에게 넘겨주었다. 그 공으로 일본 정부로부터 백작의 칭호를 받았다. 그리고 조선 총독부 중추원 고문을 거쳐 조선 귀족원 회원을 지냈다. 그 뒤 후작에 오른 이완용은 조선과 일본의 융화를 내세워 조선 황족과 일본 황족 간의 혼인을 권장하는 등 죽을 때까지 일본에 충성을 다했다.

함께 익혀 둡시다

을사오적 : 1905년 을사조약에 찬성한 5명의 대신들로, 이완용, 박제순, 이지용, 이근택, 권중현을 말한다.

을사조약 : 1905년 일본이 우리나라의 외교권을 빼앗아 간 불평등 조약이다. 조약을 맺기 위해 모인 대신 회의에서 한규설이 강력히 반대하자 이토 히로부미는 일본군을 동원하여 궁궐을 포위하였다. 이어 이토 히로부미는 끝까지 반대하는 한규설을 강제로 끌어내고 이완용, 박제순, 이지용, 이근택, 권중현의 찬성을 받아 조약을 맺었다. 5개 항으로 되어 있는 이 조약의 주 내용은 일본 정부가 조선 정부를 대신하여 외교에 관한 모든 일을 맡는다는 것과 조선에 일본인 통감을 둔다는 것이다.

이재명 (1890~1910) : 독립운동가로 평안북도 선천에서 태어났다. 1904년 미국으로 이민을 갔다가 일본이 강제로 협약을 맺어 우리나라의 주권을 빼앗고 있다는 소식을 듣고 나라의 권리를 되찾기 위해 1907년 귀국하였다. 1909년 12월 명동 성당에서 벨기에 황제 레오폴드 2세의 추도식을 마치고 나오는 이완용을 습격하여 칼로 찌르고 만세를 부르다가 일본 경찰에 붙잡혔다. 재판에서 사형을 선고받고 1910년 순국하였다. 1962년 건국 훈장 대통령장을 받았다.

일진회 : 친일파 송병준이 1904년에 만든 친일 단체이다. 처음에는 이름을 '유신회'라고 지었으나 곧 일진회로 고치고 이용구가 이끄는 진보회를 흡수하였다. 이로써 조직이 커지자 일본의 후원을 받으며 본격적으로 친일 활동을 벌였다. 을사조약을 찬성하고, 한일 합방을 순종에게 건의하는 등 매국 행위를 하다가 1910년 해체되었다.

한일 병합 조약 : 1910년 총리대신 이완용과 통감 데라우치 사이에 맺은 대한 제국과 일본 간의 합병 조약이다. 8개의 조항으로 구성되어 있는데, 대한 제국의 통치권을 넘겨주고 황족과 귀족들을 후하게 대접한다는 것을 주요 내용으로 하고 있다. 이로써 대한 제국이 멸망하고 우리나라는 일본의 식민 통치를 받게 되었다.

헤이그 특사 파견 : 1907년 고종은 비밀리에 이준, 이상설, 이위종을 네덜란드 헤이그에서 열린 제2차 만국 평화 회의에 특사로 파견하였다. 이들은 그때 을사조약이 일본의 강압에 의한 것임을 밝히려 했으나, 영국과 일본의 방해로 회의에 참석하지 못했다. 또한 그 일로 고종 황제는 순종에게 황위를 물려주어야만 했다.

얽힌 이야기 한 토막

일본과의 조약 체결을 위한 대신들의 회의가 한규설의 강력한 반대로 다시 한번 '불가(不可)'로 끝이 났다. 그 소식을 듣고 화가 머리끝까지 난 이토 히로부미는 직접 달려와 회의를 주재하였다. 한규설이 끝내 강력히 반대하자 이토 히로부미는 부하들을 시켜 한규설을 밖으로 끌어냈다. 그리고 대신들을 하나하나 돌아보며 물었다.

그다지 시원한 대답을 듣지 못해 얼굴을 잔뜩 찌푸리고 있는 이토 히로부미에게 이완용이 말했다.

"만약 이 조약의 내용을 약간 고친다면 찬성하겠소. 우리 황실의 존엄을 지켜 준다는 조항을 삽입하여야 하오."

그 순간 이토 히로부미의 얼굴이 반가움에 활짝 펴졌다.

"학부대신의 말씀이 타당합니다. 마땅히 고칠 것은 고쳐야지요."

그러고는 즉석에서 붓을 들고 제 마음대로 서너 군데를 고쳤다. 그런 다음 다른 대신들에게 의견을 묻고는 마음대로 결정해 버렸다.

"이것은 찬성 5, 반대 3이니, 통과한 것으로 알겠소!"

이토 히로부미는 곧바로 궁내부 대신 이재극을 시켜 고종에게 내각 회의에서 그 안건이 통과되었음을 알렸다. 또한 찬성한 다섯 대신들에게도 도장을 찍도록 강요했다. 이렇게 해서 을사조약이 맺어졌다.

죽음으로 일본에 항거하고 민족 의지를 노래한 시인이다.

이육사
李陸史 : 1904~1944. 본명은 활 또는 원록. 자는 태경. 호는 육사.

이육사는 1904년 경상북도 안동에서 이가호의 둘째 아들로 태어났다. 어려서 할아버지에게 한학을 배웠고, 영천에 있는 백학 학교, 보문 의숙, 대구 교남 학교에서 공부하였다.

1925년 형 원기, 동생 원유와 함께 대구에서 독립운동 단체인 의열단에 들어간 이육사는 대구를 중심으로 많은 활동을 하였다. 그러다가 1926년 중국 베이징으로 건너가 베이징 조선 군관 학교에 입학하였다.

이듬해 귀국한 이육사는 장진홍이 일으킨 조선 은행 대구 지점 폭파 사건에 관련되어 대구 형무소에서 3년간 옥살이를 하였다. 그때의 수인 번호 264를 따서 자기의 호를 '육사'라고 지었다.

그 밖에도 1929년 광주 학생 운동에 연관되어 옥살이를 하는 등 이육사는 모두 17차례에 걸쳐 옥고를 치렀다. 감옥에서 나온 이육사는 다시 중국으로 건너갔다. 그리고 베이징 대학 사회학과에 입학하여 루쉰 등과 사귀는 한편 계속해서 독립운동을 펼쳤다.

국내로 돌아온 이육사는 처음에는 소설을 썼으나, 1930년 〈조선일보〉에 〈말〉이란 시를 발표하면서 시를 쓰기 시작하였다. 1935년 이육사는 '육사'란 이름으로 잡지 〈신조선〉에 시 〈춘수삼제〉, 〈황혼〉 등을 발표하면서 본격적으로 작품 활동을 전개하였다. 그 후 신문사와 잡지사에서 일하면서 시뿐만 아니라 논문과 시나리오까지 손을 대었다. 또 루쉰의 소설 《고향》을 우리말로 옮겨 소개하기도 하였다.

이육사는 윤곤강, 김광균 등과 함께 1937년 동인지 〈자오선〉을 발간하였다. 그 무렵 이육사는 유명한 작품인 〈청포도〉를 비롯하여 〈교목〉, 〈광야〉 등을 발표하였다.

자주 중국을 오가며 독립운동을 하던 이육사는 1943년 가을 잠시 서울에 돌아왔다. 그때 일본 영사관 형사에게 민족 운동을 했다는 죄목으로 붙잡혀 베이징으로 이송되었다. 그곳에서 옥살이를 하던 이육사는 해방을 1년 앞둔 1944년 베이징 감옥에서 세상을 떠났다.

이육사는 끝까지 민족의 양심을 지키며 죽음으로 일본에 항거한 시인이다. 전원적이면서도 웅장한 언어로, 다시 일어서고야 말 우리 민족의 힘찬 의지를 노래했다. 안동시에 육사 시비가 세워졌으며, 1946년 동생 이원조가 유고 시집인 《육사 시집》을 간행했다. 1990년 건국 훈장 애국장이 주어졌다.

함께 익혀 둡시다

광주 학생 운동 : 1929년 10월 29일 광주에서 기차를 타고 통학하던 조선 여학생을 일본 중학생이 놀리자, 이를 보고 분노한 조선 남학생과 일본 학생들 사이에 싸움이 일어났다. 이것이 불씨가 되어 11월 3일 광주에서 조선 학생들이 일본에 항거하는 시위를 벌였다. 이를 '광주 학생 운동'이라 한다.

루쉰 (1881~1936) : 중국의 근대 문학을 대표하는 작가이다. 일본에 유학하여 의학을 배우다가 문학에 뜻을 두어 글을 쓰기 시작하였다. 민중을 사랑하는 마음, 사회와 인간의 나쁜 면에 대한 증오와 이에 맞서는 정신을 주로 다루었다. 대표작으로 《아큐정전》, 《광인일기》 등이 있다.

의열단 : 1919년 만주 지린 성에서 조직된 항일 독립운동 단체이다. 김원봉 등 13명이 주동이 되었는데, 일정한 본거지가 없이 활동했으며, 일본의 관청을 폭파하고, 일본 관리나 친일파 관리의 암살을 목적으로 삼아 일본인들에게는 공포의 대상이었다.

〈자오선〉 : 1937년 11월에 창간된 시 동인지이다. 박재륜, 서정주, 김광균, 윤곤강, 오장환, 이육사, 신석초, 이성범, 이상, 이병각 등이 함께 활동했다. 실렸던 작품은 오장환의 〈황무지〉, 이성범의 〈이상애도〉, 이육사의 〈노정기〉, 서정주의 〈입맞춤〉 등 33편이었다.

이육사의 생가

얽힌 이야기 한 토막

이원록(이육사의 본명)은 시를 쓰는 청년이면서 한편으로 대구 의열단의 일원으로 맹렬하게 활동한 독립투사이기도 했다. 이원록은 장진홍의 조선 은행 대구 지점 폭파 사건에 관련된 혐의로 체포되어 옥에 갇혔다. 감옥에서 나온 이원록은 그 동안 마음속에 담아 두었던 시를 쓰기 시작했다.
'내 조국을 잃었으니 부모님께 받은 이름을 쓰는 것조차 욕되구나. 시를 발표할 때는 이름을 바꾸어야겠다. 무슨 이름이 좋을까?'

순간 이원록의 머릿속에 퍼뜩 떠오르는 생각이 있었다.
'그래, 이육사로 하자. 내가 형무소에 있을 때 수인 번호가 264번이 아니었던가! 일본 놈들의 만행을 영원히 잊지 않도록 그 번호를 이름으로 삼자!'
이렇게 하여 이원록 청년은 이육사라는 이름으로 시를 발표하기 시작하였다.
시인 이육사는 끓어오르는 분노와 민족의 독립 의지를 담은 시들을 발표하여 많은 민중들을 감동시켰다.

'동방의 성인'으로 칭송되며, 조선을 대표하는 대학자이다.

이이

李 珥 : 1536~1584. 아명은 현룡. 자는 숙헌. 호는 율곡, 석담. 시호는 문성.

이이는 1536년 외가인 강릉 오죽헌에서 아버지 이원수와 어머니 사임당 신씨 사이에서 태어났다. 어머니 사임당은 검은 용이 바다에서 집으로 날아 들어오는 꿈을 꾸고 이이를 낳았다고 한다. 어머니에게 글을 배우기 시작한 이이는 3세 때 〈석류〉라는 시를 지어 신동이라는 말을 들었다. 1548년에 과거 시험에서 장원한 것을 시작으로 이이는 9차례나 과거를 보았는데 모두 장원 급제하여 '구도장원공'이라 불렸다.

이이는 호조 좌랑을 시작으로 승정원 우부승지, 청주 목사, 황해도 관찰사 등 중요한 관직을 두루 거쳤다. 이이는 정치에 대한 탁월한 지식과 왕의 두터운 신임을 바탕으로 40세 무렵에는 앞장서서 나라를 이끄는 인물로 떠올랐다. 이이는 관직에 있으면서 《동호문답》, 《만언봉사》, 《성학집요》 등을 지어 국정 전반에 관한 개혁안을 왕에게 제시하였다.

그 당시 조정은 당파 싸움으로 매우 혼란스러웠다. 이에 나라의 앞날을 걱정한 이이는 당파 싸움을 중지시키려고 많은 노력을 기울였으나 큰 성과를 거두지는 못했다. 게다가 이이가 건의한 개혁안도 받아들여지지 않자 이이는 벼슬을 그만두고 경기도 파주 율곡리로 내려갔다. 이후 한동안 이이는 본가가 있는 파주와 처가가 있는 해주를 오가며 백성들을 가르치고 올바른 길로 이끄는 데 힘썼다.

또 이이는 해주에 은병 정사를 지어 제자들을 가르쳤다. 이이는 관직에 있으면서도 학문 연구에도 힘써 퇴계 이황, 화담 서경덕과 함께 조선을 대표하는 성리학자로 불린다.

대사간으로 다시 벼슬길에 나아간 이이는 호조, 이조, 형조, 병조 판서 등을 지냈다. 이이는 1583년 선조에게 나라를 다스리는 데 필요한 '시무 육조'를 지어 바쳤다. 또한 왜구의 침입에 대비하여 군사를 양성해야 한다고 주장하기도 했다. 그러나 이이의 주장은 정책에 반영되지 못해 별 성과를 거두지 못하였다.

1584년 이이는 병이 들어 49세의 나이로 세상을 떠났다.

이이가 지은 책으로는 《율곡전집》, 《성학집요》, 《격몽요결》, 《소학집주》, 《동호문답》 등이 있고, 시조로 〈고산 구곡〉을 남겼다.

함께 익혀 둡시다

서경덕 : 146쪽 참조.

시무 육조 : 조선 선조 때 이이가 자신의 학문을 바탕으로 시급히 고쳐야 하거나 새롭게 개혁해야 할 나랏일에 관한 6개 조항을 적어 왕에게 올린 글이다.

은병 정사 : 이이가 제자들을 가르치기 위해 해주에 세운 학당이다. 엄격한 규칙을 바탕으로, 가장 나이가 많은 사람이나 학문이 뛰어난 사람을 당장(오늘날 회장)으로 뽑아 당장 중심으로 자율적인 교육이 이루어졌다. 매월 회의를 열어 학문의 진도나 성과를 평가하였으며, 말과 행동, 교우 관계 등에 관한 상세한 규범이 있었다.

이황 : 272쪽 참조.

《성학집요》

얽힌 이야기 한 토막

선조가 나라를 다스린 지 17년이 되던 해, 율곡 이이는 병을 얻어 병석에서 신음하고 있었다.

하루는 율곡의 병이 심상치 않다는 소식을 듣고 서익이란 사람이 율곡을 찾아왔다. 서익은 순문관이라는 벼슬에 있던 사람으로 평안도, 함경도를 순찰하기 위해 길을 떠나면서 문병차 들렀던 것이다.

율곡이 자신을 찾아온 서익에게 말했다.

"내가 수명을 오래 타고나지 못하였으니, 이것이 마지막일지 모르겠소."

"무슨 말씀을 그렇게 하십니까? 신생님께서 빨리 일어나셔야지, 나랏일은 어떻게 하라고 그런 나약한 말씀을 하십니까?"

"내 한마디 당부하고 싶은 말이 있소."

"어서 말씀을 해 보세요."

"임금의 인덕을 널리 펴게 하여 온 백성을 편안하게 하고, 왕위를 떨쳐 오랑캐를 쳐부수고, 되도록 백성들의 세금을 줄여 주고, 미리 장수가 될 만한 인물과 재능이 있는 인재를 살펴 등용하였다가 위급한 상황에 대처해야 하오."

그로부터 이틀 뒤에 송강 정철이 문병을 가자, 율곡은 송강의 손을 잡고 간곡하게 부탁하였다.

"송강, 사람을 쓰는 데 당파를 가리지 말게."

율곡의 당부가 무슨 뜻인지 잘 아는 정철은 그 말에 고개를 끄덕였다.

그리고 다음 날 새벽 무렵에 율곡은 손톱을 깎고 몸을 깨끗이 씻은 다음, 조용히 동쪽으로 머리를 두고 의복과 두건을 바로한 뒤 세상을 떠났다.

그때 율곡의 나이 49세였다. 임금도 슬피 울었고, 선비들과 백성들은 마치 자신의 가족이 죽은 것처럼 몹시 슬퍼하였다.

《성호사설》을 통해 나라를 다스리는 방향을 제시한 조선의 실학자이다.

이익
李瀷 : 1681~1763. 자는 자신. 호는 성호.

이익은 당파 싸움이 가장 치열했던 1681년(숙종 7)에 이하진의 아들로 태어났다. 이익의 아버지 이하진은 대사간을 지냈으나, 이익이 태어나기 한 해 전에 당파 싸움으로 인해 운산으로 귀양 갔다가 이익이 태어난 이듬해 그곳에서 죽었다. 또 1706년에는 형 이잠이 희빈 장씨를 두둔하는 상소를 올렸다가 역적으로 몰려 감옥에서 죽었다.

이익은 이러한 사건을 겪으면서 벼슬에 뜻을 버리고 고향으로 내려가 학문에만 몰두하였다. 처음에 이익은 성리학을 공부했으나 차차 실학자 유형원의 학문에 깊이 빠져 들었다. 유형원의 학풍을 이어받은 이익은 뛰어난 실학자가 되었고, 천문, 지리 등에 이르기까지 실용적인 학문을 두루 꿰뚫었다.

이익의 학문과 덕행이 널리 알려지자 1727년 영조는 이익을 선공감가감역에 임명하였다. 그러나 이익은 평생 벼슬에 대한 뜻을 버리고 경기도 광주 첨성리에 머물면서 학문을 닦는 데 힘썼다. 이익은 실생활에 도움이 되지 않는 유학과 불교를 물리치고, 실용적인 사상을 확립하였다. 이익은 또 서학 사상에도 깊은 관심을 가지고 《천문략》, 《천주실의》 등을 연구하기도 했다.

이익은 실학 정신을 토대로 많은 책을 썼는데 그중 《성호사설》과 《곽우록》은 그의 실학 사상을 잘 나타내고 있다. 이 책들은 당시 우리나라의 제도 가운데 불합리한 것을 비판했을 뿐만 아니라, 더 나아가 고칠 방법을 제시했다. 이익은 그의 책에서 노비를 점차적으로 해방시키고, 불합리한 토지 제도를 개선하여 농민들이 토지를 잃고 소작농이나 노비가 되는 것을 막아야 한다고 주장했다. 한편, 이익은 당파 싸움의 원인은 양반들이 직접 일을 하지 않는 데서 생겨났다며, 그 해결책으로 양반도 농사를 짓는 등 일을 해야 한다고 주장하였다. 이익 자신도 직접 농사를 지으며 학문을 연구했다. 또 인재를 뽑을 때에도 과거 제도와 함께 각 지방에서 우수한 인재를 추천받아 시험을 통해 등용하는 제도를 같이 실시할 것을 주장하였다.

1763년 이익이 세상을 떠나자, 나라에서는 그의 학문적 연구를 기리기 위하여 이조 판서의 벼슬을 내려 주었다. 이익의 학문과 사상은 제자인 안정복, 이가환, 이중환 등이 계승하여 훗날 정약용이 집대성하였다.

지은 책으로는 《성호집》, 《이선생예설》, 《사서삼경》, 《근사록》 등이 있고, 펴낸 책으로는 《사칠신편》, 《상위전후록》, 《자복편》, 《관물편》, 《백언해》 등이 있다.

함께 익혀 둡시다

성리학 : 중국 송나라의 학자인 주희(주자)가 집대성한 유교 학문 철학으로 주자학이라고도 부른다. 우리나라에는 고려 말 안향이 들어와 이색, 정몽주 등으로 이어져 조선 시대 이황, 이이 등에 와서 크게 발전하였다.

《성호사설》 : 조선 후기의 실학자인 성호 이익이 쓴 책이다. 이익이 평소에 기록해 둔 글과 제자들의 질문에 답한 내용을 1740년경 집안의 조카들이 정리한 것이다. 나라의 사회 제도에서부터 역사, 지리, 실생활에 이르기까지 모든 분야에 걸쳐 문제점을 분석하고 바로잡을 방향을 제시하였다. 이 책은 이익의 실학 사상을 연구하는 데 아주 중요한 자료이다.

실학 : 실생활에 도움이 되는 학문이라는 뜻으로, 성리학의 한계를 극복하여 사회 변화와 문제에 대처하기 위해 연구한 학문이다. 잘못된 사회 제도를 바로잡고, 토지를 개혁하여 백성들의 생활을 안정시키고 상공업을 발전시켜 나라의 힘을 기르자고 주장하였다. 조선 후기에 널리 퍼졌으며 대표적인 학자로 유형원, 이익, 정약용, 홍대용, 박지원, 박제가 등이 있다.

안정복 (1712~1791. 자는 백순. 호는 상헌, 우이자, 순암) : 조선 정조 때의 실학자로 충청북도 제천에서 태어났다. 이익의 제자로 그의 학문을 이어받아 여러 학문을 두루 연구하였으며, 특히 경서와 역사에 뛰어났다. 그의 학문과 덕행이 알려져 1749년(영조 25)부터 사헌부 감찰, 목천 현감 등을 지냈다. 지은 책으로는 《동사강목》, 《순암집》, 《가례집해》 등이 있다.

유형원 : 212쪽 참조.

이가환 (1742~1801. 자는 정조. 호는 금대, 정헌) : 조선 후기의 실학자이자 천주교도로 이익의 종손이다. 천주교 교리를 연구하고 제자들에게 가르치다가 1791년 천주교 박해가 시작되자 이를 중단하고, 광주 부윤에 올라 천주교인들을 탄압하였다. 벼슬에서 쫓겨난 뒤 다시 천주교에 대한 연구를 계속했으며, 신앙심이 깊은 교인이 되었다. 1801년 신유박해 때 이승훈과 함께 붙잡혀 순교하였다.

이중환 (1690~1752. 자는 휘조. 호는 청담) : 조선 후기의 실학자로, 이익에게 학문을 배웠고 1713년 문과에 급제하여 벼슬이 병조 좌랑에 이르렀다. 이익의 학문을 이어받아 인문 지리학의 선구자로 활약하였다. 지은 책으로 《택리지》가 있다.

정약용 : 294쪽 참조.

얽힌 이야기 한 토막

당파 싸움으로 아버지가 돌아가신 후에 이익은 경기도 광주 첨성리로 이사를 하였다. 첨성리 가까이에는 '성호'라는 호수가 있었는데, 이익은 이 호수의 이름을 따 자신의 호를 '성호'라 지었다.

이익은 어려서부터 재능이 남달리 비범하여 집안의 기대를 한몸에 받았다. 특히 둘째 형인 잠을 따라 어릴 때부터 공부하기를 즐겨 밤낮으로 여러 가지 책을 널리 읽었다. 이익은 기억력이 매우 뛰어나 한번 읽으면 그 줄거리를 모두 외울 정도였다. 시와 문장에도 천부적인 재능을 가졌을 뿐 아니라 효심 또한 대단하였다.

숙종 때 형 잠이 희빈 장씨를 위해 상소를 올렸다가 역적으로 몰려 매를 맞아 죽었다. 26세 청년이었던 이익에게 이 사건은 엄청난 충격이었다.

그때부터 이익은 벼슬에 나가려는 뜻을 버렸다. 그리고 책 속에 파묻혀 지내며 괴로운 마음을 달랬다. 아침저녁으로 어머니에게 인사를 드리는 일 외에는 단정하게 앉아 성현들의 경전을 읽고 연구하는 데 몰두하였다.

세상 일에 환멸을 느끼고, 오로지 진리 탐구에만 열중하던 이익은 명예와 이익에 유혹되는 일 없이 성현의 가르침을 일상생활에서 실천하려고 힘썼다. 그래서 사람을 대할 때나 일을 처리할 때 예의와 법도가 밝아 선비들 사이에서 존경의 대상이 되었다.

이익이 35세 되던 해에 어머니가 돌아가시자 집안 형편이 급격히 어려워졌다. 그러자 이익은 손수 농사를 지으며 생계를 유지했다. 그러면서도 고아가 된 조카들을 데려다 길렀고, 집안에서 부리는 하인들까지 두루 돌보아 주려고 애썼다.

사상 의학이라는 새로운 한의학을 창시한 학자이다.

이제마

李濟馬 : 1837~1900. 아명은 천리구. 자는 무평. 호는 동무.

이제마는 1838년 함경남도 함흥에서 이무오의 서자로 태어났다. 이제마는 어려서 함흥 지방의 유명한 학자였던 큰아버지에게 학문을 배웠다. 어릴 때 이제마는 글공부보다는 놀기를 좋아했지만, 한번 들은 것은 잊지 않았고 하나를 가르치면 둘을 알 정도로 총명했다. 이제마는 11세 때부터 학업에 몰두했는데 여러 유교 경전뿐만 아니라 의약과 사람의 운명을 보는 복서에도 뛰어났다.

이제마는 15세 때 집을 나와 세상의 풍물을 익히는 한편 이름난 학자들을 만나 학문을 토론하였다. 그 뒤 집으로 돌아와 재산을 정리하여 굶주림에 시달리는 어려운 사람들에게 나누어 주었다.

또한 《주역》을 즐겨 읽던 이제마는 태양, 소양, 태음, 소음의 사상 원리를 사람의 체질과 성격에 따라 구분할 수 있을 것으로 생각하고 오랫동안 연구했다. 특히 의학에 사상 원리를 적용하기 위해 온 힘을 쏟았다. 이제마는 병의 증상보다는 사람의 체질을 중요시하여 같은 병일지라도 사람에 따라 그 치료 방법이 달라져야 한다고 생각했다.

1888년 군관직을 맡아보았고, 1892년에는 경상남도 진해 현감이 되었다. 그 무렵 조선은 강대국들의 끊임없는 침략과 외척 민씨들의 세도 정치로 매우 혼란스러웠다. 이제마는 관리들의 기강을 바로잡는 한편, 그곳 백성들을 대상으로 사상 의학의 원리를 실천에 옮겨 보기도 하였다. 1893년 진해 현감에서 물러나 서울로 돌아온 이제마는 사상 원리를 바탕으로 한 의학책을 밤낮으로 쓴 끝에 이듬해 《동의수세보원》을 완성하였다. 그리고 1895년 고향으로 돌아가 어머니의 병을 간호하는 한편 의료업에 종사하였다.

이듬해 최문환이 함흥에서 반란을 일으켜 관찰사를 살해하였다. 이때 이제마는 꾀를 써서 최문환을 생포하고 난을 평정하였다. 그 공으로 이제마는 1896년 고원 군수로 추천되었으나 나가지 않았다.

이제마는 함흥에 '보원국'이란 약국을 열어 진료와 의학을 연구하는 한편 제자들을 가르쳤다. 1900년 다시 《동의수세보원》를 고쳐 쓰는 일을 시작했으나, 그 일을 끝내지 못하고 세상을 떠났다. 이듬해 제자들이 모여 스승이 이루지 못한 작업을 계속하여 《동의수세보원》을 고쳐 다시 펴냈다.

이제마는 일생을 한의학과 후진 양성에 힘쓰며 지냈다. 이제마가 창시한 사상 의학은 한의학에 커다란 발전을 가져왔으며, 오늘날 의학계에 놀라운 발견으로 새롭게 부각되고 있다.

함께 익혀 둡시다

사상 의학 : 이제마가 주장한 새로운 의학 학설이다. 이제마는 기질과 성격에 따라 인간을 태양인, 태음인, 소양인, 소음인의 4가지 유형으로 나누고 그에 적합한 치료 방법을 제시하였다. 사람은 그 체질에 따라 성격이 다르고 신체의 강하고 약한 부위도 다르기 때문에 음식이나 약 처방도 달라져야 한다는 것이다.

《주역》 : 유교 경전의 하나이다. 주역에서는 만물을 음과 양으로 파악하고 그 으뜸을 태극이라 하였다. 거기서 다시 64괘를 만들었는데, 이에 맞추어 철학, 윤리, 정치상의 해석을 덧붙였다.

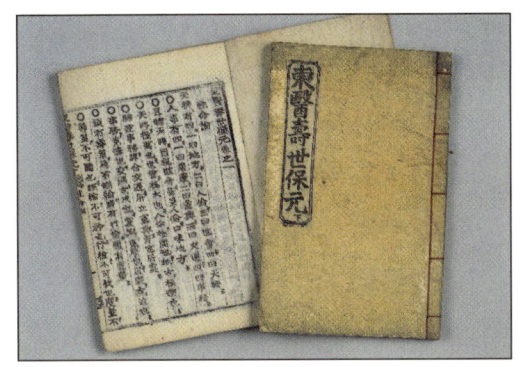

《동의수세보원》

얽힌 이야기 한 토막

이제마가 큰아버지에게 글을 배울 때였다. 어느 날 훈장인 큰아버지는 제자들에게 시를 짓게 하였다.
그때 밖에서 뛰놀던 이제마가 쓱 들어오더니 몇 자 적어 놓고 나가 버렸다. 그런데 이제마의 시가 그들 가운데 제일 뛰어났고, 그 자리에 모인 사람들을 모두 놀라게 하였다.

한때 천하를 주름잡던 진시황의 집권도
마침내 황혼이 찾아들고
나시 양무제가 세왕으로 군림했으나
그의 처소에는 야심한 등불 밑에 수심만 커 가더라.

그 시는 외척의 세도로 왕의 권위가 땅에 떨어진 어지러운 나라 상황을 중국 옛 역사에 비유한 것이었다. 중국을 통일하여 천하를 다스렸던 진시황이 죽자 진나라가 망했고, 양나라 무제가 황제가 되었으나 곧 망했다는 사실에 비유하여 명성 황후를 믿고 세도를 부리는 외척 민씨들도 곧 몰락할 수밖에 없다고 쓴 것이다. 이는 이제마가 어릴 적부터 얼마나 총명하며 비범한지를 알게 하는 대목이다.

후에 이제마는 모든 관직을 버리고 함흥으로 돌아가 어머니의 병환을 돌보았다. 그러나 아무리 뛰어난 의원의 치료를 받아도 병이 낫지 않자 이제마는 스스로 의학을 연구하여 어머니의 병을 고치고 싶었다. 그것이 이제마가 의학에 몰두하는 계기가 되었다.
이제마는 《주역》과 한의학 연구에 온 힘을 쏟았다. 그때부터 이제마는 거리에 나아가 남녀를 가리지 않고 시비하고 조롱하여 사람들의 성격을 알아내려고 애썼다. 환자에게 욕설을 퍼부어 흥분하게 만들고, 과년한 처녀에게 염치없는 짓을 해 보기도 하였다. 그리하여 사람들이 가진 성격과 유형을 알아내고 음식의 기호까지 밝혀 내었다.
이런 오랜 연구 끝에 이제마는 사람의 체질을 크게 4가지로 나누고, 그에 따라 치료와 처방이 달라야 한다는 사상 의학이란 새로운 주장을 내놓았다.
"나는 이제 가지만, 앞으로 백 년 후면 모든 병이 사상 의학으로 치료될 것이다."
이제마가 남긴 자신만만한 유언이다.

원나라에 이름을 떨친 고려의 대학자이자, 명문장가이다.

이제현

李齊賢 : 1287~1367. 초명은 지공. 자는 중사.
호는 익재, 역옹, 실재. 시호는 문충.

1287년 이진의 아들로 태어난 이제현은 어려서부터 글을 짓는 솜씨가 남달리 뛰어났다. 1301년(충렬왕 27) 과거에 급제한 이제현은 여러 벼슬을 거쳐 1309년 사헌규정에 올랐다.

고려는 제24대 원종 이후 제31대 공민왕에 이르기까지 100여 년간 원나라의 지배를 받았다. 이때 원나라는 마음대로 고려의 왕을 임명했고, 뜻에 거슬리면 왕을 내쫓았다. 또한 고려 왕족 가운데서 한 명을 중국 심양에 인질로 두고 심양왕이라 이름 붙여 고려의 왕을 견제하였다.

충선왕은 아들인 충숙왕에게 왕위를 물려주고 원나라 수도인 연경에 머물면서 만권당을 세웠다. 그리고 고려와 원나라의 이름난 학자와 문인들을 만권당에 불러 학문을 연구하고 토론을 하도록 했다. 1314년 충선왕의 부름을 받고 원나라에 간 이제현은 만권당에서 원나라 학자인 원명선, 조맹부 등과 사귀면서 학문과 문장에 대해서 폭넓은 의견을 나누었다. 또한 아미산, 보타산, 감숙성 등 넓은 중국 대륙을 여행하며 견문을 넓혔다.

1320년 충선왕이 모함을 받고 유배되었다. 그러자 이제현은 목숨을 걸고 원나라 황제에게 그 부당함을 밝혔으며, 충숙왕을 쫓아내고 왕위를 차지하려는 심양왕 고와 그 일파의 음모를 저지하는 데 힘썼다. 충숙왕의 뒤를 이은 충혜왕이 1339년 일어난 조적의 난으로 원나라에 붙잡혀 가자, 이제현은 원나라에 들어가 그 일을 수습하고 충혜왕이 다시 왕위에 오르는 데 기여했다.

1344년 충목왕이 왕위에 오르자 이제현은 판삼사사에 올라 문란해진 조정을 바로잡기 위해 힘썼다. 1351년 공민왕이 왕위에 오르자 이제현은 정승에 임명되어 공민왕을 도와 개혁 정치를 폈으며, 그 뒤 네 차례에 걸쳐 재상이 되어 나랏일을 맡아보았다.

1356년 공민왕이, 원나라 황후가 된 누이의 힘을 믿고 권세를 부리던 기철 등을 죽이고 원나라 세력을 몰아내자 이제현은 문하시중으로 그 일을 수습하기 위해 애썼다. 이듬해 벼슬에서 물러난 이제현은 학문 연구에 전념하였다. 하지만 나라에 중요한 일이 있을 때마다 나아가 그 일을 해결하는 데 앞장섰다.

이제현은 당시의 가장 뛰어난 문장가이자 학자였다. 또 만권당에 들어가 유명한 학자들과 사귀며 뛰어난 재능을 발휘해 이름을 크게 떨쳤다. 지은 책으로는 《효행록》, 《익재집》, 《역옹패설》, 《익재난고》 등이 있다.

함께 익혀 둡시다

만권당 : 고려 충선왕이 충숙왕에게 왕위를 물려주고 원나라의 수도 연경에 머물면서 1314년에 만든 학문 연구 기관이다. 고려에서 이제현을 부르고, 당시 원나라의 학자 조맹부와 염복 등을 초청하여 함께 학문을 토론하게 했다. 이를 통하여 고려의 문학과 예술이 크게 발전했다.

심양왕 : 중국 원나라가 고려를 견제하기 위해 심양에 인질로 두었던 고려의 왕 또는 왕족에게 수여한 칭호이다. 충선왕이 시초가 되었고, 후에 심왕으로 이름을 바꾸었다.

조맹부 (1254~1322. 자는 자앙. 호는 집현, 송설도인) : 중국 원나라의 화가이며 서예가이자 문인이다. 송나라의 황족 출신이나 원나라를 섬겼다. 글씨는 왕희지 풍이며 시문에도 뛰어났다. 그림은 산수, 꽃과 새, 인물을 잘 그렸다. 지은 책으로는 《상서주》, 《송설재집》 등이 있다.

충목왕 (1337~1348. 재위 기간 : 1344~1348. 이름은 흔) : 고려 제29대 왕이다. 원나라에 볼모로 있다가 8세 때 원나라가 왕으로 책봉하자 충혜왕에 이어 왕위에 올랐다. 나이가 어려 어머니가 대신 나랏일을 보았다.

충혜왕 (1315~1344. 재위 기간 : 1330~1332, 1339~1344. 이름은 정) : 고려 제28대 왕으로 충숙왕의 아들이다. 세자가 된 뒤 원나라에 볼모로 가 있다가 충숙왕이 왕위를 물려주자 1330년 돌아와 왕이 되었다. 나랏일을 돌보지 않고 술과 여자에 빠져 지내다가 나라를 혼란에 빠뜨렸다. 원나라로 귀양 가다가 병으로 죽었다.

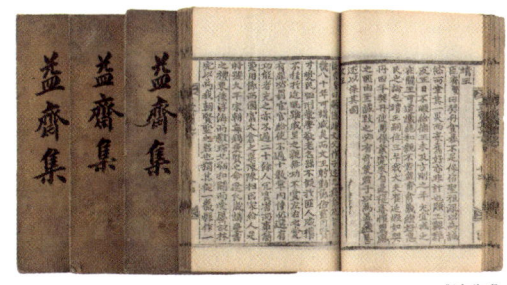

《익재집》

얽힌 이야기 한 토막

이제현은 스물여덟의 나이에 충선왕의 부름을 받고 원나라에 갔다. 그곳에는 충선왕이 세운 만권당이란 학문 연구 기관이 있었다. 충선왕은 만권당에 원나라의 학자들을 초청해 고려의 학자들과 학문과 예술을 교류하게 했다.

어느 날, 충선왕은 원나라의 유명한 학자들을 초청하여 음식을 베풀고 시를 하나씩 짓기로 했다. 충선왕도 시를 지었는데, 그 시 속에 이런 구절이 있었다.

'닭 소리는 흡사 문전의 버들가지 같구나.'

원나라 학자들은 저마다 고개를 갸우뚱하며 어찌 닭 우는 소리가 버들가지 같냐고 따져 물었다. 뜻밖의 질문에 당황한 충선왕이 얼른 대답을 하지 못하고 있는데, 이제현이 대신 나서서 답했다.

"우리 고려 사람의 시에 '동트는 새벽닭 울음소리 수양버들 휘늘어져 한들거리듯'이라는 시구가 있습니다. 이는 가늘고 긴 닭의 울음소리를 버들가지에 비유한 것입니다. 또한 당나라의 유명한 시인 한퇴지의 시구에도 '뜬구름 버들가지처럼 뿌리도 꼭지도 없이'라는 말이 있습니다. 이는 곧 소리를 버들가지로 나타낸 것이 아니겠습니까?"

원나라 학자들은 이제현의 깊은 지식에 모두들 탄복하였다.

"참으로 이 공의 학식은 깊은 바다와 같습니다. 고려에 이 공과 같은 훌륭한 분이 있으니 그 나라의 높은 문화 수준을 미루어 짐작할 수 있겠습니다."

"과분한 칭찬에 송구스럽습니다. 우리 고려에는 저보다 학식이 높은 사람들이 많이 있으니, 서로 학문을 깊이 연구하여 좋은 교류가 되도록 노력합시다."

곁에 있던 충선왕이 흐뭇해하며 고개를 끄덕이고 있었다.

헤이그 만국 평화 회의에 특사로 파견된 애국지사이다.

이준

李儁 : 1859~1907. 초명은 성재. 자는 순칠. 호는 일성, 해사, 청사, 해옥.

이준은 1859년 함경북도 북청에서 이병관의 아들로 태어났다. 어려서부터 성격이 강인했던 이준은 1895년 법관 양성소를 졸업하고, 이듬해 한성 재판소 검사보가 되었다. 그 뒤 일본에 가서 와세다 대학 법과를 졸업하고 귀국하였다.

1898년 독립 협회에 들어간 이준은 독립 협회가 중심이 되어 개최한 만민 공동회에서 가두 연설을 하는 등 적극적으로 애국 계몽 운동을 펼쳤다.

이준은 러일 전쟁에서 이긴 일본이 조선의 황무지 개척권을 요구하자 대한 보안회를 만들어 이에 반대하는 운동을 벌였다. 그러나 일본이 대한 보안회를 강제로 해산하자 이준은 이상설 등과 함께 대한 협동회를 만들어 다시 일본의 황무지 개척권 요구를 강력히 반대하여 이를 물리치는 데 성공하였다.

이어 친일파인 송병준, 이용구 등이 일진회를 만들자 양한묵 등과 공진회를 만들어 일진회에 반대하는 운동을 벌였다. 이때 일본의 압력으로 황해도 철도에 6개월간 유배되었다. 민영환의 도움으로 풀려난 이준은 1905년 양한묵 등과 헌정 연구회를 만들어 일본에 반대하는 국민 운동을 벌였다.

그 해 일본이 무력으로 을사조약을 맺어 조선의 외교권을 빼앗았다. 그러자 이준은 상동 교회에 모인 전덕기, 이동녕 등과 을사조약을 무효화하는 상소 운동을 벌이기로 결정했다. 이준은 그 상소문을 지은 뒤 덕수궁 대한문 앞과 서울 시내에서 일본 경찰에 맞서 돌을 던지며 격렬한 시위를 벌였다.

이준은 1906년 나라의 권리를 되찾기 위해서는 교육이 필요하다는 것을 깨닫고 전덕기 등과 국민 교육회를 만들어 보광 학교를 세웠다.

1907년 네덜란드 헤이그에서 만국 평화 회의가 열린다는 소식을 들은 이준은 이상설을 통해 이 사실을 고종에게 알리고 특사 파견을 요청하였다. 마침내 그해 4월 '을사조약은 일본의 강압적 협박에 의한 것'임을 밝힌 고종의 친서를 가지고 이준은 이상설과 함께 헤이그로 향했다.

러시아에 들러 이위종을 데리고 6월 25일 헤이그에 도착한 이준은 만국 평화 회의 의장을 만나 고종의 친서를 전달했다. 이어 평화 회의에 한국 대표로 참석하려고 했으나 일본 대표와 영국 대표의 방해로 성공하지 못했다. 이에 세 사람은 각국 대표와 신문에 일본의 침략과 만행 그리고 을사조약이 무효임을 호소하였다. 그러나 각국 대표들이 냉담한 반응을 보이자, 이준은 그 울분을 참지 못하고 쓰러져 세상을 떠났다.

함께 익혀 둡시다

대한 보안회와 대한 협동회 : 1904년 일본이 우리나라 황무지 개척권을 요구하자 이준, 송수만 등이 대안 보안회를 만들어 반대 운동을 벌이다가 해산되었다. 이에 이준은 이상설 등과 함께 대한 협동회를 만들어 일본의 황무지 개척권 요구를 강력하게 반대하는 시위를 벌여 이를 막았다.

양한묵 (1862~1919. 자는 길중. 호는 지강) : 독립운동가로 전라남도 해남에서 태어났다. 이준과 더불어 헌정 연구회를 조직한 뒤 1906년 귀국하여 일진회에 맞서 활발한 활동을 벌였다. 일본에게 나라를 빼앗기자 민족 교육을 위해 사범 강습소를 개설하고, 학교 운영에 참여하였다. 3·1 운동 때 민족 대표 33인 가운데 한 사람으로 독립 선언서에 서명하고 붙잡혀 서대문 형무소에서 옥사하였다.

을사조약 : 1905년 일본이 우리나라의 외교권을 빼앗아 간 불평등 조약이다. 조약을 맺기 위해 모인 대신 회의에서 한규설이 강력히 반대하자 이토 히로부미는 일본군을 동원하여 궁궐을 포위하였다. 이어 이토 히로부미는 끝까지 반대하는 한규설을 강제로 끌어내고 이완용, 박제순, 이지용, 이근택, 권중현의 찬성을 받아 조약을 맺었다. 5개 항으로 되어 있는 이 조약의 주 내용은 일본 정부가 조선 정부를 대신하여 외교에 관한 모든 일을 맡는다는 것과 조선에 일본인 통감을 둔다는 것이다.

이상설 : (1870~1917. 자는 순오. 호는 보재) : 독립운동가로 법무 협판, 의정부 참찬 등을 지냈다. 조병세 등과 함께 을사조약에 반대하는 상소를 올리고 자살을 시도했으나 실패하였다. 1907년 이준, 이위종과 함께 네덜란드 헤이그에서 열린 만국 평화 회의에서 일본의 침략 행위를 알리려 하였으나 실패했다.

이위종 (1887~?) : 조선 고종 때의 외교관이며 애국지사이다. 1907년 이준, 이상설 등과 함께 제2차 만국 평화 회의에 참석하기 위해 헤이그에 갔으나 일본의 방해로 회의에 참석하지 못했다. 그 후에도 일본의 야만적 침략에 맞서 항일 투쟁을 하였다.

일진회 : 친일파 송병준이 1904년에 만든 친일 단체이다. 처음에는 이름을 '유신회'라고 지었으나 곧 일진회로 고치고 이용구가 이끄는 진보회를 흡수하였다. 이로써 조직이 커지자 일본의 후원을 받으며 본격적으로 친일 활동을 벌였다. 을사조약을 찬성하고, 한일 합방을 순종에게 건의하는 등 매국 행위를 하다가 1910년 해체되었다.

전덕기 (1875~1914) : 목사이자 독립운동가이다. 1896년 독립 협회에 가입하여 애국 계몽 운동을 활발히 벌였다. 을사조약 반대 운동을 벌이는 한편 을사오적을 암살하기 위해 암살단을 조직하였으나 일본 경찰의 저지로 실패하였다. 상동 교회에서 헤이그 거사 계획을 세웠으며, 신민회를 조직하는 데도 참여하였다. 1912년 105인 사건으로 붙잡혀 심한 고문을 받고 풀려났다.

얽힌 이야기 한 토막

깊은 밤, 고종 황제의 침실에는 두 명의 사나이가 고종 앞에 앉아 있었다. 이준과 이상설이었다.
"경늘은 헤이그에서 열리는 만국 평화 회의에 꼭 잠석해야 하오. 그리하여 우리 대한의 형편을 자세히 전하고, 일본의 간악한 침략 정책을 폭로하시오. 그렇게만 된다면 세계 여러 나라가 우리의 자주 독립을 밀어 줄지도 모르오. 이에 특사의 명을 내리는 바이니 꼭 성사시켜 주기 바라오."
고종의 심정을 잘 아는 두 사람은 황송하기 그지없었다.
"폐하, 실로 보잘것없는 저희들에게 이토록 중대한 일을 맡기시니 망극합니다. 신명을 바쳐 꼭 성공하겠습니다."
두 사람의 손을 꼭 잡은 고종은 눈물을 흘렸다. 그리고 손수 고종 자신의 뜻을 전한다는 내용이 적힌 신임장과 헤이그까지 갈 여비를 내주었다. 두 사람은 그 길로 우리나라를 떠났다. 우선 러시아로 가서 외교에 밝은 이위종에게 고종의 명을 전하고 함께 네덜란드로 향했다.
그러나 어느 나라도 군사 대국이 된 일본의 비위를 거슬리며 그들을 도우려 하지 않았다.
"일본은 우리에게 을사조약을 강제로 맺게 했습니다. 그것은 결코 대한 제국의 뜻이 아닙니다. 우리들은 세계 여러 나라에 일본의 침략을 알리러 왔습니다. 회의에 꼭 참석할 수 있도록 해 주십시오."
이준은 사방으로 뛰어다니며 호소를 했지만 아무 소용이 없었다. 결국 회의에 참석하지 못하게 된 이준은 분이 북받쳐서 정신을 잃었고, 그곳에서 시름시름 앓다가 얼마 못 가 숨을 거두고 말았다. 이준의 마지막 말은 '대한의 독립을 위하여……'였다고 한다.

현대 한국 미술이 낳은 천재 화가이다.

이중섭 李仲燮 : 1916~1956. 호는 대향.

1916년 평안남도 평원군 조운면 송천리에서 이희주의 둘째 아들로 태어난 이중섭은 어릴 때 아버지를 여의고 외가인 평양에서 자랐다. 오산 고등 보통학교에 들어가 당시 미술 교사였던 임용련의 지도를 받으면서 화가의 꿈을 키웠다.

1937년 일본으로 건너간 이중섭은 분카 학원 미술과에 입학하였다. 이중섭은 여러 전시회에 그림을 냈는데, 당시 떠오르는 신인 작가로 많은 칭찬을 받았다. 분카 학원을 졸업하던 해인 1940년 미술 창작가 협회전에 작품을 출품해 협회상을 받았으며, 1943년 역시 같은 협회전에 작품을 내어 최고상인 태양상을 받았다. 그리하여 이중섭은 유망한 신인으로 더욱 주목을 받게 되었다.

1945년 우리나라가 광복되자, 이중섭은 귀국하여 원산에 머물렀는데 이 무렵 일본에 있을 때 사귀었던 일본 여자 야마모토(한국명 이남덕)가 찾아왔다. 이중섭은 같은 해 원산에서 야마모토와 결혼을 하고 원산 사범 학교에서 학생들에게 미술을 가르쳤다. 그러던 중 1950년 6·25 전쟁이 일어나자 월남하였다.

종군 화가로 활동하기도 했던 이중섭은 가난한 생활 속에서도 부산, 제주, 통영 등지를 돌아다니며 계속하여 그림을 그렸다. 미술 재료가 없어 담뱃갑 은종이를 화폭 대신 쓰기도 했다. 이중섭은 이 은종이에 송곳으로 눌러서 그림을 그렸다. 그러나 가난한 생활을 견디다 못한 부인은 1952년 두 아들과 함께 일본으로 건너갔다. 홀로 남아 부두에서 노동자로 일하던 이중섭은 1953년 일본에 건너가 가족들을 만났으나, 일본 처가살이가 싫어 다시 우리나라로 돌아왔다.

그 뒤 이중섭은 제주도에 머물며 그림을 그렸다. 1955년에 개인전을 열기도 했지만, 이중섭의 그림은 사람들의 관심을 받지 못했다. 이에 실망한 이중섭은 일본에 있는 가족에 대한 그리움으로 나날을 보내다가 정신 분열 증세를 보였다. 게다가 영양실조까지 겹쳐 1956년 40세의 나이로 세상을 떠났다.

이중섭은 주로 소와 닭, 어린이, 가족 등을 많이 그렸다. 그리고 힘차고 대담한 선과 탄력 있고 단순화된 형태를 선명한 원색으로 그리기를 좋아했다. 특히 담뱃갑 은종이에 송곳으로 긁어서 그린 은지화는 우리나라 미술계에서 새로운 표현 영역을 개척한 것으로 평가받고 있다.

이중섭의 작품으로는, 〈소〉, 〈흰 소〉, 〈황소〉, 〈싸우는 소〉, 〈소와 어린이〉, 〈닭과 가족〉, 〈집 떠나는 가족〉 등이 있다.

함께 익혀 둡시다

종군 화가 : 군대를 따라 전쟁터에 나가 직접 보거나 듣고 경험한 전투 상황을 그림으로 담아내는 화가를 말한다.

〈황소〉

〈가족〉

얽힌 이야기 한 토막

이중섭은 소를 그리기 위하여 매일 소를 관찰했다. 하루는 한 친구가 그를 찾아왔다. 이중섭은 친구의 방문을 매우 반가워하며 친구에게 그동안 그린 그림들을 보여 주었다.
"아니, 이럴 수가! 스케치북이 전부 소 그림으로 가득하잖아? 이까짓 소를 그려서 어디에 쓰려고 그러나? 멋진 풍경이나 아름다운 여인을 그린다면 몰라도……."
"멋진 풍경이나 아름다운 여인을 그린다고 좋은 그림이 되는 게 아니네. 그리는 사람의 마음이 들어가 있어야지. 나는 내 마음이 담긴 소 그림을 그리고 싶다네."
"자네의 마음이 담긴 소라? 자네는 왜 그렇게 소를 그리고 싶은가?"
이중섭은 빙그레 웃으며 자기 말을 이해 못 하는 친구에게 자세히 설명을 해 주었다.

"저 소를 보게나. 큰 눈망울을 데룩거리면서 유순하게 쳐다보는 모습이 꼭 우리 민족을 닮은 것 같지 않나? 순하고 착한 마음을 가진 것이 말일세. 화가 나면 무섭기도 하지만, 뭐든지 용서해 주고 받아들일 것 같은 저 모습이 난 좋다네. 일본의 숲은 나무들이 빽빽하게 차 있어 마음 놓고 숨을 쉴 수 없을 것 같지만, 우리의 산은 조금씩 헐벗어 흙이 드러난 것이 푸근한 느낌을 주지 않는가? 사람이나 동물도 마찬가지라네. 나라마다 가진 특성을 따라가거든. 일본 사람들이 얼마나 인간미가 없는가? 그러니 일본 소들도 마찬가지일 게 분명하네. 나는 우리나라 소들이 제일 좋아!"
우리나라 소에서 우리 민족의 푸근한 마음을 읽었던 이중섭은 소를 닮은 끈질긴 심성으로 그 같은 어려움 속에서도 훌륭한 그림을 그려 냈던 것이다.

한국 불교 역사상 최초의 순교자이다.

이차돈

異次頓 : 506~527. 성은 박씨. 이름은 염촉, 거차돈.

　이차돈은 신라가 차츰 고대 국가로 자리를 잡아 가던 506년에 왕족의 후손으로 태어났다. 어려서부터 성품이 곧아 사람들의 덕망을 한몸에 받았다. 이차돈은 일찍부터 불교를 믿었으나 신라에서 법으로 불교를 허용하지 않은 것에 대해 늘 마음 아파했다.

　지증왕의 뒤를 이어 왕위에 오른 법흥왕은 법을 제정하고 병부를 설치하여 군사를 기르는 등 고대 국가의 기틀을 갖추어 가기 시작하였다. 법흥왕은 또 불교를 백성들에게 알리고, 불교의 힘을 빌어 나라를 발전시키고 싶은 생각을 가지고 있었다. 그러나 신하들의 반대로 불교를 인정할 수 없었다. 당시 신라에는 이미 눌지왕 때부터 고구려에서 온 승려 묵호자에 의해 불교가 전파되어 있었다.

　그때 사인 벼슬에 있던 이차돈은 법흥왕의 뜻을 헤아리고 왕에게 '나라를 위해 목숨을 바치는 것은 신하의 큰 절개요, 임금을 위하여 목숨을 바치는 것은 백성의 올바른 도리'라고 아뢰었다. 그러면서 자신이 왕명을 잘못 전달한 것처럼 꾸며 자신의 목을 베면 모두 굴복하여 왕명을 따를 것이라고 했다.

　이차돈의 인품과 재능을 아낀 법흥왕이 말렸으나 이차돈은 '모든 것 중에서 가장 버리기 어려운 것이 목숨이지만, 이 몸이 저녁에 죽어 아침에 불교가 행해지면 부처가 하늘에 오르고 임금의 길이 편안할 것'이라며 왕에게 허락해 줄 것을 청하였다. 법흥왕의 허락을 얻은 이차돈은 마침내 천경림이란 곳에 절을 짓기 시작하였다. 이차돈이 왕명을 따라 절을 짓는다는 소문이 퍼지자 신하들이 법흥왕에게 따져 물었다. 이에 법흥왕은 자신이 시킨 일이 아니라며 이차돈을 불렀다. 이차돈은 법흥왕과 신하들 앞에서 부처님의 뜻에 따라 자신이 혼자서 절을 짓는 일을 시작했으며 왕명을 받은 것처럼 속였다고 당당하게 말했다.

　이차돈과 미리 약속한 법흥왕은 왕명을 속인 죄로 이차돈의 목을 베었다. 죽기에 앞서 이차돈은 '만일 부처님이 있다면 내가 죽은 뒤 반드시 기이한 일이 있을 것'이라 말하고 기도를 하였다. 이차돈의 목을 베자 그의 말대로 머리가 날아가고 목에서 흰 피가 솟는 등 신기한 일이 벌어졌다. 그러자 깜짝 놀란 귀족들은 마음을 돌려 불교를 나라의 종교로 받아들이는 데 더 이상 반대하지 않았다.

　이차돈은 자신의 죽음으로 신라가 불교를 받아들이도록 만들었고, 불교문화를 꽃피우는 밑거름이 되었다. 이차돈이 죽은 뒤 법흥왕은 534년 천경림에 신라 최초의 절인 흥륜사를 완성하였고, 진흥왕에게 왕위를 물려주고 스스로 승려가 되었다고 한다.

함께 익혀 둡시다

묵호자 (?~?) : 고구려의 승려로 신라에 처음으로 불교를 전했다고 한다. 묵호자는 신라 눌지왕 때 신라 땅 일선군(경상북도 선산)에 사는 '모례'라는 사람의 집 굴방에 숨어 지내며 불교를 전파할 기회를 엿보았다. 그때 신라 왕실에서는 중국 양나라 사신이 가져온 향의 용도를 몰라 여기저기 수소문하였는데 묵호자가 그 이름과 용도를 알려 주었다. 그 뒤 공주가 병이 나자 묵호자는 궁궐에 들어가 향을 피우고 제를 올려 병을 고쳐 주었다. 왕은 그 보답으로 절을 지어 주고 불법을 펼치게 하였다. 그 뒤 영흥사를 지어 지내다가 눌지왕이 죽자 모례의 집에 있던 그 굴방에 돌아가 문을 봉한 뒤 영영 나오지 않았다 한다.

법흥왕 : 142쪽 참조.

이차돈 순교비

얽힌 이야기 한 토막

그해에는 유달리 가뭄과 장마가 심해 농사를 망친 데다가 온 나라에 전염병까지 돌아 수많은 백성들이 죽어 나갔다. 그러자 평소 불교를 반대하던 신하들이 들고일어났다. 왕이 불교를 가까이하고 또 불교를 믿는 이차돈이 궁중을 드나드는 까닭이라며 원성을 높였다.

신하들의 거센 반발로 조정에서는 회의가 열렸다. 회의는 온통 긴장과 흥분 속에 진행되었다. 법흥왕은 거침없이 자신의 뜻을 밝혔다.

"이웃 나라 고구려나 백제는 백여 년 전에 불교를 받아들인 뒤로 나라가 날로 융성해지고 있소. 그런데도 우리 신라만이 불교를 멀리함은 심히 안타까운 일이오. 이제 우리도 불교를 받아들이는 것이 어떻겠소?"

단호한 왕의 말에 신하들은 잠시 주춤하더니 곧 입을 모아 안 된다고 이야기하기 시작했다. 이차돈이 아무리 설득을 해도 혼자서 모든 신하들의 거센 반발과 맞설 수는 없었다.

이차돈은 생각 끝에 왕명이라며 천경림이란 곳에 절을 짓기 시작하였다. 그러자 신하들은 기다렸다는 듯이 천경림에 절을 짓기 때문에 가뭄과 장마가 심해 농사를 망치고 전염병까지 돈다며 그 책임자를 가려내어 처벌해야 한다고 주장했다. 법흥왕이 몹시 난처해하자 이차돈이 앞으로 나서며 말했다.

"절은 내가 혼자 지으려 한 것이오. 대왕마마께서는 이 일에 대해서는 전혀 아는 바가 없으시오. 책임은 이 몸 한 사람에게만 있소."

법흥왕은 이차돈을 끌어내어 목을 베라고 말했다. 그리하여 이차돈은 형장으로 끌려갔다. 수많은 군중들이 지켜보는 가운데 이차돈은 하늘을 우러르며 큰 소리로 외쳤다.

"부처님이 만약 신통력이 있다면, 내가 죽은 후 반드시 이상한 일이 일어나리라!"

이윽고 이차돈의 목이 베어졌다. 그러자 젖같이 하얀 피가 솟구치고 하늘이 컴컴해지더니 꽃비가 쏟아지기 시작했다.

그곳에 모여 있던 많은 사람들은 너무 놀라 한동안 꼼짝하지 않았다. 곧이어 여기저기서 탄성이 터져 나왔고, 사람들은 하나둘 두 손을 모아 경건한 자세로 부처님께 기도를 올렸다.

슬기로운 지혜와 깊은 충성심으로 나라를 지킨 청백리이다.

이항복

李恒福 : 1556~1618. 자는 자상. 호는 백사, 청화, 필운. 시호는 문충.

이항복은 1556년 서울 필운동에서 이몽량의 아들로 태어났다. 9세 때 아버지를 여의고 홀어머니 밑에서 자랐는데 아주 심한 개구쟁이였다. 이항복은 어머니의 엄한 꾸지람을 듣고 크게 반성한 뒤 비로소 공부에 몰두하였다. 16세 때 어머니마저 돌아가시자 더욱 학문에 전념했다. 권율의 사위가 된 이항복은 이어 25세 때 문과에 급제하여 여러 관직을 두루 거쳤다.

1589년 이항복은 정여립의 역모 사건을 지혜롭게 마무리하여 왕의 총애를 받았다. 그리고 당파 싸움이 있을 때마다 잘잘못을 공평하게 가려내어 많은 사람에게 도움을 주었다. 이듬해 송강 정철이 세자 책봉 문제로 이산해 등의 모함을 받아 죄인으로 몰렸다. 그때 승지로 있던 이항복은 아무도 찾는 사람이 없는 정철을 찾아가 위로해 주었다. 이 일로 이항복은 정철의 죄를 제대로 다루지 않았다는 탄핵을 받고 1591년 벼슬에서 잠시 물러났다.

1592년 임진왜란이 일어나자, 도승지로 있던 이항복은 왕비를 개성까지, 두 왕자를 평양까지, 선조를 의주까지 무사히 호위하였다. 이 공으로 이항복은 오성군에 봉해지고 형조 판서에 올랐다. 한편 이항복은 윤승훈을 전라도 지방에 보내 군사를 모으게 하고, 이덕형과 함께 명나라에 구원군을 요청할 것을 건의했다. 그러나 명나라는 조선이 왜군을 끌여들여 명나라를 치려 한다며 구원군을 보내 주지 않았다. 그러자 이항복은 명나라의 오해를 풀어, 명나라 구원군의 도움으로 평양성과 서울을 되찾는 데 공을 세웠다.

그 뒤 이항복은 이조 판서, 대제학 등의 벼슬에 있으면서 안으로는 나랏일을 돌보는 데 힘쓰고, 밖으로는 명나라 사신을 접대하는 일을 맡았다. 이항복은 외교에 뛰어났는데, 명나라 사신들은 어려운 일이 있을 때마다 이항복을 찾았다고 한다.

1602년 당파 싸움으로 정인홍 등이 당시 이름 높은 유학자인 성혼을 모함하자 이항복은 성혼의 무죄를 변호하였다. 그 일로 귀양을 가 있는 정철의 일파로 몰리자 스스로 벼슬에서 물러났다. 이항복은 그 뒤 당파 간의 세력 다툼이 심해진 광해군 때 임해군을 변호하다가 정인홍 등의 탄핵을 받았다. 또한 인목 대비 폐비를 적극적으로 반대하다가 1617년 북청으로 귀양 갔으며, 다섯 달 만에 귀양지에서 세상을 떠났다.

죽은 뒤에 다시 벼슬이 내려진 이항복은 청백리에 이름이 올랐다. 어린 시절 절친한 친구였던 이덕형과 더불어 '오성과 한음'이라 불리며, 기발하고 재치 있는 장난을 즐겨 많은 일화를 남겼다.

함께 익혀 둡시다

광해군 : 26쪽 참조.

권율 : 30쪽 참조.

성혼 (1535~1598. 자는 호원. 호는 우계, 묵암. 시호는 문간) : 조선 선조 때의 성리학자이다. 병 때문에 과거 시험을 포기하고 학문 연구에 힘썼다. 그 뒤 여러 차례 벼슬이 내려졌으나 나아가지 않았다. 임진왜란 때 세자 광해군의 부름을 받고 좌참찬이 되었다. 유성룡과 함께 일본과의 화해를 주장하다가 선조의 미움을 사서 벼슬을 그만두고 고향 파주로 내려갔다. 글씨에 뛰어났고, 지은 책으로 《위학지방도》, 《우계집》, 《주문지결》 등이 있다.

윤승훈 (1459~1611. 자는 자술, 호는 청봉, 시호는 문숙) : 조선 중기의 문신이다. 임진왜란 때에는 전라도에 내려가 군사를 모아 왜군을 물리치는데 공을 세웠다. 함경도 관찰사로 있던 1599년 오랑캐가 국경에 쳐들어와 소란을 피우자 적의 소굴을 소탕했다. 좌의정 등을 거쳐 영의정에 올랐으나, 유영경의 모함으로 벼슬에서 물러났다.

이덕형 (1561~1613. 자는 명보. 호는 한음, 쌍송, 포옹산인. 시호는 문익) : 조선 중기의 문신이다. 임진왜란 때 사신으로 명나라에 가서 구원군을 불러와 왜군을 물리치는 데 큰 공을 세웠다. 벼슬이 영의정에 이르렀으며, 1613년 이항복과 함께 영창 대군 처형과 인목 대비 폐비를 반대하다가 벼슬에서 물러났다. 이항복과는 어릴 때부터 친구 사이로 많은 일화를 남겼다.

인목 대비 (1584~1632. 성은 김씨) : 조선 선조의 둘째 왕비이다. 연흥 부원군 김제남의 딸로 영창 대군의 어머니이다. 광해군이 왕이 된 뒤 서궁에 유폐되었다가 인조반정으로 풀려 났다. 글씨에 능했다.

정여립 역모 사건 : 1570년 과거에 급제하여 관직에 있던 정여립은 당시 당파 싸움에 밀려 벼슬을 그만두고 고향으로 내려갔다. 그리고 당시 정치 사회에 불만을 품고 있던 사람들을 모아 무술을 훈련시키는 등 세력을 키워 나갔다. 또 '이씨는 망하고 정씨가 일어선다.'는 내용을 담은 《정감록》을 널리 퍼뜨렸다. 이에 조정에서는 정여립을 잡아들이라는 명령을 내렸고 정여립과 관련 있는 자들이 차례로 투옥되었다. 한편 정여립은 죽도로 도망을 갔는데, 관군에 포위당해 목숨이 위태롭게 되자 스스로 목숨을 끊었다.

정인홍 (1535~1623. 자는 덕원. 호는 내암) : 조선 중기의 학자이자 의병장이다. 임진왜란 때 합천에서 의병을 모아 성주에서 왜병을 물리쳐 '영남 의병장'이라는 호를 받았고, 성주, 합천, 함안 등을 지키는 데 많은 공을 세웠다. 광해군이 왕위에 오르는 데 공을 세워 좌의정 등 높은 벼슬을 두루 맡았다. 광해군의 총애를 받아 권력을 함부로 휘두르다 1623년 이귀, 최명길 등과 인조반정 때 참형되었다.

정철 : 304쪽 참조.

청백리 : 조정의 높은 관직에 있는 사람들이 추천하는 청렴결백한 벼슬아치를 일컫는다.

얽힌 이야기 한 토막

임진왜란 때의 일이다. 이항복의 오랜 친구인 이덕형이 명나라에 가서 목숨을 걸고 황제와 담판을 지은 끝에 겨우 구원병을 보내 주겠다는 승낙을 얻어 냈다. 그래서 명나라 장수 이여송이 4만 5천 명의 대군을 이끌고 압록강을 건너왔다. 그때 도승지였던 이항복은 여러 신하들과 함께 이여송을 비롯한 명나라 구원군을 맞으러 나갔다.
이항복 일행이 명나라 진영에 도착하자 이여송은 불쑥 손을 내밀었다. 이여송이 요구하는 것이 무엇인지 모르는 일행은 어쩔 줄 몰라 했다.

그때 이항복이 앞으로 걸어나가 관복 소매 속에서 두루마리 하나를 꺼내 이여송의 손에 쥐어 주었다. 그것을 펼쳐 본 이여송의 얼굴이 밝아졌다.
그것은 다름 아닌 우리나라 지도였던 것이다.
"대감, 참으로 훌륭하십니다. 무례함을 용서하십시오."
이여송은 이항복에게 고개를 숙이고 진심으로 자기의 무례를 사과하였다.
이여송은 곧바로 그 지도를 보며 대군을 이끌고 평양으로 달려가서 평양성을 되찾을 수 있었다.

조선을 대표하는 성리학자이다.

이황

李滉 : 1501~1570. 자는 경호. 호는 퇴계, 퇴도, 도수. 시호는 문순.

이황은 1501년 경상북도 안동군 도산면에서 이식의 막내아들로 태어났다. 태어난 지 7개월 만에 아버지를 여읜 이황은 인자하고 현명한 어머니의 가르침을 받으며 자랐다. 12세 때부터 작은아버지에게 학문을 배웠고, 혼자 책 읽기를 좋아했다. 이황은 20세 무렵 밤낮으로 공부한 탓에 건강을 잃었고, 그 뒤 자주 병을 앓았다고 한다.

1533년 진사로 성균관에 들어가 학문을 닦은 이황은 이듬해 문과에 급제하여 박사, 호조 좌랑 등을 거쳐 홍문관 수찬이 되었다. 승진을 계속하던 이황은 36세 되던 해 어머니가 돌아가시자 고향으로 돌아갔다. 그 뒤 이황은 다시 왕의 부름을 받아 홍문관 교리 등을 지냈다.

인종에 이어 1545년 당파 싸움이 심해지자 벼슬에서 물러나 고향으로 내려갔다. 그리고 낙동강 상류인 토계에 양진암을 짓고 학문 연구에만 몰두하였다. 이때 이황은 토계를 '퇴계'라 바꾸고 자신의 호로 삼았다.

48세에 풍기 군수가 된 이황은 명종에게 아뢰어 주세붕이 풍기에 세운 백운동 서원에 전답과 액자와 서적 등을 내려 줄 것을 조정에 요청하였다. 이에 명종은 이황의 건의를 받아들여 직접 '소수 서원'이라는 새 이름까지 지어 주었다. 이후 이황에게 여러 차례 벼슬이 내려졌으나 이황은 대부분 사양하고 고향으로 내려가 제자들을 가르치면서 사색의 시간을 보냈다. 이때 유학자로서 쌍벽을 이루는 이이가 찾아와 서로 갈고닦은 학문을 교류했다.

이황은 이언적의 학문을 이어받아 더욱 성리학을 발전시켰으며, 기대승과 8년 동안 학문에 대한 논쟁을 벌이기도 하였다. 이황은 서울에 있을 때부터 이미 뛰어난 성리학자로 '동방의 주자'라는 칭호를 받았다. 이 때부터 전국에서 학자들이 몰려와 이황에게 가르침을 받았다.

이황은 철저한 사색을 학문의 시작으로 삼았다. 겸손하고 신중한 태도로 학문에 임해 독단과 경솔을 물리쳤다. 이황은 또 아는 것과 행하는 것이 일치해야 한다고 주장하였다. 이러한 이황의 학풍은 제자들인 유성룡, 김성일 등에게 이어졌다. 또한 임진왜란 후 일본에 소개되어 큰 영향을 끼쳤다.

이황은 겸허한 성품을 지닌 대학자로 중종, 명종, 선조의 지극한 존경을 받았으며, 시와 문장은 물론 글씨에도 뛰어났다. 죽은 후에는 영의정의 벼슬이 내려졌으며, 제자들은 도산 서원을 세우고 이황을 추모했다.

함께 익혀 둡시다

기대승 (1527~1572. 자는 명언. 호는 고봉, 존재. 시호는 문헌) : 조선 중기의 학자로 1558년 문과에 급제하였다. 이조 좌랑, 대사성 등을 거쳐 대사간에 이르렀으나 1572년 병으로 관직에서 물러나 고향으로 가던 중 고부에서 세상을 떠났다. 성리학에 뛰어나 퇴계 이황과 8년간 학문에 대한 논쟁을 벌이기도 했다. 지은 책으로는 《주자문록》, 《고봉집》 등이 있다.

김성일 (1538~1593. 자는 사순. 호는 학봉. 시호는 문충) : 조선 중기의 문신으로 이황에게 학문을 배운 뒤 1568년 문과에 급제하였다. 홍문관 교리 등을 거쳐 1590년 통신사 황윤길과 함께 일본에 다녀왔다. 이때 김성일은 당파가 다른 황윤길이 일본이 쳐들어올 것이라고 하자, 이와 반대로 조정에 보고했다. 임진왜란이 일어나자 거짓 보고를 한 죄로 처벌받을 뻔했으나, 유성룡의 변호로 화를 면했다. 경상우도 병마절도사 등에 올라 왜군과 싸우다가 병으로 죽었다.

도산 서원 : 경상북도 안동군 도산면 토계리에 있는 서원이다. 1574년(선조 7) 퇴계 이황의 학문적 업적을 추모하기 위해 제자들과 유학자들이 중심이 되어 세웠다. 사적 제170호로 지정되어 있다.

유성룡 : 208쪽 참조.

이언적 (1491~1553. 자는 복고. 호는 회재. 시호는 문원) : 조선 중기의 문신이다. 조선 유학의 방향을 제시한 훌륭한 성리학자이다. 중종의 신임을 받았으며, 약 20년간 활발한 정치 활동을 펼쳤다. 주요 저술 원본인 '이언적 수필고본 일괄'은 보물 제586호로 지정되어 독락당과 옥산 서원에 보관되어 있다. 다른 글들은 문집인 《회재집》에 실려 있다.

주세붕 (1495~1554. 자는 경유. 호는 신재, 남고, 무릉도인, 손옹) : 조선 중기의 학자이자 문신으로 경상도 칠원에서 태어났다. 1541년 풍기 군수가 되어, 1543년 우리나라 최초의 서원인 백운동 서원을 세웠다. 호조 참판과 황해도 관찰사를 지낸 뒤 병으로 벼슬에서 물러나 죽을 때까지 학문 연구에 힘을 쏟았다.

이황이 선조 임금에게 바친 책 《성학십도》

얽힌 이야기 한 토막

이황의 생활은 언제나 검소하기 이를 데 없었다. 이황은 내궐에 드나들 때를 빼고는 항상 베로 지은 옷에 칡넝쿨로 만든 신을 신었으며, 대나무 지팡이를 짚었다.

이황이 벼슬에 올라 서울 서소문 안에 살 때였다. 하루는 좌의정 권철(권율의 아버지)이 이황이 학문이 높다는 이야기를 듣고 그를 찾아왔다.

그때는 마침 식사할 무렵이어서 밥상이 차려져 나왔다. 그런데 이게 웬일인가? 상에 오른 반찬은 오직 나물뿐이며 너무나 초라하였다.

그리하여 좌의정 권철은 수저도 들어 보지 못하고 그냥 돌아가고 말았다.

그 뒤 좌의정 권철은 이황의 검소한 생활을 여러 사람에게 들려주면서 이렇게 덧붙였다.

"내 입맛을 잘못 들인 게 참으로 부끄러워서 낯을 들 수가 없었소."

이렇게 이황은 재물은 말할 것도 없고, 벼슬에도 욕심을 내지 않았다. 오로지 한평생을 학문 연구와 제자들을 기르는 데 힘쓰며 깨끗하게 살았던 것이다.

《삼국유사》를 지어 우리의 고대 역사를 집대성한 고려의 승려이다.

일연
一 然 : 1206~1289. 성은 김씨. 자는 회연, 일연. 호는 목암.
시호는 보각. 탑호는 정조.

일연은 1206년 경상북도 경산에서 김언정의 아들로 태어났다. 어려서부터 재주가 뛰어났을 뿐 아니라 몸가짐이나 생김새가 단정하였고, 사물을 보는 눈빛이 남달랐다. 9세 때 무량사에 들어가 학문을 닦았고, 1219년 설악산 진전사에 들어가 대웅 선사 밑에서 참선을 통해 승려가 되었다. 이후 여러 곳을 돌아다니며 불경을 연구하여 1227년 승과에 급제하였다.

그 뒤 일연은 비슬산 보당암으로 옮겨 수년 동안 머무르면서 마음을 가다듬고 계속 참선을 했다. 1236년 몽골의 침입으로 그 피해가 전라도 고부 지방까지 미치자, 일연은 문수보살에게 기도를 하였다. 그때 문수보살이 나타나 '무주에 있다가 내년에 다시 이 산 묘문암에서 수도하라.' 하여 보당암 북쪽에 있는 무주암으로 옮겨 수도를 계속했다. 이듬해 나라에서 삼중 대사라는 승계(승려의 계급)를 내렸고, 1246년에 선사, 1259년 대선사라는 승계를 내렸다.

1231년 이후 몽골의 침략이 계속되는 동안 일연은 남쪽 포산, 남해 등지에서 전쟁을 피하며 수도하다가 1261년 원종의 부름을 받고 강화도에 갔다. 그리고 그곳 선월사에 머무르면서 불경을 가르쳤고, 지눌의 법통을 이었다.

이어 오어사, 인흥사, 불일사 등에 머무르면서 불법을 강론했다. 1277년(충렬왕 3)에는 운문사 주지가 되어 왕에게 불법을 강론하였다.

늙은 어머니를 모시기 위해 고향으로 내려갔다가 그 이듬해 경상북도 군위의 인각사를 다시 세웠다. 이어 1289년 병이 나자 왕에게 글을 남기고 평소와 다름없이 제자들과 문답을 나눈 뒤 자신의 방으로 돌아가 세상을 떠났다. 일연의 탑과 비는 인각사에, 행적비는 운문사에 있다.

일연은, 김부식이 지은 《삼국사기》와 더불어 우리나라 역사책 가운데 가장 오래된 책으로 손꼽히는 《삼국유사》를 썼다. 《삼국유사》는 충렬왕 때인 1281년 청도 운문사에서 쓰기 시작하여 1283년에 완성했는데, 몽골의 침략에 대항하여 민족정신을 불러일으키기 위해 썼다고 한다. 《삼국유사》는 고조선, 부여, 가야의 역사를 비롯해 신화와 설화, 옛 승려들의 활동 및 향가를 집대성한 것으로 우리나라 고대 역사와 문학 연구에 귀중한 자료가 되고 있다. 또한 우리나라의 건국 신화인 '단군 신화'를 기록한 최초의 책이다. 일연은 평생 100권이 넘는 책을 썼다고 하나, 《삼국유사》만 전해지고 있다.

함께 익혀 둡시다

《삼국사기》 : 김부식이 인종의 명을 받아 1145년에 완성한 50권의 역사책이다. 신라, 백제, 고구려 세 나라의 역사가 건국에서부터 멸망할 때까지 상세하게 기록되어 있다. 이 책은 현재 전해지는 우리나라 최초의 역사책으로, 고대사 연구에 중요한 자료가 되고 있다.

《삼국유사》 : 고려 충렬왕 때 일연이 지은 역사책으로, 단군 신화를 비롯하여 고조선부터 후삼국까지의 역사가 기록되어 있다. 《삼국사기》에 빠져 있는 여러 가지 사실과 설화, 민속, 전설, 신앙 등이 실려 있어 삼국의 사회상을 엿볼 수 있는 귀중한 자료이다.

자눌 : 312쪽 참조.

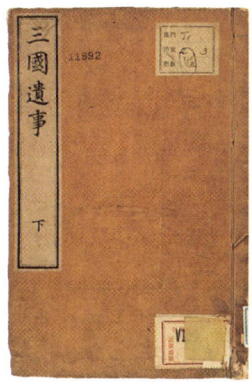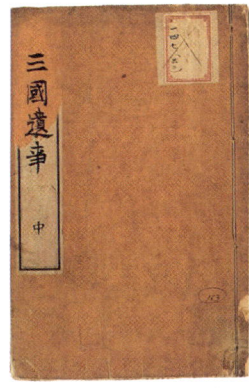

《삼국유사》

얽힌 이야기 한 토막

일연은 우리나라에 쳐들어온 몽골이 남쪽 지방까지 밀려오자, 문수보살에게 자신이 머물면서 불도를 닦을 곳을 알려 달라고 빌었다. 그때 문수보살이 나타나 일연에게 단 한마디 말을 남기고 사라졌다.
"무주거!"
'무수거라고 하면 머물 곳이 없다는 말이 아닌가?'
일연은 크게 실망하여 길을 떠나 예전에 머문 적이 있던 보당암이 있는 포산의 묘문암을 찾아갔다.
그곳에서 불도를 닦고 있는데, 한 승려가 말했다.
"스님, 이 절 북쪽에 정갈하고 아늑한 '무주암'이라는 암자가 있습니다. 그곳에서 수도하시는 것이 어떻겠습니까?"
"아니, 무엇이라고요? 무주암?"

그 순간 일연의 머리를 번개같이 스치고 지나가는 것이 있었다. 문수보살이 말한 '무주거'란 바로 무주암에 거처를 정하라는 뜻이었다는 것을 깨달은 것이었다.
일연은 자신의 수양이 아직도 많이 부족하다는 것을 깨닫고 곧 무주암으로 들어가 더욱 열심히 불도를 닦았다.
그러던 어느 날 문득 마음이 확 트이는 큰 깨달음을 얻었다. 한번 깨달음을 얻으니 그의 마음속에는 세상의 온갖 일들이 털끝만큼도 거리낄 게 없었다.
이때 그의 나이 32세였다.
그 해에 일연은 나라로부터 '삼중 대사'라는 칭호를 받았고, 마침내는 왕사가 되어 국사에 봉해졌다.

중국 대륙을 넘나들며 조선의 이름을 크게 떨친 무장이다.

임경업
林 慶 業 : 1594~1646. 자는 영백. 호는 고송. 시호는 충민.

임경업은 1594년 충청북도 충주에서 무장인 임황의 아들로 태어났다. 어려서부터 용맹하여 말을 잘 타고 활쏘기에 뛰어났던 임경업은 1618년(광해군 10) 무과에 급제하였다. 1627년 낙안 군수로 있을 때 정묘호란이 일어나자 군사를 이끌고 서울로 가다가 이미 화의가 성립되었다는 소식을 듣고 되돌아왔다. 여러 벼슬을 거쳐 1631년 검산산성 방어사에 오른 임경업은 정묘호란으로 허물어진 용골, 운암, 능한에 산성을 새로 쌓아 국방을 튼튼히 하였다. 그러나 조정에서는 청천강 이북 지방을 포기하고 강화도와 남한산에 성을 튼튼히 쌓아 서울을 지키자는 주장이 나왔다. 그러자 청천강 북쪽 백성들이 이에 반대했는데, 이때 임경업은 이들을 선동했다는 모함을 받아 옥에 갇혔으나 곧 풀려났다. 임경업은 부족한 자원을 마련하기 위해 나라에서 받은 지원금으로 중국과 무역을 했다. 그 이익금으로 유민들을 모아 농사를 짓게 하는 등 국방을 강화했으나, 지나치게 이익을 남겼다 하여 벼슬에서 쫓겨났다. 김자점의 도움으로 다시 관직에 나온 임경업은 압록강 맞은편의 송골산, 봉황산에 봉화대를 설치하여 적의 침입에 대비하였다.

1636년 병자호란이 일어나자 임경업은 송골산과 봉황산 봉화대의 연락을 받아 백마산성을 굳게 지켰다. 이에 청나라군은 임경업이 지키는 백마산성을 포기하고 서울로 진격하였고, 인조는 남한산성으로 피하였다. 그러나 조선은 힘이 부족하여 이듬해 최명길 등의 주장을 받아들여 굴욕적인 협상을 하고 말았다. 이때 임경업은 압록강에서 청나라 태종의 조카인 요퇴군을 물리치고 잡혀가는 백성들을 구했다.

그 후 청나라가 명나라를 치기 위해 병력을 요청하자 임경업은 수군장으로 참전했으나 명나라와 내통하여 우리 군의 피해를 줄였다. 1640년 임경업은 안주 목사로 있으면서 다시 청나라의 요청에 따라 명나라를 공격하기 위해 나아갔다. 그때도 임경업은 명나라와 연락하여 오히려 청나라에 맞서려 했다. 그러나 그 사실이 드러나 1642년 청나라로 끌려가던 중 황해도 금천군 금교역에서 탈출하였다.

명나라로 망명한 임경업은 군사를 이끌고 청나라를 공격했으나 실패하고 포로가 되었다. 청나라가 부귀를 약속하며 설득했으나 임경업은 따르지 않았다. 그때 국내에서는 심기원이 역모를 꾀하다 탄로나는 사건이 발생했다. 그런데 심문 과정에서 심기원이 임경업과 공모했다고 거짓 자백을 하자 인조는 청나라에 있는 임경업을 불러들였다. 심문 결과 임경업은 무죄로 밝혀졌으나 모진 매를 이기지 못하고 세상을 떠났다.

함께 익혀 둡시다

병자호란 : 1636년(인조 14)에 청나라가 우리나라에 쳐들어온 난리이다. 조선이 청나라의 군신 관계 요구를 거부하자, 청나라 태종이 20만 군대를 거느리고 쳐들어왔다. 인조는 삼전도에서 항복하였고, 청에 대하여 군신의 예를 행하기로 하는 굴욕적인 조약을 맺었다. 이로써 조선은 명나라와의 관계를 끊고 청의 간섭을 받게 되었다.

심기원 (?~1644. 자는 수지) : 조선 인조 때의 문신이다. 인조반정의 공로로 공신이 되었다. 좌의정으로 있을 때 회은군 덕인을 왕으로 추대하려다가 처형되었다.

인조 (1595~1649. 재위 기간 : 1623~1649) : 조선 제16대 왕으로 1623년 이귀 등이 추대하여 왕위에 올랐다. 1628년 벨테브레이(박연) 등이 표류하다 들어오면서 서양 사정을 알게 되었고, 정문원과 소현 세자를 통하여 서양 문물을 접했다. 정묘호란과 병자호란으로 청나라에 무릎을 꿇는 치욕을 당했다. 토지를 조사하여 토지 제도를 고쳤으며, 세금 제도를 합리화하였다.

화의 : 국가와 국가 사이에 분쟁이 일어났을 때 화해하기 위한 약속이다. 1627년과 1636년 두 차례에 걸쳐 쳐들어온 청나라에 맞서 싸우던 우리나라는 결국 힘이 약해 최명길 등의 주장에 따라 굴욕적인 화의를 맺었다.

임경업의 충절을 기리는 비석 탑본

얽힌 이야기 한 토막

병자호란 때, 남한산성에 피신해 있던 인조가 삼전도로 나가 청나라 태종 앞에 무릎을 꿇고 항복하였다는 소식을 들은 임경업은 땅을 치고 통곡했다. 임경업은 분노를 참으면서 청나라에 복수할 기회를 노리고 있었다.
때마침 청나라 태종의 조카인 요퇴가 3백 명의 기병대를 거느리고 먼저 본국으로 돌아가는 것을 발견했다.
"이놈, 요퇴야! 내 너를 기다렸다!"
임경업은 퇴로를 막고 자기 부하들에게 손짓을 하였다.
"핫핫핫, 조무래기들이 나타났군!"
요퇴는 우리 군사의 숫자가 적은 것을 보고 비웃으며 임경업을 향해 덤벼들었다. 임경업은 곧바로 요퇴의 목을 베어 버렸다.
청나라 기병들은 도망가다가 숨어 있던 조선의 군사들에게 대부분 죽임을 당했다. 이때 본국으로 살아 돌아간 자는 몇 명뿐이었다.

청나라 태종이 강화 조약을 맺고 본국으로 돌아가는 길에 임경업을 만났다. 이때 임경업은 주먹을 불끈 쥐고 부글부글 끓어오르는 분노를 참아야만 했다. 청나라군과 싸우지 말라는 왕명을 받았기 때문이었다.
"그대는 내 조카 요퇴를 죽였는데, 어찌하여 우리에게는 덤비지 않는가? 적을 보고도 칼을 못 쓰는 장수의 처지가 어떻다는 것을 잘 알 텐데."
청나라 태종은 무섭게 노려보고 서 있는 임경업을 쳐다보며 물었다.
"나중에 만나 대결합시다!"
'조선에도 저런 장수가 있었던가?'
그때 임경업의 당당한 태도에 마음을 빼앗긴 청나라 태종은 후에 포로로 붙잡힌 임경업을 회유하기 위해 애썼다. 그러나 임경업이 끝내 말을 듣지 않자 옥에 가두었다가 인조의 요청으로 조선으로 돌려보냈다.

신출귀몰했던 조선 시대의 유명한 의적이다.

임꺽정
林巨正 : ?~1562. 다른 이름은 거정.

임꺽정은 경기도 양주에서 조선 시대의 가장 천한 신분인 백정의 아들로 태어났다. 임꺽정이 태어날 무렵 조정은 당파 싸움으로 혼란스러웠고, 관리들의 횡포가 매우 심했다. 백성들은 불만이 쌓여 무슨 일만 있으면 곧 터져 버릴 것처럼 위태로웠다.

임꺽정은 한때 전라도 해안에 들어와 노략질을 일삼는 왜구들을 물리치는 데 큰 공을 세웠다. 그러나 신분이 천한 백정이라 아무런 보상도 받지 못했다. 이때부터 임꺽정은 공평하지 못한 세상에 대한 불만을 품기 시작하였다.

임꺽정은 문란한 정치와 부패한 사회에 불만을 품은 사람들을 모아 1559년(명종 14) 도적 떼를 만들고 그 우두머리가 되었다.

처음에는 민가를 다니며 도적질을 일삼았다. 그러나 차츰 세력이 커지자 임꺽정은 황해도와 경기도 일대를 중심으로 관아를 습격하고 관리들을 죽이는 한편 창고를 털었다. 임꺽정은 이 곡식들을 가난한 백성들에게 골고루 나누어 주었다.

관리들의 횡포에 시달렸던 백성들은 관리들을 혼내 주고 그 재물을 가난한 백성들에게 나눠 주는 임꺽정을 '의적'이라 여기며 따랐다. 이런 백성들의 호응과 도움으로 임꺽정은 장연, 풍천 등지에서 관군에게 포위되었을 때 위기를 모면할 수 있었다.

임꺽정은 개성까지 쳐들어가 포도관 이억근을 살해하기도 했다. 임꺽정의 세력이 점차 커져 그의 이름이 조정에까지 알려졌다. 그러자 조정에서는 임꺽정을 잡아들이라는 명령을 내렸다. 하지만 임꺽정 세력을 두려워하여 선뜻 나서서 대적하려는 사람이 없어 큰 성과를 거두지는 못하였다.

임꺽정은 아내가 붙잡히자 1560년 근거지를 서울로 옮겼다. 임꺽정은 더욱 활발하게 움직여 온 나라를 큰 소란 속에 빠뜨렸다. 그러나 임꺽정의 부하인 가도치와 참모인 서림이 체포되면서 그 세력이 크게 줄어들었다. 이에 조정에서는 1562년 남치근에게 명하여 대대적인 토벌 작전을 펼치게 하였다. 남치근은 조정에 투항한 서림을 앞세우고 대대적인 공격을 감행하였다. 관군에 밀린 임꺽정은 구월산에서 끝까지 항거하다가 붙잡혀 죽었다.

이익은 임꺽정을 앞 시대의 홍길동, 후대의 장길산과 함께 조선의 3대 도적이라 하였다. 임꺽정에 대한 많은 설화와 역사 소설이 있으며,《명종실록》에는 그의 이름이 '임거질정'으로 적혀 있다.

함께 익혀 둡시다

남치근 (?~1570. 자는 근지) : 조선 시대의 무신으로, 제주, 남평 등지에서 여러 차례 왜구를 무찔렀다. 황해도에서 도둑 무리를 일으켜 세상을 떠들썩하게 했던 임꺽정을 잡았다.

백정 : 조선 시대의 천민 계층으로 주로 소나 돼지 따위를 잡는 일을 업으로 삼았다.

서림 (?~?) : 조선 중기 명종 때의 도적 임꺽정의 참모였다. 그러나 관군에게 체포되어 그동안의 활동과 임꺽정의 계획을 모두 털어놓았고 남치근을 도와 임꺽정과 그 일당을 죽음으로 몰아넣었다. 그 공으로 상을 받고 풀려났다.

의적 : 부정한 방법으로 모은 재물을 훔쳐다가 가난한 사람들을 도와주는 의로운 도적을 말한다.

장길산 (?~?) : 조선 숙종 때 해서 지방의 구월산을 본거지로 하고 전국적으로 활동한 도둑의 우두머리이다. 본래 광대들이 중심이 되어 활동했으나 점차 세력이 확대되었다. 세력이 커지자 서자 출신의 이영창과 금강산의 승려 운부와 손잡고 반란을 일으켜 서울로 쳐들어갈 계획까지 세웠다. 조정에서는 그를 잡으려 애썼지만 끝내 잡히지 않았다.

홍길동 : 허균의 소설 《홍길동전》의 모델이 된 도적으로, 연산군 때 활동했다. 소설 속 홍길동은 홍 판서의 서자로 태어나 신분과 사회의 벽을 넘지 못해 고민하다가 집을 뛰쳐나와 도적의 우두머리가 되었으며, 신출귀몰한 재주로 부정한 관리나 부자의 재물을 빼앗아 어려운 사람들에게 나눠 주는 의적으로 묘사되어 있다.

얽힌 이야기 한 토막

임꺽정은 양주 백정의 아들로 기운이 천하장사였다. 명종 때 전라도에 왜구가 말썽을 일으키자 나아가 큰 공을 세웠으나 백정이라는 이유로 아무런 보상도 받지 못했다. 이에 불만을 품고 있던 임꺽정은 탐관오리들이 자신들의 배만 채우고 백성들을 괴롭히자 마침내 도적떼를 모아 그 우두머리가 되었다.

어느 날 평안도에서 보낸 문정 왕후 윤 대비의 생일 선물인 봉물짐이 황해도를 지나게 되었다. 곳곳에서 도적 떼가 날뛰는데다, 황해도는 임꺽정이 있는 터라, 경계가 매우 삼엄하였다. 봉물짐을 운반하던 관원들은 얼마 가지 않아 길목을 지키고 있는 임꺽정을 만났다.

"네 이놈! 백정놈 주제에 감히 관가의 행차를 가로막다니……. 썩 비켜서지 못하겠느냐? 이 창이 네 놈의 배를 꿰뚫으리라!"

"하하하! 뭐 관가의 행차라고? 누구를 바지저고리로 아느냐? 이게 그 대왕대비의 생일 봉물이 아니더냐? 순순히 내놓고 달아나면 너희들의 목숨만은 살려 주마!"

임꺽정의 말에 모욕을 느낀 호송 책임자는 창을 꼬나들고 덤벼들었다.

"하하, 이놈이 하룻강아지 범 무서운 줄 모르고 날뛰는구나. 에잇!"

임꺽정은 단칼에 책임자의 목을 베어 버렸.

이후 도적과 관원 사이에 싸움이 벌어졌으나 아무리 훈련받은 군졸들이라 해도 의기로 뭉친 임꺽정의 무리를 당해 낼 수는 없었다.

문정 왕후에게 보내는 봉물을 도적들에게 빼앗겼다는 소식을 접한 조정은 발칵 뒤집혔다. 그때부터 조정에서는 임꺽정을 잡기 위해 여러 가지 대책을 마련하였으나 번번이 실패할 따름이었다.

서해와 남해를 호령하던 바다의 제왕이며 신라의 대상인이다.

장보고 張保皐 : ?~846. 본명은 궁복, 궁파.

장보고는 어릴 때 활을 아주 잘 쏘았다. 그래서 '활을 잘 쏘는 사람'이라는 뜻으로 '궁복' 또는 '궁파'라고 불렸다. 평민 출신으로 바닷가에서 자란 장보고는 어려서부터 무예가 뛰어났고 헤엄을 잘 쳤다.

장보고는 친구 정연과 함께 당나라에 건너가 열심히 무예를 닦아 무과에 급제하여 무령군 소장에 올랐다. 그러나 신라 사람들이 강제로 당나라에 붙잡혀 와 노비가 되어 불쌍하게 사는 것을 보고는 벼슬을 버리고 신라로 돌아왔다.

장보고는 먼저 해적들이 사람을 잡아다 사고파는 것을 없애기 위해 828년(흥덕왕 3) 해상의 요충지인 청해(전라남도 완도)에 진을 세울 것을 흥덕왕에게 건의하였다. 왕의 허락을 받은 장보고는 완도 가리포에 성을 쌓아 해적들을 물리치기 위한 근거지를 마련했다. 흥덕왕은 그에게 '청해진 대사'라는 특별한 직책을 내려 주었고, 장보고는 수병들을 훈련시켜 곧바로 해적들을 소탕하였다. 이후 장보고가 지키는 바다에서는 해적들이 모습을 감추었다.

장보고는 해적을 소탕한 후 강력한 군사력을 바탕으로 해상 무역을 펼치기 시작했다. 장보고는 일본과 당나라에 무역 사절을 보냈다. 그리하여 신라의 고급 직물과 비단, 금은 세공품을 외국으로 수출하고, 외국에서 신라 귀족들이 애용하는 향료 등을 수입하였다.

또 장보고는 당나라의 산동 성에 있는 신라방에 법화원이란 절을 세우고 토지를 하사하는 등 물질적인 후원을 아끼지 않았다. 그리하여 법화원은 당시 신라방에 사는 신라인들에게 정신적인 지주 역할을 했다.

836년 경주에서 일어난 왕위 계승 다툼에서 밀려난 김우징이 청해진으로 피신해 오자 장보고는 이를 맞아들였다. 그리고 838년 김우징과 함께 반란을 일으켜 이듬해 민애왕을 죽이고 김우징(신무왕)을 왕위에 오르게 했다. 장보고는 이 공으로 감의 군사가 되었다. 신무왕의 뒤를 이은 문성왕은 장보고를 진해 장군으로 봉하고 장보고의 딸을 왕비로 맞이하려고 했다. 그러나 귀족들은 장보고의 세력이 커지는 것에 불안을 느끼고 장보고의 딸을 왕비로 맞이하는 것을 반대하였다. 그러자 장보고는 846년 청해진에서 반란을 일으켰다. 조정에서는 장보고의 옛 부하였던 염장을 청해진으로 보냈다. 염장은 장보고에게 거짓으로 항복한 뒤 장보고를 살해하였다. 이후 신라 조정에서는 청해진 주민들을 김제로 이주시키고 청해진을 없애 버렸다.

함께 익혀 둡시다

문성왕 (?~857. 재위 기간 : 839~857. 성은 김씨. 이름은 경응) : 신라 제46대 왕으로 장보고의 도움을 받아 왕위에 오른 신무왕의 아들이다. 그 당시는 신라의 쇠퇴기였고, 846년 장보고의 반란을 비롯하여 여러 반란이 끊임없이 일어났다.

법화원 : 장보고가 중국 산둥 성 문등현 적산촌에 세운 절이다. 당시 중국 동해안에 살던 신라인의 정신적 버팀목이 되었던 곳으로 항상 30여 명의 승려가 머물렀다. 장보고가 하사한, 1년에 500석을 추수할 수 있는 땅을 가지고 있었다.

신라방 : 당나라와 무역이 활발하던 신라 문성왕 때 중국 동해안에 신라인들이 모여 살던 마을이다. 중국과 거래하는 상인과 유학 온 승려들이 모여 자치적으로 동네를 이룬 곳으로, 중국 산둥 성 문등현에 있던 것이 대표적이다.

신무왕 (?~839. 재위 기간 : 839~839. 성은 김씨. 이름은 우징) : 신라 제45대 왕으로 처음에 왕위 다툼에서 밀려난 뒤 청해진으로 피신했다. 838년 장보고의 도움으로 반란을 일으켜 민애왕을 죽이고 왕이 되었으나 수개월 뒤 갑자기 병을 얻어 죽었다.

염장 (?~?) : 신라 문성왕 때의 장군으로, 광주에서 태어났다. 문성왕에게 딸을 시집보내려다 귀족들의 반대로 실패한 장보고가 846년 반란을 일으키자 장보고를 죽이기 위해 거짓 항복을 하고 청해진에 들어갔다. 장보고를 죽인 뒤 아간 벼슬에 올랐다.

정연 (?~?) : 신라 때의 무장이다. 장보고의 어릴 적 친구로 장보고와 함께 당나라로 건너가 무예를 익히고 돌아왔다. 장보고와 함께 민애왕을 죽이고 신무왕이 왕위에 오르는 데 큰 공을 세웠다.

청해진 : 신라 때 장보고가 완도에 설치했던 해상 무역 기지이다. 완도는 당시 신라와 당나라, 일본을 잇는 해상 교통로의 중심지였다. 장보고는 흥덕왕의 허락을 얻어 청해진을 세우고 군사력을 바탕으로 해적들을 물리친 뒤, 이곳을 중국과 신라, 일본을 잇는 해상 무역의 중심지로 발전시켰다.

얽힌 이야기 한 토막

장보고의 어린 시절 이야기이다. 장보고에게는 정연이라는 둘도 없는 단짝 친구가 있었다. 둘은 낮에는 무예를 닦고 밤에는 열심히 중국말을 공부하였다. 두 소년은 무예를 닦은 뒤 당나라로 가서 출세하기로 약속했다.

두 소년은 중국말을 열심히 익히는 한편, 중국에 가는 배를 타기 위해 차근차근 준비를 했다. 두 소년은 고기잡이를 나가서 받은 품삯을 모아 자금을 마련했다.

어느 날 중국 배가 식수를 마련하기 위해 항구에 들어왔다. 두 소년은 중국 선원에게서 그 배가 하룻밤을 묵고 새벽에 떠난다는 사실을 알아냈다. 두 소년은 중국으로 떠날 좋은 기회라고 생각하고 선원에게 부탁했다.

"우리는 당나라에 가서 공부를 하는 것이 소원입니다. 이 금붙이를 모두 드릴 테니 제발 저희들을 배에 태워 주세요."

선원은 금붙이가 탐나긴 했지만, 태워 줄 수 없다고 거절했다. 두 소년은 선원의 소매를 붙잡고 애원했다.

"아저씨, 저희들을 배 안에 있는 창고 같은 곳에 몰래 숨겨 주면 되잖아요."

"그럼, 내가 창고를 맡고 있는데, 창고에 있는 빈 술통 속에 들어가 있을래?"

이렇게 하여 중국 땅을 밟게 된 두 소년은 서로를 의지하며 열심히 일을 하였다. 어느 날 두 소년은 일하고 있던 부잣집에서 젊었을 적에 장수였던 한 노인을 알게 되었다. 그들은 노인에게 무예를 배우며 늠름한 청년으로 자랐다. 장보고는 820년 당나라에서 실시한 무술 대회에서 장원을 하였고 출중한 무예를 인정받아 무령군 소장에 올랐다.

그러던 어느 날 장보고는 신라 사람들이 해적들에게 붙잡혀 와 노예로 팔리는 비참한 광경을 보았다. 이에 분노한 장보고는 해적들을 소탕하고 말겠다는 결심을 하고, 그 길로 벼슬을 사직하고 신라로 돌아왔다. 그리하여 장보고는 해적들이 그의 이름만 들어도 벌벌 떠는 해상의 제왕이 되었다.

우리나라 역사상 최대의 제국을 건설한 고구려 제20대 왕이다.

장수왕

溫祚王 : 394~491. 재위 기간 : 413~491. 이름은 거련, 연.

장수왕은 광개토 대왕이 랴오둥(요동)을 정벌하던 394년 광개토 대왕의 맏아들로 태어났다. 장수왕은 어려서부터 용모와 재주가 아주 뛰어났으며, 의지와 기개가 호탕했다.

408년 태자가 된 장수왕은 413년 아버지 광개토 대왕의 뒤를 이어 왕위에 올랐다. 장수왕은 이듬해인 414년 고구려 왕실이 신의 후손이라는 것을 알리고, 아버지인 광개토 대왕의 업적을 기리기 위하여 당시 고구려의 수도인 국내성 동쪽 국강상(중국 지린 성 지안 시)에 대규모의 광개토 대왕릉비를 세웠다.

장수왕은 아버지의 뜻을 받들어 중국의 진, 송, 위 등 여러 나라와 사신을 교환하며 국교를 맺었다. 413년 중국 남쪽에 있는 동진에 사신을 보내 외교 관계를 맺어 중국의 북쪽에 있는 북위를 견제하였다. 또한 북위가 세력을 키워 중국 북쪽을 차지하자 435년 사신을 파견하여 외교 관계를 맺었다. 하지만 436년 북위의 군사에게 쫓겨 망명해 온 연나라 왕을 받아들이고, 466년에는 북위가 혼인을 요청했으나 거절하였다. 이러한 일들로 북위와 몇 차례 전쟁을 치를 뻔했으나 그때마다 장수왕은 외교를 통해 위기를 잘 넘겼다.

장수왕은 성공적인 외교 정책을 바탕으로 서북쪽 국경을 안정시키고, 427년에는 남진 정책을 추진하기 위해 만주의 국내성에 있던 도읍을 평양으로 옮겼다. 이때부터 장수왕은 자주 백제와 신라의 국경을 공격하여 남쪽 영토를 넓혀 갔다.

장수왕은 승려 도림을 백제에 첩자로 보내 백제의 사정을 살폈다. 도림은 장수왕의 뜻을 받들어 개로왕에게 궁궐을 짓게 하는 등 큰 공사를 하게 하여 백제의 국력이 쇠하게 만들었다. 그 계략이 성공하자 장수왕은 475년 친히 군대를 이끌고 백제를 공격하여 백제의 수도 한성(남한산성)을 빼앗았다. 또한 백제 개로왕을 죽여 백제 근초고왕에게 죽은 고국원왕의 원한을 갚았다.

또한 481년에는 말갈의 군사와 함께 신라 북부를 쳐서 호명성(경상북도 청송) 등 7개의 성을 함락시켰다. 이로써 고구려는 남쪽으로 죽령과 아산만, 북으로는 만주의 대부분을 차지하여 우리나라 역사상 가장 넓은 제국을 건설하였다. 이때가 고구려의 최고 전성기였다. 이렇듯 성공적인 남진 정책을 펼친 장수왕은 곳곳에 이를 기념하는 비를 세웠다. 현재 충청북도 충주에 그 비가 남아 있다.

장수왕은 강력한 왕권을 바탕으로 뛰어난 외교 정책과 정벌을 통해 고구려를 가장 융성한 나라로 만들었다. 장수왕은 491년 왕위에 오른 지 79년 만에, 98세의 나이로 세상을 떠났다.

함께 익혀 둡시다

개로왕 (?~475. 재위 기간 : 455~475. 이름은 경사) : 백제 제21대 왕이다. 중국 북위와 외교 관계를 맺어 고구려를 견제하려 하였으나 북위의 거절로 뜻을 이루지 못하였다. 장수왕의 밀명을 받고 들어온 고구려 승려 도림의 계책에 말려들어 사치스러운 생활을 하고 궁궐을 짓는 등 큰 공사를 벌여 나라가 궁핍해졌다. 475년 장수왕이 이끄는 고구려군에게 싸움에서 패한 뒤 도망을 가다가 붙잡혀 죽었다.

고국원왕 (?~371. 재위 기간 : 331~371. 이름은 사유, 교) : 고구려 미천왕의 아들로 314년 태자가 되었다. 왕으로 있을 때 끊임없이 연나라의 침입을 받았고, 한때 아버지인 미천왕의 시신과 어머니를 빼앗기는 수모를 겪기도 했다. 2만의 군사로 백제를 쳐들어갔으나 패하고, 백제의 근초고왕과 평양성에서 싸우다가 전사했다.

광개토 대왕 : 24쪽 참조.

근초고왕 : 32쪽 참조.

도림 (?~?) : 고구려 중기의 승려이다. 장수왕의 밀사로 백제에 들어가서 개로왕과 바둑을 두며 나라 안팎의 사정을 살폈다. 또한 개로왕에게 궁궐을 짓게 하고, 사치와 호화로운 생활을 하게 하여 국력을 쇠하게 만들었다. 그런 뒤 장수왕에게 상세히 보고하여 475년(장수왕 63)에 백제를 공격하게 했다.

북위 : 중국 북쪽에 있던 나라로 386년 선비족이 세웠다. 적극적으로 중국 한족과 하나가 되기 위해 노력했으나, 이에 불만을 품은 무리들이 반란을 일으켜 534년 동위와 서위로 나누어졌다.

연나라 : 4세기 초에서 5세기 초에 걸쳐 선비족인 모용씨가 중국에 세운 나라이다.

장수왕 때 세워진 것으로 추정되는 충주(중원) 고구려비. 충청북도 충주에 있으며, 5세기경 고구려의 강력한 세력에 대한 내용이 담겨 있다.

얽힌 이야기 한 토막

장수왕은 주변 나라들을 공격하여 영토를 넓혔을 뿐만 아니라 외교에도 뛰어난 능력을 보여 주었던 왕이다. 당시 고구려는 송나라와 북위와 외교 관계를 맺고 있었다.

그러나 북위는 항상 강력한 힘을 가진 고구려를 경계하고 있었다. 고구려가 자신들을 공격할지도 모른다는 불안함을 가지고 있던 북위 왕은 혼인을 요청해 왔다. 북위는 장수왕의 공주를 보내 달라고 요구했다. 그것은 장수왕의 딸 중 한 명을 왕비로 두어 인질로 삼겠다는 뜻이었다.

장수왕은 깊이 생각한 끝에 글을 써서 보냈다.

"딸은 이미 시집갔으니 대신 조카딸을 보내겠습니다."

그 당시 북위에는 어린 왕 헌조를 대신하여 문명 태후가 나랏일을 돌보았는데, 문명 태후는 장수왕의 뜻을 받아들이고 신부를 맞기 위하여 서둘러 고구려에 폐백을 보내왔다. 그때 한 신하가 장수왕에게 말하였다.

"북위는 옛날 연나라와 혼인을 했으나 얼마 뒤 연나라를 쳤습니다. 사신을 통해서 연나라의 내부 사정을 잘 알고 있었기 때문입니다. 따라서 이 혼인은 하지 않는 게 좋겠습니다."

이 말을 듣고 장수왕은 또다시 글을 보내어 그 조카딸이 죽었다고 했다. 그러자 북위에서는 그 말을 의심하면서 조카딸이 죽었으면 대신 종친의 딸을 뽑아 보내라고 요구하였다.

장수왕은 이를 허락해 놓고는 이리저리 시간을 끌었다. 그러던 중 헌조가 죽어 이 일은 자연 중단되고 말았다.

우리나라 과학 발전에 커다란 공을 세운 세종 때의 과학 기술자이다.

장영실 蔣英實 : ?~?

기생의 아들로 태어난 장영실은 경상도 동래현의 관아에서 일하던 노비였다. 장영실은 어려서부터 손재주가 뛰어나 물건 만들기를 좋아했다. 특히 무기나 농기구를 잘 고치고 성을 쌓는 일도 잘하여 주변 사람들의 칭찬을 받았다. 장영실은 이런 재능을 인정받아 당시 신분을 가리지 않고 널리 인재를 구하던 세종의 부름을 받아 한양으로 올라왔다. 장영실은 1423년(세종 5) 세종의 특명으로 노비의 신분에서 벗어나 궁중의 기술자인 상의원 별좌에 임명되었다.

그러나 장영실은 조정의 신하들로부터 천민 출신이라는 이유로 많은 업신여김을 받았다. 이러한 어려움 속에서도 장영실은 굴하지 않고 세종의 격려를 받으며 열심히 작업에 몰두했다.

1432년 장영실은 세종의 명을 받아 이천과 함께 천문을 관측하는 기기를 설계하고 제작을 지휘하였다. 1433년 호군으로 승진한 장영실은 천문을 관측하는 혼천의를 만들기 시작하여 1년 만에 완성하였다.

또 그 이듬해에는 금속 활자인 갑인자 만드는 일을 지휘하고 감독하였다. 한편 김빈과 함께 우리나라 최초의 물시계인 자격루를 만들었다.

1437년에는 만들기 시작한 지 5년 만에 별의 움직임을 관측하는 간의를 완성하였다. 그리고 휴대용 해시계인 현주일구와 천평일구를 만들었으며, 해시계인 정남일구와 공중 시계인 앙부일구, 밤낮을 가리지 않고 모두 쓸 수 있는 시계인 일성정시의도 만들었다. 또 태양의 높낮이와 일출과 일몰을 측정하는 규표도 만들었다. 이듬해인 1438년에는 이순지 등과 함께 자격루와 같은 물시계인 옥루를 만들었다. 이어 1438년에는 경상도 채방 별감이 되어 구리와 철을 캐내고 제련하는 일을 감독하였다.

그러나 이듬해인 1442년 장영실의 감독하에 만든 왕의 가마가 종묘 행차 도중에 부서지는 사고가 일어났다. 이 일로 장영실은 불경죄로 의금부에 잡혀가 매를 맞고 벼슬에서 쫓겨났다. 이후 장영실이 무엇을 했는지, 언제 죽었는지에 대한 기록은 없는데, 이것은 그가 기생의 아들이라는 천민 신분이었기 때문이다.

장영실은 고려 말 화약을 발명한 최무선과 함께 과학의 선구자로 불리며 높이 평가받고 있다. 한편 오늘날에는 1991년부터 우수한 과학 기술 제품을 선정하여 장영실의 이름을 딴 '장영실상'을 주고 있다.

함께 익혀 둡시다

이순지 (?~1465. 자는 성보. 시호는 정평) : 조선 전기의 문신이자 천문학자이다. 1427년 문과에 급제하여 승문원 교리 등을 거쳐 판중추원사에 올랐다. 이천, 장영실 등과 함께 간의, 규표, 앙부일구, 흠경각의 물시계 등을 만들었다. 지은 책으로 《칠정산내외편》, 《교식추보법》 등이 있다.

이천 (1376~1451. 호는 불곡. 시호는 익양) : 조선 전기의 무신이자 과학자이다. 1402년 무과에 급제하여 왜구를 물리치는 데 공을 세웠고, 호조 판서 등에 올랐다. 세종의 명을 받아 새로운 활자인 경자자, 갑인자를 만드는 등 인쇄술 발달에 크게 이바지하였다. 장영실 등과 함께 간의, 혼의, 앙부일구 등의 천문 기구를 만들었다. 무신으로서 요직을 두루 지내면서 과학 기술 발전에 앞장섰다.

자격루 : 1434년(세종 16) 장영실이 만든 자동 물시계로, 시간을 측정하는 물시계 부분과 인형이 종, 북, 징을 쳐 측정한 시간을 알려 주는 시보 장치로 이루어져 있다. 지금은 물시계 부분만 남아 있다.

해시계 : 태양의 움직임을 이용하여 시각을 어림짐작하는 장치이다. 시각의 눈금을 새긴 판 위에 가는 막대기를 세워 놓고, 태양빛에 의한 막대기의 그림자 위치로 시간을 알았다.

앙부일구   자격루

얽힌 이야기 한 토막

장영실은 어머니가 천한 신분인 관청의 기생이었기 때문에 어릴 때부터 늘 혼자 지냈다. 그러나 그는 무엇이든지 잘 만들고 고쳤다. 관아의 노비였던 장영실은 무기까지 고쳐 내어 포졸들의 사랑을 독차지했다. 그래서 관노이긴 했으나 뛰어난 기술로 후한 대접을 받았다.

장영실의 재수가 뛰어나다는 말을 들은 세종은 그를 궁궐로 불렀다. 이에 신하들은 처음에 거세게 반발했다.

"상감마마, 장영실의 어미는 기생이고 그는 관아의 노비입니다. 천하디 천한 사람에게 어찌 대궐 문턱을 넘게 할 수가 있겠습니까?"

"서예 솜씨가 타고나는 것이듯 기술 또한 손끝으로 타고나는 법이오."

세종은 대신들의 반대를 물리치고 장영실을 데려왔다.

장영실의 능력을 시험해 본 세종은 장영실이 뜻대로 일할 수 있도록 노비 신분을 벗겨 주고, 상의원 별좌라는 벼슬까지 내렸다.

장영실은 꿈만 같았다. 평생을 노비의 신분으로 지낼 줄 알았는데, 노비의 굴레에서 벗어났을 뿐 아니라 벼슬까지 받았으니 그 기쁨은 이루 말할 수가 없었다.

'임금님께 보답하기 위해 내 몸이 부서지는 한이 있더라도 열심히 일하자.'

굳게 다짐한 장영실은 세종의 명을 받들어 새로운 물건들을 만들기 시작했다. 1433년 천문 기구인 간의와 혼천의를 만든 장영실은 이후 과학 기술자로서의 재주를 마음껏 드러내었다.

〈시일야방성대곡〉을 쓴 항일 언론인이다.

장지연

張志淵 : 1864~1921. 자는 순소. 호는 위암, 숭양산인.

1864년 경상북도 상주에서 장용상의 아들로 태어난 장지연은 1894년(고종 31)에 과거에 응시하여 급제하였다.

1895년(고종 32) 명성 황후가 일본인에게 시해되자 장지연은 의병을 일으킬 것을 호소하는 글을 각 지역에 보냈다. 이에 곳곳에서 의병이 일어났다. 이듬해 고종이 러시아 공사관으로 거처를 옮기자, 장지연은 고종이 궁궐로 돌아올 것을 요청하는 만인소의 초안을 썼다.

독립 협회에 들어가 활동하던 장지연은 1898년에 새로 창간된 〈황성신문〉의 기자가 되었다. 같은 해 이상재, 이승만, 남궁억 등과 만민 공동회를 열어 애국 계몽 운동을 벌이는 한편, 정부의 잘못된 정치를 비판하였다. 이어 1901년 〈황성신문〉의 사장이 된 장지연은 민중 계몽과 독립 사상을 고취하기 위해 노력하였다.

1905년 일본이 강제로 을사조약을 맺어 우리의 외교권을 빼앗자, 장지연은 〈황성신문〉에 〈시일야 방성대곡(이 날을 목 놓아 통곡하노라)〉이라는 논설을 썼다. 이 논설에서 장지연은 일본이 우리나라의 권리를 빼앗은 사실을 폭로하고, 우리나라를 일본에 넘겨준 을사오적을 규탄하였으며, 우리의 주권을 되찾기 위하여 온 국민이 일어설 것을 호소하였다. 그 논설로 서울은 울음바다가 되었다. 그 일로 장지연은 일본 경찰에 붙잡혀 65일간 옥살이를 했으며, 〈황성신문〉은 발간이 중지되었다.

장지연은 우리 민족의 독립을 위해서는 실력을 길러야 한다고 생각하고, 1906년 윤효정, 나수연 등과 더불어 민중 계몽 단체인 헌정 연구회를 바탕으로 하여 대한 자강회를 만들었다. 1907년 일본이 헤이그 특사 사건을 구실로 고종을 강제로 물러나게 하자 장지연은 대한 자강회를 중심으로 격렬하게 반대 시위를 펼쳤다. 이 일로 대한 자강회가 해산당하자 권동진, 남궁억 등과 대한 협회를 만들어 활동을 계속하였다.

일본의 탄압이 거세지자 장지연은 1908년 일본의 탄압을 피해 블라디보스토크로 망명하여 〈해조신문〉의 주필이 되었다. 경영난으로 신문사가 문을 닫자 장지연은 상하이, 난징 등지를 거쳐 귀국하여 1909년 진주 〈경남일보〉의 주필이 되었다. 그러나 이듬해 한일 합방이 되었고, 장지연은, 한일 합방으로 울분을 참지 못해 자결한 황현의 시를 〈경남일보〉에 실어 일본의 침략을 규탄했다. 이 일로 인해 〈경남일보〉는 폐간되었다. 말년에 변절하여 친일 인사로 지내다가 1921년 마산에서 세상을 떠났다.

함께 익혀 둡시다

권동진 (1861~1947. 호는 애당, 우당. 도호는 실암) : 독립운동가이다. 1895년 명성 황후 시해 사건에 관련된 혐의를 받아 일본으로 망명하였다. 일본에서 손병희의 영향으로 천도교에 들어갔다. 1906년 장지연 등과 함께 대한 자강회를 만들어 애국 계몽 운동을 펼쳤다. 1919년 3·1운동 때는 민족 대표 33인의 한 사람으로 일본 경찰에 붙잡혀 3년 동안 옥살이를 하였다.

나수연 (1861~1926. 호는 소봉) : 한말의 언론인이자 서화가이다. 1898년 남궁억 등과 함께 〈황성신문〉을 발간했으며, 독립 협회 회원으로 활약하였다. 1906년 장지연, 윤효정 등과 함께 헌정 연구회를 바탕으로 대한 자강회를 만들어, 국민을 계몽하고 민족 정신을 일깨우는 데 힘썼다.

남궁억 : 86쪽 참조.

대한 자강회 : 1906년 윤효정, 장지연 등이 만든 민중 계몽 단체이다. 자주 독립의 기반을 닦기 위해 만들었으며, 친일 내각에 맞서다가 1907년 일본이 강제로 해산시켰다.

대한 협회 : 1907년 윤효정, 장지연, 오세창 등이 만든 국민 계몽 단체이다. 처음에는 민족 교육과 산업 발달에 주력했으나 나중에 일부 회원이 친일 행위를 하였다. 1910년 한일 합방과 더불어 해체되었다.

만인소 : 조선 시대에 많은 선비들이 이름을 함께 써넣어 왕에게 올리는 글을 말한다.

윤효정 (1858~1939. 호는 운정) : 독립운동가이다. 1906년 장지연과 함께 헌정 연구회를 바탕으로 대한 자강회를 만들었다. 이듬해에는 대한 협회를 만들어 애국 계몽 운동에 힘썼다.

을사오적 : 1905년 을사조약에 찬성한 5명의 대신들로, 이완용, 박제순, 이지용, 이근택, 권중현을 말한다.

을사조약 : 1905년 일본이 우리나라의 외교권을 빼앗아 간 불평등 조약이다. 조약을 맺기 위해 모인 대신 회의에서 한규설이 강력히 반대하자 이토 히로부미는 일본군을 동원하여 궁궐을 포위하였다. 이어 이토 히로부미는 끝까지 반대하는 한규설을 강제로 끌어내고 이완용, 박제순, 이지용, 이근택, 권중현의 찬성을 받아 조약을 맺었다. 5개 항으로 되어 있는 이 조약의 주 내용은 일본 정부가 조선 정부를 대신하여 외교에 관한 모든 일을 맡는다는 것과 조선에 일본인 통감을 둔다는 것이다.

이상재 : 242쪽 참조.

이승만 : 248쪽 참조.

헌정 연구회 : 1905년(고종 42)에 이준, 윤효정, 양한묵 등이 만든 애국 계몽 단체이다. 이듬해 해산되자 장지연, 윤효정 등이 대한 자강회로 발전시켰다.

황현 (1855~1910. 자는 운경. 호는 매천) : 한말의 순국 지사로 전라남도 광양에서 태어났다. 1888년 과거에 합격했으나 혼란한 나라와 부패한 관리들이 싫어 시골로 내려가 독서와 역사 연구를 하며 지냈다. 1910년 일본이 강제로 나라를 빼앗자 이를 원통해하는 시 4수를 남기고 자결하였다.

얽힌 이야기 한 토막

장지연은 〈황성신문〉의 주필로 있으면서 곧잘 일본의 악랄한 만행을 알리고, 잘못된 점을 날카롭게 꼬집었다. 그래서 장지연의 행동은 일본 경찰의 눈에 매우 거슬렸다. 이에 일본 경찰은 신문사를 없앨 생각으로 사사건건 꼬투리를 잡고 간섭을 하였다. 그러나 장지연은 오직 국민들에게 우리나라의 상황을 알려야 한다는 생각뿐이었다.

1905년 일본이 강제로 을사조약을 맺고 우리의 외교권을 빼앗자 장지연은 억울한 마음을 〈시일야방성대곡〉이라는 사설로 써 〈황성신문〉에 실었다. '이 날을 목 놓아 통곡하노라'라는 뜻인 이 글의 힘은 정말 대단했다. 온 겨레가 이 글을 읽고 분노하고 울분을 터뜨렸다.

이 글로 〈황성신문〉은 정간당했고, 장지연은 기자들과 함께 붙잡혀 갔다. 그러나 장지연은 조금도 굴하지 않고 당당한 모습으로 태연하게 말했다.

"이제 을사조약의 억울함을 〈시일야방성대곡〉이란 글을 통해 조금이나마 풀었으니, 내 비록 잡혀 왔어도 기쁘다."

부패한 정치와 외세 침략에 맞선 동학 농민 운동의 지도자이다.

전봉준
全琫準 : 1855~1895. 호는 해몽.

전봉준은 1855년 고부(전라북도 정읍)에서 전창혁의 아들로 태어났다. 전봉준은 어려서부터 유난히 작아 녹두라고 불렸는데 훗날 '녹두 장군'이라는 별명이 생겼다. 전봉준의 아버지는 마을 사람들에게 횡포를 부리던 고부 군수에게 항의하다가 매를 맞고 세상을 떠났다. 아버지가 억울하게 죽자 전봉준은 나라를 개혁하겠다는 큰 뜻을 품었다. 전봉준은 잠시 서당 훈장을 지내고 1890년 무렵 동학에 들어가 고부 지역의 동학 교도를 이끄는 접주가 되었다.

이 무렵 고부 군수 조병갑은 과중한 세금을 거둬들이고, 근거 없는 죄로 사람들의 재산을 빼앗는 등 횡포를 일삼았다. 또 만석보라는 저수지를 만들어 불법으로 물의 사용료를 거둬들였다. 농민들은 전봉준을 중심으로 조병갑에게 시정해 줄 것을 호소했으나, 오히려 쫓겨나고 말았다. 분노한 전봉준은 1894년 농민 1천여 명과 동학 교도를 이끌고 관아를 습격하여 빼앗긴 곡식을 되찾아 농민들에게 나눠 주었다.

그러자 정부에서는 부패한 관리를 처벌하고, 안핵사 이용태를 보내 잘못을 시정할 것을 약속하였다. 하지만 이용태는 약속과 달리 무자비하게 농민군을 탄압했다. 이에 전봉준은 1894년 3월 각 지역 동학 접주에게 글을 보내고 손화중, 김개남 등과 함께 동학 교도와 농민 1만여 명을 모아 동학군을 조직했다. 전봉준은 사람을 죽이지 말 것, 충효를 다해 세상을 구하고 백성을 편안하게 할 것, 서양 세력과 일본을 몰아내 나라의 정치를 깨끗이 할 것, 서울로 진격하여 그릇된 정치가를 몰아낼 것 등을 주장하며 봉기를 일으켰다. 동학군은 전라북도 정읍 부근의 황토현에서 관군을 물리치고 부안, 고창, 무장 등을 점령한 뒤 전주까지 나아갔다.

정부의 요청으로 청나라군과 일본군이 들어와 나라의 운명이 위태롭게 되자, 전봉준은 정부로부터 부패한 관리의 처벌, 노비 해방 등 농민을 위한 12개 항목을 약속받은 뒤 휴전하였다. 그러나 이 무렵 청일 전쟁에서 승리한 일본이 점점 침략의 야욕을 드러내자 전봉준과 동학 농민군은 1894년 8월에 다시 봉기하였다. 전봉준은 남도 접주가 되어 12만의 병력을 이끌고, 북도 접주 손병희의 10만 명과 함께 교주 최시형의 총지휘 아래 일본군에 맞섰다. 항쟁의 규모는 점점 커져 중부, 남부 전지역과 평안도까지 이르렀다. 그러나 신무기로 무장한 관군과 일본군의 반격으로 동학군은 공주와 금구 등의 싸움에서 크게 패하고 말았다. 순창으로 피신한 전봉준은 그곳에서 옛 부하의 밀고로 붙잡혀 서울로 끌려와 1895년 동지들과 함께 처형당했다.

함께 익혀 둡시다

김개남 (1853~1894) : 동학의 접주로 1894년 동학 농민 운동 때 동학군 1300명을 이끌고 남원을 점령하였다. 전라좌도를 통괄하였으며 전봉준을 능가할 정도의 위세로 독자적인 세력을 늘려갔다. 동학군의 2차 봉기 때 남원, 전주를 점령하였다. 11월 금구에서 일본군에 패한 뒤 12월 태인에서 붙잡혀 효수형을 당했다. 관리들이 동학군 지도자 중 가장 두려워한 대상이었다.

손병희 : 168쪽 참조.

손화중 (1861~1895. 이름은 정식. 자는 화중. 호는 초산) : 전라북도 정읍에서 태어나 20세 무렵 동학 교도가 되었다. 1894년 전봉준, 김개남 등과 함께 봉기를 일으켰다. 나주에서 포교 활동을 하다가 2차 동학 봉기에 참여했으나 실패한 뒤 붙잡혀 1895년 전봉준 등과 함께 처형당했다.

접주 : 동학에서 지역을 접으로 나누고, 그 접을 이끄는 지도자에게 접주라는 직책을 주었다.

조병갑 (?~?) : 영의정 조두순의 조카로 1892년 고부 군수에 올라 만석보를 새로 세워 백성들로부터 세금을 무리하게 거둬들이는 등 부정부패를 저질렀다. 또 죄 없는 사람에게 죄목을 씌워 재산을 빼앗았다. 그의 온갖 못된 행위는 동학 농민 운동이 일어나게 된 직접적인 원인이 되었다.

최시형 (1827~1898. 초명은 경상. 자는 경오. 호는 해월) : 동학의 제2대 교주로 경상북도 경주에서 태어났다. 1861년 동학에 들어가 최제우의 가르침을 받고 제2대 교주가 되었다. 정부의 탄압으로 최제우가 처형되자, 감시를 피해 전국을 돌며 포교에 힘썼다. 《동경대전》, 《용담유사》 등 주요 경전을 펴내어, 동학 교리의 가르침을 정리하였다. 그 뒤 두 차례에 걸쳐 종교의 자유와 억울하게 죽은 최제우의 한을 풀어 줄 것을 호소하는 운동을 펼쳤다. 1894년 고부에서 전봉준을 중심으로 농민과 동학 교도들이 동학 농민 운동을 일으키자, 동학 교도들에게 모두 참여할 것을 명하고 함께 싸우다가 1898년 붙잡혀 처형되었다.

서울로 끌려가는 전봉준

얽힌 이야기 한 토막

전봉준은 5세 때부터 서당에 다니며 글을 배웠다.
어느 날, 서낭 훈장님의 책상이 뜯겨신 사선이 벌어졌다. 화가 난 훈장님은 책장을 찢은 사람이 나오지 않으면 아무도 집에 보내지 않겠다고 호통을 쳤다. 그러나 나서는 아이가 아무도 없었다. 그때 전봉준이 앞으로 나서며 자기가 실수로 찢었다고 했다. 전봉준은 화가 난 훈장님에게 종아리를 맞았다. 그리고 다음 날부터 서당을 청소하는 벌을 받았다.
며칠 뒤 전봉준이 열심히 서당을 청소하고 있을 때 훈장님이 다가왔다. 그러고는 정중하게 사과를 하는 것이었다.
"내 손자가 그런 것도 모르고 죄 없는 널 때리고 벌을 세웠구나. 그런데 넌 왜 하지도 않은 일을 했다고 했느냐?"
"집에 가지 못하고 서당에서 밤을 새우면, 아이들이 이튿날 집안일을 거들지 못할 것이 아닙니까? 이 시당에 나오는 이 아이들은 모두 부모님들을 도와 낮에는 농사일을 거들고 있습니다."
전봉준은 다른 아이들을 위해 거짓으로 자백했던 것이다.
훈장님은 그런 전봉준의 마음 씀씀이를 매우 기특하게 여겼다. 그리고 아이들 앞에서 전봉준을 칭찬해 주었다.
"봉준이는 이 다음에 아주 훌륭한 훈장이 될 거다."
그 말을 들은 전봉준은 훈장이 될 생각을 했고, 후에 정말 훈장이 되었다.

조선 건국의 주역이자 문무를 갖춘 대학자이다.

정도전
鄭道傳 : 1342~1398. 자는 종지. 호는 삼봉. 시호는 문헌.

정도전은 1342년 충청북도 단양군 삼봉에서 정운경의 아들로 태어났다. 정도전은 대학자 이색의 제자로 열심히 학문을 닦으며 정몽주 등과 사귀었다. 문과에 급제한 정도전은 1363년(공민왕 12) 충주 사록에 오른 뒤, 성균관 태상 박사 등을 지냈다.

정도전은 1375년 친원배명 정책(원나라와 가깝게 지내고 명나라를 멀리하는 정책)을 반대하다가 전라남도 나주 회진현으로 귀양을 갔다. 1377년 정도전은 귀양에서 풀려나 4년간 고향에서 지냈다. 그 뒤 삼각산 밑에 초가집을 지은 뒤 삼봉재라 이름을 짓고 이곳에서 제자들에게 학문을 가르쳤다. 1383년 정도전은 외적을 물리쳐 고려의 새로운 영웅으로 떠오른 이성계를 찾아가 친분을 맺었다.

1388년 명나라가 철령위를 설치하여 고려 북쪽 땅을 지배하려 하자 고려는 최영 등의 주장으로 랴오둥(요동) 정벌에 나섰다. 그러나 명나라가 큰 나라임을 내세워 이에 반대하던 이성계가 위화도에서 군사를 돌려 돌아와 최영 등을 죽이고 권력을 잡았다. 이때 정도전은 조준 등과 함께 이성계를 도왔다. 그리고 이듬해에는 이성계, 정몽주, 조준, 설장수 등과 함께 창왕을 폐하고, 공양왕을 왕으로 세웠다.

1392년 정도전은 고려 왕조를 지키려는 정몽주 등의 탄핵을 받아 보주(경상북도 예천)에 유배되었으나, 이성계의 아들 이방원이 보낸 자객에게 정몽주가 살해된 뒤 풀려났다. 이로써 고려 왕조를 지지하는 세력이 모두 제거되자 정도전은 조준, 남은 등과 함께 이성계를 왕으로 추대하여 조선을 건국하였다.

조선을 건국하는 데 일등 공신이 된 정도전은 권력을 손에 쥐고, 조선의 문물 제도와 국가 정책의 대부분을 결정하였다. 정도전은《조선경국전》을 지어 조선 법률의 바탕을 만들었으며,《불씨잡변》을 써 불교를 배척하고 유교를 국가 이념으로 삼았다.

1396년 정도전이 쓴 글에 명나라를 모독하는 문장이 있다는 이유로 명나라 태조가 정도전을 보내 줄 것을 요구했다. 이에 정도전은 오히려 랴오둥 정벌 계획을 세워 군사 훈련을 실시하였다. 또한 신하가 중심이 된 나라를 만들 생각으로 나이 어린 방석을 세자로 내세웠다. 그러나, 정도전은 이에 반발하여 난을 일으킨 이방원 등에게 1398년 세자 방석 등과 함께 살해되었다.

정도전이 지은 책으로는《경제육전》,《경제문감》,《심문천답》,《심기리편》,《진법서》등이 있다.

함께 익혀 둡시다

공양왕 (1345~1394. 재위 기간 : 1389~1392. 이름은 요) : 고려의 마지막 왕이다. 1389년 이성계에 의해 왕위에 올랐으나 모든 권력을 이성계에게 빼앗겼다. 1392년 왕위에서 쫓겨나 삼척으로 유배되었다가 그곳에서 죽었다. 이로써 고려는 34대 475년 만에 멸망하였다.

남은 (1354~1398. 시호는 강무) : 고려 말, 조선 초기의 문신이다. 위화도 회군 때 이성계와 뜻을 같이하였고, 정도전 등과 함께 이성계를 왕으로 추대하여 조선을 세웠다. 정도전 등과 함께 세자 방석을 지지하다가, 방석이 세자에 오른 것에 불만을 품고 이방원이 일으킨 왕자의 난 때 이방원에게 죽임을 당했다.

설장수 (1341~1399. 자는 천민. 호는 운재. 시호는 문량) : 고려 말, 조선 초의 문신이다. 원나라 사람으로 아버지를 따라 고려에 귀화하였다. 1389년 정도전, 정몽주 등과 함께 창왕을 폐하고, 공양왕을 추대해 그 공으로 충의군에 봉해졌다. 정도전 등과 함께 이성계를 도와 조선을 세우는 데 큰 공을 세웠다.

이방원(태종) : 338쪽 참조.

이성계(태조) : 244쪽 참조.

정몽주 : 292쪽 참조.

조준 (1346~1405. 자는 명중. 호는 송당, 우재. 시호는 문충) : 1346년 평양에서 태어나 1382년 최영을 도와 왜구를 물리쳤다. 이성계를 도와 1390년(공양왕 2) 토지 제도와 조세 제도를 개혁하여 훗날 이성계가 조선을 세우는 데 큰 보탬이 되었다. 1392년 이방원을 태자로 삼자고 주장했다가 신덕 왕후 강씨의 미움을 사서 옥에 갇혔으나 곧 풀려나 좌의정에 올랐다. 제1차 왕자의 난 때 이방원을 다시 세자로 내세웠고, 1400년 태종 이방원을 왕으로 받들어 영의정 부사에 오른 뒤 부원군이 되었다.

창왕 (1380~1389. 재위 기간 : 1388~1389) : 고려의 제33대 왕이다. 위화도에서 회군을 한 이성계, 정도전 등이 추대하여 1388년 왕위에 올랐으나 재위 1년 만인 1389년 고려의 정통 왕족이 아니라는 이유로 강화로 쫓겨났다가 목숨을 잃었다.

철령위 : 고려 말기인 1388년(우왕 14) 중국 명나라가 함경남도 안변, 즉 철령 북쪽 땅을 직접 다스리기 위하여 설치하려 했던 군영을 말한다.

얽힌 이야기 한 토막

조선을 세운 태조 이성계에게는 두 명의 부인이 있었다. 첫째 부인은 신의 왕후 한씨로 여섯 아들을 두었고, 둘째 부인 신덕 왕후 강씨에게는 두 아들이 있었다.

태조의 맏아들인 진안 대군 이방우는 아버지가 고려 왕조를 무너뜨리고 나라를 세운 것에 반대하여 편지 한 장을 남기고 떠나 버렸다. 그러자 나라 안은 세자를 책봉하는 문제로 떠들썩했다. 정도전은 왕비인 신덕 왕후 강씨를 찾아갔다.

"중전마마, 지금 이 나라는 세자를 책봉하는 일로 매우 시끄럽습니다. 맏아들이신 진안 대군(이방우)이 안 계시니 이 나라를 세우는 데 가장 공이 큰 다섯째 왕자인 정안 대군(이방원)이 세자가 되어야 한다는 주장이 많습니다. 만약 정안 대군이 세자가 된다면……."

"아니오, 대감. 만약 정안 대군이 왕위에 오른다면 내 아들인 방번과 방석은 죽게 될 것이오. 그러니 대감께서 다른 방법을 찾아보세요."

정도전과 신덕 왕후 강씨가 의논한 끝에 태조에게 막내 왕자인 방석을 세자로 추천하였다. 자신의 아들을 왕으로 만들고 싶은 신덕 왕후와 자신이 생각하는 나라를 만들고 싶어 하는 정도전의 마음이 서로 맞은 결과였다.

정도전은 신하들이 중심이 되어 다스리는 나라를 생각하고 있었다. 그때 정도전은 만약 자신과 달리 왕이 중심이 된 나라를 생각하고 있는 정안 대군이 왕위에 오른다면 자신이 생각하는 나라를 이룰 수 없다고 생각했던 것이다. 그래서 자신의 뜻을 펼칠 수 있는 어린 방석을 세자로 내세운 것이다. 그때 이방원은 큰형님이 떠나고 없는 상황에서 당연히 공이 많은 자신이 세자에 오를 것이라고 믿고 있었다. 그런데 동생인 어린 방석이 세자에 오르자 이방원은 강한 불만을 품게 되었다. 그러던 1398년 이방원은 난을 일으켜 세자 방석을 지지하는 정도전을 죽인 뒤, 세자 방석과 방번 형제를 죽였다. 이것이 이방원이 일으킨 제1차 왕자의 난이다.

고려 말기의 뛰어난 학자이며 끝까지 절개를 지킨 충신이다.

정몽주

鄭 夢 周 : 1337~1392. 초명은 몽란. 아명은 몽룡.
자는 달가. 호는 포은. 시호는 문충.

정몽주는 1337년 경상북도 영천에서 정운관의 아들로 태어났다. 어머니가 품에 안고 있던 난초 화분을 떨어뜨리는 꿈을 꾸고 낳았기 때문에 처음에 이름을 몽란이라고 지었다고 한다.

이색에게 학문을 배운 정몽주는 1360년(공민왕 9) 문과에 장원 급제하여 예문 검열 등에 올랐다. 정몽주는 1363년 이성계와 함께 여진족을 물리쳤고, 여러 벼슬을 거쳐 1376년 성균관 대사성에 올랐다. 이어 그 당시 끊임없이 쳐들어와 노략질을 일삼는 왜구들을 막기 위해 일본에 사신으로 갔다. 정몽주는 이웃 나라와 평화롭게 지내는 것이 옳은 일이라며 왜왕을 설득하고, 일본에 잡혀 있던 수백 명의 포로를 데리고 귀국하였다. 그 뒤 정몽주는 이성계와 함께 운봉과 함경도에 침입한 왜구를 물리쳤다.

1384년 정몽주는 명나라에 사신으로 갔다. 그 당시 명나라는 고려가 원나라와 외교를 맺고 있는 것을 못마땅하게 생각했다. 그래서 여러 가지 이유를 들어 시비를 걸어 왔고, 명나라에 간 고려 사신을 유배 보내기도 하였다. 이런 이유로 모두들 명나라에 사신으로 가는 것을 싫어했다. 하지만 정몽주는 명나라 황제를 만나 고려의 사정을 잘 설명하여 고려와 명나라 사이를 회복시켰다.

그 뒤 정몽주는 1389년 이성계 등과 함께, 창왕을 정통 왕족이 아니라는 이유로 폐하고 공양왕을 새로운 왕으로 세웠다. 그때 남은, 조준, 정도전 등이 위화도 회군으로 권력을 잡은 이성계를 왕으로 추대하려는 움직임을 보이자, 정몽주는 고려에 대한 충정으로 이성계 일파를 없앨 기회를 엿보고 있었다. 그러던 중 이성계가 사냥하다가 말에서 떨어져 병석에 눕게 되었다. 정몽주는 그 기회를 이용해 이성계 일파를 없애려 했다. 하지만 이성계의 아들 이방원이 그 사실을 눈치채 실패하고 말았다. 정몽주는 그 일로 이방원이 자신을 없애려 한다는 사실을 알고, 정세를 알아보기 위해 이성계의 병문안을 갔다. 그러나 돌아오던 중 선죽교에서 이방원이 보낸 조영규에게 살해당했다.

정몽주는 풍년이 들었을 때 여유분의 곡식을 저장해 두는 창고인 의창을 다시 세워 흉년이 들었을 때 굶주리는 백성들을 구제했다. 불교의 폐해를 없애기 위해 유학을 권장했고, 성리학에도 뛰어났다.

시와 문장에도 능해 시조 〈단심가〉 외에 많은 한시가 전해져 온다. 호가 '포은'인 정몽주는 야은 길재, 목은 이색과 더불어 '삼은'으로 불린다.

함께 익혀 둡시다

길재 (1353~1419. 자는 재보. 호는 야은, 금오산인. 시호는 충절) : 고려 말 조선 초의 학자로 이색, 정몽주 등에게 학문을 배웠다. 이성계가 조선을 세우자 자연에 묻혀 학문 연구에 몰두했고, 1400년(정종 2) 태상 박사에 임명됐으나, 두 왕조를 섬길 수 없다며 나가지 않았다. 목은 이색, 포은 정몽주와 함께 고려 왕조에 끝까지 절개를 지킨 '여말 삼은'으로 불린다. 고려의 수도인 개경을 둘러보고 지은 시조 〈오백년 도읍지〉가 있고, 지은 책으로 《야은집》, 《야은속집》, 《야은언행습유》 등이 있다.

〈단심가〉 : 정몽주가 지은 시조로, 이방원의 〈하여가〉에 대한 답가라고 전해진다. 왕에 대한 충성심을 노래한 대표적인 시이다.

이 몸이 죽고 죽어 일백번 고쳐 죽어
백골이 진토 되어 넋이라도 있고 없고
임 향한 일편단심이야 가실 줄이 있으랴.

선죽교 : 경기도 개성에 있는 돌다리이다. 정몽주가 이방원이 자신을 죽이려 한다는 사실을 눈치채고 정세를 알아보기 위해 이성계의 병문안을 갔다가 집으로 돌아가는 길에 이방원이 보낸 조영규 등에게 철퇴를 맞고 죽은 곳이다. 이 돌다리에는 지금도 정몽주의 혈흔이 남아 있다고 한다.

의창 : 흉년에 백성에게 나눠 줄 목적으로 풍년이 들었을 때 백성들에게 여분의 곡식을 거둬들이거나 기부를 받아 곡식을 보관하던 창고이다. 고려 태조가 흑창이라는 이름으로 처음 실시했고, 986년(성종 5) 의창으로 이름을 바꾸었으며, 16세기 초까지 실시되었다.

이방원(태종) : 338쪽 참조.

이색 (1328~1396. 자는 영숙. 호는 목은. 시호는 문정) : 고려 말의 문신이며 학자이다. 이제현의 제자로 1352년(공민왕 1) 토지 제도를 개혁하고, 국방을 강화하며, 불교를 억제할 것을 왕에게 건의하였다. 이성계가 조선을 세우자 산림에 묻혀 제자들을 교육하는 데 힘썼다. 권근, 김종직, 변계량 등을 가르쳤으며, 학문과 정치에 커다란 발자취를 남겼다. 포은 정몽주, 야은 길재와 함께 고려 왕조에 절개를 지킨 '여말 삼은'으로 불린다. 지은 책으로는 《목은시고》, 《목은문고》가 있다.

이성계 : 244쪽 참조.

정도전 : 290쪽 참조.

조영규 (?~1395. 초명은 평) : 조선의 개국 공신으로, 이방원의 지시를 받고 이성계의 병문안을 하고 돌아가는 정몽주를 선죽교에서 죽였다. 이성계를 왕위에 오르게 하는 등 조선 초기에 많은 활약을 하였다.

조준 (1346~1405. 자는 명중. 호는 송당, 우재. 시호는 문충) : 1346년 평양에서 태어나 1382년 최영을 도와 왜구를 물리쳤다. 이성계를 도와 1390년(공양왕 2) 토지 제도와 조세 제도를 개혁하여 훗날 이성계가 조선을 세우는 데 큰 보탬이 되었다. 1392년 이방원을 태자로 삼자고 주장했다가 신덕 왕후 강씨의 미움을 사서 옥에 갇혔으나 곧 풀려나 좌의정에 올랐다. 제1차 왕자의 난 때 이방원을 다시 세자로 내세웠고, 1400년 태종 이방원을 왕으로 받들어 영의정 부사에 오른 뒤 부원군이 되었다.

얽힌 이야기 한 토막

과거에 급제하여 관직에 오른 정몽주가 처음으로 대궐에 들어가는 날이었다. 어머니는 입궐하는 정몽주를 불러 앉혀 놓고 엄숙히 말했다.
"벼슬길에 나서는 것은 개인의 부귀영화를 누리기 위한 것이 아니다. 오직 나라를 올바르게 다스려 백성을 잘 살게 하는 데 그 본뜻이 있다."
그러고는 손수 지은 예복을 아들에게 내주었다. 그런데 다른 옷들과는 달리 그 예복은 안이 붉은 천으로 되어 있었다.
"어머님, 이 안은 어찌하여 붉은 천을 대셨습니까?"

정몽주가 의아해하며 어머니에게 여쭈어 보았다.
"일편단심으로 나라에 충성하라는 뜻이다."
어머니는 간단하게 대답했다. 이에 정몽주는 마음속에 '일편단심'이란 말을 깊이 새겨 두었다.
정몽주는 그 뒤 최선을 다해 나랏일을 돌보았으며 높은 벼슬에 올랐다. 정몽주는 이성계 일파가 고려를 버리고 새 왕조를 위해 일하자는 말에 조금도 흔들리지 않았다. 어머니의 가르침대로 고려를 향한 일편단심의 충절을 지킨 것이다.

조선의 실학 사상을 집대성한 천재적인 대학자이다.

정약용

丁若鏞 : 1762~1836. 초명은 귀농. 자는 미용. 호는 다산, 여유당, 삼미, 사암, 자하도인, 탁옹, 태수, 철마산인. 시호는 문도.

정약용은 1762년 경기도 광주에서 정재원의 넷째 아들로 태어났다. 아버지를 따라 서울로 올라온 정약용은 16세 때 이가환, 이승훈 등으로부터 실학자였던 이익의 학문에 대해 배웠다. 이때 정약용은 이익의 글을 읽고 실생활에 필요한 학문과 사상에 깊이 빠졌다.

초시에 합격하여 진사가 된 정약용은 정조의 총애를 한몸에 받아 암행어사, 참의 등의 벼슬을 지냈다. 그 무렵 정약용은 이벽에게 서학에 관한 이야기를 듣고 천주교에 관심을 가지기 시작하였다. 그러나 깊은 신앙에 이르지는 않았다.

1791년 전라도 진산에서 천주교도인 윤지충이 돌아가신 어머니의 제사를 지내지 않고 신주를 불사르는 사건이 발생했다. 이 일로 윤지충은 사형을 당했고 나라 전체가 시끄러웠다. 이때 정약용은 천주교도라 하여 탄핵을 받았는데 평소 그를 아낀 정조의 배려로 잠시 지방직으로 물러났다.

1801년(순조 1) 천주교에 대한 박해 사건인 신유박해가 일어났다. 이때 정약용은 천주교와 관련이 있다 하여 장기에 귀양을 갔다. 같은 해 황사영이 우리나라에서 일어난 천주교에 대한 박해를 자세하게 적어 베이징에 있는 주교에게 보내려다 발각된 황사영 백서 사건으로 정약용은 다시 강진으로 유배되었다.

정약용은 유배지인 강진 다산 기슭에 있는 정자에 머물며 18년 동안 정치, 경제, 역사, 지리, 문학 등에 관한 500여 권의 책을 썼다. 그때 정약용은 백성을 다스리는 관리들이 지켜야 할 도리에 대한 《목민심서》, 나라를 다스리는 제도에 관한 《경세유표》, 죄인을 다스리는 형벌에 관한 《흠흠신서》 등을 썼다.

정약용은 백성들의 살림살이에 도움이 되는 학문을 목표로 했다. 낡은 제도, 썩은 정치를 바로잡아 백성들이 고루 잘 살 수 있도록 하는 방법들을 연구한 것이다. 또 정약용은 생활에 편리한 선진 기술을 받아들여야 한다고 주장했는데, 직접 서양의 과학 지식을 건축에 이용하여 무거운 것을 들어올리는 거중기를 만들고 한강에 주교(배다리)를 세웠다.

1818년 이태순의 상소로 유배에서 풀려난 정약용은 고향에서 학문을 연구하였다. 조선 후기에 발달된 실학을 집대성했을 뿐만 아니라, 다방면에 뛰어난 천재적인 학자였던 정약용은 1836년 세상을 떠났다.

정약용의 글을 모은 《여유당전서》에는 《목민심서》, 《경세유표》, 《흠흠신서》, 《마과회통》, 《모시강의》 등 많은 책들이 들어 있다.

함께 익혀 둡시다

《목민심서》 : 조선 순조 때 정약용이 지은 책으로, 관리들의 포악한 정치를 비판하고, 관리들이 지켜야 할 도리와 방법을 밝혀 놓았다.

신유박해 : 1801년(순조 1)에 있었던 천주교도에 대한 박해 사건을 말한다. 중국인 신부 주문모를 비롯하여 많은 천주교도들이 죽거나 귀양을 갔다. 다른 말로 신유사옥이라고도 한다.

이가환 (1742~1801. 자는 정조. 호는 금대, 정헌) : 조선 후기의 실학자이자 천주교도로 이익의 종손이다. 천주교 교리를 연구하고 제자들에게 가르치다가 1791년 천주교 박해가 시작되자 이를 중단하고, 광주 부윤에 올라 천주교인들을 탄압하였다. 벼슬에서 쫓겨난 뒤 다시 천주교에 대한 연구를 계속했으며, 신앙심이 깊은 교인이 되었다. 1801년 신유박해 때 이승훈과 함께 붙잡혀 순교하였다.

이벽 (1754~1786. 자는 덕조. 호는 광암. 세례명은 요한) : 조선 후기의 천주교도이다. 이승훈에게서 영세를 받고 천주교의 지도자로 활약하였다. 정약용 등과 교류를 하였으며, 천주교 신앙에 대한 아버지의 적극적인 반대로 갈등을 겪다가 1786년 병으로 죽었다.

이승훈 (1756~1801. 자는 자술. 호는 만천. 세례명은 베드로) : 조선 천주교 사상 최초의 영세자이자 순교자이다. 벼슬에 대한 뜻을 버리고 학문에 몰두하다가 이벽을 만나 천주교에 빠져들었다. 아버지를 따라 청나라에 가서 세례를 받고, 교리책과 십자가상을 가지고 돌아왔다. 신부의 일을 대신 맡아보며, 주일 미사와 영세를 행하는 등 열심히 전도 활동을 하였다. 1791년(정조 15) 서학책을 펴냈다는 탄핵을 받고 감옥에 갇혔으며, 1801년 신유박해 때 순교했다.

이익 : 258쪽 참조.

정조 : 298쪽 참조.

황사영 백서 사건 : 1801년(순조 1) 천주교도인 황사영이 흰 비단에 쓴 밀서가 발견되었다. 그 밀서는 중국 베이징에 있는 주교에게 보내는 것으로 우리나라에서 일어난 천주교도들에 대한 박해와 그 대책을 담고 있었다. 이 사건으로 황사영은 처형을 당하고 정약용을 비롯한 많은 사람들이 귀양 갔다.

얽힌 이야기 한 토막

정약용의 어릴 적 이름은 '귀농'이었다. 귀농이는 꼬마 시인이었는데, 날마다 동네에 나가 시를 쓸 소재를 찾곤 하였다. 어느 날 귀농이가 급히 대문을 열어젖히고 뛰어 들어왔다.
"아니, 너 왜 그렇게 옷이 다 젖었니?"
아버지가 마당 안에 서 있다가 눈을 휘둥그레 뜨며 물었다.
"소나기를 맞았어요!"
"뭐? 봄에도 소나기가 온단 말이냐?"
"저는 특별히 봄 소나기를 맞았습니다. 냇물 속에 잠긴 하늘을 쳐다보고 있으려니까 갑자기 소나기가 쏟아지지 뭐예요."
"헛헛헛, 냇물에 빠졌구나!"
귀농이는 웃으며 사랑 안으로 뛰어 들어가 붓을 들고 시를 짓기 시작했다.

그날 밤, 아버지는 찾아온 손님들에게 귀농이가 낮에 쓴 시를 보여 주었다.

봄 시냇물 속에 고기만 노니는 줄 알았더니
하늘도 들어 있고, 구름도 떠 있고……
갑자기 눈앞이 아찔한 순간 냇물 속 하늘에서 물벼락을 퍼붓네.
소나기를 퍼부었네.

손님들은 유쾌하게 웃으며 귀농이가 분명 큰 인물이 될 거라고 한마디씩 하였다.

국학의 모든 방면에 업적을 남긴 대학자이다.

정인보

鄭寅普 : 1893~1950. 아명은 경시. 자는 경업.
호는 위당, 담원, 미소산인.

정인보는 1893년 서울에서 호조 참판 정은조의 아들로 태어났다. 정인보의 집안은 대대로 높은 벼슬을 지낸 이름 있는 집안이었다. 어려서 아버지에게 한학을 배운 정인보는 13세 때부터 지식의 실천을 주장했던 학자 이건방에게 학문을 배웠다. 1905년 일본이 강제로 을사조약을 맺어 외교권을 빼앗자, 정인보는 벼슬에 대한 뜻을 버리고 학문 연구에 몰두하였다.

한일 합방이 되어 일본에게 우리나라의 주권을 빼앗기자 정인보는 1912년 중국 상하이에 건너가 박은식, 신규식, 신채호, 문일평, 김규식 등과 함께 독립운동과 동포들의 계몽에 힘썼다. 어머니가 돌아가시자 1918년 귀국한 정인보는 국내에서 독립운동을 하다가 여러 차례 일본 경찰에 붙잡혀 옥살이를 했다.

이어 정인보는 연희 전문 학교(연세 대학교), 불교 중앙 학림(동국 대학교) 등에서 한학과 국사학을 가르쳤다. 이때 〈동아일보〉와 〈시대일보〉의 논설 위원으로 일본 총독부의 정책을 날카롭게 비판하는 글을 썼다. 또한 〈조선고전해설〉, 〈오천년간 조선의 얼〉 등을 〈동아일보〉에 연재하였다. 정인보는 글을 통해 사람들에게 우리나라 역사에 대한 관심과 민족혼을 불러일으켜 민족의식을 높이고자 했던 것이다.

1936년 연희 전문 학교 교수가 된 정인보는 한문학, 국사학, 국문학 등 국학 전반에 걸쳐 강의를 했다. 그러나 일본은 조선과 일본이 하나라고 주장하며 우리말과 우리글을 가르치는 것을 금지했다. 그것은 일본이 우리 민족을 전쟁터로 내몰기 위한 것이었고, 일본이 태평양 전쟁을 일으킨 뒤에는 더욱 심해졌다. 이에 정인보는 1943년 가족들을 데리고 전라북도 익산에 있는 산골에 들어가 학문 연구에만 몰두하였다.

1945년 해방이 되자 정인보는 일본의 민족 말살 정책으로 사라졌던 국학을 되살리는 일과 교육에 앞장섰다. 또한 국민들에게 바른 우리 역사를 알려 주기 위해 《조선사연구》를 썼다. 정인보는 국학 대학 초대 학장을 거쳐, 1948년 수립된 대한민국 정부의 초대 감찰위원장이 되었다. 1949년에 관직에서 물러난 정인보는 이듬해 일어난 6·25 전쟁 때 북한군에게 끌려가 그해 세상을 떠났다.

정인보는 우리 민족이 주인이 되는 역사학의 토대를 세우려고 노력한 훌륭한 역사학자였다. 그뿐만 아니라, 국문학, 한문학, 국사학 등 국학의 모든 방면에 뛰어난 연구 업적을 남겼다.

함께 익혀 둡시다

국학 : 주로 자기 나라의 전통적인 역사, 문화, 신앙, 사상에 관하여 연구하는 학문을 말한다. 우리나라에서는 국어, 국문, 국사, 민속, 종교 등을 연구한다.

문일평 (1888~1939. 호는 호암) : 사학자이자 언론인으로 평안북도 의주에서 태어났다. 1912년 중국 상하이에서 박은식, 정인보 등과 함께 독립운동을 펼쳤다. 귀국한 뒤 우리나라 역사 연구에 힘을 기울였으며, 1933년 〈조선일보〉 편집 고문이 되면서부터 언론을 통한 우리 역사 알리기에 힘썼다. 지은 책으로는 《호암전집》 등이 있다.

민족 말살 정책 : 일제 시대 때 우리의 주권을 빼앗은 일본이 풍습, 말과 글 등 우리 민족의 고유 문화와 전통을 없애고, 일본의 말과 글, 풍습, 문화 등을 강요하여 우리 민족성을 말살하려던 식민 정책이다.

박은식 : 122쪽 참조.

신규식 (1879~1922. 자는 공집. 호는 예관) : 독립운동가로, 육군 무관 학교를 졸업하였다. 1905년 강제로 을사조약이 맺어지자 자살을 시도하다 오른쪽 눈을 잃었다. 중국으로 망명하여 정인보 등과 함께 독립운동과 동포들의 계몽에 힘썼다. 임시 정부가 수립되자 국무총리 겸 외무 총장으로 활약하였다. 1922년 임시 정부 안에서 분열이 생기자 조국의 앞날을 걱정하며 단식하다가 세상을 떠났다. 지은 책으로, 《한국혼》, 《아목루》 등이 있다. 1962년 건국 훈장 대통령장이 주어졌다.

신채호 : 180쪽 참조.

이건방 (1861~1939. 자는 춘세. 호는 난곡) : 조선 말기의 학자이다. 어려서부터 학문이 깊고 뛰어났으나 어려운 가정 형편과 홀어머니를 모시는 일로 과거를 보지 못하였다. 1885년 진사에 합격했으나 곧 고향으로 돌아갔다. 1894년 가족과 함께 서울로 이사를 했으며, 이때 정인보에게 학문을 가르쳤다. 지은 책으로 《난곡존고》 13권이 있다.

얽힌 이야기 한 토막

일본은 1940년대에 들어서면서 태평양 전쟁을 일으키고 많은 우리나라 사람들을 전쟁터로 끌고 갔다. 또 많은 식량과 군수품을 거두어 가고 애국지사들을 더 거세게 탄압하였다. 이에 견디다 못한 몇몇 지식인들이 친일파로 돌아섰다.

그때 정인보의 절친한 친구였던 육당 최남선도 친일파가 되어 많은 사람을 전쟁터로 내보내는 연설을 하는 등 친일 행위를 일삼았다. 정인보는 최남선의 모습을 보고 '내 절친한 친구 육당이 죽었다'며 상복을 차려입고 최남선의 집에 찾아가 통곡을 하였다.

어느 날, 최남선은 자신의 친일 행위를 반성하고 정인보를 찾아왔다. 이에 정인보는 최남선을 반갑게 맞아 주며 가난한 살림이었지만 설렁탕을 사서 대접하였다. 그러나 최남선은 일제의 회유에 못 이겨 다시 친일 행위를 하였다. 어느 날 최남선이 다시 찾아왔지만 정인보는 문조차 열어 주지 않았다.

일본의 탄압이 점점 심해지자 정인보는 변두리로 이사를 했다. 그러고는 신장염이란 병에 걸렸다는 핑계를 대고 일체의 강연을 거절한 채 살았다. 다만 김병로, 홍명희, 문일평 등의 친구들이 찾아오면 나랏일에 대해 이야기를 나누곤 했다.

해방이 된 뒤 최남선이 반민족 행위 특별 조사 위원회(일제 시대에 일본을 도와 민족을 배반하는 행위를 한 사람들을 처벌하기 위해 만들어진 특별 위원회)에 걸려 재판을 받을 때 정인보는 기꺼이 증인으로 나서 변호를 해 주었다.

"내가 일본 헌병에게 쫓겨 도망갈 때였습니다. 나는 최남선의 집에 뛰어 들어가 숨었는데 그때 최남선은 나를 기꺼이 숨겨 주었습니다."

그 결과 최남선은 풀려났다. 그러나 최남선이 감옥에서 나왔을 때 정인보는 끝내 그를 가까이하지 않았다.

조선 후기 문예 부흥을 이룬 왕이다.

정조

正祖 : 1752~1800. 재위 기간 : 1776~1800. 이름은 산, 자는 형운. 호는 홍재.

정조는 1752년(영조 28)에 사도 세자와 혜경궁 홍씨 사이에서 태어났다. 세손에 오른 뒤인 1762년(영조 38) 정조는 아버지 사도 세자가 뒤주 속에 갇혀 비참하게 굶어 죽는 슬픔을 겪었다. 그 뒤 세손인 정조가 왕위에 오르는 것을 반대하고 방해하는 무리가 많았으나, 홍국영 등의 도움으로 어렵게 왕위에 올랐다.

영조의 뒤를 이어 1776년 왕위에 오른 정조는 정조가 왕위에 오르는 것을 방해했던 홍인한, 정후겸 등을 몰아냈다. 또한 여러 차례 정조를 위험으로부터 구해 준 홍국영을 총애했다. 그러나 정조의 총애를 받은 홍국영이 지나치게 세도를 부리자 그를 내쫓고 왕권을 강화했다.

정조는 당파 싸움을 없애기 위해 학식이 높은 인재를 널리 뽑아 썼다. 그리고 이들이 학문을 연구하고 정치의 바른 길을 토론할 수 있도록 하는 규장각을 설치하였다. 특히 이때까지 신분 때문에 출세길이 막혔던 이덕무, 유득공, 박제가 등 학문이 뛰어난 서얼들을 규장각 검서관으로 뽑아 쓴 것은 획기적인 일이었다. 이들은 모두 그 당시 실생활에 필요한 학문을 연구하던 실학자들이었다. 정조 때에 실학이 화려하게 꽃피울 수 있었던 데에는 이같은 정조의 배려가 있었기 때문이었다.

1785년 정조는 법에 따라 나라를 다스리기 위해 대대로 내려온 법전들을 모아 《대전통편》을 펴냈다. 정조는 또 가혹한 형벌을 금지시키고 빈민을 구제하는 데도 많은 노력을 기울였다. 또 조정의 힘이 미치지 못하는 지방에는 암행어사를 자주 파견하여 관리들의 횡포를 막았다.

특히 학문을 좋아했던 정조는 책을 많이 펴내기 위하여 새로운 활자를 만드는 데도 많은 관심을 보였다. 그리하여 새로 만든 활자를 이용해 《속오례의》, 《국조보감》, 《증보동국문헌비고》, 《오륜행실》, 《홍재전서》 등 많은 책을 펴냈다. 이와 함께 《병학통》, 《무예도보통지》 등 군사 훈련과 병법에 관한 책도 펴냈다.

정조는 효성이 지극하였는데 아버지 사도 세자의 능을 수원으로 옮겨 현릉이라 하고 수원에 성을 쌓고 신도시를 만들어 자주 성묘를 갔다. 또 일찍이 홀로 된 어머니 혜경궁 홍씨를 지극 정성으로 모셨다.

1800년 세상을 떠난 정조는 자신의 유언대로 아버지의 능 옆에 묻혔다. 정조의 능은 건릉이라고 한다.

함께 익혀 둡시다

규장각 : 학문을 좋아했던 정조가 학자들을 모아 여러 가지 사업을 펼치기 위해 1776년에 설치하였다. 이곳은 역대 임금의 글이나 글씨, 임금이 죽을 때 남긴 말, 후세에 길이 남길 만한 물건이나 업적을 적은 책 등과 영조의 초상화를 보관하던 관청이기도 하다. 검서관은 이 규장각에서 책을 검토하고 교정을 보는 일을 맡아보던 벼슬이다.

박제가 : 128쪽 참조.

유득공 (1749~?. 자는 혜풍, 혜보. 호는 냉재, 냉암) : 산업의 발달을 부르짖던 조선 시대 실학자이다. 박제가, 이덕무, 서이수 등과 함께 규장각의 검서관으로 뽑혔다. 그 뒤 포천, 제천 군수를 거쳤고, 나이가 들어서는 첨지중추부사와 풍천 부사를 지냈다. 박지원의 제자이며, 박제가, 이덕무, 이서구와 함께 한시 4대가로 불렸다. 중국의 발달된 물질 문명에 자극을 받아, 우리나라도 산업 경제의 진흥에 힘써야 한다고 주장하였다. 지은 책으로 《발해고》 등이 있다.

이덕무 (1741~1793. 자는 무관. 호는 형암, 아정, 동방일사) : 조선 중기의 실학자이다. 청나라에 건너가 학문을 닦고 돌아와 발달한 청나라 문화와 기술 등을 받아들일 것을 주장하였다. 또한 실학자인 박지원, 홍대용, 이서구 등과 깊이 사귀며 실제 생활에 필요한 학문의 필요성 등을 논의했다. 지은 책으로 《청장관 전서》, 《아정유고》 등이 있다.

정후겸 (1749~1776. 자는 백익) : 인천에서 고기를 잡는 평민이었으나 영조의 딸 화완 옹주의 양자가 되면서 영조의 총애를 받았다. 1766년 문과에 급제하여 20세의 나이로 승지에 올랐다. 1775년 세손(정조)이 나랏일을 대신 보는 것을 홍인한 등과 함께 반대했다. 세손의 두터운 신임을 받는 홍국영을 없애려 했으며, 세손을 죽이려 갖은 모함을 다하였다. 1776년 정조가 왕위에 오르자 경원에 유배되었다가 사약을 받고 죽었다.

혜경궁 홍씨 (1735~1815) : 조선 영조의 아들인 사도 세자(장헌 세자)의 빈이며, 정조의 어머니이다. 1762년 뒤주에 갇혀 죽은 남편 사도 세자의 일을 회고하여 지은 《한중록》은 궁중 문학으로 유명하다.

홍국영 (1748~1781. 자는 덕로) : 조선 정조 때의 문신이다. 영조의 뒤를 이어 정조가 왕위에 오르는 데 많은 노력을 기울여 정조로부터 동부승지, 도승지의 벼슬을 받았다. 이때부터 권력을 잡기 시작하였는데, 누이동생이 정조의 빈이 되자 더욱 권세를 휘둘렀다. 1780년 순정 왕후 김씨를 죽이기 위해 음식에 독약을 넣었다가 발각되어 강릉에 유배되었다가 죽었다.

홍인한 (1722~1776. 자는 정여) : 조선 영조 때의 문신으로 사도 세자의 부인인 혜경궁 홍씨의 작은아버지이다. 도승지, 이조 판서, 좌의정에 올랐으며, 외척들과 손잡고 세손(정조)을 없애려고 갖은 모략을 일삼았다. 정조가 왕위에 오른 뒤에 유배되었다가 죽었다.

얽힌 이야기 한 토막

어느 날 왕세손(정조)이 영조에게 문안 갔을 때였다.
"왕세손은 요즘 무얼 읽고 있는고?"
"네, 《강목》을 읽고 있습니다."
"뭐, 《강목》을 읽고 있다고? 그 책 넷째 권에 내가 몹시 싫어하는 글귀가 있는데, 그래 세손은 그것을 어떻게 생각하는고?"
왕세손은 당황하여 엉겁결에 둘러대었다.
"그 글귀는 가려 놓고 아니 보았습니다."
그러자 영조는 그 책을 가져와 보라고 명했다. 왕세손은 더럭 겁이 났다. 할아버지를 속였다고 벌을 받을지 모르기 때문이었다.

잠시 후 시종이 그 책을 들고 왔다. 그런데 책을 펴 든 영조의 얼굴에 흐뭇한 미소가 떠올랐다.
"허, 참으로 기특하구나. 내가 제일 싫어하는 대목을 가려 놓고 읽지 않으니 참으로 착하다."
그런 일을 하지 않았기에 왕세손은 또 한번 놀라지 않을 수 없었다.
그때 어려움에 처한 왕세손을 도와 준 사람은 홍국영이란 벼슬아치였다. 허겁지겁 달려온 시종의 얘기를 듣는 순간 홍국영은 대번에 그 까닭을 눈치챘다. 그래서 영조가 싫어하는 글귀를 종이로 가린 뒤 책을 내주었던 것이었다.
그 일로 인해 홍국영은 정조의 총애를 받았다.

무신의 난을 일으켜 무신 시대를 연 고려의 무장이다.

정중부 鄭仲夫 : 1106~1179.

　왕건이 고려를 세울 때 공을 세웠던 무신들은, 광종이 과거 제도를 실시하여 문신들을 등용하면서 권력에서 밀려났다. 이후 100여 년간 무신들은 장군이면서도 말단 문신의 심부름꾼이나 다름없는 처지가 되었고, 문신들로부터 천대받고 모욕을 당하기 일쑤였다. 그래서 무신들은 속으로 쌓이는 분노를 삭이면서 때를 기다리고 있었다.

　정중부는 1106년(예종 2)에 황해도 해주에서 천민의 아들로 태어났다. 어려서부터 기골이 장대하고 무예가 뛰어났다. 개경으로 올라온 정중부는 인종 때 왕을 호위하는 직책을 맡았다. 인종의 신임을 받아 가까이에서 왕을 호위하던 정중부는 나이 어린 내시 김돈중(김부식의 아들)에게 촛불로 수염이 태워지는 등의 모욕을 받았다. 이에 화가 난 정중부는 김돈중을 때려눕혀 김부식의 분노를 샀으나, 왕의 만류로 화를 면했다. 그러나 이 사건을 계기로 무신과 문신 간의 대립이 크게 나타나기 시작하였다.

　인종의 뒤를 이어 왕이 된 의종은 나랏일은 돌보지 않고 문신들과 어울려 노는 데만 정신이 팔려 있었다. 그러다 보니 나랏일은 몇몇 문신들에 의해 좌우되었다. 왕이 베푼 잔치의 호위를 맡은 무신들은 걸핏하면 문신들에게 모욕을 당했고, 끼니마저 때우지 못할 때가 많았다. 이에 무신들은 더욱 불만을 품게 되었고, 정중부는 1170년 이의방, 이고 등과 함께 반란을 모의하였다.

　그러던 중 보현원으로 가는 의종을 호위하던 대장군 이소응이 문신 한뢰에게 뺨을 맞는 사건이 일어났다. 이에 정중부는 이의방 등과 반란을 일으켜, 그 자리에 있던 문신들을 죽인 뒤 개경으로 돌아와 조정에 남아 있던 문신들까지 모두 처형하였다. 이어 왕의 동생인 익양공 호(명종)를 왕으로 내세운 뒤, 의종과 태자는 각각 거제도와 진도로 유배를 보냈다. 이때부터 고려는 문화의 암흑기인 무신 시대로 접어들었다.

　1173년 김보당이 무신들을 쫓아내고 의종을 다시 왕으로 세우기 위해 난을 일으켰다. 정중부는 이를 토벌하고 이의민을 시켜 김보당 일당을 따라 경주에 간 의종을 죽였다. 이듬해 또 서경 유수 조위총이 무신 정권을 몰아내기 위하여 난을 일으키자 3년 만에 난을 진압하였다.

　문하시중에 올라 권력을 잡은 정중부는 남의 땅을 빼앗는 등 갖은 횡포를 일삼았다. 1179년 정중부에게 반기를 든 경대승이 정중부와 그 일가족을 몰살했다.

함께 익혀 둡시다

경대승 (1154~1183) : 고려 명종 때의 장군으로, 15세 때에 교위에 임명되었고, 그 뒤 장군이 되었다. 정중부 등의 무신들이 정권을 잡고 횡포를 부리자 그들을 죽이고 정권을 잡았다. 막강한 권력을 휘두르다가 정권을 잡은 지 5년여 만에 30세의 젊은 나이에 병으로 죽었다.

김보당 (?~1173) : 고려 시대의 문신이다. 명종 초에 우간의 대부를 지냈다. 1173년 동북면 병마사로 나가 있을 때 군사를 일으켜, 정중부 등 무신들을 물리치고 의종을 다시 왕으로 세우려 했다가 정중부가 보낸 이의민에게 패한 뒤 붙잡혀 죽었다.

이고 (?~1171) : 고려의 무신으로 1170년 보현원에서 정중부, 이의방 등과 함께 난을 일으켜 권력을 잡았다. 이듬해 무신들 사이에 분열이 일어나자 무리를 이끌고 난을 일으키려 하다가 계획이 탄로나 이의방에게 목숨을 잃었다.

이소응 (?~1180) : 고려 때의 무신으로 1170년 대장군으로 보현원에 행차하는 의종을 호위하였다. 이때 문신 한뢰에게 뺨을 맞게 되고, 이것이 무신들이 난을 일으킨 계기가 되었다.

이의방 (?~1174) : 고려 시대의 무신이다. 정중부, 이고 등과 함께 보현원에서 난을 일으켜 문신들을 죽이고 정권을 잡았다. 얼마 후 이고를 죽이고 세력을 떨치다가 정중부의 아들인 정균에게 목숨을 잃었다.

조위총 (?~1176) : 고려 중기의 문신이다. 무신의 난을 일으켜 성공한 정중부, 이의방 등이 권력을 휘두르며 횡포를 부리자 1174년 절령 이북 40여 성의 호응을 얻어 반란을 일으켰다. 성주로부터 개경 부근까지 나아갔으나 윤인첨 군대에게 패했다. 이후 서경(평양)이 함락된 뒤 붙잡혀 죽었다.

한뢰 (?~1170) : 고려의 중기의 문신이다. 왕의 총애를 믿고 위세를 부리며 무신들을 멸시하다가 정중부 등의 원한을 샀다. 1170년 의종이 보현원에 행차할 때 대장군 이소응의 뺨을 때렸다. 이에 분개한 정중부 등이 무신의 난을 일으켰을 때 다른 문신들과 함께 처형되었다.

얽힌 이야기 한 토막

의종은 날이 갈수록 문신들과 노는 일에만 흥미를 기울였다. 이에 무신들은 그들을 무시하는 왕과 문신들에게 불만이 쌓여 갔다.

어느 날, 왕은 보현원으로 놀이를 나갔다. 가는 도중에 왕은 맑은 가을 하늘의 아름다움에 빠져 잠시 쉬어 가자고 했다. 왕은 무신들에게 한번 맘껏 놀아 보라고 지시하였다.

한참을 어울려 놀던 중 대장군 이소응이 한 젊은 군솔과 씨름을 하게 되었다. 그러나 아무리 뛰어난 장수라도 예순에 가까운 노장이 젊은 군졸의 힘을 당할 수는 없었다. 이소응은 그만 젊은 군졸에게 지고 말았다. 이것을 본 문신 한뢰가 연회장에서 뛰어 내려와 이소응의 뺨을 때렸다.

"이 한심한 늙은 무인 놈아! 그래, 대장군이 되어 가지고 창피하게 군졸 놈한테 넘어간단 말이냐? 할 일 없이 나라의 녹만 받아 먹는 좀도적 같은 놈이구나!"

한뢰는 망신을 주기 위해 이소응을 밀어 버렸다. 아무런 방비도 없이 서 있던 이소응은 보기 좋게 또 한번 뒤로 넘어졌다. 이에 왕과 문신들은 손뼉을 치며 웃었다.

이 꼴을 보고 있던 정중부는 더 이상 가만히 있을 수가 없었다. 정중부는 한뢰에게로 뛰어가 그의 멱살을 잡고 한 대 갈겼다.

"이놈! 이소응 장군이 아무리 무관이지만, 품계로 보아 삼품 대장군이 아니냐? 네 따위 육품짜리 젊은 놈이 감히 손찌검을 하다니!"

한뢰는 섦기는 했지만 정중부의 당당한 태도와 그의 무예를 알고 있었으므로 잔뜩 겁을 집어먹었다. 한뢰는 벌벌 떨며 왕에게 달려가 살려 달라고 애원하였다.

의종이 정중부를 비롯한 무신들의 마음을 달래어 일단 이 험악한 분위기는 가라앉았다.

그러나 불길한 마음이 든 왕은 문신들을 이끌고 서둘러 그 자리를 떠났다.

정중부는 이고와 이의방 등 무신들과 함께 그날 저녁 보현원에서 난을 일으켜 문신들을 모두 처형하였다. 고려 무신 정권은 이렇게 시작되었다.

묘청과 함께 서경 천도론을 주장한 고려의 뛰어난 시인이다.

정지상

鄭知常 : ?~1135. 초명은 지원. 호는 남호.

정지상은 서경(평양)에서 태어났는데 어려서 아버지를 여의고 홀어머니 밑에서 자랐다. 정지상은 어려서부터 글을 좋아하고 시를 잘 지었다.

정지상은 1114년(예종 9) 과거에 응시하여 급제하였다. 1126년 예종의 뒤를 이어 어린 인종이 왕위에 오르자 외척인 이자겸이 난을 일으켰다. 이자겸의 집안은 할아버지 이자연 때부터 왕실과 친척 관계를 맺은 집안이었다. 인종이 왕위에 오르자 이자겸은 딸을 인종에게 시집보낸 뒤 마음대로 권력을 휘둘렀다. 그러다가 인종의 미움을 사고 신하들의 탄핵을 받자 난을 일으킨 것이었다. 이때 척준경이 나서서 이자겸의 난을 진압하여 공을 세웠다. 그러나 척준경이 그 공을 믿고 권력을 휘두르자, 정지상은 1127년(인종 5) 척준경을 탄핵하여 암타도로 귀양을 보냈다.

정지상은 이어 1129년에는 좌사간으로 있으면서 윤언이 등과 함께 왕에게 글을 올려 정책의 옳고 그름을 밝혔다. 글솜씨가 아주 뛰어났던 정지상은 1130년 왕이 내리는 명령서를 직접 쓰는 지제고의 벼슬에 올랐는데, 이때 왕명을 받아 왕의 총애를 받다 죽은 곽여를 기리기 위해 《산재기》라는 글을 지었다.

이후 같은 서경 출신인 묘청, 백수한 등과 사귀면서 정지상은 음양학 및 풍수지리에 조예가 깊어 한때 풍수지리에 능한 묘청, 백수한과 함께 세 사람의 성스러운 사람이란 뜻을 가진 '삼성'이라는 칭호를 얻었다. 그 뒤 정지상은 묘청, 백수한, 조광 등과 함께 도읍을 서경으로 옮기자는 서경 천도론을 주장하였다. 또한 금나라를 정벌하고, 고려의 왕을 황제로 칭할 뿐만 아니라 고유의 연호를 만들어 쓰자고 주장하였다.

그러나 그들이 주장한 서경 천도는 김부식 등의 반대로 받아들여지지 않았다. 이에 1135년 묘청이 서경에서 난을 일으켰다. 그때 정지상은 묘청과 같은 서경 출신으로 묘청의 난에 관련되었다는 모함을 받아 김안, 백수한 등과 함께 김부식에게 목숨을 잃었다.

정지상은 학식이 높고 성격이 곧은 인물이었다. 어지러운 정치 상황에서도 권력을 잘못 휘두른 사람들을 비판하는 등 나라를 바로잡으려고 애썼다. 정지상은 또 시에도 뛰어나 고려 시대 열두 시인의 한 사람으로 꼽혔다. 역학, 불경, 고대 중국의 사상가인 노자와 장자의 철학을 깊이 알았고, 그림과 글씨도 빼어났다. 정지상은 《정사간집》을 남겼다.

함께 익혀 둡시다

곽여 (1058~1130. 자는 몽득. 시호는 진정) : 고려 때의 문신으로, 예부원 외랑으로 있다가 벼슬에서 물러난 뒤 자연에 묻혀 지냈다. 1105년 예종에게 부름을 받고 궁궐에 들어가 머물면서 왕과 함께 시를 읊고 학문에 대해 의견을 나누었다. 죽은 뒤 왕명으로 정지상에게 《산재기》를 짓게 할 정도로 왕의 총애를 듬뿍 받았다.

김부식 : 50쪽 참조.

묘청 : 104쪽 참조.

백수한 (?~1135) : 1128년(인종 6) 검교 소감으로 서경에 파견되자 묘청을 스승으로 모셨다. 1135년 묘청이 난을 일으키자 개경에 있다가 반란을 모의한 혐의로 김부식에게 붙잡혀 정지상, 김안 등과 함께 죽었다.

윤언이 (?~1149. 호는 금강거사. 시호는 문강) : 윤관의 아들로 정지상 등과 함께 나라를 다스리는 정책의 옳고 그름을 밝혀 왕의 신임을 받았다. 1135년 김부식과 함께 묘청의 난을 진압하는 공을 세웠으나, 나중에 정지상 일파로 몰려 지방 한직으로 쫓겨났다. 문장에 능하고 특히 주역에 뛰어났다.

인종 (1109~1146. 재위 기간 : 1122~1146. 이름은 해. 자는 인표. 시호는 효공) : 고려 제17대 왕으로 1126년 이자겸이 난을 일으키자 척준경 등을 보내 이자겸의 난을 물리쳤다. 한때 묘청, 정지상 등의 의견을 받아들여 서경(평양)으로 도읍을 옮기려 했으나 김부식 등의 반대로 그만두었다. 이에 불만을 품고 1135년 묘청이 난을 일으키자 김부식 등을 보내 진압하였다. 음악, 글씨, 그림에 뛰어났으며, 김부식에게 《삼국사기》를 펴내게 하였다.

조광 (?~1136) : 서경 출신으로 1135년 묘청의 난에 가담하였다. 묘청을 죽이고 윤첨을 개경에 보내 항복을 청했다. 하지만 윤첨이 옥에 갇혔다는 소문을 듣고 다시 반란을 일으켰다. 이듬해 김부식이 서경을 함락하자 스스로 목숨을 끊었고 가족은 노비가 되었다.

척준경 (?~1144) : 고려 시대의 무신이다. 여진족 정벌에 참가하여 공을 세우면서 벼슬에 올랐다. 1126년(인종 4) 이자겸과 함께 난을 일으켰으나 왕의 설득으로 이자겸을 없애고 문하시중에 올랐다. 권력을 함부로 휘두르다가 정지상 등의 탄핵을 받아 암타도로 귀양을 갔다.

얽힌 이야기 한 토막

대동강에 배 한 척이 유유히 떠가고 있었다. 그 배에는 글을 쓰고 시를 짓는 문인들이 타고 있었다. 그 사람들 틈에 어린아이 한 명이 끼어 있었다.
이윽고 배가 부벽루에 닿자 모두들 정자에 올랐다. 술잔이 오가자 사람들은 흥이 오르기 시작했다.
때마침 강물 위에 해오라기 한 마리가 떠 있었다. 해오라기가 거울처럼 맑은 대동강 물 위에 떠 있는 모습은 마치 한 폭의 그림을 보는 것 같았다.
사람들은 강물에 떠 있는 해오라기를 제목으로 하여 시를 짓기로 하였다. 저마다 시를 짓느라 몰두하고 있을 때, 사람들 틈에 앉아 있던 어린아이가 큰 소리로 외쳤다.
"저는 다섯 살이니, 짧게 한 수만 짓겠습니다. 그래도 되겠습니까?"
그곳에 모인 사람들은 선뜻 승낙하였다.
"그럼, 제가 맨 먼저 발표해도 좋을까요? 장유유서로 어른들께서 먼저 읊으셔야 합니다만……."
"어? 벌써 시를 지었단 말이냐?"
사람들은 모두 놀라 어린아이를 바라보았다.
어린아이는 붓을 들어 먹을 듬뿍 찍은 뒤 단숨에 써 내려갔다. 이윽고 붓을 내려놓고는 또렷한 음성으로 읊었다.

어느 사람이 흰 붓을 가지고
을 자(乙字)를 강물 위에 썼는고.

"허, 과연 신동이로군! 해오라기가 물 위에 떠 있는 모양이 꼭 새 을(乙) 자 모양이니 흰 붓으로 을(乙) 자를 물 위에 그렸다! 이게 다섯 살 난 어린애 작품이라니! 우리들은 여태껏 무슨 시 공부를 했단 말인가."
그곳에 모인 모든 시인들은 입을 모아 어린아이를 칭찬했다. 그 어린아이가 바로 정지상이다.

가사 문학의 큰 별이며 조선 중기의 뛰어난 문신이다.

정철
鄭澈 : 1536~1593. 자는 계함. 호는 송강. 시호는 문청.

　정철은 1536년 서울 청운동에서 정유침의 아들로 태어났다. 인종의 후궁이 된 큰누이와 계림군 유의 부인이 된 둘째 누이로 하여 정철은 어린 시절 궁중에 자주 드나들었다. 이때 어린 경원 대군(명종)과 친하게 지냈다.

　1545년(명종 즉위년) 치열한 당파 싸움으로 아버지가 유배를 당하자 정철은 아버지의 유배지를 따라다녔다. 1551년 아버지가 유배에서 풀려나 정철의 가족은 전라남도 담양군 창평으로 이사하였다. 그리고 정철은 그곳에서 과거에 급제할 때까지 10여 년을 보냈다. 이때 유학자 김인후, 기대승에게 학문을 배웠으며 이이, 성혼 등과도 사귀었다.

　1562년 문과에 장원 급제한 정철은 함경도 암행어사를 지낸 뒤 이이와 함께 학문을 연구하였다. 그 뒤 전라도 암행어사, 동부승지 등을 거쳐 승지에 올랐으며, 1580년 강원도 관찰사를 시작으로 전라, 함경도 관찰사를 두루 지냈다. 이 기간에 정철은 많은 시 작품을 남겼다. 이때 최초의 가사인〈관동별곡〉을 지었고, 또 시조인〈훈민가〉16수를 써서 백성들을 가르치는 데 힘쓰기도 하였다. 1585년 이후 벼슬에서 물러나 있던 4년 동안 정철은〈사미인곡〉,〈속미인곡〉,〈성산별곡〉등 수많은 뛰어난 가사와 단가를 지었다.

　다시 벼슬길에 나간 정철은 우의정 등을 거쳐 좌의정에 올랐다. 정철은 1591년 영의정 이산해와 의논하여 선조에게 서둘러 세자를 책봉할 것을 건의하기로 하였다. 그러나 이산해가 이를 배반하고, 오히려 정철이 선조가 사랑하는 아들인 신성군을 죽이려 한다고 모함하였다. 그 사실을 모른 채 광해군을 세자로 책봉할 것을 건의한 정철은, 신성군을 세자로 책봉하려던 선조의 노여움을 사서 명천으로 유배되었다.

　정철은 임진왜란 때 다시 부름을 받아 왕을 의주까지 호위하였으며, 이듬해에는 명나라에 사신으로 다녀왔다. 하지만 얼마 뒤 반대파의 모함이 계속되자 벼슬에서 물러나 강화의 송정촌에 묻혀 지내다가 58세로 그곳에서 세상을 떠났다.

　정철은 당쟁의 소용돌이에 휘말려 평생을 귀양과 복직을 반복하며 보냈지만, 학문이 깊고 시를 잘 지었다. 특히 알기 쉬운 우리말로 지은 가사 문학은 우리 문학사의 빛나는 업적으로 손꼽힌다.

　문집으로《송강집》,《송강가사》,《송강별추록유사》등이 있고, 70여 수의 시조가 전해지고 있다.

함께 익혀 둡시다

가사 : 시조와 함께 조선 시대에 유행했던 우리 문학의 하나이다. 고려 말엽에 시작된 비교적 긴 시로, 시조처럼 3·4조 또는 4·4조의 운율을 띠고 있다. 사대부, 평민, 여성 등 모든 계층이 즐긴 문학으로, 주제도 다양했다. 조선 시대의 송강 정철과 박인로 등이 가사 문학의 거장으로 손꼽힌다.

〈관동별곡〉 : 강원도 관찰사로 부임한 정철이 금강산과 동해 일대의 관동 팔경을 돌아보며 읊은 시이다. 《송강가사》에 실려 전해지고 있다.

광해군 : 26쪽 참조.

기대승 (1527~1572. 자는 명언. 호는 고봉, 존재. 시호는 문헌) : 조선 중기의 학자로 1558년 문과에 급제하였다. 이조 좌랑, 대사성 등을 거쳐 대사간에 이르렀으나 1572년 병으로 관직에서 물러나 고향으로 가던 중 고부에서 세상을 떠났다. 성리학에 뛰어나 퇴계 이황과 8년간 학문에 대한 논쟁을 벌이기도 했다. 지은 책으로는 《주자문록》, 《고봉집》 등이 있다.

김인후 (1510~1560. 자는 후지. 호는 하서, 담재. 시호는 문정) : 조선 중기 성리학자로 전라남도 장성에서 태어났다. 성균관에서 이황과 함께 공부했으며 1540년에 문과에 급제하여 승문원 정자 등을 지냈다. 1545년 왕실의 외척인 윤원형과 윤임이 서로 다투는 과정에서 죄 없는 선비들이 죽자 벼슬에서 물러났다. 고향으로 내려가 학문을 연구하며 정철 등을 가르쳤다. 지은 책으로는 《하서집》 등이 있다.

〈사미인곡〉 : 조선 선조 때 정철이 1587년에서 1588년 사이에 창평(전라남도 담양)에서 지은 것으로 알려진 가사이다. 정철의 임금에 대한 충성스런 마음을 한 여자가 남편을 그리는 마음에 비유하였다.

성혼 (1535~1598. 자는 호원. 호는 우계, 묵암. 시호는 문간) : 조선 선조 때의 성리학자이다. 병 때문에 과거 시험을 포기하고 학문 연구에 힘썼다. 그 뒤 여러 차례 벼슬이 내려졌으나 나아가지 않았다. 임진왜란 때 세자 광해군의 부름을 받고 좌참찬이 되었다. 유성룡과 함께 일본과의 화해를 주장하다가 선조의 미움을 사서 벼슬을 그만두고 고향 파주로 내려갔다. 글씨에 뛰어났고, 지은 책으로 《위학지방도》, 《우계집》, 《주문지결》 등이 있다.

이산해 (1539~1609. 자는 여수. 호는 아계, 종남수옹. 시호는 문충) : 조선 선조 때의 문신으로, 이지번의 아들이다. 1561년 문과에 급제하였고, 벼슬이 영의정에 올랐다. 1591년 세자 책봉 문제가 일어나자 정철 등이 신성군을 배척한다는 말을 전하여 문제를 일으켰다. 문장과 서화에 뛰어났으며 지은 책으로 《아계 유고》가 있다.

이이 : 256쪽 참조.

〈훈민가〉 : 다른 말로 〈경민가〉라고도 한다. 백성을 타일러서 일깨우는 내용의 노래로, 정철이 강원도 관찰사를 지낼 때 백성을 가르치기 위해서 지었다고 한다.

얽힌 이야기 한 토막

정철이 법을 집행하는 사헌부 지평으로 있었을 때의 일이다. 명종의 사촌 형인 경양군이 처갓집 재산을 빼앗으려고 처남을 모함하여 죽인 사건이 일어났다. 그때 정철이 그 사건을 맡게 되었다. 명종은 사촌 형을 살리고 싶어 정철이 관대한 처분을 내리기를 바랐다. 그러나 정철의 생각은 달랐다.

"나라에서 만든 법을 임금 스스로 지키지 않으면, 그 법은 있으나마나 할 뿐이다. 또 나라의 위신도 깎이는 일이 될 것이다. 아무리 임금의 사촌 형이라 하더라도 처가의 재산을 탐내어 아버지와 짜고 처남을 죽이다니……. 왕실을 욕되게 하고 남의 재산을 빼앗았으며, 더구나 사람을 죽였으니, 그 죄는 죽어 마땅하다!"

서릿발 같은 판결에 결국 경양군과 그의 아버지는 사형을 당했다.

이에 명종은 속으로는 몹시 언짢았으나 정철의 말이 사리에 조금도 어긋나지 않았으므로 아무 말도 할 수 없었다.

이 사건을 숨죽이며 지켜보고 있던 왕족들과 대신들은 정철의 꼿꼿한 성격에 칭찬을 아끼지 않으면서도 한편으로는 두려움마저 느꼈다.

그러나 정철의 시조와 가사를 보면, 정철이 얼마나 따뜻한 마음씨를 가진 사람인지 잘 알 수 있다. 정철은 단지 불의를 보고 참지 못하는 사람이었을 뿐이다.

이상적인 왕도 정치를 꿈꾸었던 조선 중기의 개혁가이다.

조광조
趙光祖 : 1482~1519. 자는 효직. 호는 정암. 시호는 문정.

조광조는 조선 개국 공신 조온의 5대 손이며, 1482년 조원강의 아들로 서울에서 태어났다. 17세 때 아버지를 따라 부임지인 평안도 어천에 가서 살았다. 그 무렵 조광조는 근처 평안도 희천에 유배되어 있던 김굉필을 만나 스승으로 삼고 학문을 배웠다.

1515년 문과에 급제한 조광조는 전적, 감찰 등을 지내며 왕의 신임을 얻었다. 이때 조광조는 중종에게 '왕은 덕으로 백성을 다스려야 한다'는 왕도 정치를 주장하였다.

한편 조광조는 농촌의 풍속들을 지키고 발전시키기 위해 중국 송나라 때 여씨가 실시했던 농촌의 자치 규정인 여씨 향약을 전국에 걸쳐 실시하도록 하였다. 또 강력한 반대에도 불구하고 미신 타파를 내세워 도교의 제사에 관한 일을 맡아보는 관청인 소격서를 폐지하자고 주장하여 이를 없앴다.

조광조는 단 한 번의 과거 시험으로 사람을 뽑는 것은 옳지 못하다고 생각하였다. 조광조는 각 지방의 여러 관청에서 능력 있는 사람을 추천하여 그들 중에서 임금이 직접 훌륭한 인재를 뽑는 것이 바람직하다고 주장하였다. 그리하여 이때부터 이 방법으로 많은 학자들이 관리가 되었다.

한편 조광조는 중종이 왕이 될 때 공을 세운 신하들이 받은 공적이 너무 많다고 주장하여 이들 공을 세운 신하들의 공적을 삭제하는 개혁을 단행했다. 조광조의 이와 같은 노력들은 모두 사회의 질서를 새롭게 세우기 위한 것이었다.

그러나 조광조의 개혁은 그동안 권세를 누려 왔던 홍경주, 남곤, 심정 등 다른 여러 신하들의 반발을 불러 일으켰다. 이에 홍경주 등은 후궁들과 짜고 미리 나뭇잎에다가 '조씨가 왕이 된다(走肖爲王)'라는 글을 새겨 조광조를 모함하였다.

중종은 사리에 맞는 말과 도덕적인 정치를 주장하며 자신의 생각을 거리낌없이 주장하는 조광조에게 싫증을 느끼고 있던 터라 홍경주 등의 말에 따라 그를 벼슬에서 쫓아냈다. 옥에 갇힌 조광조는 영의정 정광필의 도움으로 죽음을 면한 뒤 능주(전라남도 화순)로 유배되었다. 그러나 다시 권력을 잡은 홍경주 등의 끊임없는 모함으로 마침내 사약을 받고 세상을 떠났다. 훗날 조광조가 억울하게 죽었다는 사실이 밝혀져 선조 때 영의정의 벼슬이 내려졌다.

유학을 바탕으로 이상적인 정치를 이루려고 했던 조광조의 노력은 후대 선비들의 학문과 정치에 중요한 본보기가 되었다.

함께 익혀 둡시다

김굉필 (1454~1504. 자는 대유. 호는 사옹, 한훤당. 시호는 문경) : 조선 전기의 학자로 김종직에게 글을 배웠다. 형조 좌랑 등을 지냈으며, 김종직의 제자로 당파를 만들었다는 죄로 유배를 갔다. 유배지에서 학문 연구와 교육에 힘썼으며, 조광조에게 학문을 가르쳤다. 1504년 연산군이 자신의 어머니인 윤씨를 내쫓고 사약을 내려 죽게 한 신하들을 처벌할 때 처형되었다. 지은 책으로 《한훤당집》, 《가범》 등이 있다.

남곤 (1471~1527. 자는 사화. 호는 지족당, 지정) : 조선 전기의 문신으로, 남치신의 아들이다. 김종직에게 학문을 배웠다. 당파 싸움으로 인해 서변으로 귀양을 갔다. 조광조가 중종의 신임을 얻어 공신들의 공적을 삭제하는 등 개혁을 단행하자 조광조를 모함하여 쫓아낸 뒤 좌의정, 영의정에 올랐다. 그러나 훗날 과거에 자신이 저지른 죄를 반성하였다고 한다. 지은 책으로 《지정집》, 《유자광전》 등이 있다.

심정 (1471~1531. 자는 정지. 시호는 문정) : 조선 중종 때의 문신이다. 연산군을 내쫓고 중종을 왕위에 세울 때 공을 세워 화천 부원군에 올랐다. 1519년 남곤, 홍경주 등과 함께 조광조를 몰아내고 좌의정에 올랐다.

향약 : 조선 시대 때 선을 권장하고 악을 벌하며, 서로 돕고 사는 것 등을 목적으로 만든 자율적인 규약이다. 중국 송나라 때의 여씨 향약을 본뜬 것으로, 조선 중종 때 조광조의 주장으로 실시되어 영조, 정조 때 전국 각지로 퍼졌다.

홍경주 (?~1521. 자는 제옹. 시호는 도열) : 조선 중기의 문신으로 중종의 후궁인 희빈 홍씨의 아버지이다. 연산군을 몰아내고 중종을 왕위에 앉히는 데 공을 세워 남양군에 봉해지고 동부승지에 올랐다. 조광조 등이 공신들의 공을 깎아내리자 남곤, 심정 등과 함께 조광조를 모함하여 유배시킨 뒤 죽게 만들었다.

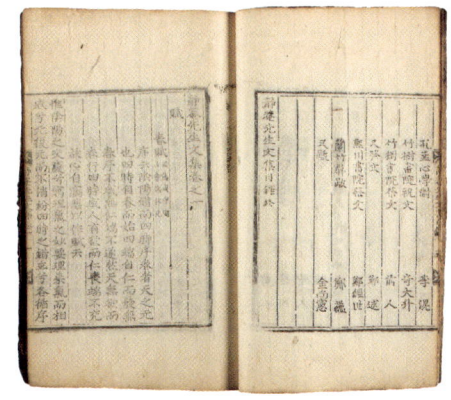

조광조의 글을 모은 《정암선생문집》

얽힌 이야기 한 토막

조광조가 평안도 희천에서 김굉필에게 학문을 배울 때였다. 어느 날, 꿩 한 마리를 잡은 김굉필은 고향에 계신 늙은 어머니에게 보내 드릴 생각으로 시중드는 계집아이에게 포를 떠서 말리라고 했다.
그런데 밤사이에 그 꿩고기를 도둑고양이가 물어 가 버렸다. 이에 화가 머리 끝까지 난 김굉필은 계집아이를 불러 호통을 쳤다.
"그것이 어떤 고기인 줄 몰랐단 말이냐? 당장 그 도둑고양이를 잡아와라!"
주인 어른이 화내는 것을 처음 본 계집아이는 어쩔 줄 몰라 떨고만 있었다.
그 광경을 본 조광조는 서슴지 않고 스승 앞으로 나아갔다.
"어린 제가 감히 몇 마디 말씀드리겠습니다."

그러고는 아직 노여움 가득한 스승을 보며 조광조는 말을 이었다.
"어머니를 생각하시는 마음이 간절하신 것은 압니다만, 군자는 말을 조심하라고 스승님께서는 늘 말씀하셨습니다. 그런데 오늘 스승님께서는 너무 흥분하신 것은 아니신지요."
그 순간 김굉필은 부끄러운 생각이 들었다. 말은 쉬워도 실천하기는 어려운 것이 군자의 도리임을 새삼 느꼈던 것이다. 김굉필은 조광조의 머리를 쓰다듬어 주었다.
"내가 부끄러운 짓을 했구나. 네 말이 옳다! 고향에 계신 어머님 생각이 간절해서 그만 내가 너무 흥분했구나."
스승은 조광조의 손을 힘주어 잡으며 말했다.
"네가 내 선생이다. 나는 네 스승이 될 자격이 없다."

한국의 간디로 불리는 우리 민족의 지도자이다.

조만식

曺晩植 : 1883~1950. 호는 고당.

조만식은 1882년 평안남도 강서군 반석면에서 조경학의 아들로 태어났다.
어려서 아버지에게 한학을 공부한 조만식은 15세에 평양으로 이사해, 그곳 상점에서 일하며 소년 시절을 보냈다. 그 무렵 조만식은 평양에서 있었던 도산 안창호의 연설을 듣고 크게 감명을 받았다.

평양에 있는 숭실 중학교를 졸업한 조만식은 일본으로 건너가 세이소쿠 영어 학교에서 3년간 공부하였다. 그때 조만식은 인도의 독립운동가 간디를 알게 되었다. 간디의 무저항주의와 민족주의에 감동을 받은 조만식은 간디를 자신의 사상과 독립운동의 거울로 삼았다.

메이지 대학 법학부를 졸업하고 1913년에 돌아온 조만식은 이승훈이 세운 오산 학교에서 학생들을 가르쳤고, 1915년 교장이 되었다. 1919년 3·1 운동에 참가하였다가 붙잡혀 1년간 옥살이를 한 뒤 다시 오산 학교 교장이 되었다. 그러나 일본의 압력으로 교장에서 물러났다. 조만식은 평양으로 돌아가 1921년 평양 기독교 청년회 총무와 산정현 교회의 장로로 일했다. 그리고 이 무렵 알게 된 오윤선과 함께 1922년 조선 물산 장려회를 만들어 국산품 장려 운동을 펼쳤다.

이듬해 김성수, 송진우 등과 함께 연정회를 만들어 민립 대학 기성회를 만들었으나 일본의 탄압으로 실패하였다. 이후 〈조선일보〉 사장이 되어 민족 언론을 일으켜 세우려 애쓰는 한편, 무저항 민족주의 운동을 이끌었다.

조만식은 '내가 죽거든 나의 비석에 두 눈을 그려 주시오. 죽어서라도 일본이 망하는 꼴을 보아야겠소.'라고 미리 유언을 해 둘 정도로 독립 사상이 강했다. 또한 기독교 신앙에 바탕을 둔 민족주의와 무저항주의로 36년간 조국의 독립을 위하여 일본과 맞서 싸웠다.

해방이 되자 조만식은 평안남도 건국 준비 위원회 위원장 등을 맡아 나라를 안정시키기 위해 열심히 일했다. 또 조선 민주당을 만든 뒤 당수가 되어 공산주의를 반대하고 신탁 통치 반대 운동을 펼쳤다.

조만식은 소련을 중심으로 한 공산주의자들이 함께 일하자고 제의해 왔으나 이를 단호히 거절했고, 월남하라는 제자들의 말도 듣지 않았다. 공산당을 반대하면서도 남쪽으로 내려오지 않은 것은 북한 동포들과 운명을 같이하려고 했기 때문이다.

함께 익혀 둡시다

간디 (1869~1948) : 인도의 정치가이며 민족 운동 지도자이다. 제1차 세계 대전 후 무저항, 불복종, 비폭력주의에 의하여 독립 운동을 이끌었다. 1948년 이슬람교에 반대하는 청년에 의해 암살을 당했다.

김성수 (1891~1955. 호는 인촌) : 교육가이며 언론인이자 정치가로, 전라북도 고창에서 태어났다. 김성수는 교육의 중요성을 깨닫고 1915년 중앙 학교를 인수하였고, 보성 전문 학교(고려 대학교)를 세웠다. 또한 〈동아일보〉를 창간하는 한편 조만식 등과 함께 물산 장려 운동을 벌였다. 1950년 제2대 부통령에 당선되었으나, 국회를 탄압하는 이승만 정권에 맞서 싸우다 이듬해 물러났다. 1962년 건국 훈장 대통령장이 주어졌다.

무저항주의 : 사회적인 부정이나 권력자의 부정에 대하여, 폭력을 쓰지 않는 방법으로 상대방에게 자신의 주장을 내세우는 사상이다. 러시아의 톨스토이와 인도의 간디는 전쟁을 반대하고 평화를 지키기 위한 운동으로 이 무저항주의를 강조하였다. 무저항 비폭력주의라고도 한다.

송진우 (1890~1945. 호는 고하) : 언론인이자 독립운동가로, 전라남도 담양에서 태어났다. 일본 메이지 대학 법학부를 졸업한 뒤 중앙 학교 교장을 거쳐 1919년 3·1 운동으로 붙잡혀 옥살이를 하였다. 1921년 〈동아일보〉의 사장이 되었고, 조만식 등과 물산 장려 운동을 이끌었으며 민립 대학을 설립하고 농촌 계몽 운동을 펼쳤다.

조선 물산 장려회 : 1922년 조만식을 중심으로 평양에 세워진 단체이다. 이를 계기로 서울의 조선 청년 연합회가 주동하여 전국적 규모의 조선 물산 장려회를 만들었다. 국산품 애용, 민족 기업의 육성 등을 내걸고 강연회와 시위, 선전을 하는 등 민족 운동을 벌였다. 1940년 총독부의 명령으로 강제 해산되었다.

여운형, 안창호와 함께한 조만식(오른쪽)

얽힌 이야기 한 토막

1945년 8월 15일 오전이었다. 일본인들의 압박을 피해 60년을 살아온 평양을 떠나 고향인 반석면에 내려와 있는 조만식의 집 앞에 자동차 한 대가 달려와 멈춰 섰다. 양복을 입은 한 신사가 차에서 내려 조만식을 찾았다.

조만식은 그 신사를 반갑게 맞으며 손을 덥석 잡았다. 그 신사는 조만식의 옛 제자였던 것이다. 한동안 말을 잇지 못하던 신사가 목이 메어 울부짖었다.

"선생님, 태평양 전쟁이 끝났습니다!"
"아니! 무엇이라고?"
"네, 일본은 연합군에게 무조건 항복을 하고 우리나라는 해방이 되었습니다!"

조만식은 터져 오르는 기쁨을 억누르며 눈을 지그시 감았다.

"오늘 아침 도지사가 저를 부르더니, 이제 모든 일을 선생님께서 맡아 주셔야겠다며 급히 선생님을 모셔 오라고 해서 이렇게 왔습니다."
"먼길을 찾아온 자네에게는 안됐네만, 자네 혼자서 돌아가게. 나는 일본인 도지사가 보내 준 차는 타지 않겠네."

그 순간 제자는 자신의 잘못을 깨달았다. 스승은 독립을 위하여 한평생을 일본인과 싸워 온 분이었다. 이제 해방을 맞았다고, 아무리 급한 일이 있어도 일본인 관리가 보내 준 차를 탈 리가 없었던 것이다.

"알겠습니다, 선생님! 제가 잘못 생각했습니다. 용서해 주십시오."

제자는 스승의 곧고 깨끗한 성품에 다시 머리를 숙였다.

우리말과 우리글의 과학적 기틀을 마련한 한글 연구의 선구자이다.

주시경
周時經 : 1876~1914. 초명은 상호. 호는 한힌샘, 백천.

주시경은 1876년 황해도 봉산에서 주면석의 둘째 아들로 태어났다. 주시경은 우리나라 최초의 서원인 백운동 서원을 세운 성리학자 주세붕의 후손이다. 주시경은 5세 때부터 서당에 들어가 한문을 배웠고, 12세 때 큰아버지인 주면진의 양자로 들어가 서울로 올라왔다.

배재 학당을 졸업한 뒤 독립 협회에 들어간 주시경은 〈독립신문〉을 만들면서 협성회를 조직해 〈협성회보〉를 펴냈다. 그때 각 신문마다 각기 다른 표기법을 쓰는 것을 보고 우리말 표기법의 통일을 위하여 국문동식회를 만든 뒤 한글 연구에 힘썼다. 또한 여러 학교와 강습소에서 한글을 가르치고 보급하는 데 힘을 기울였다. 1905년 국어 연구와 사전 편찬에 관한 글을 고종에게 올린 주시경은 이듬해에는 교과서인 《국문 강의》를 지어 펴냈다. 또한 순한글 잡지인 〈가정잡지〉를 펴냈다.

주시경은 공옥 학교에 조선어 강습원을 세워 우리말과 우리글을 가르쳤다. 또 어윤적, 이능화 등과 함께 학부(교육부)의 국문 연구소 위원이 되어 일했다. 주시경은 국어사전인 《말모이》를 펴내는 일을 맡는가 하면, 1898년에 완성한 《국어 문법》의 잘못된 부분을 고치고 모자라는 부분을 더해 1910년에 새로 펴냈다.

1910년 한일 합방으로 일본에게 나라의 주권을 빼앗긴 뒤 주시경은 숙명 여자 고등학교를 비롯하여 9개 학교에서 우리말을 가르쳤다. 또한 일요일에는 조선어 강습원에서 사람들을 가르치는 등 바쁘게 돌아다니며 우리말을 가르쳤다. 늘 분주히 돌아다니던 주시경은 등사판으로 만든 교재를 보따리에 싸서 들고 다녔기 때문에 '주보따리'라는 별명이 붙기도 했다. 일본의 우리 민족에 대한 탄압이 심해지자 주시경은 마침내 망명을 결심했다. 그러나 망명을 준비하던 중 갑자기 병을 얻어 1914년 38세의 나이로 세상을 떠났다.

한글 보급에 정성을 기울인 주시경은 최현배, 장지영, 이병기 등의 제자들을 길러 냈다. 이들 제자들이 중심이 되어 조선어 연구회가 만들어졌으며, 이를 통해 1933년 드디어 한글 맞춤법 통일안이 제정되었다. 이리하여 주시경으로부터 비롯한 맞춤법의 과학적 연구는 열매를 맺게 되었다.

주시경은 일제 시대에도 전혀 굽히지 않고 우리 민족의 귀한 정신적 재산인 한글을 보호하고 발전시켰다. 한글 보급과 한글의 과학적 기틀을 마련하는 데 앞장섰던 것이다. 주시경은 《국어 문법》, 《월남 망국사》, 《한문 초습》, 《국문 초학》, 《말의 소리》 등을 남겼다.

함께 익혀 둡시다

〈독립신문〉: 1896년 4월 7일 독립 협회의 서재필이 정부로부터 자금을 지원받아 발간한 우리나라 최초의 민간 신문이다. 국민을 일깨워 계몽하고, 정부의 정책을 국민에게 설명하고 전달하는 기능을 했다. 〈독립신문〉은 19세기 말 일반 국민들이 읽기 쉽도록 순 한글을 사용했다. 〈독립신문〉은 경제적인 어려움을 겪으면서 여러 사람 손에 넘어갔다가 1899년 12월 4일로 폐간되었다.

독립 협회: 1896년 서재필, 이상재, 윤치호 등이 중심이 되어 만든 정치 사회 단체이다. 외세의 침략을 막고 국가의 독립과 민족의 자립을 목표로 여러 운동을 펼쳤다. 〈독립신문〉을 발간하고 독립문을 세웠으며 1898년에는 만민 공동회를 열어 민주주의 사상을 보급하기도 했다.

어윤적 (1868~1935. 자는 치덕. 호는 혜제) : 조선 말기의 학자이다. 조선사 편찬 위원, 경성 대학 법문 학부 강사 등을 지냈다. 주시경 등과 함께 국문 연구소 위원으로 활동하며 한글을 연구하고 보급하는 데 힘썼다.

이능화 (1869~1943. 자는 자현. 호는 간정, 무능거사) : 사학자로, 주시경과 함께 국문 연구소 위원으로 한글 연구에 힘썼다. 한일 합방 뒤에는 우리나라의 고대 신앙과 불교 및 종교사 연구에 몰두하였다.

이병기 (1891~1968. 호는 가람) : 시조 시인이자 국문학자이다. 고전 문학을 현대어로 고쳐 국문학자로서의 위치를 굳혔다. 1942년 일본이 우리나라 학문 연구를 탄압하기 위하여 꾸민 조선어 학회 사건에 엮여 옥살이를 하였다.

장지영 (1887~1976. 호는 열운) : 한글 학자로, 한성 외국어 학교를 졸업한 뒤 주시경의 제자가 되어 국어학을 연구하였다. 일본의 한글 말살 정책에 맞서 조선어 연구회를 만들어 한글 사전 편찬에 온 힘을 기울였다. 1942년 일본이 국학 연구를 탄압하기 위하여 조선어 학회 회원들을 잡아들인 조선어 학회 사건으로 옥살이를 하다가 8·15 해방을 맞아 풀려났다.

조선어 연구회 : 1921년 12월 주시경의 제자들이 우리말을 연구할 목적으로 만든 단체이다. 1931년 '조선어 학회'로 이름을 바꾸었다가 1949년 '한글 학회'로 다시 고쳤다. '한글 맞춤법 통일안'과 '외래어 표기법'을 제정하고, 《큰사전》을 펴내는 등 많은 업적을 쌓았다.

최현배 : 336쪽 참조.

한글 맞춤법 통일안 : 한글을 어법에 맞게 적는 맞춤법을 비롯한 문법 체계를 통일하여 작성한 안이다. 1933년 조선어 학회를 중심으로 많은 국어학자들이 노력한 끝에 이루어졌다.

얽힌 이야기 한 토막

"나라 사랑하는 마음은, 먼저 자기 나라의 말과 글을 바르게 아는 데서부터 우러납니다. 여러분들도 우리말을 한 자 한 자 확실하게 익혀 애국 정신의 바탕을 다지기 바랍니다."
주시경은 언제나 이같이 젊은 학생들 가슴에 애국심을 불어넣어 주었다.
어느 날 총독부의 관리가 주시경을 찾아왔다. 우리글에 관심이 많아 주시경에게 한글을 배우고 싶다는 것이었다.
주시경은 그 관리의 속셈을 거울을 보듯 훤히 알고 있었지만 짐짓 모른 체하였다. 한참 이야기를 나누던 그 일본인 관리는 마침내 본심을 드러내었다.
"그런데, 선생님! 왜 이렇게 초라한 집에서 지내고 계십니까? 선생님같이 높은 덕망과 학식을 지닌 분이 억울하지 않습니까? 그러지 말고 우리 총독부에 나와서 일하십시오. 제가 힘닿는 데까지 주선해 드리겠습니다."

총독부 관리는 좋은 조건을 제시하며 주시경을 유혹하기 시작했다. 그들은 국민들의 신망이 두터운 주시경이 두려웠던 것이다. 그래서 어떻게 하든지 주시경의 입을 막고 손발을 묶어 놓으려는 것이었다.
"선생님! 그러면 지금처럼 고생도 하지 않으실 것이고, 얼마든지 편히 지내실 수 있습니다. 물론 가족들도 호강하며 기뻐할 것입니다."
그제야 주시경은 꾹 다물고 있던 입을 열었다.
"나는 우리나라 말과 글을 연구하여 이를 가르치는 것을 하늘이 주신 천직으로 알고 있소. 내가 비록 가난하게 살고 있기는 하나, 당신네 일본 사람들 밑에서 벼슬살이를 하고 싶은 생각은 없소. 그러니 더 이상 다른 말 말고 돌아가시오."
주시경의 쏘아붙이는 말에 머쓱해진 일본인 관리는 얼굴을 붉힌 채 돌아갔다.

우리나라에 처음으로 조계종을 세운 승려이다.

지눌

知訥 : 1158~1210. 성은 정씨. 호는 목우자. 시호는 불일보조.

지눌은 1158년 황해도 서흥에서 정광우의 아들로 태어났다. 지눌은 태어날 때부터 몸이 매우 약해 자주 병을 앓았다. 이에 지눌의 아버지는 부처님 앞에 나가 아들의 병을 낫게만 해 주신다면 지눌을 부처님께 바치겠다고 기도를 올렸는데 이후 정말로 지눌의 병이 깨끗이 나았다고 한다. 그리하여 지눌은 부모님이 부처님과 한 약속에 따라 8세 때인 1165년 승려가 되었다. 지눌은 열심히 불법을 공부하여 1182년(명종 12) 승과에 급제하였다.

곧이어 지눌은 평양 보제사에서 열린 법회에 참가하여, 그곳에 모인 승려들과 함께 명예와 이익을 멀리하고 오직 불법만 열심히 닦기로 약속하였다. 지눌은 그 뒤 수도에 전념하기 위해 전라남도 창평에 있는 청량사에 들어가, 그곳에서 당나라 승려 혜능의 가르침을 모은 《육조단경》을 읽고 '참된 진리는 마음에 있으며 중생을 인도하기 위해서는 자신이 먼저 부처가 되어야 한다.'는 깨달음을 얻었다.

지눌은 1185년 경상북도 예천에 있는 보문사에서 《대장경》을 읽고 '마음이 곧 부처'라는 깨달음을 얻었다. 당시 고려의 불교는 선종과 교종이라는 두 가지 종파로 나뉘어 있었다. 선종은 참선을 통해 부처가 된다는 종파이고, 교종은 부처님의 말씀을 통해 깨달음을 얻고자 하는 종파이다. 그러나 지눌은 참된 진리를 얻어 부처가 되려면 참선과 부처님 말씀 두 가지가 다 필요하다고 생각했다. 1190년 지눌은 팔공산 거조사에서, 예전에 평양 보제사 법회에서 뜻을 같이하기로 약속했던 승려들과 만나 '마음을 바르게 닦으면 모든 사람이 다 부처가 될 수 있고, 불교는 모두 부처님의 가르침에서 나왔다.'는 생각을 글로 써서 발표했다.

이후 지눌은 제자 몇 명을 데리고 1198년 지리산 상무주암에 들어가 참선을 하며 수도를 했다. 여기서 지눌은 혼자 산속에서 참선만 한다고 부처가 되는 것이 아니라 백성들과 함께 그들의 어려움을 함께 나누는 것이 진정 부처가 되는 것이라는 깨달음을 얻고 속세로 내려왔다. 1200년 길상사(송광사)로 옮긴 지눌은 그곳에 머물면서 참선으로 마음을 수양하고 부처님의 말씀을 공부하고 몸소 실천할 것을 주장하였다. 이 같은 깨우침을 바탕으로 지눌은 그때까지 선종과 교종으로 나누어져 있던 고려 불교를 하나로 통합하는 조계종을 창시하였다. 조계종은 대각 국사 의천이 1097년에 교종을 중심으로 선종을 받아들여 세운 천태종과 함께 고려 불교의 양대 산맥을 이루었다.

함께 익혀 둡시다

교종 : 불교의 한 갈래로 참선을 통해 불교의 진리를 찾으려는 선종과는 달리 교리를 중시하고 불경이나 부처님의 말씀을 통해 깨달음을 얻으려 했다.

《대장경》 : 불교의 모든 경전을 일컬으며, 석가모니의 설교와 불교의 모든 계율, 불제자들의 말과 글을 모아 놓은 것이다. 고려 현종 때 불교의 힘을 빌어 외적의 침입을 막기 위해 간행된 대장경은 몽골의 침입 때 불타 버렸다. 지금 해인사에 보관되어 있는 팔만대장경은 고려 고종 때 다시 만들어진 것으로 세계 문화유산으로 지정되었다.

선종 : 불교의 한 갈래로 어려운 불경이나 설교에 의존하지 않고 참선을 통해 불교의 깨달음을 얻으려 했다. 6세기 초인 양나라 무제 때에 인도 승려인 달마 대사가 중국에 전했다. 우리나라에는 신라 때 승려인 도의가 들여왔다.

《육조단경》 : 당나라의 승려인 혜능의 설법을 기록한 책이다.

의천 : 230쪽 참조.

혜능 (638~713) : 중국 당나라의 승려이다. 육조 대사라고도 한다. 집이 가난하여 나무를 팔아서 어머니를 봉양했는데, 어느 날 장터에서 《금강경》을 듣고 승려가 되었다고 한다. 절에 들어가 불교의 이치를 연구하고 수도를 열심히 하여 유명한 승려가 되었다. 그의 설법을 기록한 《육조단경》이라는 책이 전해온다.

송광사 국사전

얽힌 이야기 한 토막

태어나면서부터 몸이 매우 약했던 지눌은 자라면서 자주 병으로 앓아누웠다. 그의 부모가 온갖 약을 다 구해 써 보아도 도무지 병이 낫지를 않았다.

그러던 어느 날, 지눌의 아버지는 부처님 앞에 나가 정성을 들여 기도했다.

"부처님, 제 아들의 병을 고쳐 주십시오. 만약 제 아들의 병이 낫기만 한다면, 제 아들을 부처님께 바치겠습니다."

부처님의 공덕인지 기도를 드린 뒤 지눌의 병은 말끔하게 나았다.

그러자 지눌의 부모는 부처님의 자비에 보답하기 위하여 아들을 종휘 대사에게 맡겼다. 이후 지눌은 여러 스승을 만나 가르침을 받았으며, 불교의 이치를 깨닫기 위해 열심히 수도를 하였다.

오랜 수도 끝에 지눌은 《대혜보각선사어록》에 나오는 다음의 구절을 읽고 큰 깨달음을 얻었다.

"선이란 고요한 곳에도 있지 않고, 시끄러운 곳에도 있지 않다. 언제나 있어야 할 곳에도 있지 않고, 분명히 있어야 할 곳에도 있지 않다."

지눌은 사람의 마음은 어떠한 경우에도 흔들림 없이 항상 자유롭다고 생각한 것이다.

지눌은 이처럼 '마음이 곧 부처'라는 불교의 가르침을 따라 수도를 계속하였다.

이후 지눌은 '선이란 특별한 곳에 있지 않으며, 마음을 꾸준히 갈고 닦아야 얻을 수 있다'는 가르침을 많은 제자들에게 전하였다.

종두법을 처음 실시한 의학의 개척자이자 한글 보급에 힘쓴 선각자이다.

지석영
池錫永 : 1855~1935. 자는 공윤. 호는 송촌.

지석영은 1855년 서울 낙원동에서 태어났다. 그 당시 우리나라에는 천연두로 인해 많은 어린이들이 목숨을 잃거나 얼굴이 흉한 곰보가 되는 일이 많았다.

일찍부터 서양 학문에 관심을 가졌던 지석영은 20세 무렵 중국어로 번역된 서양 의학책을 열심히 읽었다. 그때 지석영이 관심을 가졌던 것은 제너라는 영국인이 쓴 종두법에 관한 것이었다. 종두법은 소에서 뽑아낸 면역 물질인 우두를 사람의 몸에 접종하여 천연두를 미리 예방하는 방법이었다.

종두법에 관심을 갖기 시작한 지석영은 1876년(고종 13) 수신사를 따라 일본에 다녀온 스승 박영선으로부터 일본인 의사 구가가 쓴 《종두귀감》을 전해 받았다. 그리고 1879년 일본 해군이 부산에 세운 제생 의원에서 종두법을 배웠다. 그해 겨울 지석영은 서울로 올라오던 도중 충주에 있는 처갓집에 들러 우리나라 사람으로는 처음으로 종두법를 실시했다.

1880년 지석영은 수신사 김홍집의 수행원으로 일본에 건너가 일본 위생국 우두종계소장 기구치에게 종두에 쓰이는 병원균을 만드는 법과 송아지에서 채취하여 보관하는 법 등을 배우고 돌아왔다. 지석영은 이를 바탕으로 서울에서 적극적으로 우두를 실시하면서 일본 군의관 마에다로부터 서양 의학을 배웠다.

지석영은 1882년 전주, 1883년 공주에 각각 우두국을 만들고 종두를 실시했다. 또 각 군에서 뽑혀 올라온 사람들에게 그 방법을 가르쳐 주어 전국적으로 퍼져 나가게 하였다. 문과에 급제한 지석영은 지평 등의 벼슬에 올랐으며, 1885년 그동안 종두법에 대해 쌓은 경험과 지식을 바탕으로 《우두신설》을 펴냈다. 1887년 지석영은 당시의 잘못된 관습을 고칠 것을 주장하다가 전라도 강진현 신지도에 귀양 가기도 했다. 1899년 경성 의학교를 만들고 교장이 된 지석영은 10년 동안 의학을 가르쳤다.

한편 지석영은 어려운 한자를 쓰기 때문에 개화가 늦어졌으니 쉬운 한글을 써야 한다고 주장하였다. 이런 생각을 바탕으로 지석영은 주시경과 함께 한글 가로 쓰기 운동을 펼쳤다. 1905년 한글 발전을 위한 '신정국문' 6개 조를 지어 올려, 1907년 학부(교육부) 안에 국문 연구소를 설치하게 하고 연구 위원이 되었다. 1909년에는 한자를 한글로 풀이한 옥편인 《자전석요》를 펴내는 등 지석영은 우리말과 우리글의 연구에도 큰 공적을 남겼다. 한일 합방이 되자 모든 벼슬에서 물러나 한글 연구에만 정열을 쏟던 지석영은 1935년 80세로 세상을 떠났다.

함께 익혀 둡시다

국문 연구소 : 1907년(광무 11) 7월 학부(교육부) 안에 설치하였던 우리말 연구 기관이다. 주시경, 지석영 등이 연구 위원으로 활동하며 약 3년 동안 우리말 표기법 통일 등에 대해 토론했으나, 유학자들의 반대로 실시하지는 못했다.

김홍집 : 80쪽 참조.

박영선 (?~?) : 조선 후기 우리나라에 종두법을 들여온 사람이다. 1876년(고종 13) 수신사 김기수의 통역관으로 일본에 건너간 박영선은 제자인 지석영의 부탁을 받고 도쿄의 병원에서 종두법을 배우고, 《종두귀감》이란 책을 구해 와 지석영에게 전해 주었다. 이로써 우리나라 종두법 발전에 선구적 역할을 하였다.

신정국문 : 1905년 조선 고종 때 지석영이 왕에게 올린 한글에 관한 연구 보고서이다. 지석영은 이 보고서에서 순 한글만 사용할 것, 글자체를 개혁할 것 등을 주장하였다. 이것이 국문 연구소 설치의 직접적인 계기가 되었다.

우두 : 천연두의 예방약으로 쓰이는, 소의 몸에서 뽑아낸 면역 물질을 말한다.

《우두신설》 : 1885년 조선 고종 때 지석영이 엮은 책으로, 종두법에 관한 내용을 담고 있다.

《자전석요》 : 1909년 조선 순종 때 지석영이 쓴 한자를 한글로 풀이한 옥편이다. 한자의 소리와 뜻을 알아보기 쉽게 한글로 써 놓은 우리나라 최초의 옥편이다.

제너 (1745~1823) : 영국의 의학자로, 처음으로 우두 접종법을 발견하여 전 세계에 퍼뜨렸다.

종두법 : 우두를 인체에 접종하여 천연두에 면역성을 가지도록 예방하는 방법을 말한다. 1798년 영국인 의사 제너가 우두 바이러스에 의한 면역법을 처음으로 발견하였다.

주시경 : 310쪽 참조.

천연두 : 전염병의 하나로, 열이 몹시 나고 오들오들 떨리며 홍역처럼 온몸에 좁쌀만 한 두드러기가 나는데, 딱지가 저절로 떨어지기 전에 긁으면 곰보가 된다.

얽힌 이야기 한 토막

지석영은 오직 종두법을 배우겠다는 생각만 가지고 서울에서 부산까지 걸어 내려갔다.

일본말에 서툰 지석영은 '나는 종두법을 아는 일본 사람을 만나러 서울에서 온 사람입니다.'라고 쓴 종이를 등에 붙이고 부산 거리를 헤맸다.

돈은 떨어지고 일본인 의사도 만나지 못한 지석영은 그만 길거리에 풀썩 주저앉고 말았다. 그때 노인 한 사람이 다가와 왜 일본인 의사를 찾느냐고 물었다. 지석영은 얼른 일어나 공손하게 말했다.

"저는 일본에서 온 의사에게 새로운 의학을 배우려고 부산 거리를 헤매고 있습니다. 누구든지 좋으니 우두에 관해 알고 있는 일본 의사를 소개해 주십시오."

"내가 조선에 건너온 지 오래 되었지만, 우두를 아는 조선 사람을 만나기는 이번이 처음이오. 젊은이같이 훌륭한 뜻을 가진 사람을 만나니 반갑소."

그 노인은 지석영을 한 해군 군의관에게 소개하여 종두법을 배우도록 해 주었다.

마침내 지석영은 서양 의학의 기초와 종두법을 배우기 시작했다. 지석영은 밤낮을 가리지 않고 열심히 공부했다. 두 달쯤 지났을 때 지석영은 서양 의학의 기초 지식과 우두 접종법을 완전히 익히게 되었다. 또 일본말도 꽤 익숙해졌다. 일본 의사들도 지석영의 뛰어난 능력에 놀라 혀를 내둘렀다.

종두법을 익힌 지석영은 더 이상 부산에 머무를 수가 없었다. 나날이 천연두로 죽어 가는 어린이들을 하루빨리 치료해 주고 싶었기 때문이었다.

지석영은 서울로 올라오는 길에 충청도 덕산에 있는 처갓집에 들렀다. 그는 장인 장모의 완강한 반대를 무릅쓰고 막내 처남에게 처음으로 우두를 접종하여 성공했다.

그것이 확인되던 날 지석영의 눈에서는 비 오듯 눈물이 흘러내렸다.

삼국 통일의 기반을 마련한 신라 제24대 왕이다.

진흥왕

眞興王 : 534~576. 재위 기간 : 540~576. 성은 김씨.
이름은 삼맥종, 심맥부. 법호는 법운.

진흥왕은 지증왕의 손자로 입종의 아들이며, 어머니는 법흥왕의 딸 식도 부인이다. 진흥왕은 법흥왕의 뒤를 이어 7세에 왕위에 올랐으나 나이가 어려 법흥왕의 왕비인 태후가 나라를 다스렸다.

551년 진흥왕은 직접 나라를 다스리기 시작하면서 연호를 '개국'이라 하고 본격적으로 대외 정복에 나섰다. 그해 진흥왕은 고구려가 차지하고 있던 한강 유역을 백제 성왕과 함께 공격하였다. 이로써 고구려로부터 백제는 한강 유역을, 신라는 죽령 이북에 있는 10군을 빼앗았다. 이어 553년에는 백제가 점령했던 한강 유역을 빼앗았고, 이듬해 관산성에 쳐들어온 백제 성왕의 군사를 무찌른 뒤 성왕을 전사시켰다.

또한 562년에는 이사부를 시켜 대가야를 정복하였다. 진흥왕은 주위의 침입에 대비하여 한강 유역에 강력한 군대를 주둔시켰다. 또한 새로 정복한 땅에 순수비를 세웠는데, 창녕, 북한산, 황초령, 마운령 등에 세운 비가 지금까지 남아 있다. 이러한 정복의 결과 진흥왕은 신라 건국 이래 최대의 영토를 이룩하였다.

진흥왕은 화랑도를 만들어 신라 삼국 통일의 밑바탕을 마련하였다. 그리고 중국의 연호를 사용하지 않고, 개국(551년), 대창(568년), 홍제(572년) 등의 연호를 사용하였다.

진흥왕은 불교 진흥에도 힘써 흥륜사와 더불어 신라에서 가장 큰 절인 황룡사를 세웠다. 572년에는 전쟁에서 죽은 군사들의 영혼을 위로하기 위해 7일 동안 팔관회를 열었다. 이것은 신라 불교가 나라의 안정과 발전에 필요한 호국 불교임을 나타낸 의식이었다. 진흥왕은 나이가 들어 머리를 깎고 승복을 입을 정도로 불교를 숭상했다. 574년에는 신라에서 최고로 큰 불상인 장륙불상을 만들어 황룡사에 모셨는데, 이것은 같은 절의 9층 탑, 진평왕의 옥대와 함께 신라 3대 보물로 꼽혔다. 음악에도 관심이 많았던 진흥왕은 551년 가야에서 귀화한 우륵을 잘 대접했다. 또한 계고, 법지, 만덕에게 명하여 우륵에게 음악을 배우도록 하였다. 진흥왕은 역사 편찬에도 관심을 가져 545년 거칠부 등에게 《국사》를 펴내게 하였다. 진흥왕은 불교를 널리 퍼뜨리고 많은 역사책을 펴내어 신라의 문화, 예술을 크게 발전시켰다. 그러나 무엇보다 뛰어난 업적은 화랑도를 기반으로 국력을 길러 장차 삼국을 통일하는 기반을 마련한 것이다.

북한산 진흥왕 순수비

함께 익혀 둡시다

거칠부 (502~579) : 신라 진흥왕 때의 신하로, 545년(진흥왕 6) 《국사》를 펴냈으며, 551년에 백제와 함께 고구려를 공격하여 고구려 영토 10군을 빼앗았다.

계고 (?~?) : 신라의 음악가로 벼슬은 대나마를 지냈다. 552년 진흥왕의 명을 받아 법지, 만덕 등과 함께 우륵에게 가야금을 배워 임금 앞에서 연주하여 후한 상을 받았다.

만덕 (?~?) : 신라의 무용가로 벼슬은 대사를 지냈다. 552년 진흥왕의 명을 받아 계고, 법지와 함께 우륵에게 춤을 배워 임금 앞에서 발표하여 큰 칭찬을 받았다.

법지 (?~? 다른 이름은 주지) : 신라의 음악가로 벼슬은 대나마를 지냈다. 진흥왕의 명을 받아 계고, 만덕과 함께 우륵에게 노래를 배웠다.

성왕 (?~554. 재위 기간 : 523~554. 이름은 명농) : 백제 제26대 왕으로, 무령왕의 아들이다. 고구려의 계속된 침입으로 529년 신라와 국교를 맺었다. 538년 도읍을 웅진(공주)에서 사비(부여)로 옮겼다. 551년 신라와 힘을 합쳐 개로왕 때 잃은 한강 유역을 되찾았으나 553년 신라에게 다시 빼앗겼다. 이듬해 잃은 땅을 되찾기 위해 신라를 공격했으나, 관산성 싸움에서 신라군에게 패한 뒤 전사했다.

우륵 (?~?) : 신라 시대의 음악가로, 본래는 대가야의 사람이다. 가실왕의 뜻을 받들어 12현금(가야금)을 만들었고, 이 악기의 연주곡을 12곡 작곡했다. 대가야가 망하자 551년(진흥왕 12) 신라의 백성이 되어 제자 이문과 함께 낭성에서 살았다. 진흥왕에게 이름이 알려져 하림궁에서 이문과 함께 새로운 곡을 지어 연주했다. 이에 감동한 진흥왕의 배려로 국원(충주)에서 살게 되었다. 552년 대나마 계고와 법지, 그리고 대사 만덕 등 세 사람을 가르쳤는데, 그 소질에 따라 계고에게는 가야금을, 법지에게는 노래를, 만덕에게는 춤을 가르쳤다. 우륵은 박연, 왕산악과 함께 우리 나라 3대 악성으로 꼽힌다.

진흥왕 순수비 : 신라 진흥왕이 한강 유역에서 동북 해안에 이르는 땅과 가야를 정복한 뒤 신하들과 국경 지역을 돌아보며 세운 기념비이다. 현재 북한산비, 황초령비, 마운령비, 창녕비가 있다.

팔관회 : 수확을 마치고 겨울에 행하는 불교 행사로, 부처와 토속신들을 섬기는 의식이다. 다양한 음식과 놀이를 즐겼다. 신라 진흥왕 때 처음 시작되어 고려 때 국가 행사로 자리 잡았다.

화랑도 : 신라 시대 청소년들이 몸과 마음을 수련하던 단체로 풍월도, 국선도, 원화도, 풍류도라고도 불렸다. 화랑도는 원광 법사가 일러 준 5가지 계율인 세속 오계에 따라 몸과 마음을 닦았다. 세속 오계는 충성을 다하여 임금을 섬길 것, 효를 다하여 부모를 모실 것, 믿음으로 벗을 사귈 것, 싸움에 임해서는 물러섬이 없을 것, 살생을 할 때는 가려 가며 할 것 등이다.

황룡사 장륙불상 : 신라 제24대 진흥왕 때 만들어진 불상으로 황룡사에 모셨다. 불상의 크기는 4.8미터이며, 신라 시대 때 만들어진 가장 큰 불상으로 황룡사의 9층 탑과 진평왕의 옥대와 함께 신라 3대 보물로 불렸다.

얽힌 이야기 한 토막

신라가 백제와 고구려에게 시달리는 것이 늘 마음 아팠던 진흥왕은 어느 날 신하들을 모아 놓고 엄숙하게 말했다.
"그동안 우리 신라는 늘 고구려에게 간섭을 받고 백제와 가야에게 시달림을 당해 왔소. 이제 나는 고구려와 백제에게 당한 수모를 되돌려 주려 하오. 또한 가야를 쳐서 우리 땅으로 만들 것이며 반드시 신라를 부강한 나라로 만들겠소."
그러나 신라는 아직 힘이 약했다. 진흥왕은 생각에 잠겼다.
'신라는 아직 힘이 약하다. 싸움터에서는 용감하고, 평화로울 때에는 학문을 닦는 훌륭한 인재를 키워야 한다.'
그리하여 진흥왕은 화랑도를 만들었다. 우선 자질 있는 젊은 이들을 뽑아 화랑이라고 하였다. 화랑들은 경치 좋은 산과 시내를 찾아다니며 무예를 익히고 학문을 닦았다.
화랑도를 마련하여 힘을 키운 진흥왕은 드디어 가야 정벌에 나섰다. 이사부가 이끄는 신라군은 마침내 가야를 쳐부수고 신라 땅으로 만들었다. 그때 가장 크게 공을 세운 사람은 16세의 어린 화랑 사다함이었다.
이때 진흥왕이 만든 화랑 제도는 원광 법사의 가르침이었던 세속 오계를 바탕으로 더욱 활성화되었다. 그리하여 귀산, 반굴, 관창, 김유신 등 수많은 인재를 길러 내어 삼국 통일의 밑거름이 되었다.

《3·1 독립 선언서》를 작성한 국사학자이자 신문학 운동의 개척자이다.

최남선

崔 南 善 : 1890~1957. 아명은 창흥. 자는 공륙. 호는 육당.

최남선은 1890년 서울에서 최헌규의 둘째 아들로 태어났다. 최남선은 스스로 공부하여 한글을 깨우쳤으며, 1902년 경성 학당에 입학하여 일본어를 배웠다.

1906년 일본으로 건너가 와세다 대학 고등 사범부 지리역사학과에 입학하였다. 이때 와세다 대학에서 개최한 모의 국회에서 우리나라의 주권을 빼앗는 문제를 주제로 하자, 이에 화가 난 조선 유학생들과 함께 학교를 그만두고 귀국하였다.

1908년 최남선은 잡지 《소년》을 만들어 논설문과 새로운 형태의 시인 《해에게서 소년에게》를 발표하는 한편, 이광수의 소설을 실었다. 이어 1910년에 출판사인 조선 광문회를 세워 《춘향전》, 《심청전》 등 우리나라 옛 소설들을 펴냈다. 최남선은 계속해서 《아이들 보이》, 《청춘》 등 잡지를 만들어 새로운 형태의 시와 작품들을 발표하여, 근대 우리 문학 발전에 크게 이바지했다.

1919년 3·1 운동 때는 독립 선언서를 작성하였는데, 이로 인해 일본 경찰에 붙잡혀 2년 6개월 형을 선고받았으나 다음 해에 풀려났다. 최남선은 감옥에서 나와 동명사를 세워 주간지 《동명》을 펴냈고, 이때부터 우리나라 역사 연구에 힘을 쏟았다. 이후 《삼국유사》를 해석하고 풀어 쓴 《삼국유사 해제》를 펴내고, 단군 신화를 새롭게 해석한 논문을 발표하는 등 역사 연구에 크게 기여하였다.

1927년 최남선은 조선 총독부의 조선사 편찬 위원회 위원이 되었는데 이때부터 친일 행위를 시작하였다. 이어 중앙 불교 전문 학교(동국 대학교) 강사를 거쳐 조선 총독부 중추원 참의를 지냈다. 이듬해 최남선은 만주로 건너가 일본 관동군이 세운 건국 대학 교수가 되었다. 그리고 1943년에는 일본으로 건너가 조선인 유학생의 학도병 지원을 권유하는 강연을 하기도 했다.

1945년 해방이 되자 최남선은 반민족 행위 처벌법으로 1949년 감옥에 갇혔으나 병으로 곧 풀려났다. 최남선은 그 뒤 우리나라 역사와 관계된 글을 쓰다가 1957년 뇌출혈로 숨졌다.

최남선은 말과 글이 일치하는 신문학 운동의 선구자적 역할을 했다. 또 국학과 역사, 민속 등을 폭넓게 연구하여 우리 문화를 발전시키는 데 크게 이바지했다. 하지만 일본에 협조하여 우리의 젊은이를 전쟁터로 내모는 학도병을 권유하는 등 우리 민족을 배반한 행위는 영원히 씻기지 않을 오점으로 남았다.

함께 익혀 둡시다

독립 선언서 : 1919년 3월 1일, 한국의 독립을 선포한 문서이다. 최남선이 쓰고, 한용운이 공약 3장을 덧붙였으며, 손병희 등 33인이 서명하여 서울 태화관에서 발표했다.

〈동명〉 : 1922년 9월에 창간된 신문의 성격을 띤 주간지로, 학술, 문예 등 다채로운 내용으로 꾸며졌다. 특히 문화면에 중점을 두어 외국 문학의 소개에도 힘썼다.

〈아이들 보이〉 : 1913년 9월 최남선이 창간한 어린이 월간 잡지로 계몽적인 성격을 띠었다. 한자 사용을 피하고 가능한 한 순우리말을 썼으며, 특히 '글꼬느기'라는 아동 문예란을 만들어 한글 글쓰기 교육에 힘썼다. 우리글과 우리말의 일치 운동에 앞장선 공로가 매우 크다.

조선 광문회 : 1910년 최남선이 세운, 우리나라의 옛 책을 펴낸 출판사이다. 《동국통감》, 《해동역사》, 《경세유표》 등 유명한 옛날 책들을 펴내어 보급시켰다.

〈청춘〉 : 1914년 10월부터 1918년까지 발간된 우리나라 최초의 월간 종합지이다. 최남선이 폐간된 〈소년〉지를 대신하여 청년들의 계몽을 위해 발간했다.

〈해에게서 소년에게〉 : 최남선이 1908년 〈소년〉이라는 잡지에 발표한 새로운 형태의 시이다. 힘 있고 활기에 찬 새 사회를 건설하고자 하는 희망을 담은 작품이다.

〈소년〉

얽힌 이야기 한 토막

최남선은 우리나라 역사와 지리에 많은 관심을 갖고 있었다. '제 나라 땅이 어떻게 생겼는지 모른다는 것은 정말 부끄러운 일이다. 내 땅을 사랑해야만 나라와 민족을 사랑할 수 있는 것이다.'

최남선은 우리 민족에게 우리 역사와 땅에 대하여 알려 당시 일본에게 시달리고 있는 우리 민족에게 희망을 주고자 했다. 그래서 최남선은 어느 잡지에 우리 땅에 대한 내용의 글을 실었다. 그 글은 어린이들이 우리나라의 지리를 쉽고 재미있게 알 수 있도록 우리 땅과 자연을 동물에 빗대어 풀어 놓은 것이었다. 최남선의 생각대로 그 글은 어린이들에게 큰 인기를 얻었다. 어린이들은 그 글을 읽으며 우리 땅에 대하여 흥미를 갖게 되었고, 스스로 공부하는 힘을 키웠다.

그 생각은 일본 지리학자의 말에서 따온 것이었다.

"조선의 모양은 마치 귀여운 토끼 같다. 포항의 영일만은 꼭 토끼 꼬리 같지 않은가. 땅 모양이 토끼같이 생겼으니 백성들도 겁이 많고 비겁한 것이다. 그러니 우리 대일본 제국의 보호 아래 있는 것이 오히려 다행한 일이지."

일본 지리학자의 오만한 그 말에 최남선은 몹시 화가 났다.

"그렇지 않다. 우리 국토의 모양이 어찌 토끼 모양인가. 잘 보라! 토끼가 아니라 호랑이의 모습이다. 용맹한 호랑이가 일본을 딛고 서서 발을 들고 대륙을 향해 나는 듯, 뛰는 듯 생기 있게 할퀴며 달려드는 모양을 하고 있다. 이것이 우리나라의 참모습이다."

그 후 최남선은 일본이 우리나라를 얕보고 퍼뜨리는 토끼론을 지우기 위해 열심히 호랑이론을 펼쳤다.

병자호란 때 실리적인 외교를 펼친 조선 중기의 문신이다.

최명길
崔 鳴 吉 : 1586~1647. 자는 자겸. 호는 지천. 시호는 문충.

　최명길은 1586년 영흥 부사 최기남의 아들로 태어났다. 최명길은 이항복과 신흠에게 글을 배웠는데 이때 조익, 장유, 이시백과 가깝게 지냈다. 최명길은 1602년 성균관에 들어가 공부한 뒤 1605년(선조 38) 문과에 급제하여 병조 좌랑 등에 올랐다. 한편 광해군이 동생인 영창 대군을 죽이고, 인목 대비를 폐비하여 서궁에 가두는 등 계속하여 포악한 정치를 하자, 최명길은 1623년 이귀, 장유 등과 함께 광해군을 몰아내고 능양군(인조)을 새로운 왕으로 세웠다. 그 공으로 최명길은 완성군에 봉해지고, 이조 참판에 올랐다.

　그 무렵 임진왜란으로 조선과 명나라가 힘이 약해진 틈을 타서 중국에서는 여진족 추장 누르하치가 만주에 세운 후금(청나라)이 새로운 강대국으로 성장했다. 새로 왕이 된 인조는 후금을 멀리하고 명나라와 가깝게 지냈다. 그러자 조선의 외교 정책에 불만을 품은 후금이 군사를 이끌고 1627년 조선에 쳐들어왔다. 이것이 '정묘호란'이다. 이 싸움에서 조선이 크게 불리해지자 인조를 모시고 강화도로 들어간 최명길은 후금과 화해할 것을 주장하였다. 그리하여 후금과 조선이 형제의 의를 맺는 것 등을 조건으로 물러가게 했다.

　그 뒤 후금은 세력이 더욱 커져 청나라로 이름을 바꾸고 조선에 임금과 신하의 관계를 요구해 왔다. 이에 조선이 반대하자 1636년 다시 군사를 이끌고 쳐들어와 병자호란이 일어났다. 우리 군사들은 곳곳에서 청나라군에 패하고 급기야 인조는 남한산성으로 피란하였다. 이에 최명길은 청나라에 맞서 싸워야 한다는 홍익한 등의 주장에 반대하여 명분보다는 현실적으로 도움이 되는 화해를 해야 한다고 주장하였다. 최명길은 이후 수 차례에 걸쳐 청나라 진영을 오가며 화해 조건을 협상했으나, 인조가 직접 청 태종에게 나아가 항복하는 것으로 결정되고 말았다.

　청나라 군사가 물러간 뒤 우의정에 오른 최명길은 전쟁으로 흩어진 민심을 수습하고 나랏일을 돌보는 데 힘쓰다가 좌의정을 거쳐 영의정으로 있던 1642년, 청나라에 붙잡혀 갔다. 1638년 청나라가 명나라를 치기 위해 조선에 군사들을 요구해 군사를 파견하였는데, 그때 임경업이 비밀리에 승려 독보를 명나라 진영에 보내 내통한 사실이 있었다. 최명길은 영의정으로 있으면서 그 일을 막지 못했다는 책임을 지고 청나라의 옥에 갇혔다가 1645년 소현 세자와 함께 돌아왔다.

　최명길은 힘이 강한 주변 나라의 세력 변화에 슬기롭게 대처한 사람이다. 그것은 청나라 군사에게 짓밟히고 괴로움을 당하는 나라와 백성을 구하려는 마음에서 나온 것이었다.

　최명길이 지은 책으로는, 《지천집》, 《경서기의》가 있다.

함께 익혀 둡시다

독보 (?~?. 이름은 중헐) : 조선 시대의 승려이다. 병자호란 뒤인 1639년 명나라에 사신으로 가서 청나라가 한양을 함락했음을 알렸다. 그 공으로 명나라 황제로부터 상과 함께 여충이라는 호를 받았다. 그 뒤 임경업 밑에서 일하며 명나라군과 조선군 간의 연락을 맡았다. 명나라가 멸망한 뒤 임경업과 함께 베이징에서 옥살이를 하고, 귀국한 뒤 모함을 받아 울산에 유배되었다.

소현 세자 (1612~1645. 이름은 왕) : 인조의 아들로 1625년 세자가 되었다. 정묘호란 때는 전주에 내려가 민심을 수습하였고, 병자호란 때에는 동생 봉림 대군(효종)과 함께 청나라에 볼모로 잡혀갔다. 베이징에서 가톨릭 선교사인 아담 샬에게 서양 과학 문명에 대해 배웠다. 1644년 천문, 과학, 종교에 관한 많은 책과 지구의, 천주상 등을 가지고 돌아왔다. 돌아온 지 두 달 만에 병으로 죽었고, 가지고 온 책들은 모두 불태워졌다.

신흠 (1566~1628. 자는 경숙. 호는 상촌, 현헌, 현옹. 시호는 문정) : 조선 중기의 학자이자 문신이다. 어려서부터 학문이 뛰어나 벼슬길에 나가기 전부터 이름을 떨쳤으며, 1586년 문과에 급제하여 여러 벼슬을 거쳐 영의정에 올랐다. 1613년 영창 대군이 강화도로 귀양 갈 때 벼슬에서 물러났다가 인목 대비가 폐비될 때 춘천으로 귀양 갔다. 지은 책으로는 《상촌집》이 있다.

이시백 (1581~1660. 자는 돈시. 호는 조암. 시호는 충익) : 조선 중기의 문신으로 이귀의 아들로 태어났다. 성혼 등에게 학문을 배웠으며 최명길, 장유 등과 사귀었다. 1623년 광해군을 몰아내고 인조를 왕으로 세운 인조반정 때 공을 세워 연양군에 봉해졌다. 병자호란 때 병조 판서로 남한산성을 지켰으며, 1650년에 영의정에 올랐다.

장유 (1587~1638. 자는 지국. 호는 계곡. 시호는 문충) : 조선 중기의 문신으로 김장생에게 학문을 배웠다. 1623년 최명길, 이귀 등과 함께 광해군을 몰아내고 인조를 왕으로 세우는 데 공을 세웠다. 병자호란 때는 최명길과 함께 청나라와 화해할 것을 주장하였다. 학문이 두루 넓었으며 문장에도 뛰어났다. 지은 책으로는 《계곡집》, 《계곡 만필》, 《음부경 주해》 등이 있다.

조익 (1579~1655. 자는 비경. 호는 포저. 시호는 문효) : 조선 중기의 문신으로 윤근수 등에게 학문을 배웠으며, 이시백, 최명길 등과 사귀었다. 벼슬은 좌의정에 이르렀으며, 성리학에 뛰어나 특히 예학(예절에 관한 학문)에 밝았다. 지은 책으로는 《포저집》 등이 있다.

얽힌 이야기 한 토막

광해군이 포악한 정치를 일삼자 1623년 최명길은 이귀, 장유 등과 함께 광해군을 몰아내고 인조를 새 임금으로 모시는 데 큰 공을 세웠다.

인조는 광해군에게 아첨하며 백성들에게 갖은 횡포를 부려 재산을 모은 이이첨 일파를 역적죄로 죽이거나 귀양을 보낸 뒤 그들의 재산을 모두 거두어들였다. 그러고는 그 재산을 공신들에게 골고루 나누어 주었다. 이때 최명길도 인조로부터 집과 땅을 받았다.

하루는 가까운 친척 한 사람이 최명길을 찾아왔다. 친척은 기쁨이 가득한 얼굴로 최명길을 축하하며 말했다.

"여보게, 왜 임금께서 내려주신 집으로 이사하지 않는가? 크고 좋은 그 집으로 이사를 하면 얼마나 좋겠는가. 어서 빨리 이사를 하도록 하게."

그러나 최명길은 조금도 반갑지 않은 표정이었다. 한참을 아무 말 없이 앉아 있던 최명길이 길게 한숨을 내쉬며 말했다.

"나라에서 역직들의 집과 재산을 빼앗아 제게 주셨지요. 이것은 임금님이 나라 법으로 주신 것이니, 신하로서 안 받을 수 없습니다. 그러나 그 역신들의 재산 중에는 분명 권력을 이용해 백성들의 재물을 빼앗은 것이 많을 것입니다. 그러니 그것들을 백성들에게 돌려주지 않고 내가 그대로 받는다면 억울한 백성들은 언제쯤 편히 살 수 있겠습니까?"

최명길은 그때 나라에서 내려 준 재물을 하나도 쓰지 않았다. 그러고는 큰 길가에 '빼앗긴 물건을 도로 찾아가길 바란다'는 내용의 방을 써 붙였다. 물건 주인이 나타나면 하나도 빠뜨리지 않고 문서를 작성하여 되돌려 주었다. 올바른 것이 아니라면 쳐다보지도 않는다는 선비 정신을 실천한 것이다.

화약과 무기를 만든 고려 말기의 대표적인 발명가이다.

최무선 崔茂宣 : 1325~1395.

　최무선은 1325년 최동순의 아들로 태어났다. 이 무렵은 왜구들이 끊임없이 우리나라 해안가로 쳐들어와 불을 지르고 재물을 약탈하며 백성들을 해치던 때였다. 왜구들의 소행으로 사람들은 하루도 마음 편히 살 수가 없었다. 최무선은 어려서부터 왜구들을 무찌르는 데는 화약을 사용하는 것이 최선의 방법이라고 생각했다. 그래서 화약을 만들어야겠다고 결심하고 열심히 과학과 기술에 관한 책들을 구해 읽었다. 그 결과 화약을 만드는 재료 세 가지 중 유황과 분탄은 쉽게 구할 수 있었으나, 가장 중요한 초석은 도무지 만들기가 어려웠다.

　최무선은 중국이 우리보다 화약 무기가 많은 것을 알고 중국 상인이 많이 다니는 항구 벽란도로 가 중국 사람들에게 화약 제조법을 물었다. 1376년(우왕 2) 드디어 최무선은 화약 초석 만드는 법을 알고 있는 이원이라는 원나라 사람을 만났다. 최무선은 이원을 자기 집으로 데려가 후하게 대접하였다. 최무선의 열성에 감동을 받은 이원은 초석 만드는 법을 가르쳐 주었다.

　이듬해 최무선은 화약과 무기를 만들기 위해 나라에 화통도감을 설치할 것을 여러 번 건의해 마침내 화통도감이 설치되었다. 최무선은 화통도감의 제조관이 되어 본격적으로 화약을 사용할 수 있는 무기를 만들었다. 그리하여 화약을 넣어 쏠 수 있는 여러 가지 총과 대포인 대장군, 이장군과 그리고 그것을 발사할 수 있는 피령전, 화전, 철령전 등을 제작했다. 그 밖에도 오늘날 로켓에 해당하는 무기 등 많은 무기를 만들어 냈다. 이어 최무선은 그 화기를 실을 수 있는 전함을 만드는 데도 힘을 기울였다.

　1380년(우왕 6) 수많은 왜구들이 금강 하구의 진포에 침입하자 최무선은 나세와 함께 바다로 나아갔다. 최무선은 그때 처음으로 자신이 만든 화약을 이용한 화포, 화통 등을 사용하여 왜선 500여 척을 쳐부수었다. 그 공으로 최무선은 영성군에 봉해지고 광성대부 등의 벼슬에 올랐다. 이어 1383년에는 정지와 함께 경상남도 남해에 있는 관음포에 쳐들어온 왜구를 무찔렀다.

　그러나 1389년 창왕이 나라의 경비를 절감한다는 이유로 화통도감을 없애 버렸다. 이에 최무선은 고향으로 돌아와 《화약 수련법》과 《화포법》을 써서 아들 최해산에게 화약과 무기 제조법을 전수하였다. 1395년 세상을 떠난 최무선은 의정부 우정승의 벼슬을 받았고, 영성 부원군에 봉해졌다.

　최무선은 오직 나라 사랑하는 마음 하나로 평생을 바쳐 화약과 화약을 이용한 무기를 만들었다. 최무선의 노력으로 고려 말 우리나라는 끊임없이 해안에 침입한 왜구들을 막을 수 있었다.

함께 익혀 둡시다

나세 (1320~1397) : 원나라에서 귀화한 사람으로 1363년(공민왕 12) 홍건적을 무찌르는 데 공을 세웠다. 이어 1380년 왜구들이 금강 하구인 진포에 침입하여 노략질을 일삼자 최무선과 함께 나가 화포를 이용하여 왜선 500여 척을 쳐부수었다. 1397년 왜구를 방어하다가 병으로 죽었다.

정지 (1347~1391. 초명은 준제. 시호는 경렬) : 고려 말기의 무신으로 나주에서 태어났다. 여러 차례에 걸쳐 왜구를 물리쳤고, 1388년 랴오둥(요동) 정벌에 참여했다가 이성계와 함께 위화도에서 회군하였다.

창왕 (1380~1389. 재위 기간 : 1388~1389) : 고려의 제33대 왕이다. 위화도에서 회군을 한 이성계, 정도전 등이 추대하여 1388년 왕위에 올랐으나 재위 1년 만인 1389년 고려의 정통 왕족이 아니라는 이유로 강화로 쫓겨났다가 목숨을 잃었다.

최해산 (1380~1443) : 조선 초기의 무신으로 최무선의 아들이다. 아버지의 유언에 따라 《화약 수련법》, 《화포법》을 통해 비법을 익혔다. 1401년(태종 1) 군기시 주부에 올랐고, 1409년 왕이 참석한 가운데 해온정에서 발사 시험을 하였다. 1433년 도원수 최윤덕을 도와 오랑캐 정벌을 나섰을 때, 군의 명령을 따르지 않은 죄로 벼슬에서 물러났다. 여러 벼슬을 거치면서 화차, 완구, 발화, 신포 등 새로운 무기를 많이 만들었다.

화통도감 : 고려 시대에 화약을 만드는 일을 맡아보던 임시 관아를 말한다. 1377년(우왕 3) 최무선의 건의로 만들어졌는데, 우리나라 화약 제조법이 이때에 처음 생겼다. 1389년 병기나 군대의 물건들을 만드는 관아인 군기시에 합쳐졌다.

대장군포

얽힌 이야기 한 토막

최무선은 어렸을 때부터 왜구에게 쫓겨 피란 가는 사람들만 생각하면 화를 억누를 수가 없었다. 최무선은 화약만 있으면 왜구를 무찌를 수 있다는 생각으로 열심히 과학 서적과 기술에 관한 책들을 구해 읽었다. 그리고 계속해서 실험해 보았지만 화약 만들기는 생각만큼 쉽지 않았다.

쉰 살이 된 최무선은 그래도 포기하지 않고 연구와 실험을 거듭했다. 어느 날 꿈속에서 보았던 할아버지가 지시한 대로 길을 나섰다가 중국인 기술자 이원을 만나게 되었다. 최무선은 그 이원이라는 사람을 자기 집으로 모셔 와서 극진히 대접했다. 며칠 지나자 이원이 최무선에게 무슨 실험을 하느냐고 물어왔다.

"초석 만드는 법을 연구합니다."

화약은 초석, 유황, 분탄으로 만드는데, 그때까지 최무선은 초석 만드는 법을 몰라 화약을 만들지 못하고 있었던 것이다. 최무선은 이원에게 왜구의 횡포를 들려주었고, 자신의 뜻을 전했다.

"그렇다면 내가 초석 만드는 비법을 가르쳐 드리지요."

이리하여 마침내 최무선은 초석 만드는 법을 알게 되었고, 곧이어 화약을 만들게 되었다.

화약 제조법을 완전히 익힌 최무선은 왕에게 글을 올려 화통도감을 세우게 했다. 그리고 그곳에서 우리나라 최초로 각종 화기를 만들었다. 그 무기들로 최무선은 우리나라에 쳐들어온 왜구를 무찌를 수 있었다. 어린 시절부터 꿈꿨던 바람이 마침내 이뤄진 것이다.

고려 말기의 훌륭한 장수이자 충신이다.

최영 崔瑩 : 1316~1388. 시호는 무민.

최영은 1316년 최원직의 아들로 태어났다. 최영은 15세 때 돌아가신 아버지의 '황금 보기를 돌같이 하라'는 유언을 교훈 삼아 평생 동안 청렴결백하게 살았다.

무인으로서 관직에 나아간 최영은 여러 차례 왜구를 무찔러 공을 세웠다. 1352년(공민왕 1) 조일신이 난을 일으키자 안우, 최원 등과 함께 그 일당을 물리쳤다.

1354년 중국 원나라가 장사성의 반란군을 막기 위해 고려에 원군을 요청하자 최영은 공민왕의 명을 받아 유탁, 염제신 등과 함께 군사를 이끌고 원나라에 갔다. 그때 반군을 물리치는 데 눈부신 활약을 펼쳐 그 이름이 중국에 널리 알려졌다. 고려는 두 차례에 걸쳐 쳐들어온 홍건적에게 서경(평양)과 개경(개성)을 빼앗겼다. 이때도 최영은 이방실, 안우 등과 함께 나가 싸워 이를 물리쳤다. 그 공으로 최영은 전리 판서에 올랐다. 또 1364년에는 원나라에 가 있던 최유가 덕흥군을 왕으로 추대하고, 군사 1만 명을 이끌고 쳐들어왔는데 최영은 의주에서 이들과 싸워 무찔렀다.

최영은 또 오예포(황해도 장연)에 침입한 왜적선 400여 척을 쫓아냈다. 그러나 강화에 쳐들어온 왜구와 싸우던 중 신돈의 모함으로 귀양을 갔다. 최영은 공민왕의 총애를 믿고 횡포를 부리던 신돈이 처형된 1371년에야 풀렸다. 1376년(우왕 2) 왜구가 침입하여 삼남 지방(경상도, 전라도, 충청도)을 휩쓸었다. 이에 왜구를 물리치기 위해 삼남 지방에 나아간 박인계가 싸움에 패하자 최영은 군사를 이끌고 나가 홍산(부여)에서 적을 크게 무찔렀다. 그때부터 왜구들은 최영의 이름만 들어도 무서워 도망갔다고 한다. 1378년 왜구들이 서강과 승천부(풍덕)까지 쳐들어왔다. 언제 개경이 무너질지 모르는 위태로운 상황이었다. 이때 최영은 이성계, 양백연 등과 함께 군사를 이끌고 나가 용맹하게 싸워 적을 섬멸시켰다.

이때 중국에 새롭게 등장한 명나라가 철령위를 세워 고려의 북변 일대를 빼앗으려 하였다. 이에 최영은 팔도 도통사가 되어 랴오둥(요동) 정벌에 나섰으나, 부하 이성계가 위화도에서 군사를 돌려 반란을 일으키는 바람에 실패하고 말았다. 이성계에게 붙잡힌 최영은 고봉(경기도 고양)에 유배되었다가 개경에서 처형되었다.

최영은 기울어져 가는 고려를 구하기 위해 평생을 외적들과 싸웠다. 또한 높은 벼슬에 올랐을 때도 전혀 재물을 모으지 않는 청백리로 일생을 지냈다. 나라를 사랑하는 무장의 모습을 보여 준 뛰어난 장군이었다.

함께 익혀 둡시다

박인계 (?~1376) : 고려 후기의 무신이다. 1361년 쳐들어온 홍건적에게 개경을 빼앗겼을 때, 군사를 이끌고 가서 개경을 되찾는 데 큰 공을 세웠다. 1376년 군사를 이끌고 부여, 공주 등지에 침입한 왜구와 맞서 싸우다가 전사했다.

신돈 (?~1371. 자는 요공. 법호는 청한거사. 법명은 편조) : 옥천사 노비의 아들로 태어나 어려서 승려가 되었다. 김원명의 추천으로 공민왕을 만나 신임을 얻었다. 토지 제도를 개혁하고, 국가의 재정을 확보하는 데 큰 공을 세웠다. 그러나 권력을 함부로 휘둘러 왕의 신임을 잃은 뒤 반란을 꾀하다가 수원에 유배되었다가 처형되었다.

안우 (?~1362. 탐진 안씨의 시조) : 고려 말의 무신으로, 1352년 최영 등과 조일신의 난을 평정하였다. 1359년과 1361년 두 차례에 걸친 홍건적의 침입을 물리치는 데 공을 세웠다.

양백연 (?~1379. 시호는 충간) : 고려 말의 무신으로, 예성강과 진주에 침입한 왜구를 물리쳤다. 개경으로 돌아온 뒤 권력을 잡고 있던 이인임, 임견미의 미움을 사서 합주(경상남도 합천)에 유배된 뒤 처형되었다.

염제신 (1304~1382. 자는 개숙. 시호는 충경) : 고려 말의 문신으로, 원나라의 요청으로 최영, 유탁 등과 함께 원나라에 가서 장사성의 난을 평정하는 데 참여하였다.

유탁 (1311~1371. 자는 춘경. 시호는 충정) : 고려 말의 무신으로 1354년 최영 등과 함께 원나라에 가서 장사성의 난을 진압하는 데 참여했다.

이방실 (?~1362. 함안 이씨의 시조) : 고려 말기의 무신으로, 원나라를 오가는 충목왕을 호위한 공으로 중랑장, 호군에 올랐다. 1359년부터 1362년까지 최영 등과 함께 계속된 홍건적의 침입을 막고 왜구를 물리치는 데 공을 세웠다.

조일신 (?~1352) : 고려 말기의 반역자이다. 원나라에 볼모로 가 있던 공민왕을 모셨다는 것을 내세워 많은 신하들을 죽이고 왕을 위협하여 우정승이 되었다. 그 후 자기 죄를 감추려고 동지들을 죽이고, 스스로 좌정승에 공신이라 내세웠다. 1352년 왕명을 받은 최영, 최원 등에게 처형되었다.

최유 (?~1364. 원나라 이름은 티무르부카) : 고려의 반역자이다. 한때 공을 세워 일등 공신이 된 후 많은 잘못을 저질렀다. 원나라에 갔다가 충정왕이 왕위에 오르자 돌아왔으나 벼슬에 불만을 품고 원나라로 다시 도망하였다. 공민왕 때 덕흥군을 왕으로 받들어 원나라의 허락을 얻은 뒤 고려에 쳐들어왔으나 실패하였다. 그 후에 다시 고려를 치려고 계획했으나 원나라 관리들의 탄핵으로 고려로 끌려와 처형되었다.

홍건적 : 원나라 말에 생긴 도적의 무리이다. 붉은 두건을 머리에 둘러 동지의 표지로 삼았기 때문에 '홍건적'이라 부른다. 1368년 홍건적 출신의 주원장이 원나라를 멸망시키고 명나라를 세웠다.

얽힌 이야기 한 토막

최영은 일찍부터 홍건적과 왜구를 많이 무찌른 공으로 제일 높은 벼슬인 시중을 지냈다. 그 무렵 중국에서 새롭게 일어난 명나라가 옛날 원나라가 지배하던 고려의 철령 이북 땅을 자기네 땅으로 하겠다고 통보해 왔다. 이에 최영은 72세라는 나이에도 결연히 랴오둥 정벌을 주장했다. 그러나 젊은 장수 이성계가 네 가지 이유를 들어 반대하고 나섰다.

"첫째, 작은 나라가 큰 나라를 상대로 싸우는 일은 옳지 못합니다. 둘째, 한창 바쁜 농사철에 군사를 일으키는 것이 어렵습니다. 셋째, 랴오둥 정벌에 힘을 쓰는 동안 남해안에 왜구가 쳐들어올 우려가 있습니다. 넷째, 장마철이라 군사들이 전염병으로 고생할 염려가 있습니다."

그러자 최영이 반대 의견을 아뢰었다.

"명나라가 비록 크다고는 하나 내란이 끊일 사이가 없고, 아직 틀이 잡히지 않아 두려울 것이 없습니다. 또 랴오둥은 곡창 지대이므로 여름에 공격하면 군량미를 얻게 됩니다. 또한 명나라 군사들은 비 내리는 여름에 싸우기를 꺼리는 자들이니 지금이 명나라를 칠 가장 좋은 기회입니다."

우왕은 최영의 주장이 옳다고 생각하여 랴오둥 정벌을 명했다. 그러나 이성계는 위화도에서 군사를 돌려 반란을 일으켰다. 최영이 이성계를 맞아 싸웠으나 그만 패해 붙잡히고 말았다. 최영은 죄인으로 몰려 죽는 순간까지도 당당했다.

"나는 내 평생 하늘에 부끄러운 죄를 지은 적이 없다. 내 말이 거짓이라면 내 무덤에 풀이 날 것이고, 거짓이 아니라면 풀이 나지 않을 것이다."

그 말대로 최영의 무덤에는 풀 한 포기 나지 않았다고 한다.

항일 의병을 일으킨 조선 말기의 유학자이다.

최익현
崔益鉉 : 1833~1906. 자는 찬겸. 호는 면암.

최익현은 1833년(순조 33)에 경기도 포천에서 최대의 아들로 태어났다. 이항로에게 글을 배운 최익현은 1855년(철종 6) 문과에 급제하였다.

당시 흥선 대원군은 경복궁을 다시 짓는 등 각종 토목 공사를 벌여 백성들의 부담이 너무나 컸다. 게다가 당백전이라는 화폐까지 만들어 사용해 나라의 재정이 바닥이 났다. 이에 최익현은 1868년(고종 5) 흥선 대원군의 잘못을 비판하는 글을 올렸다. 그 일로 대원군의 노여움을 산 최익현은 관직에서 물러나 양주 직곡에 내려가 은거했다.

동부승지로 다시 관직에 나간 최익현은, 대원군이 만동묘를 없애고 많은 서원을 철폐하자 상소를 올려 이를 비판했다. 이와 같은 최익현의 상소로 대원군이 물러나고 고종이 직접 나라를 통치하게 되었다. 그러나 최익현은 왕의 아버지를 비판했다 하여 제주도로 유배되었다. 1876년 최익현은 나라에 글을 올려 일본과 맺은 강화도 조약에 반대하다가 다시 흑산도로 귀양을 갔다.

최익현은 1879년 귀양에서 풀려난 뒤 학문 연구에만 몰두하다 1895년 단발령이 내리자 이에 반대하는 상소를 올렸다. 다시 조정에서 의정부 찬정 등 여러 벼슬을 내렸으나 모두 사양하였다. 그 뒤 최익현은 나라에 크고 작은 일이 있을 때마다 죽음을 무릅쓰고 상소를 올렸다. 그의 상소는 대부분 나라의 잘못된 정치를 바로잡고 일본을 멀리할 것을 요구하는 내용이었다.

일본의 강압에 의해 1905년 을사조약이 체결되자, 최익현은 이완용, 박제순 등 나라를 팔아먹은 다섯 신하를 처벌하고 조약을 폐기할 것을 주장하였다. 이듬해인 1906년 의병의 궐기를 호소하는 글을 전국에 돌린 최익현은 임병찬 등 80여 명의 제자들과 전라북도 태인에서 의병을 모았다. 이어 순창에서 약 400명의 의병을 이끌고 관군과 일본군에 대항해 싸웠으나 패해 사로잡혔다. 최익현은 임병찬, 유준근 등과 함께 일본 쓰시마 섬으로 유배되었다. 최익현은 유배지 쓰시마 섬에서 일본이 주는 음식을 먹지 않고 단식을 하였다. 최익현은 마지막 상소를 임병찬에게 받아쓰도록 한 뒤 끝내 굶어 죽었다.

최익현은 강직한 선비 정신의 소유자였다. 옳은 일이라면 설령 목숨을 잃는다고 할지라도 뛰어들었고, 그른 일이라면 목에 칼이 들어와도 하지 않았다. 일제 시대 지식인들의 숱한 변절과 비교할 때 참으로 숭고한 정신이 아닐 수 없다.

함께 익혀 둡시다

경복궁 : 조선 시대의 궁궐로 서울 북악산 남쪽에 위치하고 있다. 태조 3년인 1394년 지어 임진왜란 때인 1592년(선조 25) 불에 타 버렸다. 1872년(고종 9) 흥선 대원군이 다시 지었으나, 한일 합방 후 일제가 총독부 건물을 지으면서 대부분 철거하여 근정전, 경회루, 향원정, 집옥재 등만이 남아 있다. 현재 총독부 건물을 헐고 경복궁 원래 모습으로 복원하는 공사를 하고 있다.

단발령 : 정부가 1895년 11월 일본의 압력으로 온 국민에게 머리를 깎도록 내린 명령이다. 그것은 그때까지 풍습으로 내려오던 상투의 풍속을 없애게 한 것이다. 이것은 명성 황후 시해 사건으로 분노하고 있던 백성들을 자극시켜 전국적으로 의병이 일어나게 하였다.

당백전 : 1866년(고종 3) 발행한 화폐로 대원군이 경복궁을 다시 지으면서 부족한 재정을 마련하기 위해 실시하였다. 한 푼이 엽전 백 푼의 가치를 지닌다는 뜻으로, 당백전을 많이 만들면서 물가가 크게 올라 백성들의 생활을 더욱 어렵게 만들었다.

만동묘 : 1704년(숙종 30) 송시열의 유언으로 그의 제자 권상하가 임진왜란 때 도와준 명나라 황제 신종과 의종을 위하여 충청북도 청주 화양동에 지은 사당이다. 대원군이 당파 싸움의 원인이 된다 하여 서원들을 없앨 때 이를 제일 먼저 없앴다.

유준근 (1860~1920. 자는 순경. 호는 우록) : 항일 운동가로 충청남도 보령에서 태어났다. 동학 농민 운동 때는 관군에 가담했고, 1905년 을사조약이 체결되자 을사오적을 비판하다가 감옥에 갇혔다. 의병장 민종식 밑에 들어가 홍산에서 일본군과 싸우다 붙잡혀, 최익현과 함께 쓰시마 섬으로 유배되었다.

임병찬 (1851~1916. 자는 중옥. 호는 돈헌) : 조선 말기의 의사이자 의병장으로, 전라북도 옥구에서 태어났다. 어려서부터 신동이란 말을 들었으며, 을사조약이 체결되자 스승인 최익현과 함께 의병을 일으켜 일본에 맞서 싸우다가 두 번이나 감옥에 갇혔다. 그 후에도 일본과 싸움을 계속하다가 붙잡혀 거문도로 유배되어 그곳에서 죽었다.

흥선 대원군 : 364쪽 참조.

얽힌 이야기 한 토막

"차라리 내 목을 자를지언정 부모로부터 물려받은 머리카락은 단 한 올도 자를 수 없다."
최익현은 1895년 일본의 압력으로 단발령이 내려지자 차라리 목을 자르라며 반대하였다. 그때까지 우리나라 유학자들은 부모로부터 물려받은 몸을 훼손하는 것을 가장 큰 불효로 생각했다.
1905년 일본의 강압에 의해 을사조약이 맺어졌다. 이에 최익현은 일본의 침략 행위에 반대하여 의병을 일으킬 것을 호소하고 태인에서 제자들과 함께 직접 의병을 모았다.
이렇게 모은 의병들을 이끌고 최익현은 관군과 일본군에 대항하여 싸웠다.
그러나 신식 무기와 잘 훈련된 군사들로 무장한 연합군을 도저히 이길 수가 없었다.

마침내 싸움에서 패배한 최익현은 붙잡혀 임병찬, 유준근 등과 함께 쓰시마 섬으로 귀양을 갔다.
유배지에 도착한 최익현은 음식을 입에 대지 않았다. 그런 스승을 안타깝게 생각한 제자들이 음식을 권유했다.
"내 늙은 몸으로 어찌 원수의 밥을 먹어 가며 더 살겠느냐. 너희나 살아 돌아가 나라를 구하도록 해라."
음식을 거부하고 단식하던 최익현은 끝내 세상을 떠나고 말았다.
오직 나라와 백성을 위한 마음으로 살았던 최익현은 싸늘한 시신이 되어 사랑하는 조국으로 돌아왔다. 유해가 우리나라로 돌아올 때 수많은 사람들이 부산 항구에 나와 통곡하며 그를 맞았다. 심지어는 기생들까지 쫓아나와 최익현의 죽음을 슬퍼했다고 한다.

'사람이 곧 하늘'이라는 인내천 사상을 완성한 동학의 창시자이다.

최제우

**崔 濟 愚 : 1824~1864. 초명은 복술, 제선. 자는 성묵.
호는 수운, 수운재.**

최제우는 1824년 경상북도 경주에서 몰락한 양반 최옥의 아들로 태어났다. 부모를 일찍 여읜 최제우는 한학을 공부한 다음 1844년부터 10년 동안 도를 닦기 위해 이곳저곳을 떠돌아다녔다. 그때 최제우는 욕심 많고 부패한 관리들에게 시달리며 헐벗고 굶주리는 백성들의 모습을 직접 두 눈으로 보았다. 최제우는 어지럽고 병든 나라를 바로잡겠다고 결심하고 울산 유곡에 암자를 짓고 도를 닦았다. 1856년 천성산 내원암에서 도를 닦기 시작한 최제우는 이듬해에는 적멸굴에서 49일간 정성을 들여 기도하는 등 오로지 깨달음을 얻기 위해 노력하였다.

1859년 가족들을 데리고 경주에 돌아간 최제우는 구미산 용담정에서 수도를 계속하였다. 그리고 이듬해 마침내 유교, 불교, 도교와 천주교의 교리를 합치고 예부터 우리 민족이 믿어 오던 '한울님', 즉 하느님 사상을 합쳐 '사람이 곧 하늘'이라는 인내천 사상을 만들어 동학을 창시하였다.

남원을 거쳐 보국사에 들어간 최제우는 〈도수사〉, 〈권학가〉를 짓고 《동학론》이란 책을 썼다. 동학은 농민과 천민, 유생들에게 많은 호응을 얻어 전국적으로 퍼져 나갔다. 최제우는 차츰 신도가 늘어나자 이를 관리하기 위하여 각 지방에 접소를 설치하고 접주를 두어 신도들을 관리하였다. 그리하여 1863년에는 교인이 3천여 명, 접소가 14곳에 이르렀다. 그해 7월 최제우는 제자 최시형에게 '해월'이라는 이름을 내린 뒤 자신의 뒤를 이어 동학을 이끌어갈 제2대 교주로 삼았다.

한편, 조정에서는 동학의 세력이 커지는 것에 두려움을 느끼고 최제우를 잡아들일 계획을 세우고 있었다. 이 무렵 최제우는 각 접소를 돌아본 뒤 경주 용담정에 머무르다 제자 20여 명과 함께 붙잡혔다. 1864년 3월 최제우는 올바르지 않은 종교를 만들어 민심을 어지럽혔다는 죄목으로 대구에서 처형되었다.

1893년에 박광호 등 동학 교도들은 동학을 처음 세운 최제우의 억울함을 풀어 줄 것을 호소하는 운동을 벌였는데, 이 운동은 이듬해 동학 농민 운동이 일어나는 계기가 되었다. 1907년 최제우는 죄가 없음이 밝혀져 죄인의 신분에서 벗어났다.

그 후 동학은 제2대 교주 최시형을 통해 널리 퍼져 나갔다. 사람이 하늘이라는 동학 정신은 이후 3·1정신으로 이어져 우리 민족의 독립 정신의 토대를 이루었다. 그 뒤 최제우의 제자들과 신도들이 그의 가르침을 모아 《용담유사》와 《동경대전》 등을 펴냈다.

함께 익혀 둡시다

《동경대전》: 1882년(고종 19) 처음으로 펴낸 동학의 기본 경전이다.

동학: 1860년(철종 11) 최제우가 '세상과 백성을 구한다'는 뜻을 가지고 세운 민족 종교이다. 유교, 도교, 불교는 물론 천주교의 교리까지 받아들여 새롭게 인내천 사상을 펼쳤다. 당시 사람들에게 크게 환영을 받았으나 정부의 극심한 탄압을 받았다.

박광호 (?~?): 조선 고종 때의 동학 교도이다. 1893년 손병희 등 40여 명의 동학 교도를 이끌고 상소를 올리는 등 교주 최제우의 억울한 누명을 풀어 달라는 운동을 벌이는 데 앞장선 동학의 지도자이다.

《용담유사》: 동학의 창시자인 최제우의 가사집이다. 서양 세력이 동양을 침략해 오자 이에 대항하는 정신적 자세로서 동학을 내세우는 내용으로 되어 있다. 〈용담가〉, 〈안심가〉, 〈교훈가〉, 〈도수사〉, 〈검결〉, 〈몽중 노소 문답가〉, 〈권학가〉, 〈도덕가〉, 〈흥비가〉 등 9편이 수록되어 있다.

인내천 사상: 동학의 기본 사상으로, '사람이 곧 하늘'이라고 본다. 하늘과 땅과 사람을 하나로 보는 사상으로, 인간은 누구나 귀하고 천함의 구별 없이 태어나기 때문에 평등하고 누구나 하늘을 믿음으로써 결국에는 하늘과 하나가 된다는 뜻이다.

최시형 (1827~1898. 초명은 경상. 자는 경오. 호는 해월): 동학의 제2대 교주로 경상북도 경주에서 태어났다. 1861년 동학에 들어가 최제우의 가르침을 받고 제2대 교주가 되었다. 정부의 탄압으로 최제우가 처형되자, 감시를 피해 전국을 돌며 포교에 힘썼다. 《동경대전》, 《용담유사》 등 주요 경전을 펴내어, 동학 교리의 가르침을 체계화했다. 그 뒤 두 차례에 걸쳐 신앙의 자유와 억울하게 죽은 최제우의 한을 풀어 줄 것을 호소하는 운동을 펼쳤다. 1894년 고부에서 전봉준을 중심으로 농민과 동학 교도들이 동학 농민 운동을 일으키자, 동학 교도들에게 모두 참여할 것을 명하고 함께 싸우다가 1898년 붙잡혀 처형되었다.

얽힌 이야기 한 토막

늘그막에 아들을 얻은 최제우의 아버지 최옥은 매일 웃음으로 지냈다.
"녀석, 잘생겼군. 하하하……."
최제우는 나면서부터 인물이 훤칠했다. 이목구비가 반듯하고 살결이 귀공자처럼 희었으며 눈빛이 남다르게 번뜩였다. 최제우는 무럭무럭 자라 매우 영특한 아이가 되었다.
"저렇게 잘생긴 아들을 두셨으니 늦복이 터지셨습니다."
"어쩌면 어린아이가 저토록 의젓합니까?"
마을 사람들은 칭찬을 아끼지 않았다.
어느 날 지나가던 사람이 어린 최제우를 유심히 살펴보더니 말했다.
"최 공의 아들은 눈이 보통 사람의 눈이 아니야. 세상을 뒤엎어 버릴 듯한 그런 눈이야. 그래, 그 아이의 눈은 역적의 눈 같아."

이 말은 곧 동네 아이들 귀에 들어갔다. 때문에 아이들은 최제우를 볼 때마다 마구 놀려 댔다.
"저기 저 눈깔은 역적의 눈깔! 서자의 눈깔이야!"
최제우는 서자였다. 아들이 없던 최옥은 남편을 잃고 혼자 살고 있던 여인을 세 번째 부인으로 맞아들여 최제우를 얻은 것이었다. 그 당시 사회는 과부가 시집을 다시 갈 수 없었고, 서자에게는 출세의 길이 막혀 있었다.
최제우는 아이들의 놀림을 받으면서 어린 시절을 조용히 생각에 잠겨 홀로 지냈다. 더군다나 아버지가 돌아가신 뒤에는 인생의 덧없음을 느끼고 여기저기 떠돌아다녔다.
최제우는 어지러운 세상을 살펴보면서 자신이 할 일은 인생의 진리를 깨우치는 것이라고 생각했다. 그리하여 열심히 도를 닦아 마침내 '동학'이라는 우리 민족 고유의 종교를 만들어 냈다.

해동공자로 존경받은 고려의 대교육자이다.

최충
崔冲 : 984~1068. 자는 호연. 호는 성재, 월포, 방회재. 시호는 문헌.

왕권을 안정시킨 고려 광종은 과거 제도를 실시하면서 유학을 장려하였다. 이후 고려는 충효 사상을 강조하며 학문과 문화를 발전시켜 나갔다. 최충은 이처럼 학문과 문화의 꽃이 핀 고려 성종 때인 984년 최온의 아들로 태어났다.

어려서부터 총명하고 학문에 뛰어났던 최충은 1005년(목종 8) 문과에 장원 급제하였다. 그 무렵 고려는 993년 거란의 1차 침입을 받은 데 이어 1010년 제2차 침략을 받아 많은 건축물과 서적들이 불타 없어졌다. 최충은 1013년 거란의 침입으로 불타 버린 고려 태조에서 목종까지의 역사를 기록한 《칠대실록》을 다시 펴내는 일을 맡았다. 그 뒤 형부 상서 등 여러 벼슬을 거쳐, 1037년(정종 3)에는 《현종실록》을 펴내는 데 참여하였다.

한편, 최충은 계속된 거란의 침략에 대비하기 위해 청천강 이북에 있는 영원, 평로 지역에 진을 설치하고 산성을 고쳐 쌓아 국방을 튼튼히 하였다. 1047년(문종 1) 고려 최고 벼슬인 문하시중에 오른 최충은 법관들에게 율령을 가르쳐 고려 형법의 기틀을 마련했다.

또한 서북 국경 지역에 살고 있는 백성들에 한해 부역에 동원되는 것을 면제시키자고 건의하여 이를 시행하게 했다. 이어 함경도 이북에 살고 있는 여진족의 움직임을 살펴 그들의 침략에 대비하게 하였다.

1055년 벼슬에서 물러난 최충은 송악산 아래에 '구재 학당'이라는 사학을 열어 많은 인재를 길러 냈다. 구재 학당은 나라에서 세운 국자감과 달리 최충이 만든 사설 교육 기관으로, 이곳 학생들은 시중, 최공도 등으로 불리다가 뒷날 그의 시호를 따서 문헌공도로 불렸다.

최충의 영향을 받은 고려 문신들은 앞다투어 사학을 만들어 인재를 양성하였다. 이 당시 고려에는 사설 교육 기관이 문헌공도를 포함해 모두 12개였으므로 십이 공도라 불렀다. 이렇듯 당시에 가장 뛰어난 유학자인 최충이 확립한 우리나라 정통 유학은 안향에게 이어졌다.

최충은 문장과 글씨에도 뛰어나 공자에 견주어 '해동공자'로 존경받았다. 최충은 또 우리나라에서는 처음으로 사립 학교를 세워 많은 학자를 길러 내는 데 남은 생을 바친 훌륭한 교육자이기도 했다.

귀법사 제영석각, 거돈사 원공 국사 승묘탑비, 홍경사 개창비 등에 최충의 글씨가 남아 있고, 지은 책으로는 《최문헌공 유고》가 있다.

함께 익혀 둡시다

구재 학당: 고려 문종 때 최충이 사학을 세워 제자를 가르치던 학당을 말한다. 송악산 아래에 지었는데, 학생들이 공부하는 학문의 내용에 따라 이름을 각각 낙성재, 대중재, 성명재, 경업재, 조도재, 솔성재, 진덕재, 대화재, 대빙재라 하였다. 모두 9개의 분야로 나누어 가르쳤기 때문에 구재 학당이라 불렀다.

국자감: 고려 시대에 나라에서 운영하던, 유학을 가르치던 학교이다. 992년(성종 11) 예전의 학교인 경학의 이름을 바꾼 것이다. 그 안에 여러 전문적인 학과(국자학, 태학, 사문학, 율학, 서학, 산학)를 두었다. 뒤에 국학, 성균감, 성균관으로 이름이 바뀌었다.

십이 공도: 고려 때 개인이 개경에 세워 학생들을 가르쳤던 12개의 학교를 말한다. 문헌공도, 홍문공도, 광헌공도, 남산도, 서원도, 문충공도, 양신공도, 정경공도, 충평공도, 정헌공도, 서시랑도, 귀산도가 있었다.

안향: 188쪽 참조.

율령: 중국 수나라와 당나라 시대의 법전을 가리킨다.

최충의 글씨

얽힌 이야기 한 토막

최충은 72세에 벼슬에서 물러나면서 남은 삶을 어떻게 보내는 것이 나라를 위한 길인가 곰곰이 생각했다. 오랜 생각 끝에 최충은 여생을 교육 사업에 바치기로 결심했다.
'젊은이들을 가르쳐 훌륭한 인재를 길러 내자. 이것이야말로 내가 나라를 위해 할 일이다. 청년들의 교육을 국자감에만 맡겨 두어서는 나라 장래에 필요한 인재들을 충분히 길러 낼 수 없다.'
최충은 자기 집 사랑방에 젊은이들을 모아 놓고 글을 가르치기 시작했다. 덕망과 학문이 높은 최충이 글을 가르친다는 소문이 퍼지자, 개경의 젊은이들이 줄을 이어 몰려왔다. 그중에는 국자감에서 공부하는 학생들까지 끼어 있었다. 그러다 보니 사랑방이 너무 비좁았다.
어느 날, 최충은 글을 가르치러 사랑방 문을 열다가 깜짝 놀랐다. 학생들로 꽉 차 있어 들어설 자리가 없었던 것이다.

최충은 빙그레 웃으며 도로 문을 닫았다. 그러자 최충의 자리에 앉아 있던 학생이 말했다.
"선생님, 선생님 자리는 제가 지키고 앉아 있었습니다. 어서 들어오셔서 이리 앉으십시오."
"내가 들어가면 네가 나와야 할 테니, 그대로 앉아 있거라."
"그럼, 공부는 누가 가르칩니까?"
"글쎄, 나도 잘 모르겠는걸."
최충의 대답에 학생들이 웃음을 터뜨렸다.
최충은 지금의 집으로는 비좁아서 도저히 교육을 할 수 없다고 생각했다.
이에 최충은 재산을 털어 새로 집을 지었다. 글방이 여럿 달린 학교를 만든 것이다. 이것이 우리나라 최초의 사립 학교 구재 학당이다.

최씨 무신 정권 시대를 연 고려의 무장이다.

최충헌 崔忠獻 : 1149~1219. 초명은 난. 시호는 경성.

최충헌은 1149년에 최원호의 아들로 태어났다.

1174년 조위총이 무신의 난으로 권력을 잡은 정중부 등을 몰아내기 위해 난을 일으키자, 최충헌은 이 난을 토벌할 때 공을 세워 별초 도령에 오른 뒤 섭장군이 되었다.

최충헌은 1196년, 막대한 권력을 갖고 있던 이의민 일당을 몰아내고 아우 최충수와 함께 권력을 잡았다. 권력을 잡은 최충헌은 왕에게 정치를 새롭게 하기 위한 '봉사 10조'를 올렸다. 그 내용은 '부정한 벼슬아치들을 쫓아낼 것, 세금을 공정히 할 것, 남의 땅을 차지한 자로부터 땅을 빼앗아 본디 주인에게 돌려줄 것, 청렴한 벼슬아치들을 뽑아 쓸 것, 벼슬아치들의 사치를 막을 것' 등이었다. 그러나 명종은 '봉사 10조'를 받아들이지 않고 나라 재산을 낭비하였다. 그러자 최충헌은 왕을 창락궁에 가두고 평량공 민(신종)을 왕위에 앉혔다. 그리하여 이후 최씨 가문은 4대에 걸쳐 60년간 최고의 권력을 잡았다.

이때 최충헌의 동생 최충수가 자신의 딸을 태자의 비로 만들려고 했다. 최충헌은 동생을 만류하였지만 듣지 않자 형제간의 피비린내 나는 싸움이 일어났다. 이에 최충헌은 박진재 등과 함께 최충수의 군대를 물리쳤고, 최충수는 파주에서 목숨을 잃었다. 이 결과 최충헌의 권력이 더욱 강해졌다.

한편, 최충헌이 권력을 잡고 있는 동안 소외되어 있던 천민들과 승려들이 전국에서 끊임없이 반란을 일으켰다. 1198년(신종 1) 최충헌의 노비였던 만적이 개성에서 난을 일으킨 것을 시작으로, 1199년 명주(강릉)와 경주에서 도둑들이 관청을 습격했으며, 이듬해 진주 정방의의 난, 경주 최대의의 난이 일어났다. 또 1202년에는 탐라(제주도)에서 반란이 일어났고, 부석사와 부인사에서는 승려들의 반란이 잇달아 일어났다. 최충헌은 군사를 동원하여 반란을 토벌하는 한편 이들에게 벼슬을 내리는 방법으로 반란을 진압하였다.

1205년 최충헌은 신종을 물러나게 하고, 신종의 아들인 태자(희종)를 왕위에 앉혔다. 이후 최충헌은 자기 마음대로 왕들을 바꾸었다. 최충헌은 신종, 희종, 강종, 고종을 세우고 명종과 희종을 왕위에서 쫓아냈다.

1209년 최충헌은 무신 집권 이후 쇠퇴한 학문과 예술을 다시 일으키기 위해 학자 이규보를 뽑아 곁에 두었다. 또 그해 교정도감이란 관청을 설치하여 나라의 모든 일을 맡아보도록 했는데, 이 교정도감은 이후 무신 정권의 실질적인 중앙 기관이 되었다.

60년 최씨 무신 정권의 시대를 연 최충헌은 독재 정치를 일삼으며 심한 횡포를 부렸다. 그러나 초기에는 백성들을 위한 정치를 펼치려 했으며, 국경을 넘보는 거란족을 물리치는 공을 세우기도 했다.

함께 익혀 둡시다

만적 (?~1198) : 고려 무신 정권 시대 때 최충헌의 노비로, 1198(신종 1)년 노비들을 모아 난을 일으킬 것을 모의하였다. 그 해 5월 17일 흥국사 뜰에 모여 먼저 최충헌을 죽이고, 각자 자신의 주인을 죽인 다음 노비 문서를 모두 불살라 버리기로 하였다. 그러나 밀고자가 생겨 100여 명의 노비들과 함께 붙잡혀 처형당했다.

박진재 (?~1207) : 1196년 고려 신종 때 최충헌을 도와 이의민을 죽였다. 이듬해에는 두경승 등 13명의 신하와 연담 등 10여 명의 승려를 귀양 보내는 등 최충헌을 위해 일했다. 또 딸을 태자에게 시집보내려다 실패한 형 최충헌에게 반기를 든 최충수의 군사도 무찔렀다. 그러나 최충헌을 몰아내고 권력을 잡으려던 음모가 탄로나 백령도에 귀양 갔다가 병으로 죽었다.

이의민 (?~1196) : 고려 명종 때의 무신으로, 정중부의 난에 참여하여 공을 세웠다. 권력을 잡고 있던 경대승이 병으로 죽자 그의 뒤를 이어 권력을 잡고 13년 동안 독재를 하다 최충헌 등에게 목숨을 잃었다.

최충수 (?~1197) : 고려 명종 때의 무신으로, 최충헌의 동생이다. 1196년 형과 함께 이의민을 죽이고 권력을 잡았다. 그 후 태자비를 폐하고 자기 딸을 태자비로 세우려다가 최충헌이 반대하자 군사를 이끌고 형과 싸우다 죽었다.

희종 (1181~1237. 재위 기간 : 1204~1211. 이름은 영. 자는 불피. 시호는 성효) : 고려 제21대 왕이다. 신종의 맏아들로 최충헌을 없애려다 오히려 쫓겨나 여러 곳에서 유배 생활을 하였다. 1227년 다시 왕위에 오르려 한다는 모함을 받고 귀양 갔다가 죽었다.

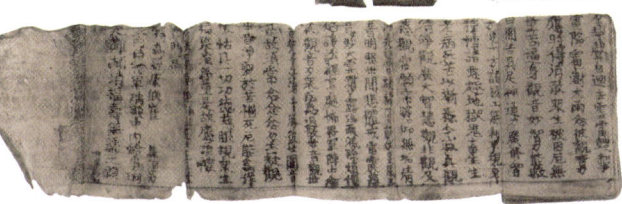

최충헌과 두 아들 최우, 최항을 위한 호신용 불경

얽힌 이야기 한 토막

최충헌이 어렸을 때의 이야기이다.

어느 날, 마을 뒷산에서 난데없이 멧돼지가 나타나 애써 가꾼 농작물을 마구 짓이겨 놓았다. 동네 사람들은 그 멧돼지를 잡기 위해 모두 나섰으나 실패했다. 오히려 날쌔고 사나운 멧돼지에게 다치기만 했다.

그 이야기를 들은 최충헌은 그 못된 멧돼지를 자신이 잡겠다고 나섰다. 그러자 어른들은 고개를 내저으며 말렸다. 어른들도 잡기 어려운데 어린애가 어떻게 크고 거친 멧돼지를 잡겠느냐는 것이었다.

그러나 최충헌은 어른들을 따라 뒷산으로 올라갔다. 얼마쯤 숲속으로 들어갔을 때 갑자기 집채만 한 멧돼지가 나타났다. 멧돼지는 사람들을 보더니 이내 털을 빳빳이 세우고 씩씩거리며 달려들 자세를 취했다.

그 모습을 보고 겁을 먹은 마을 사람들은 땅에 납작 엎드리거나 달아났다.

그러나 최충헌은 재빨리 바위 뒤에 몸을 숨기고 앞으로 돌진하는 멧돼지를 향해 활시위를 힘껏 당겼다. 화살은 '쉭' 소리를 내면서 날아가 멧돼지의 목에 박혔다. 순간 움찔했던 멧돼지는 괴상한 소리를 지르며 더욱 사납게 달려왔다. 그러나 최충헌은 당황하지 않고 침착하게 다시 활시위를 당겼다. 이번엔 화살이 멧돼지의 두 눈 사이에 꽂혔다. 세 번째, 네 번째, 계속 날아드는 화살에 마침내 멧돼지는 푹 쓰러지고 말았다.

손에 땀을 쥐고 지켜보던 마을 사람들은 일제히 환호성을 질렀다. 그리고 저마다 입에 침이 마르도록 최충헌을 크게 칭찬했다.

당나라에까지 이름을 떨친 신라 최고의 문장가이다.

최치원 崔致遠 : 857~? 자는 고운, 해운.

최치원은 857년 신라의 금성(경주) 사량부에서 태어났다. 어려서 신동으로 알려진 최치원은 4세 때부터 글을 배우기 시작하여 10세 때에는 사서삼경을 모두 읽었다. 그 무렵 신라는 계속되는 왕권 다툼과 귀족들의 권력 다툼으로 몹시 어지러웠다. 귀족들은 사치와 허영에 빠져 있는 반면 백성들은 헐벗고 굶주렸다. 이에 전국에서는 끊임없이 반란이 일어나 나라는 하루도 편안할 날이 없었다.

아들의 영특함을 안 최치원의 아버지는 몹시 안타까워했다. 아무리 똑똑해도 명문 귀족이 아니면 벼슬길에 나갈 수가 없었기 때문이었다. 그러한 아버지의 마음을 읽은 최치원은 당나라에 유학을 가겠다고 나섰다.

최치원은 경문왕 때인 868년(경문왕 8) 12세의 어린 나이로 당나라에 유학을 떠났다. 당나라에서 열심히 공부한 최치원은 18세 때인 874년 빈공과에 급제하였다. 빈공과는 당나라에서 신라 등 주변에 있는 나라 사람들에게 실시하는 과거였다. 최치원은 그 뒤 당나라 선주의 지방 관리가 되었다.

879년 최치원은 황소의 난을 진압하기 위해 고변이라는 사람을 따라 싸움터에 나갔다. 반란군의 기세에 눌려 관군이 계속 싸움에서 밀려나자, 이에 최치원은 880년 〈토황소격문〉을 썼다. 이 글을 읽은 황소가 침대에서 떨어졌다는 전설이 전해질 정도로 뛰어난 명문이었다. 이 격문으로 황소의 난을 물리치는 데 공을 세운 최치원은 대문장가라는 평판을 얻었다.

885년 신라로 돌아온 최치원은 시독 겸 한림학사 수병부시랑 서서감지사가 되었으나, 조정에서 멀리 떨어진 지방 관직을 원했다. 그리하여 대산(전라북도 태인), 천령(경상남도 함양), 부성(충청남도 서산) 등지에서 태수를 지냈다. 최치원은 893년(진성 여왕 7) 견당사에 임명되었으나, 그때 전국적으로 일어난 도둑들 때문에 당나라에 가지 못했다. 최치원은 이듬해 어지러운 나라를 바로잡고자 조정에서 시행해야 할 여러 조항을 담은 글을 진성 여왕에게 올렸다.

그 뒤 관직에서 물러난 최치원은 어지러운 세상을 몹시 괴로워하며 여러 곳을 떠돌아다녔다. 그러다가 가야산 해인사에 들어가 그곳에서 세상을 떠났다.

최치원은 처음으로 우리나라에 한문학을 연 학자로, 한시 문집인 《계원필경》을 남겼다. 또 〈난랑비서문〉은 신라 화랑도를 말해 주는 귀중한 자료이다. 대숭복사비, 진감국사비 등에도 글씨를 남겼다.

함께 익혀 둡시다

격문 : 여러 사람들이 돌려 읽도록 하여 마음을 움직이게 만드는 글이다.

견당사 : 당나라에 보내는 사신으로, 왕을 대신하여 당나라 황제를 만나 국서를 전하는 것이 그 임무였다.

경문왕 (?~875. 재위 기간 : 861~875. 성은 김씨. 이름은 응렴, 의렴) : 신라 제48대 왕으로, 희강왕의 손자이자 아찬 김계명의 아들이다. 873년 황룡사를 고쳐 지었다. 왕으로 있는 동안 866년 이찬 의흥, 숙흥, 계흥 형제의 반란을 시작으로 세 번에 걸쳐 반란이 일어났고, 신라의 혼란기가 시작되었다.

빈공과 : 중국 당나라에서 신라, 발해 등 주변 나라 민족에게 실시한 과거 제도이다. 신라에서는 최치원이 이 과거에서 급제를 하였다.

진성 여왕 (?~897. 재위 기간 : 887~897. 성은 김씨. 이름은 만) : 신라 51대 왕이다. 진성 여왕이 집권하던 때는 신라가 멸망해 가던 시기로 일부 왕족들이 권력을 장악하여 나머지 신하들과 백성들의 원성을 샀다. 또 백성들에게서 너무 많은 세금을 거두어 전국 각지에서 민란이 끊이지 않았다. 진성 여왕은 897년에 헌강왕의 아들 요(효공왕)에게 왕위를 물려주고 세상을 떠났다.

황소의 난 : 중국 당나라 말기에 황소가 이끈 농민 반란이다. 875년 산동에서 일어나 전국으로 퍼졌다. 황소가 왕위에 올랐으나, 황소가 죽은 뒤 내부 분열로 인하여 884년에 무너졌다. 당시 당나라에 머물고 있던 최치원은 황소를 치는 격문을 지어 황소의 난을 물리치는 데 큰 몫을 했다.

최치원이 천령군의 태수로 있을 때의 업적을 기리는 비석
(문창후 최선생 신도비)

얽힌 이야기 한 토막

신라 어느 고을에 계속하여 이상한 일이 일어났다. 새로 사또가 부임하기만 하면 그날 밤 사또의 아내가 사라지는 것이었다. 그래서 아무도 그 고을에 사또로 가려는 사람이 없었다. 조정에서는 할 수 없이 지원자를 모집했다. 그때 단 한 사람의 지원자가 나왔다.

새로 부임한 사또는 명주실을 구해 그날 밤 아내의 치맛자락에 매어 놓았다. 그러고는 눈을 지그시 감고 아내의 움직임을 살폈다. 밤이 깊어지자 갑자기 이상한 소리가 나더니 방 안의 불이 모두 꺼졌다. 이어 아내는 살그머니 일어나더니 마치 바람같이 어둠 속으로 사라져 버리는 것이었다.

이튿날 아침 일찍 사또는 아내의 치맛자락에 매어 놓았던 명주실을 따라갔다. 그 실은 고을 뒷산에 있는 커다란 굴로 이어져 있었다. 살며시 들어가 보니 그곳에 아내가 있었다.

"지금, 도적은 사냥을 나갔습니다. 그는 간혹 사람으로 보이지만 실제로는 금빛이 나는 돼지였습니다."

아내의 말이 끝나기가 무섭게 큰 소리가 나더니 도적이 돌아왔다. 사또는 재빨리 칼을 빼서 그 도적을 한칼에 베어 버렸다. 그 도적은 아내의 말대로 금빛 돼지였다.

그리하여 사또는 무사히 아내를 구해 돌아왔다. 그런데 이상하게도 아내의 배가 점점 불러 오더니 열 달 후에 사내아이를 낳았다.

사또는 부하를 시켜 그 아이를 강물에 띄워 보내도록 했다. 그러나 그 아이를 불쌍하게 생각한 부하는 아이를 차마 강물에 버리지 못하고 길가에 두었다.

어느 고을에 사는 할머니가 그 아이를 주워다 길렀다. 그 아이는 무럭무럭 자라서 뒷날 훌륭한 사람이 되었다.

그 아이가 바로 경주 최씨의 시조요, 신라의 대학자인 최치원이라고 한다. 그리하여 경주 최씨의 시조는 금돼지라는 말이 오늘날에도 전해져 온다.

순우리말 쓰기 운동을 펼친 한글 학자이다.

최현배

崔 鉉 培 : 1894~1970. 호는 외솔.

최현배는 1894년 울산에서 태어났다. 서당에서 한문을 배운 뒤 고향에 있는 일신 학교에서 잠시 동안 신식 교육을 받고, 1910년 서울로 올라와 경성 고등 보통학교에 다녔다. 그 무렵 최현배는 주시경이 세운 조선어 강습원에서 3년간 한글과 문법을 배웠다. 1915년 경성 고등 보통학교를 졸업하고 그해 일본으로 건너가 히로시마 고등 사범 학교를 다니고 1919년에 졸업하였다.

공부를 마치고 귀국한 최현배는 1920년부터 부산에 있는 사립 동래 고등 보통학교에서 학생들을 가르쳤다. 1922년에는 다시 일본으로 건너가 교토 제국 대학 문학부 철학과에서 교육학을 공부하였다.

1926년 연희 전문 학교 교수로 부임한 최현배는 이때부터 본격적으로 국어 연구를 시작했다. 조선어 학회 회원으로 열심히 활동하였고, 1929년에 조선어 사전 편찬 위원회 준비 위원이 되었다. 1933년에는 〈한글 맞춤법 통일안〉을 만드는 일에 참여하는 등 한글 연구에 힘썼다.

연희 전문 학교 교수로 재직하던 중 1938년 이상재, 윤치호 등과 함께 기독교계 민족주의 운동 단체인 흥업 구락부 사건에 관련되어 강제로 학교를 그만두어야 했다. 이에 최현배는 집에 머무르면서 훈민정음의 역사와 이론에 대해 폭넓게 연구하여 《한글갈》을 펴냈다.

1941년 다시 연희 전문 학교에 도서관 직원으로 복직했으나, 그 이듬해 조선어 학회 사건으로 이윤재 등과 체포되어 8·15 해방 때까지 3년간 옥살이를 하였다.

8·15 해방으로 석방된 최현배는 문교부 편수국장이 되어 교과서에 관한 일을 맡아보면서 우리나라 교과서의 기틀을 잡았다. 이어 한글 학회 상무이사, 이사장 등을 지냈으며, 1951년 다시 문교부 편수국장을 맡은 뒤 1954년 연세 대학교 교수, 문과대 학장, 부총장 등을 지냈다.

최현배는 50여 년 동안 한글을 연구하고 가르치면서, 순우리말 쓰기 운동을 고집스레 펼쳤다. '비행기' 같은 한자어를 '날틀'로 고치는 등 우리 민족이 한자의 영향력에서 벗어날 수 있도록 많은 노력을 기울였다. 《우리말본》, 《한글갈》, 《글자의 혁명》, 《나라 사랑의 길》 등의 책을 남겼으며, 1970년 국민 훈장 무궁화장이 주어졌다.

함께 익혀 둡시다

윤치호 (1865~1945. 호는 좌옹) : 조선 말기의 정치가로 충청남도 아산에서 태어났다. 1881년 신사 유람단의 한 사람인 어윤중을 따라 일본에 다녀와 개화사상에 눈을 뜬 후 미국으로 건너가 새로운 학문을 배우고 돌아왔다. 1898년 제2대 독립 협회 회장이 되었고, 만민 공동회를 열었다. 뒤에 기독 청년회장과 〈독립신문〉 사장을 지냈다.

이윤재 (1888~1943. 호는 환산, 한뫼) : 국어학자로 경상남도 김해에서 태어났다. 《우리말 사전》 편찬위원이 되었고, 진단 학회에 가입하여 국사 연구에도 참여하였다. 국어학자들과 한글 맞춤법을 제정하는 한편, 조선어 사전을 펴냈다. 한글 보급을 통한 민족 운동에 앞장섰다. 조선어 학회 사건으로 최현배 등과 일본 경찰에게 체포되어 심한 고문을 받다 세상을 떠났다. 1962년 대한민국 건국 훈장 독립장이 주어졌다. 지은 책으로는 《성웅 이순신》, 《문예독본》 등이 있다.

《한글갈》 : 최현배가 지은 훈민정음 및 옛 문헌 연구서이다. 1940년에 써서 1942년 정음사에서 펴냈다. 훈민정음에 관해 폭넓게 연구한 글이다.

흥업 구락부 : 1920년에서 1930년대에 활동한 기독교 계열의 민족주의 운동 단체이다. 미국의 한인 단체인 동지회의 자매 단체이며, YMCA를 중심으로 민족주의 운동을 펼쳤다. YMCA 총무 신흥우가 미국에서 이승만을 만나고 돌아와 이상재, 윤치호, 유억겸 등의 동의를 얻어 1925년에 만들어진다. 1938년 일본이 회원들을 대대적으로 체포하고 강제로 해산시켰다.

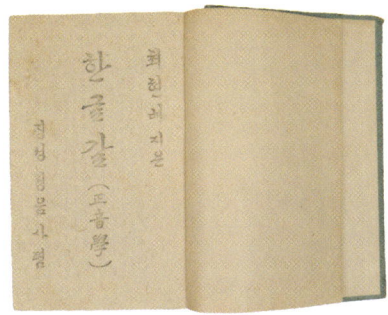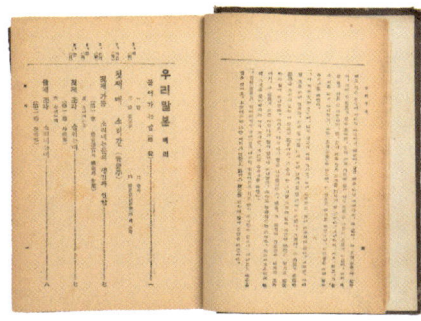

최현배의 저서들

얽힌 이야기 한 토막

학교 선생님으로 있던 최현배는 학생들을 데리고 금강산으로 수학여행을 갔다. 최현배는 아침 일찍 학생들과 함께 상쾌한 아침 공기를 마시며 개울가로 나갔다.
양치질을 하던 한 학생이 최현배에게 치약을 내밀었다.
"아니, 됐다. 나는 치약을 사용하지 않는다. 내게는 치약보다 더 좋은 것이 있어."
그러더니 최현배는 주머니에서 작은 종이 뭉치를 꺼냈다. 그 종이에 싸인 것은 바로 하얀 소금이었다.
"이를 닦는 데는 우리 바닷가에서 난 이 소금이 훨씬 더 낫지. 이 소금이 잇몸을 보호하고 이를 튼튼히 하는 데 훨씬 좋거든. 우리나라 사람은 우리 땅에서 난 것을 써야 훨씬 몸에 좋지 않겠니? 더군다나 왜놈들이 만든 물건을 비싸게 돈을 주고 사서 쓸 필요는 없지."
말을 마친 최현배는 소금으로 양치질을 하였다. 그때 학생들이 사용하는 치약은 모두 일본에서 만들어진 것이었다.
"나도 이제부터는 왜놈들이 만든 치약은 쓰지 않겠어!"
한 학생이 들고 있던 치약을 쓰레기통에 버리자 여기저기서 학생들이 앞다투어 치약을 버렸다. 그러고는 최현배에게 우르르 몰려들었다. 소금을 얻기 위해서였다.
평소 최현배가 치약 대신 소금을 쓴 것은 그저 절약 때문만은 아니었다. 일본인이 만든 물건은 절대 쓰지 않겠다는 결의 때문이었다.

건국 초기 강력한 왕권을 다진 조선 제3대 왕이다.

태종

太宗 : 1367~1422. 재위 기간 : 1400~1418. 이름은 방원. 자는 유덕.

　태종 이방원은 태조 이성계와 신의 왕후 한씨 사이에서 다섯째 아들로 태어났다. 이방원은 어려서부터 성미가 곧고 불같으며 매우 호탕했다고 한다.

　이방원은 1383년(고려 우왕 9) 문과에 급제하여 밀직사 대언이 되었다. 이후 이방원은 새로운 인재들을 모아, 권세를 부리던 구세력을 몰아내려는 아버지 이성계를 도왔다. 1392년에는 새로운 나라를 세우는 데 걸림돌이 되었던 정몽주를 없앴다. 이로써 이방원은 조선 건국에 큰 공을 세워 정안군에 봉해졌다.

　이방원은 태조 이성계가 신덕 왕후에게서 태어난 방석을 세자로 봉하자 불만을 품었다. 이에 태조가 병석에 누워 있는 틈을 타 이숙번 등과 함께 조선을 건국하는 데 큰 공을 세운 정도전, 남은 등을 죽였다. 이들이 자신을 비롯해 신의 왕후 한씨가 낳은 왕자들을 없애려는 음모를 꾸몄다는 게 이유였다. 이방원은 이어서 신덕 왕후의 아들인 세자 방석과 방번을 죽였는데, 이것을 제1차 왕자의 난이라 한다.

　이방원은 둘째 형인 방과(정종)를 세자로 앉히고 태조 이성계가 물러나자 왕위에 오르게 했다. 1400년 왕의 자리가 탐이 난 넷째 형 방간이 박포와 함께 난을 일으키자 이방원은 이를 막아 낸 뒤 세제에 올랐다. 이것이 제2차 왕자의 난이다. 이를 계기로 정종은 왕위를 이방원에게 물려주었다.

　이방원은 세제 시절 정종에게 건의하여 개인이 가지고 있던 군사들을 모두 나라에 속하게 하고 개인이 군사를 갖지 못하게 하였다. 한편 불교를 억누르고 유교를 숭상하는 정책을 펼쳤다. 그리하여 전국에 242개의 절만 남기고 모두 없앤 뒤, 절이 가지고 있던 토지와 노비를 거둬들였다. 또한 민간에 퍼져 있는 미신을 몰아내려 애썼다. 또 오늘날의 신분증에 해당하는 호패를 갖고 다니게 하는 호패법을 실시하여, 양반 관리에서부터 농민에 이르기까지 모든 백성이 이를 지니도록 했다. 백성들의 수를 정확하게 알아야 세금을 제대로 거둘 수 있고, 부정부패를 방지할 수 있기 때문이었다.

　태종은 국방에도 힘써 군사를 보내 노략질이 심한 오랑캐들을 정벌하는 한편 오랑캐들을 달래어 국경 지역을 안정시켰다. 그리고 주자소를 세워 동으로 만든 활자인 계미자를 만들었으며, 하륜 등에게 《동국사략》, 《고려사》 등을 펴내도록 하였다. 태종은 또 봄 가을에 집집마다 내던 세금을 없애 백성의 부담을 덜어 주었다. 그리고 사용하기 편리하게 종이로 화폐를 만들어 경제의 흐름이 잘 이루어지도록 하였다. 1402년에는 백성들의 억울한 사정을 풀어 주기 위하여 신문고를 설치하였다. 1404년 태종은 도읍을 다시 송도(개성)에서 한양(서울)으로 옮겼고, 1418년 셋째 아들인 충녕군(세종)에게 왕위를 물려주었다.

함께 익혀 둡시다

계미자 : 1403년(태종 3)에 동(구리)으로 만든 활자이다. 왕명으로 세운 주자소에서 약 10만 자가 만들어졌다.

남은 (1354~1398. 시호는 강무) : 고려 말, 조선 초기의 문신이다. 위화도 회군 때 이성계와 뜻을 같이하였고, 정도전 등과 함께 이성계를 왕으로 추대하여 조선을 세웠다. 정도전 등과 함께 세자 방석을 지지하다가, 방석이 세자에 오른 것에 불만을 품고 이방원이 일으킨 왕자의 난 때 이방원에게 죽임을 당했다.

박포 (?~1400) : 조선 초기의 무신으로, 조선을 세우는 데 공을 세웠다. 1398년 제1차 왕자의 난 때 이방원을 도와 공을 세웠으나, 대우가 기대에 미치지 못하자 불평하다가 죽주(안성)로 유배되었다. 유배에서 풀려난 뒤 태종의 넷째 형인 회안군 이방간을 충동질하여 제2차 왕자의 난을 일으켰다가 잡혀 처형되었다.

세제 : 왕위를 물려받을 사람으로 정해진 왕의 동생으로, 왕세제라고도 한다. 1400년(정종 2) 정안 대군(태종), 1721년(경종 1) 연잉군(영조)이 왕세제가 되었다.

이방간 (1364~1421. 시호는 양희) : 태조 이성계의 넷째 아들로, 조선이 건국된 뒤 회안군에 봉해졌다. 이방원과 함께 제1차 왕자의 난을 일으켜 성공했다. 왕위 계승 문제로 박포와 함께 제2차 왕자의 난을 일으켰으나, 실패한 뒤 황해도 토산으로 귀양 갔다.

이성계 : 244쪽 참조.

이숙번 (1373~1440) : 조선 초기의 공신이다. 우찬성을 지냈으며, 1, 2차 왕자의 난 때 이방원(태종)을 도와 많은 활약을 했고, 그 공으로 권력과 부귀를 누렸다. 태종 때 좌찬성이 되고 안성 부원군에 봉해졌다.

정도전 : 290쪽 참조.

정몽주 : 292쪽 참조.

하륜 (1347~1416. 자는 대림. 호는 호정. 시호는 문충) : 고려 말, 조선 초의 문신이다. 1, 2차 왕자의 난 때 이방원을 도와 공을 세웠고, 영의정을 지냈다. 이첨과 함께 《동국사략》과, 《태조실록》을 펴내는 일을 지휘하였다.

얽힌 이야기 한 토막

이방원은 새로운 나라를 세우는 데 고려의 충신 정몽주가 커다란 걸림돌이라고 생각했다. 그래서 정몽주를 없애자고 말했지만 아버지 이성계는 버럭 화를 내며 반대했다. 그때 정몽주는 뛰어난 학자로 백성들의 존경을 한 몸에 받고 있었다. 그래서 이성계는 민심을 얻기 위해 정몽주를 달래서 자신의 편으로 만들고 싶었던 것이다.

그러나 이방원은 정몽주가 아버지의 기대대로 되지 않으리라는 것을 잘 알고 있었다. 어느 날, 이방원은 아버지의 병문안을 마치고 돌아가는 정몽주를 자기 집으로 정중히 초대하였다. 정몽주의 마음을 떠보기 위해 마련한 자리였다. 술상을 앞에 놓고 두 사람은 마주 앉았다.

"정 대감, 제가 시를 한 수 읊어 보겠습니다."

이런들 어떠하며 저런들 어떠하리
만수산 드렁칡이 얽혀진들 어떠하리
우리도 이같이 하여 백 년까지 누리리라.

정몽주에게 고려를 섬기면 어떻고 새 나라를 섬기면 어떻겠느냐고 묻는 말이었다. 또한 한편이 되어 부귀영화를 누려 보자는 뜻도 담겨 있었다.

이에 정몽주도 입을 열었다.

"나도 시 한 수 읊어 보겠소."

이 몸이 죽고 죽어 일백 번 고쳐 죽어
백골이 진토 되어 넋이라도 있고 없고
임 향한 일편단심이야 가실 줄이 있으랴.

고려 왕조에 충성하는 마음은 백 번을 죽는다 해도 변함이 없다는 정몽주의 대답이었다.

정몽주의 마음을 바꿀 수 없다고 생각한 이방원은 부하를 시켜 집으로 돌아가는 정몽주를 선죽교에서 철퇴로 쳐 살해하고 말았다.

백제를 멸망시키고 삼국 통일의 기틀을 마련한 왕이다.

태종 무열왕

太宗武烈王 : 603~661. 재위 기간 : 654~661.
성은 김씨. 이름은 춘추.

태종 무열왕 김춘추는 진지왕의 손자로 이찬 김용춘의 아들이다. 어머니는 제26대 진평왕의 딸 천명 부인 김씨이며, 비는 김유신의 동생인 문명 부인이다.

김춘추가 활동하던 당시는 삼국 간에 치열한 싸움이 벌어지던 때였다. 신라는 642년(선덕 여왕 11) 백제 장군 윤충이 이끄는 백제군에게 대야성(경상남도 합천)을 빼앗겼다. 그때 김춘추는 당시 대야성의 성주인 사위 품석과 딸을 잃었다. 이에 김춘추는 고구려와 힘을 합해 백제를 치고자 고구려에 가서 연개소문을 만났다. 그러나 국경 문제로 오히려 고구려에 붙잡혀 갇혀 있다가 고구려 신하 선도해의 도움을 받아 겨우 탈출하였다.

647년에 귀족 회의의 최고 의장인 비담이 여왕이 나라를 통치하는 것에 불만을 품고 반란을 일으키자 김춘추는 김유신과 함께 이를 진압하여 공을 세웠다. 비담의 난을 진압하던 중 선덕 여왕이 죽자 진덕 여왕을 추천하여 왕으로 세웠다.

외교적인 수완이 뛰어났던 김춘수는 649년(진덕 여왕 2) 당나라에 건너가 백제 정벌을 위한 군사를 요청해 당나라 태종으로부터 군사 지원을 약속받았다. 또 당나라의 문물과 제도를 받아들여 발전시켰다.

진덕 여왕이 대를 이을 자식이 없이 죽자, 김춘추는 654년 김유신과 알천의 도움으로 왕위에 올랐다. 왕위에 오른 다음에는 율령(법률)을 새로 정비하는 등 왕권을 강화하였다.

태종 무열왕 김춘추는 강화된 왕권을 바탕으로 백제와 고구려를 공격하였다. 655년에 고구려가 백제, 말갈과 연합하여 신라 북경 지방에 있는 33성을 공격하자 당나라에 구원병을 요청하였다. 또 659년에 백제가 자주 국경 지역을 침범하자 당나라에 군사를 요청하여 660년부터 본격적인 백제 정벌에 나섰다. 그해 7월 김유신이 당나라 군사와 함께, 백제의 계백이 이끄는 5천 명의 결사대를 황산벌에서 물리쳐 백제를 멸망시켰다. 이로써 신라는 삼국 통일의 기틀을 잡았다. 그러나 태종 무열왕은 고구려를 정벌하기 위해 군사를 일으키다가 이듬해 죽어 통일을 완수하지는 못했다.

태종 무열왕은 왕으로 있는 동안 신라의 왕권을 강화했다. 또 당나라 율령 제도를 본떠 나라의 법제를 바로잡고, 군사를 정비하는 등 국가의 기반을 다졌다. 신라는 태종 무열왕이 닦아 놓은 기반을 바탕으로 문무왕 때 삼국을 통일하고, 이후 120년 동안 황금기를 맞이하였다.

함께 익혀 둡시다

김유신 : 66쪽 참조.

문무왕 : 110쪽 참조.

비담 (?~647) : 신라의 신하로, 645년(선덕 여왕 14)에 상대등이 되었다. 647년 '여자는 나라를 다스릴 능력이 없다'라고 주장하며 스스로 왕위에 오르려고 염종 등과 더불어 반란을 일으켰다. 명활성을 근거지로 맞서 싸우다가 김유신이 이끄는 군사들에게 패해 죽었다.

선덕 여왕 : 154쪽 참조.

선도해 (?~?) : 고구려 말기의 신하이다. 고구려에 구원병을 청하러 왔다가 붙잡힌 김춘추를 도와주어 무사히 신라로 돌아갈 수 있게 했다.

진덕 여왕 (?~654. 재위 기간 : 647~654. 성은 김씨. 이름은 승만) : 신라의 제28대 왕으로 진평왕의 동생인 국반의 딸이다. 649년 당나라 제도를 본떠 의복 제도를 바꾸었으며, 당나라와 친교에 힘썼다. 왕위에 올라 그동안 사용하던 태화라는 연호를 버리고, 650년부터 당나라 연호를 사용하였다. 김유신, 김춘추 등 뛰어난 인물들과 함께 나라의 힘을 길렀고, 삼국 통일의 토대를 닦았다.

얽힌 이야기 한 토막

백제 군사에게 딸과 사위를 잃은 김춘추는 그 원수를 갚기 위해 고구려에 구원병을 요청하러 갔다. 그러나 김춘추는 고구려의 정세를 염탐하러 왔다는 의심을 받고, 예전에 고구려 땅이었던 마목현(조령)과 죽현현(죽령현) 땅을 돌려 달라는 고구려의 요구를 거절하여 감옥에 갇히고 말았다.

그때 연개소문의 신임을 얻고 있던 선도해가 감옥으로 찾아와 김춘추에게 '토끼의 간' 이야기를 해 주었다.

"옛날에 동해 용왕의 딸이 속병을 앓았는데, 한 의원이 말하기를 토끼의 간을 구해 약에 섞으면 병을 고칠 수 있다고 하였소. 그러자 거북이 나서서 토끼의 간을 구해 오겠다고 하고서 육지에 나와 토끼를 만나 이렇게 꾀었소.

'바다 가운데 섬 하나가 있는데, 거기는 샘이 맑고 돌이 깨끗하며 짙은 숲과 맛 좋은 과일이 아주 많아. 또 추위와 더위가 닥치지 않고, 사나운 짐승들이 가까이 오지 못하니 네가 가면 편안히 살 수 있을 거야.'

토끼가 그 말을 듣고 거북의 등을 타고 바닷속으로 2, 3리 쯤 헤엄쳐 갔는데, 그만 거북이 해서는 안 될 말을 하고 말았소.

'지금 용왕의 딸이 병에 걸려 토끼의 간을 약으로 쓰려고 힘들게 너를 업고 가는 거야.'

그 말을 들은 토끼가 꾀를 내어 말했소.

'아뿔싸! 이거 큰일이군. 거북아, 나는 신령의 자손이라 오장을 꺼내 깨끗이 씻어 넣을 수 있단다. 요즘 속이 좀 불편하여 간과 염통을 씻어 바위 위에 널어 두었는데 그걸 그만 깜박 잊고 왔네. 어서 돌아가서 널어 놓은 간을 가지고 오는 것이 좋지 않겠니? 그러면 너는 네가 구하는 약을 얻고 나는 간이 없더라도 살 수 있으니 서로 좋은 일 아니냐?'

거북이 그 말을 믿고 다시 돌아가서 언덕에 오르자 토끼가 수풀 속으로 달아나며 이렇게 말했소.

'어리석은 거북아! 어찌 간 없이 사는 놈이 있겠느냐?'

그래서 거북은 아무 말도 못 하고 돌아갔다고 하오."

선도해는 그 이야기로 고구려 왕에게 거짓말을 하더라도 우선은 살아서 신라로 돌아갈 궁리를 하라는 것을 넌지시 알려 준 것이다. 이를 깨달은 김춘추는 보장왕에게 글을 올렸다.

'그 두 지역은 본래 고구려 땅이니, 제가 돌아가면 우리 왕께 돌려 드리도록 말씀을 드리겠습니다.'

그러자 보장왕은 기뻐하면서 김춘추를 풀어 주어 김춘추는 무사히 신라로 돌아올 수 있었다.

세조를 왕위에 오르게 한 조선 초기의 문신이다.

한명회

韓明澮 : 1415~1487. 자는 자준. 호는 압구정, 사우당. 시호는 충성.

　한명회는 조선을 세우는 데 공을 세운 한상질의 손자이며 한기의 아들로 1415년에 태어났다. 한명회는 부모를 일찍 여의고 불우한 어린 시절을 보냈다.
　한명회는 1452년(문종 2) 경덕궁 궁지기로 관직에 첫발을 내디뎠다. 그 뒤 친구인 권람의 소개로 수양 대군을 만나 그의 참모가 되었다. 이때 홍달손 등 30여 명의 무사를 수양 대군에게 소개하였다.
　1453년 왕위를 탐내던 수양 대군은 자신에게 반대하는 사람들을 제거하고자 계유정난을 일으켰다. 한명회는 이때 수양 대군을 적극 도왔고, 이 공으로 군기 녹사가 되었다. 계속해서 동부승지에 오른 한명회는 1455년 마침내 단종을 물러나게 하고 수양 대군(세조)이 왕위에 오르도록 만들었다. 그 공으로 좌부승지에 올랐다가 좌익공신 일등으로 우승지가 되었다.
　이듬해인 1456년 한명회는 성삼문 등 사육신이 단종을 다시 왕위에 세우려는 계획을 눈치채고 이를 막았다. 그리고 사육신을 처형하는 데 앞장선 공로로 도승지에 올랐다. 그 후 한명회는 이조 판서가 되고 상당군에 봉해졌다. 이어 중요한 직책을 두루 지낸 후 상당 부원군이 되었고, 우의정과 좌의정을 거쳐 1466년에는 벼슬이 영의정까지 이르렀다.
　1466년 세조가 중앙 문신을 지방 관리로 파견하자, 이에 불만을 품고 이시애가 함경도에서 반란을 일으켰다. 한명회는 이때 신숙주와 함께 이시애의 난에 가담했다는 혐의로 붙잡혔으나 곧 죄가 없음이 밝혀져 풀려났다.
　한명회는 유자광과 함께 1468년(예종 즉위년) 남이가 역모를 꾸몄다고 모함하여 남이를 죽였다. 1469년 다시 영의정에 올랐으며, 예종이 죽고 성종이 왕위에 오르자 병조 판서를 함께 맡았다. 이어 1471년(성종 2)에는 최항, 신숙주 등과 함께《세조실록》을 펴냈다.
　한명회는 세조를 왕위에 오르게 하는 데 커다란 공을 세우고, 두 딸을 왕비(예종과 성종의 비)로 보내고 자신은 영의정을 다섯 차례나 맡는 등 부귀영화를 누렸다. 그러나 한명회는 후대 사람들에게 많은 손가락질을 받았다. 수양 대군을 도와 어린 단종을 몰아내는 데 앞장섰을 뿐만 아니라, 권력을 잡는 과정에서 많은 사람들을 함부로 죽였기 때문이다.

함께 익혀 둡시다

경덕궁 : 조선 태조 이성계가 왕위에 오르기 전에 살던 집으로, 경기도 개성에 있다. 태조 이성계가 왕위에 오른 뒤 궁이라 칭하고 궁지기를 두어 보존하였다.

계유정난 : 1453년 수양 대군이 김종서, 황보인 등 원로 대신을 죽이고 권력을 차지한 사건을 말한다. 1452년에 문종은 지병으로 세상을 떠나면서 우의정 김종서, 영의정 황보인, 좌의정 남지 등의 원로 대신들에게 12세의 어린 단종을 잘 보필해 달라는 유언을 남겼다. 단종이 왕위에 오르자 모든 권력은 원로 대신들에게 집중되었고 왕권은 매우 약해졌다. 이에 수양 대군은 신하들의 막강한 권력을 빼앗고 왕권을 강화하기 위해 김종서, 황보인 등을 역모를 꾀했다는 구실로 죽였다. 그리고 여러 신하들과 친분이 두터운 동생 안평 대군마저 귀양을 보냈다. 이 사건으로 수양 대군은 권력을 독차지했고, 훗날 왕위에 오를 수 있는 기반을 닦았다.

권람 (1416~1465. 자는 정경. 호는 소한당. 시호는 익평) : 조선 전기의 문신이다. 수양 대군과 함께 《역대병요》라는 책을 펴내면서 친분이 두터워졌다. 계유정난 때 한명회 등과 함께 수양 대군을 도왔다. 세조가 왕위에 오른 뒤 이조 참판, 좌의정 등 높은 벼슬을 두루 맡았다. 활을 잘 쏘고 문장에도 뛰어났다.

남이 : 88쪽 참조.

성삼문 : 160쪽 참조.

수양 대군(세조) : 164쪽 참조.

신숙주 : 176쪽 참조.

유자광 (?~1512. 자는 우복) : 조선 전기의 문신이다. 궁궐의 문을 지키는 갑사로 있다가, 이시애의 난을 토벌하는 데 공을 세워 병조 정랑이 되었다. 1468년 남이를 모함하여 죽인 뒤 무령군이 되었으며, 1476년(성종 7) 한명회를 모함하다 쫓겨났다. 1506년 중종반정에 참여하여 무령 부원군이 되었다. 이후 관리들의 끊임없는 탄핵을 받아 귀양살이를 하던 중 죽었다.

이시애 (?~1467) : 함경도 첨절제사 이인화의 아들로 함경북도 길주에서 태어났다. 세조가 왕권을 강화한 뒤 중앙에서 관리를 보내어 지방을 다스리자, 이에 불만을 품고 1467년 반란을 일으켰다. 남이, 강순 등이 이끄는 관군에게 크게 패했다.

최항 (1409~1474. 자는 정보. 호는 태허정, 동량. 시호는 문정) : 조선 초기의 문신이자 학자이다. 정인지 등과 함께 훈민정음을 만드는 데 참여했으며, 《용비어천가》, 《동국정운》 등을 펴냈다. 계유정난 때 수양 대군을 도왔다. 1460년 왕명으로 《경국대전》을 펴내어 조선 초기의 법률과 제도를 집대성하였다. 1471년에는 신숙주 등과 《세조실록》을 펴내기도 했다.

홍달손 (1415~1472. 자는 가칙. 시호는 안무) : 조선 전기의 무신으로, 무예가 뛰어났다. 계유정난 때 수양 대군을 도와 공을 세웠으며, 1467년(세조 13) 좌의정에 올랐다.

얽힌 이야기 한 토막

한명회는 못생겼을 뿐만 아니라 7달 만에 태어났다 히여 칠삭둥이라고 불리며 자주 아이들의 놀림을 받았다. 그런 한명회가 10세라는 어린 나이로 중추부사 민대생의 딸을 맞아 데릴사위로 장가를 들게 되었다. 한명회의 장모가 될 허씨 부인은 사위가 몹시 마음에 들지 않았다.

"대감. 그 사람은 덜된 칠삭둥이가 분명합니다. 딸아이의 앞날이 걱정되니 다른 사람을 골라 보도록 합시다."

"허허, 부인. 그게 무슨 말씀이오? 지금은 그 아이가 칠삭둥이라 그렇지만 뒷날 크게 될 것이니 두고 보시오. 머리가 유난히 큰 걸 보니 분명 크게 될 상이오."

사실 한명회는 머리가 남달리 컸기 때문에 '대갈장군'이란 별명도 갖고 있었다.

"아무리 그렇지만 곱디곱게 자란 우리 딸아이가 불쌍합니다. 글도 제대로 배우지 못한 그 사람에게 어찌 우리 딸을 시집보낸단 말씀입니까?"

민대생은 부인의 반대에도 끝내 한명회를 사위로 삼았다. 민대생의 딸은 보기 드문 미인이었다. 그래서인지 한명회의 딸들은 모두 아주 예뻤고 훗날 두 딸은 왕비가 되었다.

한명회는 서른이 되도록 벼슬 하나 못 하고 떠돌아다니는 신세였지만 장인 민대생만은 끝까지 그를 잘 대해 주었다.

이후 한명회는 친구인 권람의 추천으로 수양 대군을 만났고 마침내 그를 왕위에 올려놓았다. 그리고 자신은 부러울 것 없는 권력을 부리며 살았다. 민대생의 사람 보는 안목이 참으로 뛰어났던 것이다.

〈님의 침묵〉을 쓴 승려 시인이자 독립운동가이다.

한용운

韓龍雲 : 1879~1944. 아명은 유천. 본명은 정옥. 법호는 만해.

한용운은 1879년 충청남도 홍성에서 한응준의 둘째 아들로 태어났다. 6세 때부터 서당에서 한학을 배웠고 15세 때 설악산 오세암에 들어가 승려가 되었다.

한용운은 넓은 세상에 대한 관심을 가지고 시베리아와 만주 등을 돌아본 뒤 1905년 설악산 백담사에 들어가 본격적으로 불교 경전을 연구하기 시작했다. 이때 한용운은 한문으로 되어 있는 불경을 우리말로 옮기는 작업을 했다. 이어 1908년에는 일본에 건너가 새로운 근대 문명을 돌아보았다.

나라의 주권을 일본에게 빼앗기게 되자 한용운은 중국으로 건너갔다. 그리고 의병 학교를 세워 독립군을 양성하였다. 1913년 귀국한 한용운은 불교 학원에서 제자들을 가르쳤다. 그리고 이듬해에 동래 범어사에 들어가 《불교대전》을 썼다. 이 책에서 한용운은 불교를 새롭게 일으켜 어려운 현실을 이겨 나가자고 주장하였다. 1918년에는 잡지 〈유심〉을 펴냈다.

1919년 일어난 3·1 운동 때 한용운은 민족 대표 33인의 한 사람으로 독립 선언서에 공약 삼장을 썼다. 이어 손병희 등 민족 대표 33인과 함께 태화관에 모여 독립 선언서를 발표한 뒤 일본 경찰에 붙잡혀 3년 동안 옥살이를 하였다.

1926년 한용운은 첫 시집 《님의 침묵》을 펴냈다. 한용운은 이 시집에서 우리 민족에 대한 사랑과 희망을 노래하였다. 이 시집으로 한용운은 인도의 시인 타고르에 비교되곤 하였다.

한용운은 1927년 신간회 경성 지회장을 지냈고, 1930년 조선 불교 청년회를 조선 불교 청년 동맹으로 바꾸어 불교 청년 운동을 이끌었다. 그해 잡지 〈불교〉를 인수하여 펴냄으로써 우리 민족에게 독립 사상을 불어넣었다. 이어 1935년 첫 장편 소설인 《흑풍》을 〈조선일보〉에 연재하였다. 1938년 자신이 이끌어 오던 비밀 항일 단체인 만당의 조직이 드러나 옥살이를 하였다.

평생을 조국과 불교를 위해 살던 한용운은 해방 한 해 전인 1944년 5월 9일 서울 성북동에서 중풍으로 세상을 떠났다.

모든 승려들이 홀로 깨달음을 얻어 부처가 되려는 것과는 달리 한용운은 조선의 독립을 통해 부처가 되고자 했다. 또 문학을 전문으로 하지 않았으면서도 〈님의 침묵〉, 〈알 수 없어요〉, 〈나룻배와 행인〉과 같은 뛰어난 시들을 많이 남겼다. 1962년 한용운은 건국 훈장 대한민국장이 주어졌다.

함께 익혀 둡시다

《님의 침묵》 : 한용운의 시집으로, 모두 70편의 시가 수록되어 있다. 일본에 수난을 당했던 시대를 노래한 시로, 민족애가 어떤 것인지를 절실히 느끼게 한다. 또한 깊은 명상과 불심, 자연을 사랑하는 마음 등도 함께 담겨 있다.

《불교》 : 1924년 7월 15일 창간된 월간 불교 잡지이다. 처음엔 권상로가 발행하였으나 1930년 한용운이 인수하여 발행하였다.

손병희 : 168쪽 참조.

신간회 : 1927년 안재홍, 신채호, 권동진 등이 중심이 되어 만든 민족주의 운동 단체이다. 초대 회장에 이상재가 선출되었으며, 우리 민족의 정치적, 경제적 독립을 목표로 하였다.

《유심》 : 1918년 9월 1일 한용운이 창간한 불교 잡지이다. 한용운과 인도의 유명한 시인 타고르의 시 〈생의 실현〉이 우리말로 옮겨져 실렸다. 또 매월 문예 작품을 현상 모집한 것도 다른 불교지와는 색달랐다.

타고르 (1861~1941) : 인도의 시인이며 사상가이다. 인도의 근대화에 기여했으며 동양과 서양 문화가 한데 어우러질 수 있도록 노력했다. 1913년 노벨 문학상을 받았다. 유명한 시집인 《기탄잘리》를 남겼다.

한용운 생가

얽힌 이야기 한 토막

'나라를 잃었는데 부처가 되면 무얼 하나? 중생들이 다른 민족에게 고통을 당하고 있는데, 가만히 앉아서 부처가 된다고 한들 어찌 기쁘겠는가.'

일본에 나라를 빼앗겼다는 소식을 들은 한용운은 그 길로 절에서 내려왔다. 그리고 열심히 독립운동을 펼치는 한편, 분한 마음을 시를 쓰며 풀었다.

3·1 운동으로 옥살이를 하고 나온 지 얼마 지나지 않은 어느 날이었다. 한용운과 가깝게 지내던 사람들이 갑자기 한용운으로부터 장례식에 참석하라는 연락을 받았다. 사람들은 어리둥절해 하면서도 한용운의 성격을 잘 아는지라 부리나케 달려갔다.

한용운의 집으로 달려간 사람들은 모두 의아해했다. 방에는 장례식이 아니라 마치 잔칫집같이 음식이 한 상 가득 차려져 있었던 것이다.

"이보게, 만해. 누가 죽었다고 해서 부리나케 달려왔는데, 어찌해서 상갓집이 잔칫집 같은 분위기인가? 자네 얼굴도 슬픈 얼굴은 아닌 듯싶고……."

한용운은 껄껄 웃으며 의아해하는 사람들에게 이렇게 대답했다.

"오늘은 내 친구였던 육당(최남선)의 장례를 치르는 날일세. 독립운동을 하던 사람이 일본 놈에게 붙어서 아부하고 있으니 살아 있어도 죽은 것이나 다름없네. 친구 된 도리로 장례식만은 내가 치러 줘야 할 것 같아서 자네들을 불렀네. 조국과 민족을 배반한 사람을 장례 지내는데 어찌 기쁘지 않겠나? 자, 모두들 이리 와서 한 잔씩들 쭉 들게나!"

친구들은 모두 할 말을 잃고 말았다.

한용운은 조국과 민족을 생각하며 우정을 버렸던 것이다.

명나라에까지 이름을 떨친 조선 최고의 명필가이다.

한호
韓濩 : 1543~1605. 자는 경홍. 호는 석봉, 청사.

한호는 1543년 송도(개성)에서 태어났다. 3세 때 아버지를 여읜 한호는 떡장사를 하는 홀어머니 밑에서 매우 가난하게 자랐다. 5세 때부터 할아버지에게서 천자문과 글씨를 배웠고 8세 때에는 서당을 다녔다.

12세 때 신희남의 제자가 되어 열심히 공부한 한호는 1557년 서도 경연 대회에서 장원을 하였다. 한호는 고향집으로 돌아와 어머니를 기쁘게 해 드리려 했으나, 어머니의 호된 꾸지람을 듣고 다시 한양으로 돌아갔다. 그 후 10년 동안 어머니의 말씀을 되새기며 더욱 열심히 공부한 한호는 25세 때에 진사 시험에 급제하였다. 그제야 어머니는 한호가 집으로 돌아와 어머니를 모시며 글씨 연습을 할 수 있도록 허락하였다.

1583년(선조 16) 벼슬길에 오른 한호는 뛰어난 글씨가 선조의 눈에 띄어 왕의 문서 쓰는 일을 맡아보았다. 임진왜란 때는 왕 가까이에 있으면서 명나라에 구원병을 요청하는 외교 문서를 작성하였다.

이미 서예가로 크게 이름을 떨치고 있던 한호는 명나라 사신 일행에 끼어 자주 명나라에 다녀왔다. 이리하여 한호는 명나라에까지 그 이름이 알려지게 되었다. 임진왜란 때 구원병으로 왔던 명나라 장수 이여송과 마귀는 돌아갈 때 한호의 글씨를 구해 가지고 갔다고 한다.

왕세정은 《필담》이란 책에서 한호의 글씨를 가리켜 '성난 사자가 바위를 갉아 내고, 목마른 천리마가 내로 달려가는 것같이 힘차다'고 했다. 선조는 한호의 재주를 아껴 '그대의 필법을 후세에 전하고자 하니 권태로울 때는 구태여 쓰지 말라'고 당부했다고 한다.

한호는 처음에는 중국의 왕희지와 안진경의 서법을 익혔다. 그러나 피나는 노력으로 중국의 글씨체에서 벗어나 자기만의 독특한 글씨체를 만들어 냈다. 한호는 안평 대군, 김구, 양사언과 함께 조선 초기 4대 서예가로 꼽히며, 추사 김정희와 더불어 우리나라를 대표하는 서예가로 널리 알려져 있다.

특히, 한호에 얽힌 일화 가운데 어머니와 벌인 시합 이야기는 유명하다. 한호가 공부를 하러 떠났다가 도중에 집으로 돌아왔다. 그러자 떡장사를 하던 어머니는 불을 끈 채 떡 썰기와 글씨 쓰기 시합을 벌이자고 했다. 떡 썰기와 글씨 쓰기가 끝난 뒤 불을 켜고 보니 어머니가 썰어 놓은 떡은 크기가 고르고 가지런했지만 한호의 글씨는 크기가 고르지 못할 뿐만 아니라 삐뚤삐뚤하였다. 이때 어머니에게 큰 깨우침을 얻은 한호는 더욱 열심히 글씨 공부를 해서 뒷날 이름난 서예가가 되었다.

한호는 〈석봉 천자문〉, 〈기자묘비〉, 〈선죽교비〉 등의 작품을 남겼다.

함께 익혀 둡시다

김구 (1488~1534. 자는 대유. 호는 자암. 시호는 문의) : 조선의 학자, 서예가이다. 김굉필에게 학문을 배우고 벼슬은 부제학을 지냈다. 조선 초기 4대 서예가로 꼽히며, 인수방에 살았다 하여 그의 서체를 인수체라 부른다. 지은 책으로 《자암집》이 있다.

김정희 : 70쪽 참조.

신희남 (1517~1591. 자는 길원. 호는 영계) : 조선 중기의 문신이다. 《명종실록》을 펴내는 데 참여하였고, 강원도 관찰사 등을 지냈다. 1581년 당파 싸움이 심해지자 금산 군수로 나갔다가 곧 물러났다. 시와 글씨에 뛰어났으며 한호에게 서예를 가르쳤다.

안진경 (709~784. 자는 청신) : 중국 당나라의 정치가이며 서예가이다. 남성적인 필체로 왕희지의 글씨체와 좋은 대조를 이룬다.

안평 대군 (1418~1453. 이름은 용. 자는 청지. 호는 비해당, 낭간거사, 매죽헌. 시호는 장소) : 세종 대왕의 셋째 아들로, 황보인, 김종서 등 여러 신하들과 친분이 매우 두터웠다. 계유정난으로 황보인, 김종서가 살해된 뒤 강화도로 귀양 갔다가 교동으로 옮겨져서 사약을 받고 죽었다. 시와 문장에 뛰어났고, 당시 제일의 서예가로 이름을 떨쳤다.

양사언 (1517~1584. 자는 응빙. 호는 봉래, 완구, 창해) : 조선의 서예가이자 학자이다. 회양 군수로 있으면서 금강산에 자주 올랐는데, 그때 만폭동에 새긴 글씨가 지금까지 남아 있다. 시를 아주 잘 지었고, 초서 등 글씨를 잘 써서 조선 초기 4대 명필가로 꼽힌다. 지은 책으로 《봉래시집》이 있다.

왕세정 (1526~1590. 자는 원미. 호는 봉주) : 중국 명나라의 학자이다. 벼슬은 형부 상서에 이르렀고, 고문과 시에 뛰어났다. 지은 책으로 《금병매》와 희곡집 《명봉기》가 있다.

왕희지 (307~365. 자는 일소) : 중국 진나라 때의 서예가이다. 해서, 행서, 초서 세 가지 글씨체를 우아하고 웅장한 글씨체로 완성시켰다.

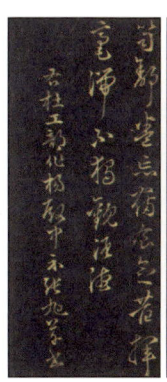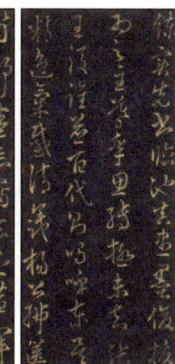

한호가 쓴 두보의 시

얽힌 이야기 한 토막

한호가 사신들과 함께 명나라에 갔을 때의 일이다.
유명한 글씨나 그림을 모으는 일이 취미인 어떤 부자가 이름 있는 서예가들을 초대하여 잔치를 연다는 소문이 들려왔다. 명나라 서예가들을 한번 만나 보고 싶었던 한호는 슬그머니 잔치에 들어가 글씨와 그림을 구경하였다. 잔치가 한창 무르익자 주인이 어느 유명한 서예가의 글씨를 가리키며 말했다.
"이처럼 훌륭한 글씨를 쓰는 사람에게는 제가 큰 상을 드리겠습니다."
아무도 선뜻 나서는 사람이 없는데, 한구석에 있던 한호가 앞으로 걸어 나갔다. 한호가 붓에 먹을 듬뿍 찍어 하얀 종이 위로 가져가자 먹물이 여기저기 뚝뚝 떨어졌다. 사람들은 한호를 비웃었다. 한호는 불안해하는 주인에게 말했다.
"먹물을 튀긴 것은 자리를 잡기 위해서이니 염려 마십시오. 제가 글씨를 다 쓴 뒤에 어떤지 말씀해 주십시오."

이윽고 글씨가 완성되었다. 먹물 자국은 한 군데도 남아 있지 않고 기운찬 글씨의 획과 점으로 바뀌어 있었다. 사람들 입에서 탄성이 터져 나왔다.
주인은 놀라움과 기쁨에 가득 찬 눈으로 벌떡 일어나 한호의 손을 덥석 잡았다.
"정말 놀랍습니다! 실례입니다만, 선생께서는 누구신지요?"
"저는 조선에서 온 한호라는 사람입니다."
순간 사람들은 또 한번 크게 놀랐다. 그들은 이미 조선에 한호라는 명필이 있다는 소문을 들었던 것이다.
"아니, 한호 선생님! 과연 듣던 바대로 명필이십니다."
주인은 기쁘고 반가워 어찌할 바를 몰랐다. 한호를 비웃던 사람들도 모두 공손히 고개를 숙이며 예의를 지키지 못한 것을 사과하였다.

우리나라 최초의 한글 소설인 《홍길동전》을 지은 소설가이다.

허균
許 筠 : 1569~1618. 자는 단보. 호는 교산, 성소, 백월거사.

　허균은 1569년 강원도 강릉에서 허엽의 셋째 아들로 태어났다. 조선 시대 유명한 여류 시인인 허난설헌이 그의 누나이다. 어려서부터 시와 글에 뛰어났던 허균은 1594년(선조 27)과 1597년 두 번에 걸쳐 문과에 급제하였다. 허균은 1606년 명나라 사신 주지번을 대접하는 자리에서 뛰어난 문장 솜씨를 발휘하여 이름을 크게 떨쳤다. 이어 공주 목사를 지냈으나 불교를 숭상했다는 죄로 벼슬에서 물러났다가 1609년(광해군 1) 다시 형조 참의에 올랐다.

　일찍이 불교와 유교에 통달했던 허균은 1610년 사신을 따라 명나라에 갔다가 천주교의 기도문을 가지고 돌아오기도 했다. 그 후 허균은 태인에 머물며 글쓰기에 몰두했다. 허균은 사신으로 자주 명나라에 드나들며 가져온 중국 소설을 즐겨 읽었다. 허균은 이러한 박식함과 뛰어난 글 솜씨를 바탕으로 우리나라 최초의 한글 소설인 《홍길동전》을 지었다.

　《홍길동전》은 서자라는 이유로 천대받던 홍길동이 신출귀몰하는 둔갑술로 못된 관리들을 혼내 주고, 옳지 못한 방법으로 재산을 모은 벼슬아치들의 재물을 빼앗아 가난한 백성에게 나누어 주며 율도국이라는 이상적인 국가를 세운다는 이야기로 되어 있다. 허균은 《홍길동전》에서 당시 엄격했던 신분 제도, 특히 서자 차별에 대한 부당함을 이야기하고 이를 개혁해야 한다고 주장하였다. 또 벼슬아치들의 부정부패가 없는 정의로운 나라의 모습을 보여 주었다. 당시 사회는 임진왜란이라는 큰 전쟁을 치른 뒤라 매우 혼란하였다. 허균은 이러한 사회의 모습을 보고 늘 안타깝게 생각하였다. 또 서자 출신인 스승 이달과 정실부인이 아닌 두 번째 부인에게서 태어난 허균 자신의 처지를 생각하며 서자에 대한 차별이 부당함을 늘 주장하였다. 허균은 스스로를 서민이라고 불렀고, 평소 서양갑 등 여러 서자들과 자주 어울려 다녔다. 《홍길동전》은 이러한 바탕에서 탄생한 것이다.

　광해군의 신임을 받고 있던 허균은 이이첨 등과 함께 1617년 광해군에게 인목 대비를 폐비하자고 주장했다. 이에 반대하는 영의정 기자헌과 사이가 나빠져 기자헌이 귀양을 가게 되었다. 이듬해 허균과 친분이 두터운 현응민이 남대문에 난리가 일어날 것이라는 글을 붙인 사건이 일어났다. 이때 허균은 기자헌의 아들 기준격의 고발로 김개 등과 함께 역모 혐의로 붙잡혀 처형당했다.

　시와 문장에 뛰어났던 허균은 《홍길동전》 외에도, 〈교산시화〉, 〈성소부부고〉, 〈성수시화〉, 〈학산초담〉, 〈도문대작〉, 〈한년참기〉, 〈한정록〉 등 많은 글을 남겼다.

함께 읽혀 둡시다

기준격 (1594~1624. 초명은 수격. 자는 붕만) : 조선 중기의 문신으로 기자헌의 아들이다. 1617년 문과에 급제하여, 벼슬이 병조 좌랑 등에 올랐다. 1617년 허균이 역모를 꾸민다고 상소하여 허균을 처형당하게 했다. 인조 때 과거 시험에 남의 문장으로 응시하였다고 하여 합격이 취소되었다. 1624년(인조 2) 난을 일으킨 이괄과 내통하려 했다는 죄로 붙잡혀 처형되었다.

김개 (1582~1618. 자는 계숙) : 조선 중기의 문신으로 김귀영의 아들이다. 무관으로 벼슬길에 올랐으나, 광해군 때 문과에 급제하여 예조 참의 등을 거쳐 한성부 좌윤에 올랐다. 인목 대비를 폐비해야 한다고 주장하였으며, 1618년 허균이 역모 혐의로 처형될 때 심문을 받다가 죽었다.

허난설헌 (1563~1589. 이름은 초희. 자는 경번. 호는 난설헌) : 조선 중기의 여류 시인으로 강원도 강릉에서 태어났으며 허균의 누이이다. 이달에게 시를 배웠으며 천재적인 재능을 발휘했다. 1577년 김성립과 결혼했으나 생활이 행복하지 못했다. 자신의 불운한 처지를 시를 쓰면서 달랬다. 섬세한 문장으로 여인의 마음을 잘 표현했다. 죽은 뒤 작품 일부를 허균이 명나라 사신 주지번에게 전해 주어 중국에서 《난설헌집》이 간행되었다. 1711년에는 일본에서도 간행되어 많은 사람의 사랑을 받았다. 〈유선시〉, 〈빈녀음〉, 〈곡자〉, 〈만선요〉 등 142편에 달하는 시가 전하며, 〈원부사〉, 〈봉선화가〉 등의 가사도 전해지고 있다.

《홍길동전》 : 조선 광해군 때 허균이 지은 최초의 한글 소설이다. 당시 사회 제도의 결함, 특히 적자와 서자의 신분 차이를 없애고 부패한 정치를 개혁하려는 뜻을 담고 있다.

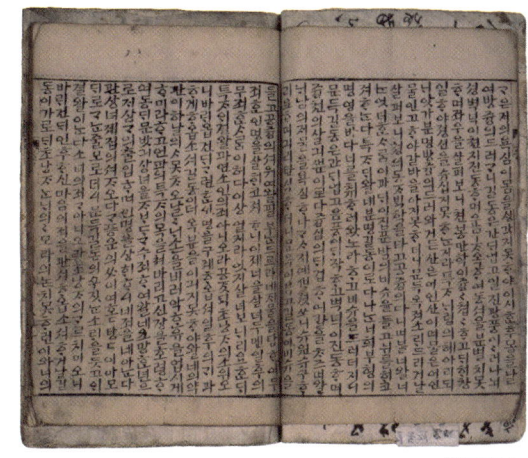

《홍길동전》

얽힌 이야기 한 토막

허균이 삼척 부사로 있을 때의 일이다. 허균은 비록 유학자였지만 유교 중심의 생활과 사고방식에 많은 불만을 갖고 있었다. 서자는 아무리 재능이 뛰어나도 관직에 오르지 못하고 천대받는 신분 제도가 다 꽉 막힌 유교 때문에 생겨난 것이라고 여겼다.

그래서 허균은 나라에서 배척하는 불교에 더 관심을 가졌고, 목에 공공연하게 염주를 걸고 다녔다. 또한 방에 불상까지 모셔 놓고 섬겼다. 마침내 그 이야기가 대궐에까지 들어갔다. 당파 싸움이 한창인 때라 허균을 시기하는 무리들은 나라 정책에 어긋나는 관리를 그냥 둘 수 없다고 탄핵을 올렸다. 그래서 사헌부에서 진상을 조사하러 사람을 보냈다.

그러나 허균은 두려워하지 않고 사헌부 관리 앞에서도 버젓이 염주를 걸고 다녔고, 관청에 기생을 불러들이기도 했다. 사헌부 관리는 허균의 행동에 분노하며 서울로 올라가 파면시켜야 한다는 상소를 올렸다. 그때 허균의 문학적 재능을 몹시 아꼈던 선조는 그의 죄를 덮어 주려 했다. 그러나 반대파의 빗발치는 상소를 무시할 수가 없어 할 수 없이 허균을 파면시켰다.

허균은 또 중국에 갔을 때는 천주교를 받아들였다. 이처럼 허균은 당시의 사회 관습을 뛰어넘는 자유로운 생각을 가진 사람이었다.

《동의보감》을 지어 한의학을 크게 발전시킨 조선 중기의 의학자이다.

허준

許浚 : 1546~1615. 자는 청원. 호는 구암.

허준은 1546년에 허륜의 서자로 태어났다. 허준이 어떤 계기와 과정을 거쳐 의원이 되었는지는 기록된 바가 없으나, 서자라는 신분적 제한이 가장 큰 영향을 끼쳤을 것으로 보이며, 외가 쪽에 의학 서적을 지은 인물이 있는 것으로 보아 집안 배경도 관련이 있을 것이다.

허준이 내의원에서 일하게 된 것은 선조 때 유학자인 유희춘의 천거를 통해서이다. 허준은 유희춘 가족의 병을 치료하였고, 특히 유희춘의 얼굴에 생긴 종기를 치료한 일로 신임을 얻었다. 유희춘은 허준을 위해 이조 판서에게 편지를 보냈고, 허준은 내의원에 들어가게 된다. 그리고 1571년 종4품 내의원 첨정에 올랐는데, 이는 내의원에서 두 번째로 높은 자리로, 의과 시험을 1등으로 통과해서 얻을 수 있는 벼슬이 종8품인 것으로 볼 때 매우 파격적인 승진임을 알 수 있다. 그만큼 허준의 의술이 뛰어났다고 볼 수 있을 것이다.

그 뒤 허준은 당시 세자였던 광해군의 두창(천연두)을 치료한 일로 선조의 신임을 얻게 되고, 서자 출신의 중인 신분으로는 오를 수 없는 자리였던 정3품의 벼슬에 오른다.

1592년 임진왜란이 일어나자 허준은 어의(왕의 병을 고치는 의원)로서 피란지까지 따라가 왕을 보살폈다. 이 공으로 호성공신 3등이라는 포상을 받고 종1품 숭록대부에 올랐으며, '양평군'이라는 작위를 받았다. 1606년 선조는 궁궐 안의 모든 병을 잘 치료한 공으로 허준에게 정1품 보국숭록대부에 올리려 하였으나 신하들의 반대로 무산되었다. 그러나 훗날 허준이 세상을 떠난 뒤, 광해군이 이 품계를 다시 내려 주었다.

1608년 나이가 들어 병을 앓던 선조가 세상을 떠났다. 이에 허준은 왕의 치료를 소홀히 했다는 죄로 벼슬에서 물러났다. 그러나 이듬해 광해군의 특명으로 죄에서 풀려났다.

선조의 명을 받아 의학 서적을 써 오던 허준은 1610년(광해군 2) 마침내 16년간의 연구 끝에 25권의 방대한 한의서인 《동의보감》을 완성하였다. 이 책은 조선 한방 의학 발전에 커다란 영향을 미쳤다. 18세기에 이르러서는 일본과 청나라에서도 간행될 만큼 의학적 가치가 뛰어났다. 이 책은 지금까지도 세계 여러 나라에서 번역, 출판되고 있다. 허준은 그밖에도 《벽역신방》, 《신찬벽온방》, 《언해구급방》, 《언해 태산집요》, 《맥결집성》, 《찬도방론맥결집성》 등의 의서를 썼다.

함께 익혀 둡시다

광해군 : 26쪽 참조.

내의원 : 조선 시대 궁중의 의약에 관한 일을 맡아보던 관아이다.

《동의보감》 : 허준이 선조의 명을 받들어 16년 동안의 연구 끝에 완성한 한의학 서적이다. 우리나라와 중국의 의학 서적을 모아 썼다. 내과, 외과 등 분야별로 나누어 각 병마다 진단과 처방을 내렸다. 동양에서 가장 우수한 의학 서적의 하나로 꼽힌다.

선조 : 156쪽 참조.

《신찬벽온방》 : 1612년(광해군 4) 허준이 펴낸 한의학 책으로, 당시 함경도 지방에 유행하던 전염병의 치료법을 쓴 것이다. 현재 서울 대학교 도서관에 보관되어 있다.

《언해구급방》 : 조선 세종 때 의관에게 명하여 서울에서 거리가 먼 지방 백성의 위급한 상황에 대비하기 위하여 지은 《구급방》을 한글로 번역한 의서이다.

《언해태산집요》 : 조선 선조 때 허준이 지은 태아와 산모에 관한 한의서로 1608년(선조 41)에 펴냈다.

유희춘 (1513~1577. 자는 인중. 호는 미암. 시호는 문절) : 조선 중기의 문신으로 1538년 문과에 급제하여 수찬, 정언 등을 지냈다. 1547년 양재역 벽서 사건에 연루되어 18년간 유배 생활을 하였다. 1567년 선조가 즉위하면서 다시 벼슬길에 올랐으며, 전라도 관찰사, 예조, 공조, 이조의 참판을 지냈다. 저서로는 《미암집》 등이 있다.

호성공신 : 임진왜란 때 선조를 피란지 의주까지 모시는 데 공을 세운 사람들에게 내린 칭호이다. 모두 3등급으로 나눠 53명에게 이 칭호를 내렸다.

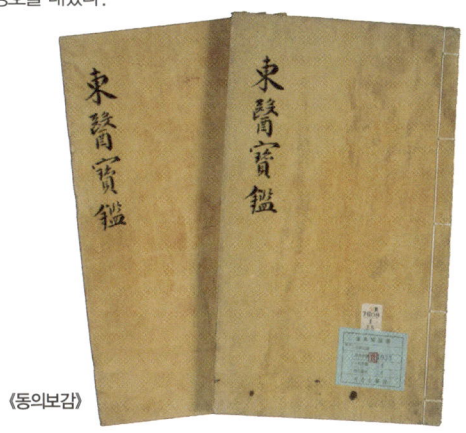

《동의보감》

얽힌 이야기 한 토막

"전하, 두창은 치료할 방법이 없사옵니다. 예로부터 두창은 치료하여 몰아내는 것이 아니라 손님처럼 잘 모셔 왔습니다. 그렇게 마마신의 노여움을 풀어 병이 퍼지지 않도록 해야 한다고 했습니다."

"그러면 죽어 가는 세자를 그냥 내버려 두자는 말이오?"

선조 때, 세자이던 광해군이 두창(천연두)에 걸렸다. 당시 두창은 가장 무서운 전염병 가운데 하나로, 사람들은 이 병이 신의 노여움을 받아 생겼다고 보고 함부로 치료하기보다는 귀한 손님처럼 대접하여 잘 달래어 보내야 한다고 생각했다. 그래서 의원에게 치료를 받지 않고 무당을 불러 굿을 하였다. 그러다 보니 많은 사람들이 제대로 손을 쓰지 못한 채 목숨을 잃기 일쑤였다.

신하들이 모두 광해군의 두창 치료를 말릴 때, 당시 내의원에 있던 허준이 의견을 말했다.

"전하, 두창은 약을 제대로 쓰면 치료할 수 있는 질병이옵니다. 어찌 오래된 미신에 얽매여 귀중한 목숨을 잃게 한단 말입니까. 제가 치료법을 찾아내어 세자 저하의 병환이 낫도록 해 보겠습니다."

선조는 허준에게 광해군의 치료를 맡겼고, 허준은 광해군의 상태를 꼼꼼히 살펴 여러 의학 서적과 그동안의 경험을 바탕으로 마침내 처방을 알아냈다. 허준의 처방대로 약을 먹은 광해군은 열이 내리기 시작했고, 마침내 두창이 깨끗이 낫게 되었다. 선조는 매우 기뻐하며 두창 치료법을 민간에 널리 알리게 하였다.

세상을 지배하던 오랜 금기에 맞서 허준은 그동안 '절대 치료할 수 없는 병'을 '반드시 나을 수 있는 병'으로 바꾸어 더 이상 미신 때문에 목숨을 잃는 일이 없도록 하였다.

인도 기행문 《왕오천축국전》을 쓴 신라의 명승이다.

혜초 慧超 : 704~787.

혜초가 태어난 704년 무렵의 신라는 삼국을 통일한 다음 점차 나라의 안정을 찾아 가고 있었다. 그 바탕 위에 신라는 찬란한 불교문화의 꽃을 피웠다. 불국사와 석굴암 등이 서라벌(경주) 땅에 세워졌다.

이 당시 신라는 신분 제도가 매우 엄격하였다. 엄격한 신분 제도 때문에 높은 관직에 오를 수 없었던 일반인들은 승려가 되기 위해 애썼다. 승려는 당시 신라 사회에서 왕족과 귀족들로부터 우대받는 특수 계층이었기 때문이다.

승려가 된 혜초는 불교를 더 깊이 연구하기 위해 719년(성덕왕 18) 당나라로 건너갔다. 이때 혜초는 당나라에 와 있던 인도의 승려 금강지로부터 불교를 자세히 배웠다.

혜초의 스승인 금강지는 혜초에게 불교의 성지인 인도 순례를 권유했다. 혜초도 불교를 일으킨 석가모니의 발자취를 더듬어 보고 싶었기 때문에 이에 흔쾌하게 응했고, 723년 당나라를 떠나 다섯 천축국(인도) 순례의 길에 올랐다.

돛단배를 타고 당나라를 떠난 혜초는 동남아시아를 거쳐 725년에야 인도에 도착했다. 혜초는 석가모니가 불교의 이치를 깨달은 부다가야를 비롯하여, 그 깨달음을 처음으로 설법한 녹야원, 석가모니가 세상을 떠난 쿠시나가라 등 불교의 성지와 유적지를 두루 돌아보았다. 그리고 729년 파미르 고원을 넘어 다시 당나라로 돌아왔다.

그 뒤 혜초는 당나라 수도인 장안(시안) 천복사에서 스승 금강지와 함께 《대승유가금강성해만주실리천비천발대교왕경》이라는 불교의 경전을 연구하였다. 그리고 740년(효성왕 5)부터 이 경전을 한문으로 옮기는 일에 들어갔으나, 이듬해 금강지가 죽어 중도에 그만두게 되었다.

혜초는 금강지의 뒤를 이은 불공에게 불교 경전에 대한 가르침을 받아 그의 6대 제자 가운데 한 사람이 되었다. 혜초는 나이가 들자 우타이산 건원 보리사에 들어가 불법을 연구하며 남은 생애를 보내다가 그곳에서 세상을 떠났다.

1908년 혜초의 인도 기행문인 《왕오천축국전》은 프랑스의 동양학자 펠리오에 의해 중국 둔황에서 발견되었다. 이 책은 혜초가 인도를 여행하면서 보고 느낀 점을 적은 기행문으로 고대 동양 연구에 귀중한 자료로 평가되고 있다.

함께 익혀 둡시다

금강지 (671~741) : 인도의 승려이다. 10세 때 뛰어난 승려인 적정지를 따라 승려가 되었고, 많은 불교 교리를 공부하였다. 720년 중국으로 건너가 불교를 크게 전파하였다. 제자로는 불공과 혜초 등이 있다.

녹야원 : 인도 중부 파라내국의 북쪽 성 밖에 있던 수풀 동산이다. 석가모니가 도를 깨달은 뒤 5명의 승려를 위하여 맨 처음 설법을 한 곳이다. 시록림, 선인처, 녹원이라고도 부른다.

부다가야 : 인도 북부의 비하르 주에 있는 도시이다. 석가모니가 고행을 하다가 6년 만에 보리수 아래에서 깨달음을 얻어 부처가 되었기 때문에 보리 도량이라고 한다.

《왕오천축국전》 : 고대 인도의 다섯 나라를 답사한 여행기로 727년경 혜초가 지었다. 1908년 프랑스의 동양학자 펠리오가 중국 북서 지방의 둔황 천불동 석불에서 발견했다. 이 책은 중국인 나옥진이 출판하여 세상에 알려졌다. 이 책에는 당시 인도 및 서역 각국의 종교와 풍속, 문화 등에 관한 기록이 실려 있다.

천복사 : 중국 강소성 파양현에 있던 절로 구양순이 쓴 천복비가 있어 유명하다.

펠리오 (1878~1945) : 프랑스의 동양학자이다. 중국 둔황의 천불동에서 중국의 수많은 고문헌을 발견하였다. 그 외 많은 동양 문화를 수집하고 연구하였다.

《왕오천축국전》

얽힌 이야기 한 토막

혜초는 《왕오천축국전》에서 천축국(인도)에 대해 다음과 같이 적고 있다.

천축국은 크게 5개의 나라로 이루어졌으며 그 나라들은 동·서·남·북·중천축국이다. 나라 가운데 중천축국이 가장 힘이 강한 나라로 다른 네 나라는 중천축국과 싸우지 않기 위해 매년 공물을 바치며 평화롭게 지냈다.

천축국은 코끼리를 가진 숫자로 부자와 가난한 사람, 강한 힘을 가진 사람과 그렇지 못한 사람을 구분했다. 가장 강한 힘을 가진 중천축국 왕은 9백 마리의 코끼리를 가지고 있었고, 대수령들도 2백에서 3백 마리씩 코끼리를 가지고 있었다.

천축국은 대개 불교를 믿었는데, 곳곳에 절과 탑이 세워져 있었다. 어떤 곳은 승려가 3천 명이나 되는 큰 사원도 있었고, 또 어떤 곳은 절과 탑만 있을 뿐 승려가 없는 폐허가 된 곳도 있었다.

옷, 말, 풍속, 법률 등은 다섯 천축국이 서로 비슷하다. 다만 남천축국의 시골 백성들의 말이 조금 다르지만 관직은 중천축국과 같았다. 천축국의 법에는 매를 때리는 형벌과 감옥이 없었다. 만일 죄를 지은 사람이 있으면 죄의 크고 작음에 따라 벌금을 내게 할 뿐 죽이지는 않았다.

음식물은 쌀을 비롯하여 떡, 보릿가루, 버터, 우유 등이 있는데 간장은 없고 소금이 있었다. 모두 흙으로 만든 냄비에 밥을 지어 먹고 쇠 등으로 만든 솥은 없었다.

천축국은 각 나라에 따라 조금씩 다르지만 대개 왕과 관리들을 비롯한 부자들은 전포(모직물로 된 천)로 만든 옷 한 벌을 입고, 일반 사람들은 아래옷 한 가지만 입으며, 가난한 사람들은 그나마도 반 조각만 입는다. 그것은 남자나 여자나 마찬가지였다.

조선 최대 민란의 지도자이다.

홍경래 洪景來 : 1771~1812.

홍경래는 1771년 평안남도 용강군 다미동에서 태어났다. 홍경래는 외삼촌인 유학권에게 글을 배웠는데, 어려서부터 용맹하고 지혜로워 학문과 무술에 모두 뛰어났다.

열심히 학문을 익힌 홍경래는 과거에 응시하였으나 그만 낙방하고 말았다. 당시는 국경 지역인 평안도 사람에 대한 차별이 심해서 평안도 사람은 아무리 재주가 뛰어나도 과거에 합격하는 일이 매우 드물었다. 과거에서 낙방한 홍경래는 나라의 차별 대우를 한탄하며 과거를 단념하였다.

그 무렵 나라는 임금의 장인인 김조순을 중심으로 안동 김씨가 권력을 잡고 있었다. 이들은 돈을 받고 관직을 팔고, 자신들의 뜻에 거슬리는 사람을 관직에서 쫓아내는 등 부정부패를 일삼았다. 그러다 보니 관리들은 안동 김씨의 눈에 잘 보이기 위해 온갖 방법을 동원하였고 백성들을 괴롭혔다. 이렇게 어지러운 세상에 분노한 홍경래는 산속으로 들어가 장차 큰일을 꿈꾸며 병법에 관해 열심히 공부하였다.

홍경래는 1800년(순조 즉위년) 서자 출신인 우군칙을 만나 나랏일에 대해 이야기를 나누던 중 서로 뜻을 합쳐 반란을 일으키기로 약속했다. 홍경래는 이어서 여러 사람들을 모아 반란을 준비하였다. 만주에서 활동하던 도적단의 두목 정시수와 당시 역관으로 큰 부자이던 이희저를 끌어들인 뒤 다복동을 반란의 본거지로 삼았다. 이후 10여 년간 홍경래는 전국 각지의 기인, 도사, 술사, 무인을 모으는 한편 다복동에서 군사를 훈련시키며 때를 기다렸다.

1811년(순조 11) 극심한 흉년으로 민심이 혼란해지자 그해 12월 홍경래는 마침내 군사 2천여 명을 이끌고 반란을 일으켰다. 홍경래는 먼저 가산군 관청을 습격하여 군수를 죽인 다음, 다복동을 중심으로 각 군을 공격하였다. 그리하여 박천, 곽산, 정주, 선천, 태천, 철산, 용천 등 8읍을 빼앗아 평안도 일대를 완전히 장악하였다. 그러자 반란군을 토벌하기 위하여 평안도 병마절도사 이해우가 군사 1천 명을 이끌고 안주로 왔고, 정부에서는 양도 순무사 이요헌을 파견하였다.

이에 홍경래는 안주 송림리에 진을 치고 군사를 세 부대로 나누어 맞서 싸웠다. 그러나 수적으로 불리한 데다 체계적으로 군사 훈련을 받은 관군과는 상대가 되지 않았다. 정주로 후퇴한 홍경래는 4개월간 관군과 싸우다가 성이 함락되면서 전사했다. 그러나 백성들 사이에는 홍경래가 죽지 않고 성을 빠져나갔다는 소문이 널리 퍼졌다. 그래서 일부 사람들은 그가 살아 있다고 믿고 계속해서 관군에 투쟁하며 끝까지 전투를 계속하기도 했다.

함께 읽어 둡시다

우군칙 (1776~1812) : 풍수지리가이자 점술가로 평안북도 가산에서 태어났다. 홍경래와 반란을 계획한 뒤 전국을 돌며 동지들을 모았다. 마침내 1811년 홍경래 등과 함께 반란을 일으켜, 평안도 여러 고을을 빼앗았다. 그러나 이듬해 정주에서 크게 패하여 도망하다가 붙잡혀 서울로 끌려와 사형당했다.

이요헌 (1766~1815. 자는 계술. 호는 소소옹. 시호는 숙렬) : 조선 후기의 무신으로 1801년 승지를 거쳐 1807년 어영대장에 올랐다. 1811년 양도 순무사로 홍경래의 난을 진압한 뒤 병조 판서를 거쳐 형조 판서 등을 지냈다.

이해우 (1760~1832. 자는 경안. 시호는 정민) : 조선 후기의 무신으로 1810년 평안도 병마절도사에 올랐다. 이듬해 일어난 홍경래의 난 때 반군에 패하여 순창으로 유배되었다. 1812년 풀려나와 여러 벼슬을 거쳐 어영대장, 형조 판서에 이어 한릉군에 봉해졌다.

이희저 (?~1812) : 조선 후기의 반란자이다. 가산의 역관으로 체구가 크고 담력이 있는 데다 평안도의 큰 부자였다. 1811년 홍경래의 난 때 총병관으로 반란군을 이끌었다. 처음엔 평안도 각지를 점령하여 기세를 올렸으나 전세가 불리해지자 정주성으로 들어갔다. 성이 함락된 뒤 희천 의병 함의 형에게 살해되었다.

관군이 홍경래 봉기군을 포위한 모습을 그린 〈홍경래진도〉

얽힌 이야기 한 토막

홍경래는 어려서 몸이 단단한 데 비해 키는 크지 않아 땅딸보라는 별명을 들었다. 그러나 싸움을 잘할 뿐 아니라 머리가 명석해 사람들은 홍경래를 천재 소년이라 불렀다.
땅딸보 홍경래는 학문을 배우기 위해 고향을 떠나 외삼촌 유학권에게 갔다.
홍경래는 하나를 가르치면 둘을 알았다. 또한 문장을 해석할 때 자기 나름대로 생각을 펼쳐 보여 외삼촌은 가르치는 기쁨과 보람을 느꼈다. 산촌에서 훈장 노릇을 하는 외삼촌에게는 홍경래 같은 뛰어난 아이를 가르치는 것이 커다란 즐거움이었다.
그러나 홍경래는 가끔 엉뚱한 생각과 행동을 하여 외삼촌을 놀라게 했고, 때론 반항적인 말과 행동으로 외삼촌 유학권은 두려움마저 느꼈다.
홍경래가 12세 무렵인 어느 날, 외삼촌은 홍경래에게 글을 짓도록 하였다.

그러자 홍경래는 바로 일어나 시를 읊었다.

**가을바람 불 때 역수의 장사는 주먹으로
대낮에 함양의 천자 머리를 노린다.**

홍경래의 시를 듣고 난 외삼촌은 깜짝 놀랐다. 무대가 칭나라이기는 했지만 그 시는 '나라가 혼란스러울 때 반란을 일으킨 장사의 주먹이 왕을 죽인다'는 역모의 내용을 담고 있었던 것이다.
"나는 이제 앞으로 너를 더 이상 가르칠 수 없으니, 내일이라도 당장 집으로 돌아가거라."
외삼촌은 장차 자신에게 어떤 화가 미칠까 봐 두려웠던 것이다. 이처럼 홍경래는 어려서부터 어지러운 현실에 불만을 품고 남몰래 세상을 바꾸고자 하는 마음을 키우고 있었다.

한국 음악 발전에 큰 자취를 남긴 작곡가이다.

홍난파

洪 蘭坡 : 1897~1941. 이름은 영후.

1897년 경기도 수원에서 태어난 홍난파는 1910년 황성 기독교 청년회(YMCA) 중학부에 입학하여 서양 음악을 처음 접했다. 1912년 황성 기독교 청년회를 졸업하고 조선 정악 전습소 양악부에 들어가 성악과 기악을 공부했다.

1918년 홍난파는 일본으로 건너가 도쿄 우에노 음악 학교에 입학하였다. 1919년 3·1 운동에 참여하기 위해 잠시 귀국했다가 다시 일본으로 건너갔으나 우에노 음악 학교에서는 그가 독립운동을 했다는 이유로 받아 주지 않았다. 이에 홍난파는 좌절하여 귀국하였다.

홍난파는 국내에서 〈대한매일신보〉의 기자로 활동하면서 1920년 단편 소설집 《처녀혼》을 발표하였다. 홍난파는 《처녀혼》의 앞부분에 바이올린 연주곡으로 작곡한 〈애수〉의 악보를 실었는데, 이 곡이 바로 훗날 김형준이 가사를 붙인 그 유명한 〈봉선화〉이다.

홍난파는 1922년 우리나라에 음악을 보급하기 위해 '연악회'라는 음악 단체를 만들었다. 그리고 1925년에는 제1회 바이올린 독주회를 가졌으며, 우리나라 최초의 음악 잡지인 〈음악계〉를 펴냈다.

1926년 홍난파는 다시 일본에 건너가 도쿄 고등 음악 학교에 입학하여 음악 공부를 계속했다. 그리고 이듬해엔 도쿄 교향악단에 들어가 제1바이올린 연주자가 되었다. 공부를 마치고 돌아온 홍난파는 윤석중의 도움을 얻어 동요 50곡을 묶은 《조선 동요 100곡집》의 상권을 출판하였다.

홍난파는 1929년 중앙 보육 학교 교수를 거쳐 1931년 조선 음악가 협회 상무 이사를 지냈다. 같은 해 미국으로 유학을 떠나 미국 셔우드 음악 학교에서 공부를 마친 홍난파는 1933년 귀국하여 이화 여자 전문 학교의 강사가 되었다. 그리고 이 무렵 《조선 동요 100곡집》 하권을 펴냈다.

1936년 홍난파는 경성 중앙 방송국 양악부 책임자가 되어 이 방송국에서 우리나라 최초의 관현악단인 경성 방송 관현악단을 만들었다. 그리고 1937년 직접 경성 방송 관현악단의 지휘를 맡아 연주회를 열었다.

반면 홍난파는 미국에 있을 때 흥사단의 단가를 작곡했다는 이유로 4개월간 감옥에 수감되었는데 이때 늑막염을 앓았다. 이후 늑막염이 계속 재발하여 1941년 요양을 하던 중 세상을 떠났다.

함께 익혀 둡시다

〈봉선화〉: 1920년 김형준이 노랫말을 쓰고 홍난파가 작곡한 우리나라 최초의 가곡이다. 홍난파의 첫 번째 작품이기도 한 〈봉선화〉는 처음에는 〈애수〉라는 이름으로 발표되었다. 1919년 3·1 운동 때 일본의 총칼에 쓰러진 우리 민족의 슬픈 운명을 울 밑에 있는 한 송이 봉선화(봉숭아)로 표현했다.

〈음악계〉: 1925년 4월에 창간된 한국 최초의 음악 잡지이다. 경성 연악회에서 발행하였고, 편집인 겸 발행인은 홍난파였다. 1926년 홍난파가 일본으로 건너가자 폐간되었다.

《조선 동요 100곡집》: 1929년 홍난파가 우리나라 동요 100곡을 모아 상, 하 두 권으로 펴낸 곡 모음집이다.

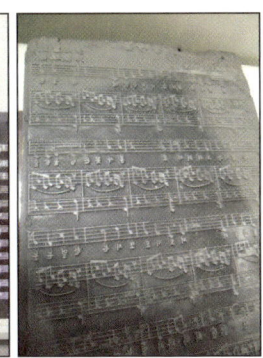

홍난파 동요 악보 원판

얽힌 이야기 한 토막

홍난파가 미국에서 기차 여행을 할 때의 일이다.
어느 기차역에서 한 시간쯤 쉬어 간다는 안내 방송이 흘러나왔다. 기차 안은 찜통더위인 데다가 배고픔이 겹쳐 홍난파는 짐을 둔 채 기차에서 내렸다.
간이 식당에 들어간 홍난파가 막 샐러드 몇 점을 입안에 넣었을 때였다. 자신이 탔던 기차가 기적을 울리며 떠나가는 것이었다.
깜짝 놀란 홍난파는 의자에서 벌떡 일어나 달려 나갔다. 그 기차에는 그가 가장 소중하게 여기는 바이올린이 있었기 때문이다. 그것은 홍난파의 형편으로 쉽게 살 수 없는 값비싼 물건이기도 했다.
홍난파는 있는 힘을 다해 겨우 승강구 손잡이를 붙들었다. 그때 승무원이 달려와 그를 말리는 거였다.

"당신네들 미쳤소? 손님들에게 알리지도 않고 제멋대로 기차를 출발시키는 게 어딨소?"
홍난파는 한국말로 마구 쏘아붙였다. 그 승무원은 영문을 모른 채 화를 내는 홍난파를 멀뚱히 쳐다보았다.
홍난파는 간신히 기차에 올라 자기의 자리를 찾아갔다. 짐은 고스란히 그 자리에 남아 있었다. 그때 홍난파는 이상하다는 것을 깨달았다. 손님들이 한 사람도 없었던 것이다. 그러자 다시 불안해졌다.
한 10분쯤 지났을 때 홍난파는 알았다. 기차가 멈춘 곳이 바로 조금 전 그곳이었다. 기차는 정비를 위해 이쪽 홈에서 저쪽 홈으로 자리만 바꾼 것이었다.
홍난파는 자기 무릎을 탁 치며 겸연쩍게 웃고 말았다.

지전설을 주장한 실학자이며 과학자이다.

홍대용 洪大容 : 1731~1783. 자는 덕보. 호는 담헌, 홍지.

1731년 홍역의 아들로 태어난 홍대용은 김원행에게서 학문을 배웠다. 당시의 학자들과는 달리 홍대용은 유학보다도 과학을 비롯한 실생활에 필요한 학문에 더 많은 관심을 가졌다. 그러다 보니 홍대용은 자연스레 그러한 생각을 가진 박지원, 박제가, 이덕무, 유득공 등과 사귀었다.

홍대용은 1766년(영조 42) 청나라 사신으로 가는 작은아버지 홍억을 따라 청나라에 갔다. 홍대용은 베이징에서 엄성, 반정균, 육비 등의 중국 학자들을 사귀어 경서의 뜻과 성리학, 역사, 풍속 등에 대해 토론을 벌였다. 또한 서양 선교사로 베이징에 머무르고 있던 독일인 할레르슈타인을 만나 서양 문물에 관한 이야기를 나누었다. 또한 중국의 관상대를 견학하여 천문학에 관한 지식을 넓혔다.

홍대용은 귀국하여 여러 차례 과거를 보았으나 모두 실패하고, 대대로 높은 관직에 오른 집안의 자손들에게 벼슬을 주는 제도인 음보로 1774년 벼슬길에 올라 선공감 감역, 태인 현감, 영천 군수 등을 지냈다.

홍대용은 중국이 세계 중심이라는 사상을 부정하고, 어느 곳이나 세계의 중심이 될 수 있다고 주장했다. 또한 서양 과학 지식을 바탕으로 '둥근 것은 반드시 돈다'고 하여 지구가 돈다는 지전설을 주장하였다.

홍대용은 나라를 부강하게 하기 위해서는 백성들에게 토지를 골고루 나누어 주고, 나라의 땅을 빌려 농사를 짓는 농민들 가운데서 군사를 뽑아 나라를 지켜야 한다고 생각했다. 또한 재능이 있는 사람은 신분에 관계없이 나라에서 뽑아 써야 한다고 생각했다. 그 방법으로 홍대용은 과거 제도를 없애고, 여러 교육 기관으로부터 능력 있는 사람을 추천받아 관리로 임명해야 한다고 주장했다. 홍대용의 교육에 관한 생각은 혁신적이었다. 각 면 단위에까지 학교를 설치하고, 8세 이상의 모든 아이들을 가르쳐야 한다고 주장한 것이다. 이같은 혁신 사상은 마침내 양반, 상민으로 나뉘어 있던 신분 제도를 없애자는 데까지 나아갔다.

홍대용은 중국에도 널리 알려진 조선의 뛰어난 과학자였다. 홍대용은 양반이었지만 당시 천대받던 과학 기술에 큰 흥미를 갖고 평생 동안 연구에 힘썼다. 나라를 부강하게 하는 길은 유교의 사상이나 문학이 아니라, 과학의 발달이라고 믿었기 때문이다.

홍대용이 지은 책으로는 《의산문답》, 《담헌설총》이 있고, 펴낸 책으로는 《건정필담》, 《주해수용》, 《담헌연기》, 《임하경륜》, 《사서문의》, 《항전척독》, 《삼경문변》 등이 있다.

함께 익혀 둡시다

김원행 (1702~1772. 자는 백춘. 호는 미호, 운루. 시호는 문경) : 조선 후기의 학자이자 문신이다. 1722년 세자 책봉 문제로 친할아버지 김창집이 죽고 아버지와 두 형이 귀양 갔다가 죽자 벼슬을 포기하고 학문에만 몰두하였다. 여러 차례 벼슬이 내렸으나 사양하였다. 홍대용, 황윤석 등 많은 제자들을 길러 냈으며, 지은 책으로는 《미호집》이 있다.

박제가 : 128쪽 참조.

박지원 : 132쪽 참조.

선공감 : 조선 시대에 건축물을 새로 짓거나 고치는 일 및 토목에 관한 일을 맡아보던 관청이다.

유득공 (1749~?. 자는 혜풍, 혜보. 호는 영재, 냉암) : 산업의 발달을 부르짖던 조선 시대 실학자이다. 박제가, 이덕무, 서이수 등과 함께 규장각의 검서관으로 뽑혔다. 그 뒤 포천, 제천 군수를 거쳤고, 나이가 들어서는 첨지중추부사와 풍천 부사를 지냈다. 박지원의 제자이며, 박제가, 이덕무, 이서구와 함께 한시 4대가로 불렸다. 중국의 발달된 물질 문명에 자극을 받아, 우리나라도 산업 경제의 진흥에 힘써야 한다고 주장하였다. 지은 책으로 《발해고》 등이 있다.

이덕무 (1741~1793. 자는 무관. 호는 형암, 아정, 동방일사) : 조선 중기의 실학자이다. 청나라에 건너가 학문을 닦고 돌아와 발달한 청나라 문화와 기술 등을 받아들일 것을 주장하였다. 또한 실학자인 박지원, 홍대용, 이서구 등과 깊이 사귀며 실제 생활에 필요한 학문의 필요성 등을 논의했다. 지은 책으로 《청장관 전서》, 《아정유고》 등이 있다.

지전설 : 지구가 돈다고 하는 학설이다. 우리나라에서는 조선 영조 때 실학자인 홍대용이 '둥근 것은 반드시 돈다'는 원리를 바탕으로 지전설을 주장하였다.

얽힌 이야기 한 토막

하늘의 별자리와 행성의 움직임에 관심이 많았던 홍대용은 밤에는 하늘을 관찰하느라 밤을 꼬박 새웠고, 낮에는 잠을 잤다. 홍대용은 천문학자 나경진을 찾아가 천문 기구인 혼천의를 구해다 놓았다. 또 자명종 시계인 후종 등 많은 물건들을 가져와 집 뒤에 조그마한 천문대를 꾸몄다. 그리고 그 천문대의 이름을 '농수각'이라 하였다.

그 당시 양반들은 과학이나 기술을 철저하게 무시하였다. 그런 이유로 홍대용의 부모는 과거 시험 공부는 안 하고 딴짓만 하는 홍대용을 불러 놓고 꾸짖고 나무랐다. 그러나 과학에 뜻을 둔 홍대용은 전혀 마음을 바꾸지 않았다. 오히려 부모님을 설득하려 애썼다.

"아버님, 어머님! 조선은 과학에 관심을 두지 않아서 오늘날 이 모양이 되었습니다. 중국에서도 받들지 않는 공자와 맹자를 어찌 조선 사람인 저에게 더 정성스럽게 받들라고 하십니까? 우선 백성들이 먹고살 만해야지 윤리 도덕이 서는 것입니다. 저는 과학을 공부하고 싶습니다."

그러나 홍대용의 부모님은 아들의 말을 듣고 더욱 화를 낼 뿐이었다.

부모님의 반대에도 오랫동안 연구 관찰하고 책을 통해 분석한 결과 홍대용은 한 가지 결론을 얻어 냈다.

'둥근 것은 반드시 돈다. 그러므로 둥근 모양을 하고 있는 지구는 홀로 돈다! 지금까지 우리가 살고 있는 이 땅에 대한 생각은 모두 틀린 것이다. 지구는 홀로 돌고 있다.'

홍대용의 말을 들은 모든 사람들은 말도 안 되는 소리라고 비웃었다.

홍대용의 친구인 연암 박지원이 중국을 방문할 기회가 있었다. 그때 박지원은 청나라 과학자들에게 홍대용의 '지구 지전설'을 설명했는데, 중국의 과학자들이 듣고 감탄을 연발했다고 한다.

이로써 홍대용의 이름은 조선의 특출한 과학자로서 중국에까지 널리 알려지게 되었다.

봉오동 전투에서 일본군을 크게 물리친 독립운동가이다.

홍범도
洪範圖 : 1868~1943.

홍범도는 1868년 평안북도 양덕에서 태어났다. 홍범도는 어릴 적에 갑산으로 이사하여 사냥과 광산 노동 등으로 어렵게 생활해 나갔다.

1907년 고종이 일본의 강압으로 아들 순종에게 왕위를 물려주자 전국적으로 의병이 일어났다. 그러자 그해 9월 일본은 백성들이 의병을 일으키는 것을 막고자, 포수들이 가지고 있는 총을 모두 거두어들였다. 이에 의병 봉기에 자극을 받고 있던 홍범도는 11월 차도선 등 여러 포수들을 모아 산포대라는 의병을 조직하였다. 그 뒤 북청의 후치령을 중심으로 삼수, 갑산, 혜산, 풍산 등지에서 일본군 수비대를 기습하여 큰 피해를 입혔다.

1910년 한일 합방으로 일본에 완전히 주권을 빼앗기자 홍범도는 소수의 부하들을 이끌고 간도로 건너가 독립군 양성에 힘썼다. 이듬해에는 부하 박영신에게 함경북도 경원에 있는 일본 수비대를 습격하게 하여 큰 성과를 거두었다. 1919년 홍범도는 간도 국민회를 만드는 데 참여했고, 그 소속 부대인 대한 독립군의 총사령이 되었다. 약 4백 명의 독립군을 모아 2백 명을 1개 부대로 편성한 홍범도는 국내에 들어와 여러 전투를 펼쳤다. 특히 갑산, 혜산, 자성 등의 일본군을 자주 습격하였다. 만포진 전투에서는 일본군 70여 명을 사살하는 큰 성과를 올렸다.

1920년 6월 일본군이 대부대를 편성하여 독립군 본거지인 봉오동을 공격해 왔다. 그때 홍범도는 7백여 명의 독립군을 지휘하여 3일간의 치열한 전투 끝에 일본군 120여 명을 사살하였다. 봉오동 전투는 그때까지 치른 독립군의 전투 가운데 가장 큰 승리였다. 같은 해 10월 홍범도는 청산리에서 북로 군정서 제1연대장으로 김좌진 등과 함께 일본군을 크게 물리쳤다. 그 뒤 봉오동과 청산리에서 크게 패한 일본군이 대대적인 공격을 해 오자, 모든 독립군을 모아 대한 독립군단을 만들고 부총재가 되었다.

그 후 홍범도는 러시아 땅인 헤이허(흑하) 자유시로 이동하였다. 이곳에서 홍범도는 러시아 정부의 도움을 받아 고려 혁명 군관 학교를 세우는 등 독립군의 힘을 기르는 데 애썼다. 그러나 러시아 정부의 한국군 무장 해제령으로 빚어진 흑하 사변으로 많은 희생자를 낸 채 북만주로 돌아오고 말았다.

그 뒤 후진 양성에만 힘을 쏟던 홍범도는 1943년 시베리아에서 병으로 세상을 떠났다. 1962년 건국 훈장 독립장이 주어졌다.

함께 익혀 둡시다

간도 국민회 : 1919년 간도에서 만들어진 한국인들의 자치 기관이다. 3·1 운동 후 간도의 연길, 화룡, 왕청 등에 이주해 온 한국인들의 대표가 모여 만들었는데, 임시 정부의 지시를 받아 독립운동을 펼쳤다.

고려 혁명 군관 학교 : 1921년 러시아에 세운 한국의 독립군 군관 양성 학교로 고려 군관 학교라고도 부른다. 1920년 청산리 대첩에서 독립군에게 크게 패한 일본의 대대적인 공격이 시작되자 러시아로 옮겨 활동하던 홍범도가 러시아 정부의 도움을 받아 세웠다. 초대 교장은 지청천이며, 지청천과 홍범도가 거느린 부대가 주로 훈련을 맡았다.

김좌진 : 74쪽 참조.

대한 독립군 : 1919년 만주 쑹장 성 왕칭 현 봉오동에서 조직된 항일 독립군을 말한다. 홍범도를 총사령으로 하여 1920년 봉오동 전투에서 일본군을 크게 물리쳤다. 후에 여러 독립군 단체와 함께 대한 독립군단을 만들었다.

봉오동 전투 : 1920년 6월 홍범도가 이끄는 대한 독립군이 그 본부가 있는 만주 쑹장 성 왕칭 현 봉오동에 쳐들어온 일본군 제19사단을 맞아 싸운 전투이다. 홍범도, 최진동 등이 이끄는 대한 독립군은 사흘 동안의 치열한 싸움 끝에 일본군 120여 명을 사살하는 승리를 거두었다.

북로 군정서 : 1919년 만주 지린 성에서 만들어진 무장 독립운동 단체이다. 총재에 서일, 총사령관에 김좌진, 참모장에 이장령, 연성대장에 이범석이 임명되어, 1920년 10월 청산리에서 일본군을 크게 물리쳤다.

차도선 (?~?) : 독립운동가로 함경북도 갑산에서 태어났다. 1907년 홍범도 등과 함께 포수들을 모아 산포대라는 의병을 조직하였다. 함경남도 북청의 후치령에서 일본군 중대 병력과 싸워 이기고 삼수, 갑산 등지에서 일본군을 무찔렀다. 국권을 잃은 뒤 만주로 망명하여 청년 항일 단체인 포수단을 조직, 독립운동에 온 힘을 쏟았다. 1962년 건국 훈장 독립장이 주어졌다.

흑하 사변 : 1921년 대한 독립군단이 흑하 부근인 러시아령 연해주 자유시(알렉세예프스크)에서 러시아 공산군과 치열하게 싸움을 벌인 사건으로 자유시 사변이라고도 한다. 공산혁명 후 나라의 힘이 약해진 소련은 일본과 사이가 나빠지는 것을 경계하여 러시아령 자유시에 있던 한국 독립군의 무장을 해제하려 하였다. 이에 한국 독립군은 민족의 자존심을 걸고 죽음을 무릅쓰고 싸웠다. 많은 희생자를 낸 한국 독립군은 흑룡강을 건너 만주로 돌아갔다.

얽힌 이야기 한 토막

대한 독립군 총사령인 홍범도는 일본군 대부대가 독립군의 본거지인 봉오동을 향해 출발했다는 소식을 들었다.
'그래, 이번 기회에 왜놈들에게 독립군의 힘을 보여 주자.'
홍범도는 우선 노인과 아이들, 여자들을 안전한 곳으로 대피시켰다. 그리고 독립군을 봉오동 골짜기 양쪽 기슭에 숨긴 채 일본군이 계곡 깊숙이 들어올 때까지 기다리도록 했다.
독립군을 어중이떠중이들이 모인 집단이라고 업신여긴 일본군은 마음 놓고 골짜기 깊숙이까지 들어왔다. 그러나 홍범도가 이끄는 독립군은 맹수를 뒤쫓아 백두산을 누비던 용맹한 사냥꾼들이었다.
이윽고 홍범도는 우렁찬 소리로 사격 명령을 내렸다.
"대한의 용맹한 독립 군사들이여! 왜놈을 한 놈도 남기지 말고 모조리 쓰러뜨려라!"

홍범도의 사격 명령과 함께 독립군들의 총구에서 일제히 불이 뿜어져 나왔다. 호랑이와 곰을 잡던 그들은 백발백중의 명사수들이었다.
갑작스런 공격을 받은 일본군들은 콩 볶는 듯한 요란한 총소리에 도망칠 겨를도 없이 쓰러져 갔다. 정신을 차린 일본군들은 그제야 도망치기 시작했으나 이미 많은 사람들이 죽어 나동그라진 다음이었다.
전투는 독립군의 커다란 승리로 끝이 났다. 일본군은 이 전투에서 120여 명이 죽고 300명이 넘게 부상을 당했다. 그러나 홍범도가 이끄는 우리 독립군은 겨우 십여 명이 가벼운 부상을 입었을 뿐이었다.
봉오동 전투는 청산리 대첩과 함께 독립군 역사상 가장 큰 승리로 기억되고 있다.

청백리로 이름 높은 조선 초의 명재상이다.

황희

黃 喜 : 1363~1452. 초명은 수로. 자는 구부. 호는 방촌. 시호는 익성.

황희는 1363년 개성 가조리에서 황군서의 아들로 태어났다. 황희는 어릴 때부터 윗사람을 공경할 줄 아는 총명한 아이였다.

황희는 1389년(공양왕 1) 문과에 급제하여 성균관 학록이 되었다. 그러나 1392년 이성계가 고려를 무너뜨리고 조선을 세우자, 황희는 고려 충신들이 모여 사는 두문동으로 들어가 은거하며 살았다. 하지만 이성계의 간청과 '오직 어려운 백성들을 위해 일하라'는 두문동 선비들의 건의를 받아들여 1394년(태조 3) 다시 세상에 나왔다.

1400년(정종 2) 형조, 이조 정랑 등에 오른 황희는 1405년(태종 5) 왕을 곁에서 모시며, 왕명을 전달하는 도승지에 올라 태종의 극진한 예우를 받았다. 그 후 황희는 차례로 이조, 형조, 예조, 병조 판서에 올랐다.

황희는 늘 백성들을 생각했고 언제나 바른말을 하여 벼슬과 귀양살이를 번갈아 했다. 1418년 황희는 태종이 세자인 양녕 대군을 폐하고 충녕 대군(세종)을 세자로 내세우자 이를 강력하게 반대했다. 황희는 이 일로 태종의 노여움을 사 교하로 귀양 간 뒤 다시 남원으로 유배되었다.

황희는 인재를 아끼는 세종의 배려로 1422년(세종 4) 유배에서 풀려나 좌참찬에 올랐다. 이어 예조 판서, 우의정 등을 거쳐 1427년 좌의정에 올라 세자의 스승이 되었다. 그러나 목장 관리를 소홀히 하여 나라의 말 1천여 마리를 죽게 한 태석균의 감형을 사헌부에 건의했다가 탄핵을 받아 1430년 벼슬에서 물러났다.

이듬해 다시 벼슬에 나아가 영의정에 오른 황희는 1449년 스스로 벼슬에서 물러날 때까지 18년 동안 영의정을 지냈다. 황희는 영의정으로 있는 동안 농사법을 고치고 예법을 개정했으며, 첩의 자식들이 천한 일을 하는 것을 면제해 주는 등 많은 일을 했다. 황희는 세종의 가장 신임받는 재상으로서 백성들이 편안히 살도록 잘 보살핀 뒤 1452년(문종 2) 90세의 나이로 세상을 떠났다.

마음이 어질고 너그러웠던 황희는 조선 초 4대에 걸쳐 왕들의 총애와 신임을 받았다. 또한 정승이면서도 집에 비가 샐 정도로 청렴결백하여 백성들로부터 존경을 한 몸에 받았다. 황희는 조선 시대에 으뜸가는 명재상으로 받들어지고 있다.

지은 책으로는 《방촌집》이 있다.

함께 익혀 둡시다

두문동 : 경기도 개풍군 광덕면 광덕산 서쪽 기슭에 있는 곳이다. 1392년 이성계가 조선을 세우자 고려 왕조를 지키려는 72명의 충신과 선비들은 새 왕조를 따르지 않기로 했다. 그들은 개성 동남의 고개, 지금의 부조현에 갓과 관복을 벗어 놓고 헌갓으로 바꿔 쓴 뒤 두문동으로 들어가 모여 살았다. 이들은 조선 태조 이성계의 설득을 끝까지 거부하여 결국 모두 죽었다. 훗날 조선 22대 정조 때 그 자리에 표절사를 세워 그들의 충절을 기렸다.

사헌부 : 조선 시대 때 삼사(사헌부, 사간원, 홍문관)의 하나로, 당시의 정치에 관하여 논의하고 모든 관리의 잘못을 조사하였다. 풍속을 바로잡고 백성이 억울하게 누명 쓰는 일이 없나를 살피는 일을 하던 관청이다.

세종 : 166쪽 참조.

이성계 : 244쪽 참조.

태종(이방원) : 338쪽 참조.

황희의 영정을 모시고 제사를 지내던 황희 영당지

얽힌 이야기 한 토막

황희는 길을 가다 나무 그늘에서 잠시 쉬어 가기로 했다. 마침 봄이라 여기저기서 농사를 짓기 위해 논과 밭을 가는 모습이 눈에 들어왔다. 황희는 바로 길 옆에 있는 한 논에서 농부가 누런 황소와 검은 소를 몰며 열심히 논을 가는 것을 보았다. 황희는 무심코 '저 두 소 가운데 어느 소가 더 일을 잘 할까?' 하는 생각을 했다. 그래서 황희는 농부에게 큰 소리로 물었다.

"누런 황소와 검은 소 중 어느 소가 더 일을 잘 하오?"

그러나 농부는 아무런 대답이 없었다. 그뿐만 아니라 아무 소리도 못 들었다는 듯이 묵묵히 논을 갈 뿐이었다. 황희는 농부가 못 들었나 싶어서 다시 큰 소리로 물었다.

"어이, 여보시오! 누런 황소와 검은 소 중 어느 소가 더 일을 잘 하오?"

그러나 역시 대답이 없었다. 황희는 양반이 묻는데 아무런 대답을 하지 않는 농부가 괘씸하기 짝이 없었다.

그런데 잠시 후 농부가 한쪽에 소들을 세워 놓고 황희에게 다가왔다. 그리고 황희의 귀에 입을 대고 아주 작은 소리로 말했다.

"실은 검은 소가 일을 더 잘합니다."

황희는 농부의 행동이 이상하여 물었다.

"허 참, 그런데 아까는 왜 대답을 하지 않았소?"

농부는 빙그레 웃으며 다음과 같이 말했다.

"아무리 말 못 하는 하찮은 짐승이라고 하나, 소들이 듣는 데서 어느 한쪽이 잘하고 어느 한쪽이 못한다고 한다면 기분이 좋을 리 있겠습니까?"

이 말을 들은 황희는 언제 어디서든지 말과 행동을 조심해야겠다는 귀한 교훈을 얻었다. 그리고 함부로 남의 험담을 하지 말자고 굳게 다짐했다. 황희는 조선 초 4명의 임금을 섬기면서 이 교훈을 염두에 두고 늘 언행을 조심했다고 한다.

세도 정치를 누르고 쇄국 정책을 펼친 고종의 아버지이다.

흥선 대원군

興宣大院君 : 1820~1898. 이름은 하응.
자는 시백. 호는 석파. 시호는 헌의.

흥선 대원군 이하응은 1820년 영조의 고손자인 남연군 이구의 넷째 아들로 태어났다. 아버지에게 학문을 배운 이하응은 1843년(헌종 9) 흥선군에 봉해졌다. 이하응은 왕족이었지만 안동 김씨의 세도 정치 밑에서 불우하게 지냈다. 그 당시 똑똑한 왕족을 죽이기까지 하는 안동 김씨들의 권세로부터 살아남기 위하여 이하응은 불량배와 어울리며 거지처럼 구걸 행세까지 해 안동 김씨들의 감시에서 벗어났다.

이하응은 당시 임금이었던 철종에게 아들이 없자, 대왕대비인 신정 왕후 조씨(익종의 비)와 만나 둘째 아들인 명복(고종)을 후계자로 삼겠다는 약속을 받았다. 1863년 철종이 죽고 신정 왕후 조씨에 의해 고종이 왕위에 오르자, 이하응은 대원군이 되었다.

어린 고종을 대신하여 나라를 다스린 대원군은 먼저 안동 김씨 세력을 몰아내고 당파를 초월하여 인재를 뽑아 썼다. 부패한 관리들을 몰아내었고, 국가 재정을 낭비하고 당쟁의 원인이 되는 많은 서원을 없애 버렸다. 이어《육전조례》,《대전회통》등을 펴내 법률 제도를 확립하여 나라의 기강을 세웠다. 그리고 관리와 백성들의 사치와 낭비를 철저히 막는 한편 양반과 상민의 구별 없이 세금을 거둬들였다.

대원군은 왕실의 위엄을 나타내기 위해 경복궁을 고쳐 지었다. 그리고 서양 강대국이 우리나라에 들어오는 것을 철저히 막았다. 1866년 천주교 박해에 항의하며 프랑스가 쳐들어와 배상금과 통상 조약 체결을 요구한 병인양요, 1971년 미국이 제너럴셔먼호 사건을 구실로 쳐들어온 신미양요 등을 겪으면서 서양과 교류하는 것에 더욱더 거부감을 갖게 되었고, 나라의 문을 굳게 닫아 버렸다.

대원군은 1873년 고종을 대신해 대원군이 나라를 다스리는 것이 부당하다는 최익현의 탄핵을 받고 물러났으며, 그때부터 고종이 직접 나랏일을 돌보았다. 대원군은 이때부터 세력이 커진 며느리 명성 황후와 사이가 나빠졌다. 대원군은 임오군란으로 다시 정권을 잡았으나, 명성 황후의 요청으로 청나라에 붙잡혀 갔다가 3년 뒤인 1885년 귀국하였다. 대원군은 1895년 을미사변으로 명성 황후가 죽자 잠시 또 정권을 잡았다.

흥선 대원군은 안동 김씨의 세도로 부패한 정권을 바로잡고 왕실의 위엄을 세우기 위해 많은 개혁 정책을 펼쳤다. 하지만 쇄국 정책으로 철저히 외국과의 교류를 막아 앞선 문물을 받아들이지 못해 근대화의 시기가 늦어지는 요인을 제공하기도 했다.

함께 익혀 둡시다

병인양요 : 흥선 대원군의 천주교도에 대한 탄압에 항의하기 위해 1866년(고종 3) 프랑스 함대가 강화도에 침범한 사건이다. 프랑스 극동 함대 사령관 로즈는 7척의 함대를 이끌고 상륙했다가 40일 만에 쫓겨났다. 이때부터 '나라의 문을 닫아 서양 오랑캐를 물리친다'는 쇄국 정책과 천주교 탄압이 강화되었다.

쇄국 정책 : 다른 나라와 교류를 허락하지 않는 정책을 말한다. 우리나라에서는 조선 말 흥선 대원군이 청나라 이외의 모든 나라와의 교류를 반대하여 나라의 문을 굳게 닫았다. 이로써 우리나라는 앞선 문화를 받아들이지 못해 근대화가 늦어졌다.

신미양요 : 1871년(고종 8) 미국 군함 5척이 강화도 앞바다에 침입한 사건이다. 미국은 1866년 조선이 대동강에서 불살라 버린 제너럴셔먼호 사건에 관한 진상 해명을 요구하는 한편 우리나라와 무역을 위한 조약을 맺고자 하였으나, 우리나라의 강력한 방어에 곧 물러나고 말았다.

신정 왕후 (1808~1890. 성은 조씨) : 익종의 비이며 헌종의 어머니로 풍은 부원군 조만영의 딸이다. 1863년 철종이 아들이 없이 죽자 흥선군 이하응의 둘째 아들을 왕위에 앉혔다.

을미사변 : 1895년 10월 8일 새벽 일본인 자객들이 경복궁에 기습하여 명성 황후를 시해한 사건을 말한다. 명성 황후가 러시아와 긴밀한 관계를 맺자, 조선에서의 위치가 불리해진 일본은 자국의 세력을 넓히기 위해 명성 황후를 시해하는 만행을 저질렀다. 이 사건을 계기로 전국적으로 일본에 반대하는 의병이 일어나고, 고종이 러시아 공사관으로 거처를 옮기는 아관 파천이 일어났다.

임오군란 : 1882년(고종 19) 신식 군대인 별기군과의 차별 대우와 밀린 월급에 대한 불만으로 구식 군대가 일으킨 난을 말한다.

제너럴셔먼호 사건 : 1866년(고종 3) 미국 상선 제너럴셔먼호가 우리나라에 무역을 요구하다 거절당함으로써 일어난 사건이다. 중국 톈진에 머물러 있던 제너럴셔먼호가 물건들을 싣고 대동강을 거슬러 평양 근처까지 들어왔다. 외국의 침입을 경계하던 조선은 단지 서로 무역을 하기를 바란다는 그들의 요구를 강력하게 거절하였다. 그런데 그들이 빨리 물러가지 않을 뿐더러 승무원들이 강도, 약탈을 일삼자 평안도 관찰사 박규수가 군사들에게 명하여 제너럴셔먼호를 불태워 버렸다.

최익현 : 326쪽 참조.

얽힌 이야기 한 토막

흥선 대원군 이하응이 어렸을 때의 일이다.
어느 날 이하응은 어머니의 치맛자락을 붙잡고 나가 놀겠다고 졸랐다. 어머니는 안동 김씨 세도가들의 눈에 띌까 봐 걱정스러웠지만 마지못해 허락해 주었다.
이하응은 봄볕을 받으며 손으로 땅바닥을 쓸어 낸 뒤 막대기로 땅바닥에 그림을 그렸다. 이하응은 심심할 때면 곧잘 그림을 그리곤 했다. 그때 한쪽 다리를 들고 있는 닭 한 마리가 눈에 들어왔다. 이하응은 그 닭을 그렸다.
마침 비단옷을 잘 차려입은 아이가 지나가다가 그 그림을 보았다.
"하하하, 병신 닭을 그렸구나! 너도 병신이지?"
그 아이는 이하응을 발로 툭 찼다. 그러자 이하응은 울음을 터뜨렸다.
"어, 병신이네. 발로 슬쩍 건드리기만 해도 우는 병신은 처음 보았다."

울음소리에 어머니가 달려나오자 그 아이는 비웃으며 가 버렸다. 그 아이가 사라지자 어머니는 아들을 데리고 집 안으로 들어왔다.
"그 아이는 세도가 김씨 댁 도련님이다. 앞으로 어떤 일이 있어도 절대 대들지 말아라."
"우리는 왕족이잖아요."
"쉿! 그런 말은 입 밖에 내서는 안 돼. 마음속으로만 '나는 왕족이다'라고 생각해라. 너는 우리 집안을 일으켜 세워야 한다. 그러려면 무슨 일을 당해도 절대 울어서는 안 돼."
"병신이라고 하니까 억울해서 울었어요."
"그보다 더한 수모를 당하더라도 참아야 한다. 잘난 척하는 사람이 병신인 거야."
이후 이하응은 세도가들의 갖은 수모를 다 견뎠다. 만일 그때 이하응이 잘 참아 내지 못했더라면, 아마 이하응은 세상에 남아 있지 못했을 것이다.

참고 인물

강 소 천 (1915~1963. 본명은 용률)
아동 문학가로, 함경남도 고원에서 태어났다. 1931년 〈조선일보〉 신춘 문예에 동요 〈민들레와 울아기〉가 당선되었으며, 〈호박꽃과 반딧불〉, 〈토끼 삼형제〉, 〈딱따구리〉 등 많은 동요와 동화를 발표했다. 1941년 첫 동요 시집 《호박꽃 초롱》을 펴냈고, 1950년 6·25 전쟁 때 남한으로 내려왔다. 아름다운 어린이들의 세계를 잘 나타내는 글들을 썼으며, 독서와 글짓기 지도 등을 통해 아동 문학 보급에도 힘썼다. 1952년 첫 동화집 《조그만 사진첩》을 시작으로 1963년 《어머니의 초상화》까지 아홉 권을 펴냈다. 아동 문학 연구회 회장과 한국 문인 협회 이사를 지냈다. 강소천이 죽은 뒤인 1965년 '강소천 아동 문학상'이 만들어졌다.

고 상 돈 (1948~1979)
우리나라에서는 처음으로 세계에서 가장 높은 에베레스트 산에 오른 산악인이다. 제주도에서 태어나 한국 전매 공사에 근무하면서 1965년 충북 산악회에 들어가 등산을 시작했다. 1977년 9월 15일 우리나라 사람으로는 처음으로 에베레스트 산에 오르는 데 성공했다. 이로써 우리나라는 세계에서 여덟 번째로 에베레스트 산에 오른 나라가 되었다. 고상돈은 1979년 북아메리카 알래스카에 있는 매킨리 산에 올라갔다가 내려오던 중 사고로 숨졌다. 체육 훈장 맹호장이 주어졌고, 한라산에 그의 의지와 신념을 기리는 기념비가 세워졌다.

공 병 우 (1906~1995)
안과 의사이자 한글 타자기 연구가로 평안북도 벽동에서 태어났다. 1926년 평양 의학 교습소를 마치고 일본으로 건너갔다. 1936년 나고야 대학에서 의학 박사 학위를 받아 우리나라 최초의 안과 의사가 되었다. 1938년 공안과 병원 원장으로 있을 때 눈병을 치료하기 위해 온 한글 학자 이극로를 만나면서 한글 타자기에 관심을 갖고 타자기 개발에 온 힘을 쏟았다. 1949년 마침내 최초의 한글 타자기인 공병우식 한글 타자기를 발명하였다. 이후 타자기 연구소를 만들어 한영 겸용 타자기 등을 만들었다. 1951년부터 1971년까지 한글 학회 이사를 지냈으며, 1988년 한글 문화원을 세워 한글 글자꼴과 남북 통일 자판 문제를 연구하였다. 공병우는 안과 의사이면서도 평생을 한글과 타자기 연구에 힘을 쏟다 세상을 떠났다. 지은 책으로 《소안과학》, 《공병우 사진첩》 등이 있다. 은관 문화 훈장 등을 받았다.

기 정 진 (1798~1879. 초명은 금사. 자는 대중. 호는 노사. 시호는 문간)
조선 후기의 성리학자로 전라북도 순창에서 태어났다. 7세에 성리학의 깊은 이치를 깨우친 신동으로 10세에는 유학에 관한 책들을 두루 읽었다. 조선의 유학을 대표하는 학자로 서경덕, 이황, 이이, 이진상, 임성주와 함께 성리학의 6대가로 일컬어진다. 학자로 이름이 높아 조정에서 여러 번 벼슬을 내렸으나 벼슬길에 나아가지 않고 오직 학문 연구에만 힘썼다. 기정진이 평생 동안 벼슬을 한 기간은 단 6일이었다고 한다. 그러나 자주 잘못된 나라의 정책을 비판하고 정치나 정책의 방향을 제시하는 글을 올려 왕이 나라를 다스리는 데 큰 도움을 주었다.

김 병 로 (1887~1964. 호는 가인)
우리나라 첫 대법원장으로 전라북도 순창에서 태어나 소년 시절에 한학을 배웠다. 1905년 용추사에 온 최익현의 강연을 듣고 감동하여 이듬해 70여 명의 의병을 모아 순창에 있는 일본 관청을 습격하였다. 1910년 일본으로 건너가 메이지 대학 등에서 법학을 공부하고 돌아와 학생들을 가르치는 한편 1919년부터 변호사로 활동했다. 김상옥 의사의 종로 경찰서 폭탄 투척 사건, 대동단 사건, 광주 학생 사건 등을 맡아 무료로 변호를 해 주는 등 많은 애국자들을 구하는 데 힘썼다. 1948년 대한민국 정부 수립과 함께 우리나라 초대 대법원장이 되었다. 1962년 건국 공로 훈장 단장을 받았다.

김상헌 (1570~1652. 자는 숙도. 호는 청음, 석실산인, 서간노인. 시호는 문정)
조선 중기의 문신으로 서울에서 태어났다. 임진왜란 중인 1596년 문과에 급제하여 이조, 예조, 공조, 병조 판서 등에 올랐다. 1613년 김제남이 역모 혐의를 받아 죽을 때, 아들이 김제남의 손녀사위라는 이유로 벼슬에서 물러나기도 했다. 1635년 대사헌으로 있으면서 군비를 확보하고, 북방의 군사 시설을 늘려야 한다고 주장하였다. 병자호란 때에는 청나라와의 화의에 반대하고 끝까지 맞서 싸울 것을 주장하였다. 또한 1639년 명나라를 치기 위해 청나라가 군사를 요청하자 이에 반대하는 상소를 올렸다. 그 일로 청나라에 잡혀가 6년 뒤에야 풀려났다. 지은 책으로는 《청음전집》 등이 있다.

김윤후 (?~?)
고려 고종 때의 승려이자 장수이다. 일찍이 승려가 되었다가 1232년 몽골이 쳐들어오자 처인성(용인)으로 몸을 피했다. 이때 처인성에 피란 온 승려, 백성들과 힘을 모아 그곳에 쳐들어온 몽골군과 맞서 싸웠고, 몽골의 장수 살리타이를 활로 쏘아 죽였다. 그 공으로 상장군에 임명되었으나 사양하였고, 뒤에 충주산성 방호별감이 되었다. 그때 몽골군이 충주성에 쳐들어오자 관아의 노비 문서를 불사르고, 백성들에게 빼앗은 말과 소를 나누어 주며 백성들을 격려하였다. 그리하여 힘을 얻은 백성들과 함께 70여 일 동안 몽골군과 치열하게 싸운 끝에 몽골군을 물리쳤다. 예부 상서 등을 지내다가 1263년 벼슬에서 물러났다.

김준용 (1586~1642. 자는 수부. 시호는 충양)
조선 중기의 무신이다. 1608년(선조 41) 무과에 급제하여 선전관을 거쳐 황해도, 경상도, 함경도 병영에 근무하였다. 전라도 병마절도사로 있던 1636년 병자호란이 일어났다. 이때 청나라 군사들에게 포위당해 갇혀 있는 인조를 구하기 위해 군사를 이끌고 남한산성으로 향했다. 가는 도중 수원과 용인 사이에 있는 광교산에서 청나라 군사를 만났다. 이때 광교산의 험준한 지형을 이용하여 청나라 태조의 사위 백양고라 장군을 포함해 수많은 청나라 군사들을 죽이는 큰 승리를 거두었다. 한때 그 공을 시기한 이시방의 모함을 받기도 했으나, 최명길 등의 도움으로 무사하였고, 경상도 병마절도사 등을 지냈다.

나석주 (1892~1926)
독립운동가로, 황해도 재령에서 태어났다. 1910년 일본이 우리나라의 주권을 빼앗자 독립을 위해 목숨을 바칠 것을 결심했다. 23세 때 만주로 건너가 독립군 양성 학교인 신흥 무관 학교에서 군사 훈련을 받고, 1919년 귀국하여 3·1 운동에 참여하였다. 이듬해 김덕영 등과 항일 비밀 결사를 만들어 군자금을 모았다. 친일파를 처단하는 일에 앞장섰으며, 상하이 임시 정부에 독립 자금을 보내기도 하였다. 일본 경찰의 감시가 심해지자 상하이 임시 정부에서 활동하다가 1926년 의열단에 들어갔다. 같은 해 일본의 경제적 침략을 막기 위하여 조선 식산 은행과 동양 척식 주식회사에 폭탄을 던졌으나 불발로 실패하였다. 일본 경찰에 쫓기자 가지고 있던 권총으로 스스로 목숨을 끊었다. 1962년 건국 훈장 대통령장이 주어졌다.

낙랑 공주 (?~32)
낙랑 왕 최리의 딸이다. 32년 고구려 대무신왕의 아들 호동 왕자가 옥저로 사냥을 나왔다가 낙랑 왕을 만나 낙랑에 왔는데 이때 호동 왕자를 만나 결혼하였다. 그 무렵 고구려는 낙랑을 칠 계획을 세우고 있었다. 낙랑 공주는 호동 왕자의 부탁을 받고 낙랑의 보물(적이 쳐들어오면 스스로 소리를 내어 알려 주는 자명고와 뿔피리)을 부쉈다. 고구려의 침입으로 이 사실을 뒤늦게 안 낙랑

왕은 낙랑의 보물을 부순 딸 낙랑 공주를 사형에 처했다. 그리고 고구려에 항복하여 낙랑은 고구려에게 멸망하고 말았다. 여기서 낙랑국은 한나라가 옛 고조선 땅에 설치했던 낙랑이 아니라 고구려 주변에 있던 작은 나라 가운데 하나로 보인다. 한나라의 낙랑은 13대 미천왕 때인 313년에 고구려에게 정복당했다.

남자현 (1872~1933)

여성 독립운동가로 경상북도 영양에서 태어났다. 1895년 남편 김영주가 의병을 일으켜 일본군과 싸우다 전사하자 남편의 뒤를 이어 독립운동에 뛰어들었다. 1919년 만주로 건너가 독립군 부대에서 활약하면서 여성 계몽 운동과 독립 정신을 일깨우는 일에 앞장섰다. 1925년 일본 총독 사이토를 암살하려다 실패한 뒤 다시 만주로 건너갔다. 1932년 국제 연맹 조사단이 하얼빈에 오자 '조선은 독립을 원한다'라는 혈서를 써서 조사단에 보내 독립을 호소하였다. 1933년 만주 주재 일본 대사 부토를 죽이기 위해 무기를 운반하다가 일본 경찰에 붙잡혔다. 갖은 고문을 받으면서 단식 투쟁을 하다가 6개월 만에 풀려났으나, 그해 하얼빈에서 세상을 떠났다. 1962년 건국 훈장 대통령장이 주어졌다.

남효온 (1454~1492. 자는 백공. 호는 추강, 행우. 시호는 문정)

조선 초기의 문신으로 생육신의 한 사람이다. 김굉필, 정여창 등과 함께 김종직에게서 학문을 배웠다. 1478년 성종이 폭우 등 여러 재난을 맞아 나라를 재정비하기 위해 신하들의 조언을 구하자 25세의 나이로 글을 올렸다. 이 글에서 남효온은 인재 등용에 대한 문제와 불필요한 관청을 없앨 것 등을 주장하였다. 또한 세조가 옮긴 문종의 비 현덕 왕후(단종의 어머니)의 소릉을 제자리로 옮길 것을 주장하였다. 그러나 임사홍, 정창손 등의 반대로 자기의 뜻이 이루어지지 않자 벼슬을 포기하고 떠돌이 생활을 하다가 일생을 마쳤다. 지은 책으로는 성삼문, 박팽년 등 사육신의 절개를 다룬 《육신전》을 비롯하여, 《추강집》, 《추강냉화》, 《사우명행록》 등이 있다.

노음규 (1861~1907. 자는 성오. 호는 신암)

조선 말기의 의병장으로, 경상남도 함양에서 태어났다. 최익현에게 학문을 배운 뒤, 1895년 명성 황후가 일본인들에게 시해되자 이듬해 안의에서 의병을 일으켜 진주성을 공격하여 빼앗았다. 그 뒤 주위 여러 의병들과 함께 부산을 공격하기 위해 김해로 갔으나 진주 의병장 정한용의 배반으로 실패했다. 1905년 일본의 압력으로 을사조약이 체결되자 이듬해 다시 의병을 일으켰다. 경부선 철도를 파괴하고 열차를 전복시켰으며, 곳곳에서 일본군을 무찔렀다. 13도 의병들이 모여 서울로 진격하려던 계획이 탄로나 붙잡혔으며, 감옥에 갇힌 뒤에도 투쟁을 계속하다가 세상을 떠났다. 1977년 건국 훈장 독립장이 주어졌다.

노진 (1518~1578. 자는 자응. 호는 옥계. 시호는 문효)

조선 중기의 문신으로 경상남도 함양에서 태어났다. 1546년(명종 1) 문과에 급제하여 지례 현감이 되었고, 그곳에서 백성을 위해 많은 일을 하여 청백리로 뽑혔다. 진주 목사 등을 거쳐 부제학에 올랐으나 나이 든 어머니를 모시기 위해 지방 관리로 나갈 것을 청해 고향에서 가까운 곤양 군수로 나갔다. 그 후 대사헌 등을 거쳐 1575년 예조 판서에 올랐으나 곧 벼슬에서 물러났다. 다시 대사헌, 예조 판서, 이조 판서 등의 벼슬이 주어졌으나 병으로 나가지는 못했다. 효성이 지극하여 나라에서 내려 주는 정려가 세워졌다. 지은 책으로는 《옥계문집》이 있다.

마의 태자 (?~?)

신라의 마지막 왕인 경순왕의 아들로 이름은 전해 오지 않는다. 935년 후백제 견훤과 고려 왕건의 힘에 눌려 더 이상 나라를 지탱할 수 없었던 경순왕이 군신 회의를 열어 고려 왕건에게 항복할 것을 결정했다. 이에 마의 태자는 천 년을 이어 온 나라를 하루아침에 버릴 수 없다며 강력하게 반대하였다. 하지만 경순왕은 더 이상 죄 없는 백성들의 죽음을 볼 수 없다고 생각하고 마침내 신하 김봉휴를 보내 고려에 항복할 뜻을 전했다. 마의 태자는 아버지 경순왕에게 하직 인사를 하고 통곡하며 개골산(금강산)으로 들어가 풀뿌리를 캐 먹고 살다가 죽었다. 평생 동안 삼베옷(마의)을 입고 살았다고 하여 '마의 태자'라 부른다.

민 영 (?~1637. 시호는 충장)

조선 중기의 무신이다. 의주 부윤을 거쳐 1635년 경상우도 병마절도사에 올랐다. 1636년 병자호란이 일어나자 과감히 청나라와 맞서 싸울 것을 주장하였다. 이에 심연 등과 함께 군사를 이끌고 충주, 여주를 거쳐 인조가 있는 남한산성으로 향했다. 남한산성에서 40리(16킬로미터) 떨어진 경기도 광주의 쌍령에 이르러 진을 치고 6천 명의 청나라 군사에 맞서 싸웠다. 용감하게 싸웠으나 패해 전사하고 말았다. 죽은 뒤인 1755년 공로를 인정받아 병조 판서의 직위를 받았다.

박 서 (?~?)

고려 후기의 무신으로 죽주(안성)에서 태어났다. 1231년(고종 18) 서북면 병마사로 있을 때 몽골의 장수 살리타이가 쳐들어오자 김중온, 김경손과 함께 귀주에서 한 달 동안 싸운 끝에 마침내 물리쳤다. 끝내 귀주를 함락시키지 못한 몽골군은 귀주성을 돌아 개경(개성)으로 쳐들어가 고종의 항복을 받았다. 이때 박서는 여러 차례 살리타이로부터 항복을 권유받았으나 거부하고, 고종의 항복을 받고 돌아가는 몽골군을 다시 귀주에서 크게 물리쳤다. 왕명을 받은 최임수, 민희의 항복 권유를 거부하고 싸우다가 끝내 왕명을 어기지 못하고 항복하였다. 그 뒤 원나라의 요구로 관직에서 물러나 고향에서 조용히 지내다가 다시 문화평장사가 되었다.

박중빈 (1891~1943. 자는 처화. 호는 소태산)

원불교를 처음 만든 창시자로 전라남도 영광에서 태어났다. 어려서 한학을 배웠으며, 7세 때부터 자연 현상에 깊은 의문을 품었다. 그 후 불도를 닦기 시작하여 26세 때인 1916년 큰 깨달음을 얻었다. 이듬해 저축 조합을 만들어 미신을 타파하고 술과 담배를 끊을 것, 근검 절약하여 저축할 것 등의 운동을 벌였다. 3·1 운동을 전후하여 불법 연구회를 만들어 포교 활동을 시작하였다. 크게 깨달은 진리를 원으로 상징하여 믿음의 대상과 수행의 표본으로 삼았다. 1943년 '삶과 죽음에 대한 진리'에 관해 강연한 뒤 세상을 떠났다. 지은 책으로 《원불교 교전》, 《불조요경》 등이 있다.

박태준 (1900~1986)

작곡가로, 대구에서 태어났다. 평양 숭실 전문 학교를 졸업하고, 서양 선교사에게 작곡하는 법을 배워 동요 〈가을밤〉, 〈골목길〉 등을 만들었다. 이후 마산 창신 학교 교사로 있으면서 이은상과 함께 〈소나기〉, 〈동무 생각〉 등의 가곡을 작곡하였다. 미국 웨스트민스터 대학에서 석사 학위를 받고 돌아와 1936년 숭실 전문 학교 교수가 되었다. 1945년 해방 뒤 합창 지휘자로 활동하며 연세 대학교에 종교음악과를 만들고, 서울 음악제를 만들었다. 이후 많은 곡을 작곡하여 우리나라 음악 발전에 크게 이바지했다. 서울시 문화상과 문화 훈장 등을 받았다. 작곡한 노래로는 〈오빠 생각〉, 〈집 생각〉 등이 있고, 동요곡집으로는 《중중 때때 중》, 가곡집으로는 《박태준 가곡집》 등이 있다.

범 일 (810~889. 성은 김씨. 시호는 통효 대사)

통일 신라 때의 승려로 명주(강릉) 도독 김술원의 아들로 태어났다. 15세에 승려가 되어 831년 왕자 김의종과 함께 당나라에 건너갔다. 당나라에서 불도가 높은 승려들을 찾아다니던 중 제안이라는 승려를 만나 6년 동안 그에게 불법을 배우고 공부하였다. 당나라 무종이 불교를 박해하자 상산의 산속에 숨어 지내다가 847년 신라로 돌아와 백달산에 머무르며 불도를 닦았다. 경문왕, 헌강왕, 정강왕으로부터 국사가 되어 줄 것을 부탁받았으나 나아가지 않고, 40년 동안 굴산사에 머무르며 제자들을 가르쳤다.

서거정 (1420~1488. 자는 강중. 호는 사가정, 정정정. 시호는 문충)

조선 초기의 문신이며 학자이다. 1444년 문과에 급제하여 집현전 학사 등을 거쳐 좌찬성 등 여러 벼슬에 올랐다. 1460년 명나라 사신으로 가서 그곳 학자들과 문장과 시를 겨뤄 '해동의 기재'라는 찬사를 받았다. 문장과 여러 학문에 뛰어나 《경국대전》, 《동국통감》, 《동국여지승람》을 펴내는 데 참여하였고, 왕명을 받아 《향약집성방》을 우리말로 옮겼다. 성리학을 비롯하여 천문, 지리, 의약 등에도 빼어났다. 신라에서 조선 초기에 이르는 가장 아름답고 뛰어난 시문과 시화를 뽑아 엮은 《동인시화》, 《동문선》을 남겨 한문학을 크게 발전시켰다. 지은 책으로 《사가정집》, 《역대년표》, 《태평한화》, 《필원잡기》, 《골계집》 등이 있고, 글씨로는 〈화산군권근신도비〉 등이 있다.

석주명 (1908~1950)

곤충학자로, 평양에서 태어났다. 일본 가고시마 고등 농림 학교를 졸업하였다. 송도 중학교에서 학생들을 가르치면서 10여 년 동안 나비 연구에 몰두하여 '나비 박사'라는 별명을 얻었다. 미국의 박물관과 표본들을 교환하였으며, 1940년 《접류목록》이라는 책을 펴냈다. 1943년부터 경성 제국 대학 부속 제주도 생약 연구소에서 곤충에 대한 연구를 계속하면서 제주도 방언을 모은 《제주도 방언집》을 펴냈다. 1946년부터 국립 과학 박물관에서 일했는데, 그때 그동안 만든 곤충에 대한 표본과 연구 업적이 세계적으로 알려졌다. 〈배추흰나비의 변이 곡선〉 등 나비와 관련된 100여 편의 연구 논문을 남겼다. 지은 책으로 《한국산 접류 연구》, 《한국산 접류 분포도》 등이 있다.

성덕왕 (?~737. 재위 기간 : 702~737. 성은 김씨. 이름은 융기, 흥광)

신라 제33대 왕으로 신문왕의 둘째 아들이다. 형인 효소왕이 아들 없이 죽자 귀족 회의인 화백 회의의 추대를 받아 왕위에 올랐다. 흉년으로 굶주리는 백성들에게 식량을 나누어 주었고, 백성들의 생활을 안정시키기 위해 씨앗을 나누어 주어 농사를 지을 수 있도록 해 주었다. 또 당나라에 자주 사신을 보내어 앞선 문물을 들여왔다. 733년에는 당나라의 요청으로 발해를 공격했으나 폭설 때문에 실패하고 돌아왔다. 735년 당나라와 패강(대동강)에서 원산만에 이르는 국경선을 매듭지었다. 성덕왕은 정치적 안정과 실리 외교를 바탕으로 통일 신라의 전성기를 이루었다.

손기정 (1919~2002)

우리나라 최초의 올림픽 금메달리스트이다. 일본 메이지 대학을 졸업하고 1936년 베를린에서 열린 제11회 올림픽 대회에 참가하여 마라톤에서 우승하였다. 이때 우리나라는 일본의 지배를 받고 있었기 때문에 손기정은 일본 국기인 일장기를 가슴에 달고 참가하였다. 그러나 〈동아일보〉는 손기정 선수 가슴에 있는 일장기를 지워 버리고 보도했다. 이것이 바로 일장기 말소 사건이다. 이 사건으로 〈동아일보〉는 일본의 압력으로 강제 폐간되었다. 손기정은 이후 지도자의 길을 걸었다. 1948년 대한 체육회 부회장, 1963년 육상 연맹 회장, 그해 방콕 아시안 게임 대표 단장을 맡아 우리나라 체육 발전에 크게 이바지하였다.

솔거 (?~?)

신라 시대 제일의 화가이다. 농사꾼의 아들로 태어난 솔거는 어려서부터 그림을 잘 그렸다. 그림을 가르쳐 줄 스승이 없어 하느님께 빌었더니, 어느 날 꿈에 단군이 나타나 신비한 붓을 주었다. 이에 솔거는 꿈속에서 본 단군의 초상화를 천여 폭이나 그렸다고 《동사유고》에 전해 온다. 솔거는 경주에 있는 황룡사 벽에 〈노송도〉를 그렸는데, 새들이 그림을 보고 진짜 소나무인 줄 알고 날아와 앉으려다 부딪쳐 떨어졌다고 한다. 오랜 세월이 지난 뒤 다른 사람이 〈노송도〉에 색을 덧칠하였더니 다시는 날아드는 새가 없었다는 이야기가 전한다. 이 밖에도 〈진흥왕대렵도팔폭〉, 분황사의 〈관음보살상〉, 진주 단속사의 〈유마거사상〉 등을 그렸다는 기록이 있으나, 전해 오지는 않는다.

송상현 (1551~1592. 자는 덕구. 호는 천곡. 시호는 충렬)

조선 중기의 문신으로, 임진왜란 때 나라를 위해 목숨을 바쳤다. 1576년 문과에 급제하여 호조 정랑 등 여러 벼슬을 거쳐 1591년 동래 부사가 되었다. 동래 부사로서 송상현은 왜군의 침입에 대비하는 한편 백성들을 잘 다스리는 데 힘썼다. 1592년 임진왜란이 일어나 왜군이 동래성에 쳐들어오자 군사를 이끌고 끝까지 맞서 싸웠다. 그러나 왜군에 비해 우리 군사의 숫자가 너무 적고, 조총이라는 왜군의 앞선 무기를 당해 낼 수가 없어 그만 패하고 말았다. 그리고 송상현도 전사하였다. 한편, 그의 나라를 위하는 마음에 감동한 왜장이 동문 밖에 장례를 치러 주었다고 한다.

신경원 (1581~1641. 자는 숙헌)

조선 중기의 무신이다. 1605년(선조 38) 무과에 급제하여 온성 부사 등을 거쳐 황해도 병마절도사에 올랐다. 1624년(인조 2) 인조반정에 대한 포상에 불만을 품은 이괄이 난을 일으키자 이를 크게 물리친 공으로 평녕군이 되었다. 1636년 병자호란이 일어나자 부원수로서 맹산 철옹성에서 청나라 군사와 맞서 싸우다가 붙잡혔다. 수십 일 동안 단식을 하는 등 청나라에 항거하다가 이듬해 청나라와 강화 조약을 맺은 뒤 풀려났다. 싸움에서 패배한 죄로 귀양을 갔다가 1638년 풀려난 뒤 총융사 겸 포도대장에 올랐다.

심훈 (1901~1936. 아명은 삼준, 삼보. 본명은 대섭. 호는 해풍)

《상록수》를 쓴 소설가이자 시인으로, 서울 노량진에서 태어났다. 1919년 3·1 운동에 참가하여 옥살이를 하고 퇴학을 당했다. 1920년 중국으로 건너가 이듬해 항저우 치장 대학에 들어갔다. 1923년 귀국하여 연극, 영화, 소설을 쓰는 데 몰두했고, 이듬해 〈동아일보〉 기자가 되었다. 영화 〈장한몽〉에 이수일 역으로 출연하기도 하였으며, 직접 대본을 쓴 영화 〈먼동이 틀 때〉를 감독하기도 하였다. 1935년에는 《상록수》가 〈동아일보〉 현상 공모에 당선되었다. 《상록수》는 농촌 계몽 운동을 실천하는 남녀 주인공의 숭고한 사랑을 그린 것으로 이광수의 《흙》과 함께 농민 계몽 운동의 모범이 되는 소설이다. 우리나라 농민 문학에 크게 이바지한 심훈은 1936년 장티푸스에 걸려 세상을 떠났다.

아좌 태자 (?~?)

백제 제27대 왕인 위덕왕의 아들로, 어려서부터 그림을 잘 그린 화가로 알려져 있다. 597년(위덕왕 44) 일본에 건너가 쇼토쿠 태자의 스승이 되었는데, 그때 태자의 초상화를 그려 주었다고 일본 역사책인 《일본서기》에 전해 온다. 이 쇼토쿠 태자 초상화는 일본에서 가장 오래된 초상화로 일본 국내청에 보관되어 있다. 아좌 태자의 그림 그리는 방법은 일본 그림의 시초가 되었다고 하는데 아좌 태자의 그림 실력이 얼마나 뛰어났는지 미루어 짐작해 볼 수 있다.

안용복 (?~?)

조선 숙종 때 동래부에 살던 어부이다. 어려서부터 어머니에게 나라의 은혜에 보답하라는 엄한 가르침을 받고 자랐다. 일찍이 동래 수군으로 들어가 부산에 있는 왜인들의 숙소에 자주 드나들어 일본어를 배웠다. 1693년 울릉도에 들어와 고기를 잡는 일본 어민들을 막다가 부하 박어둔과 함께 일본으로 끌려갔다. 이때 일본에 울릉도가 조선 땅임을 주장하고, 그것을 확인받는 문서를 받아

가지고 돌아오다가 쓰시마 도주에게 빼앗겼다. 그 뒤 울릉도를 차지할 계획을 세운 쓰시마 도주가 그 문서를 위조하여 우리나라에 보내오는 등 울릉도를 두고 분쟁이 계속되었다. 그 후에도 일본 어선이 울릉도에 나타나 계속해서 고기를 잡자, 안용복은 일본으로 건너가 일본의 사과를 받아 냈다. 그러나 나라의 허락도 없이 국제 분쟁을 일으켰다는 죄로 귀양을 갔다.

안창남 (1901~1930)
우리나라 최초의 비행사로, 서울에서 안상준의 아들로 태어났다. 일찍 부모를 여읜 안창남은 휘문 고등 보통학교를 중퇴하고 1919년 일본으로 건너갔다. 오사카 자동차 학교와 고쿠리 비행 학교에서 공부한 뒤 3등 비행사 면허를 따내 우리나라 최초의 비행사가 되었다. 1921년 1등 비행사 자격증을 따낸 뒤 도쿄와 오사카를 오가는 우편 비행기 조종사가 되었다. 이듬해 〈동아일보〉의 후원을 받아 시범 비행을 하며 묘기를 선보여 국민들의 열광적인 환영을 받았다. 일본으로 돌아간 뒤 독립운동에 참여하기 위해 중국 상하이로 탈출하였다. 그곳에서 여운형의 소개로 중국 산시 성 옌시 산 장군 밑으로 들어가 비행 학교 교관으로 있다가 비행기 사고로 숨졌다.

안평 대군 (1418~1453. 이름은 용. 자는 청지. 호는 비해당, 낭간거사, 매죽헌. 시호는 장소)
세종의 셋째 아들로 문종과 세조의 동생이다. 1428년(세종 10) 안평 대군이 되었고, 1430년 성균관에 들어가 학문을 닦았다. 1438년 함경도에 6진을 설치하자 다른 왕자들과 함께 북쪽 경계 임무를 맡아 여진족들을 물리쳤다. 황보인, 김종서 등 문신들과 함께 수양 대군(세조)의 무신 세력과 맞섰다. 1453년 계유정난 때 역모 혐의로 강화도로 귀양 갔다가 사약을 받고 죽었다. 시와 문장에 뛰어났고, 당대 최고의 서예가로 이름을 떨쳤다. 지은 책으로 《비해당집》,《팔가시선》 등이 있고, 세종 대왕 영릉 신도비, 청원 부원군 심온 묘포 등에 글씨를 남겼다.

양규 (?~1011)
고려 전기의 장군으로, 목종 때에 벼슬길에 나갔다. 1010년(현종 1) 거란의 성종이 993년에 이어 두 번째로 고려에 쳐들어오자, 양규는 흥화진(의주)에서 이에 맞서 싸웠다. 여러 차례 거란으로부터 항복을 권유받았으나 이를 물리치고 정성, 이수화 등과 함께 성을 굳게 지켰다. 할 수 없이 거란군은 흥화진을 포기하고 후방인 통주(평안북도 선천)에서 고려군을 물리치고 개경을 점령했다. 그 뒤 양규는 거란군과 일곱 번 싸워 모두 승리하였으며, 거란에 끌려가는 우리 백성 3만여 명을 구해 냈다. 그러나, 거란 성종이 이끄는 대군에 밀려 부하 김숙흥과 함께 전사하고 말았다.

양주동 (1903~1977. 호는 무애)
시인이자 국문학자로 개성에서 태어났다. 1918년 일본 와세다 대학 영문학과를 졸업한 뒤 숭실 전문 학교 교수가 되었다. 대학에서 영문학을 강의하는 한편 시인, 문학 평론가로 활동하면서 1930년 시집 《조선의 맥박》을 펴냈다. 이후 신라 중기에서 고려 초기에 크게 유행했던 시와 노래인 향가 풀이에 몰두하였다. 그리하여 1942년 우리나라 최초로 향가 25수를 풀이한 《조선고가연구》를 펴냈다. 해방 뒤 여러 대학의 교수로 있으면서 우리나라 옛 시가 연구에 많은 정성을 쏟았다. 1954년 학술원 종신 회원이 되었으며, 국민 훈장 무궁화장 등을 받았다. 지은 책으로는 《국학연구논고》,《여요전주》 등이 있다.

양헌수 (1816~1888. 자는 경보. 시호는 충장)
조선 후기의 무신으로 이항로에게 학문을 배웠다. 1848년(헌종 14) 무과에 급제하여 선전관 등에 올랐다. 제주 목사로 있을 때 탐관오리를 찾아내 벌주고, 극심한 태풍 피해를 입은 백성들을 구하는 데 애써 백성들로부터 칭송을 받았다. 1866년 천주교에 대한 박해를 구실로 프랑스 제독 로즈가 함대를 이끌고 강화도에 쳐들어와 병인양요를 일으켰다. 이때 양헌수는 강화도 정족산에서 프랑스 함대를 크게 물리쳐 한성부 좌윤이 되었다. 1871년 황해도 병마절도사를 지낼 때는 국방력 강화를 위해 힘썼고, 이듬해에는 황해도 연안의 해적들을 물리쳤다. 그 뒤 어영대장, 금위대장, 포도대장을 거쳐 공조 판서에 올랐다.

어재연 (1823~1871. 자는 성우. 시호는 충장)
조선 후기의 무신으로 1841년(헌종 7) 무과에 급제하여 공충도(충청도) 병마절도사가 되었다. 1866년(고종 3) 병인양요가 일어나자, 어재연은 군사를 이끌고 광성진에 나아가 프랑스 함대의 침략을 막아 냈다. 회령 부사로 있을 때는 북쪽 변경 지역의 도둑들을 물리쳐 치안을 정비하였고, 장터를 만들어 무역을 활성화시켰다. 1871년 대동강에서 제너럴셔먼호를 불태운 사건을 빌미로 미국 함대가 강화도에 쳐들어왔다. 이것이 신미양요인데, 이때 어재연은 광성진에서 미군을 맞아 치열한 육박전을 벌이며 싸우다가 장렬하게 전사하였다.

우장춘 (1898~1959)
세계적인 육종학자로 일본에서 태어났다. 아버지는 을미사변에 관련된 혐의로 일본으로 망명한 우범선이고 어머니는 일본인이었다. 4세 때 아버지를 여읜 우장춘은 가난과 일본 아이들의 멸시 속에서도 꿋꿋하게 공부하였다. 도쿄 제국 대학 실과를 졸업하고, 농림성 농업 시험장에 들어가 연구에 몰두하였다. 오랜 연구 끝에 1935년 박사 학위 논문 〈종의 합성〉을 발표하여 세계적으로 인정을 받았다. 서로 다른 종류의 생물을 합쳐 새로운 잡종을 만들어 내어 이 분야의 선구자가 되었다. 1950년 우리나라에 돌아와 한국 농업 연구소 소장과 학술원 추천 회원이 되었다. 무균 씨감자를 개발하여 식량난을 해결하는 데 크게 기여하였으며 씨 없는 수박도 만들어 냈다. 1959년 대한민국 문화 포장을 받았다.

유관 (1346~1433. 자는 경부, 몽사. 호는 하정. 시호는 문간)
조선 초기의 문신이다. 1371년(고려 공민왕 20) 문과에 급제하여 봉산 군수 등을 지냈다. 이성계를 도와 조선을 세우는 데 공을 세워 개국 공신이 되었다. 대사헌에 오른 1401년 상소를 올려 불교를 배척할 것을 강력히 주장하였다. 1410년 《태조실록》을 펴내는 일을 맡았고, 1924년 다른 역사서와 비교하여 정도전이 쓴 《고려사》를 고쳐 펴냈다. 대제학 등을 거쳐 우의정으로 있던 1426년 81세로 벼슬에서 물러났다. 유관은 성품이 매우 청렴하고 검소하여 그의 집은 비가 오면 줄줄 샐 정도였다고 한다. 황희, 맹사성 등과 함께 조선 초기를 대표하는 청백리로 이름이 높았으며, 학문과 문장이 뛰어났다. 지은 책으로는 《하정집》이 있다.

을파소 (?~203)
고구려 고국천왕 때의 국상으로, 유리왕 때 벼슬을 한 을소의 손자이다. 처음에는 서압록곡(압록강 서쪽) 좌물촌에서 농사를 짓고 살았다. 191년 왕비족인 어비류, 좌기려 등의 반란을 진압한 고국천왕은 새로운 인재를 뽑아 쓰고자 했는데, 이때 을파소는 안류의 추천을 받아 고구려 최고 벼슬인 국상에 올랐다. 을파소는 고국천왕의 신임을 바탕으로 진대법을 실시하여 백성들의 생활을 안정시켜 나갔다. 진대법은 흉년이나 식량이 떨어지는 봄에 백성들에게 식량을 빌려 주고, 곡식을 거두어들이는 가을에 받는 제도였다. 을파소는 또 고국천왕과 함께 그때까지 왕위를 형제에게 물려주던 왕위 세습 제도를 아들에게 물려주도록 하는 제도로 바꾸었다. 을파소는 세상을 떠날 때까지 국상을 지내며 바른 정치를 펴기 위해 애썼다.

이상설 (1870~1917. 자는 순오. 호는 보재)
독립운동가로 충청북도 진천에서 태어났다. 일찍이 신학문에 뜻을 두어 영어, 프랑스 어 등 외국어를 비롯하여 법률을 배웠다. 1894년 문과에 급제하여 법무 협판,

의정부 참찬 등을 지냈다. 1905년 일본의 압력으로 을사조약이 맺어지자 이에 반대하는 글을 올리고 자살하려 했으나 실패하였다. 이듬해 북간도로 망명하여 교포의 자녀 교육을 위해 서전 서숙을 세우고 항일 민족정신을 일깨우려 노력하였다. 1907년 이준, 이위종과 함께 고종의 밀명을 받아 네덜란드 헤이그에서 열린 만국 평화 회의에 참가하여 일본의 침략 행위를 알리려 하였으나 일본의 방해로 참석하지 못했다. 그 후 블라디보스토크에서 독립운동을 벌이며 빼앗긴 나라를 되찾기 위해 노력하다가 1917년 니콜리스크에서 세상을 떠났다. 1962년 건국 훈장 대통령장이 주어졌다.

이 색 (1328~1396. 자는 영숙. 호는 목은. 시호는 문정)
고려 말기의 문신이며 학자로 이곡의 아들이다. 이제현에게 학문을 배운 뒤 원나라에 가서 공부하다가 1351년 귀국하였다. 이듬해 공민왕에게 토지 제도 개혁, 국방 강화, 교육 진흥, 불교 억제 등을 건의하였다. 또 유교의 풍습인 삼년상을 건의하여 제도화했다. 대사성 때 성균관의 학칙을 새로 정하고 김구용, 정몽주, 이숭인 등과 더불어 성리학 발전에 힘썼다. 1392년 조선을 세운 이성계에 반대하여 산림에 묻혀 제자들을 가르치며 지냈다. 권근, 김종직, 변계량 등을 가르쳤으며, 학문과 정치에 커다란 발자취를 남겼다. 포은 정몽주, 야은 길재와 더불어 고려 말 '삼은' 중 한 사람이다. 지은 책으로는 《목은시고》, 《목은문고》가 있다.

이 원수 (1911~1981)
아동 문학가로, 경상남도 양산에서 태어났다. 1926년 동시 〈고향의 봄〉이 방정환에게 뽑혀 〈어린이〉지에 발표되면서 작품 활동을 시작하였다. 이 동시는 홍난파가 곡을 붙여 오늘날까지 널리 불리고 있다. 1927년부터 본격적인 활동을 벌여 〈헌모자〉, 〈찔레꽃〉 등의 동시를 지었다. 1948년에는 우리나라 최초의 장편 동화 《숲 속 나라》를 썼다. 지은 책으로는 《종달새》, 그림 동화집 《봄 잔치》, 동화집 《파란 구슬》 등이 있다. 1971년 회갑을 맞

아 아동 문학집 《고향의 봄》을 간행했다. 한국 문인 협회 이사, 한국 아동 문학 협회 회장 등을 지냈다.

이 은상 (1903~1982. 호는 노산)
시조 작가이며 사학자로, 경상남도 마산에서 태어났다. 연희 전문 학교와 일본 와세다 대학에서 공부한 뒤 이화 여자 전문 학교 교수와 신문사 기자를 지냈다. 조선어 학회에 들어가 우리말을 연구하던 중 1942년 조선어 학회 사건으로 옥살이를 했다. 해방 이후 호남 신문사 사장을 지냈고, 서울 대학교 등에서 학생들을 가르쳤다. 충무공 이순신 장군 기념 사업회, 민족 문화회, 안중근 의사 숭모회 등의 회장을 맡아 우리 위인들의 정신과 업적을 기리는 사업에 몰두하였다. 또 시조 작가 협회장, 한글 학회 이사를 지냈다. 〈조선 문단〉지 초기부터 꾸준히 시조를 쓰기 시작하여 우리나라 시조를 되살리는 데 크게 이바지하였으며, 1974년에는 노산 시조 문학상을 제정하였다. 가곡으로 작곡되어 널리 불리고 있는 〈가고파〉, 〈성불사의 밤〉 등 많은 시조를 남겼다. 지은 책으로는 《노산 사화집》, 《노산 시조집》, 《노산 시문집》 등이 있다.

이 인직 (1862~1916. 호는 국초)
소설가이자 언론인이며 신극 운동가로 경기도 이천에서 태어났다. 1900년 일본에 건너가 공부하면서 신소설에 대한 기본 지식을 얻었다. 러·일 전쟁이 일어나자 일본 육군의 한국어 통역관으로 전쟁에 참여하였다. 귀국한 뒤인 1906년 〈만세보〉 주필로 일하면서 처음으로 신소설 《혈의누》를 써서 〈만세보〉에 발표하였다. 이듬해 친일파 이완용의 힘을 빌어 〈대한신문〉을 창간하였다. 1908년에는 원각사를 중심으로 신극 운동을 전개하였다. 신소설 《설중매》를 신극으로 각색하였고, 자신의 작품인 《은세계》를 직접 무대에서 상연하기도 하였다. 친일 행위로 사람들로부터 많은 비난을 받았으나 우리나라 근대 소설의 밑바탕을 닦은 선구자로 평가받고 있다. 장편 소설로는 《귀의성》, 《치악산》, 《모란봉》이 있고, 단

편으로 〈빈선랑의 일미인〉을 남겼다.

이지함 (1517~1578. 자는 형백, 형중. 호는 수산, 토정. 시호는 문강)

조선 중기의 학자로, 충청남도 보령에서 태어났다. 어려서 아버지를 여의고 맏형 이지번을 따라 서울로 올라와 서경덕에게 학문을 배웠다. 경사뿐 아니라 역학, 수학, 천문, 지리도 두루 다 잘 알았다. 철로 만든 갓에 지팡이를 짚고 온 나라를 떠돌아다니며 괴상한 행동과 뛰어난 기지, 예언으로 많은 일화를 남겼다. 학문과 덕행이 알려져 1573년 포천 현감에 임명되었다. 이때 백성들을 위해 여러 가지 건의를 하였지만 받아들여지지 않자 이듬해 물러났다. 1578년 다시 아산 현감이 되었을 때, 걸인청을 만들어 가난한 사람들을 모아 장사도 시키고, 기술을 가르쳐 생계를 유지하도록 하였다. 대부분을 마포 강변의 흙담 움막집에서 가난하게 지내 '토정'이라는 호가 붙었다. 사람의 한 해 운수를 풀어보는 데 쓰이는 《토정비결》은 오늘날에도 유명하다. 문집으로 《토정유고》가 전해진다.

이희승 (1896~1989. 자는 성세. 호는 일석)

국어국문학자로, 경기도 광주에서 태어났다. 집안의 형편이 매우 어려워 학비를 벌기 위해 갖은 고생을 한 끝에 1930년 경성 제국 대학(서울 대학교)을 졸업하였다. 1932년 조선어 학회에 들어가 간사로 활동하면서 본격적으로 우리말을 연구하였다. 이후 한글 학회 이사가 되어 우리말을 연구하고 보급하는 데 힘썼다. 1942년 조선어 학회 사건으로 일본 경찰에 붙잡혀서 가혹한 고문을 받고 옥살이를 하다가 해방과 함께 풀려났다. 1957년에는 서울 대학교 문리 대학 학장을 맡았다. 갖은 어려움 속에서도 한글 연구에 온 힘을 쏟았고, 한글 맞춤법 통일에도 크게 이바지하였다. 건국 훈장 국민장과 학술원 공로상을 받았고, 죽은 뒤인 1989년 국민 훈장 무궁화장이 주어졌다. 지은 책으로는 《국어대사전》, 《국문학 연구초》 등이 있다. 시집으로는 《박꽃》, 수필집으로는 《벙어리 냉가슴》 등을 남겼다.

장면 (1899~1966. 호는 운석)

정치가로, 서울에서 태어났다. 1946년 정치 세계에 발을 내딛었다. 민주 의원 의원, 과도 정부 입법 의원 등을 지냈고, 제헌국회 의원에 당선되었다. 파리에서 열린 제3차 유엔 총회에 수석 대표로 참석하여 대한민국이 한반도에서 유일한 합법 정부라는 국제 승인을 얻어 냈다. 6·25 전쟁 때는 주미 대사로 있으면서 유엔과 미국의 지원을 얻어 내는 데 큰 역할을 하였다. 야당의 지도자로서 자유당 독재 정권에 맞서 싸우는 데 앞장섰으며, 1956년 부통령에 당선되었다. 1960년 4·19 혁명 후 제2공화국 국무총리로 선출되어 정권을 잡았다. 그러나 5·16 군사 정변으로 총리에 취임한 지 9개월 만에 물러났다. 그 이후 정치 정화법에 묶여 정치 활동을 하지 못하고 신앙 생활에 전념하다가 간염으로 세상을 떠났다.

장승업 (1843~1897. 자는 경유. 호는 오원, 취명거사, 문수산인)

조선 말기의 화가이다. 일찍 부모를 여의고 집이 몹시 가난하여 이응헌의 집에서 심부름을 하면서 어깨 너머로 글과 그림을 익혔다. 그림에 타고난 재능이 있었으나, 마흔 살 무렵에서야 유명해졌다. 성격이 자유로워 아무것에도 얽매이기 싫어하여 평생을 혼자 살았다. 또한 대문을 낮게 만들어 아무리 높은 벼슬에 있는 사람이라도 그의 집을 찾을 때는 모두 고개를 숙이게 만들었다고 한다. 산수화와 인물화 등을 잘 그렸으며 우리나라 근대 회화의 토대를 이루었다. 안견, 김홍도와 함께 조선을 대표하는 3대 화가로 일컬어진다. 주요 작품에 〈군마도〉, 〈청록산수도〉, 〈영모절지병풍〉, 〈풍림산수도〉, 〈담채산수〉, 〈화조수도〉, 〈심양송객도〉, 〈어옹도〉 등이 있다.

장준하 (1918~1975)

언론인이자 정치가로, 평안북도 선천에서 태어났다. 1944년 일본 니혼 신학교를 다니다가 학도병으로 끌려갔으나 죽음을 무릅쓰고 탈출하였다. 그 뒤 광복군에 들어가 장교로 활동하였고, 상하이 대한민국 임시 정부 김구 주석의 비서로 활약하였다. 1953년 종합 교양지 〈사상계〉를 만들었고, 1962년 우리나라 사람으로는 처음으로 막사이사이 언론상을 받았다. 대통령 명예 훼손 혐의로 붙잡혀 옥살이를 하던 중 1967년 제7대 국회의원 선거에 출마하여 옥중 당선되었다. 유신 헌법을 반대하는 백만인 시민 서명 운동을 이끌다가 체포되는 등 10여 차례나 감옥에 갇혔다. 그 뒤 〈박정희 대통령에게 보내는 공개 서한〉 등을 통해 민주주의 회복을 위해 독재 정권에 맞서 싸웠다. 1975년 등산길에서 의문의 죽음을 당하였다. 지은 책으로 광복군 활동에 대해 쓴 《돌베개》가 있다.

전형필 (1906~1962. 자는 천뢰. 호는 간송, 지산, 취설재)

교육자이자 문화재 수집가로 서울에서 태어났다. 일본 와세다 대학을 졸업한 뒤 부유한 집안의 재산을 바탕으로 오세창과 함께 우리 문화재를 모으는 데 힘썼다. 일본에 의해 사라져 가는 우리 민족의 정기를 되살리기 위해서는 우리 문화재를 보호해야 한다는 생각에서였다. 1938년 우리나라 최초의 사립 박물관인 보화각을 세워 문화재를 모으는 한편, 우리 문화재가 일본인에게 넘어가는 것을 막았다. 1940년에는 보성 고등 보통학교를 인수하여 인재 양성에도 힘썼다. 해방 뒤 문화재 보존 위원을 지내고, 1956년 교육 공로자로 표창을 받았다. 전형필이 수집한 문화재는 간송 미술관에 보관되어 있고, 수집품 중에는 《훈민정음》 원본을 비롯하여 수많은 옛날 책과 그림, 석조물, 도자기 등이 있다. 그 가운데 10여 점 이상이 국보로 지정될 정도로 귀중한 물품들이다. 1962년 대한민국 문화 포장과 1964년 대한민국 문화 훈장 국민장을 받았다.

정문부 (1565~1624. 자는 자허. 호는 농포. 시호는 충의)

조선 중기의 문신이며 의병장으로 서울에서 태어났다. 1588년 문과에 급제하여 사간원 정언 등을 거쳐 1591년 함경북도 병마평사가 되어 북쪽 변경의 진지를 순찰하였다. 임진왜란 때 회령에서 국경인 등이 반란을 일으켜 임해군과 순화군 두 왕자를 왜군 장수 가토 기요마사에게 넘겨주고 항복하였다. 이에 화가 난 정문부는 최배천, 정현룡 등과 의병을 일으켜 국경인 등을 죽이고 반란을 진압하였다. 또한 쌍포와 백탑교 등의 전투에서 왜군들을 무찔러 관북 지방을 되찾았다. 인조반정으로 인조가 왕위에 오른 뒤 전주 부윤을 지냈다. 1924년 이괄의 난에 관련된 혐의로 고문을 받다가 죽었으나, 후에 죄가 없음이 밝혀져 좌찬성이라는 벼슬이 내려졌다. 지은 책으로 《농포집》이 있다.

정봉수 (1572~1645. 자는 상수. 시호는 양무)

조선 중기의 무신이며 의병장이다. 1592년 임진왜란이 일어나자 공부를 그만두고 무과에 급제하여 왕을 호위하였다. 1605년 무안현 대장으로 흑산도 앞바다에 침입한 왜구를 물리쳤다. 1627년 후금(청나라)이 정묘호란을 일으키자 흩어진 병사를 모아 철산의 의병장이 되었다. 이때 나라에서는 따로 떨어져 있는 용골산성을 포기하고 그곳에 피란 와 있는 백성들을 피신시킬 것을 지시했다. 그러나 정봉수가 성을 끝까지 지키겠다고 결의하자 나라에서는 그에게 군 지휘권을 주었다. 정봉수는 용골산성 싸움에서 후금의 병사 절반 이상을 죽이고, 포로가 되었던 수천 명의 백성을 구출하는 큰 승리를 거두었다. 그 공으로 철산 부사에 올랐으며, 경상도, 전라도의 병마절도사 등을 거쳐 훈련원 도정을 지냈다.

정선 (1676~1759. 자는 원백. 호는 겸재, 겸초, 난곡)

조선 후기의 화가이다. 13세에 아버지를 여의고 홀어머니를 모시고 살았다. 어려서부터 그림을 잘 그렸던 정선은 그의 뛰어난 솜씨를 아낀 김창집의 추천으로 벼슬길에 올라 양천 현령 등을 지냈다. 처음에는 당시 유행한 중국의 풍경이나 성리학자들에게 얽힌 이야기들을 그림으로 많이 그렸다. 차츰 전국의 많은 명승지를 두루 찾아다니면서 우리나라 자연을 소재로 한 그림을 그리기 시작했다. 그리고 우리나라 자연을 묽고 진한 색을 대조시켜 표현하는 자신만의 독창적인 산수화 기법을 개척하였다. 그러나 그의 뒤를 잇는 제자가 없어 그의 화풍은 끊기고 말았다. 심사정, 조영석과 함께 3재라고 불렸다. 지은 책으로 《도설경해》가 있고, 작품으로는 〈금강전도〉,〈인왕제색도〉,〈여산폭포도〉 등이 있다.

최승로 (927~989. 시호는 문정)

고려 초기의 문신이며 학자로 경주에서 태어났다. 935년 경순왕이 고려 태조 왕건에게 항복할 때 아버지와 함께 고려에 귀순했다. 어릴 때부터 총명하고 학문에 뛰어나 태조 왕건의 사랑을 받았다. 982년(성종 1) 왕명에 따라 사회 개혁 정책에 관한 시무책 28조를 올렸다. 최승로의 시무책은 북쪽 국경을 정하는 문제와 방어책, 승려의 궁궐 출입 금지, 지나친 불교 숭상의 억제와 사회 문제 등을 담고 있다. 그리하여 그의 시무책은 고려 왕조의 기틀을 세우는 데 크게 기여하였다. 최승로는 또한 지방에서 세력을 가진 자들의 횡포를 막기 위하여 지방에 12목을 만들고, 목을 다스리는 목사를 두어 중앙에서 직접 다스리는 체제를 갖추도록 했다. 988년 문하수시중과 청하후에 올랐다.

최은희 (1904~1984. 호는 추계)

언론인으로 황해도 연백에서 태어났다. 1924년 조선일보사에 입사하여 우리나라에서 두 번째로 여기자가 되었다. 이후 8년 동안 기자로 활동하면서 남자 기자에 못지않은 왕성한 활동을 벌였다. 우리나라 최초의 방송 아나운서를 지내기도 했으며 1927년 여성 단체인 근우회 창립에 참여하여 선전부장 등을 지냈다. 해방 뒤에는 언론 활동을 하면서 여성 운동을 펼쳤다. 대한 부인회 부회장, 여권 옹호회 선전부장 등을 거쳐 3·1 운동 여성 참가자 봉사회장 등을 지냈다. 1983년 '최은희 여기자상'을 만들었고, 이화 여자 대학교 언론 공로상 등을 받았다. 지은 책으로는 《씨 뿌리는 여인》,《여류 명인기》,《청춘 회상기》 등이 있다.

최진동 (1883~1941)

독립운동가로 함경북도 온성에서 태어났다. 일찍이 만주로 망명하여 중국군에 들어가 군사 지식과 전투 실력을 쌓았다. 1919년 3·1 운동 뒤 나라를 되찾는 일에 모든 것을 바치기로 결심하고 독군부를 조직한 뒤 사령관이 되어 청년들에게 군사 훈련을 시켰다. 1920년 홍범도와 함께 함경북도 종성에서 일본군과 싸워 120여 명을 죽였다. 같은 해 봉오동 전투에서 홍범도와 함께 일본군 제19사단 보병 부대와 싸워 5백여 명을 죽였다. 이어 화양현 부근에서 제3연대장으로 청산리 전투에 참가하여 김좌진, 홍범도와 함께 일본군과 맞서 싸워 크게 이겼다. 그 후에도 북간도, 시베리아 등지에서 무장 항일 투쟁을 계속하였다. 1963년 건국 훈장 독립장이 주어졌다.

한성근 (?~?)

조선 말기의 무신이다. 1866년(고종 3) 프랑스의 로즈 제독이 강화도로 침입하는 병인양요가 일어나자 문수산성을 지키던 한성근은 프랑스의 대부대를 산성 남문에서 크게 무찔렀다. 그 뒤 병조 좌랑, 은산 현감 등을 지냈다. 1881년 신식 군대인 별기군이 창설되자 정령관으로 군사 훈련에 힘썼다. 안기영 등이 일으킨 흥선 대원군의 서자 이재선을 왕으로 추대하려는 사건에 연루되어 투옥되었으나 무죄로 곧 풀려났다. 그 후 병조 참판, 한성부 판윤 등을 지냈다.

허건 (1907~1987. 호는 남농)

동양화가로, 전라남도 진도에서 태어났다. 조선 후기의 저명한 화가 소치 허연의 손자이며, 미산 허형의 아들로 3대째 화가의 맥을 이었다. 어려서부터 그림에 뛰어난 재주를 보였으나 가난하게 생활하는 화가를 만들지 않으려는 아버지의 뜻에 따라 목포 상업 전수 학원에 들어갔다. 그러나 혼자 그림 공부에 힘써 1930년 조선 미술 전람회에 입선하면서 작품 활동을 시작했다. 1944년 조선 미술 전람회에서 특선을 하였다. 해방 후 국전 추천 작가를 거쳐 초대 작가가 되었다. 1976년 남농상을 제정하였고, 대한민국 문화예술상, 대한민국 은관 문화 훈장을 받았다. 나중에는 예술원 원로 회원이 되었다. 조선 후기에서 근대와 현대에 이르는 회화 역사의 산증인이었다고 할 수 있다. 작품에 〈강변〉,〈산수〉,〈춘강어촌〉,〈강촌하색〉 등이 있다.

호동 왕자 (?~32)
고구려 3대 대무신왕과 둘째 왕비 사이에 태어났다. 얼굴이 아주 잘생겨 대무신왕의 특별한 사랑을 받았다. 32년 옥저로 사냥을 나갔다가 낙랑 왕 최리를 만났다. 낙랑 궁궐로 간 호동 왕자는 낙랑 왕의 딸 낙랑 공주와 결혼하였다. 그 뒤 낙랑을 치려는 아버지 대무신왕의 뜻을 받들어 공주에게 낙랑의 신기한 보물인 자명고(적이 쳐들어오면 스스로 울려 그 사실을 알리는 북)를 찢게 하였다. 공주로부터 자명고를 찢었다는 소식을 들은 호동 왕자는 군사를 이끌고 낙랑에 쳐들어갔다. 낙랑 왕이 낙랑 공주를 죽인 뒤 성문을 열고 나와 항복하자 낙랑을 점령하였다. 낙랑을 정복한 호동 왕자는 낙랑 공주에 대한 그리움을 못 이겨 스스로 세상을 떠났다.

홍명구 (1596~1637. 자는 원로. 호는 나재. 시호는 충렬)
조선 중기의 문신이다. 8세에 시를 지어 이항복, 신흠으로부터 칭찬을 받았다. 1619년(광해군 11) 문과에 장원 급제하였으나 시골에 숨어 지내다가 인조반정 후에 벼슬길에 올라 부수찬, 평안도 관찰사 등을 지냈다. 1636년 병자호란이 일어나자 자모산성을 지켰다. 이때 인조가 있는 남한산성이 이미 청나라 군사에게 포위되었다는 소식을 듣고 군사 2천 명을 거느리고 남쪽으로 내려갔다. 강원도 김화에서 청나라 대군을 만나자 나이 든 하인을 시켜 어머니에게 하직하는 글을 써서 보낸 뒤 적과 맞서 싸웠다. 그 싸움에서 청나라군 수백 명을 죽이는 등 용감하게 싸우다가 전사했다. 이에 부하인 유림과 이일원이 적과 끝까지 싸워 청나라 군을 물리쳤다. 이 싸움은 김준용의 광교산 싸움과 함께 병자호란 중 청나라에 승리한 두 싸움 가운데 하나이다.

흑치상지 (?~689)
백제 말기의 장군이다. 660년 백제가 멸망하자 임존성(대흥)을 근거지로 군사 3만여 명을 모아 백제를 되찾기 위해 나당 연합군에 맞서 싸웠다. 처음에는 옛 백제의 200여 성을 되찾는 등 큰 세력을 이루어 나당 연합군을 위협했다. 그러나 당나라에서 구원군이 와 더 이상 맞서 싸울 수 없게 되자 당나라에 항복하였다. 당나라로 건너간 흑치상지는 678년에는 토번(티베트) 정벌에, 681년에는 토번의 잔여 무리 토벌에 참가해 큰 공을 세웠다. 이어 그 뒤 돌궐 정벌에 공을 세워 연국공의 작위를 받았다. 그러나 조회절과 함께 반란을 일으키려 했다는 모함을 받아 억울하게 죽었다.

역대 과거 제도 및 행정 조직

과거 제도
과거란, 옛날 우리나라와 중국에서 관리를 뽑기 위하여 실시했던 시험을 말한다.

우리나라 과거 제도의 역사
우리나라에서 처음으로 과거 제도가 실시된 것은 신라 원성왕 때인 788년 실시했던 독서삼품과이다. 독서삼품과는 왕권을 강화할 목적으로 실시했는데, 관리를 뽑을 때 골품 제도(신분 제도)로 뽑지 않고, 한문 실력에 따라 상·중·하품으로 구분하여 임명하는 것을 원칙으로 하였다. 그러나 귀족들의 반대로 제대로 시행되지는 못했다. 그 뒤 우리나라에 본격적으로 과거 제도가 실시된 것은 고려 광종 때인 958년으로, 중국에서 귀화한 쌍기의 건의로 시작되었다. 과거 제도는 고려를 거쳐 조선 시대에 들어 더욱 활성화되었다가 조선 말인 1894년 갑오개혁을 계기로 폐지되었다.

고려 시대의 과거 제도
고려 시대의 과거 제도는 크게 제술과, 명경과, 잡과로 나뉘어 실시되었다. 이 밖에도 승려들이 보는 시험인 승과가 있었고, 무신을 뽑는 무과가 있었으나 이는 공양왕 때인 1390년에야 비로소 실시되었다.

제술과와 명경과: 제술과와 명경과는 문신을 뽑는 과거로 제술과는 한문학을, 명경과는 유교 경전을 시험 과목으로 하였다. 천민과 승려의 자식을 제외한 모든 사람에게 과거를 볼 수 있는 자격이 주어졌으나, 실제로는 귀족이나 관리의 자제들이 보았을 뿐 농민 등 평민들에게는 기회가 주어지지 않았다.

잡과: 잡과는 나라에 필요한 기술을 가진 관리를 뽑는 과거로, 외국어에 뛰어난 역관을 뽑는 역과, 의학에 뛰어난 의관을 뽑는 의과 등이 있었다. 잡과는 제술과나 명경과를 볼 수 없는 서민들이 보았다.

조선 시대의 과거 제도
조선 시대에는 과거를 치르지 않고는 관리가 될 수 없을 만큼 과거 제도가 널리 실시되었다. 크게 문과와 무과, 그리고 잡과로 나뉘었다.

문과: 조선 시대 문신을 뽑는 과거로, 크게 소과와 대과로 나누어 치러졌다. 시험은 3년마다 실시되었다. 수공업자, 상인, 무당, 승려, 서얼을 제외하고 누구나 볼 수 있었으나, 시간이 지날수록 가문을 중요시하였다.

일단, 소과에 응시하여 합격하면 생원과 진사가 되었다. 생원과 진사가 된 사람들은 서울에 있는 최고 교육 기관인 성균관에 들어가 공부한 뒤 대과를 치렀다.

대과는 초시, 복시, 전시에 이르는 3차례 시험을 치렀다. 초시는 서울과 지방에서 실시하는 1차 시험으로, 생원과 진사, 성균관 유생 가운데서 뽑았는데 처음 정원은 340명이었으나 뒷날 223명으로 그 숫자가 줄었다. 복시는 서울에서 치른 2차 시험으로 초시에 합격한 사람들 가운데 33명을 뽑았다. 전시는 3차 시험으로 복시에 합격한 사람들 가운데 임금이 보는 앞에서 시험을 치러 갑과 3명, 을과 7명, 병과 23명 순으로 그 순위를 가렸다.

주요 시험 과목은 사서오경(논어, 맹자, 대학, 중용, 시경, 서경, 주역, 예기, 춘추)과 시, 문장 등 한문학이었다.

무과: 조선 시대에 무신을 뽑는 과거로, 무예와 병서에 대하여 시험을 치렀고, 문과와 같이 초시, 복시, 전시 3단계로 3년마다 실시되었다.

초시에서는 각도 병영에서 200명을 뽑았고, 복시는 서울 병조에서 초시에 합격한 사람들 가운데 28명을 뽑았다. 전시는 임금이 지켜보는 가운데 복시에 합격한 사람들이 시험을 치러 그 순위를 가렸다.

잡과: 잡과는 역과, 의과, 음양과, 율과를 통틀어 말하는데, 기술 및 특수한 기능을 가진 관리를 뽑는 시험이었다. 역과는 오늘날 통역관에 해당하는 관리를 뽑는 시험으로 초시를 거쳐 한어(중국어) 23명을 비롯하여 몽골

어, 여진 어, 왜어(일본어)에 뛰어난 4명씩 뽑았다. 의과는 의사를 뽑는 시험으로, 초시에 18명, 복시에 9명을 가려 뽑았다. 음양과는 관상관을 뽑는 시험으로, 초시에 14명, 복시에 7명을 뽑았다. 율과는 오늘날의 법무관 시험으로 초시 18명, 복시 9명을 뽑았다.

행정 조직

한 나라를 이끌어 가는 중심이 되는 행정 기관의 조직, 명칭, 설치, 권한 등에 대해 고려와 조선을 중심으로 알아보자.

고려의 행정 조직

먼저 고려의 중앙 행정 조직을 살펴보면 최고 의결 기관인 도병마사와 특수 관청(어사대, 삼사, 사천대, 보문각, 춘추관, 예문관, 식목도감)이 있었고, 도병마사는 2성(중서문하성, 상서성) 6부(이부, 호부, 예부, 병부, 형부, 공부)와 중추원으로 구성되어 있었다. 각 관청별로 하는 일과 그 책임자에 대해 알아보면 다음과 같다.

중서문하성 : 왕명을 상세하게 검토하여 그 잘잘못을 가리고 나라의 정책을 세우는 곳으로 지금의 국무총리와 같은 문하시중이 그 책임자였다.

상서성 : 나라의 정책을 시행하고 관리들을 관리하는 기관으로, 그 밑에 6부를 두었으며, 최고 책임자는 상서령이었다.

이부 : 인사 관리에 관한 일을 맡아보던 관청으로, 지금의 장관과 같은 상서가 책임자로 있었고, 차관급인 시랑을 두었다.

호부 : 인구 수를 파악하고 조세에 대한 업무를 맡아보던 관청으로, 지금의 장관과 같은 상서가 책임자로 있었고, 차관급인 시랑을 두었다.

예부 : 교육, 과거, 외교, 제사에 대한 예법에 대한 일을 맡아보던 관청으로, 지금의 장관과 같은 상서가 책임자로 있었고, 차관급인 시랑을 두었다.

병부 : 무신에 대한 인사 및 군사 등에 관한 일을 맡아보던 관청으로, 지금의 장관과 같은 상서가 책임자로 있었고, 차관급인 시랑을 두었다.

형부 : 법률, 재판, 소송 등 형법에 관한 일을 맡아보던 관청으로, 지금의 장관과 같은 상서가 책임자로 있었고, 차관급인 시랑을 두었다.

공부 : 나라의 각종 공사에 대해 맡아보던 관청으로, 지금의 장관과 같은 상서가 책임자로 있었고, 차관급인 시랑을 두었다.

중추원 : 왕명을 전달하고 군사 기밀과 왕실을 호위하는 일을 맡아보던 관청으로, 그 책임자는 판원사이다.

어사대 : 사회의 풍기 문란에 대한 단속과 관리들의 잘잘못을 감시하는 관청으로, 그 책임자는 판사이다.

삼사 : 나라 살림을 맡아보던 관청으로 화폐와 곡식이 나가고 들어오는 것까지 관리했으며 그 책임자는 판사이다.

사천대 : 하늘에 떠 있는 별자리 등의 움직임을 관찰하는 관청으로, 그 책임자는 판사이다.

보문각 : 유교 경전을 강연하고 서적들을 보관하는 관청으로, 그 책임자는 대제학이다.

춘추관 : 역대 왕들의 실록이나 역사를 편찬하는 관청으로, 그 책임자는 감수국사였는데, 문하시중이 겸하여 맡았다.

예문관 : 왕이 내리는 명령이나 문서를 작성하는 관청으로, 그 책임자는 판원사이다.

식목도감 : 법을 만드는 관청으로, 그 책임자는 사이다.

한편, 지방은 전국을 5도와 양계로 나누고 각 도에는 안찰사를, 양계에는 병마사를 두었다. 5도는 양광도(충청남북도), 경상도(경상남북도), 전라도(전라남북도와 제주도), 교주도(강원도 관서 지방), 서해도(황해도)이며, 군사적으로 중요한 곳인 양계는 동계(함경도와 강원도 해안), 북계(평안남북도)이다. 또 각 도 밑에는 고을의 크기에 따라 주, 군, 현을 두었는데, 지사, 군수, 현령이 각각 다스렸다.

지방은 전국을 5도(서해도, 교주도, 양광도, 경상도, 전라도)와 경기, 양계(북계, 동계)로 크게 나누고 3경, 4도호부, 8목의 대도시를 두었다. 각 도는 여러 개의 주, 부, 군, 현으로 나누어 주요 군현에만 지방관을 파견했다.

조선 시대의 행정 조직

조선의 행정 조직도 고려와 같이 크게 중앙과 지방으로 나누어 살펴볼 수 있다.

조선의 중앙 행정 조직은 의정부와 6조(이조, 호조, 예조, 병조, 형조, 공조)를 비롯하여 삼사(사간원, 사헌부, 홍문관) 등 여러 관청으로 이루어져 있었다. 각 관청별로 맡은 일과 그 책임자를 알아보면 다음과 같다.

의정부 : 조선의 최고 의결 기관으로, 영의정(오늘날의 국무총리), 좌의정, 우의정 3정승이 모여 나라의 중요한 일을 의논한 곳이다. 의정부에서 결정한 일은 왕의 허락을 얻어야 했고, 왕의 지시 내용 또한 의정부의 의논을 거쳐 해당 관청에 전달되었다.

이조 : 인사 관리에 관한 일을 맡아보던 관청으로, 지금의 장관과 같은 판서가 책임자로 있었고, 차관급인 참판을 두었다.

호조 : 인구 수를 파악하고 조세에 대한 업무를 맡아보던 관청으로, 지금의 장관과 같은 판서가 책임자로 있었고, 차관급인 참판을 두었다.

예조 : 교육, 과거, 외교, 제사 등의 예법에 대한 일을 맡아보던 관청으로, 지금의 장관과 같은 판서가 책임자로 있었고, 차관급인 참판을 두었다.

병조 : 무신에 대한 인사 및 군사 등에 관한 일을 맡아보던 관청으로, 지금의 장관과 같은 판서가 책임자로 있었고, 차관급인 참판을 두었다.

형조 : 법률, 재판, 소송 등 형법에 관한 일을 맡아보던 관청으로, 지금의 장관과 같은 판서가 책임자로 있었고, 차관급인 참판을 두었다.

공조 : 나라의 각종 공사에 대해 맡아보던 관청으로, 지금의 장관과 같은 판서가 책임자로 있었고, 차관급인 참판을 두었다.

승정원 : 왕명을 전달하는 관청으로, 그 책임자는 도승지이다.

의금부 : 왕명을 받아 죄인을 잡아다가 그 죄를 밝혀내는 관청으로, 그 책임자는 판사이다.

사헌부 : 삼사의 하나로 나라일을 비판하고 관리들의 잘못을 가려내어 백성들의 억울함을 다스리는 관청으로, 그 책임자는 대사헌이다.

사간원 : 삼사의 하나로 임금의 잘못을 간하는 관청으로, 그 책임자는 대사간이다.

홍문관 : 삼사의 하나로 경서와 역사적 기록 문서를 관리하며, 왕이 어떤 일을 처리할 때 묻는 일에 대해 연구하고 검토하여 보고하는 관청으로, 그 책임자는 대제학이다.

춘추관 : 나라일을 기록하거나 역사를 편찬하는 일을 맡아보던 관청으로, 그 책임자는 지사이다.

한성부 : 서울의 행정 일반을 맡아보던 관청으로, 그 책임자는 판윤이다.

지방은 전국을 8도(경기도, 충청도, 전라도, 경상도, 황해도, 강원도, 함길도, 평안도)로 나누고, 각 도에는 관찰사를 두었다. 또 각 도 밑에는 부, 목, 군, 현을 두어 각각 부사, 목사, 군수, 현령이 다스리게 하였다.

역대 왕조 계보

고구려   BC 37~668

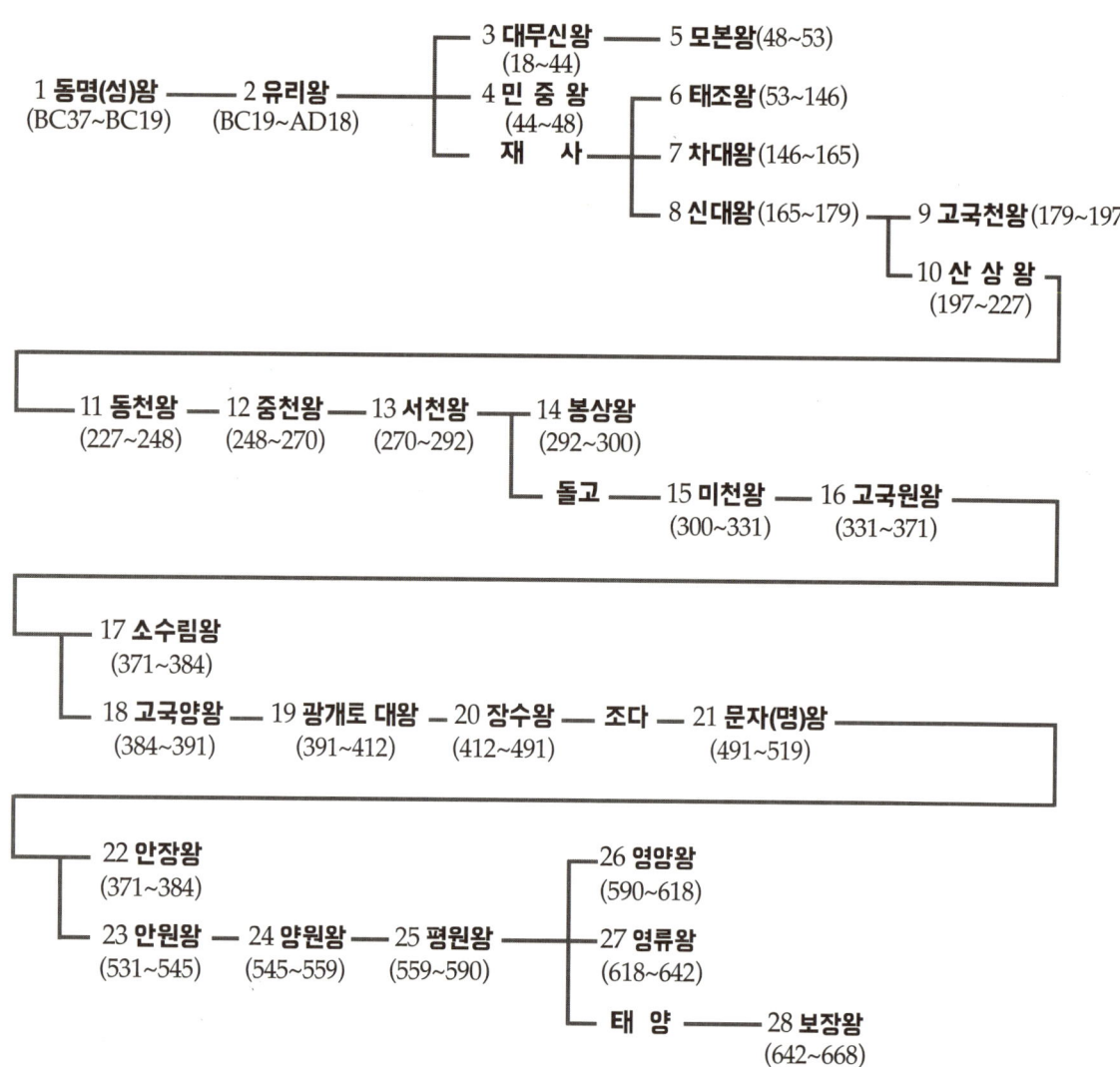

백제

BC 18~660

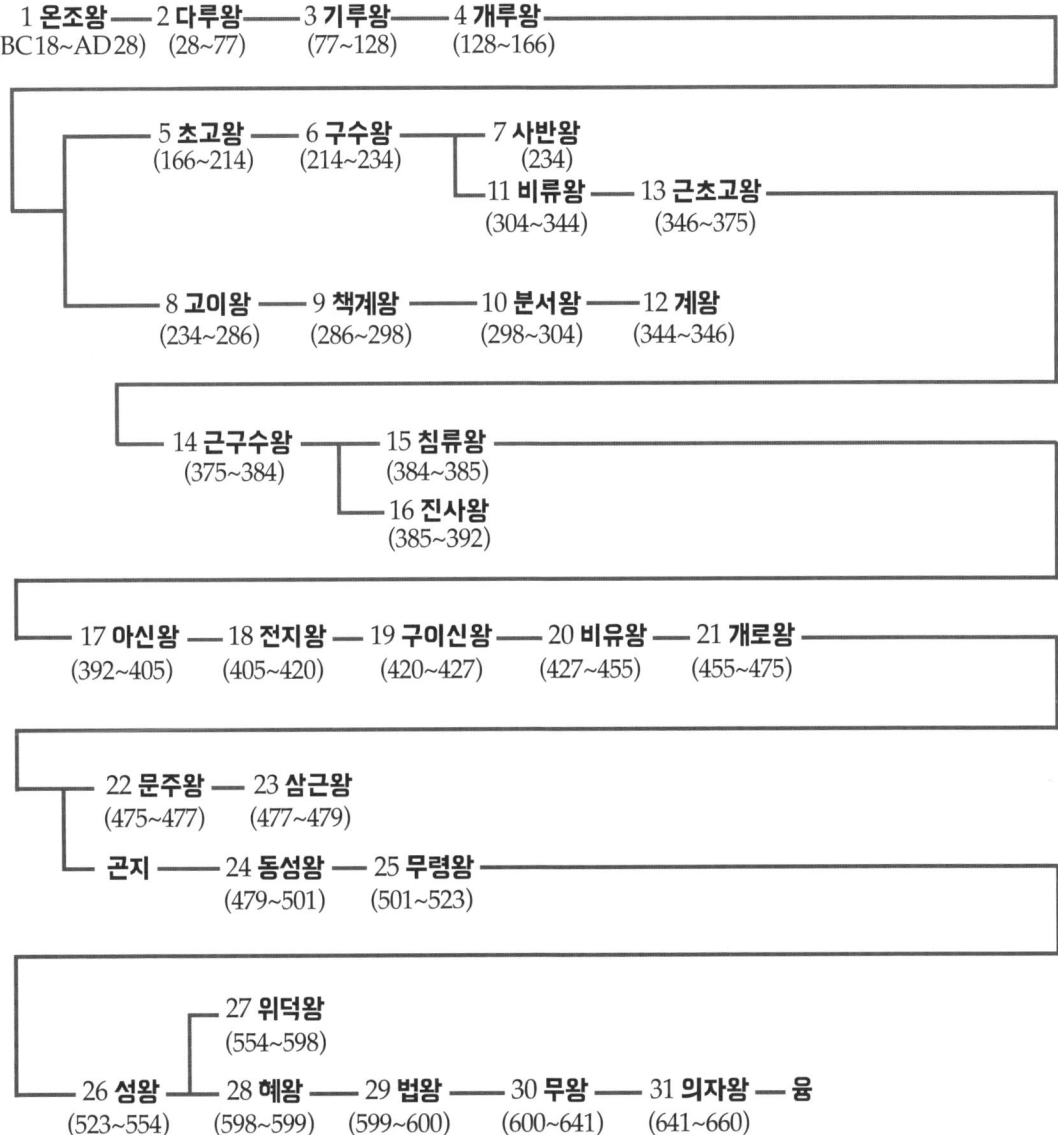

신 라　　　　　　　　　　　　　　　　　　　　BC 57~935

<박씨 7왕>

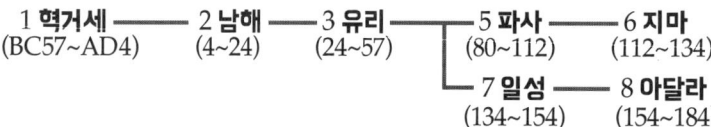

1 혁거세 ── 2 남해 ── 3 유리 ─┬─ 5 파사 ── 6 지마
(BC57~AD4)　(4~24)　(24~57)　│　(80~112)　(112~134)
　　　　　　　　　　　　　　　└─ 7 일성 ── 8 아달라
　　　　　　　　　　　　　　　　(134~154)　(154~184)

<석씨 8왕>

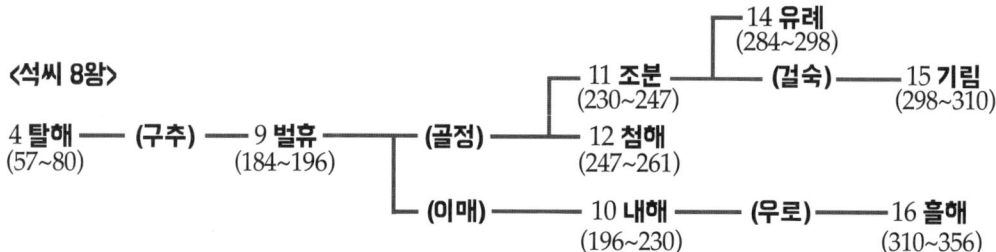

4 탈해 ── (구추) ── 9 벌휴 ──┬─ (골정) ──┬─ 11 조분 ─┬─ 14 유례
(57~80)　　　　　(184~196)　│　　　　　│(230~247) │(284~298)
　　　　　　　　　　　　　　 │　　　　　│　　　　　 ├─ (걸숙) ── 15 기림
　　　　　　　　　　　　　　 │　　　　　│　　　　　 │　　　　　(298~310)
　　　　　　　　　　　　　　 │　　　　　└─ 12 첨해
　　　　　　　　　　　　　　 │　　　　　　 (247~261)
　　　　　　　　　　　　　　 └─ (이매) ── 10 내해 ── (우로) ── 16 흘해
　　　　　　　　　　　　　　　　　　　　　(196~230)　　　　　(310~356)

<김씨 37왕>

구도(김알지 5세손) ─┬─ 13 미추 (262~284)
　　　　　　　　　　└─ (말구) ── 17 내물 ─┬─ 19 눌지 ── 20 자비 ── 21 소지
　　　　　　　　　　　　　　　　 (356~402) │(417~458)　(458~479)　(479~500)
　　　　　　　　　　　　　　　　　　　　　 └─ □ ── (습보) ── 22 지증왕
　　　　　　　　　　　　　　　　　　　　　　　　　　　　　　 (500~514)
　　　　　　　　　　　 └─ 대서지 ── 18 실성
　　　　　　　　　　　　　　　　　　(402~417)

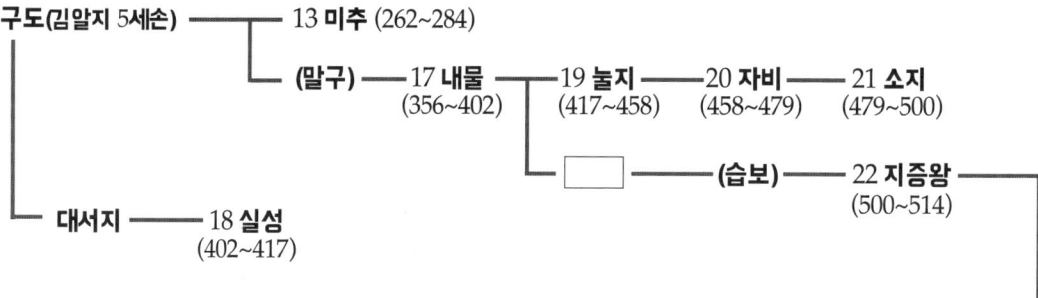

┬─ 23 법흥왕
│　(514~540)
│
└─ 입종 ── 24 진흥왕 ─┬─ 동륜 ─┬─ 26 진평왕 ── 27 선덕 여왕
　　　　　(540~576)　│　　　　│(579~632)　　(632~647)
　　　　　　　　　　 │　　　　└─ 국반 ── 28 진덕 여왕
　　　　　　　　　　 │　　　　　　　　　　(647~654)
　　　　　　　　　　 └─ 25 진지왕 ── 용춘(문흥왕) ── 29 무열왕
　　　　　　　　　　　　(576~579)　　　　　　　　　　(654~661)

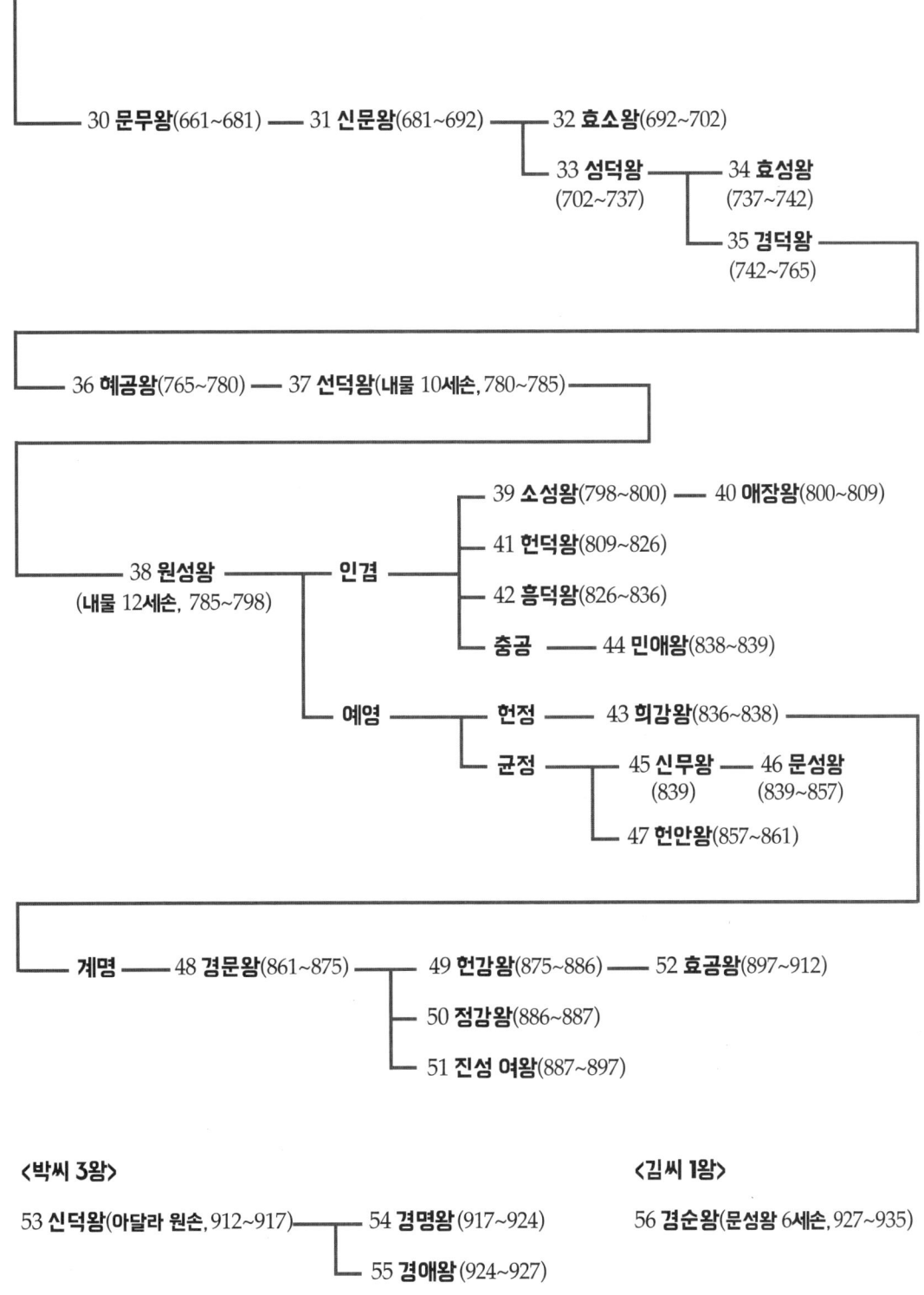

발해　　698~926

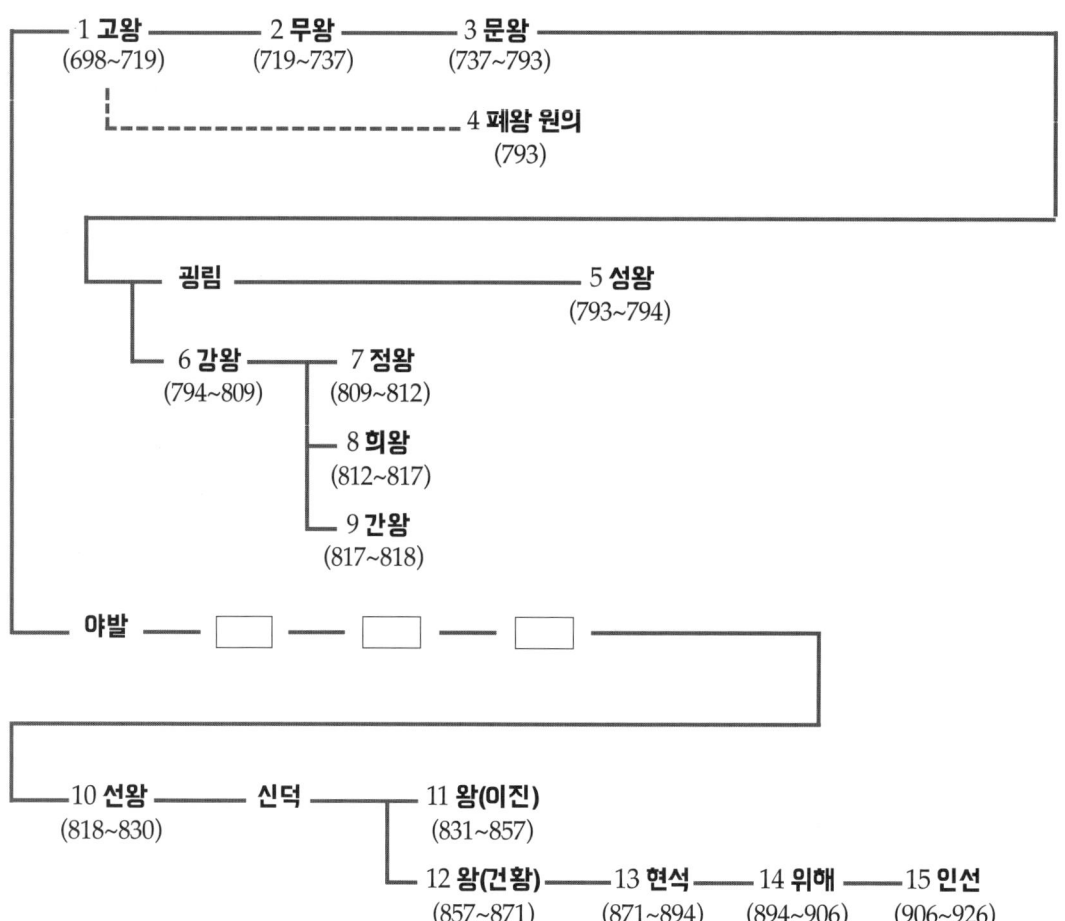

386

고려   918~1392

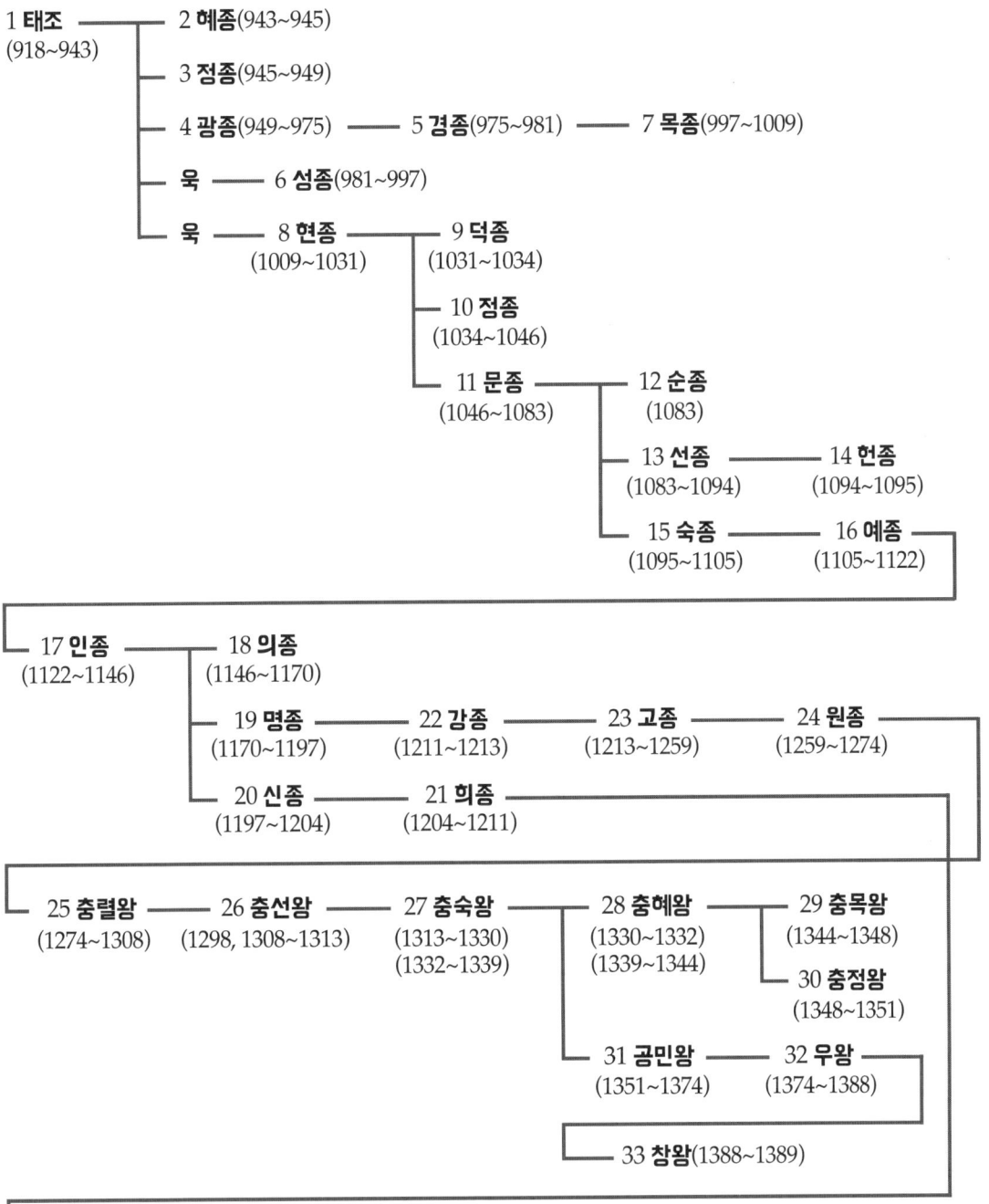

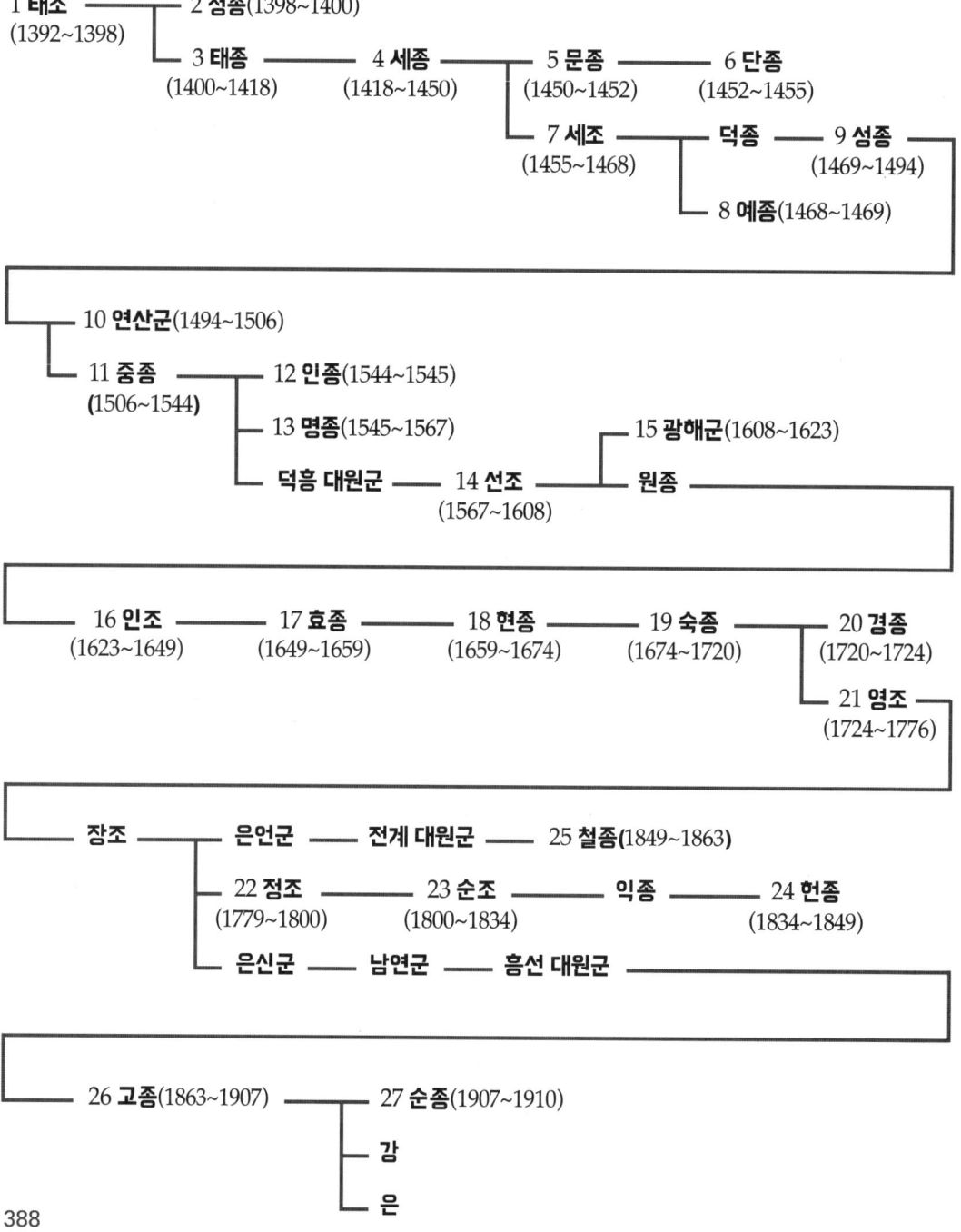